모바일 시대의
컴퓨터개론
Introduction to Computers for The Mobile Age

스마트 세상을 위한 모바일 시대의 컴퓨터 길라잡이

모바일 시대의
컴퓨터개론

Introduction to Computers for The Mobile Age

강환수 · 조진형 · 신용현 · 강환일 공저

생활에서의 컴퓨터부터 최신 정보 기술까지 쉽고 자세하게 해설
이해를 돕는 명확한 개념 설명과 풍부한 사진 자료
기 학습에 적합하도록 13개 단원으로 구성
일 컴퓨팅을 특화하여 클라우드의 개념과 안드로이드 및 iOS 프로그래밍까지 소개

INFINITY
BOOKS

강환수 교수

서울대학교 계산통계학과에서 학사학위, 서울대학교 전산과학과에서 전산학 이학 석사(M.S.)를 취득하였다. 1998년까지 삼성 SDS의 정보기술연구소에서 선임연구 원으로 재직 중에 지식관리시스템(Knowledge Management Systems)과 그룹웨 어시스템(Groupware Systems) 개발 프로젝트에 프로젝트 매니저로 참여하였다. 1998년에 동양미래대학교로 자리를 옮겨 현재, 동양미래대학교 컴퓨터정보공학과 교수로 재직하고 있으며 서울대학교 컴퓨터공학부에서 박사를 수료하였다. 컴퓨터 관련 교육에 관심이 있어 프로그래밍 언어에 관련된 서적인『알기 쉬운 자바(영한, 1998)』『비주얼 베이직 6.0 프로그래밍(글로벌, 1999)』『C로 배우는 프로그래밍 기 초(학술정보, 2003)』『자바로 배우는 프로그래밍 기초(학술정보, 2005)』『유비쿼 터스 시대의 컴퓨터 개론(학술정보, 2006)』『Perfect C(인피니티북스, 2007)』『C 로 배우는 프로그래밍 기초 2판(인피니티북스, 2008)』등을 저술하였으며 역서로는 『비주얼 베이직으로 배우는 프로그래밍 기초(학술정보, 2005)』등이 있다.

- 서울대학교 계산통계학과 졸업
- 서울대학교 전산과학전공 석사
- 서울대학교 컴퓨터공학부 박사 수료
- 전 삼성SDS 정보기술연구소 선임연구원
- 현 동양미래대학교 컴퓨터정보공학과 교수

조진형 교수

서울대학교 컴퓨터공학과에서 학사학위를 취득하였고, 한국과학기술원(KAIST) 정보 및 통신공학과(컴퓨터공학 전공)에서 공학석사를 취득하였다. 1990년에서 1997년까지 현대전자 소프트웨어연구소에서 선임연구원으로 재직하면서 현대그 룹 통합 네트워크관리시스템 및 스마트카드 운영체제 개발 프로젝트 등 다양한 신 규 개발사업의 프로젝트 매니저로 참여하였다. 1999년에 동양미래대학교로 자리를 옮겨, 현재에는 동양미래대학교 컴퓨터정보공학과 교수로 재직하고 있으며, 서울 대학교 기술경영대학원 박사 과정에서 CRM, 데이터마이닝, 스마트카드 관련 분야 를 연구하였다.

- 서울대학교 컴퓨터공학과 졸업
- 한국과학기술원(KAIST) 정보 및 통신공학과(컴퓨터공학 전공) 석사
- 서울대학교 기술경영대학원 박사
- 전 현대전자 소프트웨어연구소 선임연구원
- 현 동양미래대학교 컴퓨터정보공학과 교수

신용현 교수

서울대학교 계산통계학과에서 학사학위를 취득하였고, 서울대학교 전산과학과에서 전산학 이학석사를 취득하였고, 동 대학교 전기컴퓨터공학부에서 공학박사를 취득하였다. 1993년에서 1998년까지 한국통신에서 전임연구원으로 근무하면서 통신망 운영 관리에 관한 연구를 수행했고 현재는 서울과학기술대학교 컴퓨터공학과 교수로 재직하고 있다. 웹시스템, 운영체제, 임베디드 시스템, 컴퓨터 보안 관련 분야를 연구하고 있다.

- 서울대학교 계산통계학과 졸업
- 서울대학교 전산과학전공 석사
- 서울대학교 전기컴퓨터공학부 박사
- 전 한국통신 전임연구원
- 현 서울과학기술대학교 컴퓨터공학과 교수

강환일 교수

서울대학교 전자공학과에서 학사학위를 취득하였고, 한국과학기술원(KAIST) 전기 및 전자공학과(컴퓨터공학 전공)에서 공학석사를 취득하였다. 미국 위스콘신(매디슨)대학 전기 및 컴퓨터공학과에서 박사학위를 취득하였다. 현재 명지대학교 정보통신공학과에서 교수로 재직 중이며, 캐나다 토론토대학 전기공학과 및 미국 퍼듀대학교 전기공학과 방문교수를 역임하였고, 2014년에는 영국 크랜필드대학(슈리븐햄 캠퍼스) 국방분야의 단기과정을 이수하였다. 주요 연구 분야는 멀티미디어 보안 및 처리, 정보통신 응용 및 국방관련 최적화 연구와 강인제어시스템 등이다.

- 서울대학교 전자공학과 졸업
- 한국과학기술원(KAIST) 전기 및 전자공학과 석사
- 미국 위스콘신(매디슨)대학 전기 및 컴퓨터공학과 박사
- 캐나다 토론토대학 전기공학과 및 미국 퍼듀대학교 전기공학과 방문교수
- 영국 크랜필드대학(슈리븐햄 캠퍼스) 단기연수
- 현 명지대학교 정보통신공학과 교수

2007년에 애플이 공개한 이후, 2009년 국내에 출시된 아이폰은 우리 생활 모습을 완전히 바꾸어 놓았다. 정보기술 선진국인 우리나라는 10명 중 7명이 스마트폰을 소지하고 카카오톡이나 밴드 등의 메신저를 즐겨하는 등 이제 스마트폰은 우리의 일상 깊숙히 자리잡고 있다. 이렇듯 불쑥 다가온 스마트폰의 대중화는 미래의 일로 예측되던 유비쿼터스 시대를 이미 실현하였다. 또한 페이스북, 유튜브, 트위터 등의 소셜미디어의 등장으로 현실에서의 인간 관계도 중요하지만 사이버 상에서의 네트워크도 매우 중요하게 되었다. 즉 웹 상에서 친구, 선후배, 동료들과 관계를 맺을 뿐만 아니라, 사람들이나 조직, 기업 간 사회적 관계를 맺게 하고 친분관계를 유지시키는 SNS 소셜 네트워크 서비스가 사이버 세상을 다양하게 바꾸고 있다. 사업 분야에서는 소셜미디어의 막강한 위력을 활용해 다양한 마케팅이나 비지니스 기회로 활용하고 있다. 정보기술의 선두 주자인 구글과 삼성, 애플 등은 안경과 시계에 모바일 컴퓨터를 탑재해 출시하고 있으며, 자동차에 다양한 센서와 컴퓨터를 부착해 스스로 운전할 수 있는 무인 자동차가 우리 주위의 도로를 달릴 날도 얼마 남지 않았다.

모바일 기술과 함께 정보기술의 발전은 우리 삶의 모습을 빠르게 바꾸고 있다. 지금 우리나라는 역사상 그 어느 때보다도 세계사적으로 IT혁명의 대흐름을 선도한다고 볼 수 있으며, 이러한 변화의 시대에서는 위기가 새로운 기회일 수 있다는 것을 증명하고 있다고 해도 과언이 아닐 것이다. 이러한 때일수록, 새로운 패러다임 시대의 기본 도구인 컴퓨터를 이해하고 정보기술 변화의 흐름을 파악하는 것이 매우 중요하다. 저자는 정보의 변혁 시대를 살아가는 우리가 이러한 IT 기술의 변화 흐름을 파악하는 데 조금이나마 이해를 돕고자 본서를 기획하였다. 이러한 기획 의도에 맞추어 본서는 컴퓨터에 대한 기초 지식을 습득하기 위해 컴퓨터 기초, 소프트웨어를 학습하는 내용에서부터 웹3.0의 패러다임으로 변화해 가는 인터넷과 월드와이드웹, 여러 정보기술 분야에 이용되는 멀티미디어 분야, 현재와 미래의 신기술을 알아보는 모바일 세계와 첨단 정보 기술, 그리고 마지막으로 정보 보안에 이르기까지 다양한 분야의 내용을 담고 있다.

본서는 대학에서 컴퓨터를 전공하는 학생들에게는 기본서로, 컴퓨터를 전공하지 않은 사람들에게는 일반 교양서로 이용될 수 있도록 구성하였다. 컴퓨터 및 모바일과 정보 기술 분야를 처음 접하는 사람에게 해당 분야의 학습이 그리 쉬운 일은 아니며, 따라서 만족할 만한 학습 효과를 얻기란 쉽지 않다. 저자는 이 서적에서 IT 기술의 변화에 맞추어 학생들이 알아야 중요한 개념을 설명하고, 다양하고 쉬운 그림으로 이를 도식화하여 독자들이 이해하기 쉽게 설명하려고 노력하였다. 또한 이 책을 교재로 강의하시는 교수님에게는 강의 흐름에 잘 맞도록 내용과 단원을 구성하였으며, 관련 내용을 보다 쉽게 배울 수 있도록 효과적인 학습 방안을 제시하려고 노력하였다.

저자는 다년 간의 실무 프로젝트 개발 경험과 대학 및 교육 센터의 강의 경험을 기반으로 컴퓨터와 정보기술 개론 분야를 보다 쉽게 배울 수 있도록 이 책을 기획하고 저술하였다. 컴퓨터 개론 관련 서적이 넘치는 현실에서 컴퓨터와 모바일, 정보기술을 처음 접하는 독자에게 본서가 효과적인 학습 지침서가 되기를 희망한다.

2014년 12월

대표저자 **강환수**

감사의 글

지난 반년 동안 본 서적을 출판하기 위해 분주했던 나날들이 스쳐가며, 그동안 저를 도와 준 관계자 여러분께 감사의 말을 전한다. 가장 먼저 본 서적의 기획과 집필을 함께한 공동 저자이신 신용현 교수와 조진형 교수, 그리고 강환일 교수에게 감사의 뜻을 전한다. 또한 물심양면으로 많은 배려를 아끼지 않으신 컴퓨터공학부의 모든 교수님들께도 감사의 마음을 전한다. 그리고 항상 저와 함께하는 아내 성희와 딸 유림이에게 사랑과 고마움을 전하며, 항상 저를 도와주시는 부모님과 가족들에게 감사드린다.

대표저자 **강환수**

본서는 컴퓨터와 모바일 그리고 첨단 정보 기술에 대한 기본 지식을 처음 학습하는 독자들에게 가능한 한 쉬운 해설로 빠른 시간에 관련 내용을 학습하여 기본 지식을 습득할 수 있는 길잡이가 되기 위한 지침서이다. 본서는 컴퓨터 기초, 소프트웨어에서부터 인터넷, 멀티미디어, 모바일 기술, 첨단 정보 기술, 정보 보안 등에 이르기까지 다양한 최신의 정보 기술 내용을 담고 있다. 본서는 우리가 알아야 할 컴퓨터 관련 내용을 기초부터 쉽게 해설하여 개념을 이해하도록 구성되었다. 특히 강단에서 다양한 컴퓨터와 정보 기술 관련 강좌를 강의하면서 얻은 경험을 바탕으로 독자들이 어려워하는 부분을 보다 쉽게 해설하려고 노력하였다. 이러한 쉬운 해설을 위하여 다양한 그림과 표 등을 첨부하였으며 독자들의 이해 점검을 위하여 단원 마지막에 객관식 문제, 괄호채우기 문제, 주관식 문제로 구성되는 연습문제를 준비하였다. 이 책을 통하여 독자 여러분이 마지막 단원까지 얻고자 하는 적절한 지식을 모두 습득할 수 있게 되기를 간절히 기원한다.

- 컴퓨터 기초, 소프트웨어에서부터 웹, 멀티미디어, 모바일 기술, 정보 기술, 정보 보안 등에 이르기까지 다양한 최신의 정보 기술 내용을 4개의 파트와 13개의 단원으로 구성

- 한 학기동안 진행되는 컴퓨터와 모바일 개론 또는 정보 기술 개론 강좌의 강의에서 한 주에 한 단원의 학습에 적합하도록 총13개의 단원으로 구성

- 보다 쉽고 즐거운 학습이 되도록 첫 단원 "컴퓨터로 즐기는 생활"에서 컴퓨터와 인터넷을 소개

- 쉬운 해설로 빠른 시간에 컴퓨터 및 정보 기술 내용을 학습하여 최신 정보 기술을 이해하기 위한 지침서

- 쉬운 설명을 위한 다양한 그림과 표, 팁(Tip)을 효과적으로 구성

- 각 단원마다 학습자의 이해 증진을 위해 [객관식 문제], [괄호채우기 문제]와 [주관식 문제]를 제공

본서는 4개의 파트와 13개의 단원으로 구성되며, 본문을 구성하는 서식으로 [본문], [표], [그림], [Tip] 등을 제공한다. 각 단원의 마지막에는 단원 점검 문제로 [객관식 문제], [괄호채우기 문제], [주관식 문제]를 제공한다.

본서는 13개의 단원을 4개의 PART로 나누어 구성하였다.

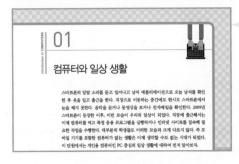

[본문]에서는 학습해야 할 주요 내용을 기술한다.

[TIP]은 본문의 내용 중에서 자세한 설명이 필요한 주제에 대하여 설명하는 부분이다.

[그림]은 본문의 내용을 설명하는 그림으로 구성된다.

[표]는 본문의 내용을 설명하는 표로 구성된다.

[객관식 문제]에서는 각 단원마다 내용에 대한 학습자의 이해도를 측정하기 위한 사지선다형 객관식 문제를 제공한다.

[괄호채우기 문제]는 각 단원마다 내용에 대한 학습자의 이해도를 측정하기 위하여 주요 용어 또는 개념에 관한 괄호채우기 문제를 제공한다.

[주관식 문제]는 각 단원마다 내용에 대한 학습자의 이해도를 측정하기 위하여 교재 내용뿐만 아니라 교재에 없는 내용에 관한 문제도 제공한다.

강의자료

인피니티북스 홈페이지에 교수 회원으로 가입하신 교수/강사님에게 교수용 PPT 자료와 연습문제 해답을 제공합니다(일반 독자에게는 연습문제 해답을 제공하지 않습니다).

http://www.infinitybooks.co.kr

학습 일정

본서는 대학이나 교육 센터에서 컴퓨터 개론이나 정보 기술 개론 분야의 교재로 널리 활용될 수 있도록 개발되었으며, 대학에서 교재로 이용할 경우, 한 학기용으로 적합하도록 구성하였다. 다음 표를 참고로 한 학기를 운영한다면 만족할 만한 성과를 얻을 수 있으리라 믿는다.

주	해당 장의 내용
1주	강좌 소개, 1장 컴퓨터로 즐기는 생활
2주	1장 계속
3주	2장 컴퓨터 개요
4주	3장 정보의 표현
5주	4장 컴퓨터 구조
6주	5장 프로그래밍 언어
7주	6장 운영체제와 활용
8주	7장 데이터베이스
9주	중간고사
10주	8장 컴퓨터 네트워크
11주	9장 인터넷과 월드와이드웹
12주	10장 멀티미디어
13주	11장 첨단 정보 기술
14주	12장 모바일 세계
15주	13장 정보 보안
16주	기말고사

차례

Part 1 컴퓨터 기초

Part 2 소프트웨어

CHAPTER 05 프로그래밍 언어 ·································· 156

Part 3 인터넷과 멀티미디어

Part 4 정보 기술과 보호

PART 1

컴퓨터 기초

Contents

1장

컴퓨터로
즐기는 생활

단원 목표

- 일상생활에서 컴퓨터를 이용하여 유익하게 사용하는 인터넷 사이트를 알아본다.
- 웹 3.0이라는 의미와 인터넷의 변화를 이해한다.
- 여러분이 사용하는 블로그와 UCC의 사회적인 의미를 알아본다.
- 인터넷을 이용한 전자상거래의 예를 들어 보고 알아본다.
- 컴퓨터 게임을 분류해 보고 특징을 알아본다.
- 컴퓨터에 이상이 발생한 경우, 응급처치 방법을 알아본다.

단원 목차

01

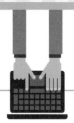

컴퓨터와 일상생활

스마트폰의 알람 소리를 듣고 일어나 날씨 애플리케이션으로 날씨를 확인한 후 옷을 입고 출근을 한다. 직장으로 이동하는 중간에도 한시도 스마트폰에서 눈을 떼지 못한다. 음악을 듣거나 동영상을 보거나 전자메일을 확인한다. 2009년 스마트폰이 등장한 이후, 이런 모습이 우리의 일상이 되었다. 직장에 출근해서는 컴퓨터를 켜고 특정 응용 프로그램을 실행하거나 인터넷 사이트를 접속해 필요한 작업을 수행한다. 대부분의 학생들도 이러한 모습과 크게 다르지 않다. 즉 모바일 기기를 포함한 컴퓨터가 없는 생활은 이제 생각할 수도 없는 시대가 되었다. 이 단원에서는 개인용 컴퓨터인 PC 중심의 일상생활에 대하여 먼저 알아보자.

1.1 나에게 적합한 컴퓨터의 선택

스마트폰과 같은 모바일 기기를 포함하여 내게 맞는 컴퓨팅 기기의 선택은 매우 중요하다. 그렇다면 내게 맞는 컴퓨터란 어떤 것인가? 물론 처리속도가 빠르고 용량이 크며 높은 해상도를 가진 컴퓨터가 우선 떠오르지만 여러분의 대학생활 동안 지녀야 한다면 무조건 고급사양을 추구하기보다 자신에게 맞는 합리적인 것을 선택해야 한다. 노트북의 경우를 예로 들면 다음과 같은 사항들을 고려해 볼 수 있다.

표 1.1 노트북 컴퓨터 선택 기준

선택 기준	내용
가격	어느 정도의 가격인지 검토
성능	향후 최소한 3년 정도를 사용할 수 있는 사양인지 검토
해상도	리포트 작업, 인터넷 검색, 온라인 강의 시청 등에 불편을 주지 않을 해상도인지 검토
무게	이동 시에 부담을 주지 않을 무게인지 검토
발열	사용할 때 불쾌감을 줄 정도의 발열이 나지는 않는지 검토
소음	도서관 등에서 사용할 때 주변사람들에게 불편을 줄 정도의 소음이 나지는 않는지 검토
배터리	외부전원 공급 없이 충분한 사용시간을 보장하는지 검토
각종 액세서리	주변장치와 충분히 호환 가능한지 검토
A/S	향후 발생할 수 있는 고장을 쉽게 처리할 수 있는지 검토

요즘은 데스크톱 컴퓨터에 비해 일체형 컴퓨터도 많은 인기를 끌고 있으며, 마이크로소프트의 윈도우 운영체제가 탑재된 개인 컴퓨터는 물론 애플의 맥(Mac)도 많이 사용하는 편이다. 애플의 스마트폰인 아이폰(iPhone)의 인기에 따라 애플의 개인용 PC인 맥의 사용도 증가하고 있으며, 맥의 운영체제인 OS X는 뛰어난 사용자 인터페이스와 스마트 기기와의 연동이 큰 장점으로 꼽힌다.

그림 1.1 애플의 맥북에어와 삼성 노트북

2010년에 출시된 애플의 아이패드(iPad)를 시작으로 다양한 크기의 터치스크린만으로 간결하게 PC를 사용할 수 있는 태블릿 PC도 인기가 많은 편이다. 또한 노트북도 단순한 노트북에서부터 모니터를 분리하여 사용할 수 있도록 태블릿 PC와 키보드가 결합된 스마트 PC에 이르기까지 다양한 모습으로 진화하고 있다. 이러한 스마트 PC는 언제 어디서나 PC를 사용할 수 있는 휴대성과 오피스 작업을 위해 키보드 요소를 결합시킨 하이브리드 PC라 할 수 있다. 스마트 PC는 키보드를 연결하면 스마트패드가 노트북으로 변신하고, 키보드를 분리하면 스크린만 가지고 태블릿으로 사용할 수 있는 장점이 있다.

그림 1.2 다양한 태블릿 PC와 스마트 PC

1.2 주요 포털 사이트

표 1.2 2007년(www.100hot.co.kr)과 2014년(www.rankey.com)의 인터넷 사이트의 주간 접속 순위

순위	2007년	2014년
1	네이버	네이버
2	다음	다음
3	네이트	네이트
4	야후코리아	구글
5	국세청	11번가
6	엠파스	G마켓
7	KB국민은행	옥션
8	파란닷컴	페이스북
9	옥션	YouTube
10	조인스닷컴	KB국민은행
11	G마켓	티스토리
12	구글한국어	위메프

접속 순위 변화

여러분은 주로 어느 사이트에 접속하는가? 표 1.2는 2007년 말과 2014년 8월 일주일 간의 국내 접속 순위로 대부분 상위는 검색 포털 사이트가 주류이다. 주요 종합 포털 사이트인 네이버(www.naver.com)와 다음(www.daum.net), 그리고 네이트(www.nate.com)는 계속해서 1위와 2위, 3위를 지키고 있으며, 2007년 4위였던 야후코리아는 국내에서 사업을 철수하였고 그 자리를 구글(www.google.com)이 차지하고 있는 것을 알 수 있다.

포털

포털(Portal)의 사전적 의미는 현관문으로, 인터넷 포털이란 인터넷 사용자가 원하는 정보를 얻기 위해 가장 먼저 접속하는 사이트를 말한다. 일반적으로 사용자는 인터넷에 접속해 웹 브라우저를 실행시켰을 때 하나의 포털 사이트를 처음 나타나는 웹사이트로 정해 놓는다. 그러므로 포털 사이트는 이용자가 필요로 하는 서비스를 종합적으로 모아 놓으며, 네티즌(netizen)들이 굳이 특정한 서비스를 위해 다른 사이트를 방문하지 않도록 다양한 서비스를 마련하고 있다.

포털 사이트의 주요 수익 모델이 광고이므로 접속하는 네티즌이 많은 것은 바로 회사의 수익과 직결된다. 그러므로 포털 사이트는 최대한 많은 이용자들이 자사 사이트를 통과하도록 한다. 이러한 이유에서 인터넷 포털 사이트는 정보검색 서비스나 커뮤니티와 같이 사용자가 정기적으로 이용할 수 있는 서비스를 제공하여 고정 방문객을 확보하려고 노력한다. 인터넷이라는 가상공간(cyber space)에서 커뮤니티를 형성시켜 더 많은 등록사용자와 홈페이지 사용량을 확보할 경우, 광고 수입과 사용자 정보를 활용한 마케팅 수입은 상당하다. 그래서 전 세계 주요 인터넷 서비스 및 콘텐츠 제공 업체들은 자사의 인터넷 사이트를 최대 포털 사이트로 키우는 데 전력을 다하고 있다.

표 1.3은 2007년과 2014년의 국내의 대표적 포털 사이트 접속 순위의 변화를 나타

표 1.3 2007년(www.metrix.co.kr)과 2014년의 주요 포털 사이트 접속 순위

순위	2007년 11월	2014년 8월
1	네이버	네이버
2	다음	다음
3	네이트	네이트
4	싸이월드	구글
5	야후코리아	페이스북
6	엠파스	유튜브
7	파란	티스토리
8	구글	줌
9	프리챌	싸이월드
10	드림위즈	트위터

내고 있다. 상위 3위까지는 변동이 없으나, 싸이월드의 인기가 많이 하락한 것을 알 수 있으며, 야후코리아는 사업을 철수하였고 파란과 프리챌은 기업이 합병되었다. 세계적 검색 엔진인 구글은 인기가 약간 상승했으며, 대표적 소셜 네트워크 서비스(SNS) 업체인 페이스북, 트위터 등의 인기가 급성장한 것을 알 수 있다.

1.3 학교 생활

수강 신청에서 성적 확인까지

여러분의 대학 생활도 '인터넷 및 모바일과 함께 시작되고 종료된다'라고 봐도 과언이 아닐 정도로 모든 학교 생활에 인터넷은 밀접한 관계를 맺고 있다. 최근의 대학 입시에서는 입학 지원 접수도 인터넷과 스마트폰으로 처리할 수 있으며, 입학 이후 수강 신청과 강좌 수강, 성적 확인까지 대부분의 학생 관련 업무를 인터넷과 스마트폰으로 처리할 수 있다.

그림 1.3 대학의 가상강좌시스템

또한 여러 대학에서 온라인으로만 강의가 진행되는 온라인 전용 강좌가 많이 개설되고 있다. 물론 이러한 강좌는 강의 동영상 등 다양한 콘텐츠를 제공하기 때문에 교실에서의 강의가 없는 것이 장점인 동시에 단점이 될 수도 있다. 온라인 강좌는 수강자로부터 스스로 학습하는 자율적 학습을 요구하는 경우가 많으므로 수강자는 이를 인지하고 수업에 참여해야 한다.

대학의 강좌는 일반 강좌도 대부분 온라인으로 강의 자료나 과제가 주어지는데 이를 적극적으로 활용하면 좋은 성과를 거둘 수 있을 것이다. 또한 온라인 강의 자료는 일반인에게도 공개되는 경우가 있으므로 잘 활용하길 바란다.

무크

MIT와 하버드에서 시작한 공개 교육 과정(OCW)이 공식화되면서 시험과 평가가 있고, 평가결과에 따라 수료증도 주는 공개 온라인 교육인 무크로 발전하였다. 무크(MOOC: Massive Open Online Course)는 MIT와 하버드대가 공동으로 출자해서 만든 웹 서비스를 기반으로 이루어지는 대규모의 상호참여 기반 교육을 말한다. 무크는 말 그대로 수강자의 수가 제한이 없으며 자격 조건 없이 누구나 수강할 수 있으며, 대부분이 무료로 진행되는 온라인 교육과정이다. 무크에서는 거의 모든 학문 분야에 대한 수강이 가능하고, 과정 수료에는 약 6주에서 10주 정도가 걸린다. 수료증 발급 비용에는 차이가 있다. 무료로 수료증을 발급해 주는 곳도 있지만, 사이트에 따라 50불에서 100불 정도의 비용이 드는 곳도 있다. 무크 사이트(www.mooc.org)는 전 세계 수강생을 위해 온라인 교육의 수업 과정을 만들기 위한 기관과 교수를 위한 사이트이다.

그림 1.4 무크 사이트(www.mooc.org)

에덱스 등 다양한 무크 사이트

무크의 대표적 교육과정은 에덱스(www.edx.org)에서 참여할 수 있다. 무크의 한 컨소시엄(xConsortium)인 에덱스(edX)는 30여 개의 세계적 글로벌 기업이 참여한 자선단체로 개방 플랫폼 기반의 온라인 교육을 목적으로 서비스되고 있다. 에덱스는 2012년부터 서비스되고 있는 무크 교육을 지향하는 대표적인 사이트로 인문학 분야의 강좌가 많으며 우리나라의 서울대학교, 미국의 하버드와 MIT, 그리고 중국의 칭화대 등 전 세계 47개 대학과 기관이 참여하고 있다. 무크에서는 특정한 학생과정으로 등록한 후 수업을 이수할 수도 있으며, 등록 과정을 충실히 마치면 무료로 수료증도 발급받을 수 있다. 무크를 비롯한 최근의 온라인 교육의 특징 중에서 대표적인 것은 '거꾸로 교실(flipped classroom)'이다. 거꾸로 교실이란 전통적인 학습방법을 뒤집는 효과적인 교육 방법의 의미로 학생들이 오프라인 수업에 참여하기 전에 집에서 수업 관련 동영상을 보고 개념을 이해한 다음, 실제 수업시간에는 다른 학생들과 토론하고 실험하는 학습을 말한다. 온라인 공개 수업이지만 학습을 개인에게 맡기는 것이 아니라 인터넷 토론 게시판을 중심으로 사전에 동영상을 비롯한 다양한 멀티미디어 콘텐츠를 통해 선행 학습을 수행한 후 학생과 교수, 그리고 조교들 사이의 커뮤니티를 만들어 수업을 진행한다. 그러므로 무크를 수강하려는 학생으로 열심히 하겠다는 의지가 있다면 수료하는 데 그리 큰 어려움은 없을 것이다.

다음은 에덱스의 한 강좌의 예로 컴퓨터 관련 강좌 'Foundations of Computer Graphics'이다. 이 강좌는 UC Berkeley에서 개설한 강좌로 6주 동안 진행되고 수료증 발급도 무료이며, 수강생은 1주에 약 12시간 정도의 노력을 해야 한다. 영어에 어느 정도 자신이 있다면 한번 수강 신청을 하고 수료증에 도전해 보도록 하자.

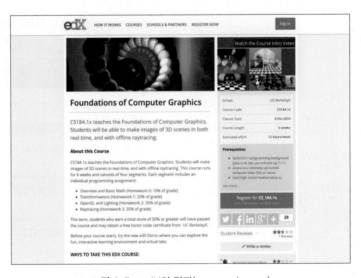

그림 1.5 edX의 강좌(www.edx.org)

국내의 무크 사이트로는 서울대에서 제공하는 스누온이 있다. 스누온(SNUON)은 'Seoul National University Open educatioN'을 의미하며, 서울대학교 최고의 강의를 여러 사람과 공유하고 나누기 위해 만든 열린 공간이다. 그러나 아직 모든 강의가 일반인에게 공개되고 있지는 않은 상황이며, 지속적으로 공개를 확대할 예정이다.

그림 1.6 서울대학교의 무크 snuon(snuon.snu.ac.kr)

세계적인 무크 사이트로는 에덱스 외에도 예일, 프린스턴, 콜롬비아, 카이스트, 동경대가 참여하는 코세라(www.coursera.org)가 있으며, 조지아 공대, 새너제이 주립대 등이 참여하고 있는 유다시티(www.udacity.com)가 대표적이다. 2014년 7월 기준으로 625여개의 가장 많은 강좌 수와 전 세계 650만명이라는 가장 많은 학생이 수강하고 있는 코세라는 영어는 물론 중국어, 스페인어, 프랑스어, 포르투갈어, 아랍어 등 전 세계 16개국의 언어로 강의를 제공하고 있다. 아쉽게도 한국어 강좌는 아직 하나도 없는 상태이다. 유다시티는 컴퓨터·과학·물리학 등 이공계 과정이 많으며, 구글과 오토데스크 등과 함께 협력해 '공개교육연합(Open Education Alliance)' 프로젝트를 추진 중이며, 이를 통하여 기업들이 원하는 인재 양성을 위한 교육을 추구하고 있다.

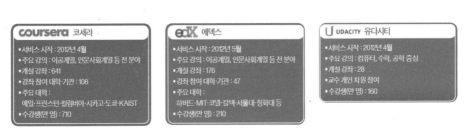

그림 1.7 대표적 무크 사이트

1.4 컴퓨터 관련 자격증

컴퓨터에 관한 능력을 검증해보고 싶으면 컴퓨터 관련 자격증을 취득해보자. 컴퓨터 관련 자격증은 자신감을 높여줄 뿐 아니라 대학 졸업 후 취업에 많은 도움을 줄 수 있다. 갈수록 심화되는 취업난에서 여러분은 대학 졸업반부터 취업준비를 시작한다는 생각을 버리고 대학 신입생부터 자신의 경쟁력을 갖추길 바란다.

컴퓨터 관련 자격증은 다양하다. 이 중 대한상공회의소가 주관하는 컴퓨터활용능력과 워드프로세스 관련 자격증은 많은 학생이 소지하고 있을 것이다. 국내의 민간 자격증이나 국제자격증은 오토데스크(Autodesk), 마이크로소프트(Microsoft), 오라클(Oracle) 사와 같은 컴퓨터 관련 회사나 민간 협회에서 주관하는 시험으로 자신의 분야와 능력 그리고 적성에 맞게 준비해야 한다.

국내의 공인 자격증

한국산업인력공단의 자격증은 매우 다양하며 가장 공신력 있는 국가공인 자격증이라 할 수 있다. 다음은 한국산업인력공단에서 공인하는 국가기술자격 제도의 분류와 그 중에서 정보기술 관련 자격증을 보이고 있다.

그림 1.8 컴퓨터 관련 국가 공인 자격제도

한국콘텐츠진흥원에서는 아래와 같은 컴퓨터 게임 관련 자격증을 발급하며, 대한상공회의소는 비서, 전산회계, 전자상거래, 컴퓨터활용능력, 한글속기 등에 관련된 자격제도를 주관한다. 특히 한국인터넷진흥원에서 주관하는 정보보안 기사와 산업기사는 IT 및 정보통신 기술에 대한 이론 및 실무 지식을 바탕으로 정보보안 시스템 및 솔루션 개발, 주요 운영체제 및 네트워크 장비, 정보보안 장비에 대한 운영 및 관리, 조직의 정보보안정책의 수립과 대책수립 및 관리, 정보보호 관련 법규 적용 등의 직무 수행에 대한 자격 제도로 도전해볼 만하다.

● 한국콘텐츠진흥원
- 게임그래픽전문가
- 게임기획전문가
- 게임프로그래밍전문가

● 대한상공회의소
- 비서1급
- 비서2급
- 비서3급
- 워드프로세서
- 전산회계운용사1급
- 전산회계운용사2급
- 전산회계운용사3급
- 전자상거래관리사1급
- 전자상거래관리사2급
- 전자상거래운용사
- 컴퓨터활용능력1급
- 컴퓨터활용능력2급
- 한글속기1급
- 한글속기2급
- 한글속기3급

● 한국인터넷진흥원
- 정보보안기사
- 정보보안산업기사

그림 1.9 한국콘텐츠진흥원, 대한상공회의소, 한국인터넷진흥원의 국가공인 자격제도

전산관련 학과를 다니거나 전산에 많은 관심이 있는 학생이라면 한국인력공단(www.hrdkorea.or.kr)의 정보처리기사 또는 정보처리기능사에 도전해보길 바란다. 이 자격증은 우수한 프로그램을 개발하여 업무의 효율성을 높이고, 궁극적으로 국가발전에 이바지하기 위해서 컴퓨터에 관한 전문적인 지식과 기술을 갖춘 사람을 양성할 목적으로 제정되었다. 이 자격증은 사회에서 기술을 인정 받을 수 있고 실제 직장 업무에 도움을 줄 수 있다. 한국인력공단에서 운영하는 큐넷(Q-Net)은 한국인력공단에서 관리하는 국가공인자격의 모든 정보를 제공한다.

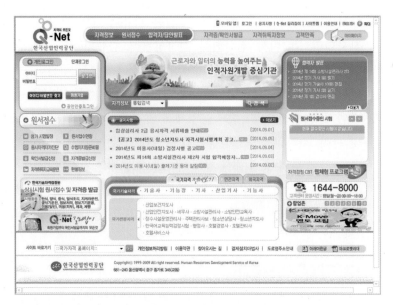

그림 1.10 한국산업인력공단의 국가공인 자격 홈페이지(www.q-net.or.kr)

오라클의 공인자격

정보기술 분야의 대표적 다국적 기업인 오라클은 전통적인 데이터베이스에서부터 소프트웨어 플랫폼인 자바 그리고 스파크스테이션 등의 하드웨어에 이르기까지 다양한 솔루션을 가지고 있으므로 매우 다양한 자격증 제도를 보유하고 있다. 다음은 오라클 홈페이지(www.oracle.com/kr)에서 찾아본 자바 및 미들웨어 자격시험이다.

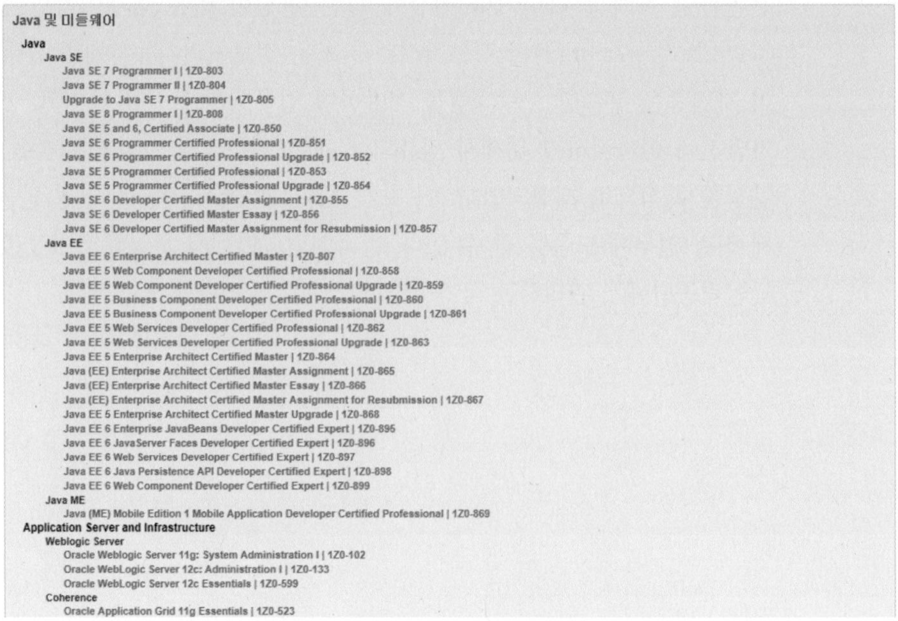
Java 및 미들웨어
Java
Java SE
Java SE 7 Programmer I | 1Z0-803
Java SE 7 Programmer II | 1Z0-804
Upgrade to Java SE 7 Programmer | 1Z0-805
Java SE 8 Programmer I | 1Z0-808
Java SE 5 and 6, Certified Associate | 1Z0-850
Java SE 6 Programmer Certified Professional | 1Z0-851
Java SE 6 Programmer Certified Professional Upgrade | 1Z0-852
Java SE 5 Programmer Certified Professional | 1Z0-853
Java SE 5 Programmer Certified Professional Upgrade | 1Z0-854
Java SE 6 Developer Certified Master Assignment | 1Z0-855
Java SE 6 Developer Certified Master Essay | 1Z0-856
Java SE 6 Developer Certified Master Assignment for Resubmission | 1Z0-857
Java EE
Java EE 6 Enterprise Architect Certified Master | 1Z0-807
Java EE 5 Web Component Developer Certified Professional | 1Z0-858
Java EE 5 Web Component Developer Certified Professional Upgrade | 1Z0-859
Java EE 5 Business Component Developer Certified Professional | 1Z0-860
Java EE 5 Business Component Developer Certified Professional Upgrade | 1Z0-861
Java EE 5 Web Services Developer Certified Professional | 1Z0-862
Java EE 5 Web Services Developer Certified Professional Upgrade | 1Z0-863
Java EE 5 Enterprise Architect Certified Master | 1Z0-864
Java (EE) Enterprise Architect Certified Master Assignment | 1Z0-865
Java (EE) Enterprise Architect Certified Master Essay | 1Z0-866
Java (EE) Enterprise Architect Certified Master Assignment for Resubmission | 1Z0-867
Java EE 5 Enterprise Architect Certified Master Upgrade | 1Z0-868
Java EE 6 Enterprise JavaBeans Developer Certified Expert | 1Z0-895
Java EE 6 JavaServer Faces Developer Certified Expert | 1Z0-896
Java EE 6 Web Services Developer Certified Expert | 1Z0-897
Java EE 6 Java Persistence API Developer Certified Expert | 1Z0-898
Java EE 6 Web Component Developer Certified Expert | 1Z0-899
Java ME
Java (ME) Mobile Edition 1 Mobile Application Developer Certified Professional | 1Z0-869
Application Server and Infrastructure
Weblogic Server
Oracle Weblogic Server 11g: System Administration I | 1Z0-102
Oracle WebLogic Server 12c: Administration I | 1Z0-133
Oracle WebLogic Server 12c Essentials | 1Z0-599
Coherence
Oracle Application Grid 11g Essentials | 1Z0-523

그림 1.11 오라클의 자바 및 미들웨어 자격시험

02

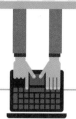

인터넷의 변화

1990년 웹(web)이라는 것이 정보 공유 목적으로 만들어지면서 인터넷을 이용한 정보 혁명은 시작되었다. 웹이 학술 목적이 아닌 일반인들에게 전파되기 시작한 것이 1990년 중반이라면 약 20여 년 동안 웹에 의하여 우리의 생활 모습이 과거와는 전혀 다른 모습으로 변하였다. 이제는 인터넷을 사용하지 않고서는 단 하루도 살 수 없을 정도로 인터넷은 우리 삶의 한 부분이 되었다.

2.1 웹 3.0

웹 2.0이란 2000년대의 웹이 지향해야 할 목표이자 패러다임(paradigm)이었다. 웹 2.0의 특징으로는 개인화, 개방, 공유, 참여 등이 있다.

웹 2.0에서 웹 3.0으로

이제 웹 2.0을 지나 웹 3.0은 2010년대 웹의 패러다임으로서, 개인 중심의 서비스로 창의성이 최대한 발휘될 수 있는 웹을 말한다. 2010년부터 2020년까지의 웹 3.0은 시맨틱 웹(semantic web) 구축으로 지능형 검색 웹이 그 중심이다. 웹 1.0과 웹 2.0 그리고 웹 3.0의 특징을 정리하면 다음 표와 같다.

표 1.4 웹의 진화와 웹 3.0의 특징

분류	웹 1.0	웹 2.0	웹 3.0
시기	1990~2000년	2000~2010년	2010~2020년
의사소통	일방적	양방향	이동성이 있는 그물망
콘텐츠	콘텐츠 생산 주체자가 생산한 콘텐츠를 일방적으로 서비스	콘텐츠 생산도 일반인이 자발적으로 참여할 수 있으며 서비스도 자유로이 가능	지능화된 웹이 원하는 콘텐츠를 제공
검색	검색의 대상을 고정	검색 엔진을 어디에서나 이용 가능하며 검색 대상도 규정 가능	이용자 맞춤형 검색
주요 기술 활용	주요 기술을 개발한 업체에서만 이용 가능	다른 업체도 이용 가능하도록 API(Application Programming Interface) 제공	시맨틱 기술, 상황인식, 클라우드 컴퓨팅

웹 3.0을 구현한 가장 좋은 예는 구글이 개발한 검색엔진이다. 스탠퍼드 대학의 박사 과정 학생이었던 래리 페이지(Larry Page)와 세르게이 브린(Sergey Brin)이 창업한 구글(Google)은 검색엔진의 개발에서 명성을 얻어 지금은 마이크로소프트, 애플과 함께 세계 정보기술을 선도하는 기업으로 성장하였다. 구글은 2006년 세계 최대의 동영상 공유 사이트인 유튜브를 인수하였고, 2005년에 인수한 안드로이드를 발전시켜 2007년에 스마트기기의 운영체제인 안드로이드를 출시하여 현재 가장 많이 사용하는 스마트기기 운영체제로 발전시켰다. 즉 구글은 기술회사로 시작해서 소프트웨어, 기술, 인터넷, 광고, 미디어 회사가 모두 하나로 합쳐진 기업으로 웹과 모바일 기술을 선도하는 기업으로 성장하였다.

그림 1.12 구글의 다양한 서비스

2.2 블로그

블로그(Blog)는 인터넷을 의미하는 웹(Web)과 자료를 뜻하는 로그(Log)를 합쳐서 만든 용어로, 개인 스스로가 가진 느낌이나 생각, 알리고 싶은 견해나 주장 같은 내용을 웹에다 일기나 게시판처럼 적어 올려서, 다른 사람도 보고 읽을 수 있게 공개된 개인 사이트라 할 수 있다. 과거 블로그가 없을 때는 개인 홈페이지를 하나 구축하여 운영하려면 웹 서버가 필요할 뿐만 아니라 HTML 언어 등 웹 문서를 제작하기 위한 여러 가지 작업이 필요했었다. 하지만 블로그는 이러한 모든 서비스를 단순히 한 사이트에서 쉽게 해결할 수 있는 장점과 개인적인 자료를 관심 있는 사람들과 서로 공유할 수 있는 장점이 있어 그 관심이 날로 증가하고 있다.

그림 1.13 네이버 블로그 홈페이지(section.blog.naver.com)

국내에서 가장 많이 이용하는 블로그로는 네이버와 다음 블로그 등이 있다. 국내 블로그 형태로 인기를 끌었던 것으로는 싸이월드(cyworld.co.kr)가 대표적이다. 싸이월드의 미니홈피는 친구를 사귀는 등 인맥을 형성하기 쉬운 개인 홈페이지 성격의 블로그로 국내에서의 인기에 힘입어 한때 외국으로까지 진출하였으나 미국의 소셜 네트워크 서비스(SNS)인 페이스북과 트위터에 밀려 현재는 국내에만 서비스되고 있다.

블로그는 지극히 개인적인 성격을 갖고 있으면서도 다른 이들과의 강한 상호 연결성을 보이고 있어 인터넷 사용자들을 사로잡는 마력을 지니고 있다. 일반인들이 자신의 관심사에 따라 일기·칼럼·기사 등을 자유롭게 올릴 수 있을 뿐 아니라, 개인출판·개인방송·커뮤니티까지 다양한 형태를 취하는 일종의 1인 미디어의 역할을 하고 있다. 블로그가 1인 미디어의 역할을 하면서 블로그를 통해 유명인사가 되는 경우가 많아지고 있다. 하루 방문자 수가 1,000명을 넘는 블로그를 운영하는 사람을 보통 파워블로그라 한다. 이러한 파워블로그의 영향력이 확대되면서 대기업이 스폰서가 되어 광고가 붙기도 한다. 또한 파워블로그의 운영자가 오프라인의 저자가 되는 경우도 많아지고 있다. 다음은 네이버 블로그에서 활동 중인 다양한 분야의 파워블로거들이다.

그림 1.14 네이버의 파워블로그

2.3 사용자제작콘텐츠 UCC

인터넷 사업자나 콘텐츠 공급자와 같은 전문 조직이 아닌 일반 사용자들이 직접 만들어 인터넷 서버에 올리고 인터넷에 의해 유통되는 콘텐츠를 사용자제작콘텐츠, 간단히 UCC(User Created Contents)라 한다. 콘텐츠의 가장 단순한 형태는 텍스트일 수 있으나 최근 들어 UCC는 대부분 이미지ㆍ음악 등의 멀티미디어 요소가 결합된 동영상 위주로 확대해 가는 추세이다. 텍스트 위주의 UCC가 바로 이전에 알아본 블로그라 할 수 있다. 이용자가 적극적으로 참여해서 정보와 지식을 만들고 공유하는 열린 인터넷에서 사용자들이 보다 다양한 정보를 창조하고 공유할 수 있으므로 UCC는 현재 콘텐츠의 중요한 부분이 되었다.

유튜브

UCC 사이트로는 프랑스의 데일리모션(www.dailymotion.com), 미국의 마이스

페이스(www.myspace.com), 국내의 다음 tv팟(tvpot.daum.net), 판도라TV(www.pandora.tv)와 네이버캐스트(navercast.naver.com) 등이 있으며 UCC의 대표적인 사이트는 단연 유튜브(www.youtube.com)일 것이다. 이 유튜브는 단순한 동영상 공유 사이트로 출발하여 전 세계 사람들이 가장 많이 찾는 UCC 사이트로 성장하였다. 2006년 인터넷 검색분야 세계 최고인 구글(www.google.com)이 유튜브와 16억 5000만 달러, 우리 돈으로 약 1조 6천억 원에 인수협상을 체결한 것으로 우리를 놀라게 했다.

우리에게 유튜브의 위력을 보여준 가장 인상적인 사례는 가수 싸이가 아닐까 한다. 2012년 유튜브에 올려진 싸이의 '강남스타일'은 공개된 지 2개월 만에 2억 번 이상 조회되는 기록을 달성하며, 싸이는 단숨에 세계적인 가수가 되었다. 이처럼 UCC 사이트인 유튜브의 영향력은 더욱 커지고 있다.

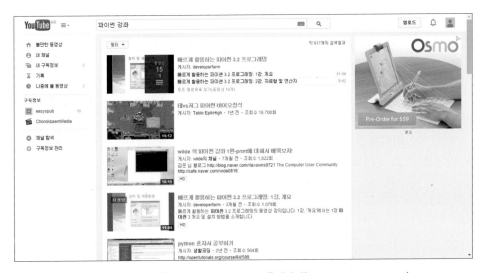

그림 1.15　세계적 UCC 사이트인 유튜브 홈페이지(www.youtube.com)

UCC에 대한 폭발적 인기와 확산에 따라 대부분의 기존 포털 업체도 적어도 한 개 이상의 UCC 포털 사이트를 제공하고 있다. 그러나 유튜브의 인기에 비해 국내 UCC 사이트의 인기는 시들고 있다.

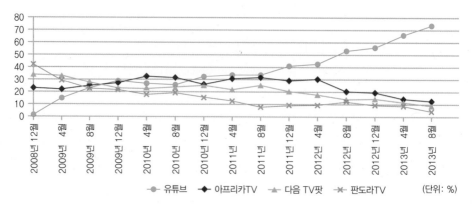

그림 1.16 국내의 주요 UCC 사이트의 시장 점유율

아프리카와 팟캐스트

국내의 아프리카TV(www.afreeca.com)는 2006년 인터넷 기반에서 개인 방송서비스로 시작하였으며 현재는 개인 방송 위주로 다양한 동영상을 서비스하고 있다. 개인 방송 서비스는 BJ(Broadcasting Jockey)라 부르는 진행자가 장비를 갖춰 개인 방송을 서비스하면, 웹 브라우저나 전용 소프트웨어가 설치된 시청자는 다양한 개인 방송 중에서 원하는 방송을 선택하여 시청하는 방식이다. 이러한 개인 방송은 웹캠과 마이크, 컴퓨터만 있으면 누구나 방송을 할 수 있다는 장점이 있지만, 일부 BJ들의 악의적인 방송이나 방송을 돈벌이 수단으로 생각하는 일부 선정적인 방송은 물의를 빚고 있다.

그림 1.17 아프리카TV

팟캐스트(Podcast)는 아이팟(iPod)과 방송(broadcast)의 합성어로 애플에서 제공하는 구독형 오디오와 비디오 방송이다. PC에서 팟캐스트를 서비스 받으려면 웹 서비스 페이지를 접속하는 것이 아니라 애플의 소프트웨어인 아이튠즈(iTunes)를 설치하고 'iTunes store'를 누른 후 중앙에 표시되는 팟캐스트를 선택하면 된다. 그림 1.18과 같이 팟캐스트는 다양한 오디오와 비디오 방송이 한곳에 모여 있어, 바로 누르면 거의 무료로 방송을 보거나 들을 수 있다. 또한 '무료구독'을 설정해 놓으면, 새로운 방송이 올라올 때마다 자동으로 다운받도록 설정되어 사용이 편리하다. 스마트폰에서도 팟캐스트 앱을 다운받아 자유롭게 보거나 들을 수 있다.

그림 1.18 애플의 팟캐스트

2.4 소셜네트워크서비스 SNS

2000년 초에 우리나라에서 선풍적인 인기를 끌었던 사이트 중에 아이러브스쿨 (www.iloveschool.co.kr)이란 사이트가 있다. 이 사이트는 본인의 출신 학교 동창을 중심으로 정보를 공유하는 커뮤니티 사이트이다. 이러한 커뮤니티를 발전시켜 인터넷 공간에서 불특정 타인과 인맥을 구축하는 서비스를 소셜네트워킹서비스, 간단히 SNS(Social Networking Service)라 한다. SNS는 유명인이나 불특정인과 인맥을 맺을 수 있으며, 자기의 생각을 빠르고 쉽게 공유할 수 있는 장점이 있다. 스마트폰과 같은 스마트기기의 대중화로 SNS 이용자는 폭발적으로 증가하여, 2014년 기준 전 세계적으로 20억 명에 육박하고 있다.

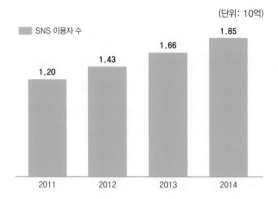

(단위: 10억)

■ SNS 이용자 수

1.20 1.43 1.66 1.85

2011 2012 2013 2014

그림 1.19 2011~2014년 전 세계 SNS 이용자 추이(자료: 이마케터)

페이스북

페이스북(www.facebook.com)은 2004년 하버드대 학생이 기숙사에 거주하는 학생들 간 친목을 도모하기 위해 만든 후, 현재는 전 세계 13억 2천만 명의 네티즌이 사용하는 대표적인 SNS로 성장하였다. 또한 마이스페이스(www.myspace.com)와 우리나라의 싸이월드(www.cyworld.com)도 SNS의 대표적 사이트이다.

그림 1.20 대표적 SNS 페이스북(www.facebook.com)

트위터

트위터(twitter)는 2006년에 서비스가 시작되어 현재 전 세계적으로 2억 명 이상이 사용하는 SNS이다. '트윗(tweet)'은 새가 지저귀는 소리를 표현하는 영어 단어로, 이 단어 트윗에서 나온 트위터는 140자로 제한되는 간단한 단문으로 자신이 관심 있는 주제의 내용을 친구들에게 쉽게 전달할 수 있는 메신저이다. 자신이 관심을 갖는 대상인 다른 사용자를 팔로잉(following)이라 하며, 자신에게 관심이 있는 다른 사용자를 팔로워(follower)라 한다. 자신이 트윗한 메신저는 팔로워가 볼 수 있으며, 팔로잉이 트윗한 메신저는 자신이 볼 수 있는 구조이다. 트위터에서 다른 사용자를 팔로우(구독, follow)한다는 것은 다른 사용자를 팔로잉으로 결정한다는 의미이며, 트위터에서 인맥을 넓혀가는 방법이다.

트위터는 2011년부터 우리나라에서 공식적으로 서비스되기 시작했으며, 2012년 말에 120만 명을 넘었다고 한다. 시간과 공간의 제약 없이 언제 어디서나 사용할 수 있는 스마트폰의 장점과 140자라는 제한이 있는 메신저에 바로 반응을 보이고 참여할 수 있는 장점으로 인해 트위터의 인기는 높아지고 있다.

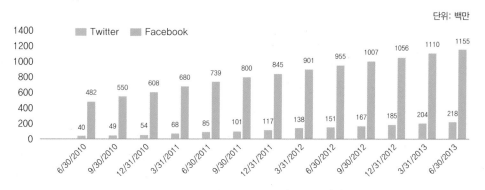

그림 1.21 트위터와 페이스북의 월별 사용자 수

최근 트윗이나 페이스북을 통하여 사회적 이슈가 되는 주제가 급속도로 확산되는 경우가 많다. 특히 우리나라에서도 각계의 목소리가 SNS를 통해 공유되고 있으며, 빠른 속도와 상대적으로 자유로운 의견개진이 장점이지만, 검열에 대한 우려도 높다.

03

전자상거래

인터넷을 이용하여 유형, 무형의 상품을 거래하는 인터넷 전자상거래는 이제 우리 생활의 일부가 되었다. 이러한 전자상거래를 통한 매출 규모도 엄청나게 증가하여 백화점이든 TV 홈쇼핑이든 오프라인 매장과 함께 인터넷을 통한 쇼핑몰 사이트도 운영하는 것을 알 수 있다.

3.1 다양한 시장

오픈 마켓의 발전

이제 인터넷이나 스마트기기를 이용하여 쇼핑몰에서 원하는 제품을 사는 일은 흔한 일이 되었다. 우리나라 시골 장터와 같이 시장 내부에 입점해 있는 무수히 많은 미니샵들이 물건을 팔고 있는 오픈 마켓(Open Market)은 그 시장이 확대되어 2013년을 기준으로 그 매출액이 약 15조에 이른다고 한다. 이러한 오픈 마켓은 열린시장 또는 열린장터라고도 하며 시장이 펼쳐진 장소라는 의미로 마켓 플레이스(market place)라고도 부른다.

그림 1.22 국내의 주요 마켓플레이스 G마켓(www.gmarket.co.kr)

2000년 중반부터 시작된 이러한 온라인 마켓 플레이스의 성장은 저가의 상품을 찾는 구매자와 저비용으로 이러한 상품을 구비하고 팔 수 있는 미니샵의 등장으로 가능하였고, 지속적으로 인기를 모으고 있다.

현재 국내의 대표적 마켓 플레이스는 이베이 코리아의 G마켓(gmarket.co.kr)과 옥션(auction.co.kr)이며, 11번가(11st.co.kr), 인터파크(interpark.co.kr), 네이버지식쇼핑(shopping.naver.com) 등이 있다. 이들의 국내 시장점유율을 살펴보면 다음과 같다.

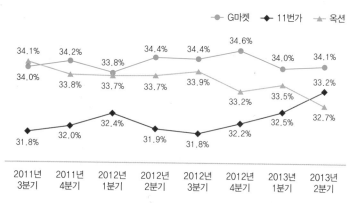

그림 1.23 국내의 주요 마켓플레이스 사이트의 점유율

인터넷 경매

물품 매매에서 경매는 판매자가 제시한 가격에서 시작하여 가장 높은 가격을 부른 구매자에게 물품을 판매하는 방식이다. 보통 미술 작품이나 골동품과 같이 가격을 정하기 어렵거나 가격 변동이 있는 상품의 매매에서 사용된다. 이러한 경매 방식을 그대로 인터넷 매매에 적용한 것이 인터넷 경매이다. 인터넷 경매는 한 청년이 수집광인 여자친구를 위해 만든 사이트에서 시작되었고 한다. 이 사이트가 바로 이베이(www.ebay.com)인데 1995년도에 개설되어 현재 전 세계적인 기업으로 성장하였다. 국내의 경매 사이트는 옥션이 1998년에 시작되어 인기를 끌었으나 2001년에 미국의 이베이(ebay)에 인수되어 현재는 오픈 마켓 사이트로 서비스되고 있다. 이처럼 미국의 다국적 인터넷 C2C(Consumer To Consumer, 소비자와 소비자 간의 전자상거래) 기업인 이베이는 전 세계적으로 30개국 이상에서 서비스되고 있다.

그림 1.24 세계적인 기업 이베이(www.ebay.com)

3.2 상품 정보와 가격 비교

인터넷에서 쇼핑을 하기 전에 해야 할 일은 상품을 선정하는 일과 선정된 상품의
가격을 알아보는 일이다.

상품 정보

구매하고 싶은 상품이 있다면 상품에 대한 기본적인 정보가 필요할 것이다. 예를
들어, TV를 구매하고 싶은데 'LCD TV와 LED TV 중에서 무엇을 구매해야 할
까?'라는 문제를 해결하기 위한 사이트가 있다면 유용할 것이다. 또는 디지털 카
메라를 구매하고 싶은데 '어떤 카메라를 구매해야 하는지? 카메라의 DSLR이 무
엇인지?' 등을 알려준다면 유용할 것이다. 신기술이나 새로운 아이디어 상품에
대한 심층적인 소개와 사용 후기 등의 정보가 있는 사이트로 얼리어답터(www.
earlyadopter.co.kr)가 유명하다. 얼리어답터 사는 신기한 제품을 찾아 소개하고,
이러한 제품에 대한 다양한 이해를 바탕으로 유수의 기업들의 제품 개발과 마케팅
에 직접 참여하는 사업을 펼치고 있다.

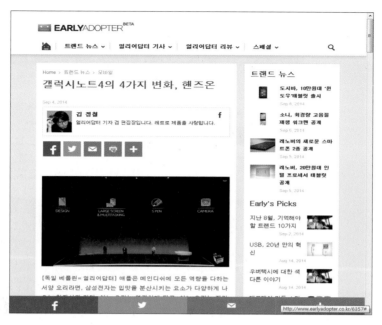

그림 1.25 다양한 제품을 소개하는 얼리어답터(www.earlyadopter.co.kr)

가격 비교

인터넷 쇼핑을 하기 전에 반드시 들러야 할 곳 중 하나가 가격 비교 사이트이다. 특히 전자제품과 같이 규격이나 품질이 동일하게 정해져 있는 상품은 이러한 사이트를 이용하면 가격 비교가 확실하다. 수많은 인터넷 쇼핑몰을 일일이 찾아 다니면서 어느 제품의 가격을 비교하기는 번거로운 일이므로 가격비교 전문 사이트는 인기를 얻으며 운영되고 있다.

국내의 가격 비교 사이트로는 네이버 지식쇼핑(shopping.naver.com), 다나와(www.danawa.com), 에누리(www.enuri.com), 비비(www.bb.co.kr) 등이 있다. 국내 최초 가격 비교 사이트인 다나와는 2000년 설립 초기 주로 디지털카메라와 컴퓨터에 대한 가격 비교 정보를 제공하다가, 현재는 가격 비교 중심의 종합 쇼핑 포털로 성장했다. 가격 비교 사이트의 지속적인 성장을 위해서는 최저가 정보를 제공할 뿐만 아니라 쇼핑몰에 대해 좀 더 철저한 검증을 거쳐 신뢰할 수 있는 정보를 공유하며, 각종 제품에 대한 상세 정보도 알려주는 등 쇼핑 가이드 역할을 해야 한다.

그림 1.26 가격 비교 사이트 다나와(www.danawa.com)

전 세계를 대상으로 상품 가격 비교와 함께 상품을 구입하려면 구글의 쇼핑(www.google.com/shopping), 넥스트태그(www.nextag.com), 더파인드(www.thefind.com), 쇼핑(www.shopping.com), 프라이스그래버(www.pricegrabber.com) 등을 이용할 수 있다.

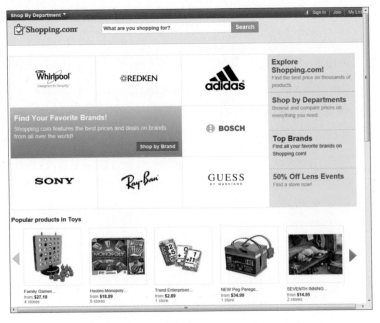

그림 1.27 쇼핑 사이트(www.shopping.com)

3.3 ____ 인터넷 뱅킹

금융권 뱅킹

인터넷 뱅킹이란 은행의 금융 업무를 인터넷 시스템으로 구축하여 사용자가 인터넷으로 은행 업무를 서비스 받는 것을 말한다. 국내에는 2000년 이후부터 인터넷 뱅킹 시스템을 구축하여 현재에는 대부분의 은행과 증권사 등 모든 금융 기관에서 인터넷 뱅킹과 함께 모바일 뱅킹도 서비스하고 있다.

그림 1.28 국민은행(www.kbstar.com)의 인터넷 뱅킹과 모바일 앱

국내의 대표적인 인터넷 뱅킹 사이트로는 국민은행(www.kbstar.com)과 농협(banking.nonghyup.com)을 예로 들 수 있다. 다만 인터넷 뱅킹은 어떠한 인터넷 시스템보다 보안이 중요하므로 인터넷 뱅킹을 이용하려면 직접 은행을 찾아 인터넷 뱅킹을 위한 개인 아이디(ID)와 보안카드 등을 얻어야 한다. 또한 인터넷 뱅킹 업무를 보려면 금융결제원이 발급한 보안 인증서가 필요하며, 인터넷 뱅킹 로그인(login) 시, 이 인증서를 이용하여 로그인을 수행할 수 있다. 이 인증서는 한 번 발급받으면, 자주 이용하는 컴퓨터뿐만 아니라 USB 메모리와 같은 이동식 저장 장치에 저장하여 이용할 수 있다. 이러한 보안 인증서는 인터넷 뱅킹뿐만 아니라 국세청 등과 같은 인증이 필요한 여러 사이트의 로그인 시에 이용이 가능하다. 모바일 뱅킹도 인터넷 뱅킹과 비슷하며 스마트폰에 모바일 뱅킹용 앱을 설치한 후 이용할 수 있다.

그림 1.29 인터넷 뱅킹에서 활용되는 인증서

인터넷 뱅킹 서비스 중에서 자주 이용하는 서비스로는 계좌이체를 들 수 있는데, 은행을 직접 방문해 처리하거나 기기를 이용한 계좌이체보다 저렴한 비용이 장점이다. 은행에 많은 적립 포인트가 있는 우수 고객이라면 수수료 없이 무료로 인터넷 뱅킹 계좌이체를 이용할 수도 있다. 그러나 계좌이체로 발생하는 문제는 대부분 은행이 책임을 지지 않으므로 그 사용에 여러 가지로 조심할 필요가 있다. 은행이나 증권사의 인터넷 뱅킹에서 발생할 수 있는 보안 문제를 차단하기 위해 사용하는 첫 번째 방안이 인증서라면 두 번째는 보안카드이다. 인터넷 뱅킹에서 보안이 필요한 업무에는 업무 수행 전에 미리 발급한 보안카드의 번호를 입력하게 함으로써 발생할 수 있는 문제를 미연에 방지한다.

인터넷 결제

게임 사이트에서는 그 회사의 사이버 머니(cyber money) 또는 도토리와 같은 가상의 돈을 이용하며, 소액인 경우 이동통신사 휴대폰 번호 등으로 결제한다. 그러나 대부분의 쇼핑몰과 인터넷 상거래에서 주로 이용하는 인터넷 결제 방식은 신용카드 방식이다. 이러한 인터넷 상에서 신용카드 사용의 해킹 또는 번호 유실을 막기 위해 안심클릭이나 인터넷안전결제를 이용한다.

인터넷안전결제(ISP: Internet Security Payment) 및 안심클릭서비스는 인터넷을 통해 쇼핑몰 등에서 물건을 구입하는 경우 발생할 수 있는 정보유출, 타인에 의한 도용 등을 방지하기 위해 브이피㈜(www.vp.co.kr) 사에서 마련한 결제서비스이다. 인터넷안전결제(ISP) 및 안심클릭서비스를 이용하면 기존 결제방식처럼 카드번호, 유효기간 등을 입력하지 않고 고객이 사전에 등록한 전용 비밀번호를 통해서만 거래가 이루어지므로, 해킹이나 도난 등의 위험이 완전히 차단된다. 인터넷안전결제의 경우 비씨 · 국민카드에서 사용되며 안심클릭의 경우 LG · 삼성 · 외환 · 신한 · 현대 · 롯데 · 하나카드에서 사용하는 결제서비스이다.

그림 1.30 브이피 홈페이지(www.vp.co.kr)

Paypal은 국제적으로 통용되며 인터넷 상에서 결제 가능한 e-money이다. Paypal에 가입하여 계좌를 가지고 있으면 자신의 이메일 주소를 통해 상대방이 자신에게 돈을 송금할 수 있으며, 이메일 주소로 상대방에게 송금도 가능하다. 또한 Paypal은 수수료도 아주 적은 편이며, 간편하고 저렴한 국제결제 수단 중의 하나이다. Paypal 계정의 보안은 상당히 강력한 수준이며 가입하는 회원들은 자동으로 보험에 무료 가입되므로 사고로 인해 계정에 이상이 생길 경우에도 상당한 액수까지 보상받을 수 있으니 안심하고 사용할 수 있다.

특히 미국의 경매 사이트인 eBay에서 물건을 구입한 후에는 판매자에게 직접 제품 대금을 결제해야 된다. 판매자가 업체라면 카드를 통한 대금지불도 가능하지만, 개인 판매자의 경우에는 직접 카드결제를 받기 어려우므로 이 Paypal을 사용한다. 현재 Paypal이 eBay의 자회사로 Paypal에서 자신의 eBay 아이디로 로그인하여 eBay에서 경매로 낙찰 받은 상품에 대해 지불할 수 있는 메뉴까지 따로 마련되어 있으므로 상당히 편리하게 사용할 수 있다. eBay뿐 아니라 대부분의 미국 쇼핑몰에서는 Paypal 결제를 지원하므로 유용하게 사용할 수 있다.

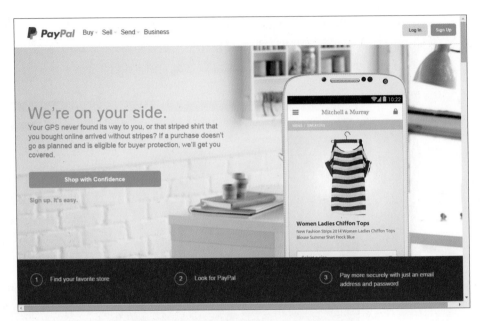

그림 1.31 PayPal 홈페이지(www.paypal.com)

모바일 결제

스마트폰의 사용 증가와 온라인 쇼핑몰의 성황으로 모바일 결제도 중요한 결제 수단이 되었다. 모바일 결제 방식은 크게 NFC(Near Field Communication) 방식과 클라우드(cloud) 방식으로 나뉜다.

그림 1.32 NFC 방식과 클라우드 방식

근거리 통신 수단을 이용하는 NFC 방식에서, 사용자는 NFC 칩과 앱이 설치된 스마트폰이 필요하며, 판매자는 결제 시스템과 연동되는 NFC 리더기가 있어야 한다. 즉 이 NFC 방식은 오프라인 상에서는 신용카드 앱(app)이 설치된 스마트폰을 NFC를 이용하여 결제하는 방식으로, 국내의 대부분의 스마트폰에 NFC가 장착되어 있으므로 사용자는 사용이 편리하나, 판매자는 추가로 NFC 리더기가 있어야 하는 어려운 점이 있다. NFC 방식은 사용자의 스마트폰에 내장된 칩셋에 결제를 위해 필요한 정보를 저장하는 방식이다. 반대로 클라우드 방식은 결제를 위해 필요한 정보를 온라인 상의 서버에 저장한다. 클라우드 방식에서는 사용자가 스마트폰과 앱만 있으면 온라인 상으로 개인 자료를 가져와 결제를 처리할 수 있다.

클라우드 방식은 온라인 상에서 편리하며, NFC 방식은 오프라인 상에서 편리한 방식이다. 그래서 이 두 가지 방식이 서로 결합되면 보다 편리한 모바일 결제 방식이 될 것으로 보이며, 특히 국내에서 교통카드로 사용되는 T머니도 모바일 결제와 연동되어야 할 것이다.

04

컴퓨터 게임

게임에 관한 한 여러분도 많은 지식을 갖고 있을 것이며 지금도 게임에 푹 빠져있을 독자가 많을 것으로 예상된다. 우리나라도 인터넷 게임 분야에서는 사용자로서뿐만 아니라 인터넷 온라인 게임의 개발 및 서비스 주체로서도 세계적인 국가이다.

4.1 게임의 분류

게임의 종류는 수도 없이 많겠지만 오락실이나 컴퓨터 게임을 분류하면 다음과 같이 몇 개의 장르로 분류할 수 있다.

표 1.5 게임의 분류

분류	내용	대표작
시뮬레이션	현실 세계에서 하는 일들을 컴퓨터 상에서 모의실험하는 게임으로 게임의 '교육성'과 '재미'를 아주 적절히 혼합한 게임 장르	심시티, 스타크래프트
액션, 슈팅	말 그대로 여러 종류의 싸우는 게임으로 인간의 폭력적인 본성을 자극하는 게임인데 오락실과 같은 오프라인 게임에서 인기를 끈 게임 장르	스트리트 파이터, 버추얼 파이터, 철권, 솔져
스포츠	야구, 축구 등 세계인들의 공통된 관심사인 다양한 스포츠를 소재로 하는 게임	야구9단, 'NHL', 'FIFA' 시리즈
레이싱	자동차, 모터사이클, 보트 등의 다양한 이동수단을 통해 속도감을 맛볼 수 있는 게임 장르	아세토 코사, 카트라이더, 리얼 레이싱 등
어드벤처	주인공 캐릭터가 되어 문제를 해결해 나가며 모험을 즐기는 게임	미스트 시리즈 등
롤플레잉	RPG는 Role Playing Game의 약자로 굳이 한글로 바꾸자면 '역할게임' 정도로 얘기할 수 있다.	바람의 나라, 리니지, 디아블로
퍼즐	테트리스, 지뢰찾기 등 간단한 구성조각과 공간이 제공되며 룰에 맞는 구성 조각을 새로이 만들거나 제거하는 게임	애니팡, 직소퍼즐, 수도쿠, 마방진

시뮬레이션 게임

시뮬레이션(simulation)의 사전적 의미는 "모의 실험"으로 이 게임 분야는 실제 세계에서 쉽게 할 수 없는 일들을 가상적으로 흉내 내는 장르이다. 시뮬레이션은 게임의 장르 중 가장 큰 부분을 차지하며 다시 무수한 형태로 나누어진다.

시뮬레이션(simulation)의 종류를 살펴보면, 스타크래프트와 같이 유닛을 만들고 이것들을 이용해 싸움을 해나가는 전략 시뮬레이션, 상대방을 이기기 위해서 무력을 사용하기보다는 자신의 피조물을 키워가거나 혹은 자신의 회사, 도시, 롤러코스터와 같은 놀이기구를 설계하여 운영하면서 경제적인 부를 쌓는 방식으로 진행되는 경영 전략 시뮬레이션, 프린세스 메이커와 같이 인물을 키워가는 방식의 육성 시뮬레이션, 팰콘4.0과 같이 게이머가 직접 비행기를 조종하는 비행 시뮬레이션 등이 있다. 특히 경영 전략 시뮬레이션 게임은 게임의 교육성과 재미를 아주 적절히 혼합함으로써 나이에 상관없이 많은 사람들이 즐기는 장르라 할 수 있다.

그림 1.33 심시티 화면

그 중 Maxis 사의 '심시티(SimCity) 시리즈'는 방대한 도시를 운영하는 게임으로, 다양한 도시로 구성된 실감 나는 규모의 지역을 관리하면서 도시를 가상으로 건설하는 게임이다. 심시티는 현실 세계의 다양한 모습을 삼차원의 현실적인 그래픽으로 처리하여 독보적인 존재로 자리매김하며 이미 수많은 시리즈를 내놓아 인기를 끌고 있다.

액션, 슈팅 게임

예전부터 오락실에서 많이 하던 게임으로 내가 주인공이 되어 적과 싸우는 방식의 게임으로 PC에서는 보다 복잡한 요소가 첨가되기도 한다. 킹오브파이터, 버추얼 파이터 등의 대전을 벌이는 게임을 액션게임이라 하고, 버추얼 캅이나 하우스 오브 데드, 솔져 오브 포춘 등과 같이 총기류나 각종 무기로 무장하고 적과 싸우는 게임은 슈팅 액션 게임이다.

그림 1.34 슈팅 게임 화면

특히 슈팅 게임 중에는 잔인하거나 무자비하여 개인 심성에 악영향을 미치는 게임 도 있으며, 실제 이러한 게임에 중독된 사람이 사회에 심각한 사건을 일으키는 경 우도 있어 사회 문제가 되기도 한다.

스포츠 게임

실생활에서도 인기가 많은 스포츠 종목을 그대로 게임으로 즐길 수 있는 장르의 게 임이다. 피파(FIFA) 시리즈로 인기를 얻고 있는 축구에서부터 야구, 농구, 하키, 골 프 등 무수히 많은 종류의 스포츠 게임이 선보이고 있다. 특히 실제의 게임 리그나 이름을 그대로 게임으로 옮긴 경기인 NBA의 농구, FIFA의 축구, NHL의 아이스하 키, NFL의 미식축구 등의 시리즈들은 전세계적으로 많은 사용자 층을 갖고 있다.

그림 1.35 FIFA 2014의 화면

최근 온라인 게임뿐 아니라 모바일 게임도 인기를 끌고 있다. 카카오와 연계되는 골프 게임인 '다함께 나이샷'은 골프를 전혀 모르는 사용자도 손쉽게 골프의 매력에 빠질 수 있는 게임이다. '다함께 나이샷'은 개인이 미션을 해결하는 스테이지, 실시간으로 다른 게임자와 최대 4명이 동시에 즐길 수 있는 대결라운딩, 혼자서 정통 골프를 즐기는 9홀라운딩 모드로 즐길 수 있는 골프 게임이다.

그림 1.36 골프 게임 '다함께 나이샷'

레이싱 게임

레이싱 게임은 큰 범주로 보자면 스포츠 게임으로 들어갈 수 있지만 PC의 그래픽 처리 능력이 발전하면서 급속히 발전한 게임 장르라 일반적으로 달리 분류할 수 있다.

그림 1.37 실제보다 현실감이 있는 레이싱 게임의 한 장면

레이싱 게임은 각종 자동차를 운전하면서 컴퓨터 상대와 경주를 하거나 온라인인 경우 네트워크로 연결해서 다른 플레이어와 경주를 벌이는 장르이다. 가장 대표적인 레이싱 게임이 자동차 게임이고 그 외에 오토바이나 심지어 인라인 스케이트, 모터 보트 등의 레이싱 게임들도 선보이고 있다.

레이싱 게임의 가장 큰 묘미는 바로 '속도감'에 있다고 한다. 또한 실제로 다양한 종류의 차를 운전해 본다거나 실제로는 좀처럼 타기 힘든 고가의 각종 스포츠카를 운전하거나 F1과 같은 경기용 차량을 운전해 본다는 자체도 큰 매력일 것이다. 또한 세계의 유명한 도로나 내가 알고 있는 도로에서 실제와 같이 레이싱 게임을 한다는 것도 특별한 체험일 것이다.

롤플레잉(RPG)

롤플레잉 게임이란 말 그대로 역할 중심으로 게임을 풀어나가는 방식을 말하며, 경기자가 모험 속에서 각자의 역할을 선택하여 여러 가지 경험을 겪으면서 성장하는 과정을 즐기는 게임이다. 롤플레잉 게임의 기원은 '던전스 앤 드래곤스(Dungeons and Dragons)'라는 게임으로 볼 수 있으며, 그 후 많은 롤플레잉 게임이 등장하게 되었고 인터넷의 발전과 함께 더 많은 게임의 변수를 경험하고자 하는 게이머들의 욕구로 온라인 게임이 등장하게 된다. RPG는 어드벤처와는 달리 주인공이 이야기를 직접 만들어 나가는 것이 특징이다.

그림 1.38 온라인 게임 회사 Nexon 홈페이지

어드벤처 게임에선 이미 만들어진 상황에 따라 사용자의 선택이 이루어지지만 롤플레잉 게임에선 그 선택이 필요한 상황조차도 사용자가 만들어 나가는 방식이 어드벤처 게임과 다르다.

국내에서 온라인 게임이 활성화되면서 많은 개발업체가 온라인 롤플레잉 게임을 개발하여 서비스하고 있다. 국내 업체를 살펴보면 넥슨은 세계 최초의 다중접속 온라인 롤플레잉 게임인 '바람의 나라'를 개발하였으며, 리니지를 개발한 엔씨소프트, 한빛소프트, CJ인터넷 등이 있다. 다중접속 온라인 롤플레잉 게임(MMORPG: Massively Multi-play Online Role Play Game)은 RPG의 의미가 확장된 것으로 인터넷 상에서 수백에서 수천 명의 플레이어가 하나의 공간에 동시에 접속해서 게임을 즐기는 방식으로 우리나라에서 처음 개발된 게임 형태이다.

어드벤처

어드벤처 게임은 게이머가 주인공 캐릭터가 되어 문제를 해결해 나가는 게임이다. 어드벤처 게임은 주어진 상황에서 문제 해결을 위해 숨겨진 아이템을 찾아야 하므

 TIP: 리그 오브 레전드

최근에 성공한 온라인 게임으로 롤(LOL)이라고도 부르는 '리그 오브 레전드(League of Legends)'가 있다. 미국 캘리포니아에 있는 라이엇게임즈(Riot Games) 사가 2009년 개발, 출시한 온라인게임으로, 현재 한국, 미국, 중국, 태국 등의 아시아와 북미, 남미, 유럽 등 많은 나라에서 서비스되고 있다. 또한 전 세계적으로 엄청난 인기를 끌고 있으며 2012년부터는 세계에서 가장 많이 플레이한 게임 중 하나이며, 2013년에는 모든 게임을 통틀어 최초로 동시 접속자 수 500만 명이라는 기록을 세웠다. 리그 오브 레전드는 실시간 전략시뮬레이션(RTS: Real-time Strategy Simulation)에서 진화해서 새롭게 장르화 된 AOS(Aeon Of Strife)란 장르의 게임이다. AOS는 RPG와 RTS가 결합되어 RPG 요소가 극대화된 게임 장르이며, 여러 명이 함께 협업이 필요한 게임으로 MOBA(Multiplayer Online Battle Arena)라고도 부른다.

그림 1.39 리그 오브 레전드(League of Legends)

TIP: 국내에서 개발한 세계적인 온라인 게임 리니지

국내의 엔씨소프트 사에서 개발한 리니지는 다중접속 온라인 롤플레잉 게임을 대표하는 게임으로 1998년 9월에 서비스를 시작하였다. 리니지는 중세 유럽을 배경으로 하는 판타지 롤플레잉 게임으로 전 세계 온라인 게임 역사를 다시 썼을 뿐만 아니라 세계적으로 가장 성공한 문화 콘텐츠 중 하나로 인정받고 있다. 리니지 2는 현재 한국을 비롯해 중국, 대만, 일본, 인도네시아는 물론 미국, 유럽, 러시아까지 서비스되고 있다. 리니지는 2013년까지의 누적 매출액이 2조를 돌파하는 등 온라인 게임의 새로운 역사를 써가고 있다.

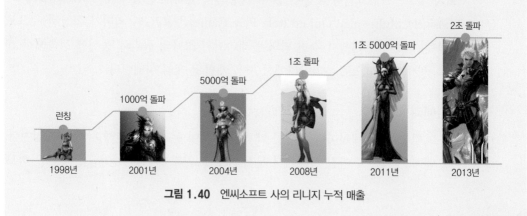

그림 1.40 엔씨소프트 사의 리니지 누적 매출

로 치밀한 사고력과 관찰력이 요구되기도 된다. 이러한 어드벤처 게임 장르의 가장 큰 매력은 자신이 직접 그 세계의 한복판에 뛰어들어서 문제를 해결해 나가는 몰입감에 있다고 볼 수 있겠다. 또한 어드벤처 게임은 일정한 틀을 갖고 있는 게임이지만 그래픽의 발전과 뛰어난 시나리오로 많은 사용자 층을 갖고 있는 게임 장르이다.

그림 1.41 어드벤처 게임 저니(Journey)

어드벤처 게임을 롤플레잉 게임과 구분하자면, 어드벤처 게임은 이미 만들어진 상황과 유저의 선택에 따라 다양한 모험을 체험하며, 롤플레잉 게임은 주인공이 스토리를 만들어 나가는 것이 주요 라인이라고 할 수 있다. 또한 어드벤처 게임에서는 주인공인 본인이 이미 주관적인 캐릭터이며, RPG에서는 여러 인물 가운데 하나를 선택하거나 동시에 복수의 캐릭터를 움직이게 된다. 어드벤처 게임의 종류로는 미스트 시리즈, 원숭이 섬의 비밀 시리즈, 디센트의 모험시리즈, 바이오 해저드시리즈, 가브리엘 나이트 시리즈 등이 있다.

영국의 게임 개발 에이도스에서 제작한 어드벤처 게임인 '툼 레이더'(Tomb Raider)는 많은 인기를 얻었다. 툼 레이더는 주인공인 여전사가 유적과 관련된 비밀과 음모를 풀기 위해 고군분투하는 시리즈 게임으로 1996년에 첫 출시 이후 계속되고 있다. 툼 레이더는 게임의 성공으로 영화로 제작되기도 했다.

그림 1.42 어드벤처 게임 툼 레이더(Tomb Raider)

4.2 소셜네트워킹 게임

최근에 관심이 부각된 소셜네트워킹 서비스가 온라인 게임으로도 제공되고 있다. 그 중에서 관심을 끄는 게임이 온라인 3D가상 세계에서 또 다른 자신을 만들어 삶을 살아가는 세컨드 라이프(second life)라는 게임이다. 세컨드 라이프는 린든 랩이 개발한 인터넷 기반의 가상 세계로 2003년에 시작되었다. 국내에도 2007년부터 서비스되었으나 2009년에 철수한 상태이다.

TIP: 국내 게임 산업 현황

국내 게임 산업 현황을 살펴보면 2011년 기준 매출액은 8조 8047억원이 이르며 부가가치율이 매년 50% 정도 증가하는 추세이다. 게임의 수입액은 점차 감소하고 있는 반면 수출액은 2011년 23억 7,807만 달러로 전년대비 48.1% 증가하며 호조를 보이고 있다. 지역별 수출액을 보면, 중국이 수출액 9억 729만 달러로 전체 수출액의 38.2%를 차지하여 가장 높게 나타났으며, 이어 일본(6억 5,255만달러, 27.4%), 동남아, 북미 순이다.

표 1.6 국내 게임 산업 총괄(2012년 한국콘텐츠진흥원 콘텐츠산업통계 자료)

구분	매출액(백만원)	부가가치액 (백만원)	부가가치율 (%)	수출액 (천달러)	수입액 (천달러)
2006	7,448,900	3,655,175	49.1	671,994	207,556
2007	5,143,600	2,487,445	48.8	781,004	389,549
2008	5,604,700	2,808,000	50.1	1,093,865	386,920
2009	6,580,600	3,348,867	50.9	1,240,856	332,250
2010	7,431,118	3,768,320	50.7	1,606,102	242,532
2011	8,804,740	4,184,893	47.5	2,378,078	204,986
전년대비 증감률	18.5	11.1	△3.2	48.1	△15.5

정보통신산업진흥원, 2012년 이러닝산업실태조사(재구성)

국내의 플랫폼별 게임 매출액 현황을 살펴보면 2011년 기준으로 온라인 게임이 70% 이상 차지하고 있으며, 그 다음이 모바일 게임이다. 모바일 게임이 비디오 게임 시장을 2011년부터 앞서기 시작했으며 그 시장 점유율은 계속 증가할 것으로 보인다. 특히 국내에서는 2012년 7월 카카오톡 게임채널이 오픈되면서 평소 게임을 즐기지 않았던 다양한 계층과 연령대의 많은 사람들이 모바일 게임 이용자가 되어, 모바일 게임 이용 인구가 급성장하는 계기를 맞았다.

표 1.7 게임 산업 국내 플랫폼별 매출액 현황

구분	2009	2010	2011	구성비	전년대비 증감률	연평균 증감률
온라인게임	3,708,700	4,767,253	6,236,852	70.8	30.8	29.7
비디오게임	525,700	426,781	268,423	3.1	△37.1	△28.5
모바일게임	260,800	316,665	423,567	4.8	33.8	27.4
pc게임	15,000	12,000	9,639	0.1	△19.7	△19.8
아케이드게임	61,800	71,466	73,622	0.8	3.0	9.1
소계	4,572,000	5,594,165	7,012,103	79.6	25.3	23.8

단위: 백만원, 2012년 한국콘텐츠진흥원 콘텐츠산업통계 자료

그림 1.43 Second Life 홈페이지(secondlife.com)

이 가상 세계에는 땅, 건물과 같은 부동산을 비롯해 회사도 있고, 대학도 있고, 심지어는 대사관까지 있다고 한다. 한 마디로 제2의 인생을 살 수 있도록 현실 세계와 다른 또 다른 이상적인 삶의 현장을 가상으로 만든 것이다. 세컨드 라이프에서는 3D물체를 제작할 수 있는 툴이 갖추어져 있어서 주민은 건물이나 의상 등을 제작할 수 있고, 제작된 물건을 판매도 할 수 있다. 이러한 가상 세계의 삶이 현실에서의 부족한 측면을 보상하는 장점이 될 수는 있으나 가상 세계의 삶에서도 돈의 거래와 부의 축적 등은 또 다른 가상세계의 사회적인 문제가 발생할 수 있는 충분한 여지가 있다.

05

컴퓨터 응급 처치

컴퓨터는 하드웨어적으로 볼 때 수많은 칩과 회로의 집합체이고 소프트웨어적으로 볼 때 자체의 프로그램들과 더불어 인터넷을 통해 자칫 악성코드나 해킹의 피해를 받을 수 있기 때문에 늘 시스템 충돌과 다운의 위험에 노출되어 있다. 컴퓨터에 이상한 현상이 일어날 때 취할 수 있는 응급조치와 컴퓨터에서 유용하게 사용할 수 있는 유틸리티 소프트웨어에 대해 알아보자.

5.1   컴퓨터 응급 처치

인터넷을 사용하여 여기 저기 다니다 보면 컴퓨터가 자꾸 느려지는 현상을 경험했을 것이다. 그러다 보면 어느 틈엔가 내 컴퓨터의 바이러스를 검사해 주겠다는 친절한 화면이 나타나기도 한다. 이러한 화면에 속아 바로 치료를 맡겼다가 낭패를 보는 경우가 종종 있다. 이와 같이 출처가 애매한 소프트웨어에 컴퓨터를 맡기면 큰 문제가 생기지는 않더라도 치료도 제대로 못하고 치료비를 지불하라는 어처구니 없는 상황에 이르기도 한다.

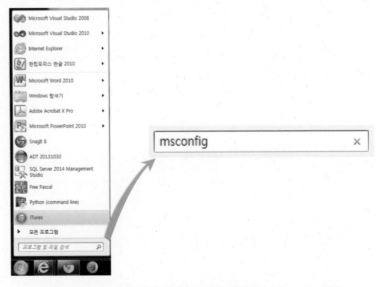

그림 1.44 시작 버튼의 프로그램 및 파일 검색에서 msconfig 실행

만일 내 컴퓨터에 원하지 않는 프로그램이 설치되어 컴퓨터의 작동과 함께 프로그램이 실행된다면 다음을 통하여 문제의 프로그램을 제거하자. 바탕화면 하단 시작 메뉴를 눌러 [프로그램 및 파일 검색]에서 명령어 **msconfig**를 입력한다.

화면에 나타난 [시스템 구성] 대화상자에서 탭 [시작프로그램]을 선택하여 시작 프로그램 목록을 살핀다. 시작 프로그램 목록에서 필요 없는 프로그램을 [시작 항목]의 체크박스에서 제거한다. 다음의 예에서는 [Kakao Talk] 프로그램을 시작 프로그램에서 제거하고 있다. [확인] 버튼을 누르면 컴퓨터를 [다시 시작]하라는 대화상자가 나타난다. 시작 프로그램 제거 시 반드시 필요한 프로그램을 제거하지 않도록 유의한다.

그림 1.45 시스템 구성 유틸리티와 [다시 시작]을 알리는 대화상자

이제, [시작프로그램]에서 제거한 프로그램을 아예 내 컴퓨터에서 삭제해 보자. 메뉴 [제어판]의 프로그램 [프로그램 제거]를 실행하여 필요하지 않은 프로그램을 선택하여 [제거] 버튼을 누른다.

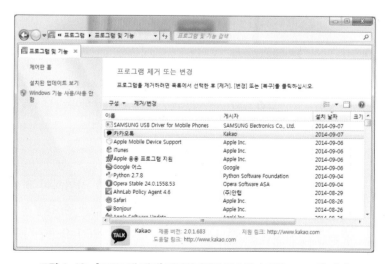

그림 1.46 [프로그램 제거] 대화상자에서 필요하지 않은 프로그램 제거

여기서 시스템의 문제 상황과 그 해결 방법을 몇 가지 소개한다.

표 1.8 컴퓨터 시스템의 이상과 점검 방법

시스템 이상	해결 방법
하드디스크로 부팅이 되지 않는 경우	CD로 부팅이 된다면 하드디스크의 손상을 점검하고 다시 운영체제 설치 후 시도한다.
모니터 화면이 보이지 않는 경우	모니터의 전원과 함께 모니터와 컴퓨터의 연결 부분을 확인한다.
속도가 심하게 느려진 경우	바이러스 감염을 점검하고 치료한다.
프린터가 작동되지 않는 경우	프린터와 컴퓨터의 연결 부분을 확인하고 프린터 드라이버의 문제를 확인한다.
마우스나 키보드가 작동되지 않는 경우	마우스, 키보드와 컴퓨터의 연결 부분을 확인한다.

바이러스 감염이 의심되면 바이러스 검사 및 치료 프로그램이 필요하다. 현재 안철수 연구소의 V3 제품, 하우리의 바이로봇(ViRobot) 계열 제품, 노턴의 안티바이러스 등 다양한 유료 제품이 있으며, 무료로는 알약과 하우리(www.hauri.co.kr) 전용 백신 등이 있다.

그림 1.47 하우리(www.hauri.co.kr) 바이로봇의 무료 전용백신

5.2 ___ 컴퓨터 해킹 방지

인터넷을 통해 외부 침입자가 자신의 컴퓨터를 침입하여 정보를 빼내가는 행위를 해킹(hacking)이라 한다. 만일 인터넷 뱅킹과 같은 중요한 작업에 해킹이 발생한다면 심각한 피해를 줄 수도 있으므로 각별한 주의가 요구된다. 해킹 툴(tool)은 일반적으로 게임 패치나 시스템 유틸리티로 위장하여 채팅, p2p(person to person) 공

유 프로그램 등을 통해 전파된다. 만일 다음과 같은 증상이 발생한다면 해킹 툴에 대한 감염을 의심해 볼 필요가 있다.

표 1.9 해킹이 의심되는 경우 나타나는 증상

해킹이 의심되는 경우 나타나는 증상
시스템을 부팅할 때 평상시에 출력되지 않았던 에러들이 출력되는 경우, 하드디스크로 부팅이 되지 않는 경우
시스템이 이유 없이 재부팅/종료되고 파일들이 삭제되는 경우, 모니터 화면이 보이지 않는 경우
실행 중인 프로그램이 종료되는 경우, 속도가 심하게 느려진 경우
사이트 무단 가입 및 사용하지 않은 유료 콘텐츠 이용에 대한 요금 청구서를 받았을 경우, 프린터가 작동되지 않는 경우
보안 프로그램들에서 자주 경고 창을 띄울 경우(경우에 따라 단순한 경고 창일 수 있음)

만일 해킹이 의심된다면 유닉스나 윈도우 운영체제에서 컴퓨터 네트워크의 상태를 알려주는 netstat라는 명령어를 이용해 확인해 본다. 먼저 명령 프롬프트 창을 실행하기 위해 [시작] 버튼의 [프로그램 및 파일 검색]에서 명령어 cmd를 입력한다. 실행된 명령 프롬프트 창에서 명령어 netstat를 이용하면 열려 있는 포트와 이 포트들이 어떻게 사용되고 있는지 확인할 수 있으며, 이 명령어만 잘 활용하면 백신이나 방화벽같은 보안 프로그램을 사용하지 않고도 해킹 툴을 감지해 낼 수 있다.

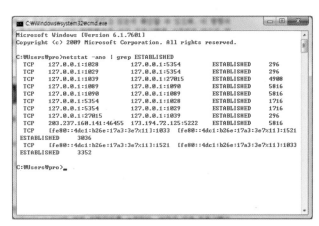

그림 1.48 현재의 네트워크 상태를 알아보는 명령어 netstat

명령어 [netstat -ano : grep ESTABLISHED] 결과에서 두 번째 열의 지역주소(Local Address) 항목에서 알 수 없는 포트 번호가 있거나 31337, 12345, 54321번과 같이 트로이목마가 사용하는 포트가 열려 있을 때는 해킹 위험이 있는 경우이니 해킹에 대한 시스템 점검이 필요하다. 결과의 세 번째 열은 외부 IP와 포트 번호를 나타낸다.

[객관식 문제]

다음 각 문항에 대하여 보기 중에서 알맞은 것을 선택하시오.

01 웹 진화의 특징으로 옳지 않은 것은?

A. 웹 2.0 – 개방

B. 웹 1.0 – 일방적 의사소통

C. 웹 2.0 – 시맨틱 웹

D. 웹 3.0 – 클라우드 컴퓨팅

02 140자 이내의 메신저를 친구들과 공유하는 SNS는?

A. 트위터(www.twitter.com)

B. 페이스북(www.facebook.com)

C. 유튜브(www.youtube.com)

D. 싸이월드(www.cyworld.com)

03 웹에서 1인 미디어의 역할을 하는 것은?

A. 웹 1.0

B. 블로그

C. 구글

D. 오픈마켓

04 게임의 종류와 그 예의 연결이 잘못된 것은?

A. 시뮬레이션 게임 – 심시티

B. 퍼즐 게임 – 애니팡

C. 롤플레잉 게임 – 리니지

D. 스포츠 게임 – 스타크래프트

05 그 약자의 표현이 잘못된 것은?

A. UCC – User Created Contents

B. SNS – Social Networking Services

C. MOOC – Maximum Open Online Contents

D. Blog – Web + Log

06 용어 중에서 그 성격이 다른 하나는?

A. 쇼핑몰

B. 오픈마켓

C. 마켓플레이스

D. 열린장터

07 인터넷 결제에 필요한 여러 안전 장치에 해당하지 않는 것은?

A. 인터넷안전결제

B. 안심클릭서비스

C. 인증서

D. RPG

08 eBay에서 개인과 개인 간의 결제에 이용할 수 있는 결제 방식은?

A. PayPal

B. 도토리

C. 안심클릭서비스

D. 신용카드

09 [시스템 구성 유틸리티] 기능의 대화상자를 실행하는 명령어는?

A. msconfig

B. netstat

C. ipconfig

D. cls

10 컴퓨터의 현재 네트워크 상태를 살펴 보는 기능을 수행하는 명령어는?

A. dir

B. netstat

C. cmd

D. cd

[괄호채우기 문제]

다음 각 문항에 대하여 빈칸에 적절한 단어를 채우시오.

01 (   )의 사전적 의미는 현관문으로, 인터넷 (   )(이)란 인터넷 사용자가 원하는 정보를 얻기 위해 가장 먼저 접속하는 사이트를 말한다.

02 (   )(은)는 MIT와 하버드대가 공동으로 출자해서 만든 웹 서비스를 기반으로 이루어지는 대규모의 상호참여 기반 교육을 말한다.

03 (   )(은)는 2012년부터 서비스되고 있는 대표적인 무크 교육을 지향하는 사이트로 인문학 분야의 강좌가 많으며 우리나라의 서울대학교, 미국의 하버드와 MIT, 그리고 중국의 칭화대 등 전 세계 47개 대학과 기관이 참여하고 있다.

04 (   )(은)는 비서, 전산회계, 전자상거래, 컴퓨터활용능력, 한글속기 등에 관련된 자격제도를 주관한다.

05 (   )(은)는 인터넷을 의미하는 웹(Web)과 자료를 뜻하는 로그(Log)를 합쳐서 만들어진 용어로, 개인의 스스로가 가진 느낌이나 생각, 알리고 싶은 견해나 주장 같은 것을 웹에다 일기나 게시판처럼 적어 올려서, 다른 사람도 보고 읽을 수 있게 공개된 개인 사이트라 할 수 있다.

06 인터넷 사업자나 콘텐츠 공급자와 같은 전문 조직이 아닌 일반 사용자들이 직접 만들어 인터넷 서버에 올리고 인터넷에 의해 유통되는 콘텐츠를 (   ), 간단히 (   )(이)라 한다.

07 인터넷 공간에서 인맥을 구축하는 서비스를 (　　　　　) 간단히 (　　　　　)(이)라 한다.

08 우리 나라 시골 장터와 같이 누구나 물건을 사고 파는 것이 가능한 인터넷 사이트를 (　　　　　)(이)라 한다.

09 국내의 가격 비교 사이트로는 (　　　　), (　　　　), (　　　　) 등이 있다.

10 (　　　　　　)(이)란 사전적 의미로 "모의 실험"으로 이 게임 분야는 실제 세계에서 일어날 수 있거나 쉽게 할 수 없는 일들을 가상적으로 흉내 내는 장르이다.

[주관식 문제]

다음 각 문항에 대하여 적절한 답을 작성하시오.

01 현재 우리 국민이 가장 많이 접속하는 인터넷 사이트의 순위를 알아보시오.

02 일상생활에 유익한 인터넷 사이트를 하나 선정하여 소개하시오.

03 현재 수강하는 강좌의 대표적인 온라인 강좌를 선정하여 소개하시오.

04 자신이 다니는 대학의 인터넷 사이트 중에서 가장 유익한 사이트를 하나 선정하여 소개하시오.

05 현재 인터넷 포털 업체의 방문자 수와 이용비율을 조사해 보시오.

06 자신이 구매하고 싶은 상품을 선정하여 가격 비교 사이트로부터 최저가격을 알아보시오.

07 코세라에 방문하여 이번 학기에 수강하는 강좌와 유사한 강좌가 있는지 확인하고 이용하시오.

08 현재 본인이 통학하는 방법이 최적인지 인터넷 사이트를 통해 확인하시오.

09 에덱스에 방문하여 한국 대학이 주관하는 강좌를 찾아 확인해 보시오.

10 본인이 즐겨 하는 게임을 설명하고 그 게임은 어떤 장르의 게임인지 알아보시오.

2장

컴퓨터 개요

단원 목표

- 컴퓨터의 정의와 구성 요소를 이해한다.
- 하드웨어와 소프트웨어의 차이를 이해한다.
- 컴퓨터의 기원과 근세의 기계식 계산기를 알아보고 계산이론의 발전을 알아본다.
- 전자식 컴퓨터의 발전을 세대별로 이해한다.
- 컴퓨터의 성능과 크기, 용도에 따른 컴퓨터의 종류를 알아본다.

01

컴퓨터의 이해

우리는 언제 어디서나 다양한 스마트 기기를 통하여 세계의 정보를 빠른 시간 내에 볼 수 있는 정보화 시대에 살고 있다. 사회가 보다 복잡해지고 다양한 정보를 요구하는 시대에 정확하고 빠른 정보의 작성과 획득은 필수적이다. 이러한 필요를 충족시켜주는 기기가 바로 스마트 기기를 포함한 넓은 의미의 컴퓨터이다. 그러므로 컴퓨터가 없는 가정이나 사무실과 스마트폰이 없는 외출은 이제 상상할 수 없는 일이 되었다.

1.1 컴퓨터의 정의

컴퓨터(computer)는 영어 단어 'compute + er'로 구성되며 전자계산기로 번역된다. 그러므로 용어가 의미하는 컴퓨터의 간단한 정의는 '전자적으로 계산을 수행하는 장치'이다. 컴퓨터는 빠르고 정확한 계산을 위하여 처리(process), 저장(store), 입력(input), 출력(output) 기능을 수행한다. 컴퓨터가 수행하는 계산의 대상을 데이터(data) 또는 자료라 하며 처리 기능을 거쳐 출력된 의미 있는 자료를 정보(information)라 한다.

컴퓨터는 기본적으로 전기가 흐르거나 흐르지 않는 정보(On/Off)를 의미하는 1과 0의 두 가지 신호인 디지털 데이터만을 인식하므로 컴퓨터 외부의 문자, 영상, 음성과 같은 여러 형태의 데이터는 컴퓨터 내부에서 모두 디지털 데이터로 변환되어 처리된다. 따라서 컴퓨터는 1과 0의 조합으로 구성된 문자, 숫자 등의 데이터를 처리 계산함으로써 원하는 결과를 얻을 수 있다. 컴퓨터는 컴퓨터의 처리를 명령하는 여러 명령 집합(instruction set)에 의하여 처리 기능을 수행한다. 이러한 명령어 집합이 프로그램(program)이며 처리, 저장, 입력, 출력 4가지 기능의 관점에서 컴퓨터를 정의하면 다음과 같다.

컴퓨터는 원하는 결과를 얻기 위해 입력기능을 이용하여 데이터를 디지털로 변환하고 처리, 저장 기능을 이용하여 데이터를 처리하며, 변환된 정보를 출력 기능을 이용하여 적절한 출력장치로 출력할 수 있는 전자적 장치이다.

1.2 ___ 컴퓨터 구성 요소

컴퓨터는 우리가 흔히 보는 모니터, 하드디스크, 프린터 등과 같은 물리적인 부분 즉 하드웨어(hardware)와 컴퓨터의 행동을 지시하는 프로그램인 소프트웨어(software)로 이루어져 있다. 하드웨어는 데이터의 입력, 처리, 출력을 제어하는 데 사용되는 물리적인 기계 장치(device)로 구성된다. 하드웨어의 중요한 구성 요소로는 중앙처리장치(CPU : Central Processing Unit), 주기억장치(main memory), 보조기억장치(secondary memory), 입력장치(input device), 출력장치(output device)를 들 수 있다.

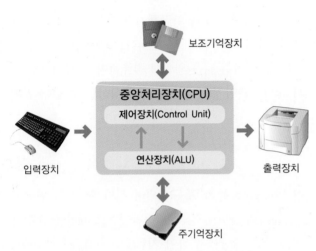

그림 2.1 컴퓨터 하드웨어 5가지 구성 요소

중앙처리장치는 연산을 수행하는 연산장치(ALU : Arithmetic Logic Unit)와 연산을 제어하는 제어장치(control unit)로 구성되며 이 중앙처리장치의 칩을 프로세서(processor)라 한다.

소프트웨어는 컴퓨터가 수행할 작업을 지시하는 전자적 명령어들의 집합으로 구성된 프로그램을 말한다. 즉 소프트웨어란 컴퓨터가 수행해야 할 일을 알려주는 자료이다.

데이터는 컴퓨터의 보조기억장치에서 파일(file)로 조직되고 처리된다.

즉 보조기억장치에서 논리적인 한 단위로 취급되는 연관된 자료의 모음을 파일이라 한다. 프로그램 자체도 파일에 저장하며 프로그램 처리 대상이나 결과도 파일에 저장할 수 있다.

1.3 ___ 컴퓨터 하드웨어

입력장치

입력장치는 데이터 처리를 위하여 데이터를 컴퓨터 내부로 입력하는 기계이다. 대부분의 컴퓨터에 설치되어 있는 가장 흔한 입력장치로는 키보드(keyboard)와 마우스(mouse)를 들 수 있다. 키보드는 문자와 기호를 입력하는 장치로 특수 키를 사용하여 프로그램 명령을 입력할 수 있다. 마우스는 그래픽 사용자 인터페이스(GUI) 환경에서 위치를 입력하는 가장 보편화된 입력장치이다.

그림 2.2 한국 제품의 레이저 키보드

최근에는 스마트폰과 소형 컴퓨터에 무선으로 연결하여 쉽게 이용할 수 있는 레이저 키보드도 많이 사용된다. 레이저 키보드는 광선으로 생성되는 가상의 키보드를 실제의 키보드로 사용하는 장치이다. 이 가상 키보드는 명함 크기의 배터리에서 붉은 레이저가 발사되며 평평한 곳 어디에서나 가상의 키보드를 만들 수 있다. 이 장치는 적외선과 센서를 사용해 타이핑되는 키를 해독한다. 타이핑되는 키는 블루투스(bluetooth) 기술에 의해 무선으로 핸드폰과 소형 컴퓨터에 전송된다.

컴퓨터에 입력되는 다양한 종류의 미디어 자료에 따라 입력장치의 종류도 매우 다양하다. 소리를 입력하는 마이크, 영상을 입력하는 스캐너, 동영상을 입력하는 카메라, 특수한 마크와 문자, 바코드를 판독하는 광학마크판독기(OMR: Optical Mark Reader), 자기잉크문자판독기(MICR: Magnetic Ink Character Reader), 광학문자판독기(OCR: Optical Character Reader), 바코드판독기(Bar Code Reader) 등이 있다.

중앙처리장치

중앙처리장치(Central Processing Unit)는 입력된 자료를 적절한 정보로 변환하기 위하여 소프트웨어로부터 받은 명령어를 실행하는 장치이다. 중앙처리장치는 마이크로프로세서(microprocessor) 또는 줄여서 프로세서(processor)라고도 부르며 사람에 비유하면 머리에 해당하는 매우 중요한 컴퓨터의 구성 요소이다.

중앙처리장치의 내부는 제어장치(control unit)와 연산장치(arithmetic logic unit)로 구성된다. 제어장치는 자료와 명령어의 중앙처리장치로의 입출력을 제어하며 연산장치는 산술연산과 논리연산을 수행하는 장치이다.

그림 2.3 인텔 사의 CPU와 AMD 사의 CPU

TIP: 블루투스

휴대전화를 가방에 넣고 무선으로 통화를 한다거나, 디지털카메라의 사진을 무선으로 개인컴퓨터에 전송하는 것과 같이 휴대폰과 노트북, PDA, 디지털 카메라 등의 여러 정보 기기들을 최대 10m 이내의 거리에서 무선으로 서로 자유롭게 데이터 교환이 가능하도록 만든 기술이 바로 블루투스(Bluetooth)이다. 블루투스는 1994년 스웨덴의 에릭슨(Ericsson)에 의해 최초로 개발된 개인 근거리 무선 통신(PANs: Personal Area Networks)을 위한 산업표준이다. 이후에 블루투스는 소니 에릭슨(Ericsson), IBM, 인텔(Intel), 마이크로소프트(Microsoft), 노키아(Nokia), 도시바(Toshiba)가 참여한 그룹인 SIG(Special Interest Group)에 의해 정식화되었고, 1999년 5월 20일 공식적으로 발표되었다.

블루투스는 전 세계적으로 이용이 가능한 라디오 주파수를 통해 통신하고 있으므로, 안전하고 저렴한 비용으로 다양한 기기들이 서로 통신할 수 있으며, PC와 스마트폰에 이어폰, 스피커, 무선 컨트롤러 등 각종 주변기기를 연결하는 데 블루투스를 사용한다. 2013년 12월에 발표된 블루투스 4.1의 주요 특징을 살펴보면, 블루투스로 연결된 웨어러블 기기가 스마트폰의 주변장치이면서 동시에 다른 장치와의 허브 역할도 할 수 있게 해주며, 새로운 IPv6 사용 표준도 포함되어 있다. 이러한 블루투스의 발전은 바로 다가올 웨어러블 시대와 사물 인터넷(The Internet of Things)을 위한 전략이기도 하다.

그림 2.4 블루투스 홈페이지(www.bluetooth.com)

블루투스라는 이름에 대한 유래를 살펴보면, 10세기의 덴마크 왕 헤럴드 블루투스에서 유래했는데, 대립 국면에 있는 파벌들과 협상하는 데 있어서 특히 유명한 왕이었다고 한다. 이러한 의미에서 다른 장치들 간에 통신이 가능하게 하는 이 기술에 블루투스라는 이름을 명명하였다고 한다.

우리가 가장 흔히 이용하는 개인용 컴퓨터는 대부분 인텔(Intel) 사에서 생산하는 CPU를 이용하고 있으며 AMD(Advanced Micro Devices) 사의 CPU도 널리 사용되고 있다.

중앙처리장치는 컴퓨터 내부의 마더보드(motherboard)에 장착된다. 마더보드는 중앙처리장치를 주기억장치 등 다른 하드웨어 장치에 연결시키는 회로와 확장 슬롯, ROM(Read Only Memory) 등으로 구성되는데 흔히 주기판 또는 모기판이라고도 부른다. 마더보드는 CPU의 종류, 기억 장치의 최대 용량, 확장 슬롯의 수량 등 컴퓨터의 기본 성능을 규정하며, 시스템의 안정성도 결정할 수 있는 중요한 부품이다.

주기억장치

컴퓨터가 데이터를 정보로 변환하는 주요 작업을 수행하는 곳은 중앙처리장치와 주기억장치(main memory)이다. 주기억장치는 마더보드에 장착되며 현재 CPU에서 처리 중인 프로그램과 데이터를 임시로 저장하는 데 이용된다. 주기억장치는 임의 접근 메모리로 RAM(Random Access Memory)이라 하는데 이는 메모리의 임의의 위치에 데이터를 읽거나 쓸 수 있음을 의미한다. 그림 2.6은 우리가 일반적으로 접하는 RAM을 나타낸다.

그림 2.5 마더보드

주기억장치는 수백만 개의 전자회로를 포함하고 있는 실리콘 칩으로 구성되어 있다. 컴퓨터는 각 전자회로를 켜거나 꺼서(on/off) 데이터를 기억한다. 주기억장치의 기억장소는 각 전자회로에 비트(bit) 단위의 데이터가 저장되고, 이 기억된 데이터를 찾아서 사용할 수 있도록 정렬한 곳이다.

컴퓨터의 성능과 속도를 결정하는 가장 중요한 요소 중의 하나가 바로 주기억장치의 용량이다. 일반적으로 RAM의 용량이 클수록 더 많은 작업을 빠르게 실행할 수 있기 때문이다.

그림 2.6 RAM

보조기억장치

보조기억장치는 프로그램이나 데이터를 저장하기 위한 저장 공간으로 간단히 저장장치(storage)라고도 부른다. 주기억장치인 RAM은 현재 실행 중인 프로그램과 데이터를 저장하며 전원을 끄게 되면 저장된 자료가 모두 사라진다. 이렇게 전원이 없으면 저장된 자료를 손실하는 메모리를 휘발성(volatile) 메모리라 한다. 그러나 저장장치는 전원을 꺼도 계속 자료를 저장할 수 있는 저장공간이다. 저장장치는 주기억장치에 비하여 속도는 느리지만 가격이 저렴하여 더 넓은 공간을 이용할 수 있다.

일반적으로 사용되는 저장장치에는 USB 메모리와 하드디스크(hard disk)가 대표적이다. 자기디스크는 판독/기록 헤드(Read/Write Head)를 통하여 디스크상의 데이터를 읽거나 쓴다. 하드디스크는 USB 메모리에 비하여 대용량의 자료저장이 가능하며, 접근시간(access time)이 보다 빠르다. 하드디스크는 현재 가장 많이 이용하는 저장장치이며 휴대할 수 있는 대용량의 하드디스크도 많이 이용되고 있다.

그림 2.7 USB 메모리와 하드디스크의 내부

2010년부터 빠르게 확산되고 있는 차세대 대용량 저장장치로는 SSD(Solid State Disk)가 있다. SSD는 기존 저장장치인 HDD와 비교해 읽고 쓰는 속도가 빠르며, 전력 사용량이 적고 충격에 강하며 발열과 소음도 적은 장점이 있으나 아직은 가격이 비싼 것이 단점이다. 개인용 컴퓨터 사용자는 SSD에 운영체제와 자주 사용하는 프로그램을 설치하고, 기존의 HDD에는 영화나 음악 같은 대용량의 자료를 저장하여 함께 사용하는 경우가 늘고 있다.

외장하드는 휴대할 수 있는 대용량의 외장형 하드 디스크 드라이브(external hard disk drive)로, 휴대가 간편하고 외부에서 USB와 같은 인터페이스를 통해 직접 컴퓨터와 연결하여 사용할 수 있다.

그림 2.8 SSD와 외장하드

출력장치

출력장치는 컴퓨터의 처리 결과를 사용자가 사용 가능한 형태나 적당한 최종적인 형태로 바꾸어 주는 장치이다.

그림 2.9 플로터

가장 많이 이용되는 출력장치는 화면을 통한 영상 출력장치인 디스플레이(display)와 문자와 그림 출력장치인 프린터(printer)이다. 또한 소리의 출력에는 스피커를 이용하며 대형 그림의 출력에는 플로터(plotter)가 이용된다.

현재 화면 디스플레이로 대부분 LCD(Liquid Crystal Display)나 LED(Light Emitting Diode)를 사용하고 있다. 액정 디스플레이인 LCD는 액정에 정해진 전압을 가하면 결정 방향이 일정하게 줄을 지어 빛의 반사가 변화해서 문자나 그림을 표시하는 디스플레이 장치이다. LED는 자체 발광 다이오드라고도 하는데 다이오드란 전류가 한쪽 방향으로만 흐르게 만드는 회로 소자를 말한다.

그림 2.10 LED 디스플레이

LCD와 함께 많이 이용되는 디스플레이 장치로는 PDP(Plasma Display Panel)를 들 수 있다. PDP는 2장의 얇은 유리판 사이에 작은 셀을 다수 배치하고 그 상하에 장착된 음양의 전극 사이에서 네온과 아르곤 가스의 방전을 일으켜 거기서 발생하는 자외선을 이용하여 자기 발광시켜 컬러 화상을 표시하는 디스플레이 장치이다. 현재 벽걸이 TV용으로 많이 사용되고 있는 PDP는 기체방전인 플라즈마 현상을 이용한 평판 표시장치이다.

그림 2.11 삼성의 PDP TV

예전에는 컬러프린터도 매우 신기하게 여겼는데, 이제 컴퓨터에서 모델링(modeling)된 3차원 설계데이터로 모델 모형을 똑같이 입체 물체로 만들 수 있게 되었다. 이를 실현해준 것이 일명 3D 프린터이다. 3차원 모형을 만드는 기기는 예전부터 주로 기계분야에서 사용되어 왔다. 약 30년 전 1984년에 미국의 찰스 홀(Charles W. Hull)이 설립한 회사 3D 시스템즈 사는 3차원 모형을 만드는 기술을 발명한 이후, 항공 및 자동차 산업에서 시제품을 만드는 용도로 산업용 3D 프린터를 사용해 오고 있었다. 그 당시는 주로 RP(Rapid Prototyping)에 사용되는 기기로 가격도 매우 고가였다.

　　최근에 관련 분야의 기술혁신으로 가격이 내려가고 쉽게 사용할 수 있는 3D 프린터가 되어, 현재는 기존의 제조 방식에 혁명을 가져올 기술로 각광을 받고 있다. 3D 프린터는 작동 원리에 따라 적층형과 절삭형이 있다. 적층형은 말 그대로 프린터의 잉크에 해당하는 재료를 한 층 한 층 층층이 쌓아 입체 모형을 만드는 방식이며, 반대로 절삭형은 조각하듯이 큰 물체를 깎아서 원하는 입체 모형을 만드는 방식이다. 과거에는 절삭형이 많이 사용되었고, 최근 보급이 많이 되고 있는 저가형 프린터는 적층형이 주로 사용된다. 프린터의 잉크에 해당하는 3D 프린터의 재료는 주로 플라스틱을 사용하지만 고가의 프린터는 티타늄, 알루미늄 등의 다양한 재료가 사용되기도 한다. 만일 3D 프린터의 재료가 원래 만들려는 물체의 재료라면 프린팅 결과가 모형이 아니라 바로 실제 제품이 될 수 있다. 특히 의료분야에서는 사람에게 사용될 다양한 의료 보조기기를 3D 프린터로 만들어 바로 사용하는 등 그 발전 가능성이 크다고 하겠다.

　　일반 사용자인 우리가 지금의 프린터처럼 3D 프린터를 사용할 날이 다가오고 있다. 3D 프린터는 일반적으로 CAD 또는 3차원 모델링 소프트웨어를 이용하여 3차원 도면을 완성해야 입체 모형을 출력할 수 있다. 또한 3D 스캐너를 사용해 실제 물체를 스캔하여 3차원 도면을 만들면 바로 모형을 출력할 수도 있다. 최근에는 3D 프린터에 아예 3D 스캐너가 장착되어 나오는 제품도 출시되고 있어, 일반 사용자가 쉽게 3차원 도면을 만들어 바로 모형을 출력할 수 있는 시대가 되었다.

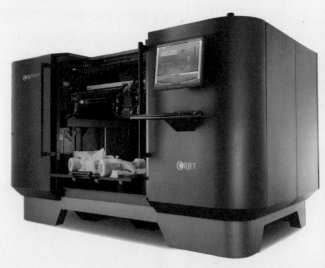

그림 2.12 3D 프린터와 출력된 제품

컴퓨터를 사람에 비유하면 사람의 몸은 하드웨어이고 사람의 몸을 움직이게 하는 의지 또는 정신을 소프트웨어라 할 수 있다. 즉 하드웨어는 소프트웨어 없이는 아무 일도 할 수 없는 고철 덩어리이다. 소프트웨어는 컴퓨터가 특정 작업을 수행할 수 있도록 해주는 전자적인 명령어 집합으로 구성되며 컴퓨터의 하드웨어가 해야 할 작업 내용을 지시한다.

소프트웨어 분류

소프트웨어는 크게 응용 소프트웨어와 시스템 소프트웨어로 나눈다. 시스템 소프트웨어는 컴퓨터가 잘 작동하도록 도와주는 기본 소프트웨어를 말하며 응용 소프트웨어는 문서 작성이나 인터넷 검색과 같은 특정 업무에 활용되는 소프트웨어를 말한다. 그러므로 컴퓨터는 기본적으로 시스템 소프트웨어는 반드시 필요하며 특정 업무의 필요에 따라 적당한 응용 소프트웨어를 이용하여 원하는 정보를 얻을 수 있다.

그림 2.13 응용 소프트웨어와 시스템 소프트웨어의 이해

응용 소프트웨어는 일반사무실에서 문서작성이나 간단한 회계처리 분야에 이용하는 워드프로세서, 스프레드시트 종류의 소프트웨어가 있으며 시스템 개발 분야에 이용되는 개발 도구와 데이터베이스 분야의 소프트웨어가 있다.

시스템 소프트웨어는 크게 운영체제(Operating System)와 각종 유틸리티 프로그램으로 구분할 수 있다. 운영체제는 특정 CPU에 맞게 관련된 하드웨어를 작동하게 하고 또한 응용 소프트웨어를 실행해주는 소프트웨어이다. 유틸리티 프로그램은 운영체제를 돕고 컴퓨터 시스템이 원활하게 작동하도록 돕는다.

표 2.1 응용 소프트웨어와 시스템 소프트웨어

소프트웨어 구분	프로그램 분류	해당 제품
응용 소프트웨어	워드프로세서	MS-WORD, 아래한글, 파워포인트
	스프레드시트	엑셀
	개발 도구	Visual Studio, Visual Express, Eclipse
	데이터베이스	SQL Server, mySQL, Oracle
시스템 소프트웨어	운영체제 스마트 기기 운영체제	Windows 8/9, OS X, UNIX, Linux, Chrome Android, iOS, Firefox
	유틸리티	바이러스치료 프로그램, 파일 압축 유틸리티 디스크 관련 유틸리티

운영체제

운영체제는 컴퓨터 시스템의 전반적인 동작을 제어하고 조정하는 시스템 프로그램이다. 운영체제는 하드웨어와 응용프로그램 간의 인터페이스 역할을 하면서 CPU, 주기억장치, 입출력장치 등의 컴퓨터 자원을 관리한다. 즉, 인간과 컴퓨터 간의 상호작용을 위한 인터페이스를 제공하면서 동시에 컴퓨터의 동작을 구동(booting)하고 작업의 순서를 정하며 입출력 연산을 제어한다. 또 프로그램의 실행을 제어하며 데이터와 파일의 저장을 관리하는 등의 기능을 수행한다. 그러므로 컴퓨터가 작동되어 운영체제가 실행되면 컴퓨터가 종료될 때까지 계속해서 운영체제는 실행된다.

운영체제는 컴퓨터 하드웨어와 밀접하게 관련되어 작동되며 주요 종류로는 유닉스(Unix), 리눅스(Linux), 윈도우즈(Windows), 맥(Mac) OS X 등이 있다. 이러한 운영체제는 컴퓨터와 사용자 사이의 상호작용을 수행하는 사용자 인터페이스(UI: User Interface)에 따라 사용자에게 차별화가 된다. 특히 화려한 그래픽 처리로 사용자 인터페이스를 제공하는 그래픽 사용자 인터페이스(GUI: Graphical User Interface)는 운영체제에 따라 차별화된 특징을 갖는다. 2007년에는 운영체제 iOS가 탑재된 스마트폰이 출시되어서 화면이 작고 터치 스크린에 적합한 운영체제가 새로이 나타났다. 스마트 기기를 위한 운영체제로는 iOS, 안드로이드(Android), 파이어폭스(Firefox), 윈도우폰(Window Phone) 등이 있다. 스마트 기기를 위한 운영체제는 모바일 단원에서 살펴보도록 하자.

그림 2.14는 개인용 컴퓨터의 유닉스라고 할 수 있는 리눅스 운영체제의 GUI를 나타낸다.

그림 2.14 리눅스의 GUI

그림 2.15는 GUI를 세상에 소개한 애플(Apple) 사의 매킨토시(Macintosh) 컴퓨터의 운영체제인 맥 OS X의 GUI를 나타낸다.

그림 2.15 맥 OS X의 GUI

그림 2.16은 마이크로소프트 사의 최근 윈도우 버전인 윈도우 10(Windows 10)의 GUI를 나타내고 있다.

그림 2.16 운영체제 Windows 10

02

컴퓨터의 기원

2.1 ___ 주판과 계산 도구

주판과 파스칼의 계산기

인류가 사용하는 계산 도구의 기원은 주판이라 볼 수 있다. 중국에서는 기원전 26세기 정도에 개발되었으며 서양의 주판은 기원전 3~4세기 경에 고안되었다.

17세기에는 프랑스의 철학자이자 수학자인 파스칼(Blaise Pascal, 1623~1662)에 의하여 세계 최초의 기계식 계산기가 개발되었다. 파스칼의 계산기는 현재의 자동차 주행 기록기와 같이 톱니바퀴의 원리를 이용하여 만들었으며 덧셈과 뺄셈을 할 수 있는 수동식 계산기이다.

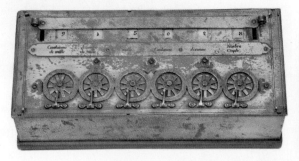

그림 2.17 파스칼의 계산기와 그의 초상화

배비지의 분석엔진

1812년 찰스 배비지(Charlse Babbage, 1791~1871)는 미분기(Difference Engine)를 설계하기 시작하였고 이를 발전시켜 분석엔진(Analytical Engine)을 설계하였다. 이 분석엔진은 지금의 컴퓨터와 같이 제어 장치, 연산 장치, 저장 장치, 입출력 장치 등을 포함하고 있으며 기계가 수행해야 할 단계들의 순서를 종이 카드에 구멍을 뚫어 지정함으로써 입력 장치로 설계하였다. 그 당시 영국의 시인 바이런의 딸인 오거스타 에이다(Augusta Ada, 1815~1852)는 배비지의 협력자로서 배비지의 분석 엔진을 영국에 알렸다. 배비지의 분석엔진은 그 당시 기술 수준으로 구현하지는 못했으나 지금의 모든 범용 컴퓨터의 모체가 된다는 것에 중요한 의미를 둘 수 있으며, 이를 기리기 위해 배비지를 컴퓨터의 아버지라 부른다.

그림 2.18 배비지의 분석엔진과 그의 초상화

 TIP: 오거스타 에이다

그림 2.19 오거스타 에이다

영국의 낭만파 시인 바이런의 딸인 오거스타 에이다(Augusta Ada, 1815~1852)는 유명 귀족 집안에서 태어나 백작부인이 된 상류층 여성으로, 수학에 천재적 재능을 갖고 있었으며 지적 욕구가 높고 상상력이 풍부한 형이상학자였다.

에이다는 최초의 컴퓨터 창안자 찰스 배비지가 고안한 기계를 이해했고, 1833년에 배비지가 고안한 '분석 엔진(Analytical Engine)'에 계산과정을 기술하는 프로그램을 만들어 오늘날 일반적으로 사용하는 컴퓨터의 시조가 되는 데 공헌하였다. 1842년 에이다는 오늘날 컴퓨터의 원형이 된 '분석 엔진'에 관한 책인 '배비지의 해석기관에 대한 분석(Observations on Mr. Babbage's Analytical Engine)'을 출간하였다. 에이다가 작성한 배비지 해석기관에 대한 설명은 현대 컴퓨터 프로그래밍 역사의 기원이 되었다. 에이다의 업적은 그로부터 100년 뒤인 1950년대 이르러 세상에 알려져 이후 에이다에겐 '세계 최초의 프로그래머'라는 호칭이 주어졌으며, 1979년 미국 국방성에서는 그녀의 업적을 기념하여 새로 개발한 프로그래밍 언어를 그녀의 이름을 따서 "ADA"라고 명명하였다.

2.2 근세의 기계식 계산기와 계산 이론 발전

홀러리스의 천공카드기계

1887년 미국의 홀러리스(Herman Hollerith, 1860~1929)는 그 당시 사용하던 기차 표에 착안하여 전기와 기계가 사용된 최초의 계산기인 천공카드기계(PCS: Punch Card System)를 발명하고, 이를 1890년 미국의 인구 조사에 사용하였다.

그림 2.20　홀러리스의 천공카드 시스템과 천공카드

여러 가지 자료를 카드의 천공 상태로 표현하여 구멍의 유무를 전기적인 신호로 검출하여 사용하는 천공카드 시스템은 1980년대까지 이용되던 일괄처리(Batch Processing)의 효시이다. 이후 1911년 홀러리스는 회사를 설립하였는데 이 회사가 그 유명한 현재의 IBM(International Business Machines)으로 발전하였다.

계산이론의 발전

1936년 영국의 수학자 튜링(Alan M. Turing, 1912~1954)은 런던 수학 회보에 '계산 가능한 수에 관한 연구: 결정 문제의 적용과 관련하여'라는 연구 논문으로 튜링 머신 이론을 발표하였다. 이 튜링 머신은 알고리즘을 수학적이고 기계적인 절차들로 분해하여 동작할 수 있는 컴퓨터의 실행과 저장에 관한 추상적인 모델이다. 튜링 머신 이론은 계산 기계를 만들려고 했던 그 당시에 현대 컴퓨터와 프로그램이 동작하는 원리가 설명된 추상적인 계산 모델을 제시하였으며 후에 컴퓨터 발전에 상당한 영향을 미치는 중요한 이론적 모델이 되었다.

1942년에 헝가리인 폰노이만(von Neumann, John, 1903~1957)은 '프로그램 내장 방식' 컴퓨터의 개념을 제시하였다. 프로그램 내장 방식은 명령어와 데이터를 이진수로 코드화하여 계산 순서를 미리 기계 내부의 메모리에 저장해 두고 실행할 때 컴퓨터가 순차적으로 그 기억 내용을 꺼내 해독하여 자동으로 처리하는 방식이다.

그림 2.21 컴퓨터 계산이론의 선구자 튜링과 폰노이만

이 방식은 현재에도 디지털 컴퓨터의 프로그램 방식으로 이용한다. 그러므로 순차적으로 작업이 수행되는 컴퓨터를 흔히 '폰노이만 기계(von Neumann machines)'라고도 한다.

1949년에는 영국의 캠브리지 대학에서 폰노이만의 '프로그램 내장 방식'을 최초로 적용한 컴퓨터인 에드삭(EDSAC: Electronic Delay Storage Automatic Calculator)이라는 새로운 개념의 컴퓨터가 개발되었다.

ABC와 마크-I

1942년 미국의 오하이오 주립 대학의 아타나소프(John. V. Atanasoff) 박사는 그의 연구실 조교인 클리포드 베리(Clifford Berry)와 함께 최초의 자동 전자식 디지털 컴퓨터인 ABC(Atanasoff-Berry Computer)를 만들었다.

그림 2.22 ABC와 마크-I

1944년 미국 하버드 대학의 에이킨(H. H. Aiken, 1900~1973)과 IBM 사는 협력하여 최초의 전기 기계식 자동 계산기인 하버드 마크-I(Harvard MARK-I)을 개발하였다. 이 마크-I은 계전기(relay) 3,300개, 4마력의 모터를 사용하는 72개의 톱니바퀴로 구성된 계산기였다고 한다.

03

컴퓨터의 발전

1946년 최초의 전자식 컴퓨터인 에니악(ENIAC)에서부터 지금까지 컴퓨터의 발전에 대해서 알아보자.

3.1 진공관을 이용한 제1세대 컴퓨터

1946년부터 1958년까지의 시기를 제1세대 컴퓨터라 한다. 이 시기의 컴퓨터는 진공관을 사용하였으며 저장 장치로는 자기 드럼을 이용하였고 입출력 장치로는 천공카드를 이용하였다. 기계어(Machine Language)를 이용하여 프로그램을 만들어 컴퓨터를 작동시켰다.

최초의 전자식 컴퓨터 에니악

미국의 모클리(J. W. Mauchly, 1907~1980) 박사와 에커트(J. P. Eckert, 1919 ~1995)는 미 국방성의 지원을 받아 1943년부터 연구를 시작하여 세계 최초의 전자식 진공관 컴퓨터인 에니악(ENIAC: Electronic Numerical Integrator And Computer)을 1946년에 개발하였다. 에니악은 길이 100피트, 높이 10피트, 폭이 3피트이며 40개의 부분으로 분리되어 있다. 또한 만 7천 개의 진공관, 6000개의 스위치로 구성되었으며 소요 전력 140Kw, 총 중량 20톤이나 되는 거대한 기계였다.

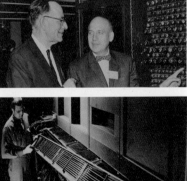

그림 2.23 최초의 전자식 컴퓨터 에니악의 모습과 이를 개발한 모클리와 에커트

프로그램 내장 방식의 에드삭과 에드박

1949년 영국 케임브리지 대학의 윌크스(M. V. Wilkes)가 세계 최초의 프로그램 내장 방식의 컴퓨터인 에드삭(EDSAC: Electronic Delay Storage Automatic Computer)을 개발하였다.

1950년 미국의 펜실베니아 대학과 프린스턴 대학 연구소에서 모클리(J. Mauchly)와 에커트(J.P. Eckert Jr.)가 에니악을 개량하여 폰노이만의 제안으로 프로그램 내장 방식을 채택한 에드박(EDVAC: Electronic Discrete Variable Computer)을 개발하였다. 에드박은 에드삭에 이어 폰노이만이 고안한 프로그램 내장 방식을 적용하였으며 현재의 컴퓨터와 같이 이진법을 채택하였다.

1951년 미국의 에커드 모클리 사(현재의 유니시스 사)에서 에드박을 발전시켜 세계 최초의 상업용 컴퓨터인 유니백-I(UNIVAC-I)을 개발하였다.

3.2 트랜지스터를 이용한 제2세대 컴퓨터

컴퓨터 개발에 트랜지스터를 이용한 1958년에서 1963년까지를 제2세대 컴퓨터라 한다.

TIP: 폰노이만과 프로그램 내장 방식

정보기술(IT) 혁명의 기원인 실리콘밸리, 여기에 위치한 인텔, 마이크로소프트, IBM 등 IT기업에서는 언제 어디서나 컴퓨터를 사용할 수 있고, 나라 간 장벽인 언어통역의 문제를 해결하며, 해킹으로부터 완벽하게 보호받는 미래의 컴퓨터 환경을 구현하기 위해 연구 중이다. 그러나 폰노이만(John Von Neumann, 1903~1957)이 없었다면 이와 같은 미래는 상상조차 할 수 없었을지 모른다. 노이만은 기초수학, 응용수학, 물리학, 컴퓨터, 인공생명 등 현대 과학과 공학 전반에 지대한 영향을 끼친 천재과학자다. 노이만은 최초의 컴퓨터 에니악(ENIAC)이 등장했을 때 문제가 많다고 느꼈다. 에니악은 폭탄의 비행거리나 암호해독 등 인간의 지능으로 처리하기 어려운 숫자계산의 속도를 획기적으로 향상시켰으나, 새로운 일을 할 때마다 사람이 수천 개의 스위치를 며칠씩이나 걸려서 다시 세팅해야 했다. 이러한 문제를 인식한 그는 프로그램과 자료를 모두 기억장치에 집어넣고 여기에서 프로그램과 자료를 차례로 불러 처리할 수 있는 현대식 논리구조를 확립, 이를 적용한 컴퓨터를 만들기 시작했다. 이렇게 탄생한 것이 에드박(EDVAC)이다. 노이만 방식 또는 프로그램 내장방식으로 불리는 현대식 컴퓨터의 등장은 디지털 기술의 급속한 발전을 가능케 했다. 현재 사용되는 컴퓨터의 99.9%가 노이만 방식이거나 이를 변형한 형태다. 이후 노이만은 IBM의 기술 프로젝트 자문역을 맡으면서 단순한 숫자계산을 넘어 여러 가지 기능을 수행하는 다목적의 컴퓨터를 개발하고자 노력했다. 특히 그는 자기 복제가 가능한 기계를 떠올렸는데, 이는 현재의 컴퓨터 바이러스, 네트워크, 인공지능, 인공생명을 예견한 것이었다.
　이미 우리는 세탁기, 냉장고, 엘리베이터 등 컴퓨터와는 무관하다고 생각하는 곳에서 컴퓨터를 만나는 세상에 살고 있다. 모바일 시대에 살고 있는 우리는 언제 어디서나 이용할 수 있는 컴퓨터가 공기처럼 사람이 전혀 의식하지 못하는 곳에 장착되고 있다. 앞으로 컴퓨터가 어떻게 변할지는 누구도 쉽게 상상할 수 없다.

트랜지스터의 이용

1947년에 개발된 트랜지스터는 진공관을 대체하였고 1958년부터 컴퓨터에도 트랜지스터를 이용하게 되었다. 트랜지스터를 사용함에 따라 컴퓨터의 크기는 백분의 일로 작아졌고, 성능은 우수하며 가격은 저렴하게 되었다. 주기억장치는 자기 코어를 사용하였고 보조기억장치에는 자기 디스크를 이용하였다.

운영체제와 고급 프로그래밍 언어의 등장

제2세대 컴퓨터 시기에는 운영체제가 도입되었고 사람들이 사용하는 언어와 비슷한 포트란(FORTRAN: FORmular TRANslation language)과 코볼(COBOL: COmmon Business Oriented Language)이라는 고급 수준의 프로그래밍 언어(High Level Programming Language)도 개발되어 이용되었다. 포트란은 과학기술 분야에 적합한 프로그래밍 언어이며 코볼은 사무처리용으로 개발된 프로그래밍 언어이다. 즉 이 시기는 처음으로 소프트웨어가 발전하기 시작한 시기이다.

3.3   집적회로를 이용한 제3세대 컴퓨터

1964년부터 1970년까지를 제3세대 컴퓨터라 한다. 이 시기의 주요 컴퓨터를 살펴보면 IBM의 최초 메인프레임 시스템인 IBM S/360을 필두로 DEC(Digital Equipment Corporation)의 PDP-11을 들 수 있다.

집적회로

많은 전자회로 소자를 하나의 기판 위에 모아 놓은 집적회로(IC: Integrated Circuits)를 컴퓨터에 이용함으로써 컴퓨터는 더욱 소형화되었고 가격은 낮추면서 그 성능을 높일 수 있었다.

소프트웨어의 발전

이 시기에는 터미널을 이용하여 메인프레임을 여러 사용자가 이용할 수 있도록 시분할(Time Sharing) 시스템 기술이 적용되어 컴퓨터를 대화식으로 사용할 수 있게 되었다. 또한 컴퓨터가 동시에 여러 작업을 수행할 수 있는 다중프로그래밍(Multiprogramming) 기술도 적용되었으며 프로그램 언어 PL/1과 파스칼(Pascal)도 개발되었다. 즉 제3세대 시기에는 소프트웨어의 체계가 확립되었으며 운영체제의 다양한 기술이 실현된 시기이다.

3.4   고밀도 집적회로를 이용한 제4세대 컴퓨터

1971년부터 현재까지의 시기를 제4세대 컴퓨터라 한다. 이 시기에는 집적회로의 발

TIP: IBM 사와 IBM S/360

그림 2.24 IBM의 최초의 메인프레임 IBM S/360

IBM은 1964년 4월 최초의 메인프레임인 S/360을 선보였다. 당시 이 제품의 개발을 위해 IBM은 연 매출 2배가 넘는 50억 달러(현재 가치 300억 달러)의 자금을 투입했고 6만 명 이상 신규인력을 채용하고 대규모 공장 5개를 신설했다. '모든 사용자들의 요구를 360도 전방위로 수용한다'라는 의미로 이름이 붙여진 이 제품은 아메리칸 항공에 채택되면서 항공업계 처음으로 실시간 전화예약 시스템으로 사용됐는가 하면, 1969년에는 미국 항공우주국(NASA)의 달 탐사 프로젝트인 아폴로 계획에 사용되기도 했다. 또한 전 세계 연구기관, 정부기관, 금융기관, 제조업체 등에서 사용되어 전산환경의 실질적 표준이 되었다.

IBM은 메인프레임 시스템을 개발하면서 컴퓨팅 분야의 '특허 왕국'으로 성장하기 시작했고, S/360과 함께 개발된 트랜잭션 처리기술과 마이크로 회로, 데이터베이스 등 핵심기술은 지금까지 컴퓨터 기술의 근간을 이루고 있다. 즉, IBM의 메인프레임은 80년대 PC 산업의 성장, 그 후 인터넷 발전의 원동력이 됐으며, 컴퓨팅 기술과 비즈니스를 결합함으로써 전 세계 경제성장의 인프라 역할을 수행해 왔다.

1990년대 중반 이후에는 시스템 다운사이징 열풍이 일면서 메인프레임의 위기가 도래하는 듯했으나, 현재 IBM의 메인프레임은 전성기 때만큼 영향력을 회복하진 못했어도 IBM은 기존 메인프레임 브랜드를 계속 발전시켜 고도의 안정성과 고성능의 처리능력이 요구되는 금융권 시장 등에서는 여전히 건재한 상태다.

달로 손톱 크기의 칩에 수억 개의 트랜지스터를 가진 고밀도 집적회로(LSI: Large Scale Integration)와 초고밀도 집적회로(VLSI: Very Large Scale Integration)를 사용하게 되었다. 이러한 집적회로의 발달에 따라 초고성능 컴퓨터인 슈퍼컴퓨터를 생산하는 크레이(Cray Research) 사가 설립되어 슈퍼컴퓨터 Cray-1이 탄생하게 되었다.

마이크로컴퓨터의 등장

1971년에 인텔(Intel) 사에서 중앙처리장치인 Intel 4004 마이크로프로세서를 개발한 이후, 컴퓨터는 크기와 성능 면에서 급속하게 발전되었다. 1975년에는 MIT(Micro Instrumentation and Telemetry Systems)의 에드 로버츠와 빌 게이츠는 인텔의 마이크로프로세서 8080이 탑재된 최초의 개인용 컴퓨터(PC)인 알테어(Altair)를 개발, 판매하였다. 1975년에는 빌 게이츠(Bill Gates)와 폴 알렌(Paul Allen)에 의해 마이크로소프트(Microsoft) 사가 설립되었으며, 1977년에는 스티브 잡스(Steve Jobs)에 의해 애플(Apple) 사가 탄생하여 애플 II(Apple II)를 출시하였다.

그림 2.25 알테어 8080과 애플 II 컴퓨터

TIP: 빌 게이츠와 스티브 잡스

그림 2.26 스티브 잡스와 빌 게이츠

컴퓨터 분야에서 명예와 부를 함께 얻은 사람 중에 대표적인 인물을 꼽으라면 바로 빌 게이츠와 스티브 잡스일 것이다. 약 40년전부터 시작하여 조금씩 우리 인간의 삶을 완전히 바꾸어 놓은 정보화 기기인 개인용 컴퓨터와 스마트폰 그리고 태블릿이라는 혁명적인 기기의 출현 뒤에는 놀랍게도 항상 빌 게이츠와 스티브 잡스가 있었다.

빌 게이츠와 스티브 잡스는 모두 1955년 생으로 동시대를 살며 유명한 컴퓨터 회사의 CEO로 성장한 대표적인 인물이라는 공통점이 있으나, 이 둘은 숙명의 경쟁자로서 그간 행보에는 다소 차이가 있다고 볼 수 있다. 빌 게이츠는 부유한 어린 시절을 보내고, 명문 하버드 대학을 중퇴했으나, 스티브 잡스는 사생아로 태어나 양부모 밑에서 자랐으며 평범한 리드 대학을 중퇴하였다. 빌 게이츠는 개발자라기보다는 냉철한 이성으로 결정적 판단을 잘하는 진정한 비즈니스 맨이라면, 스티브 잡스는 자기 중심적이고 개성이 강하며 항상 새로운 것에 도전하는 창의성이 강한 이상주의자로 평가 받는다.

빌 게이츠는 베이직 인터프리터와 대표적 운영체제인 DOS를 만들었고, 스티브 잡스는 컴퓨터 애플을 만들어 개인용 컴퓨터를 대중화시켰다. 빌 게이츠는 마이크로소프트 사를 만들어 세계적 소프트웨어 회사로 성장시키는 등 큰 어려움 없이 승승장구하고 있으며, 스티브 잡스도 애플을 창업한 이후, 넥스트(NeXT)를 창업하고, 애니메이션 회사인 픽사(Pixar)를 인수하였고, 다시 돌아간 애플에서 후대에도 길이 남을 만한 여러 정보화 기기를 개발한 천재로 알려져 있다. 1997년, 애플의 넥스트 합병으로 스티브 잡스는 애플로 다시 돌아가게 되었으며, 그 해 적자이던 애플을 다시 흑자로 만들었다. 2001년 MP3 플레이어인 아이팟(iPod)을 만들어 대중들에게 잊혀져 가던 애플을 다시 기억하게 하였으며, 2007년에는 아이폰(iPhone)이라는 혁명적인 개인 정보화 기기인 스마트폰을 출시하여 전 세계를 놀라게 하였다. 그 이후로도 애플은 가정용 멀티미디어 기기인 애플 TV, 태블릿 PC인 아이패드 등의 제품을 개발하였으나 스티브 잡스는 2011년 췌장암으로 아쉽게 생을 마감하였다.

IBM도 PC시장에 진입하여 운영체제 MS-DOS를 장착한 IBM PC/XT를 1982년에 발표하였다. 애플 사는 최초의 그래픽 사용자 인터페이스(GUI)를 쓴 리자(Lisa) 컴퓨터를 1983년에 발표하여 현재까지 GUI(Graphical User Interface) 분야에서 그 기술을 선도하고 있다.

그림 2.27 초기의 애플 컴퓨터와 현재의 애플 컴퓨터

인터넷과 WWW의 등장

1969년에 미 국방성에 의해 최초의 인터넷인 알파넷(ARPANET)이 탄생된 이후 1989년에 유럽의 입자물리학연구소(CERN: the European Laboratory for Particle Physics)에서 연구 결과 및 자료의 효율적인 공유를 목적으로 팀버너스 리(Tim Berners Lee)는 월드와이드웹(WWW: World Wide Web)을 개발하였다. 즉 월드와이드웹은 간단히 웹이라고도 부르며, 인터넷에 연결된 컴퓨터들을 통해 사람들이 정보를 공유할 수 있는 전 세계적인 정보 공간을 말한다. 이 웹 공간에서 정보를 공유하려면 웹 브라우저라는 소프트웨어를 사용하는데, 최근에는 인터넷 익스플로러(Internet Explorer)와 크롬(Chrome)을 주로 사용하나 초기에는 넷스케이프라는 브라우저를 사용하였다.

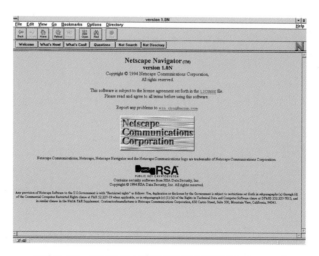

그림 2.28 초기의 웹 브라우저인 넷스케이프(Netscape)

WWW에 의하여 현재 우리는 언제 어디서나 세계의 정보를 빠른 시간 내에 볼 수 있는 정보화 시대에 살고 있다. 즉 이러한 정보의 세계화는 전 세계의 컴퓨터를 하나의 망으로 구성한 인터넷이라는 네트워크와 WWW의 개발로 가능한 것이었다.

3.5 미래의 제5세대 컴퓨터

제5세대 컴퓨터란 미래의 컴퓨터를 말한다. 이러한 미래의 컴퓨터는 인간과 대화하고 자연 언어로 명령을 처리하며 컴퓨터도 인간과 같이 생각하고 창의적인 작업을 수행할 수 있을 것이다.

이러한 차세대 컴퓨터를 만들기 위한 연구 분야로는 인공지능(AI: Artificial Intelligence) 분야, 병렬처리(Parallel Processing) 분야, 전문가 시스템(Expert System) 분야, 신경망(Neural Network) 분야 등이 있다.

04

컴퓨터의 종류

컴퓨터를 그 크기와 처리 능력에 따라 구분하여 살펴보자.

4.1 슈퍼컴퓨터

슈퍼컴퓨터는 기상 예측과 같이 그 처리량이 방대한 작업을 빠른 연산 속도로 처리하기 위해 설계된 과학 기술 계산 전용의 컴퓨터를 말한다. 과거에는 과학 기술 계산을 초고속으로 처리하는 계산 전용의 중앙처리장치를 구비한 컴퓨터를 슈퍼컴퓨터라고 했으나, 최근에는 수천 개 이상의 중앙처리장치를 서로 연결하여 대규모의 벡터 계산과 행렬 계산을 고속으로 병렬 처리하는 슈퍼컴퓨터가 주류를 이루고 있다.

슈퍼컴퓨터를 생산하는 대표적 기업으로는 미국 크레이(Cray Inc.) 사를 들 수 있으며 이 회사의 제품 Cray XC30은 캐비닛당 384개의 인텔 64비트 제온 프로세서가 병렬로 연결되어 있으며, 이러한 캐비닛을 몇 개 연결하느냐에 따라 그 수행 능력이 결정되는 슈퍼컴퓨터이다. 슈퍼컴퓨터의 계산 능력은 주로 FLOP이라는 단위를 쓰는데, 1테라(Tera) FLOP/S(FLoat point Operation Per Second)는 1초당 1조 번의 부동 소수점 연산 횟수를 수행할 수 있음을 의미한다. 스위스 국립 슈퍼 컴퓨팅 센터의 피즈 다인트(Piz Daint)는 Cray XC30으로 만든 슈퍼컴퓨터로서 그 계산 능력이 6,270.0 TFlop/s라고 한다.

그림 2.29 슈퍼컴퓨터 Cray XC30

크레이 사가 만든 슈퍼컴퓨터 타이탄(Titan)은 Cray XK7로 만든 슈퍼컴퓨터로서 17,590 TFlop/s의 계산 능력을 자랑한다.

그림 2.30 슈퍼컴퓨터 타이탄(Titan), 17,590.0 TFlop/s

현재 가장 빠른 슈퍼컴퓨터는 텐허-2(Tianhe-2)로, 인텔 제온 파이 프로세서를 사용하여 중국의 국방 기술 대학교에서 개발하였다. 광저우 국립 슈퍼 컴퓨터 센터 의 텐허-2의 속도는 33,862.7 TFlop/s라고 한다.

그림 2.31 중국 텐허2(Tianhe-2), 33,862.7 TFlop/s

슈퍼컴퓨터는 그 처리 속도에 맞는 많은 계산량이 필요한 과학 기술 분야의 문제를 해결하기 위해 활용된다. 그 활용 분야로는 기상예보, 지진 및 해일 예보와 같은 지 구환경 분야, 은하의 구조와 형성 그리고 진화를 이해하려는 천문학 분야, 새로운 약을 개발하기 위해 분자 구조를 살피는 약학 분야, 그리고 의학 및 화학 분야 등 수없이 많은 과학기술 분야를 예로 들 수 있다.

슈퍼컴퓨터의 활용 범위는 더욱 다양해져 은행 및 보험회사와 같은 금융기관에서 도 엄청난 데이터를 처리하고 분석하기 위해 슈퍼컴퓨터를 활용하고 있으며 영화

제작에도 특수효과를 위해 슈퍼컴퓨터를 활용하기도 한다. 또한 우리나라의 서울대학교, 전북대학교 등의 대학과 기상청 등의 공공기관, 대기업 등에서 여러 대의 슈퍼컴퓨터를 도입하여 이용하고 있다.

4.2 메인프레임과 미니컴퓨터

메인프레임

메인프레임은 기억 용량이 크고 많은 입출력 장치를 신속히 제어함으로써 다수의 사용자가 함께 쓸 수 있는 대형 컴퓨터를 말한다. 메인프레임은 주로 대기업이나 은행의 업무 처리, 대학교나 연구소 등의 실습실이나 연구실에서 다량의 단말기를 연결해 사용된다. 일반적으로 전산실에 설치되어 있으며, 각 단말기를 통해 입력되는 자료와 작업을 처리한다. 근래에 마이크로컴퓨터가 일반화됨에 따라 중요성이 줄어들고 있으나, 아직도 대규모 전산 시스템을 요구하는 곳에서는 메인프레임 컴퓨터를 통해 처리하고 있다.

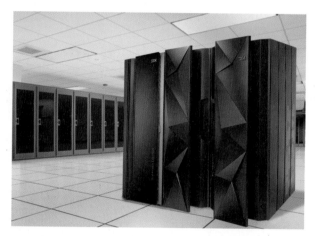

그림 2.32 IBM 메인프레임 신기종 'IBM ZEnterprise'

미니컴퓨터

미니컴퓨터는 성능과 크기 면에서 메인프레임과 마이크로컴퓨터 사이의 컴퓨터를 말한다. '미니'라는 단어는 60년대에 그 당시 메인프레임보다 작다는 의미에서 처음 사용되었다. 그러므로 미니컴퓨터는 개인용 컴퓨터인 PC보다 작은 컴퓨터가 아니라 중형컴퓨터(midrange computer)라고 할 수 있다. 현재는 메인프레임과 미니컴퓨터의 구분이 모호해졌고, 개인용 컴퓨터의 성능이 계속 빨라져 미니컴퓨터의 의미가 많이 사라진 상태이며, 다만 가격 면에서 메인프레임보다 저렴한 중형컴퓨터를 말한다.

4.3 　워크스테이션과 마이크로컴퓨터

워크스테이션

워크스테이션은 1980년대에 많이 이용하던 시스템의 용어로 개인이 고도의 수치 처리 능력이 필요한 작업을 수행하는 데 편리하고 효율적이며 양질의 그래픽 환경을 제공하여 개인용으로 사용하는 컴퓨터를 말한다.

워크스테이션은 주로 자동차 및 항공기 또는 여러 기계의 고급 설계와 삼차원 모델링, 애니메이션 등의 컴퓨터 그래픽 분야에 주로 이용되고 있으며 물론 네트워크로 메인프레임이나 미니 컴퓨터에 접속하여 업무 처리도 가능하다.

강력한 개인용 데스크톱 컴퓨터인 워크스테이션으로 과거 선 사의 울트라 20 워크스테이션을 들 수 있다. 울트라는 기본적으로 솔라리스 운영체제를 사용하며, 윈도우나 리눅스 등 다양한 운영체제를 사용할 수 있으며 엔터프라이즈급 개발 소프트웨어가 기본으로 탑재되어 있었다. 이 워크스테이션은 소프트웨어 개발 분야, 자동차 및 우주 항공 등의 엔지니어링 분야, 시뮬레이션 및 분석 분야 등에 주로 사용되었다.

그림 2.33　선 사의 울트라 20 워크스테이션(Sun Ultra 20 Workstation)

마이크로컴퓨터

마이크로컴퓨터는 오늘날 사무실의 책상과 가정에 모두 보급되어 있는 개인용 컴퓨터를 말한다. 개인용 컴퓨터는 크게 두 가지로 분류되는데 과거에는 IBM 호환 컴퓨터라 부르던 인텔 칩이 장착된 개인용 컴퓨터와 애플 사의 애플 컴퓨터로 분류할 수 있다. 현재 개인용 컴퓨터의 성능은 워크스테이션을 능가하여 워크스테이션과 개인용 컴퓨터의 구분이 모호해졌다.

그림 2.34 마이크로컴퓨터

4.4 휴대형 컴퓨터

책상 위에 올려 놓는 마이크로컴퓨터인 데스크톱(desk top) 컴퓨터는 휴대할 수 없다. 이러한 불편을 제거하여 이동이 자유로운 휴대형 마이크로컴퓨터를 소형 컴퓨터라 하며 그 크기와 용도에 따라 다양하게 발전해 왔다. 2007년 아이폰의 출시로 스마트폰이 대중화되면서, 스마트폰과 태블릿 PC가 휴대용 컴퓨터의 중요한 위치를 차지하게 되었다.

개인용 디지털 보조기

이제는 사라진 기기인 개인용 디지털 보조기(Personal Digital Assistant)는 PDA라 부르며 무선 통신과 정보 처리 기능을 결합한 개인 휴대 기기로 개인 정보 처리기 또는 개인 휴대 통신 단말기라고도 불렸다. 과거 PDA의 기능을 살펴보면 개인의 일정 계획 등을 관리하는 기능, 전자 펜이나 필기 인식 기술을 이용하여 개인 정보를 관리하는 기능, 사전이나 매뉴얼 등을 내장하여 언제나 자료를 검색할 수 있는 검색 기능, 이메일, 팩스, 무선 호출 및 휴대 전화 메시지를 주고받을 수 있는 통신 기능 등이 있었으나, 이제는 이러한 모든 기능을 스마트폰이 대체하고 있다.

그림 2.35 PDA와 이동형 키보드에 연결된 PDA

노트북 컴퓨터

그 크기가 노트북 정도인 노트북 컴퓨터는 1990년대 초반부터 급속도로 보급되기 시작해 현재는 광범위하게 사용되고 있다. 노트북 컴퓨터는 개인정보관리는 물론 문서작성, 자료저장 및 검색, 인터넷 접속까지 컴퓨터로 할 수 있는 모든 기능을 갖추고 있다.

이러한 노트북보다 크기가 더 작아서 이동이 손쉬운 랩톱(lap top), 팜톱(palm top) 컴퓨터도 등장하였다. 랩톱 컴퓨터는 무릎이란 단어의 랩(lap)이 의미하듯 무릎 위에 올려놓고 쓸 수 있는 휴대하기에 간편한 컴퓨터를 말하며 팜톱은 손 위에 올려놓을 수 있는 더 작은 크기의 컴퓨터를 말한다. 이러한 랩톱이나 팜톱은 휴대폰과 태블릿의 등장으로 이제 거의 사라지게 되었다.

그림 2.36 랩톱, 팜톱 컴퓨터

스마트폰

2007년 애플의 아이폰(iPhone)이 진정한 의미로 대중화에 성공한 스마트폰의 효시라고 볼 수 있다. 아이폰은 제품이 출시되자마자 전 세계적으로 선풍적인 인기를 끌었으며, 휴대 전화기에 컴퓨터의 모든 기능을 합친 진정한 의미의 소형 컴퓨터라고 할 수 있다. 스마트폰은 iOS나 안드로이드(Android)와 같은 운영체제가 설치되어 있으며 소프트웨어인 다양한 앱을 설치 활용할 수 있다. 또한 스마트폰은 시각을 인지하는 카메라와 위치를 관장하는 GPS, 촉각을 처리하는 터치스크린, 표현감

각을 인지하는 자이로스코프 등의 다양한 센서가 장착되어 있어 일반 컴퓨터보다 다양한 기능으로 활용될 수 있다. 이제 개인의 필수품이 된 스마트폰이 어디까지 진화되어 우리의 삶을 바꾸어 놓을지 매우 궁금하다.

그림 2.37 다양한 스마트폰

태블릿 PC

2010년 첫 선을 보인 애플의 아이패드(iPad)가 '스마트패드'라고도 불리우며, 진정한 의미의 태블릿 PC라는 새로운 영역을 개척하였다. 사실 터치 스크린이나 펜을 장착한 휴대용 PC인 태블릿 PC는 2000년 초반에도 있었으나 그리 대중화되지 못하였다. 2007년 아이폰의 출시 후, 스마트폰이 대중화되면서 애플은 스마트폰보다 큰 화면에서 프로그램인 앱을 활용할 수 있는 아이패드를 출시하였다. 아이패드는 터치스크린에 적합하며 뛰어난 인터페이스를 자랑하는 운영체제 iOS와 함께 다양한 앱의 출시로 휴대용 태블릿 PC의 새로운 패러다임을 열게 되었다. 당시 처음 시장의 예상과는 달리 아이패드는 첫 해 약 1470만대가 팔리는 인기를 누리게 되었다.

그림 2.38 아이패드와 갤럭시탭

2010년 첫 해 태블릿 시장은 1820만 대였고, 아이패드는 경쟁자가 거의 없이 태블릿 시장의 80% 이상을 점유했다. 그나마 삼성전자의 갤럭시탭이 유일한 경쟁 제품이었다. 이제 태블릿 시장이 매우 성장하여 2016년에는 전 세계적으로 3억 7천만 대가 판매될 것으로 예측하고 있으며, 앞으로는 데스크톱 PC를 대체할 것으로 보고 있다.

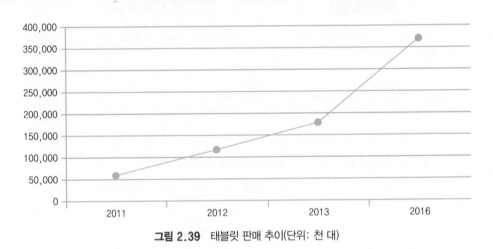

그림 2.39 태블릿 판매 추이(단위: 천 대)

4.5 개발 실험용 컴퓨터

최근 들어 학교나 실험실에서 활용할 수 있는 개발 실험용 컴퓨터 또는 마이크로컨트롤러를 내장한 보드가 출시되고 있다. 즉 중앙처리 장치와 보드, 운영체제인 리눅스 그리고 다른 기기를 연결할 수 있는 다양한 인터페이스로 구성된 라즈베리 파이와 간단히 마이크로컨트롤러를 내장한 보드로 구성된 아두이노가 대표적이다.

라즈베리 파이

라즈베리 파이(Raspberry Pi)는 영국의 자선 교육 재단인 라즈베리 파이(www.raspberrypi.org)에서 개발한 신용카드 크기의 초소형 컴퓨터이다. 라즈베리 파이의 CPU는 ARM 프로세서를 사용하며, 운영체제는 리눅스를 사용한다. 라즈베리 파이는 초소형 보드 위에 그래픽 프로세서, 이더넷, 그리고 외부 기기의 연결을 위한 핀과 포트가 있으며, 하드 디스크 드라이브는 내장하고 있지 않으며, SD(Secure Digital) 카드 슬롯이 제공되어 SD 카드를 외부 기억장치로 사용한다. 라즈베리 파이의 HDMI(High-Definition Multimedia Interface) 단자에 모니터나 TV를 연결하고, USB 단자에 키보드와 마우스를 연결하며, 운영체제 리눅스가 설치된 SD카드를 연결하여 부팅하면 일반 데스크톱과 같은 모든 일을 할 수 있다. 라즈베리 파이는 256MB 메모리의 모델 A와 512MB 메모리의 모델 B가 있다.

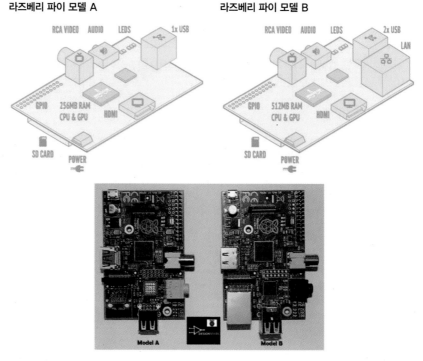

그림 2.40 라즈베리 파이

초보자는 운영체제가 설치된 SD카드를 구매하여 사용하는 것을 추천하며, 재단 사이트(www.raspberrypi.org/downloads)에서 자료를 내려 받아 직접 라즈비안 위지(Raspbian Wheezy)와 아치 리눅스(Arch Linux) 등 다양한 운영체제를 설치할 수 있다. 라즈베리 파이를 제어하는 프로그램은 프로그래밍 언어인 파이썬, 자바, 베이직, 펄, C 등을 사용할 수 있다.

라즈베이 파이가 2012년 컴퓨터 과학 교육 증진을 위해 발매된 이후 전 세계적으로 300만 대 이상이 판매되는 인기를 끌고 있다. 라즈베이 파이를 사용하여 다양한 기기를 연결한 새로운 창작품을 만들어 낼 수 있으므로 라즈베이 파이는 다양한 분야에서 활용할 수 있는 무한한 잠재력을 지니고 있다.

그림 2.41 라즈베리 파이 운영체제 다운로드(www.raspberrypi.org/downloads)

아두이노

아두이노(Arduino)는 오픈 소스를 기반으로 마이크로컨트롤러(micro controller)를 내장한 기기 제어용 보드이다. 이 아두이노 보드는 다양한 센서나 부품 등의 장치를 연결할 수 있도록 인터페이스를 제공한다. 아두이노는 손쉽게 컴퓨터와 연결해 소프트웨어를 로드하면 동작하도록 구성된 하드웨어와 소프트웨어 기반의 '오픈 소스 전자 플랫폼'이라 할 수 있다.

그림 2.42 아두이노 홈페이지(arduino.cc)

아두이노는 여러 스위치나 센서로부터 값을 받아들여, LED나 모터와 같은 외부 전자 장치들을 통제함으로써 환경과 상호작용이 가능한 물건을 만들어낼 수 있다. 아두이노의 USB 단자에 컴퓨터를 연결한 후 아두이노 전용 소프트웨어 개발을 위한 통합개발환경(IDE)에서 프로그램을 작성한 후 실행하면 아두이노가 작동한다. 아두이노가 인기를 끄는 이유는 다양한 입출력 장치를 연결하여 마이크로컨트롤러를 쉽게 동작시킬 수 있기 때문이다. 아두이노는 웨어러블 컴퓨터(wearable computer)에 활용될 수 있도록 옷에 부착할 수 있는 보드 등 다양한 보드를 제공하는데, 가장 기본이 되는 표준 보드는 아두이노 우노(UNO)라는 보드이다.

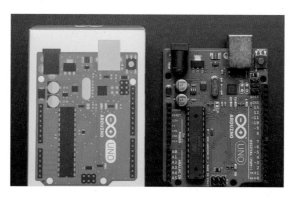

그림 2.43 아두이노 우노(UNO)

[객관식 문제]

다음 각 문항에 대하여 보기 중에서 알맞은 것을 선택하시오.

01 컴퓨터 하드웨어를 구성하는 요소 중 연산을 수행하는 연산장치와 연산을 제어하는 제어장치로 구성된 것은?

A. 주기억장치　　　　　　　　　　　　B. 보조기억장치

C. 중앙처리장치　　　　　　　　　　　D. 출력장치

02 컴퓨터에 대한 설명으로 옳지 않은 것은?

A. 컴퓨터는 '전자적으로 계산을 수행하는 장치'이다.

B. 컴퓨터는 1과 0의 신호만을 인식한다.

C. 컴퓨터의 기본 기능은 처리, 저장, 입력, 출력이다.

D. 컴퓨터는 모니터, 하드디스크, 프린트 등과 같은 물리적인 부분만으로 이루어져 있다.

03 컴퓨터 운영체제에 대한 설명으로 옳지 않은 것은?

A. 컴퓨터 시스템의 전반적인 동작을 제어하고 조정하는 시스템 프로그램이다.

B. 프로그램의 실행을 제어하며 데이터와 파일의 저장을 관리하는 기능을 수행한다.

C. 특정 업무에 필요한 소프트웨어가 운영체제이다.

D. 운영체제의 종류로는 유닉스(Unix), 리눅스(Linux), 윈도우(Windows), 맥(Mac) OS X 등이 있다.

04 입력장치로만 바르게 짝지어진 것은?

A. 키보드, 마우스, 모니터, 프린터

B. 레이저키보드, 바코드판독기, 스캐너, 카메라

C. 프린터, 스캐너, 마우스, 광학마크판독기

D. 바코드판독기, 스피커, 카메라, 가상키보드

05 현재 사용하는 모든 범용 컴퓨터의 모체가 되는 것은?

A. 주판과 파스칼의 계산기　　　　　　B. 배비지의 분석엔진

C. 홀러리스의 천공카드기계　　　　　D. ABC와 마크-I

06 중앙처리 장치에 대한 설명으로 옳지 않은 것은?

A. 사람에 비유하면 머리에 해당하는 매우 중요한 구성 요소이다.

B. 입력 데이터를 정보로 변환하기 위하여 소프트웨어로부터 받은 명령어를 실행한다.

C. 중앙처리장치 내부는 주기억장치와 제어장치로 이루어져 있다.

D. 다른 하드웨어와 연결시켜주는 마더보드에 장착된다.

07 최초의 전자식 컴퓨터는?

   A. 에드삭   B. 에드박

   C. 마크-I   D. 에니악

08 주기억장치에 대한 설명이 아닌 것은?

   A. 비휘발성 메모리

   B. 수백만 개의 전자회로를 포함하고 있는 실리콘 칩으로 구성

   C. 실행 중인 데이터를 저장

   D. 전자회로를 켜거나 꺼서 데이터를 기억

09 제3세대 컴퓨터에 대한 설명으로 옳지 않은 것은?

   A. 집적회로를 이용하여 컴퓨터는 더욱 소형화되었고, 가격은 낮아졌지만 성능은 높일 수 없었다.

   B. 컴퓨터가 동시에 여러 작업을 수행할 수 있는 다중프로그래밍 기술이 적용되었다.

   C. 소프트웨어의 체계가 확립되었으며 운영체제의 다양한 기술이 실현되었다.

   D. 시분할(Time Sharing) 시스템 기술이 적용되어 컴퓨터를 대화식으로 사용할 수 있게 되었다.

10 보조 기억 장치가 아닌 것은?

   A. USB   B. SSD

   C. RAM   D. 하드디스크

11 인간과 대화하고 자연 언어로 명령을 처리하며 컴퓨터도 인간과 같이 생각하고 창의적인 작업을 수행하는 컴퓨터는 몇 세대 컴퓨터인가?

   A. 제2세대 컴퓨터   B. 제3세대 컴퓨터

   C. 제4세대 컴퓨터   D. 제5세대 컴퓨터

12 응용 소프트웨어가 아닌 것은?

   A. 파워포인트   B. 엑셀

   C. SQL서버   D. Linux

13 제2세대 컴퓨터에서 컴퓨터의 크기를 백분의 일로 작아지게 하고, 성능은 우수하면서 가격은 저렴하게 만든 것은?

   A. 진공관   B. 트랜지스터

   C. 천공카드   D. 자기 디스크

14 프로그램 내장 방식에 대한 설명으로 옳지 않은 것은?

   A. 세계 최초의 프로그램 내장 방식을 적용한 컴퓨터는 에드삭이다.

   B. 8진법을 채택하였다.

   C. 현재의 컴퓨터 발전에 중요한 영향을 끼쳤다.

   D. 폰노이만에 의해 고안되었다.

15 슈퍼컴퓨터를 설명하는 내용으로 옳지 않은 것은?

A. 처리량이 방대한 작업을 빠른 연산 속도로 처리하기 위해 설계된 과학 기술 계산 전용의 컴퓨터를 말한다.

B. 활용 분야는 지구 환경 분야, 천문학 분야, 약학 분야 그리고 의학 및 화학 분야 등 수없이 많은 과학 기술 분야이다.

C. 최근에는 성능이 뛰어난 한 개의 중앙처리장치로 구성하는 슈퍼컴퓨터가 주류를 이루고 있다.

D. 현재 슈퍼컴퓨터는 우리나라의 서울대학교, 전북대학교 등의 대학과 기상청 등의 공공기관, 대기업 등에서 여러 대가 도입되어 이용되고 있다.

16 오늘날 사무실의 책상과 가정에 모두 보급되어 있는 개인용 컴퓨터를 일컫는 것은?

A. 슈퍼컴퓨터　　　　　　　　　　B. 미니컴퓨터

C. 마이크로컴퓨터　　　　　　　　D. 노트북 컴퓨터

17 개인이 고도의 수치 처리 능력이 필요한 작업을 수행하는 데 편리하고 효율적이며 양질의 그래픽 환경을 제공하여 개인용으로 사용하는 컴퓨터는?

A. 메인프레임　　　　　　　　　　B. 마이크로컴퓨터

C. 슈퍼컴퓨터　　　　　　　　　　D. 워크스테이션

18 2010년 첫 선을 보인 애플의 아이패드(iPad)가 효시라고 볼 수 있으며 터치스크린이 장착된 휴대용 PC를 무엇이라 하는가?

A. 태블릿 PC　　　　　　　　　　B. 데스크톱 PC

C. 미니 컴퓨터　　　　　　　　　D. 노트북

19 중앙처리장치와 함께 컴퓨터의 성능과 속도를 결정하는 중요한 요소 중의 하나는?

A. 입력장치　　　　　　　　　　　B. 주기억장치

C. 보조기억장치　　　　　　　　　D. 출력장치

20 각 세대의 컴퓨터에 대한 설명으로 옳지 않은 것은?

A. 2세대 컴퓨터는 진공관을 이용한 컴퓨터로 천공카드가 그 예이다.

B. 3세대는 집적회로를 이용한 컴퓨터로 컴퓨터가 전 세대보다 더욱 소형화되었다.

C. 4세대 컴퓨터는 손톱크기의 칩에 수억 개의 트랜지스터를 가진 고밀도 집적회로를 이용하였다.

D. 5세대 컴퓨터는 미래의 컴퓨터를 말하며 창의적인 작업을 수행할 수 있을 것이다.

[괄호채우기 문제]

다음 각 문항에 대하여 빈칸에 적절한 단어를 채우시오.

01 컴퓨터가 수행하는 계산의 대상을 (   )(이)라 하며 처리 기능을 거쳐 출력된 의미 있는 자료를
(   )라 한다.

02 (   )(은)는 컴퓨터의 처리를 명령하는 명령어 집합이다.

03 (   )(은)는 CPU 종류, 기억 장치 최대 용량, 확장 슬롯의 수량 등 컴퓨터의 기본 성능을 규정
한다.

04 1989년에 유럽의 입자물리학연구소에서 연구 결과 및 자료의 효율적인 공유를 목적으로 팀버너스
리(Tim Berners Lee)는 (   )(을)를 개발하였다.

05 컴퓨터 시스템의 전반적인 동작을 제어하고 조정하는 시스템 프로그램을 (   )(이)라 한다.

06 일괄 처리의 효시로서 홀러리스에 의해 발명되었고, 전기와 기계가 사용된 최초의 계산기는
(   )(이)다.

07 세계 최초의 전자식 진공관 컴퓨터는 (   )(이)다.

08 고급 수준의 프로그래밍 언어 중 (   )(은)는 과학기술 분야에 적합한 프로그래밍 언어이며,
(   )(은)는 사무처리용으로 개발된 프로그래밍 언어이다.

09 제3세대 컴퓨터는 (   )(을)를 이용하였는데, 이것은 많은 전자회로 소자를 하나의 기판 위에
모아 놓은 것이다.

10 (   ) 컴퓨터는 성능과 크기 면에서 메인프레임과 마이크로컴퓨터 사이의 컴퓨터를 말한다.

[주관식 문제]

다음 각 문항에 대하여 적절한 답을 작성하시오.

01 컴퓨터를 정의하시오.

02 컴퓨터의 구성 요소 5가지를 열거하시오.

03 중앙처리장치 내부의 2가지 구성 요소를 열거하시오.

04 RAM은 무엇이며 그 단어가 의미하는 것은 무엇인가?

05 이번 학기에 사용하는 응용소프트웨어를 열거하시오.

06 지금까지 사용해 본 운영체제를 열거하시오.

07 현재 컴퓨터의 실행 방식이기도 한 폰노이만이 고안한 방식은 무엇인가?

08 1946년 에니악의 개발 이후 컴퓨터의 발전을 표로 만드시오.

09 블루투스(bluetooth)에 대해서 알아보시오.

10 세계의 슈퍼컴퓨터 사용 현황을 알 수 있는 http://www.top500.org 사이트를 참조하여 한국에서 이용되는 슈퍼컴퓨터의 사용 현황을 성능 순으로 5개만 알아보시오.

Introduction to **COMPUTERS** for The Mobile Age

3장

정보의 표현

단원 목표

- 컴퓨터 내부의 자료 표현 방법과 저장 용량 단위를 알아본다.
- 2진수, 8진수, 16진수를 이해하고 이들 간의 변환을 알아본다.
- 2진수의 음수 표현 방법인 2의 보수에 대하여 알아본다.
- 컴퓨터에서 이용하는 정보의 종류인 정수, 부동소수, 문자, 논리를 이해한다.
- 컴퓨터에서 정수의 연산 방법, 부동소수의 연산 방법을 알아본다.
- 컴퓨터에서 논리연산 방법과 논리회로설계 방법을 알아본다.

단원 목차

01

컴퓨터의 자료 표현

1.1 자료 표현 원리

두 가지 정보 표현

컴퓨터 내부에는 단지 전기가 흐르거나(On) 흐르지 않는(Off) 두 가지 전기 신호만을 표현할 수 있는 트랜지스터가 있어 이를 이용하여 자료를 처리하고 저장한다. 그러므로 컴퓨터는 전기가 흐를 경우 '1', 흐르지 않을 경우 '0'으로 표현하는 이진수 체계를 사용한다.

그림 3.1 트랜지스터의 전기적 스위치 0과 1의 이진 표현

사람들은 아주 옛날부터 십진수를 일상 생활에서 이용해 왔다. 컴퓨터는 이진수를 사용하다 보니 컴퓨터에서 정보의 저장과 연산을 이해하려면 십진수와 이진수 간의 관계뿐 아니라, 이 두 진수 간의 변환 방법도 잘 알아두어야 한다.

비트와 바이트

컴퓨터의 정보 처리 단위 중에서 가장 작은 정보 단위가 비트(bit)이다. 전기의 On, Off는 이진수(binary digit)로 표현 가능하며, 이 정보를 표현하는 단위가 비트이다. BIT는 BInary digiT의 합성어로서 두 가지 표현이 가능한 자릿수를 의미한다.

여러 개의 비트를 조합하여 다양한 경우의 수를 만들 수 있는데, 비트가 연속적으로 8개 모인 정보 단위를 바이트(byte)라 한다. 즉 8개의 연속적인 비트의 전기적 스위치가 다음 그림과 같이 표현된다면 이 정보는 이진수 10110010을 표현한다. 1바이트는 8개의 비트를 조합하므로 28인 총 256가지 종류의 정보를 저장할 수 있다.

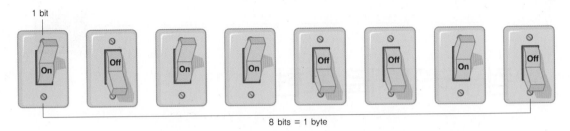

8 bits = 1 byte

그림 3.2 트랜지스터의 전기적 스위치로 구성된 8비트 10110010의 표현

또한 자주 쓰이지는 않지만 바이트의 1/2 크기인 4비트를 니블(nibble)이라고 한다. 일반적으로 바이트가 4개 모이면 워드(word)라 하는데 시스템마다 그 크기는 다를 수 있다. 윈도우 시스템에서는 32비트가 1워드이고 유닉스 시스템에서는 64비트가 1워드일 수 있다.

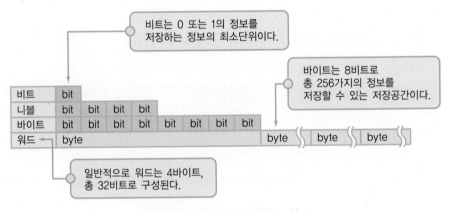

그림 3.3 비트와 니블, 바이트, 워드

1.2 저장 용량

다음은 자주 이용하는 바이트의 단위로 파일이나 주기억장치, 저장장치의 크기를 표현하는 단위이다. 정확히 말하자면 바이트가 정보 용량의 단위이고 킬로, 메가, 기가, 테라 등은 그 크기를 표현한다. 즉 킬로(Kilo)는 2^{10}을 의미하며 1024개를 나타낸다. 마찬가지로 메가(Mega)는 계량단위 앞에 사용하여 1024 × 1024인 백만을 의미한다. 마찬가지로 기가 바이트(Giga Byte)는 2^{30}을, 테라 바이트(Tera Byte)는 2^{40}을 의미한다. 페타 바이트(Peta Byte)는 2^{50}을, 엑사 바이트(Exa Byte)는 2^{60}을 의미한다.

표 3.1 저장 용량 단위

표기	단위	계산	바이트 수	계량 단위
B	Byte	2^0	1	일
KB	Kilo Byte	2^{10}	1,024	천
MB	Mega Byte	2^{20}	1,048,576	백만
GB	Giga Byte	2^{30}	1,073,741,824	십억
TB	Tera Byte	2^{40}	1,099,511,627,776	조
PB	Peta Byte	2^{50}	1,125,899,906,842,624	천조
EB	Exa Byte	2^{60}	1,152,921,504,606,846,976	백경
ZB	Zetta Byte	2^{70}	1,180,591,620,717,411,303,424	십해
YB	Yotta Byte	2^{80}	1,208,925,819,614,629,174,706,176	자

불과 몇 년 전만 하더라도 테라와 페타, 엑사는 별로 사용하지 않았으나 이제는 일
상화된 단위가 되었다. 그만큼 기술이 발달하여 저장장치의 용량도 커지고 그에 따
라 정보의 양도 대단히 방대해졌다는 증거이다. 이러한 저장 용량의 단위를 실생활
에서 이용하는 정보의 크기와 비교하면 다음과 같다.

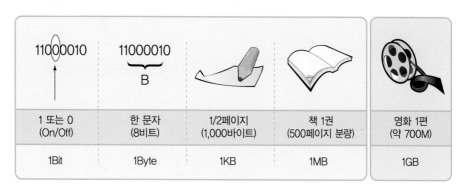

그림 3.4 저장 용량의 비교

02

진수와 수의 표현

2.1 진수의 종류

십진수

십진수는 0에서 9까지 열 가지의 수를 한 자리(digit)의 기본 단위로 사용하는 진법으로, 우리 인간이 일상 생활에서 이용하는 가장 친숙한 진수이다.

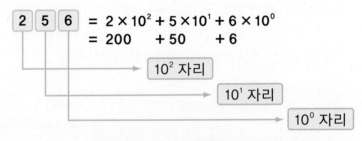

그림 3.5 십진수 256의 의미

십진수의 각 자리는 오른쪽부터 $1(10^0)$자리, $10(10^1)$자리, $100(10^2)$자리 순으로 그 자리에 따라 의미하는 수가 정해진다.

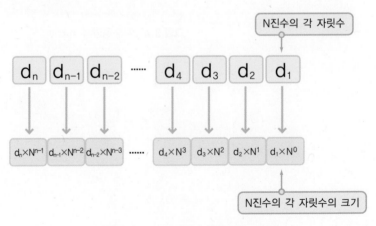

그림 3.6 N진수에서의 자릿수와 그 크기

이러한 방법은 다른 진수에도 적용되어 N진수인 경우 각 자릿수는 0에서 N−1까지의 정수를 이용하며 오른쪽부터 n번째 자리의 크기는 N^{n-1} 이 된다.

이진수, 팔진수, 16진수

이진수는 0과 1의 두 가지 표현으로 각 자릿수를 표시하는 진수이다. 다음은 위에서 알아본 진수의 일반화를 이용하여 이진수 101의 의미를 표현한 것이다.

$$101_2 = 1 \times 2^2 + 0 \times 2^1 + 1 \times 2^0$$
$$= 4 \qquad + 0 \qquad + 1$$
$$= 5$$

다음은 8개의 자릿수를 갖는 이진수 11110011을 표현한 그림이다.

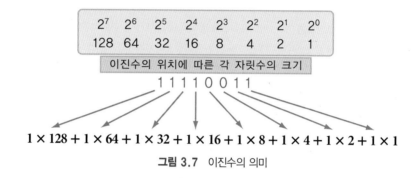

그림 3.7 이진수의 의미

8진수는 0부터 7까지 여덟 가지의 수를 이용하여 숫자를 표시하는 진수이다.

$$301_8 = 3 \times 8^2 + 0 \times 8^1 + 1 \times 8^0$$
$$= 192 \quad + 0 \qquad + 1$$
$$= 193$$

16진수는 0에서 9까지 그리고 A에서 F까지(소문자도 이용 가능하며 A부터 F까지 차례로 10부터 15까지를 의미) 총 16개의 숫자나 문자를 사용하여 표시하는 진수이다.

$$1AF_{16} = 1 \times 16^2 + A \times 16^1 + F \times 16^0$$
$$= 256 \qquad + 160 \qquad + 15$$
$$= 431$$

2.2 진수의 변환

십진수를 이진수로 변환

십진수의 양수를 이진수로 바꾸는 규칙은 다음과 같다. 아래의 규칙을 이용하여 십진수 26을 이진수로 바꾸는 과정을 그림으로 표현하면 다음과 같다.

단계 1: 주어진 값을 2로 나누고 그 나머지를 기록한다.
단계 2: 몫이 0이 아니면 계속해서 새로운 몫을 2로 나누고 그 나머지는 기록한다.
단계 3: 몫이 0이면 원래 값의 2진 표현은 나머지가 기록되는 순서대로 왼쪽에서 오른쪽으로 나열한다.

```
2) 26
2) 13  ------ 0   ↑
2)  6  ------ 1   |
2)  3  ------ 0   |
    1  ------ 1
    →
```

$$26 = 11010_2$$

그림 3.9 십진수 26을 이진수로 변환하는 과정

즉 위의 계산 과정을 통하여 $26 = 11010_2$임을 알 수 있다. 십진수의 소수를 이진수로 바꾸는 규칙은 다음과 같다.

> 단계 1: 십진수에 2를 곱하여 나온 결과에서 정수 부분으로의 자리 올림수와 소수점 아래 부분을 따로 보관한다.
> 단계 2: 단계 1에서 소수 부분이 0이면 단계 3으로 넘어가고, 아니면 소수점 아래 부분을 다시 새로운 10진수로 하여 단계 1을 반복한다.
> 단계 3: 구해진 정수 부분으로의 자리 올림수를 순서대로 나열한다.

위의 규칙을 이용하여 0.625를 이진수로 바꾸는 과정을 그림으로 표현하면 다음과 같다. 즉, $0.625 = 0.101_2$이 성립된다.

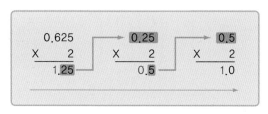

$$0.625 = 0.101_2$$

그림 3.10 10진수 소수의 이진수 변환과정

이진수, 팔진수, 16진수 간 상호관계

이진수, 팔진수 그리고 16진수 사이의 관계를 알아보자. 수식 $8 = 2^3$, $16 = 2^4$ 이 만족하므로 이진수로 표현된 수를 각각 팔진수, 16진수로 표현하는데 쉽게 변환이 가능하다. 즉 소수점을 기준으로 정수 부분은 왼쪽으로, 소수 부분은 오른쪽으로 이진수의 4자리씩을 16진수로 변환하면 이진수를 16진수로 쉽게 변환이 가능하고, 마찬가지 방법으로 이진수의 3자리씩을 팔진수로 변환하면 이진수를 팔진수로 쉽게 변환할 수 있다. 즉 앞에서 예로 들었던 26.625의 이진수 11010.1010을 각각 이진수, 팔진수, 16진수로 표현하면 다음 그림과 같다.

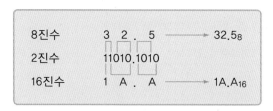

그림 3.11 이진수의 표현을 8진수와 16진수로 변환하는 과정

2.3 이진수의 음수 표현

이진수를 음수로 표현하는 방법은 여러 가지가 있으나 일반적으로 가장 많이 이용하는 방법은 2의 보수 표기 방법이다. 이러한 음수의 표현을 위한 보수 표현에서는 먼저 비트의 크기를 정하고 수를 표현하는 것에 주의해야 한다.

1의 보수

이진수의 1의 보수(1's complement)는 주어진 이진수의 비트를 0은 1로, 1은 0으로 각각 변환하는 방법이다. 즉 4비트의 이진수 0100의 1의 보수는 1011이 된다.

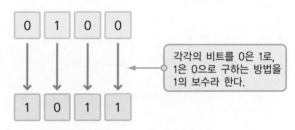

그림 3.12 2진수를 1의 보수로 변환하는 과정

이러한 1의 보수 방법으로 음수를 표현할 수 있다. 즉 4비트에서 1이 0001이므로 −1은 1의 보수인 1110으로 표기하는 방법이다. 음수를 1의 보수로 표기하는 방법은 0이 +0과 −0으로 각각 다르다는 단점이 있다. 즉 +0은 0000이고 −0은 1111이다. 그러므로 일반적으로 컴퓨터에서는 다음에 나오는 2의 보수를 이용하여 음수를 표현한다.

2의 보수

음수를 표현하는 방식 중 가장 많이 사용되는 방식이 2의 보수(2's complement)를 이용한 표기 방법이다. 다음은 비트의 수가 4인 경우 1의 보수 방법과 2의 보수 표현 방법을 이용하여 각각 음수와 양수를 나타낸 표이다.

표 3.2 4비트 이진수의 1의 보수와 2의 보수

숫자	1의 보수	2의 보수	숫자	1의 보수	2의 보수	숫자	1의 보수	2의 보수
+7	0111	0111	+1	0001	0001	−4	1011	1100
+6	0110	0110	0	0000	0000	−5	1010	1011
+5	0101	0101	−0	1111		−6	1001	1010
+4	0100	0100	−1	1110	1111	−7	1000	1001
+3	0011	0011	−2	1101	1110	−8	표기 못함	1000
+2	0010	0010	−3	1100	1101			

1의 보수는 0이 두 가지로 표현되므로 −8을 표현할 수 없다. 그러나 2의 보수는 1의 보수의 단점을 보완하고 4비트에서 −8에서 +7까지 표현이 가능하다. 또한 1의 보수와 2의 보수 모두 음수는 4비트의 가장 왼쪽 비트가 1이라는 사실을 알수 있다. 이와 같이 비트의 모임에서 가장 왼쪽의 비트를 최상위비트(MSB: Most Significant Bit)라 한다. 보수 표현에서는 이 최상위비트가 부호를 나타내므로 부호비트(sign bit)라고도 부른다.

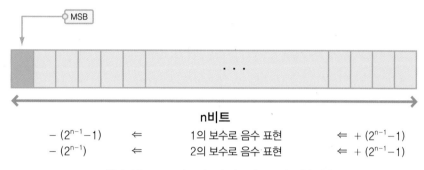

그림 3.13 MSB와 1의 보수와 2의 보수의 표현 범위

음수의 이진수 표기인 2의 보수를 구하는 방법을 알아보자. 2의 보수를 구하는 한가지 방법은 2^n에서 음수의 절대값을 빼는 방법이다. 여기에서 n은 숫자가 표현되는 비트의 개수를 말한다. 예를 들어 −4를 4비트로 2의 보수로 표현하자면, 표현되는 비트의 수가 4개이므로 $2^4 - 4 = 12 = 1100_2$ 이 된다.

> ### n비트에서 −a의 2의 보수 계산 방법: $2^n - a$

2의 보수를 구하는 다른 방법은 다음과 같이 세 단계를 이용하는 방법이다. 이 방법은 위의 1의 보수와 2의 보수를 함께 표현한 표에서 볼 수 있듯이 음수의 2의 보수는 1의 보수 값보다 1이 크다는 사실을 이용하는 방법이다.

표 3.3 n비트 이진수의 2의 보수 계산 방법 2

단계 1	음수의 절대값인 양의 정수의 이진수를 n비트에서 구한다.
단계 2	단계 1에서 얻은 이진수의 1의 보수를 n비트에서 구한다.
단계 3	단계 2에서 얻은 이진수에 1을 더한 n비트만을 취한다.

예를 들어 4비트에서 −4를 2의 보수로 표현하자면, 단계 1에서 4비트의 4의 이진수인 0100을 구하고, 단계 2에서 0100의 1의 보수인 1011을 구한다. 단계 3에서는 단계 2에서 구한 1011에 1을 더하면 1100이 나오는데, 이 이진수가 2의 보수로 −4를 나타낸다.

표 3.4 4비트에서 −4의 2의 보수 계산 과정

단계	방법	결과
1단계(양수를 이진수로)	양수 2를 4비트의 이진수로	0100
2단계(1의 보수 구하기)	4비트에서 비트를 각각 0은 1로, 1은 0으로	1011
3단계(1 더하기)	4비트에서 1 더하기	1100

마지막으로 2의 보수를 구하는 다른 방법을 알아보자. 이 방법은 위의 방법에서 2
단계의 1의 보수를 구하는 과정과 3단계의 1을 더하는 과정을 한 번에 쉽게 구하는
방법이다. 이 방법은 1단계에서 구한 n비트 2진수에서 가장 오른쪽의 0에서 처음
으로 나오는 1까지 그대로 놔 두고, 나머지 왼쪽 비트를 모두 1의 보수로 바꾸는 방
법이다. 이 방법을 이용하여 4비트의 −4를 구하면 1단계에서 구한 4의 4비트 이진
수 0100에서 가장 오른쪽의 0에서 처음으로 나오는 1까지인 100은 그대로 놔 두고,
나머지 비트인 0만을 1의 보수인 1로 바꾸면 바로 1100의 결과가 나온다.

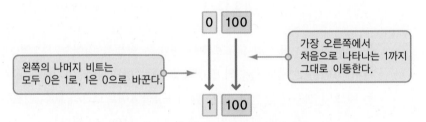

그림 3.14 2의 보수 계산 방법 3(간편한 방법)

03

컴퓨터의 정보 종류

3.1 정수

부호가 있는 정수 표현

컴퓨터는 정수의 양수와 음수를 표현하는데 주로 2진수와 2의 보수 방법을 이용한다. 즉 8비트의 메모리로는 2^8가지(256)의 정보를 표현할 수 있고, 양수와 음수를 모두 표현하면 $-(2^7)$에서 $(2^7 - 1)$까지의 범위를 표현할 수 있다.

표 3.5 8비트로 구성되는 정수의 표현

숫자	이진수	숫자	이진수
+127	01111111	−128	10000000
+126	01111110	−127	10000001
...	...	...	
+5	00000101	−6	11111010
+4	00000100	−5	11111011
+3	00000011	−4	11111100
+2	00000010	−3	11111101
+1	00000001	−2	11111110
0	00000000	−1	11111111

결과적으로 2의 보수를 이용하여 n개의 비트로 정수의 양수와 음수를 모두 표현하면, 수의 범위는 $-(2^{n-1})$에서 $(2^{n-1} - 1)$까지 가능하다. 다음은 저장공간의 비트 크기에 따른 정수 표현 범위의 최대값, 최소값을 나타낸 표이다.

표 3.6 8비트로 구성되는 정수의 표현

저장공간 크기	표현 범위
1비트	$-1(-2^0) \sim 0(2^0-1)$
2비트	$-2(-2^1) \sim 1(2^1-1)$
4비트	$-8(-2^3) \sim 7(2^3-1)$
8비트	$-128(-2^7) \sim 127(2^7-1)$
16비트	$-32,768(-2^{15}) \sim 32,767(2^{15}-1)$
32비트	$-2,147,483,648(-2^{31}) \sim 2,147,483,647(2^{31}-1)$

부호가 없는 정수 표현

컴퓨터에서 양수와 음수를 모두 다루는 정수를 부호가 있는(signed) 정수라 하며 양수만을 다루는 정수를 부호가 없는(unsigned) 정수라 한다. 만일 n비트로 구성되는 정수가 있다면 이 정수의 범위와 수는 표기 방법에 따라 달라진다. 다음은 4비트의 정수의 표현을 unsigned와 signed에 따라 달라지는 수의 정보를 보여주는 표이다.

표 3.7 4비트 2진수의 singed 정수와 unsigned 정수

4비트 정보	unsigned	signed 1의 보수	signed 2의 보수
0000	0	0	0
0001	1	1	1
0010	2	2	2
0011	3	3	3
0100	4	4	4
0101	5	5	5
0110	6	6	6
0111	7	7	7
1000	8	−7	−8
1001	9	−6	−7
1010	10	−5	−6
1011	11	−4	−5
1100	12	−3	−4
1101	13	−2	−3
1110	14	−1	−2
1111	15	−0	−1

4비트의 정수 표현에서 2진수 1111은 부호가 없는 정수에서는 15를 의미하지만 2의 보수에서는 −1을, 1의 보수에서는 −0을 의미한다.

오버플로우

n개의 비트로는 표현의 한계가 있으므로 n비트의 메모리에 표현 범위를 초과하는 수의 값을 저장하는 경우 오버플로우(overflow)가 발생한다. 부호가 없는 양수만을 표현하는 정수에서 4비트의 메모리에 16을 저장한다면 오버플로우가 발생한다. 특히 연산에서 오버플로우가 발생할 수 있다. 예로 부호가 있는 정수의 2의 보수 표기 방법에서 4비트의 정수인 M = 0011_2 = 3, N = 0110_2 = 6일 때, M + N = 0011_2 + 0110_2 = 1001_2 인데, 이 수는 2의 보수 방법으로 −7이라는 결과가 나온다. 이는

우리가 알고 있는 결과 9와는 다르다. 즉 4비트의 2의 보수 방법에서 오버플로우가 발생하여 원하는 답과 다른 결과를 얻거나 문제가 발생할 수 있다.

3.2 부동소수

컴퓨터에서 정수의 표현 방식인 1의 보수나 2의 보수를 고정소수점 수(fixed point number)라 하며 실수를 표현하는 방식을 부동소수점 수(floating point number)라 한다.

정규화

십진수의 실수 352.45는 3.5245×10^2으로도 표현이 가능하다. 실수의 표현을 표준화하는 방법인 정규화(normalization)는 실수의 소수점을 이동하여 소수점 왼쪽에 단 하나의 자릿수가 오도록 하는 방법이다. 다음은 10진수의 실수에 대한 정규화의 예이다.

$$314.1592 = 3.141592 \times 10^2$$

가수는 수를 n.xxxx로 표현한다.

표 3.8 10진수의 정규화의 예

원 실수	정규화	지수	가수
1234.5432	1.2345432×10^3	3	1.2345432
24.345078	2.4345078×10^1	1	2.4345078
0.003045	3.045×10^{-3}	−3	3.045
−134.784556	-1.34784556×10^2	2	−1.34784556

이와 같은 정규화된 실수 표현을 부동소수(floating point number)라 한다. 부동소수라는 표현은 수의 소수점의 위치를 움직일 수 있게 한다는 의미이다. 이러한 표현은 한정된 비트의 수를 이용하여 정밀도를 보다 높게 표시할 수 있다. 즉 고정 소수점보다 매우 큰 정수 또는 매우 작은 소수의 표현이 가능하다. 정규화된 실수의 표현인 부동소수는 소수 부분과 지수 부분으로 구분할 수 있는데 이를 각각 가수(mantissa)와 지수(exponent)라 한다. 가수는 수의 정밀도(precision)를 표현하며 지수는 수의 크기(magnitude)를 표현한다.

지수와 가수

실수 26.625를 이진수로 표현하면 11010.101이다. 즉 실수의 정수 부분 26을 이진수로 표현하면 11010이고 실수의 소수 부분인 0.625를 이진수로 표현하면 0.101이므로 이를 합치면 11010.101이 된다. 이진수 11010.101을 부동소수로 표현하면 부호, 지수와 가수로 구분하여 표현할 수 있다. 이진수의 부동소수 표현에서 가수는 소수점을 이동하여 소수점 왼쪽에 단 하나의 1이 오도록 하는 방법이다. 그리고 지수승의 기수는 2가 된다.

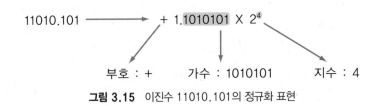

그림 3.15 이진수 11010.101의 정규화 표현

이진수 11010.101을 부동소수로 표현한 결과에서 부호는 양수이고, 가수는 1010101이고 지수는 4이다. 이진수에서 가수는 1.xxxxxx에서 소수점의 오른쪽 수만을 선택한다. 다음은 이진수를 부동소수의 표현으로 지수와 가수, 그리고 부호로 구분한 예이다.

표 3.9 이진수 실수를 부동소수의 부호, 지수, 가수로 표현

원 실수	정규화	부호	지수	가수
101.11	1.0111×2^2	+	2	0111
10011.101	1.0011101×2^4	+	4	0011101
0.001011	1.011×2^{-3}	+	-3	011
-0.00000111	-1.11×2^{-6}	-	-6	11

부동소수의 저장 표현

전기전자기술자협회(IEEE: Institute of Electrical and Electronics Engineers, 줄여서 아이트리플이(I-triple-E)라고 읽음)에서는 부동소수를 저장하는 표준을 제공하였다. 이 부동소수의 저장방법은 크게 단정도 형식(single precision format)과 배정도 형식(double precision format), 두 가지가 있다. 이 저장방법은 부동소수의 표현을 부호부(Sign), 지수부(Exponent), 가수부(Mantissa)로 나누어 이진 표현으로 저장하는 방법이다.

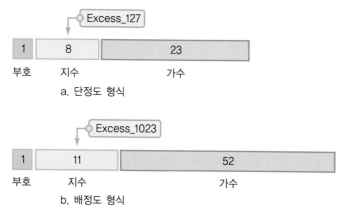

그림 3.16 단정도 형식과 배정도 형식(각 부분의 수는 비트의 크기를 나타냄)

부호부는 양수이면 0, 음수이면 1이 저장된다. 지수부는 단정도에서는 127 초과 이진수로, 배정도에서는 1023 초과 이진수로 지수를 저장한다. 가수부에는 부동소수의 가수를 왼쪽부터 저장하고, 오른쪽 나머지 비트는 모두 0으로 채운 이진수를 저장한다. 여기서 127 초과수는 원래의 수에 127을 더하고, 그 수를 이진수로 표현한 수를 말한다. 마찬가지로 여기서 1023 초과수는 원래의 수에 1023을 더한 수를 이진수로 표현한 수를 말한다.

표 3.10 지수부에 이용되는 127 초과수와 1023 초과수

원래의 수	127 초과수		1023 초과수	
	십진수	이진수(8비트)	십진수	이진수(11비트)
−1022	X		1	000 0000 0001
…	X		…	
−126	1	0000 0001	897	011 0000 0010
…	…		…	
−2	125	0111 1101	1021	011 1111 1101
−1	126	0111 1110	1022	011 1111 1110
0	127	0111 1111	1023	011 1111 1111
1	128	1000 0000	1024	100 0000 0000
2	129	1000 0001	1025	100 0000 0001
…	…		…	
127	254	1111 1110	1150	100 0111 1110
…	X		…	
1023	X		2046	111 1111 1110

단정도와 배정도, 두 형식의 차이는 정보 표현의 크기로 단정도는 전체가 32비트이며 배정도는 전체가 64비트로 배정도가 단정도에 비해 지수와 가수의 표현 크기가 크다. 십진수 5.625가 메모리에 저장된 단정도 형식을 알아보자. 5.625를 이진수로 변환하면 101.101이므로 이를 정규화하면 다음과 같이 표현할 수 있다. 즉 101.101은 부호는 양수이며 지수는 2이고 가수는 01101이다.

표 3.11 이진수 실수를 부동소수의 부호, 지수, 가수로 표현

원 실수	정규화	부호	지수	가수
101.101	$+ 1.01101 \times 2^2$	+	2	01101

실수 101.101은 부호가 양수이므로 부호부는 0이고, 지수부는 2 + 127인 129의 이진 표현이 저장되며, 가수부는 가수 01101에 나머지 오른쪽 18개의 비트가 모두 0으로 채워진 이진 표현이 저장된다.

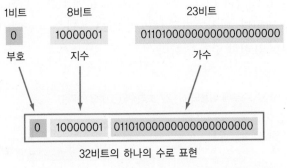

그림 3.17 이진수 101.101의 부동소수 표현

언더플로우

부동소수의 저장 방식에서는 오버플로우(overflow)뿐만 아니라 언더플로우(underflow)도 발생할 수 있다. 부동소수에서 오버플로우는 지수부가 표현할 수 있는 상한보다 큰 수를 저장하여 정밀도를 상실하는 것을 말한다. 마찬가지로 언더플로우는 지수 부분이 표현할 수 있는 하한보다 작은 수를 나타내어 정밀도를 상실하는 것을 말한다. 예를 들어 단정도 형식에서 지수의 범위가 −126에서 +127까지이므로 지수가 127보다 크면 오버플로우가 발생하며, 지수가 −126보다 작으면 언더플로우가 발생한다.

3.3 ___ 문자와 논리

문자와 코드표

컴퓨터에서 문자는 하나의 정해진 수로 표현한다. 한 예로 문자 C는 1000011, O는 1001111, D는 1000100, E는 1000101로 표현한다. 즉 영문자는 7개의 비트의 조합으로 표현한다.

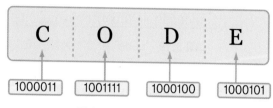

그림 3.18 문자의 비트 표현 예

일반적으로 n비트를 사용하면 총 2^n개의 서로 다른 문자 표현이 가능한데, 각각의 조합에 일정한 문자를 할당하여 지정한 것을 문자 코드(code)라고 한다. 국제 표준인 문자 코드는 아스키코드, 엡시딕코드, 유니코드 등이 있다.

아스키코드

아스키코드는 ASCII(American Standard Code for Information Interchange)의 약자로, 미국 표준협회에서 국제적인 표준으로 정한 문자 코드 체계로서 7비트를 사용하여 128개의 문자, 숫자, 특수문자 코드를 규정하고 있다. 다음은 아스키코드 표이다. 즉 문자의 코드는 행과 열의 코드의 연결로 이루어지며, 예로 대문자 A의 코드는 1000001이며, 소문자 a의 코드는 1100001이다.

표 3.12 아스키코드

	0000	0001	0010	0011	0100	0101	0110	0111	1000	1001	1010	1011	1100	1101	1110	1111
000	NUL	SOH	STX	ETX	EOT	ENQ	ACK	BEL	BS	HT	LF	VT	FF	CR	SO	SI
001	DLE	DC1	DC2	DC3	DC4	NAK	SYN	ETB	CAN	EM	SUB	ESC	FS	GS	RS	US
010	Space	!	"	#	$	%	&	'	(	)	*	+	,	−	.	/
011	0	1	2	3	4	5	6	7	8	9	:	;	<	=	>	?
100	@	A	B	C	D	E	F	G	H	I	J	K	L	M	N	O
101	P	Q	R	S	T	U	V	W	X	Y	Z	[	\	]	^	_
110	`	a	b	c	d	e	f	g	h	i	j	k	l	m	n	o
111	p	q	r	s	t	u	v	w	x	y	z	{			}	~	DEL

위에서 살펴보았던 "code"라는 문자의 조합인 문자열은 다음과 같이 8비트의 4개 바이트에 저장된다.

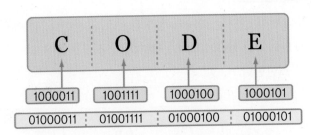

그림 3.19 "code" 문자열이 저장된 1바이트의 메모리 내부

아스키코드가 7비트를 이용하지만 실제로 한 문자는 8비트인 1바이트에 저장된다. 그러므로 한 문자의 시작은 0으로 하고 나머지는 코드 값으로 구성된다.

EBCDIC

엡시딕(EBCDIC: Extended Binary Coded Decimal Interchange Code)은 8비트를 사용하여 문자를 표현하는 코드 표준으로 IBM에서 제정한 코드이다. 엡시딕 코드의 구조는 4개의 영역비트(zone bit)와 4개의 숫자비트(numeric bit)로 구성되어 있다. 예를 들어 숫자 3은 11110011, 문자 A는 11000001로 표현된다. 다음은 엡시딕코드의 구조이다.

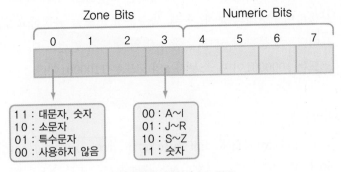

그림 3.20 엡시딕코드 구조

유니코드

아스키와 엡시딕 이후 최근에 나온 표준 코드가 유니코드(unicode)이다. 이 유니코드는 전 세계 모든 언어를 하나의 코드 체계 안으로 통합하기 위하여 만들어진 코드이다.

아스키코드는 영어 문자를 기반으로 하는 문자를 위한 코드 체계이다. 그러므로 이러한 코드는 동양권의 2바이트 문자 체계를 수용하기에는 무리가 있는 시스템이다. 또한 동양권의 컴퓨터 관련 시장을 쉽게 접근하기 위해서도 미국 등의 유수의 S/W, H/W업체에게는 문자 코드 문제가 가장 시급한 걸림돌이었다. 이러한 문제를 해결하기 위한 방법으로 기존의 아스키에서 사용되었던 8비트 체계에서 벗어나, 전 세계의 문자를 모두 표현하기 위해 2바이트 즉, 16비트로 확장된 코드 체계가 유니코드이다.

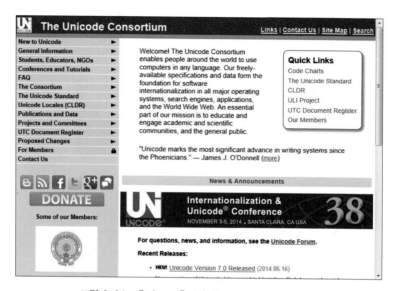

그림 3.21 유니코드 홈페이지(www.unicode.org)

1980년 중반부터 논의가 시작되어 1995년 65,536자의 코드영역을 언어학적으로 분류하여, 한국, 중국, 일본을 포함해 세계 유수의 언어 문자를 배열해 만든 유니코

 TIP: 가변길이가 1바이트에서 4바이트까지인 UTF-8

UTF-8(Unicode Transformation Format 8-bit)은 유니코드를 위한 가변 길이 문자 인코딩 방식 중 하나로, 켄 톰프슨과 롭 파이크에 의해 고안되었다. 유니코드는 세계의 모든 글자를 2바이트로 표현하지만, UTF-8은 유니코드 한 문자를 나타내기 위해 1바이트에서 4바이트까지 가변적으로 인코딩한다. 예를 들어서, U+0000부터 U+007F 범위에 있는 ASCII 문자들은 UTF-8에서 1바이트만으로 표시되며, U+0800부터 U+FFFF 범위에 있는 유니코드는 3바이트로 변환되는데, 여기에 속하는 한글과 한자 등은 3바이트로 표현된다. 마지막으로 U+10000부터 U+10FFFF 범위에 있는 문자는 3바이트로 표현된다. 결과적으로 UTF-8은 아스키코드와 유니코드를 혼용한 방식으로 숫자와 영어권 문자는 1바이트를 사용하고, 아시아 언어권 문자는 3바이트를 사용하며, 다른 문자 인코딩 방식과의 호환이 비교적 쉽다는 장점이 있다.

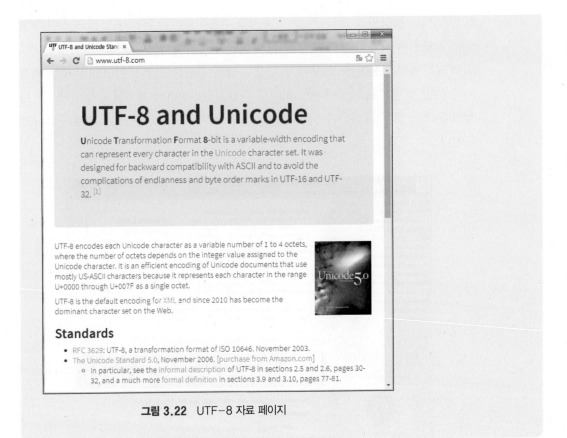

그림 3.22 UTF-8 자료 페이지

드가 국제표준화기구(ISO：International Organization for Standardization)에 상정되어 확정되었으며 현재 계속 수정, 보완하고 있다.

논리

그림 3.23 조지 부울

참(true)과 거짓(false)을 의미하는 두 가지 정보를 논리 값이라 한다. 하나의 비트 정보도 0과 1이므로 이를 각각 거짓과 참으로 표현할 수 있다. 이러한 이진 논리 변수와 AND, OR, NOT의 논리 연산을 이용한 부울대수(Boolean Algebra)는 논리 회로를 수학적으로 해석하기 위해 영국의 수학자 부울(George Bool)이 제창한 기호 논리학의 한 분야이다. 부울대수는 컴퓨터가 정보를 처리하는 방식에 대하여 이론적인 배경을 제공한다.

04

컴퓨터의 연산

4.1   정수 연산

컴퓨터에서 정수의 덧셈과 뺄셈 연산 방법을 알아보자. 특히 정수의 뺄셈 연산에서는 2의 보수 표기를 이용한다는 것에 주의하자.

정수의 덧셈

컴퓨터의 덧셈 방식은 수학에서 이용하는 방식과 같다. 1바이트에서 17과 23을 더한다면 다음과 같이 각각의 2진수에서 덧셈을 실행한다. 자리 올림에 주의하여 덧셈을 실행하면 그 결과를 얻을 수 있다.

```
      17 : 0 0 0 1 0 0 0 1
    + 23 : 0 0 0 1 0 1 1 1
    ─────────────────────────
  결과 40 : 0 0 1 0 1 0 0 0
```

그림 3.24   정수의 덧셈 연산

정수의 연산에서 주의할 것은 정해진 비트를 넘어서는 올림은 무시해야 한다는 것이다. 즉 8비트 연산에서는 올림이 있더라도 9번째 비트는 무시한다.

정수의 뺄셈

정수의 뺄셈에서는 2의 보수를 이용한 음수의 표현 방법을 이용한다. 즉 a − b의 연산은 a + (−b)로 변환하여 덧셈을 수행한다. 이러한 2의 보수를 이용하면 그 연산이 매우 간편하기 때문에 컴퓨터는 2의 보수를 선호한다. 4비트 정보 표현에서 4 − 4를 수행해 보자. 다음과 같이 4 − 4를 4 + (−4)로 표현하여, 각 수를 이진수로 계산하면 간단히 0000이 나오는 것을 확인할 수 있다.

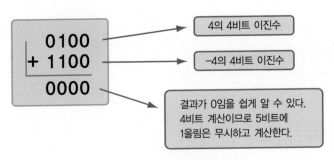

그림 3.25 정수의 뺄셈 연산

다음은 4비트 이진수의 연산 a + b에서 a와 b의 값에 따른 계산 방법 및 결과를 설명한 표이다.

표 3.13 4비트에서의 정수 뺄셈의 예

숫자 a	a의 2의 보수	숫자 b	b의 2의 보수	a+b의 결과(이진수)	a+b의 결과(십진수)
+7	0111	−1	1111	0110	+6
+6	0110	−2	1110	0100	+4
+5	0101	−3	1101	0010	+2
+4	0100	−4	1100	0000	0
+3	0011	−5	1011	1110	−2
+2	0010	−6	1010	1100	−4
+1	0001	−7	1001	1010	−6
0	0000	−8	1000	1000	−8

4.2　논리 연산

논리 연산자

논리 연산에서 이용하는 연산자는 크게 단항연산자와 이항연산자로 구분할 수 있다. 단항연산자는 NOT 연산자로 하나의 항만이 연산에 참여한다. 이항 연산자 AND, OR 연산자는 두 개의 항이 연산에 참여한다. 다음은 이 연산에 대한 결과인 연산자의 진리표를 나타낸다.

표 3.14 논리 연산자 AND, OR, NOT의 진리표

〈AND 연산자〉		
x_1	x_2	$x_1 \cdot x_2$
0	0	0
0	1	0
1	0	0
1	1	1

〈OR 연산자〉		
x_1	x_2	$x_1 + x_2$
0	0	0
0	1	1
1	0	1
1	1	1

〈NOT 연산자〉	
x_1	x_1'
0	1
1	0

부울대수에서 논리곱 연산자 AND는 ·로, 논리합 연산자 OR는 +로, 논리부정 연산자 NOT은 ′로 표시한다. 즉 논리 변수 x_1과 x_2의 논리곱 AND 연산은 $x_1 \cdot x_2$로 표시하며, 논리합 OR 연산은 $x_1 + x_2$로 표시하고, 변수 x_1의 논리부정 NOT 연산은 $x_1′$로 표시한다.

연산자 AND와 OR를 변형한 연산자 NAND(Not And), NOR(Not Or), XOR(eXclusive Or) 연산자는 두 개의 항이 연산에 참여하고 다음과 같은 진리표를 갖는다.

표 3.15 논리 연산자 NAND, NOR, XOR의 진리표

〈NAND 연산자〉			〈NOR 연산자〉			〈XOR 연산자〉		
x_1	x_2	결과	x_1	x_2	결과	x_1	x_2	결과
0	0	1	0	0	1	0	0	0
0	1	1	0	1	0	0	1	1
1	0	1	1	0	0	1	0	1
1	1	0	1	1	0	1	1	0

연산자 NAND는 AND 연산의 결과와 반대이고, 연산자 NOR는 OR 연산의 결과와 반대이다. 연산자 XOR는 항이 서로 다르면 1이고, 같으면 0인 결과를 갖는다. 다음은 논리 연산에서 자주 이용되는 연산의 법칙을 정리한 표이다.

표 3.16 논리 연산 법칙

1. 0과 1의 법칙	$0 + x = x, \quad 0 \cdot x = 0 \quad 1 + x = 1, \quad 1 \cdot x = x$
2. 항등법칙	$x + x = x, \quad x \cdot x = x$
3. 보수법칙	$x + x′ = 1, \quad x \cdot x′ = 0$
4. 부정의 부정	$(x′)′ = x$
5. 흡수법칙	$x + (x \cdot y) = x, \quad x \cdot (x + y) = x$
6. 교환법칙	$x \cdot y = y \cdot x, \quad x + y = y + x$
7. 결합법칙	$x + (y + z) = (x + y) + z$ $x \cdot (y \cdot z) = (x \cdot y) \cdot z$
8. 분배법칙	$x \cdot (y + z) = x \cdot y + x \cdot z$
9. 드모르간의 법칙	$(x + y)′ = x′ \cdot y′, \quad (x \cdot y)′ = x′ + y′$

논리함수

함수 $y = f(x_1, x_2, x_3, \cdots)$에서 입력변수인 x_i가 모두 1 또는 0의 값만을 가지며, 결

과값인 y 역시 1 또는 0만을 갖는 함수를 논리함수(logical function)라 한다. 논리함수는 논리합(OR), 논리곱(AND), 논리부정(NOT) 등 여러 가지 논리연산자를 사용한다. 논리함수를 간소화하기 위해서는 먼저 임의의 논리함수에 대한 진리표를 구해야 한다. 예를 들어, 다음과 같은 진리표를 생각해 보자.

표 3.17 논리함수 진리표

행	x_1	x_2	x_3	$f(x_1, x_2, x_3)$
1	0	0	0	1
2	0	0	1	1
3	0	1	0	0
4	0	1	1	0
5	1	0	0	0
6	1	0	1	1
7	1	1	0	0
8	1	1	1	0

위의 진리표에서 논리값이 1인 행을 선택하여, 각각의 행에 대하여 x_i에 해당하는 값이 1이면 x_i, 0이면 x_i'로 나타낸 후에 AND로 연결한다. 위 진리표에서 1, 2, 6행의 논리값이 1이므로 다음과 같이 표현할 수 있다.

$$1행 : x_1' \cdot x_2' \cdot x_3'$$
$$2행 : x_1' \cdot x_2' \cdot x_3$$
$$6행 : x_1 \cdot x_2' \cdot x_3$$

각 행들을 OR로 연결한다. 1행, 2행, 6행을 OR로 연결한 결과는 다음과 같다.

$$x_1' \cdot x_2' \cdot x_3' + x_1' \cdot x_2' \cdot x_3 + x_1 \cdot x_2' \cdot x_3$$

주어진 식에 부울대수의 기본법칙을 적용하면 다음과 같은 결과를 얻을 수 있다.

$$x_1' \cdot x_2' \cdot x_3' + x_1' \cdot x_2' \cdot x_3 + x_1 \cdot x_2' \cdot x_3$$
$$= x_1' \cdot x_2' \cdot (x_3' + x_3) + x_1 \cdot x_2' \cdot x_3 \quad \cdots\cdots\cdots 분배법칙$$
$$= x_1' \cdot x_2' \cdot 1 + x_1 \cdot x_2' \cdot x_3 \quad \cdots\cdots\cdots\cdots 보수법칙$$
$$= x_2' \cdot (x_1' + x_1 \cdot x_3) \quad \cdots\cdots\cdots\cdots\cdots 분배법칙$$

4.3 논리회로 설계

논리연산자들은 게이트(gate)라는 물리적인 장치로 구현될 수 있으므로 필요한 논리회로를 설계할 수 있다.

게이트

각 논리연산자들을 표현하는 기호는 다음과 같다.

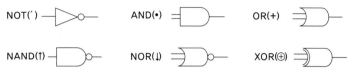

그림 3.26 논리연산자의 기호 표현

논리회로 설계

논리 기호를 이용하여 앞에서 주어졌던 논리식을 논리회로로 표현하면 다음과 같다.

$$X_2{}' \bullet (X_1{}' + X_1 \bullet X_3)$$

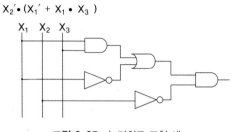

그림 3.27 논리회로 표현 예

다음 진리표에 대한 논리회로를 설계해 보자.

표 3.18 논리함수의 진리표

행	x_1	x_2	x_3	$f(x_1, x_2, x_3)$	행	x_1	x_2	x_3	$f(x_1, x_2, x_3)$
1	0	0	0	0	5	1	0	0	0
2	0	0	1	0	6	1	0	1	1
3	0	1	0	0	7	1	1	0	1
4	0	1	1	1	8	1	1	1	1

진리표에서 4, 6, 7, 8행의 논리값이 1이므로 다음과 같이 표현할 수 있다.

$$4행 : x_1{}' \bullet x_2 \bullet x_3$$
$$6행 : x_1 \bullet x_2{}' \bullet x_3$$
$$7행 : x_1 \bullet x_2 \bullet x_3{}'$$
$$8행 : x_1 \bullet x_2 \bullet x_3$$

각 행들을 OR로 연결한다. 1행, 2행, 6행을 OR로 연결한 결과는 다음과 같다.

$$x_1{}' \bullet x_2 \bullet x_3 + x_1 \bullet x_2{}' \bullet x_3 + x_1 \bullet x_2 \bullet x_3{}' + x_1 \bullet x_2 \bullet x_3$$

위의 논리식을 간단하게 만들기 위해 다음 두 개의 규칙을 먼저 알아두자.

규칙 1: $A + AB = A$

$$[A + AB = A(1 + B) = A]$$

규칙 2: $A + A'B = A + B$

$$[A + A'B = A + AB + A'B = A + B(A + A') = A + B]$$

주어진 식에 부울대수의 기본법칙을 적용하면 다음과 같은 결과를 얻을 수 있다.

$$x_1' \cdot x_2 \cdot x_3 + x_1 \cdot x_2' \cdot x_3 + x_1 \cdot x_2 \cdot x_3' + \underline{x_1 \cdot x_2 \cdot x_3}$$

$$= x_1' \cdot x_2 \cdot x_3 + \underline{x_1 \cdot x_2 \cdot x_3} + x_1 \cdot x_2' \cdot x_3 + x_1 \cdot x_2 \cdot x_3'$$

➡ 네 번째 항을 두 번째 항으로 교환

$$= x_2 \cdot x_3 \cdot (x_1' + x_1) + x_1 \cdot x_2' \cdot x_3 + x_1 \cdot x_2 \cdot x_3'$$

$$= x_2 \cdot x_3 + x_1 \cdot x_2' \cdot x_3 + x_1 \cdot x_2 \cdot x_3'$$

$$= x_3 \cdot (x_2 + x_1 \cdot x_2') + x_1 \cdot x_2 \cdot x_3'$$

$$= x_3 \cdot (x_2 + x_1) + x_1 \cdot x_2 \cdot x_3'$$

$$= x_3 \cdot x_2 + x_3 \cdot x_1 + x_1 \cdot x_2 \cdot x_3'$$

$$= x_2 \cdot x_3 + x_1 \cdot (x_3 + x_2 \cdot x_3')$$

$$= x_2 \cdot x_3 + x_1 \cdot (x_3 + x_2)$$

$$= x_1 \cdot x_2 + x_2 \cdot x_3 + x_1 \cdot x_3$$

위 논리식의 논리회로는 다음과 같다.

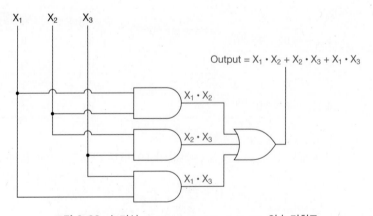

그림 3.28 논리식 $x_1 \cdot x_2 + x_2 \cdot x_3 + x_1 \cdot x_3$의 논리회로

내용 점검 문제

[객관식 문제]

다음 각 문항에 대하여 보기 중에서 알맞은 것을 선택하시오.

01 정보의 크기를 나타내는 단위가 아닌 것은?

A. 비트   B. 바이트
C. 보수   D. 워드

02 컴퓨터의 정보처리 단위에 관한 설명으로 옳지 않은 것은?

A. 가장 작은 정보 단위를 비트(Bit)라 한다.
B. 연속적으로 4개의 비트가 모인 정보 단위를 니블(Nibble)이라 한다.
C. 바이트(Byte)는 총 256가지 종류의 정보를 저장할 수 있다.
D. 워드는 항상 32비트이다.

03 크기를 올바르게 나타낸 것은?

A. 비트 < 니블 < 바이트 < 워드
B. 니블 < 비트 < 워드 < 바이트
C. 비트 < 바이트 < 니블 < 워드
D. 니블 < 워드 < 비트 < 바이트

04 단위가 바르게 짝지어지지 않은 것은?

A. B(Byte) − 2^0 Byte
B. KB(Kilo Byte) − 2^{10} Bytes
C. MB(Mega Byte) − 2^{40} Bytes
D. PB(Peta Byte) − 2^{50} Bytes

05 1의 보수를 설명하는 내용으로 옳지 않은 것은?

A. 1의 보수는 주어진 이진수의 비트를 각각 0은 1로, 1은 0으로 변환하는 방법이다.
B. 4비트의 이진수 0100의 1의 보수는 1011이 된다.
C. 1의 보수 방법으로 음수를 표현할 수 있다.
D. 1의 보수에서 0은 하나로 표현된다.

06 십육진수 $18B_{16}$을 10진수로 변환한 값으로 맞는 것은?

A. 395   B. 396
C. 378   D. 404

07 2의 보수에 대한 설명으로 옳지 않은 것은?

A. 4비트의 2의 보수에서 −8을 표현할 수 없다.

B. 4비트의 2의 보수에서 음수는 4비트의 가장 왼쪽 비트가 1이다.

C. n비트에서 −a의 2의 보수 계산 방법은 $2^n - a$이다.

D. −4를 4비트 2의 보수로 표현하면 1100_2이다.

08 이진수 0110의 1의 보수는?

A. 0111　　　　　　　　　　　　B. 1001

C. 1010　　　　　　　　　　　　D. 1110

09 n개의 비트로는 표현의 한계가 있으므로 n비트의 메모리에 표현 범위를 초과하는 경우를 무엇이라 하는가?

A. 정규화　　　　　　　　　　　B. 오버플로우

C. 가수　　　　　　　　　　　　D. EBCDIC

10 1의 보수와 2의 보수의 차이점으로 가장 옳은 것은?

A. 1의 보수는 2의 보수에 비하여 훨씬 많은 숫자를 표현할 수 있다.

B. 2의 보수는 1의 보수에 비하여 메모리를 많이 차지한다.

C. 1의 보수는 부호비트가 있고, 2의 보수는 그렇지 않다.

D. 1의 보수는 양수 0과 음수 0이 따로 있으나, 2의 보수는 0이 하나만 존재한다.

11 부동소수에 대한 설명으로 옳지 않은 것은?

A. 부동소수는 정규화된 실수의 표현이다.

B. 부동소수는 고정소수점보다 매우 큰 정수 또는 매우 작은 소수의 표현이 가능하다.

C. 부동소수는 소수 부분과 지수 부분으로 구분할 수 있는데, 이를 각각 지수와 가수라 한다.

D. 부동소수의 저장 방법에는 크게 단정도 형식과 배정도 형식, 두 가지가 있다.

12 논리회로의 NOT(')에 해당하는 기호는?

A. ─⟨　⟩─　　　　　　　　　　B. ─▷○─

C. ─⟩　⟩─　　　　　　　　　　D. ─⟨　⟩○─

13 부동소수의 저장 방법인 단정도 형식과 배정도 형식에 대한 설명으로 옳지 않은 것은?

A. 부동소수의 표현을 부호부, 지수부, 가수부로 나누어 이진 표현으로 저장하는 방법이다.

B. 단정도 형식과 배정도 형식의 부호부는 양수이면 1, 음수이면 0이 저장된다.

C. 단정도 형식과 배정도 형식의 가수부는 부동소수의 가수를 왼쪽부터 저장하고 오른쪽 나머지 비트는 모두 0으로 채운 이진수를 저장한다.

D. 두 형식의 차이는 정보표현의 크기로 단정도는 전체가 32비트이며 배정도는 전체가 64비트로 배정도가 단정도에 비해 지수와 가수의 표현 크기가 크다.

14 그림에 해당하는 논리식은 무엇인가?

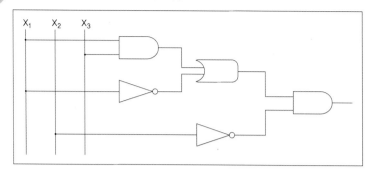

A. x3′ · (x1′ + x2 · x3)

B. x2′ · (x1′ + x1 · x3)

C. x2 · (x1′ + x1 · x3)

D. x1′ · (x2′ + x3 · x4)

15 국제 표준 문자 코드가 아닌 것은?

A. 아스키코드

B. WWW

C. EBCDIC

D. 유니코드

16 논리 연산의 법칙으로 옳지 않은 것은?

A. 0 + x = x

B. 1 · x = 1

C. x · (y + z) = x · y + x · z

D. x + (x · y) = x

17 컴퓨터의 정수 연산 방식으로 옳지 않은 것은?

A. 컴퓨터의 덧셈 방식은 수학에서 이용하는 방식과 같다.

B. 컴퓨터의 덧셈 방식은 정해진 비트를 넘어서는 올림은 무시해야 한다.

C. 컴퓨터의 뺄셈 방식은 1의 보수를 이용한 음수의 표현 방법을 많이 이용한다.

D. 컴퓨터의 뺄셈 방식 즉, a − b의 연산은 a + (−b)로 변환하여 덧셈을 수행한다.

18 지수 부분이 표현할 수 있는 하한보다 작은 수를 나타내어 정밀도를 상실하는 것을 무엇이라 하는가?

A. 언더플로우(underflow)

B. 오버플로우(overflow)

C. 문법오류(syntax error)

D. 논리오류(logical error)

19 함수 y = f(x1, x2, x3, ...)에서 입력 변수인 xi가 모두 1 또는 0의 값만을 가지며, 결과값인 y 역시 1 또는 0만을 갖는 것을 무엇이라 하는가?

A. 논리연산자

B. 부동소수

C. 정형화

D. 논리함수

20 부동소수를 단정도 형식으로 저장하는 경우, 지수부에 사용하는 저장 방식은?

A. 127 초과수

B. 1023 초과수

C. 1의 보수

D. 2의 보수

[괄호채우기 문제]

다음 각 문항에 대하여 빈칸에 적절한 단어를 채우시오.

01 사람은 10진수를 일상 생활에서 사용하나, 컴퓨터는 (　　　)(을)를 사용한다.

02 주기억장치, 저장장치의 크기를 표현하는 단위 중 2^{30}의 바이트 수를 갖는 단위는 (　　　)(이)다.

03 이진수 10110.1011_2을 16진수로 바꾸면 결과는 (　　　)(이)다.

04 메모리에 표현 범위를 초과하는 수의 값을 저장하는 경우 (　　　)(이)가 발생한다.

05 부동소수를 저장할 때 단정도 형식과 배정도 형식은 (　　), (　　), (　　)(으)로 나누어 저장된다.

06 십진수 −14를 8비트 2의 보수방법으로 나타내면 (　　　)(이)다.

07 2의 보수에서 4비트의 정수 0101과 1011의 뺄셈을 한 결과는 (　　)(이)다.

08 전 세계의 모든 언어를 하나의 코드 체계 안으로 통합하기 위하여 만들어진 코드는 (　　　)(이)다.

09 부울대수에서 논리곱 연산자 AND는 (　　)(으)로, 논리합 연산자 OR는 (　　)(으)로, 논리부정 연산자 NOT은 (　　)(으)로 표시한다.

10 2진수와 8진수의 관계에서 2진수 (　　)자리는 8진수 한 자리로 쉽게 변환이 가능하다.

[주관식 문제]

01 여러분이 사용하는 컴퓨터에서 메모리의 용량과 저장장치의 용량이 얼마인지 알아보시오.

02 4비트로 구성되는 16개 수의 조합을 각각 2진수와 8진수, 16진수로 나타내시오.

03 다음 8비트의 이진수를 각각 8진수와 16진수로 변환하시오.

A. 10111010   B. 01010011

C. 11100101   D. 10010111

04 다음 십진수를 16비트의 2의 보수로 변환하시오.

A. −7   B. −124

05 다음 지수를 32비트의 단정도 형식의 지수부에 저장하는 127 초과수로 변환하시오.

A. 0   B. 2

C. 5   D. 9

06 다음 부동소수를 32비트의 단정도 형식으로 변환하시오.

A. −1.875   B. 26.625

07 아스키코드를 이용하여 문자열 "Hello"가 메모리에 저장된 모습을 보이시오.

08 유니코드에서 한글은 어떻게 구성되는지 알아보시오.

09 다음 정수의 연산을 8비트에서 2의 보수로 변환하여 수행하시오.

27 − 3

10 다음과 같은 32비트 단정도 형식의 부동소수를 이진수로 표현하시오.

1   01111100   11001100000000000000000

4장

컴퓨터 구조

단원 목표

- 저장 프로그램의 의미와 프로그램을 구성하는 명령어 형식을 이해한다.
- 저급 언어인 기계어와 어셈블리어를 이해한다.
- 주기억장치의 구조와 주소의 의미를 이해한다.
- 캐시메모리의 필요성과 의미를 이해하고 기억장치의 계층의 의미를 이해한다.
- 중앙처리장치를 구성하는 연산장치, 제어장치, 레지스터에 대하여 알아본다.
- 레지스터의 필요성과 종류를 알아본다.
- 마이크로프로세서의 성능을 좌우하는 요소를 알아본다.
- CISC 프로세서와 RISC 프로세서의 차이와 특징을 이해한다.

단원 목차

01

저장 프로그램

1.1 프로그램 내장 방식

폰노이만이 고안한 저장 프로그램(stored program) 방식은 메모리에 자료뿐만 아니라 프로그램도 저장하는 프로그램 내장 방식을 말한다. 프로그램 내장 방식은 초기 컴퓨터가 자료만을 메모리에 저장하고 프로그램은 스위치나 배선을 조정하여 만든 하드웨어 장치에 의하여 실행하는 것과 근본적으로 많은 차이가 있다. 즉 이러한 저장 프로그램 방식은 프로그램을 소프트웨어로 인식하여 과거보다 프로그램을 보다 손쉽게 수정할 수 있도록 하였다.

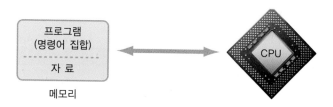

그림 4.1 프로그램 내장 방식

프로그램 내장 방식에서는 컴퓨터에서 해야 할 작업을 나타내는 일련의 명령어 집합(instruction set)인 프로그램이 자료와 함께 메모리에 저장되며, 중앙처리장치(CPU)는 메모리에서 필요한 자료를 이용하며 저장된 명령어를 순차적(sequential)으로 실행한다. 현재의 모든 컴퓨터도 이러한 프로그램 내장 방식으로 실행되며 이를 위한 중앙처리장치와 메모리는 컴퓨터의 가장 중요한 요소이다.

1.2 명령어

메모리에 저장되는 프로그램을 구성하는 명령어의 형식과 종류를 알아보자.

명령어 형식

명령어(instruction)는 연산 부분(operation part)과 피연산 부분(operand part)으로 구성된다. 연산 부분은 명령어가 수행해야 할 기능을 의미하는 코드이고 피연산

부분은 연산에 참여하는 자료를 의미하는 코드로 구성된다.

명령어는 8, 16, 32, 64비트 등으로 구성될 수 있다. 만일 16비트의 명령어라면, 그 중에서 4비트는 연산 종류(opcode)이고 나머지 12비트는 피연산자의 메모리 주소(address)를 나타낼 수 있다.

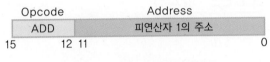

그림 4.2　16비트의 명령어 형식 예

명령어에서 피연산자 수는 없거나 2개 또는 3개인 명령어도 있다. 여기서 피연산자는 메모리 주소 또는 레지스터가 될 수 있다.

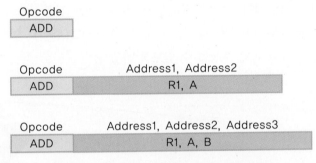

그림 4.3　피연산자의 수에 따른 다양한 명령어 형식

일반적으로 명령어를 구성하는 피연산자 수가 많으면 적은 수의 명령어로 원하는 작업을 수행할 수 있으나, 하나의 명령어를 처리하기 위해 많은 수고와 시간이 드는 단점도 있다.

명령어 종류

명령어는 실제로 메모리에 저장되는 이진수의 코드(다음에 배울 기계어)이지만 우리 인간에게 친숙하게 표기하기 위하여 ADD(add), LDA(load address), STA(store address), HLT(halt) 등의 기호 단어를 이용한 연산자와 A, B, C 등의 피연산자의 이름으로 명령어(다음에 배울 어셈블리어)를 기술할 수 있다.

표 4.1 명령어 종류와 구문 형식, 기능

명령어	구문 형식	기능
ADD	ADD A	피연산자의 자료 A와 레지스터의 자료를 더하는 명령어
LDA	LDA B	피연산자의 자료 B(주소 B의 자료)를 레지스터에 가져오는 명령어
STA	STA C	레지스터의 내용을 피연산자 C(주소 C)에 저장하는 명령어
HLT	HLT	컴퓨터를 종료하는 명령어

1.3 저급 언어

사람에게 친숙하지 않아 이해하기 어려우나 컴퓨터에게 작업을 지시할 수 있는 언어를 저급 언어(low level language)라 한다. 저급 언어로는 이진 자료 표현의 기계어(machine language)와 기호 표현의 어셈블리어(assembly language)가 있다.

기계어

컴퓨터에게 지시를 내리는 명령어는 메모리에 이진 자료로 저장된다. 이러한 명령어와 같이 컴퓨터를 작동시키기 위해 0과 1로 나타낸 컴퓨터 고유의 명령 형식 언어를 기계어라 한다. 하나의 기계어 명령어는 연산의 종류를 나타내는 연산코드와 그 처리 대상인 자료를 나타내는 피연산자로 구성된다. 여기서 피연산자는 주로 메모리에 저장된 자료의 주소를 나타낸다.

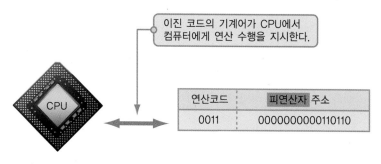

그림 4.4 기계어의 구성

기계어는 이진수로만 구성되어 있으므로 이해하기 어렵고 컴퓨터 구조에 대한 충분한 지식이 없으면 프로그램을 작성할 수 없기 때문에 일반 사람은 프로그래밍이 불가능하다. 또한 전문가라 하더라도 이진 숫자 0과 1을 사용하므로 프로그래밍이 어렵고 시간이 많이 걸린다. 어셈블리어가 개발된 이유가 바로 여기에 있다. 그러나 현재는 기계어를 이용하여 프로그래밍을 하는 일은 절대 없으니 걱정할 필요는 없다.

어셈블리 언어

컴퓨터 명령어인 기계어를 사람이 일상 생활에서 사용하는 자연 언어와 유사하게 만든 것이 어셈블리어이다. 이 어셈블리어를 구성하는 명령어는 연산자와 피연산자를 몇 개의 문자 조합으로 기호화해서 나타낸다. 다음은 앞에서 살펴본 명령어 ADD, LDA, STA, HLT의 어셈블리어와 기계어를 보여주고 있다.

> 0111이 ADD를 의미하고 나머지 뒤는 덧셈에 참여하는 피연산자를 나타낸다.

표 4.2 명령 내용에 따른 어셈블리어와 기계어

명령어	어셈블리어	기계어
ADD	ADD A	0111000000000100
LDA	LDA B	0101000000000110
STA	STA C	0100000000000111
HLT	HLT	0011000000000000

기계어와 어셈블리어는 각각의 CPU 종류에 따라 그 내용이 모두 다르므로 어셈블리 언어로 작성된 프로그램들은 한 종류의 CPU에서만 동작하고 다른 종류에서는 실행되지 않는다. 즉 인텔의 펜티엄 프로세서를 위한 어셈블리어와 매킨토시의 PowerPC를 위한 어셈블리어는 다르다.

초기에는 모든 프로그래머가 어셈블리어로 프로그램을 개발하였으나 현재는 대부분 JAVA나 C 언어와 같은 고급 언어(high level language)로 작성한다. 그러나 요즘에도 처리 속도가 중요하거나 고급 언어에서 지원되지 않는 기능을 사용해야 하는 경우에는 어셈블리어를 사용한다. 고급 언어에 해당하는 여러 프로그램 언어에 대해서는 프로그래밍 언어 단원에서 자세히 학습할 예정이다.

02

기억장치

주기억장치(main memory)는 컴퓨터가 작동하는 동안 중앙처리장치가 해야 할 작업 내용인 프로그램 명령어와 프로그램에서 이용할 자료를 저장하고 있는 기억장치이며 간단히 메모리(memory)라고도 부른다.

2.1   주기억장치의 구조

주소

메모리의 저장소는 주소(address)를 이용하여 각각 바이트 단위로 고유하게 식별할 수 있다. 컴퓨터의 주기억장치의 용량이 1,024MB라면 주소는 0번지에서 $1024 \times 2^{20} - 1$번지까지 존재한다.

컴퓨터가 한 번에 작업할 수 있는 데이터의 크기를 워드 크기(word size)라 한다. 자료는 주로 워드 단위로 기억장치와 중앙처리장치 사이를 이동한다. 개인용 컴퓨터에서 1워드는 32비트(4비트)이거나 64비트(8비트)이다. 주소는 2진수, 10진수 또는 16진수로 표현할 수 있으며, 다음 그림은 16진수로 주소를 표현한 예이다.

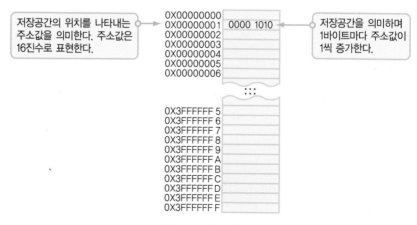

그림 4.5 메모리와 주소

버스

메모리와 중앙처리장치 또는 여러 장치의 제어기(controller) 사이에는 주소 버스, 자료 버스, 그리고 제어 버스가 연결되어 있다. 주소 버스는 주기억장치의 주소를 식별하도록 하는 연결 경로이다. 자료 버스는 자료를 전달하는 연결 경로이다. 이 자료 버스는 내부 버스와 구별하여 외부 버스라고도 한다. 제어 버스는 읽기, 쓰기와 같은 명령 제어 신호를 전달하는 경로이다

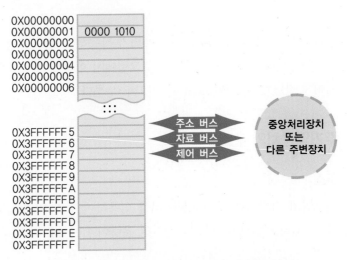

그림 4.6 메모리와 중앙처리장치 사이의 연결 통로인 버스

일반 도로의 폭이 넓으면 동시에 여러 대의 차량이 이동할 수 있듯이 자료 버스의 너비 크기가 크면 그만큼 한 번의 신호에 의하여 전달하는 자료의 양이 많아진다. 즉 자료 버스의 너비가 64비트이면 64비트의 자료를 한 번에 전달할 수 있다는 의미다. 그러므로 자료 버스가 128비트이면 자료 버스가 64비트인 것보다 성능이 좋은 시스템이라 할 수 있다.

2.2 ____ 기억장치의 종류

RAM

주기억장치로 사용하는 메모리를 RAM(Random Access Memory)이라 한다. 메모리 주소라는 유일한 숫자를 사용하여 메모리의 특정 위치의 내용을 어디든지 바로 참조할 수 있다는 의미에서 '임의 접근 메모리'라는 이름을 명명하였다. RAM은 보통 전원이 꺼지면 저장된 내용이 모두 사라지는 소멸성(volatile) 기억장치이며 쓰기와 읽기의 두 회로가 있어서 정보의 쓰기와 읽기가 가능하다. RAM은 컴퓨터의 주기억장치뿐만 아니라 주변 단말기기의 기억장치에 널리 쓰인다.

그림 4.7 RAM

RAM에는 동적(dynamic) RAM과 정적(static) RAM, 두 종류가 있다. DRAM은 전원이 연결된 상태에서 일정한 주기마다 전기적으로 재충전하는 리프레쉬(refresh) 조작을 해주어야만 정보가 지워지지 않는 기억장치이다. 컴퓨터에서 주기억장치로 주로 사용하는 메모리는 DRAM의 한 종류인 SDRAM(Synchronous DRAM)이다. SDRAM은 시스템 클럭(clock)과 동기를 맞춘 DRAM이다.

DRAM과 다르게 SRAM은 전원만 연결되어 있으면 정보가 지워지지 않는 기억장치로 DRAM보다 상당히 빠르고 비싸며 PC에서는 중앙처리장치 내부에 있는 속도가 빠른 캐시 메모리(cache memory)에 주로 사용한다.

ROM

ROM은 읽기 전용 메모리(Read Only Memory)로 한 번 저장된 자료는 더 이상 쓰기를 할 수 없이 읽기만 가능한 메모리이다. ROM은 전원이 끊어져도 정보가 지워지지 않는 비소멸성(nonvolatile) 메모리이며 메모리에 임의 접근이 가능하다.

컴퓨터에서 ROM은 전원공급 유무와 상관없이 자료 보관이 가능하기 때문에 기계 특성 정보와 컴퓨터가 전원공급을 받아 처음 수행해야 할 바이오스(BIOS: Basic Input Output System) 프로그램 저장에 사용한다. 컴퓨터의 전원을 켜면 ROM의 바이오스 프로그램에 저장된 부트 순서를 실행하여 하드웨어 장치가 점검되고 운영체제가 시작되어 컴퓨터를 사용할 수 있게 된다.

PCI 슬롯
COMS 배터리
AGP 슬롯
ROM BIOS
ROM BIOS
플로피 커넥터
EIDE 커넥터
RAM 슬롯
CPU

그림 4.8 마더보드에서의 ROM과 RAM

자료를 써넣는 방식에 따라 기억된 데이터를 지우거나 변경할 수 없는 Mask ROM
과 임의의 프로그램을 기억시킬 수 있는 PROM(Programmable ROM), 자외
선 또는 X선 등을 이용하여 데이터를 지우거나 새로운 데이터를 입력할 수 있는
EPROM(Erasable Programmable ROM) 등이 있다.

MASK ROM   PROM   EPROM

그림 4.9 ROM의 종류

플래시 메모리

플래시 메모리는 RAM과 ROM의 장점을 가진 메모리이다. 플래시 메모리는 소비
전력이 작고, 전원이 꺼지더라도 저장된 정보가 사라지지 않은 채 유지되는 비소멸
성 메모리이다. 또한 RAM과 같이 정보의 입출력도 자유로워 디지털텔레비전, 디
지털캠코더, 휴대전화, 디지털카메라, 개인휴대단말기(PDA), 게임기, MP3플레이
어, USB 메모리 등에 널리 이용되는 기억장치이다.

Micro SD Memory   SD Memory   Memory Stick   USB Memory   xD-Picture Card

그림 4.10 다양한 플래시 메모리

플래시 메모리는 메모리 셀들의 한 부분이 섬광(flash)처럼 단 한 번의 동작으로 지
워질 수 있다고 해서 플래시라 명명하였다. 플래시 메모리는 일반 RAM과는 다르
게 바이트 단위가 아닌 블록 단위의 주소 지정이 가능하며 쓰기 시간도 오래 걸린
다. 또한 플래시 메모리는 쓰기 반복 횟수도 무한대는 아니어서 그 사용에 제한이
있을 수 있으나 휴대형 전자기기뿐만 아니라 컴퓨터의 보조기억장치로도 널리 사
용되고 있다.

2.3 ___ 캐시 메모리

캐시

CPU의 속도에 의해 컴퓨터의 속도가 결정된다고 볼 수 있으나 CPU 속도만 빠르고 다른 기억장치나 버스가 느리다면 빠른 CPU 속도의 장점을 최대로 살릴 수 없을 것이다. 실제로 CPU에 비해 상대적으로 주변기기의 속도가 매우 느리다는 것은 분명하다. 이러한 문제점을 해결하기 위하여 주변기기의 속도를 빠르게 하는 대표적인 방법이 캐시(cache) 메모리의 사용이다. 가장 일반적인 캐시 메모리는 주기억장치와 CPU의 속도의 차이를 해결하는 캐시 메모리이다.

캐시 메모리는 RAM과 CPU 간 처리속도의 차이로 인하여 발생하는 병목현상(Bottleneck)을 해결하기 위한 유용한 수단이다. RAM은 CPU보다 처리속도가 훨씬 느리기 때문에 RAM과 CPU의 레지스터 간 데이터 이동이 CPU가 수행해야 할 연산들 가운데 가장 오래 걸린다. 따라서, RAM보다 훨씬 빠른 속도를 가진 캐시 메모리를 이용하면 컴퓨터의 처리속도를 향상시킬 수 있다.

그림 4.11 CPU와 RAM 사이의 캐시 메모리

캐시 메모리는 메인 메모리보다 대개 약 10배쯤 더 빠르다. 캐시 메모리가 더 빠른 이유는 캐시 메모리는 메모리 소자로 저장 속도가 빠르고 고가인 SRAM을 이용하기 때문이다. 캐시 메모리는 최근에 저장되는 자료의 종류를 데이터와 명령어에 따라 구분하여 저장하는 방식으로 그 속도가 더욱 개선되고 있다.

캐시의 종류

현재 CPU와 RAM 사이의 캐시 메모리는 두 수준의 캐시를 이용하는 경우가 많다. CPU에 더 가깝게 위치한 캐시를 수준-1 캐시(Level-1(L1) Cache)라 하며, 수준-1 캐시보다 CPU에서 떨어져 있는 캐시를 수준-2 캐시(Level-2(L2) Cache)라 한다.

그림 4.12 캐시의 종류

보조기억장치와 주기억장치 사이의 캐시 메모리도 생각할 수 있다. 하드디스크의 속도는 RAM보다 매우 느리다. 매번 프로그램을 실행시킬 때마다 디스크를 읽어야 하므로 속도가 느릴 수밖에 없다. 따라서 RAM과 디스크 사이에 일정량의 임시메모리를 만들고 처음 프로그램을 실행할 때 램으로 들어오는 내용을 그 임시메모리에도 보관한다. 그런 다음 프로그램을 실행시키면 하드디스크가 아닌 임시메모리에서 읽어오게 되기 때문에 읽어오는 시간이 매우 빨라지게 된다. 이러한 보조기억장치와 주기억장치 사이의 임시 메모리인 캐시 메모리도 이용할 수 있다.

2.4 다양한 보조기억장치

보조기억장치

주기억장치보다 가격이 싸며, 전원이 없이도 대용량의 자료를 영구적으로 저장할 수 있는 기억장치를 보조기억장치(secondary memory unit)라 한다. 보조기억장치는 자료 접근방법에 따라 순차접근(sequential access) 방식과 직접접근(direct access) 방식이 있다. 자기 테이프와 같은 저장장치는 순차적으로 접근이 가능하며, 자기 디스크와 자기 드럼은 원하는 위치에 바로 쓰고 읽을 수 있는 직접 접근이 가능하다. 보조기억장치는 CPU 외부에 위치하며, 주기억장치의 제한된 기억용량을 보조하기 위해 사용하는 것으로 전원이 차단되어도 기억된 내용이 계속 저장된다.

하드 디스크

하드 디스크의 상세이미지

그림 4.13 하드 디스크 드라이브

HDD라고 부르는 하드 디스크 드라이브(Hard Disk Drive)는 현재도 가장 많이 사용하는 보조기억장치 중에 하나로, 헤드를 이용하여 여러 개의 원형 알루미늄 기판인 디스크에 자료를 저장하는 방식이다. HDD는 휴대할 수 있는 연한 재질의 디스크 저장장치인 플로피 디스크 드라이브(FDD : Floppy Disk Drive)와 대비하여 하드 디스크라 명명하였다. 하드 디스크 드라이브는 자료를 읽고 쓰려면 헤드가 회전하는 디스크의 적당한 위치에 이동하는 기계적인 방식이므로 소음과 진동이 있고 속도도 제한이 있다.

그림 4.14   SSD

HDD를 보완하는 SSD

SSD(Solid State Disk)는 2010년부터 빠르게 확산되고 있는 차세대 대용량 저장장치이나 아직은 가격이 비싸고 안정성이 미흡하다는 단점이 있다. 플래시메모리와 이를 제어하는 컨트롤러로 구성된 대용량 저장장치이므로, 기존 저장장치인 HDD와 비교해 읽고 쓰는 속도가 빠르며, 전력 사용량이 적고 충격에 강하며 발열과 소음도 적은 장점이 있다. 이러한 SSD의 장점을 살려, 개인용 컴퓨터 사용자는 SSD에 운영체제와 자주 사용하는 프로그램을 설치하고, 기존의 HDD에는 영화나 음악 같은 대용량의 자료를 저장하여 함께 사용하는 경우가 늘고 있다.

휴대가 간편한 외장하드와 USB 메모리

외장하드는 휴대할 수 있는 대용량의 외장형 하드 디스크 드라이브(external hard disk drive)를 말한다. 외장하드는 보조기억장치인 내장형 HDD와 달리, 외부에서 USB와 같은 인터페이스를 통해 직접 컴퓨터와 연결하여 사용하므로, 필요 시 분리하여 휴대할 수 있고 이동할 수 있는 특징이 있다. 외장하드는 크기에 따라 2.5인치와 3.5인치가 있는데, 따로 전원장치가 필요하지 않으며, 휴대가 간편한 2.5인치 외장하드가 많이 사용되고 있다. 외장하드는 최저 40GB에서 수십 TB 용량으로 대용량의 정보를 저장할 수 있으며, 현재는 주로 4TB 이하가 2.5인치 제품으로 출시되고 있다. 외장하드는 대부분의 제품이 USB 인터페이스로 컴퓨터와 연결되며, IEEE 1394나 E-SATA를 지원하는 제품도 있다.

그림 4.15 다양한 외장하드

지금도 휴대용으로 가장 많이 사용하는 외장 저장장치는 USB 메모리이다. 그 이유는 크기가 작아 휴대하기 간편하며, 연결장치인 USB 방식이 컴퓨터뿐만 아니라 TV, 자동차 등에도 연결이 가능하기 때문이다. 초기에는 메모리 용량이 작은 단점이 있었으나 지금은 용량이 4GB에서 수백GB까지 다양하므로 용량에도 문제가 없다.

그림 4.16 USB 메모리

USB(Universal Serial Bus)는 컴퓨터와 주변기기 사이에 데이터를 주고받을 때 사용하는 데이터 전송 통로 규격 중 하나이다. 이미 배운 플래시 메모리(flash memory)는 자유롭게 데이터를 저장하거나 삭제할 수 있으며, 전원이 꺼져도 데이터가 그대로 보존되는 메모리 반도체이다. USB 메모리는 외부 연결 인터페이스는 USB를 사용하며, 내부적으로 저장장치는 플래시 메모리를 사용하는 외장장치이다.

2.5   기억장치의 계층

속도와 용량

CPU 내부의 레지스터, 주기억장치, 보조기억장치 모두 자료를 저장하는 기억장치이다. 또한 캐시 메모리도 저장장치이다. 그런데 컴퓨터는 왜 이렇게 다양한 종류의 저장장치를 이용하는 것일까? 이에 대한 답은 속도와 용량 때문이다.

만일 컴퓨터가 속도가 매우 빠른 주기억장치를 갖는다면 캐시 메모리는 불필요한 요소일 것이다. 또한 CPU가 용량이 매우 큰 레지스터를 갖는다면 따로 주기억장치를 가질 필요가 없다. 그러나 현실은 그렇지 않다. 저장장치의 속도가 빠르면 가격이 비쌀 것이고 또한 동일한 비용으로 속도를 유지하려면 용량은 작아질 수밖에 없다. 이러한 현실을 반영하면서 컴퓨터의 저장장치를 잘 활용하려면 속도와 용량 그리고 가격과 그 쓰임새를 고려하여 몇 가지로 나누어진 저장장치가 필요하다. 이러한 저장장치의 개념을 기억장치의 계층이라 한다. 다음 그림은 기억장치의 계층을 나타내는데 위로 올라갈수록 저장장치는 그 처리 속도가 빠르나 상대적으로 가격은 고가여서 상대적으로 적은 용량을 이용한다.

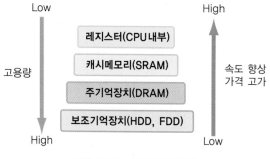

그림 4.17 저장장치의 계층

현재는 실행하지 않으나 앞으로 계속 이용하려는 프로그램이나 자료는 보조기억장치에 저장하고 현재 실행 중인 프로그램이나 자료는 주기억장치에 저장한다. 실행 중인 프로그램이나 자료 중에서 현재 집중적으로 이용되는 프로그램이나 자료는 캐시 메모리에 저장하며, 연산이 필요한 프로그램이나 자료는 레지스터에 저장하여 연산에 직접 이용한다.

03

중앙처리장치

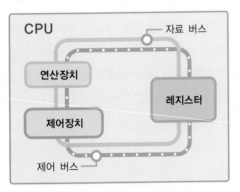

그림 4.18 중앙처리장치(CPU) 구성

중앙처리장치(CPU: Central Processing Unit)는 메모리에 저장된 프로그램과 자료를 이용하여 실제 작업을 수행하는 회로 장치이다. 이 중앙처리장치는 자료의 연산을 수행하는 연산장치와 컴퓨터의 작동을 제어하는 제어장치, 그리고 연산에 필요한 자료를 임시로 저장하는 레지스터로 구성된다.

중앙처리장치 내부에도 자료 버스와 제어 버스가 연결되어 있다. 자료 버스는 연산장치와 레지스터 사이를 전달하는 연결 경로이다. 이 자료 버스는 외부 버스와 구별하여 내부 버스 또는 시스템 버스라고 한다. 제어 버스는 레지스터와 연산장치에 읽기, 쓰기 또는 여러 종류의 명령 제어 신호를 전달하는 경로이다. 우리가 흔히 말하는 코어 i5, 코어 i7 등이 중앙처리장치의 상품 이름으로 컴퓨터의 성능을 결정 짓는 가장 중요한 요소이다.

그림 4.19 마더보드에 CPU를 장착하는 과정

3.1   연산장치

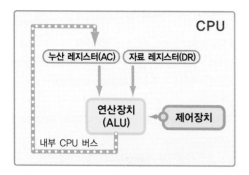

그림 4.20   CPU 내부의 연산장치

연산장치(ALU : Arithmetic and Logic Unit)는 더하기, 빼기, 나누기, 곱하기 등의 산술연산과 NOT, AND, OR, XOR 등의 논리 연산을 수행하는 회로이다.

연산장치에서 이용하는 피연산자는 하나 또는 두 개일 수 있으며, 중앙처리장치의 임시 기억장소인 누산 레지스터(accumulator)와 자료 레지스터(data register)에 저장된 자료를 연산에 참여할 피연산자로 이용한다. 연산장치의 결과는 다시 누산 레지스터에 저장되어 필요하면 주기억장치에 저장되거나 다른 연산에 이용될 수 있다.

$$AC \leftarrow AC + DR$$

두 수의 더하기를 수행한다면 위와 같이 두 레지스터 피연산자의 연산을 연산장치가 제어장치의 신호를 받아 실행한다.

3.2   제어장치

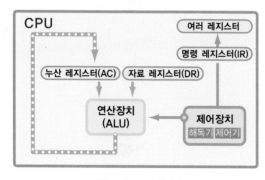

그림 4.21   제어장치

제어장치(control unit)는 중앙처리장치를 구성하는 요소로서, 산술 및 논리 연산에 요구되는 작업을 연속적으로 수행하는 신호를 보냄으로써 연산장치와 레지스터가 명령을 수행하게 하는 장치이다. 이 제어장치는 여러 개의 해독기(decoder)와 제어기로 구성되며 명령어의 실행에 필요한 연산 순서와 연산 종류 등을 종합적으로 제어한다. 즉 제어장치는 실행할 명령어를 해석하여 해석된 명령어에 해당되는 제어신호를 발생 처리한다. 그러므로 우리 신체의 여러 부분을 제어하는 인간의 뇌와 같이 제어장치는 중앙처리장치에서 매우 중요한 요소이다.

3.3   레지스터

중앙처리장치는 주기억장치로부터 읽어 온 명령어와 자료 등을 저장할 임시 저장장소가 필요하다. 또한 연산장치에서 처리 결과를 저장할 임시 저장장소도 필요하며 다음에 실행할 명령어의 주소 값을 저장할 장소도 필요하다. 중앙처리장치 내부 처리 연산에 필요한 다양한 임시 기억장소를 레지스터(register)라 한다.

표 4.3 주요 레지스터의 종류와 기능

레지스터 심볼	레지스터 이름	기능
DR	자료 레지스터 (Data Register)	연산에 필요한 피연산자를 저장하는 레지스터
AR	주소 레지스터 (Address Register)	현재 접근할 기억장소의 주소를 기억하는 레지스터
AC	누산 레지스터 (Accumulator Register)	연산장치의 입출력 데이터를 임시적으로 기억하는 레지스터
IR	명령어 레지스터 (Instruction Register)	현재 수행 중인 명령어를 저장하고 있는 레지스터
PC	프로그램 카운터 (Program Counter)	다음에 실행할 명령어의 메모리 주소가 저장된 레지스터
TR	임시 레지스터 (Temporary Register)	임시로 자료를 저장하는 레지스터로 범용 레지스터라고도 부름

중앙처리장치는 컴퓨터가 명령을 수행하는 과정을 처리하기 위해 여러 개의 레지스터를 갖는다. 레지스터는 어떠한 저장장치보다 참조 속도가 빠르며 가격이 비싸므로 그 수가 제한적이다.

중앙처리장치 내의 레지스터 크기와 수는 중앙처리장치의 성능에 매우 중요한 요소이므로 가격과 성능을 고려하여 결정한다. 중앙처리장치의 레지스터 크기는 32비트, 64비트, 128비트 등이다.

3.4 ___명령어 처리 과정

CPU와 주기억장치 간의 자료 전송

명령어 처리과정에서 다음과 같이 CPU와 주기억장치 간의 다양한 자료 전송이 발생한다. 즉 주기억장치의 명령어와 자료가 중앙처리장치의 여러 임시 저장장소인 레지스터로 전송되어 명령어를 처리한 후 다시 처리 결과인 자료가 주기억장치로 전송되는 과정을 거친다.

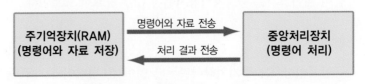

그림 4.22 CPU와 주기억장치 사이의 자료 교환

기계 주기

중앙처리장치는 하나의 명령어를 실행하기 위하여 인출(fetch), 해독(decode), 실행(execution)의 세 과정을 거친다. 그러므로 명령어의 집합인 프로그램을 실행하려면 이러한 세 과정을 계속적으로 반복해야 한다. 이러한 과정을 기계 주기(machine cycle)라 한다.

1. 메모리에서 실행할 명령어를 추출
3. 명령 레지스터의 연산을 실행
2. 명령 레지스터의 내용을 해독

그림 4.23 명령어 실행 과정인 기계 주기

인출 단계에서 제어 장치가 프로그램 카운터에 있는 주소로 다음에 수행할 명령어를 명령 레지스터에 저장한다. 이후 다음 명령어를 수행하기 위해서 프로그램 카운터를 하나 증가시킨다.

해독 단계에서 제어 장치는 명령어 레지스터에 있는 명령어를 연산 부분과 피연산 부분으로 해독한다. 만일 명령어가 피연산 부분이 있는 명령어라면 피연산 부분의 메모리 주소를 주소 레지스터에 저장한다.

실행 단계에서 중앙처리장치는 각 구성 요소에게 작업 지시를 내린다. 작업 내용이 메모리의 자료를 레지스터에 가져오는 내용이라면 이러한 작업을 수행하는 회로를 작동시킨다. 또한 산술 논리 연산이 필요한 작업 내용이면 이에 적합한 연산장치(ALU)의 회로를 작동시켜 실행 과정을 수행한다. 작업에 따라 연산 결과인 레지스터의 내용을 메모리에 저장하기도 한다.

하나의 명령어 실행이 종료되면 프로그램 카운터가 가리키는 다음 명령어를 가지고 다시 기계 주기를 반복한다. 이러한 과정을 반복하는 것이 프로그램을 실행하는 과정이다. 이러한 기계주기를 중앙처리장치와 주기억장치 간의 자료의 이동과 함께 표현하면 다음과 같다.

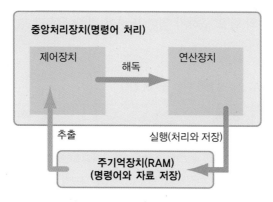

중앙처리장치(명령어 처리)
제어장치   해독   연산장치
추출   실행(처리와 저장)
주기억장치(RAM)
(명령어와 자료 저장)

그림 4.24 기계 주기와 자료의 이동

04

프로그램 실행

4.1 프로그램 작성

두 정수 합 구하기

두 정수를 더하는 간단한 연산에서 컴퓨터는 무슨 작업을 수행하는지 알아보자. 만일 두 수가 각각 32와 −18이라면 다음과 같이 컴퓨터가 수행해야 할 작업을 간단히 기술할 수 있다. 물론 기호 A는 32를 의미하며, 기호 B는 −18을 의미하고 그 두 정수의 합의 결과가 C를 의미한다는 표현이다. 결국 다음 문장이 고급 언어로 기술된 하나의 프로그램이라 할 수 있다.

$$C \leftarrow A + B$$

사람은 위와 같은 기호로 컴퓨터에게 작업을 수행하도록 명령을 내린다. 컴퓨터는 위와 같은 명령을 메모리에 더 작은 단위의 여러 명령어 집합으로 구성하여 그 명령을 실행한다. 두 정수의 합을 구하기 위해서는 다음과 같이 4개의 명령어 집합으로 가능하다.

```
LDA     A
ADD     B
STA     C
HLT
```

두 정수의 합을 구하기 위한 명령어 집합에서 각 명령어의 의미를 살펴보면 다음과 같다.

표 4.4 두 정수의 합을 위한 명령어 집합

순서	명령어	의미
명령어1	LDA A	메모리 A의 내용을 누산 레지스터(AC)에 저장
명령어2	ADD B	메모리 B의 내용과 누산 레지스터(AC)의 값을 더하여 다시 누산 레지스터(AC)에 저장
명령어3	STA C	누산 레지스터(AC)의 값을 메모리 C에 저장
명령어4	HLT	프로그램 종료

명령어 LDA의 기능을 세부적으로 표시하면 DR ← M[AR], AC ← DR로 표시할 수 있다. 즉 주소 레지스터(AR)의 주소 값을 갖는 메모리 자료(M[AR])를 누산 레지스터(AC)에 저장하는 것이 LDA의 기능인데, 이 처리를 위하여 자료 레지스터(DR)를 중간에 이용하여 저장하는 것을 알 수 있다. 이와 같이 명령어 ADD와 STA도 그 세부 수행 기능을 다음과 같이 기호로 표시할 수 있다.

표 4.5 명령어의 세부 수행 기능

명령어	세부 수행 기능 표시	세부 수행 기능 의미
LDA	DR ← M[AR], AC ← DR	• 주소 레지스터(AR)의 주소 값의 메모리 자료(M[AR])를 자료 레지스터(DR)에 저장한 후, • 자료 레지스터(DR)를 다시 누산 레지스터(AC)에 저장
ADD	DR ← M[AR], AC ← AC + DR	• 주소 레지스터(AR)의 주소 값의 메모리 자료(M[AR])를 자료 레지스터(DR)에 저장한 후, • 누산 레지스터(AC)와 자료 레지스터(DR)를 더하여 그 결과를 다시 누산 레지스터(AC)에 저장
STA	M[AR] ← AC	• 누산 레지스터(AC)의 값을 주소 레지스터(AR)의 주소 값 위치의 메모리(M[AR])에 저장

두 정수의 합을 구하는 명령어 집합과 자료가 메모리에 저장된 모습을 살펴보면 다음과 같다. 명령어 LDA A에서 피연산자 A는 메모리 주소 0012FF40에 저장된 32를 가리킨다. 마찬가지로 명령어 ADD B에서 피연산자 B는 메모리 주소 0012FF44에 저장된 −18을 가리키며, 명령어 STA C에서 피연산자 C는 메모리 주소 0012FF48을 가리키며 여기에는 32 + (−18)의 결과인 14가 저장된다.

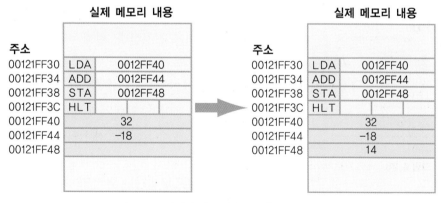

그림 4.25 명령어 실행 전과 실행 후의 메모리 내부

위 그림에서 왼쪽은 두 정수의 합을 구하는 명령어가 실행되기 이전의 메모리 모습이고, 오른쪽은 명령어가 실행된 이후 C의 결과가 나온 뒤의 메모리 모습이다.

05

마이크로프로세서

5.1 마이크로프로세서 성능

마이크로프로세서의 성능은 사이클당 연산 수와 자료 버스의 폭, 레지스터의 수와 크기, 그리고 캐시 메모리의 크기 등으로 결정된다.

자료 버스 폭

컴퓨터가 한 번에 작업할 수 있는 데이터의 크기를 워드 크기(word size)라고 하는데 이는 레지스터의 크기와 같다고 볼 수 있다. 예를 들어, '32비트 컴퓨터', '64비트 프로세서(컴퓨터)'라는 용어의 의미는 프로세서 내에 있는 레지스터의 크기를 나타낸다. 마이크로프로세서의 자료 버스는 연산장치와 레지스터 등과 같은 CPU의 내부 구성 요소 간에 자료를 전달하는 통로이다. 그러므로 자료 버스 폭은 마이크로프로세서의 워드 크기와 비례하며 일반적으로 워드 크기와 같거나 더 크다. 만일 레지스터가 64 비트인데 자료 버스는 32비트라면 연산은 64비트 단위로 수행하는데 그 결과 자료를 한꺼번에 전달할 수 없으므로 병목 현상이 발생할 것이다.

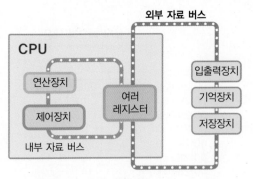

그림 4.26 내부 자료 버스와 외부 자료 버스

이러한 마이크로프로세서의 워드 크기는 효율적으로 사용할 수 있는 운영체제 또는 응용 프로그램을 결정한다. 현재 이용하는 개인용 컴퓨터의 운영체제는 32비트 또는 64비트이다. MS의 윈도우 7이나 8은 32비트와 64비트를 지원하는 운영체제이며, 인텔의 펜티엄4(Pentium IV)는 32비트 마이크로프로세서이며, 아이테니엄(Itanium)은 64비트이다. SUN 사의 UltraSPARC 마이크로프로세서는 64비트이며 이를 지원하는 솔라리스 운영체제도 64비트이다.

자료 버스는 내부 버스(또는 시스템 버스)와 외부 버스(또는 확장 버스)로 구분할 수 있다. 위에서 언급한 CPU 내부의 버스를 시스템 버스라 하며 CPU를 벗어나 다른 입출력장치나 기억장치, 저장장치로의 이동을 위한 버스는 외부 버스이다. 그러므로 컴퓨터의 성능을 고려한다면 외부 버스도 내부 버스의 폭과 같거나 넓어야 자료 전달을 원활히 할 수 있다.

클럭 속도

클럭 속도는 마이크로프로세서의 성능에 주요 결정 요인이다. 시스템 클럭은 수정 진동자를 사용하는데 전원이 공급되면 초당 수백만 회의 진동수를 일정하게 유지한다. 컴퓨터는 이 진동수에 맞추어 연산을 처리하는 시간을 조절한다. 따라서 클럭 속도가 빠를수록 컴퓨터의 처리 속도는 당연히 빨라진다. 즉 클럭 주파수는 컴퓨터가 명령어를 수행하는 속도를 결정한다. 예를 들어 클럭 속도가 1GHz라면 초당 10억 회의 진동수를 가진다는 의미이다. 여기서 클럭 속도의 단위인 Hz는 1초당 진동의 반복 횟수를 재는 단위이다. 프로세서는 하나의 명령어를 특정 수의 클럭 사이클에서 실행할 수 있으므로 클럭 속도는 연산 속도와 비례한다.

병렬 처리

병렬 처리는 하나의 컴퓨터에서 2개 이상의 CPU를 이용하여 한 번에 여러 개의 명령어를 동시에 실행시키는 처리 방법이다. 진정한 의미의 병렬 처리를 위해서는 병렬 처리를 위한 소프트웨어가 필요하다. 요즘에 듀얼 또는 쿼드 코어 프로세서라고 부르는 CPU는 하나의 CPU 내부에 2개 또는 4개의 프로세서를 내장한 칩으로 1개의 CPU로 구성된 칩보다 성능이 뛰어나다.

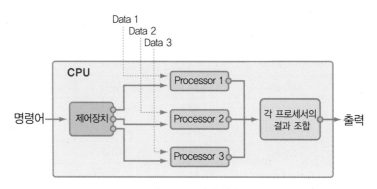

그림 4.27 병렬 처리

컴퓨터의 성능

지금까지 살펴본 바와 같이 CPU 처리속도에 영향을 미치는 요인들로는 레지스터의 크기, 클럭(clock) 속도, 버스 폭, 캐시 메모리 크기 등을 들 수 있다. 마찬가지로 컴퓨터의 성능은 크게 CPU의 성능과 RAM의 용량, 외부 자료 버스의 크기 등에 좌우된다고 볼 수 있다. RAM의 용량이 클수록 커다란 프로그램을 실행할 수 있으며 동시에 컴퓨터의 처리 속도가 더욱 빨라진다.

5.2 　주요 마이크로프로세서

인텔

마이크로프로세서를 생산하는 가장 친숙하며 큰 회사는 단연 인텔이다. 인텔은 1971년 하나의 칩으로 된 컴퓨터(Computer On a Chip)라 부르는 마이크로프로세서 4004를 처음 출시하였다. 이후 IBM이 IBM 호환 PC에 인텔의 8088 프로세서를 탑재하여 출시하면서 인텔은 눈부시게 성장하게 된다.

표 4.6　인텔 계열 마이크로프로세서의 발전

발표연도	명칭	버스 폭	클럭 속도	특징
1971	4004	4 bit	740 KHz	
1974	8080	8 bit	2 MHz	
1979	8088	16 bit	~8 MHz	16비트형 XT
1982	80286	16 bit	~ 12 MHz	16비트형 AT
1985	80386	32 bit	~ 33 MHz	32비트형 PC
1989	80486	32 bit	~ 100 MHz	
1993	Pentium	64 bit	~ 200 MHz	
1995	Pentium Pro	64 bit	200 MHz ~	
1997	Pentium MMX	64 bit	233 MHz ~	
1998	Pentium II	64 bit	233 MHz ~	
1998	Celeron	64 bit	400 MHz ~	
1999	Pentium III	64 bit	450 MHz ~	
2000	Pentium IV	64 bit	1.3 GHz ~	
2001	Itanium	64 bit	800 MHz ~	PC 계열에서 64비트 시대를 개척
2002	Itanium 2	64 bit	900 MHz ~	
2005	Pentium D	64 bit	2.0 GHz ~	
2006	Core	64 bit	1.8 GHz ~	
2006	Core 2 Duo	64 bit	2.6 GHz ~	
2007	Core 2 Quad	64 bit	2.4 GHz ~	
2008	Core i7	64 bit	2.5 GHz ~	
2009	Core i5	64 bit	2.4 GHz ~	
2010	Core i3	64 bit	2.9 GHz ~	
2011 이후	2, 3, 4세대 Core i3, Core i5, Core i7 Core i7 Extreme Edition	64 bit	2.5 GHz ~	
2013	Core i7 Extreme Edition	64 bit	4.0 GHz ~	

1993년에 인텔은 64비트 자료 버스를 사용한 마이크로프로세서인 펜티엄을 발표한다. 2001년에는 고성능 서버용으로 진정한 의미의 64비트 시대를 연 아이테니엄 프로세서를 출시하였으며, 2011년 이후에는 코어 i3, i5, i7의 2세대, 3세대, 4세대의 CPU를 출시하고 있다.

그림 4.28 최근의 인텔 프로세서 인텔 코어 i7

무어의 법칙

무어의 법칙(Moore's Law)은 인텔의 공동 설립자인 고든 무어(Gorden Moore)가 1965년도에 한 연설에서 "마이크로 칩의 처리 능력은 18개월마다 두 배로 증대된다"라고 말한 내용에서 유래한 것이다. 결국 과거 50여년 동안 살펴보면 이 법칙은 잘 맞아떨어져서 마이크로프로세서의 성능은 약 18개월에서 24개월마다 두 배로 증가하였다. 실제 무어의 법칙을 인텔과 AMD의 마이크로프로세서 발전에 적용해 보면 그 정확성을 알 수 있다.

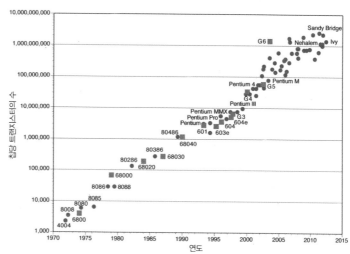

그림 4.29 고든 무어와 무어의 법칙에 따른 마이크로프로세서의 발전(G. Lisensky – Beloit College 참조)

그러나 지난 50여년간 꾸준히 지속되어 온 무어의 법칙은 앞으로 몇 년 안에 물리학의 근본 원리와 상충되는 어려움 때문에 지켜지지 않을지도 모른다. 현재 인텔을 비롯한 마이크로프로세서 생산 업체는 이러한 무어의 법칙을 유지하기 위해 노력하고 있다. 이제 무어의 법칙은 마이크로 칩의 처리 능력에만 국한되지 않고 정보기술 분야의 발전이 빠르게 진행되고 있다는 의미로 포괄적으로 이해해도 될 것이다.

TIP: 무어의 법칙과 마이크로프로세서 성능의 한계

그림 4.30 미치오 카쿠

무어의 법칙이 1965년에 일렉트로닉스(Electronics) 잡지에 발표된 지 벌써 50년이 되었다. 무어의 법칙은 쉽게 말해서 저장 용량이 1년 6개월마다 2배씩 커진다는 법칙이다. 무어는 경험적 관찰을 통해 이와 같이 예측하였으며, 지금까지 반도체 기술의 발전 속도를 대표하는 법칙이 되었다. 그러나 이제 급변하는 정보기술 환경과 미세 공정 기술의 한계, 그리고 급증하는 투자 비용으로 인해 18개월마다 반도체의 용량을 2배씩 늘리는 일은 점점 어려워지고 있어 무어의 법칙에 한계론이 제기되기도 한다. 아마도 무어의 법칙이 있었기에 인텔 등 반도체 생산 업체는 이 예측을 실현하기 위해 끊임없이 노력했을 것이고, 지금도 불가능과 한계에 도전하고 있다. 인텔의 이러한 노력에도 불구하고 무어의 법칙에 종말을 고한다는 시각은 종종 제기되고 있다. 예를 들어, 이론 물리학자 미치오 카쿠는 2011년 출판된 저서 '미래의 물리학(Physics of the Future)'에서 대체 반도체 집적 기술이 발견되지 않는다면 무어의 법칙은 종말할 것이라고 예상하기도 했다. 사실, 프로세서 집적은 진행되고 있을지 모르지만, 집적에 따른 데이터 처리 성능의 향상 속도는 과거 수십 년의 수준에 미치지 못하고 있는 것이 현실이다. 현재 프로세서 미세화에서는 순수한 성능보다 그래픽 기능이나 전력 효율 향상에 중점을 두고 있다. 그러나 무어의 법칙에 한계론만 있는 것은 아니며, 지금은 반도체 공정 및 디자인 부분에 혁신이 필요한 시기이며 이러한 어려움은 극복할 수 있다는 긍정론도 있다.

미국 국가과학재단(National Science Foundation)은 '무어의 법칙 이면의 과학 및 엔지니어링'(Science and Engineering behind Moore's Law)이라는 이름의 프로젝트를 주도하고 있으며 제조, 나노기술, 다중 코어칩, 양자 컴퓨팅 등의 새로운 기술 연구를 재정적으로 지원하고 있다. 만일 앞으로 몇 년 후에 무어의 법칙이 들어맞지 않더라도 계속된 노력으로 다른 측면의 기술은 발전할 것이라고 믿는다.

5.3 명령어에 따른 프로세서 분류

마이크로프로세서는 프로세서마다 고유한 명령어 집합을 제공한다. 이 명령어는 크게 복합 명령어 집합으로 구성된 CISC(Complex Instruction Set Computing) 계열과 축소 명령어 집합으로 구성된 RISC(Reduced Instruction Set Computing) 계열로 구분한다. CISC와 RISC는 명령어 구조의 복잡성과 제공하는 명령어의 수에 따라 분류될 수 있다. 결국 고유한 명령어 집합을 제공하는 마이크로프로세서는 CISC 계열과 RISC 계열로 구분할 수 있다.

CISC

CISC는 일반적으로 명령어의 구조가 복잡하고 100~250개의 다양한 명령어를 제공한다. 인텔의 80x86 계열과 모토롤라의 680x0 계열의 프로세서는 CISC 프로세서이다. 현재 많이 사용하는 인텔 계열의 프로세서도 CISC 프로세서로 복잡한 프로그램을 적은 수의 명령어로 구성할 수 있는 장점이 있으나 CISC 칩은 복잡한 명령어의 실행을 위한 복잡한 회로가 이용되므로 생산가가 비싸고 전력 소모가 많아 열이 많이 발생하는 단점이 있다.

CISC 프로세서는 복잡한 연산을 하나의 명령어로 처리하려는 의도에서 시작되었다. 복잡한 연산을 위한 회로는 집적회로의 발달로 인해 가능해졌으며 다양한 연산을 수행해야 하므로 명령어의 수도 증가하게 되었다. 이러한 CISC는 고급 언어를 프로세서의 명령어로 변환하는 컴파일러의 역할을 매우 쉽게 도와준다. 그 이유는 고급 언어의 복잡한 기능을 수행하는 작업이 단 몇 개의 명령어로 가능하기 때문이다. CISC의 명령어는 복잡한 연산을 수행하기 위해 다양한 길이를 가지며 메모리의 자료를 직접 참조하는 연산도 많이 제공하는 특징을 갖는다.

RISC

RISC는 CISC와 다르게 명령어의 수가 적고 그 구조도 단순하다. 하나의 프로그램을 수행하려면 RISC 프로세서는 CISC보다 많은 명령어를 실행해야 하지만 하나의 명령어가 단순하여 그 처리 속도가 매우 빨라 전체적으로 RISC 프로세서는 CISC 프로세서보다 수행 속도가 빠르다고 알려져 있다.

RISC 프로세서는 레지스터 내부에서 모든 연산이 수행되며 메모리의 참조는 제한적이다. 이를 지원하기 위해 RISC 프로세서는 상대적으로 레지스터가 많은 특징을 갖는다. 또한 RISC 프로세서의 명령어는 고정 길이이며 쉽게 해독이 되도록 명령어 형식을 갖는다.

1988년 중반 애플의 매킨토시에 장착된 모토롤라의 PowerPC에서 처음 구현된 RISC 프로세서는 이후 Sun, HP, NEC의 워크스테이션 컴퓨터의 주류 프로세서로 자리 잡고 있다.

[객관식 문제]

다음 각 문항에 대하여 보기 중에서 알맞은 것을 선택하시오.

01 명령어 형식으로 옳지 않은 것은?

A. 명령어는 연산 부분과 피연산 부분으로 구성된다.

B. 명령어의 피연산자는 꼭 있어야 한다.

C. 피연산자가 많은 명령어를 이용하면 적은 수의 명령어로 원하는 작업을 수행할 수 있으나 하나의 명령어를 처리하기 위해 많은 수고와 시간이 드는 단점도 있다.

D. 피연산자는 메모리의 주소 또는 레지스터가 될 수 있다.

02 프로그램 내장 방식에 대한 설명으로 옳지 않은 것은?

A. 메모리에 자료뿐만 아니라 프로그램도 저장한다.

B. 현재의 컴퓨터가 사용하고 있는 방식이다.

C. 스위치나 배선을 조정하여 컴퓨터를 실행하는 것이다.

D. 가장 중요한 요소는 중앙처리장치와 메모리이다.

03 기계어와 어셈블리 언어에 대한 설명으로 옳지 않은 것은?

A. 기계어는 컴퓨터를 작동시키기 위해 0과 1로 나타낸 컴퓨터 고유의 명령 형식 언어를 말한다.

B. 어셈블리 언어는 컴퓨터 명령어인 기계어를 사람이 일상 생활에서 사용하는 자연 언어와 유사하게 만든 것을 말한다.

C. 기계어는 일반 사람이 프로그래밍하기에 불가능하다.

D. 기계어와 어셈블리어는 각각의 CPU 종류에 따라 그 내용이 모두 같아, 여러 종류의 CPU에서 실행된다.

04 버스에 대한 설명으로 옳지 않은 것은?

A. 버스는 주소 버스, 자료 버스, 제어 버스가 있다.

B. 주소 버스는 전달하는 내용과는 무관하므로 외부 버스라고 한다.

C. 제어 버스는 읽기, 쓰기와 같은 명령 제어 신호를 전달하는 경로이다.

D. 자료 버스의 너비 크기가 크면 한 번에 전달하는 자료의 양이 많아진다는 뜻이다.

05 전원이 꺼지면 저장된 내용이 모두 사라지는 소멸성(volatile) 기억장치이며, 정보의 쓰기와 읽기가 가능한 것은?

A. 플래시메모리   B. RAM

C. 하드디스크   D. ROM

06 ROM에 관한 설명으로 옳지 않은 것은?

A. 읽기 전용 메모리이다.

B. EPROM은 자외선 또는 X 선 등을 이용하여 데이터를 지우거나 입력할 수 있다.

C. 전원이 끊어져도 정보가 지워지지 않는 비소멸성 메모리이다.

D. 크게 Dynamic ROM과 Static ROM으로 나눌 수 있다.

07 캐시 메모리에 대한 설명으로 옳지 않은 것은?

A. 캐시 메모리는 RAM과 CPU 간 처리속도의 차이로 인하여 발생하는 병목현상을 해결하기 위한 수단이다.

B. 컴퓨터의 처리속도를 향상시킬 수 있다.

C. 캐시 메모리는 메인 메모리보다 느리다.

D. CPU와 RAM 사이의 캐시 메모리에는 CPU에 더 가까운 수준-1캐시(Level-1(L1) Cache)와 수준-1캐시보다 CPU에서 떨어져 있는 수준-2캐시(Level-2(L2) Cache)가 있다.

08 속도가 빠른 것부터 나열한 것으로 옳은 것은?

A. 보조기억장치 > 주기억장치 > 캐시 메모리 > 레지스터

B. 레지스터 > 주기억장치 > 캐시 메모리 > 보조기억장치

C. 주기억장치 > 캐시 메모리 > 보조기억장치 > 레지스터

D. 레지스터 > 캐시 메모리 > 주기억장치 > 보조기억장치

09 다음 내용이 설명하는 것은?

중앙처리장치를 구성하는 요소로서, 산술 및 논리연산에 요구되는 작업을 연속적으로 수행하는 신호를 보냄으로써 연산장치와 레지스터가 명령을 수행하게 하는 장치이다.

A. 보조기억장치   B. 연산장치

C. 레지스터   D. 제어장치

10 중앙처리 장치의 구성 요소만을 나열한 것은?

A. 연산장치, 제어장치, 레지스터

B. 레지스터, 중앙장치, 보조기억장치

C. 캐시 메모리, 레지스터, 제어장치

D. 제어장치, 연산장치, 플래시 메모리

11 기계주기에 대한 설명으로 옳지 않은 것은?

A. 기계주기는 명령어의 집합인 프로그램을 실행하기 위해 인출, 해독, 실행의 세 과정을 거치는데 이러한 과정을 기계주기라 한다.

B. 추출 과정에서는 메모리에서 실행할 명령어를 추출한다.

C. 기계주기에서는 여러 개의 명령어를 인출, 해독, 실행한다.

D. 해독 과정에서는 명령 레지스터의 내용을 해독한다.

12 레지스터 심볼과 기능이 잘못 짝지어진 것은?

A. DR: 연산에 필요한 피연산자를 저장하는 레지스터

B. IR: 현재 수행 중인 명령어를 저장하고 있는 레지스터

C. AC: 연산장치의 입출력 데이터를 임시적으로 기억하는 레지스터

D. TR: 현재 접근할 기억장소의 주소를 기억하는 레지스터

13 두 정수의 합을 위한 명령어들 중에서 메모리 X의 내용을 누산 레지스터(AC)에 저장하는 것은?

A. LDA X

B. ADD X

C. STA X

D. HLT

14 CPU의 처리속도에 가장 적은 영향을 미치는 요인은?

A. 레지스터의 크기

B. 버스 폭(너비)

C. 캐시 메모리

D. 하드디스크 크기

15 클럭에 대한 설명으로 옳지 않은 것은?

A. 시스템 클럭은 수정 진동자를 사용하는데 전원이 공급되면 초당 수백만 회의 진동수를 일정하게 유지한다.

B. 클럭 속도가 빠를수록 컴퓨터의 처리 속도도 빨라진다.

C. 클럭 속도는 마이크로프로세서의 성능에 주요 결정 요인이다.

D. 클럭 속도는 연산 속도와 반비례한다.

16 CISC와 RISC에 관한 설명으로 옳지 않은 것은?

A. CISC는 명령어의 구조가 복잡하다.

B. RISC는 구조가 단순하여 하나의 프로그램을 수행하려면 CISC보다 많은 명령어를 실행해야 한다.

C. CISC는 RISC보다 수행 속도가 빠르다고 알려져 있다.

D. CISC는 복잡한 연산을 하나의 명령어로 처리하려는 의도에서 시작되었다.

17 다음 내용이 설명하는 것은?

중앙처리장치 내부에서 연산에 필요한 자료를 잠시 저장하기 위한 임시 기억장소이다. 이때, 중앙처리장치는 컴퓨터가 명령을 수행하는 과정을 처리하기 위해 여러 개의 _____(을)를 갖는다.

A. 자료버스

B. 클럭

C. 주소버스

D. 레지스터

18 명령어와 그 의미가 바르게 짝지어진 것은?

A. LDA: 지정한 메모리의 내용과 누산 레지스터의 값을 더하는 명령

B. STA: 누산 레지스터의 값을 지정한 메모리에 저장

C. ADD: 지정한 메모리의 내용을 누산 레지스터에 저장

D. HLT: 프로그램의 시작을 알리는 명령

19 연산장치에 대한 설명으로 옳은 것은?

    A. 연산장치는 NOT, AND, OR, XOR 등의 논리 연산만을 수행하는 회로이다.

    B. 연산장치에서 이용하는 피연산자는 단 하나이다.

    C. 레지스터 피연산자의 연산을 연산장치가 제어장치의 신호를 받아 실행한다.

    D. 연산장치의 결과는 누산 레지스터에 저장되어 필요하면 주기억장치에 저장은 되나, 다른 연산에 이용될 수는 없다.

20 명령어에 관한 설명으로 옳은 것은?

    A. 명령어는 연산부분과 제어부분으로 나뉜다.

    B. 연산부분은 명령어가 수행해야 할 기능을 의미하는 코드이다.

    C. 연산부분은 명령어에서 가장 오른쪽 부분에 기술한다.

    D. 한 문장에 연산부분이 두 개인 경우 연산을 좀 더 효율적으로 할 수 있다.

[괄호채우기 문제]

다음 각 문항에 대하여 빈칸에 적절한 단어를 채우시오.

01 명령어는 (　　　)(와)과 (　　　)(으)로 구성된다.

02 0과 1로 나타낸 컴퓨터 고유의 명령 형식 언어를 (　　　)(이)라 한다.

03 메모리 저장소는 (　　　)(을)를 이용하여 각각 바이트 단위로 고유하게 식별할 수 있다.

04 (　　　　)(은)는 2010년부터 빠르게 확산되고 있는 차세대 대용량 저장장치이나 아직은 가격이 비싸고 안정성이 미흡하다는 단점이 있다. 플래시 메모리와 이를 제어하는 컨트롤러로 구성된 대용량 저장장치이므로, 기존 저장장치인 HDD와 비교해 읽고 쓰는 속도가 빠르며, 전력 사용량이 적고 충격에 강하며 발열과 소음도 적은 장점이 있다.

05 RAM과 ROM의 장점을 가진 (　　　)(은)는 소비전력이 작으며, 비소멸성 메모리이다.

06 (　　　)(은)는 주로 CPU와 주기억장치의 속도 차이를 해결한다.

07 제어장치는 (　　　)(와)과 (　　　)(으)로 구성되어 있다.

08 중앙처리장치가 명령어를 실행하기 위해서 (　　　), (　　　), (　　　)의 과정을 반복한다.

09 (　　　)(은)는 수정 진동자의 진동을 일정하게 유지시켜 줌으로써 컴퓨터의 연산 처리 시간을 조절한다.

10 (   )(은)는 1965년도에 한 연설에서 "마이크로 칩의 처리 능력은 18개월마다 두 배로 증대된다."라고 말한 내용에서 유래된 법칙이다.

[주관식 문제]

01 프로그램 내장 방식에서 메모리에 저장되는 것은 무엇인가?

02 RAM과 ROM의 차이를 설명하시오.

03 우리가 사용하는 개인용 컴퓨터에 있는 ROM은 어디에 이용되는가?

04 중앙처리장치를 구성하는 중요 요소 3가지를 기술하시오.

05 캐시 메모리가 필요한 이유와 종류를 설명하시오.

06 레지스터의 종류와 그 기능을 기술하시오.

07 기억장치의 계층에 대하여 설명하시오.

08 명령어 실행 과정을 명령어 LDA A로 설명하시오.

09 마이크로프로세서의 성능을 결정하는 여러 요인을 열거하고 설명하시오.

10 프로세서를 RISC와 CSIC로 분류하는 기준과 각각의 특징을 비교하는 표를 만들어 설명하시오.

PART 2

소프트웨어

Contents

5장

프로그래밍 언어

단원 목표

- 프로그래밍 언어의 필요성과 저급 언어와 고급 언어를 이해한다.
- 프로그램을 개발하기 위한 개발환경을 이해한다.
- 소스 작성에서 프로그램 실행까지의 프로그램 구현과정을 이해한다.
- 컴파일러와 인터프리터의 역할과 특징을 알아본다.
- 포트란, 코볼, 베이직, 파스칼, C, C++ 등 고급 언어의 특징을 알아본다.
- 프로그래밍 언어의 주요 구성 요소를 알아본다.
- 프로그램의 실행 흐름을 제어하는 제어구조의 종류를 알아본다.
- 객체지향의 개념과 객체지향 언어의 특징을 알아본다.
- 객체지향 언어인 자바와 C#의 특징을 이해한다.

단원 목차

01

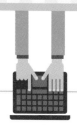

프로그래밍 언어 개요

1.1 프로그래밍 언어

그림 5.1 프로그래밍 언어

프로그래밍 언어의 필요성

사람과 사람 사이에 서로 의사교환을 하려면 한국어나 영어와 같은 일반 언어를 이용한다. 마찬가지로 사람과 컴퓨터가 서로 의사교환을 하기 위한 것이 프로그래밍 언어이다. 프로그래밍 언어는 사람이 컴퓨터에게 지시할 명령어를 기술하기 위하여 만들어진 언어이다.

1.2 저급 언어와 고급 언어

기계어

초기의 프로그래밍 과정은 프로그래머가 컴퓨터에게 지시할 명령을 기계어(machine language)로 직접 표현하는 방식이었다. 기계어란 0과 1로 표현되는 프로그래밍 언어로서 컴퓨터가 직접 이해할 수 있는 유일한 언어이다.

기계어는 연산 코드(operation code)와 피연산자(operand)로 구성된다. 연산 코드는 메모리나 레지스터에 데이터를 저장하거나 산술연산 등을 수행하는 연산자에 해당하는 코드이다. 피연산자는 메모리 주소나 레지스터 번호 등을 나타낸다. 기계어는 컴퓨터 하드웨어에 대한 강력한 통제가 가능하다는 장점이 있다. 그러나 0과 1로만 구성된 기계 중심의 언어이기 때문에 전문가라 하더라도 프로그래밍하기가 매우 어렵다는 단점이 있다.

어셈블리어

이후 복잡한 기계어를 간략하게 기호화(symbolize)한 어셈블리어를 사용하게 되었으며, 시간이 흐름에 따라 컴퓨터의 상업적 이용이 늘어나게 되었고 그 결과 코볼, 파스칼, 포트란, C 등의 고급 언어가 등장하게 되었다.

어셈블리어는 기계어의 연산 코드와 피연산자를 프로그래머가 좀 더 이해하기 쉬운 기호 형태로 일대일 대응시킨 프로그래밍 언어이다. 연산 코드를 기호화한 것을 니모닉(mnemonic)이라고 부르며, 연산 코드의 예로 LDA(LoaD Address), ADD(ADD), STA(STore Address) 등이 사용된다. 기계어에 비하여 프로그래밍이 간소화되었으며, 연산 코드와 니모닉이 일대일 대응되기 때문에 기계어의 장점인 중앙처리장치와 같은 하드웨어 장치에 대한 강력한 통제 역시 가능하다는 장점이 있다. 그러나 어셈블리어도 사용자보다는 컴퓨터를 고려한 언어이므로 기계어보다는 이해가 쉬우나 사람에게는 여전히 어려운 언어이다.

다음은 4장에서도 살펴보았던 간단한 연산식 C = A + B를 처리하는 프로그램을 기계어와 어셈블리어로 나타낸 것이다. 어셈블리어는 기호화되어 있어 기계어보다 이해하기 쉽다.

표 5.1 두 정수의 합을 위한 명령어 집합

순서	기계어	어셈블리어	의미
명령어1	0101000000000100	LDA A	메모리 A의 내용을 누산 레지스터(AC)에 저장
명령어2	0111000000000110	ADD B	메모리 B의 내용과 누산 레지스터(AC)의 값을 더하여 다시 누산 레지스터(AC)에 저장
명령어3	0100000000000111	STA C	누산 레지스터(AC)의 값을 메모리 C에 저장
명령어4	0011000000000000	HLT	프로그램 종료

그러나 어셈블리어도 CPU마다 명령어가 다르고 레지스터의 종류와 이용 방법 등도 이해해야 프로그래밍이 가능하므로 사람에게 친숙한 언어는 아니다. 이렇듯 컴퓨터에게 친근한 언어라는 의미에서 기계어와 어셈블리어를 저급 언어(low level language)라 한다.

고급 언어

프로그래밍 언어를 분류하는 기준의 하나로서 컴퓨터와 인간의 친밀성에 따른 분류를 들 수 있다. 컴퓨터가 이해하기 쉬운 언어를 저급 언어라 하고 인간이 이해하기 쉽고 친근한 언어를 고급 언어라 한다.

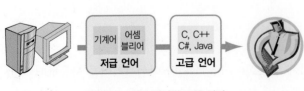

그림 5.2 저급 언어와 고급 언어

저급 언어는 컴퓨터의 주기억장치, 레지스터, 마이크로프로세서, 입출력 포트 등의 하드웨어를 직접 통제할 수 있다. 그러나 저급 언어를 사용하기 위해서는 하드웨어에 대한 충분한 지식이 요구되므로 초보자가 작업하기에는 쉽지 않으며, 고급 언어(high level language)에 비하여 언어 자체가 어렵기 때문에 전문가라 하더라도 프로그래밍 생산성이 낮다.

1950년 이전까지는 저급 언어인 어셈블리어를 이용하여 프로그램을 작성하였으며, 1950년 중반부터 인간의 자연 언어와 비슷한 포트란, 코볼, 베이직 등의 고급 언어가 개발되어 프로그램 개발에 사용되었다. 이러한 고급 언어의 이용으로 프로그램의 생산성이 이전보다 상당히 높아졌다.

1.3 세대별 분류

세대 분류

사람이 사용하는 자연 언어가 무수히 많듯이 프로그램을 만들기 위한 프로그래밍 언어도 상당히 많다. 1945년경에 기계어가 만들어진 이후 어셈블리어를 거쳐 고급 언어에 이르기까지 프로그래밍 언어의 발달을 세대별로 구분하여 그 특징을 살펴보자.

표 5.2 프로그램 언어의 세대별 분류

세대	시기	기능
1세대	1945년	컴퓨터가 이해하는 유일한 언어인 기계어만을 이용한 세대이며 현재에도 기계어는 이용되고 있다.
2세대	1950년 중반	어셈블리어가 개발되고 어셈블러가 개발되어 프로그램 개발의 생산성이 높아진 세대이나 시스템마다 어셈블리어는 다르므로 시스템 호환 문제가 계속 남아 있었던 세대이다.
3세대	1960년 초반	포트란, 알골, 베이직, 파스칼 같은 고급 언어와 컴파일러가 개발되었고 시스템에 독립적인 프로그램을 개발하여 프로그램 개발의 생산성이 매우 높아진 세대이다.
4세대	1970년 초반 이후	비절차 중심의 언어로 보고서 생성기와 데이터베이스 질의 언어(query language) 또는 비주얼 베이직과 같은 비주얼 프로그래밍 언어이다.
5세대	현재와 미래	영어, 한국어와 같은 자연 언어로 아직 진정한 의미의 자연 언어는 없으며, 컴퓨터에 대한 기초지식이 없는 일반인도 코드 없이 프로그램을 만들 수 있는 블록 비주얼 프로그래밍 언어가 소개되어 교육용 프로그래밍 언어로 많이 활용되고 있다.

4세대와 5세대 언어

1세대부터 3세대 언어까지는 그 구분이 명확하다. 그러나 그 이후는 그 구분이 명확하지 않다. 3세대 언어가 절차적 중심의 언어라면 4세대 언어는 비절차적 중심의 언어이다. 비절차적 중심 언어의 대표적인 예는 데이터베이스 질의 언어(query language)이다. 비절차적 중심의 언어란 프로그래머가 원하는 결과를 얻기 위해서 하나 하나의 절차를 따를 필요가 없다는 것이다. 그러나 데이터베이스 질의 언어도 모든 절차가 필요 없는 완전한 비절차적 언어라고 볼 수 없다.

비주얼 베이직(Visual Basic)은 베이직 언어를 기반으로 이벤트 프로그래밍과 그래픽 사용자 인터페이스를 이용하여 프로그래밍을 하는 새로운 개념인 비주얼 프로그래밍 환경이며 언어이다. 비주얼 베이직을 4세대 언어라고 하는 경우도 있는데, 이러한 프로그래밍 언어로는 파스칼을 기반으로 한 오브젝트 파스칼 언어를 채택한 델파이(Delphi)라는 비주얼 프로그래밍 환경을 예로 들 수 있다. 델파이 컴파일러의 최신 버전은 2014년에 발표한 델파이 XE6이다.

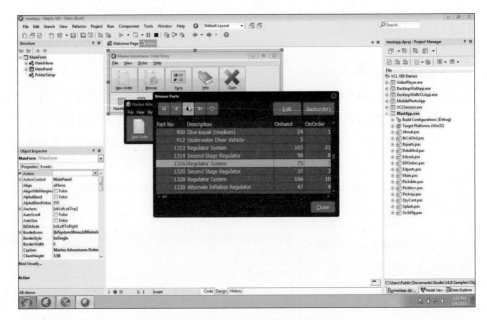

그림 5.3 비주얼 프로그래밍 환경인 델파이 XE6

비주얼 프로그래밍 방식은 더욱 발전하여 코드 없이 정해진 블록으로만 코딩할 수 있는 블록 방식의 비주얼 프로그래밍 언어로 발전하고 있다. 대표적인 블록 방식의 비주얼 프로그래밍 언어는 MIT 대학에서 개발한 스크래치이다. 스크래치는 퍼즐 조각 맞추기와 같이 정해진 그래픽 기반의 블록을 모아 원하는 프로그램을 제작하는 방식으로 그래픽 기반의 멀티미디어 게임 제작에 적합한 언어이다.

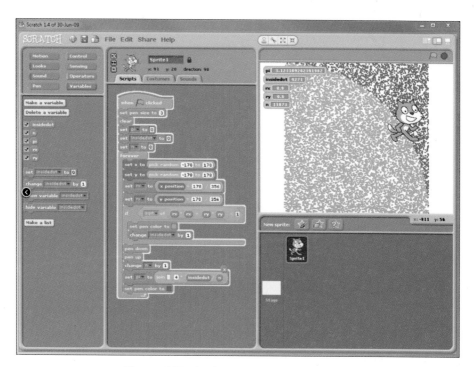

그림 5.4 블록 비주얼 프로그래밍 방식인 스크래치 언어

결국 지금 널리 이용되는 언어는 여전히 3세대와 4세대 언어이다. 완전한 의미의 5
세대 언어인 자연 언어는 현재 연구 개발 중인 차세대 언어라고 볼 수 있다.

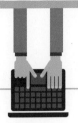

02

프로그램 구현

2.1　프로그래밍 개요

계산기, 아래한글과 같이 컴퓨터에서 특정 목적의 작업을 수행하기 위해 관련된 명령어와 자료를 모아 놓은 것을 프로그램(program)이라 한다. 즉 프로그램은 컴퓨터에게 지시할 일련의 처리 작업 내용을 담고 있고, 프로그램을 사용하는 사용자가 프로그램을 조작하여 적절한 명령을 만들면 이 명령이 컴퓨터에게 지시를 내려 프로그램이 실행된다. 또한 컴퓨터에서 특정 목적의 일을 수행하는 프로그램을 만드는 과정을 "프로그래밍한다"라고 표현한다. 마찬가지로 이러한 프로그램을 만드는 사람을 프로그래머(programmer)라 하고, 넓은 의미로 개발에 참여하는 사람을 개발자(developer)라 할 수 있다.

그림 5.5 프로그램과 프로그래머

프로그램을 개발하기 위해서는 가장 먼저 프로그램 개발에 사용할 프로그래밍 언어를 하나 선정해야 한다. 대부분 개발에 이용하는 프로그래밍 언어는 고급 언어 중 하나가 될 것이고, 프로그램에 따라 어셈블리어를 이용할 수도 있다. 그 다음에는 선정한 언어를 이용하여 프로그램을 개발하기 위한 환경인 개발 도구(development tools)가 필요하다. 물론 프로그램 언어와 개발 환경은 밀접한 관련성이 있으므로 함께 선정하는 것이 일반적이다.

2.2　프로그램 개발 환경

개발 도구

프로그램을 개발하려면 프로그램 언어로 만들어진 프로그램 소스를 실행 파일로 만들어주는 개발 도구가 필요하다. 개발 도구에서 가장 먼저 필요한 것은 프로그램 명령어인 프로그래밍 언어의 내용을 편집하는 편집기(editor)이다. 즉 편집기는 텍스트 문서, 프로그램, 데이터 파일 등을 작성할 때 사용하는 기본적인 프로그램이다. 또한 개발 도구에서 가장 중요한 것은 작성한 고급 프로그래밍 언어를 컴퓨터가 이해할 수 있는 기계어로 변환해주는 컴파일러(compiler)이다. 이러한 컴파일러뿐만 아니라 작성된 프로그램에서 발생하는 프로그램 오류를 쉽게 찾아 수정할 수 있도록 도와주는 디버거(debugger), 여러 목적의 파일을 하나의 실행 파일로 만들어 주는 링커(linker) 등 여러 기능을 담당하는 개발 관련 프로그램이 필요하다.

통합개발환경

프로그램을 개발하기 위해서는 기본적으로 에디터, 컴파일러, 링커, 로더(loader), 디버거 등이 필요하다. 프로그램을 개발하는 데 필요한 컴파일러, 디버거, 링커, 에디터 등을 통합적인 그래픽 환경으로 제공하는 개발 환경을 통합개발환경(Integrated Development Environments)이라 하며, 영문 약자로 IDE라고도 한다.

소프트웨어를 개발함에 있어서 적절한 프로그래밍 언어 및 개발 환경의 선택은 중요하다. 적당한 프로그래밍 언어와 이에 적합한 통합개발환경을 사용하면 코딩과 검사가 수월해지며 유지보수가 쉬워진다. 현재 고급 언어 C와 C++를 이용하여 개인용 컴퓨터의 윈도우즈 기반에서 실행되는 프로그램을 개발하기 위해 가장 많이 이용하는 통합개발환경은 마이크로소프트 사의 '비주얼 C++(Visual C++)'이다. 즉 비주얼 C++는 프로그램 언어 C와 C++를 이용하여 응용 프로그램을 개발할 수 있는 통합개발환경으로 윈도우 운영체제에서 이용되고 있다. 비주얼 C++는 마이크로소프트 사의 통합개발환경인 비주얼 스튜디오(Visual Studio)의 한 제품으로 판매되고 있는 상용 제품이다. 비주얼 스튜디오가 상용 제품이라면 무료 배포(www.microsoft.com/ko-kr/download)하는 제품으로는 비주얼 스튜디오 익스프레스(Microsoft Visual Studio Express) 버전이 있다.

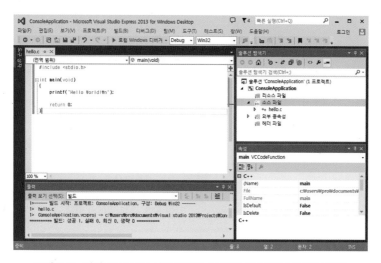

그림 5.6 마이크로소프트 사의 비주얼 스튜디오 익스프레스의 작업 화면

2.3 ___ 프로그램 구현 과정

프로그래밍 언어를 이용하여 프로그램을 구현하는 과정을 알아보자. 프로그램 개발에 이용할 고급 언어는 선정되었다고 가정하자.

소스 작성

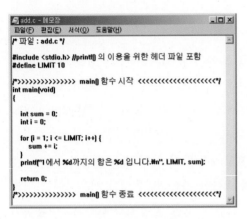

그림 5.7 메모장으로 작성한 프로그램 소스

프로그램을 구현하기 위해서 가장 먼저 할 일은 선정한 고급 언어를 이용하여 프로그램을 작성하는 일이다. 편집기는 텍스트 문서, 프로그램, 데이터 파일 등을 작성할 때 사용하는 기본적인 프로그램이다. 프로그램 언어를 이용하여 원하는 작업을 기술한 내용을 소스 코드(source code) 또는 간단히 코드(code)라 한다. 윈도우 운영체제에서 코드를 작성하기 위해 이용하는 기본적인 편집기로 메모장(notepad)이 있다. 왼쪽 그림은 메모장에서 C 언어 프로그램을 작성한 예이다.

물론 이러한 텍스트 에디터는 통합개발환경을 이용할 수 없는 경우에 사용한다. 통합개발환경을 이용한다면 개발환경에 주어진 편집기를 이용하여 좀 더 편하게 소스를 작성할 수 있다.

컴파일

프로그램 언어로 만들어진 코드가 저장된 소스(source) 파일(원시 파일)을 목적 파일(object file)로 만들어주는 프로그램을 컴파일러(compiler)라고 한다. 이러한 과정을 컴파일 과정이라 하며, '컴파일한다(compiling)'라고 한다.

그림 5.8 컴파일러의 역할

컴파일러는 고급 언어로 작성된 프로그램을 기계어로 바꾸어주는 프로그램이다.

즉 고급 언어로 작성된 프로그램을 컴퓨터가 직접 이해할 수는 없으므로 컴퓨터가 이해할 수 있는 언어인 기계어로 바꾸어주어야 하는데, 컴파일러가 이 작업을 수행한다. 컴파일러에 의해 처리되기 전의 프로그램을 원시 코드라 하고 컴파일러에 의해 기계어로 번역된 프로그램을 목적 코드(object code)라 한다. 이러한 원시 코드와 목적 코드가 저장된 파일을 각각 소스 파일, 목적 파일이라 한다.

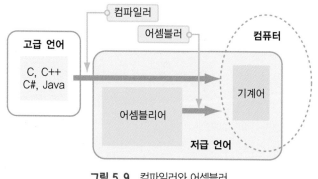

그림 5.9 컴파일러와 어셈블러

만일 프로그램을 고급 언어가 아닌 어셈블리어로 작성했다면 컴파일러와 같은 역할을 수행하는 어셈블러가 필요하다. 어셈블러(assembler)는 어셈블리 언어로 작성된 프로그램을 기계어로 바꾸어주는 프로그램이다. 어셈블러는 기계어를 제외하고 다른 모든 고급 언어보다 프로그램의 실행 속도가 빠르고 하드웨어에 대한 정교한 통제가 가능하므로 시스템 소프트웨어를 작성하거나 하드웨어 장치를 처리하는 프로그램 작성에 주로 사용한다.

목적 파일을 실행 가능한 실행 파일(execute file)로 만들어주는 프로그램을 링커라 하고, 이 과정을 링킹(linking) 과정이라 한다. 프로그램을 개발할 때 프로그램의 크기가 너무 커서 여러 명이 나누어 작업하는 경우가 일반적이다. 이때 여러 개의 프로그램 각각을 컴파일하여 목적 파일을 만들게 되는데, 링커는 이러한 여러 개의 목적 파일들을 라이브러리 함수와 연결해서 하나의 파일로 합치는 작업을 수행한다. 링킹 작업 결과 생성되는 프로그램을 실행 프로그램(executable program) 또는 실행 파일이라고 부른다. 파일에서 우리가 흔히 접하는 .exe나 .com의 확장자 파일들이 실행 파일이다.

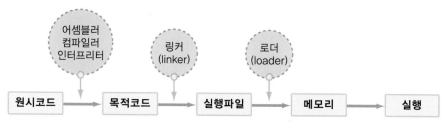

그림 5.10 원시코드에서 실행파일이 변환되어 실행되는 과정

한편, 자주 사용하는 프로그램들은 프로그램을 작성할 때마다 새로 작성하는 것이 아니라 미리 만든 다음 컴파일하여 저장해놓는데, 이러한 파일들을 라이브러리

(library)라고 한다. 로더(loader)는 작성된 프로그램을 컴퓨터의 주기억장치에 로드(load)함으로써 프로그램을 실행 가능하게 하는 역할을 수행한다. 결국 고급 언어로 작성된 원시 코드는 컴파일과 링킹 과정을 거쳐 실행 파일이 되고 로더의 도움을 받아 실행된다.

디버깅

디버거(debugger)는 프로그램의 명령을 수행함에 있어 컴퓨터의 상태를 보여주거나 오류(또는 에러) 발생 시 오류를 쉽게 찾을 수 있도록 도와주는 프로그램이다.

프로그램 과정에서 나타나는 문제를 일반적으로 에러(error) 또는 오류라고 한다. 에러는 크게 컴파일 시간에 발생하는 에러와 실행 시간에 발생하는 에러로 구분할 수 있다. 컴파일 시간에 발생하는 에러를 '컴파일 (시간) 에러'라 하고, 실행 시간에 발생한 에러는 '실행 (시간) 에러'라 한다.

컴파일 에러나 실행 에러를 수정하는 과정을 디버깅(debugging)이라 한다. 디버깅이란 '버그를 잡는다'는 의미로 여기서 버그란 바로 에러를 의미한다. 실제 응용 프로그램 개발에서 처음부터 에러가 없는 프로그램을 작성하기란 거의 불가능하다고 볼 수 있다. 그러므로 디버깅 과정은 매우 중요하다. 이 디버깅 과정에서는 많은 경험으로 에러를 쉽게 찾아 수정할 수 있다.

 TIP: '디버그'란 용어의 유래

지금으로부터 약 60여 년 전인 1945년 9월 9일, 이 날은 프로그램의 오류를 의미하는 "버그(bug)"라는 말이 만들어진 날이라고 한다. 버그는 원래 벌레, 곤충이라는 뜻이다. 그러나 이 60여 년 전의 일로 이제 버그는 컴퓨터 용어의 의미인 결점 또는 오류라는 의미로 사용된다.

이 이야기는 미국 하버드 대학에서 마크 I(Mark I) 컴퓨터로 프로그램을 개발했던 최초의 프로그래머인 그레이스 호퍼(Grace Murray Hopper, 1906~1992)에 의해 비롯되었다. 그 날, 그레이스 호퍼라는 사람이 미해군 등의 관계자들이 모인 자리에서 마크 II(Mark II) 컴퓨터가 오작동을 일으킨 원인과 오작동에 대한 조치과정을 설명했다.

"정상적으로 작동하던 프로그램이 갑자기 오작동을 했다. 원인을 알 수 없어 고민하던 중에 우연히 컴퓨터 사이에 끼어서 죽어 있는 나방(bug)을 발견하였다. 그래서 이것을 제거했다. 그러자 프로그램이 정상적으로 작동하였다. 나방이 전선 사이에 끼어서 전기 합선이 일어났던 것이다."

이러한 일에서 유래되어 프로그램이 잘못 작동하면 '버그가 있다'라고 말하기 시작했고, 버그를 없애는 일은 '디버그한다(debug, 벌레 잡는 일)'라고 하기 시작하였다고 한다. 호퍼가 설명하면서 보여주었던 나방은 미해군에 여러 해 동안 보관되다가 스미스소니언 박물관에 보관되어 있다고 한다.

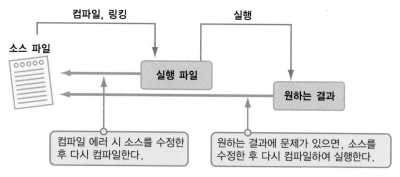

그림 5.11 디버깅 과정

2.4 컴파일러와 인터프리터

대부분의 고급 언어는 컴파일 과정을 거쳐 실행 파일이 만들어지고 이 실행파일을 실행하는 개념으로 프로그램 구현 과정을 거친다. 이러한 컴파일 방식과 다르게 프로그램을 구현하는 방식을 인터프리터 방식이라 한다.

인터프리터

인터프리터(interpreter)는 컴파일러처럼 고급 언어를 기계어로 번역해주는 역할을 수행한다. 단, 컴파일러는 원시 코드 전체를 읽은 다음 이를 기계어로 번역해주는데 비하여, 인터프리터는 원시 코드를 한 줄씩 읽어 들여 목적 코드로 바꾸어준다. 프로그램 언어 베이직(BASIC)이 인터프리터를 사용하는 대표적인 프로그램이다. 따라서 인터프리터는 컴파일러에 비해 번역 속도가 느릴 수밖에 없지만, 프로그램을 작성할 때는 보다 융통성을 가질 수 있다. 다음은 컴파일러 방식과 인터프리터 방식을 비교한 표이다.

표 5.3 컴파일러와 인터프리터의 특징

특징 \ 방식	컴파일러	인터프리터
번역 방법	프로그램 전체 번역	실행되는 줄(라인) 단위 번역
장점	한 번 컴파일한 후에는 매번 빠른 시간 내에 전체 실행 가능	번역 과정이 비교적 간단하고 대화형 언어에 편리함
단점	프로그램의 일부를 수정하는 경우에도 전체 프로그램을 다시 컴파일해야 함	실행할 때마다 매번 기계어로 바꾸는 과정을 다시 수행해야 하므로 항상 인터프리터가 필요함
출력물	목적 코드	즉시 실행
언어 종류	FORTRAN, COBOL, C 등	BASIC, PYTHON 등

컴파일러는 한 번 컴파일한 후에는 수정이 없다면 매번 컴파일할 필요 없이 빠른 시간 내에 프로그램 실행이 가능하다. 그러나 프로그램의 일부분이 수정되더라도 전체를 다시 컴파일해야 하는 번거로움이 있다. 이와는 다르게 인터프리터는 실행할 때마다 매번 기계어로 바꾸는 과정을 다시 수행해야 하므로 실행 속도가 느리다. 그러나 인터프리터 방식은 번역 과정이 비교적 간단하고 대화형 언어에 편리하다는 장점이 있다.

컴파일러와 인터프리터 중간 방식

최근에 개발되는 언어는 컴파일러와 인터프리터의 특징을 모두 갖는 방식의 언어가 많다. 그 대표적인 예가 자바 언어와 C# 언어이다. 이들 언어는 컴파일러가 존재하여 컴파일 과정이 필요하다. 그러나 컴파일된 실행 파일을 실행할 때는 인터프리터 방식과 같이 인터프리터가 필요하다. 이 언어들이 인터프리터 방식을 도입한 이유는 모든 시스템에서 독립적인 프로그램 언어를 개발하기 위해서다.

다음 그림은 자바 언어를 예로 들어 인터프리터 방식을 도입하여 한 시스템에서 개발된 실행 파일인 바이트 코드가 다른 시스템에서도 컴파일을 다시 하지 않고 실행될 수 있음을 보이고 있다. 이러한 개념을 '프로그램 언어가 시스템에 독립적이다'라고 한다.

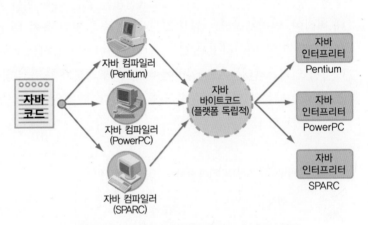

그림 5.12 시스템에 독립적인 자바 프로그램의 실행

즉 위 그림과 같이 하나의 시스템에서 구현된 실행 파일은 인터프리터의 도움을 받아 다른 시스템에서도 실행이 가능하다.

03

고급 프로그래밍 언어의 종류

베이직, 파스칼, C, C++, 자바와 같은 고급 수준 언어의 종류와 각 언어의 특징을
알아보자.

3.1 포트란(FORTRAN)

포트란(FORTRAN)은 FORmula TRANslating system(수식 번역 시스템)의 약자
로서 과학과 공학 및 수학적 문제들을 해결하기 위해 1950년대 중반에 IBM 704
컴퓨터 시스템에 이용할 목적으로 IBM의 존 배커스(John Backus)가 고안한 제3
세대 프로그래밍 언어이다. 기본적인 수리 자료 처리와 계산을 위주로 만들어졌기
때문에 매우 단순하고 간결하여 배우기가 용이하다. 그러나 배우기는 쉽지만 문법
이 엄격하다는 애로 사항이 있다. 그림 5.13은 문자열 "Hello, Fortran!"을 출력하는
FORTRAN-90 프로그램 소스이다.

```
program HelloWorldF90
    write(*,*) "Hello, Fortran!"
end program HelloWorldF90
```

그림 5.13 문자열을 출력하는 포트란 90 프로그램 소스

포트란도 발전에 따라 그 버전이 여러 개인데 가장 유명한 버전은 포트란 IV와 포
트란 77이다. 포트란 IV는 1966년에 USASI 표준으로 승인되었으며, 포트란 77은
1978년에 ANSI에 의해 승인된 버전이다. 포트란은 가장 오래된 언어 중의 하나이
지만 언어 구조가 단순해 지금도 기술 계산 분야 등에서는 사용되고 있다.

3.2 코볼(COBOL)

코볼은 포트란에 이어 두 번째로 개발된 고급 언어이며 미국 국방부를 중심으로 결
성된 그룹 CODASYL(Conference on DAta SYstem Language)에 의해 1960년 처

음으로 개발되었다. 코볼(COmmon Business Oriented Language)은 기업의 사무 처리에 적합한 프로그래밍 언어로 개발되었다. 기업에서 다루는 데이터의 특성상 일정한 형식이 존재하므로 이러한 형식을 지원함으로써 대량의 데이터를 효율적으로 입력, 출력 및 처리할 수 있다.

코볼은 컴퓨터의 내부적인 특성에 독립적으로 설계되었다. 코볼 컴파일러만 있으면 어떠한 컴퓨터 기종이라도 코볼 프로그램을 작성하여 실행할 수 있다. 코볼은 사무처리에 목적이 있으므로 다른 프로그래밍 언어에 비하여 파일의 순차적인 처리 등이 효율적이다. 영어 구문과 비슷한 문장구조를 갖고 있으므로 쉽게 이해할 수 있도록 프로그램 작성이 가능하다. 다음은 문자열 "Hello, COBOL!"을 출력하는 코볼 소스이다.

```
000100 IDENTIFICATION DIVISION.
000200 PROGRAM-ID.        HELLOWORLD.
000300
000400*
000500 ENVIRONMENT DIVISION.
000600 CONFIGURATION SECTION.
000700 SOURCE-COMPUTER. RM-COBOL.
000800 OBJECT-COMPUTER. RM-COBOL.
000900
001000 DATA DIVISION.
001100 FILE SECTION.
001200
100000 PROCEDURE DIVISION.
100100
100200 MAIN-LOGIC SECTION.
100300 BEGIN.
100400     DISPLAY " " LINE 1 POSITION 1 ERASE EOS.
100500     DISPLAY "Hello COBOL!" LINE 15 POSITION 10.
100600     STOP RUN.
100700 MAIN-LOGIC-EXIT.
100800     EXIT.
```

그림 5.14 영어 구문과 비슷한 문장 구조를 갖는 코볼 프로그램 소스

3.3 베이직(BASIC)

1963년에 개발된 베이직(BASIC)은 'Beginner's All-purpose Symbolic Instruction Code'의 약어로 초보자도 쉽게 배울 수 있도록 만들어진 대화형 프로그래밍 언어

이다. 대화형의 영어 단어를 바탕으로 약 200여 개의 명령어들로 구성된 가장 쉬운 대화형 프로그래밍 언어여서 문장의 종류가 많지 않고 문법이 간단하며, 배우고 쓰기가 간단하고 쉽다. 인터프리터를 사용하므로 프로그램 작성 시 프로그램상의 문제점을 쉽게 파악할 수 있다. 그러나 인터프리터를 거쳐야 하므로 실행속도가 느리다는 단점이 있다. 다음은 문자열 "Hello World!"를 출력하는 베이직 소스이다.

```
10 PRINT "Hello World!"
```

그림 5.15 베이직 프로그램 소스

1980년대에 개인용 컴퓨터의 출현과 함께 베이직은 기본 개발 언어로 탑재되어 범용적인 언어로 널리 사용되었으며, 마이크로소프트는 이 베이직을 기본으로 비주얼 베이직(Visual Basic)이라는 프로그램 언어를 개발하였다. 비주얼 베이직은 표준 베이직에 객체지향 특성과 그래픽 사용자 인터페이스를 추가한 프로그램 언어이자 통합개발환경이다.

3.4 파스칼(PASCAL)

파스칼은 프랑스의 수학자인 파스칼(Pascal)의 이름에서 따온 언어로서 프로그램을 작성하는 방법인 알고리즘 학습에 적합하도록 1971년 스위스의 니클라우스 비르트(Nicholas Wirth) 교수에 의해 개발된 프로그래밍 언어이다.

파스칼은 교육용으로 제작된 프로그래밍 언어이기 때문에 알고리즘의 실험이나 프로그램을 연습할 수 있는 모든 명령어가 갖추어져 있다. 또한 비교적 자유로운 구조를 가질 수 있는 다른 프로그래밍 언어와는 달리 구조적인 프로그래밍(structured programming)이 가능하도록 설계되어 있다. 다음은 문자열 "Hello World!"를 출력하는 파스칼 소스이다.

```
program HelloWorld;

begin

    writeln('Hello World!');

end.
```

그림 5.16 파스칼 소스

1980년에서 1990년대까지 대부분의 대학에서 프로그래밍 언어의 교과과정으로 파스칼을 채택하였으며 1980년대에는 볼랜드 사에서 파스칼을 발전시켜 터보 파스칼(Turbo Pascal)이라는 제품으로 상용화하여 널리 사용되었다. 볼랜드 사는 1990년 중반에 마이크로소프트 사의 비주얼 베이직과 유사한 파스칼 언어를 기반으로 하는 그래픽 사용자 인터페이스를 적용한 윈도우 환경의 RAD(Rapid Application Development) 통합개발환경인 델파이(Delphi)를 출시하여 현재까지도 널리 이용되고 있다.

3.5   C

C 언어는 켄 톰슨(Ken Tompson)이 개발한 B 언어에서 발전된 언어이다. C 언어는 1972년경, 시스템 PDP-11에서 운용되는 운영체제 유닉스(Unix)를 개발하기 위한 시스템 프로그래밍 언어로 미국전신전화국인 AT&T의 벨 연구소의 데니스 리치(Dennis Ritchie)가 개발하였다. ANSI C는 미표준화위원회(American National Standards Institute)에서 공인한 표준 C를 지칭한다.

C 언어는 프로그램을 기계어 명령에 가까운 형태로 작성할 수 있으므로 다른 고급 언어에 비하여 하드웨어에 대한 보다 확실한 통제가 가능하다. 특정 컴퓨터 기종에 의존하지 않으므로 프로그램의 이식성(portability)이 높다. 또한 풍부한 연산자와 데이터 형(data type)을 갖고 있기 때문에 범용 프로그래밍 언어로서 널리 보급되었으며, 응용 소프트웨어의 개발에 널리 이용되고 있다. 현재 이용되고 있는 운영체제, 컴파일러, 통합개발환경 등이 대부분 C 언어로 개발되었다.

```c
/* area.c */

#include <stdio.h>

double triangle(double w, double h);
double rectangle(double w, double h);

int main(void)
{
   double width, height;

   printf("면적을 구할 다각형의 가로와 세로를 입력하세요.\n");
   scanf("%lf%lf", &width, &height);
   printf("\n입력하신 가로와 세로는");
   printf("\n각각 %lf와 %lf입니다.\n", width, height);
```

```
    printf("이 삼각형의 면적은 %.21f입니다.\n",
            triangle(width, height) );
    printf("이 사각형의 면적은 %.21f입니다.\n",
            rectangle(width, height) );

    return 0;
}

double triangle(double w, double h)
{
    return w * h / 2;
}

double rectangle(double w, double h)
{
    return w * h;
}
```

그림 5.17 C 소스

위 C 언어 예제는 가로와 세로의 길이를 입력 받아 삼각형과 사각형의 면적을 구하여 화면에 출력하는 간단한 예제이다.

3.6   C++

1972년에 개발된 C 언어는 1983년에는 프로그램 언어 C++로 발전하였다. C++는 객체지향 프로그래밍(OOP: Object Oriented Programming)을 지원하기 위해 C 언어가 가지는 장점을 그대로 계승하면서 객체의 상속성(inheritance) 등의 개념을 추가한 효과적인 언어이다. C++는 C 언어의 확장이라고 볼 수 있으므로 기존의 C 언어로 개발된 모든 프로그램들을 수정 없이 그대로 사용할 수 있다. 다른 프로그래밍 언어와는 달리 C 언어에 익숙한 프로그래머에게는 상당히 친숙한 언어이다.

```
#include <iostream.h>

class GoodMorning
{
    public:
    void printme(void)
    {
        cout << "Good Morning" << endl;
```

```
    }
};

int main(int argc, char* argv[])
{
    GoodMorning GM;
    GM.printme();

    return 0;
}
```

그림 5.18 C++ 소스

위 예제는 "Good Morning"을 화면에 출력하는 간단한 예제이다. C++ 언어는 C
와 함께 현재에도 가장 많이 이용하는 프로그래밍 언어 중의 하나이다.

3.7 스크래치

스크래치(scratch)는 2007년 MIT 대학의 미디어랩(Media Lab)에서 개발한 비주
얼 프로그래밍(visual programming) 개발 도구이다. 스크래치는 브라우저에서 직
접 개발하는 환경으로 커뮤니티 기반 웹 인터페이스로 구성되어 있다. 즉 스크래치
는 컴퓨터에 대한 지식이 전혀 없는 일반인과 청소년 또는 지금 바로 프로그래밍에
입문한 학생들을 대상으로 컴퓨터 프로그래밍의 개념을 이해할 수 있도록 도와주
는 교육용 프로그래밍 언어(educational programming language)이다. 스크래치는
다양한 이미지나 사운드를 제공하여 쉽게 사용할 수 있으며, 코딩에 의한 프로그램
방식이 아닌 직관적으로 누구나 쉽게 이해할 수 있는 블록을 끼워 맞춰 프로그램을
작성하도록 한다.

스크래치 웹사이트(scratch.mit.edu)가 개설된 2007년 이후 전 세계의 다양한 연령
대의 사람들이 사용하고 있으며, 공유되는 프로젝트도 5백만 개가 넘어서고 있다.
스크래치의 개발 환경은 한국어로도 서비스되고 있는데, 국내에서는 대학보다는
초등학생을 중심으로 스크래치를 활용한 교육과정을 발굴하거나 창의성 계발에 관
한 연구가 활발히 이루어지고 있다. 초등학교부터 프로그래밍 교육을 강화하려는
요즘 스크래치와 같은 비주얼 프로그래밍 언어를 활용하면 좋은 성과가 기대된다.

그림 5.19 스크래치 홈페이지(scratch.mit.edu)

04

프로그래밍 언어의 구성 요소

4.1 주석과 문장

주석

프로그램 언어의 문법에 관련 없이 프로그램 내부에 기술되는 부분을 주석이라 한다. 이러한 주석은 프로그램을 설명하는 내용이나 기타 프로그래머가 기술하고 싶은 내용을 담는다. 즉 주석에는 프로그램 날짜, 프로그램 저자 이름, 프로그램 설명, 프로그램 버전 등을 기술한다. 주석을 표현하는 방법으로는 행(라인) 주석 또는 여러 줄에 주석을 표현할 수 있는 블록 주석 등이 있다.

프로그램 언어인 C, 자바 등이 제공하는 행 주석은 한 행에서 기호 "//"로 시작하는 이후부터 그 행의 마지막까지 모든 내용이 주석에 해당한다.

```
//===============================================================
//                      HelloComments.java
//===============================================================

/*
    main  메소드는 자바 응용 프로그램을 실행하는 경우,
    제일 먼저 실행되는 모듈입니다.
*/
```

그림 5.20 주석

프로그램 언어인 C, 자바 등에서 블록 주석은 주석의 시작과 끝을 각각 기호 "/*"와 "*/"로 표기하여 행에 관계없이 중간에 기술되는 모든 내용이 주석에 해당한다. 그러므로 이 방법은 여러 줄에 걸쳐 컴파일러가 검사하지 않는 문장을 이용하는 경우 사용된다.

문장과 블록

프로그램 언어에서 일을 수행하는 문법상의 최소 단위인 문장이 모여서 하나의 프

로그램이 만들어진다. 고급 언어에서 문장은 명령의 최소 단위로 문장의 내용을 기술하고 문장의 끝을 표시하는 의미의 기호를 쓰거나 엔터 키를 눌러 다음 줄에서 다음 문장을 입력한다.

C나 자바에서는 문장의 끝을 :(세미콜론)으로 표시하며 베이직 언어에서는 한 줄에 하나의 문장을 기술한다.

```
int i = 0;      //C 언어의 문장
```

여러 개의 문장을 구성하는 단위를 블록(block)이라 한다. C나 자바에서 블록은 중괄호 { }(brace)를 이용하여 표시한다.

```
// 자바에서의 블록
public class Variables {

   ...

   public static void main(String[] args) {

   ...
   }
   ...

}
```

그림 5.21 자바의 블록

파스칼 언어에서는 다음과 같이 begin … end로 블록을 표시하기도 한다.

```
procedure print(var i: integer);
      function next(i: integer): integer;
      begin
         next := i + 1
      end;
   begin
      writeln('The total is: ', i);
      i := next(i)
   end;
```

그림 5.22 파스칼의 begin … end

4.2 ____ 예약어와 식별자

예약어

프로그램 언어에서 미리 정의하여 사용하는 단어를 예약어(reserved words)라 한다. 다음은 자바 언어에서 이용하는 48개 예약어를 나타내고 있다.

abstract	double	int	strictfp
boolean	else	interface	super
break	extends	long	switch
byte	final	native	synchronized
case	finally	new	this
catch	float	package	throw
char	for	private	throws
class	goto	protected	transient
const	if	public	try
continue	implements	return	void
default	import	short	volatile
do	instanceof	static	while

그림 5.23 자바의 예약어

다음은 C 언어의 예약어로 if와 같이 자바의 예약어와 같은 예약어도 많이 있는 것을 알 수 있다.

auto	do	goto	signed	unsigned
break	double	if	sizeof	void
case	else	int	static	volatile
char	enum	long	struct	while
const	extern	register	switch	
continue	float	return	typedef	
default	for	short	union	

그림 5.24 C의 예약어

이러한 키워드는 프로그램 언어에서 문법적인 의미를 갖는다. 우리가 한 언어의 문법을 학습하는 것은 바로 그 언어의 키워드 사용법을 알아보는 것이다.

식별자

프로그램에서 프로그래머가 직접 이름을 정의하여 사용하는 단어를 식별자(identifiers)라 한다. 프로그래머가 새로이 정의하는 모든 식별자는 키워드가 아닌 단어로 이루어지며 이 단어를 구성하는 규칙은 언어마다 다를 수 있다. 다음은 C 언어에서 식별자를 만드는 규칙이다.

- 식별자를 구성하는 문자는 영문 대소문자(A~Z, a~z), 숫자(0~9), 밑줄(_)의 63개뿐이다.
- 식별자의 첫 글자는 숫자를 이용할 수 없다.
- 대소문자는 구별하며, 키워드는 사용할 수 없다.

C 언어는 대소문자를 구별하지만 파스칼이나 베이직과 같은 언어는 대소문자를 구별하지 않는다.

4.3 변수와 자료유형

변수와 대입문

변수(variables)는 프로그램에서 임시로 자료 값을 저장할 수 있는 저장 장소이다. 프로그램이란 이러한 저장 장소를 미리 확보해 두고, 필요 시 적당한 값들을 보관하면서 원하는 작업을 수행하는 것이다. 자바와 C 같은 언어에서 이러한 변수는 반드시 사용하기 이전에 먼저 선언을 해야 한다. 이를 변수의 선언(variables declaration)이라 하고, 이 선언은 시스템에게 적당한 공간을 메모리에 확보하라는 것을 의미한다. 물론 베이직과 같은 언어는 선언하지 않고 변수를 사용할 수 있다.

다음은 C와 자바 언어 변수를 선언하는 방법으로 앞에 저장할 동일한 형태의 값들을 정의하는 자료 유형을 기술하고 다음에 사용자가 원하는 변수 이름을 기술한다.

```
// 변수 선언 구조
자료유형        변수이름;

// 실제 예
int myAge = 19;
```

그림 5.25 변수 선언

자료 유형은 저장되는 자료 값의 종류를 나타내는 것으로, 이 종류에 따라 저장 공간의 크기와 저장되는 내용이 다르다. 자료 유형에는 int, long, float, double, char, boolean과 같이 그 언어에서 지원하는 자료 유형을 기술한다.

일반적으로 변수는 변수의 이름(name)과 자료 유형(data type), 그리고 저장된 값(value)을 갖는다. 위에서 선언된 변수 myAge를 살펴보자. 변수 myAge는 이름이 myAge이고 자료 유형은 int이며 저장 값은 19이다. 메모리 내부를 그림으로 표현하면 다음과 같다.

myAge : **19**

그림 5.26 선언된 변수의 메모리

C 언어에서 선언된 변수에 저장 값을 수정하려면 다음과 같이 "=" 기호의 대입 연산자(assignment operator)를 이용한다.

```
int i;
i = 3;
```

다음은 파스칼 언어로 변수 선언과 대입 연산자인 :=을 이용한 소스이다.

```
var i: integer;
i := 1;
```

위와 같이 변수 이름을 왼쪽에 놓고 저장하려는 값을 오른쪽에 놓는다. 이러한 문장을 대입문(assignment statement)이라 한다. 대입문에서 왼쪽은 반드시 자료를 저장할 변수이어야 한다. 변수에 대입문을 이용하여 값을 저장하면 그 이전의 값은 사라지고 항상 마지막에 대입한 값만 남는다.

자료 유형

대부분의 프로그램 언어에서 변수는 사용되기 전에 하나의 자료 유형(data types)으로 선언되어야 한다. 변수의 자료 유형으로 변수의 값의 범위나 연산의 방법을 규정한다. 자료 유형은 저장공간에 저장되는 자료 값의 종류를 나타내는 것으로, 자료 값의 종류인 유형에 따라 저장공간인 메모리의 크기와 저장되는 값의 종류가 다르다. 변수가 가질 값의 종류가 자료형이고, 변수는 값이 저장될 공간이므로 변수의 자료형에 따라 변수가 저장될 공간의 크기와 내부 저장 방식이 결정된다.

변수의 자료 유형은 정수형(integer type), 부동소수형(floating-point type), 논리형(boolean type), 문자형(character type) 등이 있다. 정수형은 정수를 저장할 수 있는 자료 유형이고 부동소수형은 실수를 저장할 수 있는 자료 유형이다.

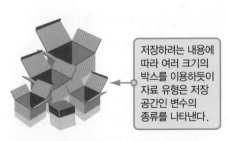

저장하려는 내용에 따라 여러 크기의 박스를 이용하듯이 자료 유형은 저장 공간인 변수의 종류를 나타낸다.

그림 5.27 변수는 내용물을 저장하는 박스

자바에서 제공하는 자료 유형은 byte, short, int, long, float, double, boolean, char 등이 있다. 다음은 자바의 여러 자료 유형의 변수가 가지는 메모리의 크기와 저장될 수 있는 자료 값의 범위를 나타낸다.

표 5.4 자바의 자료 유형과 저장 값 범위

구분	유형	크기	범위 또는 종류	
			최소	최대
정수형	byte	1 byte (8비트)	$-128(-2^7)$	$+127(2^7-1)$
	short	2 byte (16비트)	$-32,768(-2^{15})$	$+32,767(2^{15}-1)$
	int	4 byte (32비트)	$-2,147,483,648(-2^{31})$	$+2,147,483,647(2^{31}-1)$
	long	8 byte (64비트)	$-9,223,372,036,854,775,808(-2^{53})$	$+9,223,372,036,854,775,807(2^{63}-1)$
실수형	float	4 byte (32비트)	$(+,-)1.4E-45$	$(+,-)3.4028235E38$
	double	8 byte (64비트)	$(+,-)4.9E-324$	$(+,-)1.7976931348623157E308$
문자형	char	2 byte (16비트)	\u0000(0)	\uffff(65535)
논리형	boolean	1 bit	true, false	

다음은 C 언어가 제공하는 12가지의 자료 유형으로 char, short, int, long, float, double 등 대부분이 자바의 자료 유형과 같음을 알 수 있다.

표 5.5 C 언어의 자료 유형

정수형	문자형	char	signed char	unsigned char
	정수형	(signed) short (int)	(signed) (int)	(signed) long (int)
		unsigned short (int)	unsigned (int)	unsigned long (int)
부동소수형		float	double	long double

위 표에서 괄호는 생략 가능하다는 것을 의미하며, signed int 같은 경우는 둘 중 하나의 키워드인 signed나 int 중에서 하나만으로도 signed int와 같은 자료형이라는 것을 의미한다. 여기 signed는 앞에서도 배웠듯이 음수와 양수를 모두 표현하는 정수형 자료유형을 의미한다.

```
signed int
signed
int
```

C와 자바에서 문자는 char 자료 유형의 변수에 저장할 수 있으며, 문자는 작은 인용부호 ' '를 이용한다.

```
//문자형 변수 선언
char ch = 'A';
```

상수

수학이나 일상 생활에서 이용하는 여러 자료 값이 프로그램 소스에서도 그대로 이용될 수 있는데, 이러한 자료 값을 상수(literals)라 한다. 이러한 자료 값에는 수학에서 이용하는 수가 가장 좋은 예이다. 즉 100, 34.5와 같은 정수나 소수(실수)는 프로그램에서도 그대로 이용이 가능하다. 다음은 자바 언어에서 이용되는 상수의 종류와 예이다. 논리 상수만 제외하면 C 언어에서도 이용 가능하다.

표 5.6 상수의 종류

상수 종류	예
정수 상수	10, 2, 017, 0x17, 0X18
실수 상수	3.14f, 25.3, 32.5E23, 17.1e-3
문자 상수	'A', '+', '\n'
논리 상수	true, false
문자열 상수	"대한민국 2002"

정수 앞에 0(숫자 0)이 나오면 그 다음에 계속되는 수는 8진수를 나타낸다. 마찬가지로 정수 앞에 0x(숫자 0과 알파벳 x, 대문자 X도 가능)가 나오면 그 다음에 계속되는 수는 16진수를 나타낸다. 소수를 표현하는 상수 32.5E23, 17.1e-3은 지수승을 표현하는 방식으로 각각 $32.5*10^{23}$과 $17.1*10^{-3}$을 의미한다. 문자열 상수는 문자가 모인 큰 인용부호(" ")로 묶은 문자의 나열을 의미한다.

4.4   제어 구조

프로그램 언어에서 프로그램의 실행 순서를 결정하는 주요 구문의 구조를 제어 구조라 한다. 프로그램 언어에서 일반적으로 제어 구조의 종류는 순차 구조, 선택 구조, 반복 구조로 나눈다.

순차 구조

기본적으로 프로그램의 실행 순서는 순차 구조이다. 이 순차 구조는 위에서 아래로 내려오면서 순차적으로 문장을 실행하는 구조이다.

선택 구조

다음 제어 구조는 선택 구조이다. 자바와 C 언어에서 선택 구조를 따르는 문장으로는 if

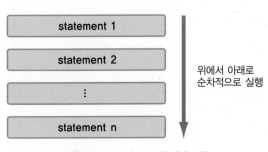

statement 1

statement 2

⋮

statement n

위에서 아래로
순차적으로 실행

그림 5.28 순차 구조의 제어 흐름

문장과 switch 문장이 있다. if 문장은 참을 의미하는 true와 거짓을 의미하는 false의 논리값을 기준으로 처리 모듈을 결정한다. switch 문장은 다양한 표현식 평가값을 기준으로 처리 모듈을 결정한다. 다음은 자바와 C 언어에서 제공하는 if 문의 문장 구조이다.

```
//if (expression) statement;

if (expression)
statement;
```

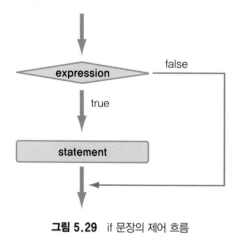

그림 5.29 if 문장의 제어 흐름

자바에서 위의 구문은 expression의 결과값이 true이면 statement를 실행하고, false이면 statement를 실행하지 않는다. 그러므로 expression은 반드시 자료 유형 boolean을 반환하는 연산식이어야 하며, 연산식을 둘러싸는 괄호 ( )는 반드시 필요하다. C 언어는 true와 false 상수는 없으므로, expression의 결과값이 0이나 NULL을 의미하는 것은 false이고 그렇지 않은 것은 true로 간주하는 것이 자바와 다르다.

조건문 if와 유사한 문장인 switch 문장은 변수나 표현식 expression의 결과값에 따라 원하는 문장을 실행하는 구문으로 다음과 같은 문장 구조를 갖는다.

```
switch(expression){
case value1:
    statements1;
    statements2;
    ...
    break;
case value2:
    statements3;
    statements4;
    ...
    break;
...
case valueN:
    ...
    ...
    default:
```

```
        statements;
        ...
        break;
}
```

그림 5.30 switch 문장 구조

위 switch 구문은 expression의 값이 value1이면 statement1과 statement2를 실행하고, value2면 statement3과 statement4를 실행하며 키워드 case 다음에 나오는 어느 valueN과도 동일한 값이 없는 경우는 키워드 default 아래에 있는 문장 statements를 실행하는 모듈이다. default 절은 선택적으로 기술하지 않을 수 있다. switch 문의 실행 순서를 정리하면 다음과 같다.

① switch 문의 표현식을 평가한다.
② 위 표현식에서 계산된 값과 일치하는 상수 값을 갖는 case의 값을 위에서부터 찾는다. 일치된 case 값을 만나면 case 내부의 문장을 실행한다.
③ break를 만나면 switch 문을 종료한다. 또는 switch 몸체의 마지막 문장을 수행하면 switch 문을 종료한다.
④ 일치된 case 값을 만나지 못하여 default를 만나면 default 내부의 문장을 실행한다.

다음은 위 switch 구문의 실행 순서를 순서도로 표현한 그림이다.

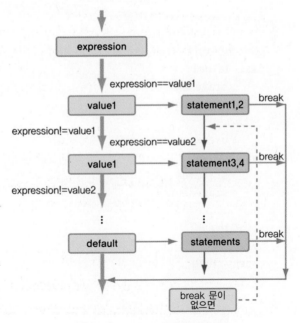

그림 5.31 switch 문장의 제어 흐름

반복 구조

어떠한 일을 반복적으로 수행할 때 이용되는 구문의 구조가 반복 구조이다. 자바와 C 언어에서 제공하는 반복 문장은 for, while, do while 모두 세 가지이다. 이 세 문장의 특징을 살펴보면 다음과 같다.

표 5.7 반복문의 종류

반복문 종류	구문	특징

for	for(초기화; 조건검사; 증감연산) {
	  for 문 몸체(body);
	}
		일정한 반복 횟수를 이용하는 반복문에 적합하다.

while	while(조건검사) {
	  while 문 몸체(body);
	}
		구문이 간단하며, 검사 부분이 처음에 있어 몸체를 한 번도 실행하지 않을 수도 있다.

do while	do { do while 문 몸체(body); } while(조건검사);	검사 부분이 뒤에 있어 반복 몸체를 적어도 한 번은 실행하며, 검사 부분이 뒤에 있다.

for 문은 초기 설정을 하는 제어 요소인 initialization과 반복 시 계속 검사하는 test 제어 요소, 반복 문장을 모두 실행한 이후 제일 마지막에 실행하는 increment 제어 요소, 세 가지의 제어 요소를 다음과 같이 괄호로 묶어 표기한다. 괄호 안에 기술하는 제어 요소는 세미콜론(;)으로 구분한다. 그리고 반복하고자 하는 문장이 여러 개 필요하면 블록으로 표기한다.

```
for (initialization; test; increment) {

    statement1;          이 부분의 문장을 반복문의
    statement2;          몸체라 한다.
      ...

}
```

그림 5.32 for 문 구조

반복문 for의 실행 순서를 살펴보자. Initialization 부분은 반드시 for 문이 시작하는 초기에 한 번 실행한다. 그리고 test 부분은 반복 문장이 실행되기 전에 반드시 검사하여 true면 반복 문장을 실행하고, false면 반복 문장을 실행하지 않고 그대로 for 문을 종료한다. test 부분이 true인 경우, for 문의 몸체인 반복 문장을 실행한

후 먼저 increment 부분을 실행한 후 다시 다음 반복 문장 실행을 검사하기 위한 test 부분을 실행한다.

① 초기화 문장(initialization)을 실행한다.
② 조건 검사(test) 문장이 true이면 반복문의 몸체에 해당하는 문장을 실행한다. 그러나 조건검사 문장이 false이면 for 문을 종료한다.
③ 몸체를 실행하면 increment(주로 증감연산자) 문장을 실행한다. 다시 2번으로 돌아가 조건 검사를 실행하며, 2~3번을 반복한다.

다음은 위 for 구문의 실행 순서를 순서도로 표현한 그림이다.

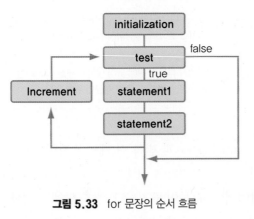

그림 5.33 for 문장의 순서 흐름

while 문은 for 문의 test 부분만 남은 간단한 반복 문장이다. 즉 다음과 같은 구문에서 test 부분만 true이면 몸체의 반복 문장 statement1과 statement2를 실행하는 문장이다.

```
while ( test ) {
    statement1;
    statement2;
    ...
}
```

그림 5.34 while 문 구조

while 문과 유사한 반복문으로 do … while 문이 있다. 이 문장은 한 문장이나 여러 문장의 블록인 반복 몸체를 먼저 실행한 후 test 부분을 검사하여 true면 다시 반복 문장을 실행하고, false면 do while 문장을 종료하는 구문이다.

```
do {
    statement1;
    statement2;
    ...
} while ( test );
```

이 문장의 몸체는 적어도 한 번은 실행된다.

그림 5.35 do while 문 구조

위 while 구문과 do … while 구문에 대한 순서도는 다음과 같다. do … while 구문은 for 문이나 while 문과는 다르게 검사 부분인 test가 반복 문장의 마지막 부분에 있다. 그러므로 특별한 경우가 아니라면 반복 문장은 적어도 한 번 실행된다.

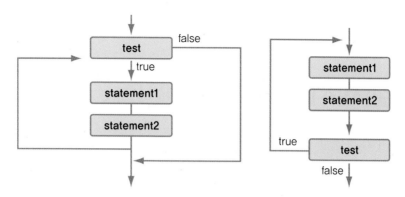

그림 5.36 while 문장과 do ⋯ while 문장의 제어 흐름

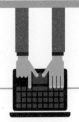

05

객체지향 프로그래밍

5.1   객체지향 개요

현재 객체지향(object oriented)이라는 말은 일반 사용자에게도 낯설지 않을 정도로 널리 언급되고 있다. 특히 컴퓨터의 주요한 소프트웨어 기술 분야에서는 객체지향을 적용한 기술이 각광 받고 있는 실정이다. 이 객체지향은 1960년대 말에 시뮬라(SIMUAL)라는 프로그램 언어에서 처음 소개되었다. 그 당시 시뮬라 언어는 실제 세계의 모의 실험(simulation)을 목적으로 개발된 언어이다. 이 시뮬라 언어는 모의 실험의 대상인 실제 세계의 사물의 성질과 특성을 시스템에 적용하려는 목적으로 객체지향 이론을 소개했다고 한다. 객체지향은 70, 80년대를 거치면서 프로그램 언어 분야뿐만 아니라 소프트웨어 개발 방법론 분야, 데이터베이스 분야 등 많은 분야에서 발전하고 있다.

객체

컴퓨터를 통한 전산화의 목적은 일상 생활의 어려운 일이나 부가가치를 창출할 수 있는 업무를 시스템을 이용하여 쉽게 하자는 것이다. 객체(object)란 현실 세계의 사물이나 개념을 시스템에서 이용하기 위해 현실 세계를 자연스럽게 표현하여 손쉽게 이용할 수 있도록 만든 소프트웨어 모델이다. 이 객체는 시스템에서 이용되는 공학적인 규칙을 가질 수 있으나 그 규칙은 일상 생활의 모델링에서 나온 규칙이므로 누구나 손쉽게 이해할 수 있는 요소를 갖는다. 즉 객체를 중심으로 한 시스템에서는 객체의 특성을 조금만 이해한다면 일반 사용자도 시스템에 이용되는 객체를 이해하는 데 어려움이 없을 것이다.

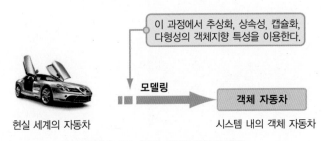

이 과정에서 추상화, 상속성, 캡슐화, 다형성의 객체지향 특성을 이용한다.

모델링

현실 세계의 자동차   객체 자동차 / 시스템 내의 객체 자동차

그림 5.37 현실 세계의 사물과 객체

이 모델링 과정에서 객체지향의 특징인 추상화(abstraction), 상속성(inheritance), 캡슐화(encapsulation), 다형성(polymorphism)을 이용할 수 있다.

속성과 행동

객체는 속성(attributes, properties)과 행동(messages, behaviors)으로 구성된다. 속성은 객체의 특성을 표현하는 정적인 성질이며, 행동은 객체 내부의 일을 처리하거나 객체들 간에 서로 영향을 주고받는 동적인 일을 처리하는 단위이다. 이러한 객체의 속성과 행동은 실제 세계의 사물에서 유추한 성질이다.

현실 세계의 자동차를 생각해 보자. 자동차의 특성을 나타내는 속성으로는 색상, 차종, 제조연월일, 변속장치 등이 있고, 자동차의 동적인 행위를 나타내는 메시지로는 시동걸기, 기어변속하기, 정지하기, 속도증가 또는 감소하기 등을 생각할 수 있다. 이러한 자동차의 실세계 특성을 그대로 가져와서 시스템에서 이용할 수 있는 객체 자동차로 모델링할 수 있다.

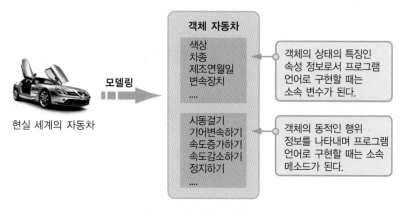

그림 5.38 객체 자동차의 모델링

5.2 절차지향과 객체지향

고급 언어 중에서 프로그램 방식으로 언어를 분류하면 주로 절차지향(procedural) 언어와 객체지향(object oriented) 언어로 나뉜다. 절차지향이 동사 중심이라면 객체지향은 명사 중심의 프로그래밍 방식이다. 절차지향 언어는 문제를 여러 개의 작은 함수로 나누어 그 문제를 해결한다. 반면에 객체지향 언어는 문제를 구성하는 객체를 만들어 이 객체들 간의 메시지 교환으로 그 문제를 해결한다.

고객의 자동판매기 사용을 모의 실험하는 프로그램을 절차지향과 객체지향으로 생각해보자. 절차지향은 자동판매기에서 제품을 구입하는 과정을 시간의 순서에 따라 그 과정을 작게 나누어 처리하는 과정이다. 절차지향에서 전체 과정을 나누어 처리하는 단위를 함수(function)라 한다.

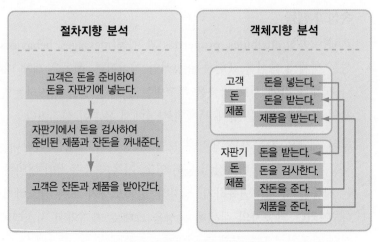

그림 5.39 절차지향과 객체지향

객체지향은 자동판매기에서 제품을 구입하는 과정 중 가장 중요한 자료를 중심으로 속성과 행동을 추출한다. 즉 자동 판매기에서 가장 중요한 자료인 고객과 자판기를 객체로 간주하여 구매 과정에서 필요한 내용을 속성과 행동으로 나눈다. 고객 객체는 돈과 제품이라는 2개의 속성과 3개의 행동으로 구성되며, 자판기 객체는 2개의 속성과 4개의 행동으로 구성된다. 특히 자판기에서 돈을 검사하는 행동은 외부에서는 이용될 수 없고 자판기 내부에서만 이용되도록 한다.

표 5.8 객체지향과 절차지향의 특징

구분	절차지향	객체지향
프로그래밍 방식	동사	명사
모듈단위	함수 또는 프러시저	속성과 행동을 표현한 객체
언어	FORTRAN, BASIC, COBOL, PASCAL, C 등	Object Pascal, Visual Basic, C#, C++, JAVA 등

함수는 일련의 명령을 모아 놓은, 해야 할 업무를 처리하는 동사 중심의 프로그램 단위이다. 이와는 다르게 객체는 자료와 일련의 처리 명령을 하나로 묶어 놓은 메소드로 구성되는 프로그램 단위로 함수보다 높은 수준의 모듈화 방법이라 할 수 있다. 위는 절차지향 언어와 객체지향 프로그래밍 언어의 특징을 요약한 표이다.

5.3   객체지향 언어

프로그래밍 언어 분야에서 객체지향 언어는 시뮬라에서 시작되어 스몰톡 (Smalltalk), 이펠(Eiffel) 등 순수 객체지향 언어로 발전해 왔다. 그러나 이러한 순수 객체지향 언어는 범용적인 언어로는 널리 활용되고 있지 않으며, C 언어를 기반으로 객체지향 개념을 도입하여 개발된 C++ 언어와 자바 언어가 객체지향 언어로는 범용적으로 이용되고 있다. 윈도우 응용 프로그램 기반의 클라이언트 서버 개발 환경으로 널리 이용되고 있는 비주얼 베이직과 델파이의 프로그램 언어도 객체지향 언어인데, 각각 베이직과 파스칼에서 객체지향 개념을 도입하여 발전된 객체지향 언어이다.

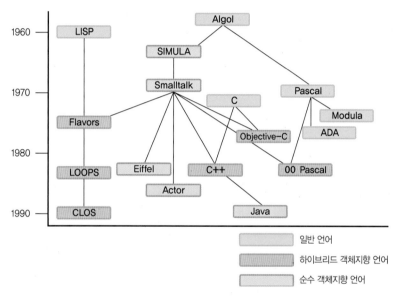

그림 5.40 객체지향 언어의 역사

엄격히 말하면 Eiffel과 같은 순수한 객체지향 언어와 구분하여 자바와 C++ 언어도 절차지향 특성이 남아있는 하이브리드(hybrid) 객체지향 언어이다. 객체지향 언어와 반대되는 개념으로 과거 전통적인 언어를 절차적 언어(procedural language)라 부른다. 즉 C, COBOL, FORTRAN 등이 대표적인 절차적 언어이며 이는 함수(function)나 프러시저(procedure)를 중심으로 한 프로그램 언어이다. 이러한 절차적 언어와는 달리 객체지향 언어는 객체를 중심으로 한 프로그램 언어이다.

5.4   자바(JAVA)

자바 언어

자바(JAVA)의 시초는 1992년 미국의 SUN 사에서 가전제품들을 제어하기 위해 고안한 언어에서부터 비롯되었다. 자바 언어는 가전제품들을 대상으로 하였으므로 작은 메모리와 느린 CPU와는 상관없이 효율적으로 작동하여야 했고 그 결과 운영체제나 CPU와는 독립적으로 실행 가능한 프로그래밍 언어가 개발되었다. 자바는 1995년에 공식 발표되었으며 프로그래밍 언어 C++를 기반으로 한 객체지향 프로그래밍 언어이다.

선 마이크로시스템즈(Sun Microsystems) 사는 1990년 양방향 TV를 만드는 제어박스의 개발을 위한 그린 프로젝트(Green Project)를 시작한다. 이 프로젝트가 진행되면서 모든 하드웨어에서 작동할 수 있는 시스템 소프트웨어의 개발이 중요한 관건이었고, 이를 개발하기 위하여 초기에는 객체지향 언어로 광범위하게 이용되고 있는 C++ 언어를 이용하게 된다. 그러나 이 C++ 언어의 이용에서 다양한 하드웨어를 지원하는 분산 네트워크 시스템 개발에 부족함을 느낀 개발팀은 C++ 언어를 기반으로 오크(Oak, 떡갈나무)라는 언어를 직접 개발하게 된다.

그림 5.41   자바 홈페이지(http://www.oracle.com/us/technologies/java/overview)

이 개발의 책임자인 제임스 고슬링(James Gosling)은 이 오크라는 언어를 발전시켜 자바라는 범용적인 프로그래밍 언어를 개발한다. 선 마이크로시스템즈 사는 자바를 개발하면서 90년대 초부터 세계적으로 그 이용 범위가 폭발적으로 늘어나는 월드와이드웹(World Wide Web) 이용에도 적합하도록 자바를 발전시키게 된다.

선 마이크로시스템즈 사는 1995년 5월에 SunWorld 95에서 자바를 공식 발표한다. 선 사는 이 전시회를 통하여 범용적인 프로그래밍 언어 자바의 개발도구인 JDK(Java Development Kit)를 발표한다. 선 마이크로시스템즈 사는 오라클(oracle) 사에 합병되어 현재 자바는 오라클 기술이 되었으며, 자바개발환경인 JDK는 현재까지 계속 발표되고 있다.

자바 가상 기계

자바 프로그램의 실행은 운영체제의 가상 머신(Virtual Machine) 위에서 인터프리터 방식으로 작동하므로 프로그램의 속도가 떨어진다는 단점도 지적된다. 이러한 단점은 자바를 시스템에 독립적인 언어로 만들기 위해 감수해야 할 비용이다.

자바는 시스템에 독립적(system independence)이다. 즉 자바 언어는 시스템의 호환성을 갖는다. 단순히 문법상의 호환이 아니라 하나의 플랫폼에서 만든 자바 프로그램은 다른 플랫폼에서 어떤 작업도 없이 수행이 가능하다. 마이크로소프트의 윈도우 플랫폼에서 개발된 자바 프로그램 역시 리눅스(Linux)나 서버 계열의 유닉스(Unix) 시스템에서도 아무 수정 없이 수행이 가능하다. 바로 이것이 'Write Once, Run Anywhere'라는 자바의 철학이다. 즉 '한 번 작성한 프로그램은 어디서든 실행된다'라는 것은 기존의 프로그래밍 방식을 전환하는 획기적인 새로운 프로그래밍 패러다임인 것이다.

시스템에 독립적인 특징을 가능하게 하는 요소가 자바 가상 기계(Java Virtual Machine)와 자바 바이트코드(Java Bytecode) 개념이다. 하나의 플랫폼에서 자바 언어를 이용한 원시 파일인 자바 소스를 컴파일하면 바이트코드 파일이 생성된다. 즉 바이트코드는 다양한 하드웨어 및 소프트웨어 플랫폼에서 효율적으로 실행하기 위해 설계된 아키텍처 중립적인(architecture neutral) 중간 형태의 이진 파일이다.

하나의 플랫폼에서 만들어진 이 자바 바이트코드가 모든 플랫폼에서 실행될 수 있도록 하는 것이 자바 가상 기계(Java Virtual Machine)이다. 이 자바 가상 기계가 각종 플랫폼에 소프트웨어나 하드웨어로 존재하여 그 플랫폼에서 바이트코드가 실행될 수 있도록 하는 역할을 담당한다. 즉 자바 가상 기계는 바이트코드가 실행될 수 있도록 돕는 가상적인 컴퓨터이다.

자바의 성공과 특징

자바는 인터넷 시대를 위한 새로운 패러다임을 제시한 프로그래밍 언어이다. 인터넷을 기반으로 하는 정보시스템의 개발도구 및 기반 기술로 발전한 자바의 성공 원인을 다음 세 가지로 요약할 수 있다.

- 인터넷 응용을 위한 이상적인 프로그램 언어
- 배우기 쉽고, 간편한 객체지향 언어
- 플랫폼에 독립적인 언어

자바는 브라우저를 통하여 쉽게 이용이 가능하며, 대화형 중심의 보안성이 중시되고 실시간 운영이 보장되는 인터넷 응용 시스템 개발을 위한 이상적인 프로그래밍 언어이다. 자바는 C++ 언어를 기반으로 만들어진 배우기 쉽고, 이용하기 간편한 객체지향 언어이다. 또한 자바는 객체지향 언어로서 유지보수와 재활용성이 높다. 마지막으로 자바는 플랫폼에 독립적(platform Independency)인 프로그램을 개발할 수 있는 언어이다. 즉 Windows 환경에서 자바로 개발한 프로그램은 다시 컴파일하거나 다른 수정 없이 그대로 Unix나 다른 플랫폼에서 실행될 수 있다. 이에 대한 더 자세한 사항은 다음 자바의 특징에서 살펴보자.

자바는 현재 범용 프로그래밍 언어로서 인터넷 소프트웨어의 중요한 역할을 담당하여, 기업의 전산적인 시스템에서부터 핸드폰이나 PDA와 같은 개인용 소형기기에 이용되는 여러 범주의 시스템 개발 및 운영환경으로 이용되며, 네트워크 및 다양한 시스템 소프트웨어의 개발언어로 널리 이용되고 있다. 1995년에 발표되어 20여 년이 지난 지금까지 자바가 세계적으로 널리 이용되는 이유는 다음과 같은 특징을 갖기 때문이다.

- 간편하다.
- 객체지향 언어이다.
- 시스템에 독립적이다.
- 번역 언어이다.
- 분산처리 언어이다.
- 강인하다.
- 다중 스레드를 지원한다.
- 역동적이다.
- 이식성이 높다.
- 보안이 뛰어나다.

자바는 위와 같은 많은 특징을 가지며, 주요 특징만을 기술한다면 "자바는 간편한 객체지향 프로그램 언어로 시스템에 독립적인 번역 언어이다"라고 간단히 표현할 수 있다.

자바 프로그램

자바의 소스는 클래스로 구성된다. 클래스 내부는 소속변수와 메소드로 구성된다.

다음은 명령행 인자의 모든 정수를 더한 총합과 평균을 구하는 자바 프로그래밍 예제이다.

```java
/*
 * 작성된 날짜: 2015. 1. 5
 *
 * 명령행 인자 합 예제 프로그램 CommandLineSum
 */

/**
 * @author 강환수
 */

public class CommandLineSum {

    public static void main(String[] args) {

        int sum = 0;

        System.out.println("main 함수에서 더할 수는 모두 " + args.length + "개 입니다.");

        // 입력 수를 더하는 루틴
        for (int i = 0; i < args.length; i++) {
            System.out.println("매개변수 " + (i+1) + ": args[ " + i + "] = " + args[i]);
            sum += Integer.parseInt(args[i]);
        }
        System.out.println();

        // 합과 평균을 출력
        if (args.length > 0) {
            System.out.println("매개변수의 합은 " + sum + " 입니다.");
            System.out.println("매개변수의 평균은 " + (float)sum / args.length + " 입니다.");
        }

    }
}
```

그림 5.42 자바 소스

5.5   닷넷과 C#

마이크로소프트의 닷넷

2002년 3월 마이크로소프트 사는 차세대 인터넷 인프라 구조인 닷넷 플랫폼을 정식으로 발표한다. 닷넷은 '언제 어디서나 컴퓨터 또는 핸드폰과 같은 다양한 기기를 통해서 XML 웹 서비스를 요청하고 응답'하려는 목적의 플랫폼(platform)이다. 또한 닷넷 플랫폼에서 운영되는 프로그램을 구축하는 마이크로소프트 닷넷 전략의 핵심 통합개발환경인 비주얼 스튜디오 닷넷(Visual Studio .Net)도 발표된다. 넓은 의미에서 닷넷은 마이크로소프트 사가 주창하는 개발자 및 최종 사용자, 정보기술 기관에 중대한 영향을 미칠 또 하나의 새로운 소프트웨어 전략이다. 닷넷은 XML 기반의 웹 서비스를 위한 마이크로소프트의 새로운 플랫폼으로서 기존의 개발 기술을 이용할 수도 있으며, 닷넷의 주력 언어인 C# 언어를 이용할 수도 있다.

닷넷 플랫폼은 다음과 같이 다섯 개의 요소로 구성된다. 닷넷 구조의 가장 상위에는 기존 개발도구인 비주얼 스튜디오의 닷넷 버전인 비주얼 스튜디오 닷넷이 위치한다. 비주얼 스튜디오 닷넷은 응용 프로그램과 웹 응용 서비스를 쉽고 빠르게 개발할 수 있는 개발 도구로 새로운 언어인 C# 등 다양한 언어를 지원하고, XML 스키마 편집기 등의 기능을 지원하는 통합개발환경(Integrated Development Environment)이다.

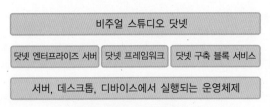

그림 5.43 닷넷 플랫폼

닷넷 플랫폼에서 가장 중요한 요소인 닷넷 프레임워크(.Net Framework)는 새로운 개발 환경의 하부 구조로서 다양한 닷넷 언어로 개발한 시스템을 실행할 수 있는 공통 언어 실행 환경(Common Language Runtime)과 클래스 라이브러리를 갖는다.

닷넷 프레임워크

아래 그림은 닷넷 프레임워크의 구조를 보이는데, 현재는 닷넷 프레임워크가 윈도우 플랫폼 상부의 구조로 되어 있으며, 여기서 가장 눈여겨볼 부분은 공통 언어 실행 환경인 CLR이다. CLR은 서로 다른 언어와 서로 다른 환경에서 개발된 닷넷 응용 프로그램을 실행할 수 있는 실행환경이다. CLR은 공통 중개 언어(Common Intermediate Language)로 개발되어진 모든 프로그램을 실행할 수 있는 환경으로, 앞으로 많은 개발도구가 공통 중개 언어를 지원할 예정이다. 나아가 리눅스나 유닉스와 같은 운영체제에서 닷넷 프레임워크가 지원된다면 자

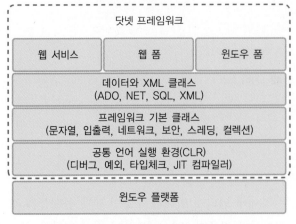

그림 5.44 마이크로소프트 닷넷 프레임워크 구조

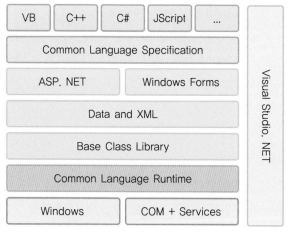

바와 같이 플랫폼에 독립적인 응용 프로그램의 개발도 가능하다.

공통 언어 실행 환경의 상위 계층에는 프레임워크 기본 클래스 집합이 존재한다. 이 클래스는 기본적으로 입출력 기능, 문자열 처리, 보안 관리, 네트워크 통신, 스레드 관리, 텍스트 관리, 컬렉션 등 프로그램을 위한 기본 클래스를 지원한다. 데이터와 XML 클래스 계층은 기본 클래스의 확장 클래스 지원으로 지속적인 데이터 관리를 위한 클래스인

그림 5.45 비주얼 스튜디오 닷넷과 프레임워크 구조

ADO.NET, SQL 관련 클래스와 XML 검색과 변환을 수행하는 여러 클래스를 제공한다. 현재 마이크로소프트는 닷넷 프레임워크를 무상으로 제공하고 있다. 제품 이름은 Microsoft .NET Framework SDK(Software Development Kit)로 닷넷 응용 프로그램을 실행할 수 있는 닷넷 프레임워크 환경과 함께 응용 프로그램을 개발할 수 있는 명령어 라인 도구 및 컴파일러 등을 함께 제공한다.

C#

C#(시샵)은 2000년 마이크로소프트의 차세대 플랫폼인 닷넷 프레임워크에서 주력 프로그래밍 방법으로 개발된 언어이다. C#은 모든 것을 객체로 취급하는 컴포넌트 프로그래밍 언어이다.

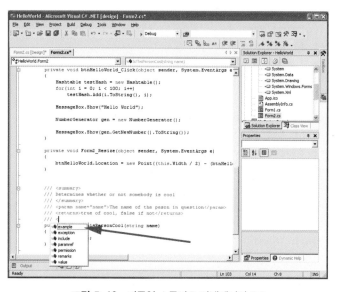

그림 5.46 비주얼 스튜디오 닷넷에서의 C#

C#은 자바와 C++에 기본을 둔 언어로 자바와 매우 비슷하다. 따라서 자바와 C++ 등의 장점을 가지고 있으나 다소 복잡한 감이 없지 않다. C#은 C++의 객체 지향성, 자바의 분산환경처리에 적합한 다중성 등을 모두 지니는 컴포넌트 기반의 소프트웨어 개발 패러다임을 반영한다. C#은 또한 비주얼 베이직과 같은 비주얼 프로그래밍 요소를 포함하고 있어 높은 생산성이 보장되며 응용 프로그램의 작성 과 유지가 용이하다.

C#은 웹을 통해 정보와 서비스를 교환하고, 개발자들이 이식성(portability) 높은 응용프로그램들을 만들어낼 수 있게 고안되었다. 즉, 이 프로그래밍 언어를 사용하 면 대대적인 개정 없이도 하나 이상의 운영체제에서 사용될 수 있는 응용프로그램 들을 만들어낼 수가 있다. 따라서 프로그래머가 별도의 코드를 만들지 않고서도 새 로운 제품이나 서비스를 빠르고 값싸게 시장에 내놓을 수 있다.

C#으로 작성한 코드가 컴파일되면 중간 언어인 MSIL(MicroSoft Intermediate Language)이 된다. 이 중간 언어가 인터프리터인 CLR(Common Language Runtime)에 의해 실행되므로 C#은 시스템에 독립적인 프로그램 개발이 가능하다. 이것은 자바가 자바 가상 기계의 사용으로 시스템에 독립적인 프로그램 개발이 가 능한 것과 같은 의미이다. 다음은 C#의 예제 소스이다.

```csharp
using System;
class Person {
    private string myName ="N/A";
    private int myAge = 0;

    // Declare a Name property of type string:
    public string Name {
        get { return myName; }
        set { myName = value; }
    }

    // Declare an Age property of type int:
    public int Age {
        get { return myAge; }
        set { myAge = value; }
    }

    public override string ToString() {
        return "Name = " + Name + ", Age = " + Age;
    }
```

```
public static void Main() {
    Console.WriteLine("Simple Properties");

    // Create a new Person object:
    Person person = new Person();

    // Print out the name and the age associated with the person:
    Console.WriteLine("Person details - {0}", person);

    // Set some values on the person object:
    person.Name = "Joe";
    person.Age = 99;
    Console.WriteLine("Person details - {0}", person);

    // Increment the Age property:
    person.Age += 1;
    Console.WriteLine("Person details - {0}", person);
    }
}
```

그림 5.47 C# 소스

5.6 ____ 최근에 각광받는 언어 파이썬(python)

파이썬 개요

파이썬(python) 언어는 현재 미국의 대학에서 컴퓨터 기초과목으로 가장 많이 가르치는 프로그래밍 중 하나이다. 파이썬은 1991년 네덜란드의 귀도 반 로섬(Guido van Rossum)이 개발한 객체지향 프로그래밍 언어로 계속 버전이 향상되어 파이썬 3.4까지 사용되고 있다.

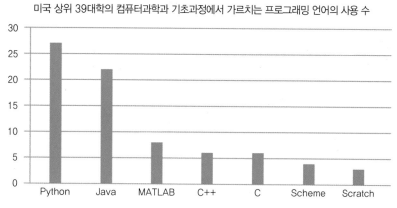

미국 상위 39대학의 컴퓨터과학과 기초과정에서 가르치는 프로그래밍 언어의 사용 수

그림 5.48 프로그래밍 언어 사용 수(www.pgbovine.net, 2014년 기준)

프로그래밍 언어 파이썬이 대학의 컴퓨터기초 교육에 많이 활용되는 이유는 파이썬이 무료이며, 간단하면서 효과적으로 객체지향을 적용할 수 있는 강력한 프로그래밍 언어이기 때문이다. 파이썬은 인터프리터 언어로 간단한 문법구조를 가진 대화형 언어이다. 또한 파이썬은 동적 자료형(dynamic typing)을 제공하여, 변수를 선언하지 않고 사용할 수 있으며, 여러 플랫폼에서 사용되는 다양한 영역에 활용될 수 있는 프로그램을 쉽고 빠르게 개발할 수 있다는 장점이 있다.

설치와 실행

파이썬은 무료이므로 간단히 인터프리터를 내려받아 설치할 수 있다. 파이썬 재단 페이지(www.python.org)에 접속하여 내려 받기(www.python.org/download)에 연결하면, 인터프리터를 내려 받아 설치 가능하다.

그림 5.49 파이썬 공식 페이지(www.python.org)와 인터프리터 내려 받기
(www.python.org/download)

설치된 파이썬에서 도스창 형식의 인터프리터를 열어 프롬프트(prompt)인 >>> 다음에 명령어를 입력하면 바로 새로운 줄에 다음 명령어를 입력하도록 프롬프트 >>>가 표시되는 상호 대화형 방식으로 코딩이 가능하다. 다음 파이썬의 실행 모습에서 보듯이 간단히 직관적인 수식 연산을 쉽게 처리할 수 있으며, 선언 없이 변수에 수식이나 문자열의 저장이 가능하며 간단히 print(a)와 같이 저장된 내용을 출력할 수 있다.

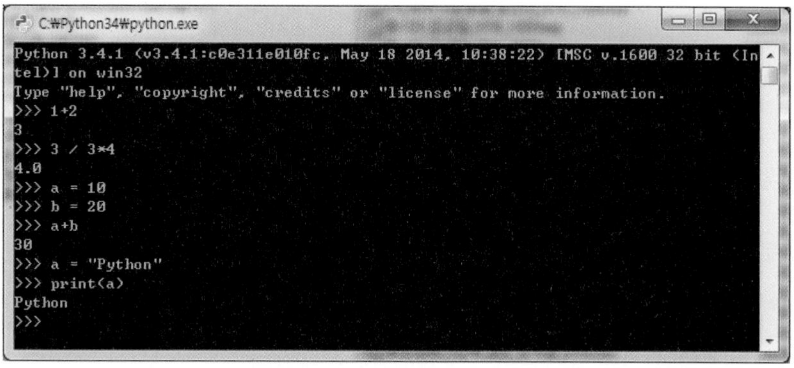

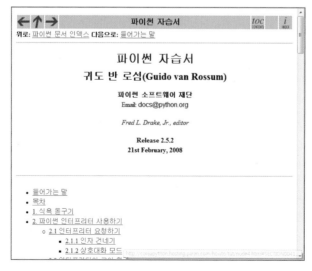

그림 5.50 파이썬 인터프리터 실행

다음은 문자열 "Hello World!"를 출력하는 파이썬 소스이다. 이 소스만 보더라도 파이썬이 얼마나 간결한지 알 수 있다.

```
>>> print("Hello World!")
Hello World!
>>>
```

그림 5.51 파이썬의 문자열 출력 소스

파이썬에 대해 좀 더 알고 싶다면 공식 튜토리얼(https://docs.python.org/3/tutorial)을 접속해 보거나 이를 번역해 놓은 다음 튜토리얼 사이트(http://coreapython.hosting.paran.com/howto/tut)에 접속하여 궁금증을 풀어보기 바란다.

그림 5.52 파이썬 튜토리얼(coreapython.hosting.paran.com/howto/tut)

[객관식 문제]

다음 각 문항에 대하여 보기 중에서 알맞은 것을 선택하시오.

01 아래에서 설명하는 것은?

> 프로그램 언어로 만들어진 코드가 저장된 소스 파일(원시 파일)을 목적 파일로 만들어주는 프로그램이다.
> 다시 말해서 고급 언어로 작성된 프로그램을 기계어로 바꾸어주는 프로그램을 말한다.

   A. 에디터   B. 컴파일러

   C. 로더   D. 디버거

02 고급 언어로 볼 수 없는 것은?

   A. 코볼   B. 어셈블리어

   C. 파스칼   D. C

03 C 언어의 특징에 대한 설명으로 옳지 않은 것은?

   A. C 언어는 다른 고급 언어와 비교하여 하드웨어를 보다 확실하게 통제할 수 있다.

   B. C 언어는 특정 컴퓨터 기종에 의존하지 않으므로 프로그램의 이식성이 높다.

   C. C 언어는 다른 고급 언어와 비교하여 프로그램을 기계어 명령에 가까운 형태로 작성할 수가 없다.

   D. C 언어는 풍부한 연산자와 데이터 형을 갖고 있다.

04 고급 언어에 관한 설명으로 옳은 것은?

   A. 고급 언어는 저급 언어와는 달리 사람이 이해하기 쉬운 언어이다.

   B. 기계어, 어셈블리어가 고급 언어의 대표적인 언어이다.

   C. ADD, STA, LDA 등은 고급 언어인 어셈블리어에서 사용한다.

   D. 레지스터의 종류와 이용 방법 등을 이해해야만 사용할 수 있다.

05 C나 자바 언어의 식별자를 만드는 규칙 중 옳지 않은 것은?

   A. 식별자의 첫 글자는 숫자를 이용할 수 없다.

   B. 키워드를 사용할 수 있다.

   C. 대소문자를 구별한다.

   D. 식별자를 구성하는 문자는 영문 대소문자(A~Z, a~z), 숫자(0~9), 밑줄(_) 등이 이용된다.

06 프로그램을 개발하기 위해 해야 할 일을 설명한 것이다. 옳지 않은 것은?

   A. 프로그램에서 가장 중요한 부분은 기계어로 작성한다.

   B. 프로그래밍 언어를 선정하는 일이 개발도구를 결정하는 일에 앞서 수행되어야 한다.

   C. 어떤 프로그래밍 언어를 사용하느냐에 따라 개발도구가 결정된다.

   D. 고급언어를 이용하여 개발할 수도 있고, 필요에 따라 어셈블리어를 사용하기도 한다.

07 아래에서 설명하는 것은?

이것은 저장공간에 저장되는 자료 값의 종류를 나타내는 것으로, 자료 값의 종류인 유형에 따라 저장공간인 메모리의 크기와 저장되는 값의 종류가 다르다.

A. 예약어
B. 식별자
C. 변수
D. 자료유형

08 컴파일러와 인터프리터에 관한 설명으로 옳지 않은 것은?

A. 컴파일러는 프로그램의 전체를 한꺼번에 번역한다.
B. 인터프리터를 사용하는 대표적인 언어로는 BASIC이 있다.
C. C 언어는 인터프리터와 컴파일러의 중간 방식을 사용하는 언어이다.
D. 한 번 컴파일한 후에는 매번 빠른 시간 내에 전체 실행이 가능하다.

09 절차지향 언어와 객체지향 언어에 대한 설명으로 옳지 않은 것은?

A. 절차지향 언어의 프로그래밍 방식은 동사, 객체지향 언어의 프로그래밍 방식은 명사 중심이다.
B. 절차지향 언어는 문제를 여러 개의 작은 함수로 나누어 그 문제를 해결한다.
C. 객체지향 언어에는 일반적으로 FORTRAN, BASIC, COBOL, PASCAL, C 등이 있다.
D. 객체지향 언어는 문제를 구성하는 객체를 만들어 이 객체들 간의 메시지 교환으로 그 문제를 해결한다.

10 언어와 언어의 특징이 잘못 연결된 것은?

A. 포트란 – 수학적 문제들을 해결하기 위해 고안
B. 코볼 – 기업의 사무처리에 적합한 프로그래밍 언어
C. 베이직 – 알고리즘 학습에 적합하도록 고안
D. C – B 언어에서 발전된 언어

11 저급 언어에 대한 설명으로 옳지 않은 것은?

A. 저급 언어는 사람보다 컴퓨터에 친숙한 언어로 기계어와 어셈블리어가 저급 언어에 해당한다.
B. 컴퓨터 하드웨어에 대한 강력한 통제가 가능하다.
C. 0과 1로만 구성된 기계중심의 언어이기 때문에 프로그래밍하기가 쉽다.
D. 어셈블리어는 기계어의 연산코드와 피연산자를 프로그래머가 좀 더 이해하기 쉬운 기호 형태로 일대일 대응시킨 프로그래밍 언어이다.

12 프로그래밍 언어의 구성 요소에 관한 설명으로 옳지 않은 것은?

A. 주석에는 프로그램을 설명하는 내용이나 프로그래머가 기술하고 싶은 내용을 담는다.
B. 일을 수행하는 문법상 최소 단위인 문장이 모여서 하나의 프로그램이 만들어진다.
C. 변수는 프로그램에서 임시로 자료 값을 저장할 수 있는 저장장소이다.
D. C 언어에서 변수는 지정한 자료유형과 관계없이 사용한다.

13 빈칸에 들어가기에 적합한 것은?

프로그램을 개발하는 데 필요한 컴파일러, 디버거, 링커, 에디터 등을 통합하여 그래픽 환경을 제공하는 개발 환경을 (   )(이)라 한다.

A. 통합개발환경
B. 개발 도구
C. 인터프리터
D. 비주얼 베이직

14 프로그램의 구조에 대한 설명으로 옳지 않은 것은?

A. 순차구조는 프로그램 실행 순서의 기본이다.

B. 변수나 표현식의 결과에 따라 원하는 문장을 실행하는 문장 구조를 선택구조라 한다.

C. 반복구조는 같은 문장을 여러 번 기술함으로써 같은 작업을 반복하는 형태로 순차구조와 흡사하다.

D. 어떠한 일을 반복적으로 수행할 때 이용되는 구문의 구조가 반복구조이다.

15 자료유형에 대한 설명으로 옳지 않은 것은?

A. 자료유형은 저장공간에 저장되는 자료 값의 종류를 나타낸다.

B. 변수의 자료형에 따라 저장공간의 크기와 저장되는 내용이 다르다.

C. 자바에서 제공하는 자료 유형은 byte, short, int, long, float, double, Boolean, char 등이 있다.

D. 변수의 자료 유형은 정수형, 부동소수형 등 숫자 유형만 있다.

16 객체에 대한 설명으로 옳지 않은 것은?

A. 객체는 현실 세계의 사물이나 개념을 시스템에서 이용하기 위해 현실 세계를 자연스럽게 표현하여 손쉽게 이용할 수 있도록 만든 소프트웨어 모델이다.

B. 객체의 특성을 표현하는 정적인 성질을 행동이라 한다.

C. 자료와 일련의 처리 명령을 하나로 묶어 놓은 메소드로 구성되는 프로그램 단위이다.

D. 객체 중심의 시스템에서는 객체의 특성을 조금만 이해한다면 일반 사용자도 시스템에 이용되는 객체를 이해하는 데 어려움이 없다.

17 보기에서 객체지향 언어를 모두 고른다면?

ㄱ. Python   ㄴ. PASCAL   ㄷ. Basic   ㄹ. JAVA

A. ㄱ, ㄴ
B. ㄱ, ㄹ
C. ㄷ, ㄹ
D. ㄱ, ㄴ, ㄹ

18 JAVA 언어에 관한 설명으로 옳지 않은 것은?

A. C++에서 발전한 언어이다.

B. 전형적인 절차지향 언어이다.

C. 자바의 기본 개발환경을 JDK라 한다.

D. 미국의 SUN 사에서 가전제품들을 제어하기 위해 고안한 언어에서 시작되었다.

19 빈칸에 들어갈 말로 가장 적합한 것은?

> 자바는 시스템에 독립적(system independence)이다. 즉, 자바 언어는 시스템의 호환성을 갖는다. 하나의 플랫폼에서 만들어진 자바 바이트코드가 모든 플랫폼에서 실행될 수 있도록 하는 것이 _____ (이)다.

A. 자바가상기계   B. 인터프리터

C. 컴파일러   D. 로더

20 Python과 Scratch에 대한 설명으로 옳지 않은 것은?

A. Python은 인터프리터 언어로 대화형 방식으로 코딩한다.

B. Scratch는 교육용 프로그래밍 언어로 코드 없이 프로그래밍이 가능하다.

C. Python은 절차지향 언어이다.

D. Python은 변수를 선언하지 않고 바로 값을 대입할 수 있다.

[괄호채우기 문제]

다음 각 문항에 대하여 빈칸에 적절한 단어를 채우시오.

01 계산기, 아래한글과 같이 컴퓨터에서 특정 목적의 작업을 수행하기 위해 관련된 명령어와 자료를 모아 놓은 것을 ( )(이)라 한다.

02 프로그램을 개발하는 데 필요한 컴파일러, 디버거, 링커, 에디터 등을 통합적으로 제공하는 개발 환경을 ( )(이)라 한다.

03 목적 파일을 실행 가능한 실행 파일로 만들어 주는 프로그램이 ( )(이)다.

04 ( )(이)란 버그를 잡는다는 의미로, 에러를 찾는 것을 말한다.

05 ( )(은)는 프랑스 수학자의 이름에서 따온 언어로 프로그램을 작성하는 방법인 알고리즘 학습에 적합하도록 개발된 프로그래밍 언어이다.

06 프로그램 언어에서 미리 정의하여 사용하는 단어를 ( )(이)라 한다.

07 ( )(은)는 저장공간에 저장되는 자료 값의 종류를 나타내는 것으로, 변수의 값의 범위나 연산의 방법을 규정한다.

08 프로그램 언어에서 프로그램의 실행 순서를 결정하는 주요 구문의 구조를 ( )(이)라 한다.

09 (　　　) 언어는 문제를 여러 개의 작은 함수로 나누어 그 문제를 해결한다. 반면에 (　　　) 언어는 문제를 구성하는 객체를 만들어 이 객체들 간의 메시지 교환으로 그 문제를 해결한다.

10 (　　　)(은)는 네덜란드의 귀도 반로섬(Guido van Rossum)이 개발한 객체지향 프로그래밍 언어로 간단한 문법구조를 가진 대화형 언어이다.

[주관식 문제]

01 프로그래밍 언어에서 고급 언어와 저급 언어의 기준과 종류를 설명하시오.

02 컴파일러와 어셈블러의 역할을 설명하시오.

03 컴파일러와 인터프리터의 역할과 특징을 설명하시오.

04 여러분이 사용했거나 앞으로 사용할 통합개발환경에 대하여 간단히 설명하시오.

05 1세대부터 3세대까지 언어의 특징을 설명하시오.

06 프로그래밍 언어 C#의 예약어를 열거해 보고 자바와 같은 것을 찾아보시오.

07 제어구조의 종류와 각각의 구조에 해당하는 구문을 설명하시오.

08 자바 언어의 특징을 설명하시오.

09 자바, C# 언어와 다른 언어와의 가장 중요한 차이점을 자바 가상 기계(Java Virtual Machine)와 공통언어실행환경(Common Language Runtime)으로 설명하시오.

10 절차지향과 객체지향의 프로그래밍 방식을 설명하시오.

6장

운영체제와 활용

단원 목표

- 운영체제의 정의와 목적 그리고 기능을 이해한다.
- 운영체제의 사용자 인터페이스 방식을 이해한다.
- 운영체제의 관리자를 알아보고 그 기능을 이해한다.
- 운영체제의 여러 형태를 이해하고 그 특징을 알아본다.
- 시대별로 운영체제의 발전 과정과 특징을 알아본다.
- 도스 운영체제의 발전과정을 알아본다.
- 윈도우와 OS/2 운영체제의 발전과정을 알아본다.
- 애플 매킨토시 운영체제의 발전과정을 알아본다.
- 리눅스와 유닉스 운영체제의 발전과정을 알아본다.
- 윈도우에서 실제 활용할 수 있는 기능을 실습한다.

단원 목차

01

운영체제 개요

1.1　운영체제 개념

그림 6.1　운영체제 정의

운영체제 정의

운영체제(OS : Operation Systems)는 컴퓨터의 주기억장치 내에 상주하면서 사용자와 컴퓨터 시스템 사이의 인터페이스를 담당하여 컴퓨터 시스템의 전반적인 동작을 제어하고 조정하며 사용자에게 편리성을 제공하고 한정된 시스템 자원을 효율적으로 사용할 수 있도록 관리하는 여러 시스템 프로그램들의 집합을 말한다.

즉 운영체제를 구성하는 프로그램들은 하드웨어와 응용프로그램 간의 인터페이스 역할을 하면서 중앙처리장치(CPU), 주기억장치, 입출력장치, 파일 시스템 등의 컴퓨터 자원을 관리한다. 즉 인간과 컴퓨터 시스템 간의 상호작용을 위한 인터페이스를 제공함과 동시에 컴퓨터의 동작을 구동(booting)하고 작업의 순서를 정하며 입출력 연산을 제어한다. 또한 프로그램의 실행을 제어하며 데이터와 파일의 저장을 관리하는 등의 기능을 수행한다.

운영체제 종류

운영체제의 종류는 매우 다양한데 컴퓨터의 용량에 따라 구분하여 개인용 컴퓨터와 중대형 컴퓨터로 그 종류를 살펴볼 수 있다. 개인용 컴퓨터에 이용하는 대표적인 운영체제로는 마이크로소프트의 윈도우 계열의 운영체제와 리눅스(Linux) 등이 있다. 중대형 컴퓨터에서 사용하는 운영체제는 유닉스(Unix) 계열의 운영체제가 주종을 이루고 있다.

표 6.1　운영체제 종류

개인용 컴퓨터	중대형 컴퓨터
MS-DOS	Unix 계열
Windows 계열	Windows Server 계열
OS/2	Linux 계열
Linux 계열	VMS
Mac OS	

1.2 운영체제 목적과 기능

운영체제 목적

운영체제의 목적은 컴퓨터 시스템의 자원을 편리하게 사용할 수 있는 환경을 제공하고 컴퓨터 시스템의 자원들을 효율적으로 관리하여 시스템의 성능을 최적화하는데 있다. 즉 하드디스크에 있는 파일에 대한 정보를 출력하기 위해 파일의 주소와디스크 제어기(Disk Controller) 등을 직접 다루지 않고 사용자는 운영체제가 제공하는 인터페이스를 이용하여 시스템에게 명령을 사용하여 작업을 수행한다. 또한CPU를 효율적으로 이용하기 위하여 기억 장소에 여러 개의 프로그램을 동시에 로드(load)하여 적절히 프로그램이 실행될 수 있도록 프로그램과 사용자를 보호하는기능을 수행한다.

운영체제 기능

운영체제의 기능은 초기화 설정 기능, 여러 자원의 관리 기능, 기타 기능으로 분류하여 그 내용을 살펴볼 수 있다.

표 6.2 운영체제 기능

초기화	자원 관리	기타
컴퓨터 시스템 초기화 설정 기능	중앙처리장치 저장장치 입출력장치 주기억장치 네트워크장치 파일시스템	사용자와 컴퓨터 간의 편리한 인터페이스 기능 오류 검사 및 복구 기능 사용자 계정관리 자원 공유 및 보안 하드웨어 및 자원의 공유

운영체제는 컴퓨터의 기능을 사용자가 잘 활용하도록 돕고, 하드웨어가 성능을 잘발휘하도록 관리하는 기능을 수행한다.

1.3 사용자 인터페이스 방식

운영체제가 사용자에게 제공하는 사용자 인터페이스 방법에는 크게 명령행 인터페이스 방법과 그래픽 사용자 인터페이스 방법 두 가지가 있다.

명령행 인터페이스

운영체제가 제공하는 기능을 키보드 입력을 통해 사용하는 인터페이스 방법을 명령행 인터페이스(Command Line Interface)라 한다. 명령행 인터페이스 방식을 제공하는 운영체제로는 MS 도스(MS-DOS), 유닉스(UNIX)의 여러 쉘(Shell), 윈도우의 명령 프롬프트(Command Prompt) 등이 있다.

그림 6.2 윈도우 계열의 명령 프롬프트

명령행 인터페이스 방식은 다음에 나오는 그래픽 사용자 인터페이스가 개발되기 이전인 1980년대 이전까지 대중적으로 사용되던 인터페이스 방법이다. 이러한 명령행 인터페이스 방식은 명령어 중심의 명령을 숙지해야 하므로 숙달되기까지 많은 시간이 필요하여 초보자에게는 다소 불편하다. 그러나 명령어만 숙지한다면 간단하고 빠르게 여러 정보를 얻을 수 있는 장점도 있어 아직까지도 널리 이용된다. 위 그림이 윈도우 계열에 남아있는 명령행 인터페이스 방식의 명령 프롬프트이다.

그래픽 사용자 인터페이스

운영체제에서 제공하는 기능을 아이콘이나 메뉴로 보여주고 사용자가 마우스로 선택해서 작업이 수행되는 방식이 그래픽 사용자 인터페이스 방식(GUI: Graphical User Interface)이다. 이 GUI 방식은 제록스(Zerox) 사의 폴로 알토(Palo alto) 연구소에서 1970년대 처음 개발하여 애플의 맥 OS와 유닉스의 X 윈도우, MS 윈도우 등의 인터페이스 방법으로 사용되었다. 그래픽 사용자 인터페이스는 그림을 이용한 의사소통 방법을 제공하여 인간 공학적으로 보다 만족스럽고, 초보자도 직관적으로 사용이 가능하여 명령행 인터페이스보다 사용자 편리성을 더 강조한 인터페이스 방식이다.

그림 6.3 맥 OS X 요세미티의 화려한 GUI(www.apple.com)

02

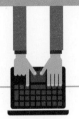

운영체제 관리

운영체제의 가장 중요한 기능은 시스템의 여러 자원을 관리하는 것이다. 운영체제가 관리하는 주요 자원으로는 기억장치, 프로세스, 입출력장치, 파일을 고려할 수 있다. 이러한 자원의 관리를 맡는 기억장치 관리자, 프로세스 관리자, 장치 관리자, 파일 관리자는 자원 관리를 위한 자원의 상태 파악, 자원의 할당 및 회수 등의 기능을 수행한다.

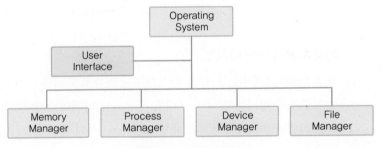

그림 6.4 운영체제 관리자

2.1   기억장치 관리

Operating System
Program and Data
Memory

Operating System
Program 1
Program 2
Program 3
Program 4
Memory

그림 6.5 단일 프로그램 방식과 다중 프로그래밍 방식

프로그램이 실행되려면 실행 모듈이 주기억장치에 적재되어야 한다. 이러한 기억장치 관리의 대상으로는 주기억장치, 보조기억장치를 생각할 수 있다. 기억장치 관리는 여러 프로그램을 실행하는 동안에 주기억장치, 보조기억장치를 관리하는 프로그램이다. 즉 기억장치 관리자는 주기억장치의 공간이 사용 가능하면 어느 프로세스를 주기억장치에 적재할지 결정하여 적절한 주기억장치에 프로세스를 적재하고, 프로세스가 더 이상 주기억장치를 필요로 하지 않으면 다시 주기억장치를 회수한다.

초기에 주기억장치를 관리하는 방식은 단일 프로그램 방식이었다. 이미 하나의 프로그램이 주기억장치에 적재되어 실행되고 있을 때, 또 다른 프로그램을 실행하려면, 이전의 프로그램을 내리고 다시 실행할 프로그램을 적재하는 방식을 단일 프로그래밍 방식이라 한다. 이러한 단일 프로그램 방식으로 기억장치 관리를 수행한 운영체제가 MS-DOS이다. 단일 프로그래밍 방식보다 복잡하게, 하나 이상의 프로그램이 동시에 주기억장치 내부에 적재되고 동시에 프로그램을 실행할 수 있도록 하는 방식이 다중 프로그래밍 방식이다. 현재의 모든 운영체제는 다중 프로그래밍 방식을 지원하고 있다.

2.2   프로세스 관리

운영체제의 프로세스 관리자는 프로세스의 생성과 삭제, 프로세스의 중지와 계속, 프로세스의 동기화 등의 기능을 수행한다. 프로세스(process)는 컴퓨터 내부에서 현재 실제로 실행 중이거나 곧 실행이 가능한 프로그램을 말한다. 정확히 표현하면 프로세스는 시작했지만 아직 종료되지 않은 프로그램으로 주기억장치에 적재되어 있는 프로그램이다. 프로그램이 시작되면 보조기억장치인 디스크에서 선택되어 주기억장치인 메모리로 적재된다. 이와 같이 메모리에 적재되어 CPU의 처리를 기다리거나 CPU에 선택되어 처리가 수행되는 프로그램을 프로세스라 한다.

프로세스 상태

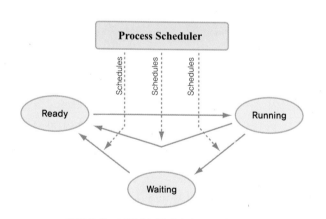

그림 6.6 프로세스 관리자와 프로세스 상태

프로세스의 상태는 준비(Ready), 대기(Waiting), 실행(Running)의 3가지로 구분할 수 있다. 이와 같이 프로세스의 상태를 한 상태에서 다른 상태로 이동시키는 모듈을 프로세스 스케줄러라 한다. 이 프로세스 스케줄러가 프로세스 관리자의 주요 구성 요소이다.

프로세스의 준비 상태는 프로세스가 주기억장치 등 필요한 자원들을 할당받은 상태에서 프로세서(CPU)를 할당받기 위해 기다리고 있는 상태를 말한다. 실행 상태는 프로세스가 프로세서에 의해 실행되고 있는 상태를 말한다. 실행 상태라도 운영체제에 의하여 다시 준비나 대기 상태로 이동될 수 있다. 프로세스가 필요한 자원을 요청한 후 이를 할당 받을 때까지 기다리는 상태가 대기 상태라 하며, 대기 상태에서 필요한 자원을 할당 받으면 준비 상태로 이동한다.

2.3   장치 관리

장치관리자는 입출력 장치의 효과적인 할당과 회수 등의 기능을 관리한다. 장치관리자는 입출력 장치에 접근하는 다양한 방법으로 입출력 장치를 관리하는데 한 예로 선입선출(FIFO: First In First Out) 방식을 들 수 있다. 즉 선입선출 방식이란 출력장치인 프린터를 이용할 때와 같이 아무리 많은 양이라도 먼저 요청한 작업을 먼저 출력해주는 방식을 말한다.

장치관리자는 실행 중인 프로세스의 입출력을 인터럽트(interrupt)를 이용하여 처리한다. 여기서 인터럽트란 컴퓨터 장치나 프로그램에서 특정한 일이 발생했을 때 운영체제에게 특정한 서비스를 수행하도록 요구하는 이벤트를 말한다. 즉 장치관리자는 실행 중인 프로세스가 입출력을 요구하면 실행을 잠시 멈추고 요구한 입출력에 해당하는 장치를 할당하며, 입출력이 종료되면 다시 입출력 장치 등의 자원을 회수하여 중단된 시점부터 프로세스의 실행을 다시 계속하게 한다.

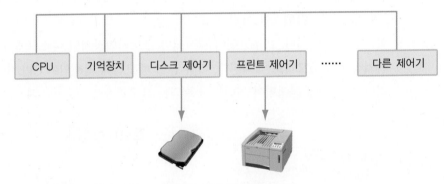

그림 6.7   장치 제어기 연결 구조

장치관리자와 하드웨어인 입출력장치 사이의 인터페이스를 담당하는 프로그램이 장치 제어기(device driver)이다. 컴퓨터를 새로 사거나 프린터 등의 입출력 장치를 구매했을 때 설치 디스켓이나 CD-ROM 안에 들어 있는 것이 바로 장치 제어기로 간단히 드라이버라고 한다. 즉 장치 제어기는 하드웨어와 운영체제의 연결 고리가 되는 프로그램으로 하드웨어 구성 요소가 운영체제 하부에서 적절히 작동하는 데 필요한 프로그램이다.

2.4   파일 관리

파일 관리자는 보조기억장치에 저장되는 파일을 관리한다. 파일 관리자는 사용자와 보조기억장치 사이의 인터페이스를 제공하고 실제 기억장치에 대한 사용자의 논리적인 관점과 실제 기억장치의 물리적인 관점을 연결하는 역할을 수행한다.

파일 관리자의 기능을 살펴보면 다음과 같다.

- 파일의 접근을 제어한다.
- 파일의 생성, 삭제, 수정을 감독한다.
- 파일을 디스크의 어디에 저장할지를 감독한다.
- 파일을 여러 사용자가 공유하는 기법을 제공한다.
- 폴더의 구조를 제공하고 관리한다.

그림 6.8 파일 관리자의 역할

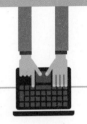

03

운영체제의 분류

3.1 초기 운영체제

그림 6.9 운영체제의 효시인 IBM-701

운영체제라는 형태의 개념을 처음 선보인 것은 1952년 IBM-701 컴퓨터의 사용을 위해 GM(General Motors) 연구소에서 개발한 프로그램이다. 이전까지는 운영체제의 개념이 없었다. 즉 프로그래머는 각종 장치의 전면 판의 스위치를 이용하여 직접 프로그램을 주기억장치에 적재하고 해당하는 버튼을 눌러 프로그램을 실행하였다. 즉 운영체제가 없던 초기에는 프로그래머가 컴퓨터 하드웨어를 직접 조작하였으므로 작업을 하나 수행하려면 준비 시간이 많이 소요되었고, 비효율적인 중앙처리장치의 이용으로 작업 시간의 낭비를 초래하였다.

일괄 처리 방식

일괄 처리(batch processing) 작업의 개념은 천공카드가 컴퓨터 입력 장치로 사용되던 시기인 1950년대에 생긴 처리 방식이다.

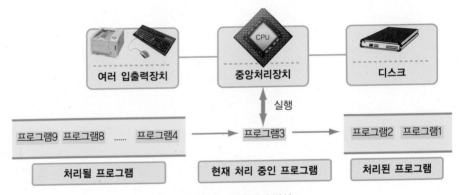

그림 6.10 일괄 처리 방식

일괄 처리 방식은 일정 기간 또는 일정량의 자료 처리를 모아 두었다가 한 시점에 순서적으로 일괄 처리하는 자료 처리 방식이다. 즉 천공카드를 이용하는 경우, 프로그램당 한 묶음의 천공 카드들을 상자에 순서대로 넣어, 컴퓨터 운영자가 천공 카드를 컴퓨터에 입력하고 처리가 완료되면 실행 결과를 확인하는 방식을 예로 들 수 있다.

일괄 처리 방식은 한 번 시스템을 차지한 자료는 시스템 자원을 독점하여 처리하므로 컴퓨터 시스템을 효율적으로 사용하는 장점을 갖지만 CPU가 사용 가능하더라도 다른 처리를 할 수 없는 유휴 시간(idle time)을 갖게 되는 단점도 있다. 또한 하나의 작업이 시작되면 중간에 문제가 발생하는 경우 그 처리가 어려우며 작업 제출과 작업 완료 사이의 시간(turn around time)이 많이 걸려 작업 결과를 빠르게 확인할 수 없는 단점도 지적된다.

일괄 처리 방식은 컴퓨터 이용 형태로서 오래된 방법이지만, 컴퓨터의 처리 효율을 높일 수 있고, 일정 시점 단위로 처리해야 하는 업무에는 여전히 유용한 방법으로 이용되고 있다.

3.2 ___여러 운영체제 형태

시분할 시스템

시분할 시스템(Time Sharing System)은 하나의 시스템을 여러 명의 사용자가 단말기를 이용하여 여러 작업을 처리할 때 이용하는 방법으로 1950년에 고안되었으며, 1961년에 매사추세츠 공과대학(MIT)에서 호환 시분할시스템(CTSS: Compatible Time Sharing System)을 개발함으로써 개념을 정립하였다.

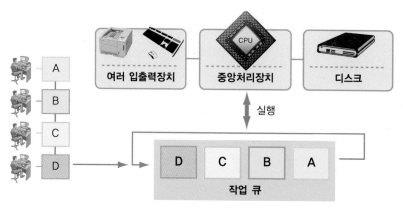

그림 6.11 시분할 시스템의 개념

시분할 시스템에서는 여러 명의 사용자가 시스템을 단말기로 이용하더라도 각각의 사용자가 시스템을 이용하는 데 전혀 지장이 없도록 CPU의 이용 시간을 잘게 분할하여 여러 사용자의 작업을 순환하며 수행하도록 한다.

이러한 시분할 시스템을 이용하면 단말기에서 컴퓨터와 대화형식으로 프로그램을 작성하거나 대화형식으로 프로그램을 실행할 수 있는 장점이 있다. 실행 프로그램은 연산처리장치의 할당 시간을 돌아가며 부여 받는 타임 조각(time slice) 방법으로 시분할을 구현한다. 운영체제에는 프로그램의 개발이나 실행을 대화형식으로 진행할 수 있는 기능이 있어, 컴퓨터가 한 시각에 하나 이상의 문제들을 해결하게 함으로써 중앙처리장치의 유휴 시간을 줄일 수 있는 장점이 있다. 그러나 시스템의 용량과 사용하는 단말기의 수가 적정해야 하며 그렇지 않으면 시스템의 반응 속도가 현저히 떨어질 수 있다.

시분할 시스템은 다중 프로그래밍 방식을 이용하여 동시에 여러 명이 수행하는 작업을 주기억장치에 상주시키기 위한 기억장치 관리 기법, CPU 스케줄링 기법 등이 필요하기 때문에 운영체제가 복잡하다. 배치 처리에서는 아무리 큰 작업이라도 먼저 작업 처리를 요청하면 먼저 처리를 종료하는 특징이 있지만 시분할 시스템에서는 단말기만 이용할 수 있다면 짧은 작업인 경우엔 수행을 빨리 완료할 수 있는 특징이 있다.

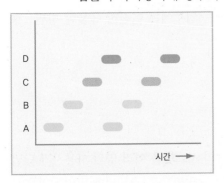

그림 6.12 시분할 시스템에서 cpu의 이용

다중 프로그래밍 시스템

다중 프로그래밍 방식은 2개 이상의 여러 프로그램을 주기억장치에 동시에 저장하고 하나의 CPU로 실행하는 방식을 말한다. 즉 다중 프로그래밍 시스템은 여러 프로그램이 동시에 실행되는 것과 같이 보인다. 그러나 다중 프로그래밍 방식에서 실제로 여러 프로그램이 동시에 수행되는 것이 아니고 한 프로그램씩 순차적으로 돌아가면서 조금씩 수행되지만 CPU의 속도가 매우 빠르므로 우리가 보기에는 동시에 수행되는 것처럼 보일 뿐이다.

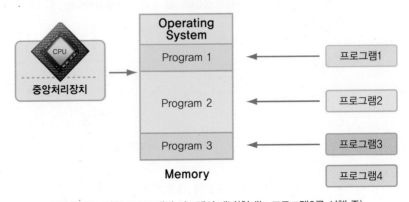

그림 6.13 다중 프로그래밍 시스템의 개념(현재는 프로그램2를 시행 중)

전자적 장치인 중앙처리장치는 날로 고속화되고 그 처리 속도도 크게 빨라지고 있다. 그러나 기계적인 동작이 따라야 하는 입출력 장치의 속도는 CPU의 속도에 비해 현저히 떨어지고 있다. 그러므로 다중 프로그래밍 방식에서는 하나의 프로그램이 주변장치의 처리를 기다리는 동안 다른 프로그램이 CPU에서 실행될 수 있게 함으로써 전체적인 시스템의 처리 효율을 높이는 것이다.

다중 프로그래밍 방식은 여러 개의 프로그램을 준비 상태에 두고 관리하며 다른 한 작업을 실행할 프로그램으로 선정하기 위해 기억장치 관리 기법과 CPU 스케줄링 기법이 필요하다. 여기서 실행할 프로그램을 선정하기 위한 기준을 우선순위(priority)라 한다. 다중 프로그래밍 방식에서 한 프로그램이 입출력 대기상태가 되면 다른 프로그램이 CPU를 사용할 수 있도록 전환하고, 입출력 동작이 끝나면 우선순위에 따라서 실행 가능한 프로그램 중에서 하나를 선정하여 실행한다. 우선순위는 일반적으로 작업을 요청한 시간과 입출력 동작의 시간, CPU 사용 시간 등을 고려하여 정할 수 있다.

다중 처리 시스템

다중 처리(Multi Processing) 시스템은 2개 이상의 중앙처리장치를 사용하여 작업을 여러 개로 분담하여 프로그램을 동시에 수행하는 방식이다. 이 다중 처리 시스템은 수행 시간을 단축하거나 단위 시간당 처리율을 높일 수 있는 방식이다. 다중 처리 시스템은 하나의 CPU에 문제가 생기더라도 다른 CPU가 처리를 계속할 수 있으므로 신뢰도를 높일 수 있다. 일반적으로 여러 개의 프로세서가 하나의 운영체제에 의해 관리되고 버스나 기억장치를 공유하여 서로 통신하며 작업을 처리하므로 작업 처리 속도도 빨라질 수 있다.

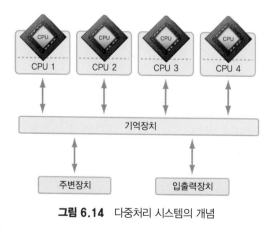

그림 6.14 다중처리 시스템의 개념

다중 처리 시스템은 크게 두 가지로 분류할 수 있는데 그 하나는 별도의 주 처리기만이 운영체제를 수행하며 제어를 담당하는 비대칭적(asymmetric) 다중 처리 방식이고, 다른 하나는 모든 처리기들이 하나의 운영체제를 동시에 수행하며 각자의 작업을 수행하는 대칭적 다중 처리 방식이다.

다중 처리 시스템은 1개의 CPU로 작업하는 단일 처리 시스템보다 많은 양의 작업을 동시에 처리할 수 있으므로 작업속도와 신뢰성을 향상시킬 수 있다. 현재의 컴퓨터 시스템은 저렴한 CPU 가격과 이를 처리하는 시스템 소프트웨어의 발달로 다중 처리 기법을 많이 사용한다. 특히 요즘 중소형 서버는 대부분 인텔 계열 CPU를 2개에서 8개로 탑재하여 다중 처리 기법을 이용하는 시스템이 주류를 이룬다.

다중작업

다중작업(multitasking)은 한 사람의 사용자가 한 대의 컴퓨터로 2가지 이상의 작업(task)을 동시에 처리하거나 프로그램들을 동시에 구동시키는 기능을 말한다. 단일작업은 다중작업과는 다르게 한 사용자가 한 번에 한 가지 작업이나 한 프로그램밖에 실행하지 못하는 시스템을 말한다.

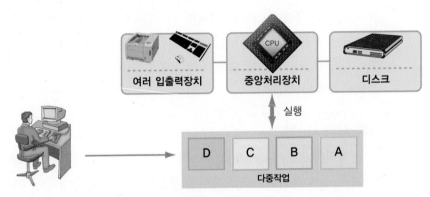

그림 6.15 다중작업 방식의 개념

초기의 컴퓨터는 처리속도가 느리고, 메모리의 용량이 작아 사용자는 한 번에 한 가지 작업이나 한 프로그램밖에 처리하지 못하는 단일작업을 수행하였으나 처리속도가 빨라지고 메모리 용량이 증가하면서 다중작업이 가능하게 되었다. 예를 들어, MS-DOS 운영체제에서는 문서작성을 하는 워드프로세싱 프로그램을 실행하다가 프레젠테이션 프로그램을 실행하려면 먼저 워드프로세싱 프로그램을 종료하고 프레젠테이션 프로그램을 실행시켜 문서를 작성해야 했다.

다중작업은 대형 컴퓨터에서 여러 명의 사용자가 단말기를 통해 시분할시스템으로 동시에 작업을 하는 것과는 그 의미가 조금 다르며, 마찬가지로 여러 명의 사용자가 단말기를 통해 여러 프로그램을 실행하여 여러 프로그램이 메모리에 존재한다는 다중프로그래밍과도 조금 다르다.

실시간 처리 시스템

실시간 처리 시스템은 처리를 요구하는 작업이 발생할 때마다 지정된 짧은 시간 내에 작업을 처리하여 확실한 응답이나 출력을 보장하는 시스템이다. 실시간 처리 시스템은 각각의 적용 업무에 따른 단말 입출력장치의 발달, 단말장치와 컴퓨터 본체

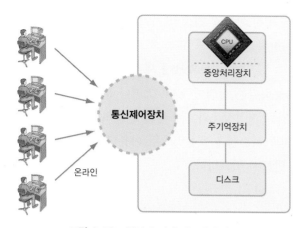

그림 6.16　실시간 처리 시스템의 개념

를 잇는 통신 제어장치 등의 발달, 그리고 빠른 처리 속도로 확실한 응답을 보장하는 마이크로프로세서의 발달로 실용화된 시스템이다. 실시간 처리 시스템의 예로 미사일 방어 시스템을 들 수 있다. 즉 발사된 미사일을 인지하여 그에 상응하는 방어 수단을 보장하려면 지정된 짧은 시간 제한 내에 응답을 보장하는 실시간 처리 시스템이어야 한다. 또 다른 실시간 처리 시스템 응용 분야는 군사용뿐만 아니라 항공기나 철도의 좌석 예약 시스템, 은행의 예금 업무 등이 있다.

실시간 처리 시스템은 자료가 발생한 단말기를 통해 그 처리가 가능하므로 사용자가 편리하고, 처리 시간이 단축되고 처리 비용도 절감되는 장점이 있다. 그러나 실시간 처리 시스템은 시스템에 오류가 발생하면 심각한 문제가 발생할 수 있으므로 다소 위험성이 있는 시스템이다.

분산 처리 시스템

분산 처리 시스템은 네트워크를 통해 연결된 여러 자료의 저장 장소와 컴퓨터 시스템에 작업과 자원을 나누어 서로 통신을 하면서 일을 처리하게 하는 방식이다. 즉 분산 처리 시스템은 하나의 대형 컴퓨터 시스템에서 수행하던 기능을 물리적으로 분산된 여러 개의 시스템에 분담시킨 후 네트워크를 통하여 상호 교신하여 일을 처리하는 방식을 의미한다.

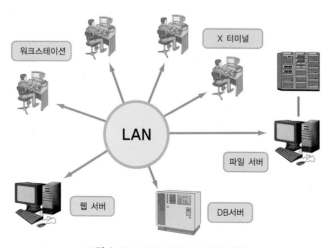

그림 6.17　분산 처리 시스템의 개념

이러한 분산 처리 시스템은 여러 개의 자료 저장 장소와 시스템을 이용하여 동시에 여러 작업을 수행함으로써 성능이 향상될 수 있다. 또한 자료도 복사본을 여러 곳에 유지할 수 있어 신뢰도를 높일 수 있으며, 네트워크에 새로운 처리 시스템을 추가함으로써 쉽게 시스템 확장도 가능하다는 장점이 있다. 그러나 분산 처리 시스템이 이와 같은 장점을 잘 살리자면 자료 저장장소와 시스템을 단순히 물리적으로 연결해서는 안 되고 연결된 여러 자원과 시스템을 효율적으로 이용할 수 있는 소프트웨어와 시스템의 논리적인 설계가 반드시 필요하다.

3.3 운영체제의 발전 과정

다음은 지금까지 살펴본 여러 운영체제 형태가 시대의 변화에 따라 발전해 온 특징을 정리한 표이다.

표 6.3 운영체제 발전 과정과 특징

세대	특징	의미
0세대 (1940년대)	운영체제가 없었음	기계어 사용
1세대 (1950년대)	일괄처리 시스템	IBM 701용 OS 단일 흐름 일괄 처리
2세대 (1960년대)	다중 프로그래밍 시분할 시스템 등장 실시간 처리 시스템	고급 언어로 운영체제 개발
3세대 (1960년대 중반~1970년 중반)	IBM S/360, S/370 등장 다중모드 시스템 도입	일괄 처리, 시분할 처리, 다중 처리를 하나의 시스템에서 제공(다중모드) 유닉스 개발
4세대 (1970년 중반~1989)	GUI 방식 발전 분산 처리 시스템 개념 개인용 컴퓨터 OS 등장	개인용 컴퓨터와 워크스테이션 등장 TCP/IP의 등장
5세대 (1990년대~현재)	분산 처리 시스템 실현 지식 기반 시스템 등장 인공 지능 시스템 실현	MS의 윈도우 강세 다양한 GUI 방식의 운영체제

04

운영체제의 종류

4.1   도스

MS-DOS 출현

마이크로소프트의 MS-DOS는 Disk Operation System의 약자로 디스크 중심의 명령행 사용자 인터페이스(Command Line User Interface) 방식의 운영체제이다. MS-DOS의 첫 출현은 1981년 8월 버전 1.0으로 시작된다. MS-DOS 1.0은 IBM 개인용 컴퓨터인 IBM PC 호환 컴퓨터의 16비트 마이크로프로세서를 위한 운영체제이다.

```
Current date is Tue  1-01-1980
Enter new date:
Current time is  7:48:27.13
Enter new time:


The IBM Personal Computer DOS
Version 1.10 (C)Copyright IBM Corp 1981, 1982

A>dir/w
COMMAND  COM      FORMAT   COM      CHKDSK   COM      SYS      COM      DISKCOPY
DISKCOMP COM      COMP     COM      EXE2BIN  EXE      MODE     COM      EDLIN
DEBUG    COM      LINK     EXE      BASIC    COM      BASICA   COM      ART
SAMPLES  BAS      MORTGAGE BAS      COLORBAR BAS      CALENDAR BAS      MUSIC
DONKEY   BAS      CIRCLE   BAS      PIECHART BAS      SPACE    BAS      BALL
COMM     BAS
        26 File(s)
A>dir command.com
COMMAND  COM      4959   5-07-82  12:00p
         1 File(s)
A>
```

그림 6.18   명령행 인터페이스 방식의 DOS 1.10

그림 6.19   DOS 1.0의 패키징

도스 운영체제가 나오기 이전에는 자기 테이프에 운영체제를 저장하여 컴퓨터를 운영하였다. 개인용 컴퓨터에 적합한 운영체제를 만들기 위하여 IBM은 빌 게이츠(Bill Gates)와 폴 알렌(Paul Allen)을 고용하여 디스크에 운영체제를 저장하여 이용한다는 의미에서 도스를 개발하게 되었다.

IBM이 개발한 디스크 운영체제는 PC-DOS라 하였는데 실제 MS-DOS와 거의 차이는 없었다. 결국 IBM

호환 개인용 컴퓨터에 MS-DOS를 채용하게 되어 MS-DOS는 계속 발전하였고 이와 함께 마이크로소프트도 세계적인 소프트웨어 회사로 발전하게 되었다.

MS-DOS 발전

도스는 1981년 1.0에서 시작하여 1994년 MS-DOS 6.22까지 발전하였다. 1995년 Windows 95 운영체제가 나오기 전인 MS-DOS 6.22가 실제로 도스의 마지막 버전이라 볼 수 있고 MS-DOS 7.0 부터는 Windows 95 버전 내부에 있는 운영체제의 하나의 세부 기능 프로그램으로 볼 수 있다.

MS-DOS는 많은 제약에도 불구하고 15년 동안 발전하면서 개인용 컴퓨터의 발전과 함께 세계적으로 널리 사용되어 마이크로소프트를 세계적인 소프트웨어 회사로 키우는 데 견인차 역할을 하게 된다. 도스는 주소 지정의 제한, 주기억 공간의 사용 한계, 다중작업(multitasking)을 지원하지 않은 등의 특징을 갖는 운영체제로서 지금 보면 기능에 제약이 많은 운영체제였다.

표 6.4 MS-DOS의 버전 발전

년도	버전	비고
1981	MS-DOS 1.0	
1983	MS-DOS 2.0	
1984	MS-DOS 3.0	
1988	MS-DOS 4.0	
1991	MS-DOS 5.0	
1993	MS-DOS 6.0	
1994	MS-DOS 6.22	
1995	MS-DOS 7.0	Window 95 내부
1997	MS-DOS 7.1	Window 95 내부

표 6.5 MS-DOS의 특징

특징	내용
단일작업	여러 개의 응용 프로그램이 보호를 받으면서 동시에 기억장치에서 실행되는 것을 지원(다중작업)하지 않음
제한된 메모리의 이용	RAM에서 640KB만 인식할 수 있도록 설계
8비트, 16비트 운영체제	8비트, 16비트의 CPU 용으로 설계
하드웨어 설치 복잡	주변장치마다 고유한 드라이버가 필요
8.3 파일명	8자의 파일 이름과 3자의 확장자로 구성
명령행 인터페이스	그래픽 사용자 인터페이스가 아닌 문자를 입력하는 형식의 명령행 사용자 인터페이스

그림 6.20 DOS 6.0, Dos 6.22

MS-DOS 경험

MS-DOS는 현재의 윈도우와는 인터페이스가 전혀 다른 명령어 중심 운영체제이다. MS-DOS와 비슷한 인터페이스를 갖는 기능이 현재의 윈도우에 남아있어 바탕화면에서 시작 메뉴의 실행 메뉴를 눌러 명령어 cmd를 누르면 DOS 기능을 수행하는 쉘(shell)인 명령 프롬프트를 실행할 수 있다. 윈도우 서버 계열에서는 명령어 cmd로 도스 기능의 명령 프롬프트를 실행한다. 왼쪽은 도스에서 이용되는 주요 명령어 표이다.

표 6.6 MS-DOS 명령어

명령어	내용
cd	디렉터리 이동
dir	현재 디렉터리 정보 보기
copy	파일 복사
del	파일 삭제
edit	파일 편집
move	파일 이동
ren	파일 이름 수정
cls	도스 프롬프트에서 모든 내용 제거

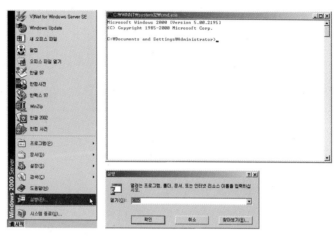

그림 6.21 DOS 명령 쉘

4.2 윈도우

마이크로소프트의 윈도우 계열의 운영체제는 도스 운영체제의 명령행 인터페이스 방식에서 발전하여 그래픽 사용자 인터페이스(GUI) 방식을 채택한 운영체제이다.

그림 6.22 MS의 윈도우 1.01 시작 화면

마이크로소프트의 윈도우 운영체제가 처음 발표된 것은 1983년이었으나 실제로 사용자가 널리 사용하기 시작한 것은 1993년 윈도우 3.1부터이다. 윈도우 3.1이전의 윈도우는 메뉴, 리스트박스, 콤보박스, 버튼을 포함한 대화상자 등의 GUI의 기본 구성 요소를 사용한 초보적인 그래픽 사용자 인터페이스를 이용하였다.

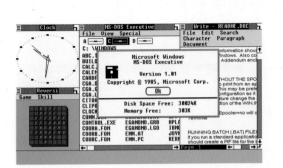
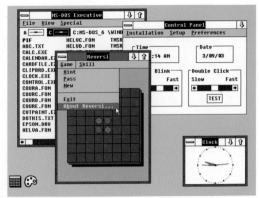

그림 6.23 MS의 윈도우 1.01(1985)과 윈도우 2.03(1987) 화면

윈도우 3.1

윈도우는 1985년 윈도우 1.0이 발표된 이후 버전이 향상되어 1992년 윈도우 3.1에
이르게 된다. 윈도우 3.1도 운영체제라기보다는 운영환경에 불과한 것이었고 도스
가 실질적인 운영체제였다. 실제로 윈도우 3.1은 도스를 먼저 설치하고 난 후에 설
치해야 도스에서 실행이 가능하였다.

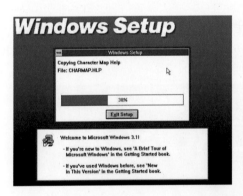
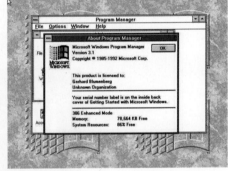

그림 6.24 윈도우 3.1 설정 화면

윈도우 3.1은 이전 버전의 그래픽 환경과는 차원이 다른 좀 더 배우기 쉽고 알기
쉬운 그래픽 인터페이스를 적용하였으며 한 프로그램을 종료하지 않고 다른 프로
그램을 실행할 수 있도록 완벽하지는 않지만 다중작업이 지원되었다. 또한 윈도우
3.1은 멀티미디어를 지원하고 네트워킹 지원도 강화되어 비로소 대중적으로 윈도
우 운영체제를 사용하는 계기가 되었다.

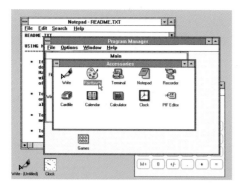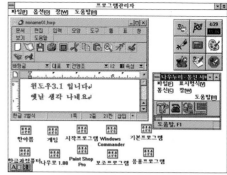

그림 6.25 윈도우 3.0과 3.1 화면

윈도우 95의 출현

윈도우 95는 윈도우 3.1의 다음 버전으로 파일 시스템 이외에는 MS-DOS의 기능을 사용하지 않는 실질적인 그래픽 사용자 인터페이스를 채택한 하나의 독립된 운영체제이다.

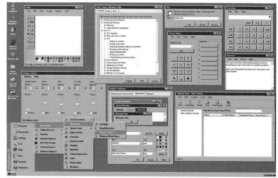

그림 6.26 윈도우 95 로고와 바탕 화면

윈도우 95는 윈도우 3.1에 비하여 시스템이 매우 안정적이며 처리속도도 향상되었을 뿐만 아니라 프로그램 간의 데이터 교환방법인 객체 연계 및 매입(OLE) 지원, 끌어놓기(drag-and-drop) 기능 등으로 새롭게 바뀌었다.

윈도우 3.0에서는 도스 환경을 이용하여 명령을 문자로 직접 입력했던 것을 윈도우 95에서는 아이콘을 클릭하도록 간편화시켰다. 또한 하단에 작업표시줄을 마련해 응용 프로그램을 표시하였고, 마우스의 오른쪽에 단축메뉴 버튼을 설치하여 파일 열기와 복사·삭제를 쉽게 할 수 있도록 하였다. 최대 255자의 긴 이름의 파일을 사용할 수 있으며, 여러 프로그램을 한 화면에서 사용할 수 있는 멀티태스킹 개념을 도입하였다. 도스에서 디렉터리를 폴더라는 용어로 수정하였고, 컴퓨터의 모든 내용을 쉽고 빠르게 볼 수 있도록 [내 컴퓨터]를 바탕화면에 설치하였다.

표 6.7 윈도우 95의 특징

특징	내용
32비트 운영체제	32비트 CPU를 지원하는 32비트 운영체제
플러그 앤드 플레이(PnP)	초보자도 손쉽게 하드웨어의 추가 삭제를 지원하는 플러그 앤드 플레이 기능
완전한 다중작업	음악을 들으면서 인터넷 이용이 가능한 완전한 다중작업 지원
255 파일이름	파일이름의 8.3 제한이 없이 255자까지 이용 가능
네트워크 강화	TCP/IP가 내장되고 인터넷 접속이 손쉬우며 여러 네트워크 지원 강화
강화된 멀티미디어	음악뿐 아니라 동영상 등의 멀티미디어 지원 기능
새로운 사용자 인터페이스	바탕화면을 설치하고 시작메뉴를 이용하여 각종 프로그램과 문서·프린터를 손쉽게 사용
탐색기 기능 강화	폴더와 파일을 간단히 찾아보거나 복사 또는 이동시킬 수 있는 탐색 기능과 등록정보 기능, 휴지통 기능 등이 향상됨

윈도우 98

윈도우 98은 윈도우 95의 후속 제품으로 윈도우 95가 제대로 갖추지 못하던 32비트 운영체계를 완벽하게 갖추었으며, 사용자 인터페이스를 개선하였고 전반적으로 시스템이 안정화되었다. 또한 윈도우 98은 네트워크 기능이나 멀티미디어기능의 표준 장비를 마련하였고, 플러그 앤드 플레이(plug and play) 기능도 강화하여 지원하고 있다.

그림 6.27 윈도우 98 시작 로고 화면과 바탕 화면

윈도우 NT와 윈도우 2000

윈도우 NT는 개인용 컴퓨터의 운영체제인 윈도우 계열의 운영체제를 한 단계 끌

어 올려 서버 운영체제로 출시한 제품이다. 1993년 윈도우 NT 3.1을 출시한 이후 계속 발전하여 94년에는 윈도우 NT 3.5를 거쳐 96년에는 윈도우 NT 4.0에 이르게 된다. 윈도우 NT에서 NT는 '신기술(New Technology)'의 머리글자로 인텔 CPU칩 중심의 컴퓨터를 서버로 사용할 수 있도록 한 마이크로소프트 사의 야심작이었고 크게 성공하였다. 과거에는 서버라 하면 대부분의 시스템이 유닉스 운영체제를 이용하였다. 윈도우 NT가 출시되면서 윈도우 NT가 탑재된 저가의 서버가 유닉스 일색의 서버 제품을 어느 정도 대체한 것이 사실이다.

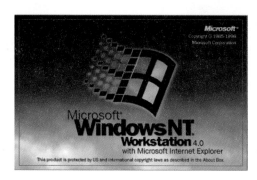 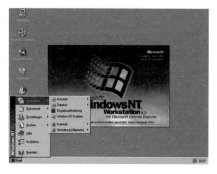

그림 6.28 윈도우 NT 로고와 화면

윈도우 NT의 차기 버전이 윈도우 2000이다. 윈도우 2000은 윈도우 NT의 기술과 윈도우 98의 인터페이스를 결합하여 한 단계 발전시킨 운영체제로서 소규모에서 대규모 사업을 위한 서버와 비즈니스 전문 사용자를 위한 운영체제이다.

그림 6.29 윈도우 2000 로고와 화면

윈도우 XP

윈도우 XP는 윈도우 ME와 윈도우 2000으로 나뉘어 있던 마이크로소프트의 운영체제를 하나로 합친 것으로 인터넷을 사용 기반으로 하여 만든 운영체제로서 이전 버전의 단점을 보완하고 더욱 안정성을 갖춘 운영체제이다. 윈도우 XP에서 XP는 경험(experience)을 나타내는 단어이며, 이 제품은 크게 가정용(Home Edition)과 전문가용(Professional)으로 분리된다.

그림 6.30 윈도우 XP 시작 로고 화면과 바탕 화면

윈도우 XP는 사용자 인터페이스가 이전보다 더 참신한 디자인을 채택하여 더 빠르고 더 쉽게 작업을 완수할 수 있도록 윈도우 운영체제의 가용성을 더 높은 수준으로 끌어 올렸다. 윈도우 XP는 여러 장소에서 정보를 동시에 공유할 수 있는 허브 기능을 갖추었으며, 윈도우 운영체제의 한계였던 도스(MS-DOS) 기반에서 벗어나기 위해 각종 응용 프로그램을 시스템 자체에 내장하였다. 따라서 윈도우 XP만 설치하면 별도의 프로그램을 설치하지 않아도 웬만한 컴퓨터 작업을 할 수 있다. 인터넷전화, 메신저(MS메신저) 프로그램이 기본으로 들어 있고 동영상이나 그림·소리 파일 등을 자유롭게 실행하고 편집할 수도 있다. PC에서 CD를 제작할 수 있는 프로그램도 내장되어 있다. 그 밖에 특정 폴더의 자료를 모두 암호화하는 '암호 폴더' 기능도 갖추었으며 실시간 음성, 동영상 공유 등의 멀티미디어 기능도 크게 강화되었다.

윈도우 7, 8, 10

2009년에 발표된 윈도우 7은 빠르고 안정적인 성능과 함께, PC를 사용하는 방법과 PC를 새로운 기기와 연결해서 쓰는 방법이 훨씬 쉬워졌다. 또한 윈도우 7은 무선 네트워크에 쉽고 직관적으로 연결할 수 있기 때문에 집, 사무실, 지하철 등 무선 환경이 제공되는 곳은 어디에서나 손쉽게 인터넷에 접속할 수 있다.

2010년 마이크로소프트는 스마트폰을 위한 모바일 운영체제인 윈도우 폰 7을 발표한다. 2012년에 발표된 윈도우 8의 가장 큰 변화는 윈도우 폰 7의 영향으로 윈도우의 모습이 많이 바뀌었다는 점이다. 즉 과거의 시작 버튼이 없어졌으며, 바탕화면이 터치스크린에 적합하게 타일 형식으로 바뀌었다. 타일에는 간단히 정보가 표시되어 실행할 프로그램의 정보를 얻을 수 있다. 또한 스마트폰처럼 앱을 내려 받을 수 있는 앱 스토어가 있어 필요한 프로그램을 내려 받아 사용할 수 있게 되었다.

2015년에 발표될 코드명 '스레숄드'의 윈도우 10은 윈도우 7과 윈도우 8의 장점을 합친 외양을 가질 것 같다. 윈도우 10은 다시 시작버튼이 표시되며, 과거의 바탕화면과 타일 형식의 인터페이스를 함께 사용한다. 부팅방법도 기기에 따라 자동으로 선택되는데, PC에서는 기존 데스크톱 모드로 부팅되며, 터치형 디스플레이가 탑재된 노트북이나 컨버터블 PC에서는 타일 형식의 화면으로 먼저 부팅하게 된다.

그림 6.31 윈도우 7, 8, 10 화면

표 6.8 MS의 윈도우 계열 발전

년도	버전	비고
1983	Microsoft Windows 발표	
1985	Microsoft Windows 1.0	
1987	Microsoft Windows 2.0	
1990	Microsoft Windows 3.0	
1992	Microsoft Windows 3.1	
1993	Microsoft Windows NT 3.1	서버 제품
1994	Microsoft Windows NT 3.5	서버 제품
1995	Microsoft Windows 95	코드이름 시카고(Chicago)

년도	버전	비고
1996	Microsoft Windows NT 4.0	서버 제품
1998	Microsoft Windows 98	코드이름 멤피스(Memphis)
1999	Microsoft Windows 98 SE	
2000	Microsoft Windows 2000	코드이름 오디세이(Odyssey)
2000	Microsoft Windows ME	
2001	Microsoft Windows XP	코드이름 휘슬러 (whistler)
2003	Microsoft Windows Server 2003	서버 제품
2005	Microsoft Windows Vista 베타1 발표	코드이름 롱혼(Longhorn)
2006	Microsoft Windows Vista	개인용
2008	Microsoft Windows Server 2008	
2009	Microsoft Windows 7	
2009	Microsoft Windows Server 2008 R2	
2010	Microsoft Windows Phone 7	모바일 운영체제
2012	Microsoft Windows 8	
2012	Microsoft Windows Server 2012	
2013	Microsoft Windows Phone 2013	
2013	Microsoft Windows 8.1	
2013	Microsoft Windows Server 2012 R2	
2014	Microsoft Windows 10	코드이름 스레숄드(Threshold)

4.3 OS/2

OS/2는 Operating System/2의 약어로 IBM과 마이크로소프트 사가 협력하여 개발한 인텔의 80386/80486 계열 CPU에서 능력을 최대로 발휘하도록 설계한 운영체제이다. OS/2가 처음 개발된 해는 1987년이며 IBM과 마이크로소프트는 협력하여 인텔의 80286 CPU에 적합하도록 16비트 운영체제 OS/2를 개발하였다. 1991년 IBM과 마이크로소프트는 결별하고 각각 독자적인 운영체제를 개발하게 되는데 IBM은 독자적으로 OS/2를 발전시켜 인텔의 80386 CPU에 적합하도록 완전한 32비트 운영체제인 OS/2 2.0을 1992년에 발표한다. IBM과의 결별 이후 마이크로소프트가 OS/2를 발전시킨 것이 윈도우 NT라고 한다.

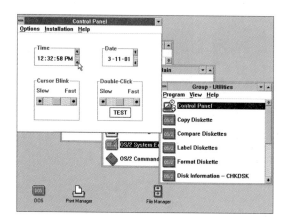

그림 6.32 OS/2 1.30(1990)의 화면

OS/2는 완전한 32비트를 지원하여 안정성이 뛰어나고, 다중 프로그래밍도 지원하며 그래픽 사용자 인터페이스도 뛰어나 화면관리도 손쉬운 등 많은 장점을 가진 운영체제였다. 왼쪽 그림에서 보듯이 1990년의 OS/2 화면이 후의 윈도우 3.0보다 세련된 것을 느낄 수 있다. 그러나 OS/2를 기반으로 실행되는 응용프로그램을 개발하려는 소프트웨어 개발자가 없었고 OS/2의 초기 버전이 MS-DOS 프로그램을 제대로 실행하지 못했기 때문에 OS/2의 수요가 거의 없었다.

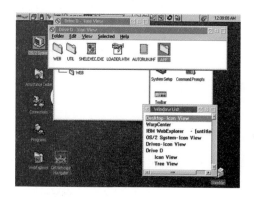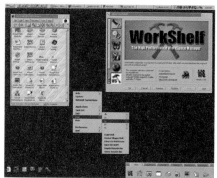

그림 6.33 OS/2 Warp의 화면

그 이후 1994년 OS/2 Warp를 발표하는 등 여러 가지 단점을 극복한 OS/2 버전이 계속 발표되었지만 마이크로소프트 윈도우의 대중적인 인기에 밀려 빛을 보지 못하였다. 그러나 1994년 OS/2 Warp 4.0을 개발하는 등 IBM은 계속 버전 향상을 하며 OS/2를 발전시켜 왔으나 끝내 2005년 말에는 모든 지원과 사업을 종료하였다. 현재 OS/2는 일부 전문가들에 의해 공개 소프트웨어로 다시 개발되는 등 부활의 길을 찾고 있다.

4.4 매킨토시 운영체제

애플 컴퓨터

스티브 워즈니악(Steve Wozniak)과 스티브 잡스(Steve Jobs)는 1976년 애플(apple) 컴퓨터를 창설하고 애플I을 발표한다. 애플I은 개인용 컴퓨터로 처음 발표된 컴퓨터이며 1977년에는 이를 발전시킨 애플II를 발표한다.

잡스와 워즈니악

기판

컴퓨터

그림 6.34 애플 컴퓨터의 애플 I의 기판과 컴퓨터

1981년 제록스 사는 그래픽 운영체제의 모체가 된 그래픽 운영환경을 채택한 제록스 스타 워크스테이션(Star Workstation)을 발표한다. 이 제록스 스타 워크스테이션은 최초의 그래픽 사용자 인터페이스 방식의 운영체제를 탑재한 컴퓨터이며 이후 애플과 마이크로소프트의 운영체제에 많은 영향을 미치게 된다.

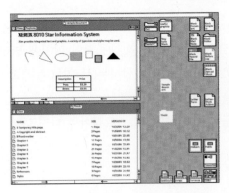

그림 6.35 제록스 스타 워크스테이션의 그래픽 운영체제(1981)

애플 컴퓨터는 1983년에 처음으로 그래픽 사용자 인터페이스 방식의 운영체제를 장착한 리사(Lisa)를 발표한다. 애플의 리사는 일반 비즈니스 시장을 목표로 한 최초의 개인용 컴퓨터이며 최초로 그래픽 사용자 인터페이스의 운영체제를 탑재한

개인용 컴퓨터라는 데 그 의미가 있다. 그러나 애플 리사의 가격도 여전히 고가여서 일반 사용자가 구매할 만한 상업적인 컴퓨터는 아니었다.

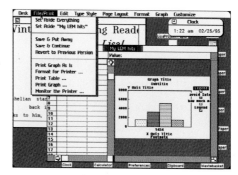

그림 6.36 애플 리사(Lisa) 컴퓨터와 그래픽 운영체제

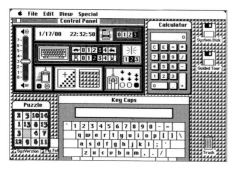

그림 6.37 애플 매킨토시 I의 운영체제 시스템 1 (1984)

애플의 운영체제 시스템

애플은 1984년 상업용 개인 컴퓨터인 매킨토시(Macintosh)를 발표한다. 매킨토시는 그래픽 사용자 인터페이스 방식의 운영체제 시스템 1(System 1)을 사용하였다. 이 시스템 1 운영체제는 그 당시 명령행 방식의 MS-DOS보다 매우 앞선 기술이었으며 운영체제를 한 단계 향상시키는 계기가 되었다.

애플의 운영체제는 시스템 1에서 시스템 7까지 버전 향상이 이루어졌으며 1997년에는 이름을 바꾸어 맥 OS 8(Mac OS 8)로 발전한다.

그림 6.38 애플 매킨토시의 운영체제 시스템 7(1991)과 맥 OS 8(1997)

2001년 애플의 운영체제는 OS 9을 클래식환경이라는 이름으로 명명하여 OS X로 대변신을 시도한다. 현재 운영체제인 맥 OS X 10은 수십 년간 서버나 공학 또는 전문 분야에서 사용되어 왔던 유닉스(Unix)에 기반한 운영체제이다. 지금까지 유닉스는 뛰어난 메모리 관리와 프로세서 관리, 강력한 보안 기능뿐만 아니라 다양한 네트워크 기능을 제공하는 것으로 널리 알려져 있다. 애플 컴퓨터의 맥 OS X 10을 분석해 보면 운영체제의 핵심이라고 하는 커널 부분에서 BSD와 마하(Mach) 3.0이라는 유닉스 커널에 기반하고 있으며 그 위에 다윈(Darwin)이라는 사용자 인터페이스 환경을 사용한다. 그러나 애플의 OS X는 유닉스 환경을 배경으로 하는 운영체제인 넥스트(NeXT)의 운영체제를 기본으로 했기 때문에 기존 소프트웨어들과 호환성이 전혀 없는 독자적인 운영체제였다. 기존에 사용하던 OS 9계열의 소프트웨어들은 클래식 환경으로 OS X에 에뮬레이터라는 개념으로 OS X 안에 내장되어 있다.

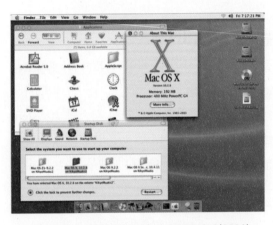

그림 6.39 애플의 운영체제 맥 OS X 10.2(2002)

특히 2005년 5월에 발표된 코드명 타이거인 OS X 10.4는 유닉스 기반의 64비트 운영체제로 뛰어난 안정성에 고성능의 그래픽엔진 기술을 이용하여 그래픽 차원을 한 단계 높였다. OS X 10의 아쿠아 인터페이스는 보기에 좋고 편리한 기능을 제공한다. 윈도우 XP도 OS X 10의 아쿠아 인터페이스를 많이 모방하였으며 리눅스와 같은 공개용 운영체제에서도 아쿠아 인터페이스를 모방한 다양한 인터페이스가 나왔다. 아쿠아 인터페이스는 초보들도 쉽게 사용할 수 있도록 직관적으로 설계하였으며 아이콘, 메뉴, 윈도우 등을 표현하는 데 있어 각종 그림자 효과나 투명성 등을 결합하여 사용자에게 새로운 그래픽 인터페이스를 느끼게 한다.

그림 6.40 애플의 맥 OS X와 맥 OS X 10.4(2005)와 발표 장면

OS X 요세미티(Yosemite)는 애플의 11번째 OS X 운영체제이다. 2014년 6월 애플 세계 개발자 회의에서 발표된 후, 2014년 가을에 정식 출시되었다. OS X 요세미티는 애플의 필수적인 요소는 유지하면서 강력하고 사용하기 쉬운 인터페이스를 추구하며, 모바일 운영체제인 iOS와의 연동을 쉽게 만든 운영체제이다. 즉 데스크톱인 맥(Mac)과 아이패드, 아이폰 사이에서 여러 작업을 이어서 할 수 있다거나, 와이파이(Wi-Fi)에 연결되었다면 걸려온 전화를 맥에서 받을 수 있고, 반대로 전화를 맥에서도 걸 수 있다.

그림 6.41 OS X 10.10 요세미티의 화면(www.apple.com)

2007년 실질적인 최초의 스마트폰인 아이폰의 출시와 함께 애플은 제2의 부흥기를 맞고 있다. 과거 국내에서 애플 컴퓨터는 출판이나 음악 작곡, 그래픽 디자인 등의 특수 분야에서만 사용되고 있었으나 아이폰의 성공으로 지금은 맥 데스크톱과 맥북이 개발용뿐만 아니라 사무용으로도 인기를 끌고 있다. 아이폰의 성공으로 애플의 데스크톱과 운영체제도 다시 도약하고 있으며, 또 다른 운영체제인 안드로이드와 함께 새로운 시장을 열지 기대된다. 애플의 모바일 운영체제인 iOS와 관련 내용은 모바일 단원에서 다루고자 한다. 다음은 지금까지 살펴본 애플의 운영체제를 정리한 표이다.

표 6.9 애플의 매킨토시 운영체제의 발전

연도	버전	비고
1984	System 1	
1985	System 2	
1986	System 3	
1987	System 4	
1988	System 6	
1990	System 7	
1997	Mac OS 8	
1999	Mac OS 9	
2001	Mac OS X 10.0	유닉스 기반의 OS

연도	버전	비고
2001	Mac OS X 10.1	
2002	Mac OS X 10.2	
2002	Mac OS X 10.4	
2008	Mac OS X 10.6	
2010	Mac OS X 10.7	
2012	OS X 10.8	
2013	OS X 10.9	
2014	OS X 10.10	요세미티(Yosemite)

4.5 리눅스

리눅스(Linux)는 핀란드의 리누스 토발즈(Linus Torvalds)에 의하여 개발된 유닉스(Unix) 기반의 운영체제이다. 리눅스는 당시 헬싱키 대학의 학생이었던 리누스 토발즈가 유닉스를 기반으로 개발한 운영체제로 윈도우가 주도하던 개인용 컴퓨터에 적합한 공개용 운영체제로 1991년 11월 버전 0.10이 뉴스그룹을 통해 일반에 공개되었다.

리누스 토발즈는 독자적으로 제작한 리눅스의 소스 코드를 일반공중허가(GPL : General Public License)에 따라 인터넷에 공개해 모든 사람이 자유롭게 사용할 수 있도록 하고 일반인들이 직접 리눅스의 개선에도 참여할 수 있도록 하였다.

개인용 컴퓨터에서 이용할 수 있는 유닉스 기반의 운영체제가 리눅스만은 아니지만 그래픽 사용자 인터페이스 환경을 지원하는 리눅스는 개발자를 중심으로 급속히 확산

그림 6.42 리눅스 개발자 리누스 토발즈

되기 시작했다. 이러한 확산에는 리눅스가 무료 소프트웨어라는 장점과 유닉스에 기반한 매우 안정적인 운영체제라는 점에 기인한다. 리눅스는 인터넷 프로토콜인 TCP/IP를 강력하게 지원하는 등 네트워크 기능이 강화되었고, 다중 사용자(multi User), 다중 프로그래밍(multi programming) 방식을 지원하는 안정성 있는 운영체제이다.

그림 6.43 리눅스 화면과 리눅스 로고

TIP: GPL

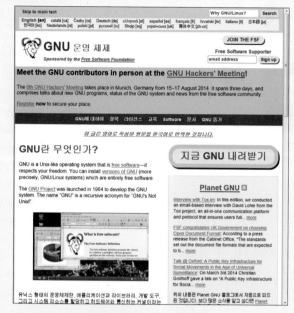

GPL은 FSF(Free Software Foundation)와 GNU(Gnu's Not Unix) 프로젝트로부터 제공되는 소프트웨어에 적용되는 라이선스로서, 사용자들이 소프트웨어를 자유롭게 공유하고 내용을 수정하도록 보증한다.

그림 6.44 GNU의 홈페이지

리눅스는 개방 소프트웨어(open software)로 전 세계의 500만 명이 넘는 프로그램 개발자 그룹이 리눅스 개발에 참여하고 있으며, 여러 그룹에서 시스템의 특성에 맞게 소스를 변경할 수 있으므로 다양한 버전의 리눅스가 개발되어 이용되고 있다. 다음은 이러한 다양한 리눅스 버전의 몇 가지 예로 레드햇 리눅스는 변종 리눅스의 첫 상업용 리눅스이다.

- Linux Mint
- Debian Linux
- SuSE Linux
- Ubuntu Linux
- Red Hat Linux
- Oracle Linux

레드햇 리눅스는 리눅스의 커널을 이용해 운영체제를 자체 개발하여 1994년에 리눅스를 저가의 상업용 운영체제로 판매하기 시작하였으며 현재에도 널리 사용되는 상업용 리눅스의 대표적인 예이다. 운영체제 리눅스 자체도 전 세계적으로 수백만 명의 프로그래머가 모여 계속적으로 버전 향상이 이루어지고 있으며 공식 홈페이지를 통하여 발표하고 있다.

그림 6.45 레드햇 리눅스의 홈   **그림 6.46** 리눅스 공식 홈페이지(www.linux.org)

4.6   유닉스

유닉스(Unix)는 벨 연구소의 데니스 리치(Dennis M. Ritchie)와 켄 톰슨(Ken Thompson)이 참여한 멀틱스(MULTICS) 운영체제 팀에서 개발한 운영체제이다. 멀틱스는 유닉스가 개발되기 이전의 운영체제이며 PDP-7이라는 새로운 시스템의 운영체제로 개발한 것이 유닉스(UNICS: UNiplexed Information and Computing Service)이다. 이것을 발전시켜 1973년 새로 개발한 언어 C를 이용하여 시스템 PDP-11을 위해 만든 운영체제가 유닉스(Unix)이다.

그림 6.47   PDP-11 앞에서 유닉스 개발자 켄 톰슨과 데니스 리치

유닉스를 만들기 위해 최초 C 언어로 작성된 소스 코드는 약 11,000줄로 그 중 95%인 10,000줄은 C 언어로 작성되었으며 나머지 1,000줄은 어셈블리 언어로 작성되었다고 한다. 1,000줄의 어셈블리 언어 코드 중에서 800줄 정도는 기계 종속적인 부분이고, 나머지 200줄은 수행 속도를 높이기 위한 목적으로 작성되었다고 한다. 이러한 이유 때문에 유닉스는 다른 시스템에도 쉽게 적용하여 운영할 수 있는 이식성(Portability)이 좋은 운영체제로 유명하다.

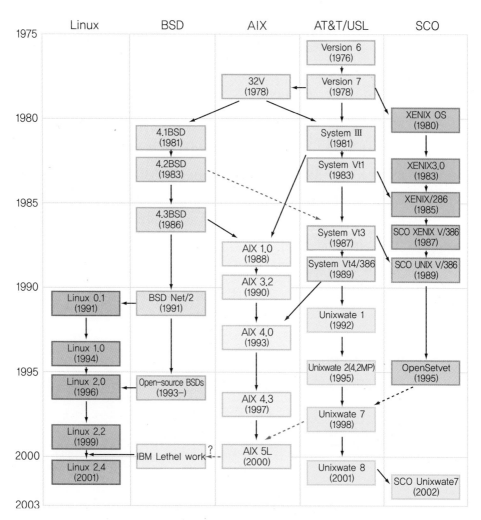

그림 6.48 유닉스 계열 운영체제의 여러 버전 발전

그림 6.49 유닉스 개발자 켄 톰슨과 데니스 리치

벨 연구소는 이 유닉스의 소스 코드를 공개하고 사용자들이 소스를 수정하여 이용할 수 있도록 했다. 이러한 결과로 유닉스 운영체제는 대학과 연구소를 중심으로 교육용과 연구용으로 널리 사용하게 되었으며 대학을 중심으로 유닉스 기반의 여러 버전이 나오게 되었다.

벨 연구소에서 개발한 유닉스는 계속 발전하여 시스템 V(System V)로 불려지고 있다. 유닉스의 새로운 버전 중에서 가장 먼저 나온 것이 1977년에 소개된 BSD(Berkeley Software Distribution)이다. BSD는 버클리 대학(the University of California at Berkeley)의 컴퓨터 연구소 그룹(CSRG：Computer System Research Group)에서 개발한 유닉스 계열의 운영체제이다. 중대형 컴퓨터를 생산하는 IBM, SUN, HP, DEC, DELL 등은 시스템 V와 BSD 버전을 이용하여 자체 상표의 유닉스를 개발하였으나 2000년대 들어와 SUN은 오라클(Oracle)에, DEC는 HP에 합병되어 현재에는 다음과 같은 컴퓨터 생산 업체에서 유닉스 계열의 운영체제를 출시하고 있다.

표 6.10 주요 회사의 유닉스 계열 운영체제

회사	버전	비고
SUN	오라클 솔라리스(Oracle Solaris)	
HP	HP-UX	1.0(1986)
IBM	AIX(Advanced Interactive eXecutive)	1.0(1990)

유닉스 운영체제를 구성하는 주요 요소로 커널(Kernel)과 쉘(Shell)이 있다. 커널은 운영체제의 가장 핵심이 되는 모듈로 CPU와 주기억장치를 관리하고 시스템 호출을 처리하며 주변장치를 관리하는 기능을 포함한다. 쉘은 운영체제의 설정 환경에 따라 시스템 부팅 후 나오거나 특정한 쉘 프로그램 실행에 의하여 화면에 나타난다. 쉘은 순수 유닉스 운영체제와 사용자 사이에서 중간적인 매개 역할을 하는 프로그램으로 도스와 같은 명령행 인터페이스 방식을 따른다. 쉘은 표준 UNIX 명령 인터프리터로서 사용자가 입력한 명령을 해석하여 그에 맞는 다른 프로그램을 실행시키는 유틸리티 프로그램이다. 쉘은 여러 종류가 있는데 스티븐 본(Steven Bourne)의 본쉘(Bourne Shell, sh), 빌 조이(Bill Joy)의 C 쉘(csh), 그리고 데이브 콘(Dave korn)의 콘쉘(Korn Shell, ksh)이 유명하다.

유닉스는 초기에는 명령행 기반의 운영체제였으나 1980년대 중반부터 X 윈도우 기반의 MOTIF와 OENLOOK과 같은 유닉스용 GUI가 개발되어 사용자에게 좀 더 친화적인 그래픽 사용자 인터페이스를 제공하게 된다.

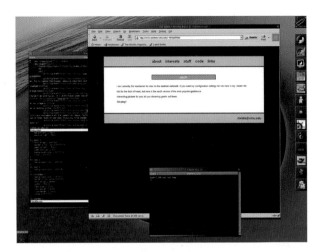

그림 6.50 유닉스 운영체제의 GUI

유닉스는 그 버전이 매우 다양하며 그 가운데 크게 시스템 V 계열과 BSD 계열의 유닉스로 나눌 수 있는데 현재 하나로 통합되어 가고 있다. 미전신전화국(AT&T) 과 선(Sun) 사가 주도하는 유닉스 인터내셔널(UI: Unix International)은 시스템 V 4.1을 지원하고 있으며, IBM, DEC, HP가 주도하는 개방소프트웨어재단(OSF: Open Software Foundation)은 OSF/1이라 불리는 BSD 계열의 유닉스를 발전시켰다. 두 연합체는 POSIX(Portable Operating System Interface for Computer Environments) 위원회의 표준안을 협의하여 공통적인 표준으로 운영체제를 개선할 것으로 보인다.

05

운영체제 활용

5.1   명령 프롬프트의 이용

실행

운영체제 [시작] 메뉴 하부의 [실행]을 선택하여 명령어 cmd를 실행한다. 실행된
명령 프롬프트의 캡션 부분에서 오른쪽 마우스를 누르면 메뉴가 보인다. 이 메뉴에
서 [속성]을 선택하면 명령 프롬프트의 색상과 크기와 같은 다양한 환경을 설정할
수 있다.

그림 6.51   명령 프롬프트의 속성 메뉴

명령 프롬프트의 색상을 수정하려면 [색] 탭에서 [화면 텍스트]와 [화면 배경]을 원
하는 색상으로 수정한 후 [확인]을 누른다. 대화 상자 [속성 적용]에서 [같은 제목
의 창에서 사용하도록 …]을 선택하면 앞으로 계속 수정된 색상의 명령 프롬프트를
이용할 수 있다.

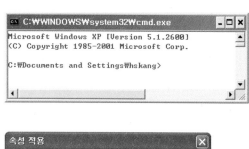

그림 6.52 명령 프롬프트의 색상 수정 과정과 결과

지난 명령어 보기

그림 6.53 키보드의 방향키를 이용한
명령어의 재사용

명령 프롬프트에서 키보드의 화살표를 활용하면 과거에 사용한 명령어를 다시 입력하지 않고 쉽게 이용할 수 있다. 즉 위 화살표 키보드를 누르면 한 번 누를 때마다 바로 직전에 사용했던 명령어가 순서대로 나오는 것을 볼 수 있다. 다시 아래 화살표를 누르면 반대의 순서대로 명령어가 표시된다. 좌 또는 우 화살표는 현재의 명령어에서 커서를 원하는 방향으로 이동시키는 역할을 수행한다. 현재 명령 프롬프트 화면에 표시된 명령어에서 약간의 문구를 수정하려면 좌 우 화살표를 이용하여 원하는 위치로 이동한 후 문자를 삽입 또는 삭제하여 수정한다. 이러한 기능과 도스 명령어를 이용하여 폴더를 만들고 파일도 만드는 작업을 수행해 보길 바란다.

5.2　제어판

컴퓨터 설정 변경

사용하는 운영체제의 다양한 환경을 살펴보거나 그 설정을 수정하려면 윈도우 메뉴 [시작]에서 [제어판]을 선택한다. 제어판에서 다음과 같이 시스템의 다양한 컴퓨터 설정 변경을 담당하는 프로그램으로 이동할 수 있다.

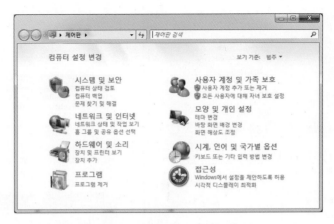

그림 6.54 제어판의 다양한 기능

제어판의 [시스템 및 보안] 기능에서 [시스템]을 누르면 다음 화면과 같이 [컴퓨터에 대한 기본 정보 보기] 기능이 수행된다. [컴퓨터에 대한 기본 정보 보기]에서 사용하는 시스템의 윈도우 버전, 시스템 등의 정보를 확인할 수 있다. 창의 왼쪽에는 [장치관리자]와 [고급 시스템 설정] 등의 다른 설정을 수행할 수 있는 메뉴를 확인할 수 있다.

그림 6.55 컴퓨터에 대한 기본 정보 보기

디스크 공간 확보와 하드 드라이브 조각 모음

제어판에서 [시스템 및 보안] 하부의 [디스크 공간 확보]를 누르면 디스크 공간을 확보하기 위해 정리할 수 있는 드라이브를 선택하는 대화상자가 나타난다. 드라이브를 선택하고 [디스크 정리] 상황이 표시된 후 [디스크 정리] 화면이 표시되면, 불필요한 파일을 선택한 후 삭제하면, 디스크 공간을 늘릴 수 있다.

그림 6.56 [디스크 공간 확보] 기능

[시스템 및 보안] 하위 기능 중에서 [디스크 조각 모음]을 가끔씩 수행하면 시스템 성능에 도움이 된다. [디스크 조각 모음] 화면에서 조각 모음을 할 드라이브를 선택한 후 [디스크 분석]을 눌러 조각난 비율을 확인한 후, 조각난 부분이 많다면 [디스크 조각 모음]을 실행한다. 다음의 예에서 드라이브 C를 분석하니 조각난 비율이 24%인 것을 알 수 있다. 디스크 조각 모음은 시간이 오래 걸리는 기능이므로 [일정 구성]을 눌러 조각 모음을 예약하면 매우 편리하게 조각 모음을 할 수 있다.

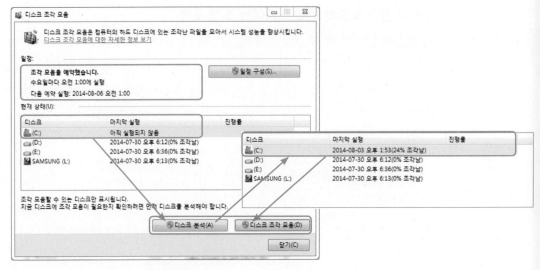

그림 6.57 [디스크 조각 모음] 기능

5.3 탐색기와 유틸리티

폴더 옵션

탐색기의 상단 [구성] 메뉴의 [폴더 및 검색 옵션]을 실행하면 다음과 같은 대화상
자를 이용하여 폴더와 검색의 다양한 옵션을 설정할 수 있다. [마우스 클릭] 설정을
[한 번 클릭해서 열기]를 체크하면 더블클릭이 아니라 한 번 클릭으로 프로그램 실
행이나 항목 선택이 가능하므로 한결 마우스의 사용이 간편해지는 것을 느낄 것이
다. 그리고 [탐색 창]의 [자동으로 현재 폴더 확장]을 체크하면 폴더를 선택하면 자
동으로 폴더가 확장되어 사용이 간편하다.

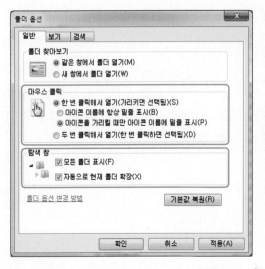 

그림 6.58 [폴더 옵션] 기능

또한 탭 [보기]를 눌러 다양한 고급 설정을 지정할 수 있다. 한 예로 [알려진 파일 형식의 파일 확장자 숨기기]를 선택하지 않으면 exe와 같은 친근한 파일 확장자도 항상 표시된다.

유틸리티 QTTabBar, FolderHighlight

윈도우의 탐색기는 사용하다 보면 다소 불편함을 느낄 것이다. 유틸리티 QTTabBar를 사용하면 하나의 탐색기에 탭 형식으로 여러 개의 탐색기를 사용할 수 있는 장점과 함께, 자주 이용하는 폴더를 그룹으로 지정할 수 있는 기능 등 다양한 기능과 탐색기의 세부적인 설정이 가능하다. 또한 FolderHighlight 유틸리티는 폴더마다 다양한 색상을 지정할 수 있다. 다음은 유틸리티 QTTabBar와 FolderHighlight가 설치되어 적용된 탐색기의 모습으로 여러 개의 탭이 표시되며 폴더에 색상이 나타나는 것을 볼 수 있다.

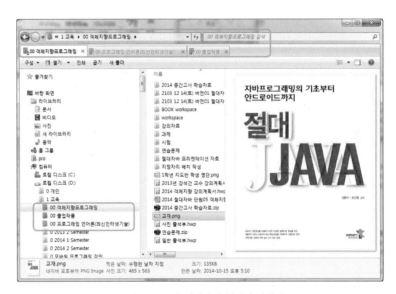

그림 6.59 유틸리티가 설치된 탐색기

내용 점검 문제

[객관식 문제]

다음 각 문항에 대하여 보기 중에서 알맞은 것을 선택하시오.

01 운영체제의 기능 중 옳지 않은 것은?

A. 컴퓨터 시스템 초기화 설정 기능

B. 사용자와 컴퓨터 간의 편리한 인터페이스 기능

C. XML 웹 서비스를 요청하고 응답하는 기능

D. 하드디스크의 오류 검사 및 복구 기능

02 운영체제에 관한 설명으로 옳지 않은 것은?

A. 여러 시스템 프로그램들의 집합이다.

B. 하드웨어와 사용자 간의 인터페이스 역할을 수행한다.

C. 데이터와 파일의 저장을 관리하는 기능을 수행한다.

D. 운영체제의 종류로는 오라클, SQL 서버 등이 있다.

03 일괄 처리 방식에 대한 설명으로 옳지 않은 것은?

A. 일정 기간 또는 일정량의 자료를 모아 두었다가 한 시점에 순서적으로 일괄 처리하는 자료 처리 방식이다.

B. 하나의 작업이 시작되면 중간에 문제가 발생하는 경우 그 처리가 간단하며 작업 제출과 작업 완료 사이의 시간이 적게 걸려 작업 결과를 빠르게 확인할 수 있다.

C. 한 번 시스템을 차지한 자료가 시스템 자원을 독점하여 처리하므로 컴퓨터 시스템을 효율적으로 사용한다.

D. CPU가 사용가능 하더라도 다른 처리를 할 수 없는 유휴 시간(idle time)을 갖게 된다.

04 운영체제의 종류는 컴퓨터의 용량에 따라 구분하여 사용한다. 다음 중 개인용 컴퓨터에 해당되는 운영체제로 가장 보기 어려운 것은?

A. MS-DOS

B. Unix 계열

C. Linux 계열

D. Mac OS

05 사용자 인터페이스 종류인 명령행 인터페이스와 그래픽 사용자 인터페이스에 대한 설명으로 옳지 않은 것은?

A. 명령행 인터페이스는 운영체제가 제공하는 기능을 키보드 입력을 통해 사용하는 인터페이스 방법을 말한다.

B. 그래픽 사용자 인터페이스는 운영체제에서 제공하는 기능을 아이콘이나 메뉴로 보여주고 사용자가 마우스로 선택해서 작업을 수행하는 방식을 말한다.

C. 그래픽 사용자 인터페이스는 그림을 이용한 의사소통 방법을 제공하여 인간 공학적으로 보다 만족스럽고, 초보자도 직관적으로 사용이 가능하다.

D. 명령행 인터페이스는 명령어 중심의 명령을 숙지해야 하기 때문에 초보자에게 불편하고, 숙달되기까지 많은 시간이 필요해서 지금은 이용되지 않는다.

06 운영체제의 목적으로 가장 적합한 것은?

A. 소프트웨어를 개발하기 위한 필요 환경을 제공하기 위함이다.

B. 각기 필요한 업무를 원활하게 소화하기 위함이다.

C. 컴퓨터 시스템의 자원들을 효율적으로 관리하여 시스템의 성능을 최적화하기 위함이다.

D. 많은 업무를 동시에 처리할 수 있도록 하기 위함이다.

07 빈칸에 들어갈 말로 알맞은 것은?

> 2개 이상의 중앙처리장치(CPU)를 사용하여 작업을 여러 개로 분담하여 프로그램을 동시에 수행하는 방식이다. _____(은)는 하나의 CPU에 문제가 생기더라도 다른 CPU가 처리를 계속할 수 있으므로 신뢰도를 높일 수 있다.

A. 실시간 처리 시스템   B. 다중 프로그래밍 시스템

C. 다중 처리 시스템   D. 다중작업

08 FIFO의 원어를 올바르게 기술한 것은?

A. First In First Out   B. First In Fine Out

C. Friend Information Fine Out   D. First In French Out

09 빈칸에 알맞은 용어는 무엇인가?

> _____(은)는 처리를 요구하는 작업이 발생할 때마다 지정된 짧은 시간 내에 작업을 처리하여 확실한 응답이나 출력을 보장하는 시스템이다. 군사용으로 사용할 수 있을 뿐만 아니라 항공기, 철도, 은행의 업무에서 사용 가능하다.

A. 실시간 처리 시스템   B. 다중 프로그래밍 시스템

C. 다중 처리 시스템   D. 다중작업

10 파일 관리자의 기능으로 옳지 않은 것은?

A. 파일의 접근을 제어한다.

B. 파일을 여러 사용자가 공유하는 기법을 제공하지 못한다.

C. 파일의 생성, 삭제, 수정을 감독한다.

D. 파일을 디스크 어디에 저장할지를 감독한다.

11 다음이 설명하는 것은 무엇인가?

> 한 사람의 사용자가 한 대의 컴퓨터로 2가지 이상의 작업을 동시에 처리하거나 프로그램들을 동시에 구동시키는 기능을 말한다.

A. 실시간 처리 시스템   B. 다중 프로그래밍 시스템

C. 다중 처리 시스템   D. 다중작업

12 다중 프로그래밍 시스템에 대한 설명으로 옳지 않은 것은?

A. 2개 이상의 여러 프로그램을 주기억장치에 동시에 저장한다.

B. 2개 이상의 CPU로 여러 프로그램이 동시에 실행된다.

C. 한 프로그램씩 순차적으로 돌아가면서 조금씩 수행된다.

D. 우선순위에 따라 작업을 선정하여 실행한다.

13 윈도우 98에 대한 설명으로 옳지 않은 것은?

A. 도스가 실질적인 운영체제이다.

B. 네트워크 기능이나 멀티미디어 기능의 표준장비를 마련하였다.

C. 자체적으로 인터넷 웹 브라우저인 인터넷 익스플로러5.0을 내장하였다.

D. 플러그 앤드 플레이(Plug and Play) 기능이 강화되었다.

14 멀티태스킹의 의미로 적절한 것은?

A. 여러 명의 사용자가 단말기를 통해 시분할 시스템으로 동시에 작업하는 것

B. 한 번에 한 가지 작업이나 한 프로그램을 실행하는 시스템

C. 여러 프로그램이 메모리에 존재하여 조금씩 돌아가면서 수행

D. 한 사람의 사용자가 한 대의 컴퓨터로 2가지 이상의 작업을 동시에 수행

15 리눅스에 대한 설명으로 옳지 않은 것은?

A. 핀란드의 리누스 토발즈에 의하여 개발된 마이크로소프트의 윈도우 기반의 운영체제이다.

B. 리눅스는 오픈 소프트웨어로 많은 프로그램 개발자들이 프로그램 개발에 참여하고 있다.

C. 그래픽사용자 인터페이스 환경을 지원하여 개발자 중심으로 급속히 확산되었다.

D. TCP/IP를 강력하게 지원하는 등 네트워크 기능이 강화되었고, 다중사용자, 다중 프로그래밍 방식을 지원한다.

16 운영체제의 발전 과정의 특징 또는 의미가 바르게 연결되지 않은 것은?

A. 0세대 – 기계어 사용

B. 1세대 – 일괄처리 시스템

C. 2세대 – 고급 언어로 운영체제 개발

D. 3세대 – 시분할 시스템과 다중 프로그래밍의 등장

17 유닉스에 대한 설명으로 옳지 않은 것은?

A. 벨 연구소의 데니스 리치와 켄 톰슨이 참여한 멀틱스(MULTICS) 운영체제 팀에서 개발한 운영체제이다.

B. C언어와 어셈블리어로 작성되어 있어 다른 시스템에는 쉽게 적용할 수 없다.

C. 유닉스의 소스코드는 공개되어 있어 사용자들이 소스를 수정하여 이용할 수 있도록 했다.

D. 유닉스 운영체제를 구성하는 중요 요소로서 커널과 쉘이 있다.

18 Windows가 나오기 전 주로 사용되었던 MS-DOS의 명령어와 내용을 연결한 것이다. 옳지 않은 것은?

A. dir - 현재 디렉터리의 가장 상위로 이동

B. edit - 파일 편집

C. cd - 디렉터리 이동

D. del - 파일 삭제

19 마이크로소프트의 윈도우에 대한 설명으로 옳지 않은 것은?

A. 마이크로소프트의 윈도우 계열의 운영체제는 도스 운영체제의 명령행 인터페이스 방식에서 발전하여 그래픽 사용자 인터페이스(GUI) 방식을 채택한 운영체제이다.

B. 마이크로소프트의 윈도우 운영체제는 그래픽 사용자 인터페이스(GUI) 방식을 채택한 최초의 운영체제이다.

C. 마이크로소프트의 윈도우 운영체제가 처음 발표된 것은 1983년이었으나 실제로 사용자가 널리 사용하기 시작한 것은 1993년 윈도우 3.1부터이다.

D. 윈도우 3.1 이전의 윈도우는 메뉴, 리스트박스, 콤보박스, 버튼을 포함한 대화상자 등의 GUI의 기본 구성 요소를 사용한 초보적인 그래픽 사용자 인터페이스를 이용하였다.

20 운영체제에 대한 설명으로 옳지 않은 것은?

A. 마이크로소프트 사의 대표적인 그래픽 사용자 인터페이스 방식의 운영체제는 윈도우(Windows)이다.

B. OS/2는 인텔의 80386/80486 계열 CPU에서 능력을 최대로 발휘하도록 설계한 운영체제이다.

C. 유닉스는 어셈블리어와 포트란으로 작성되었다.

D. 리눅스는 유닉스 기반의 운영체제이다.

[괄호채우기 문제]

다음 각 문항에 대하여 빈칸에 적절한 단어를 채우시오.

01 운영체제가 제공하는 기능을 키보드 입력을 통해 사용하는 인터페이스 방법을 (   )(이)라 한다.

02 그래픽 사용자 인터페이스 방식의 영어 약자는 (   )(이)다.

03 (   )(은)는 입출력 장치의 효과적인 할당과 회수 등의 기능을 관리한다.

04 하나 이상의 프로그램이 동시에 주기억장치 내부에 적재하고 동시에 프로그램을 실행할 수 있도록 하는 방식을 (   )(이)라 한다.

05 (　　　)(은)는 메모리에 적재되어 CPU의 처리를 기다리거나 CPU에 선택되어 처리가 수행되는 프로그램을 말한다.

06 컴퓨터 장치나 프로그램에서 특정한 일이 발생했을 때 운영 체제에게 특정한 서비스를 수행하도록 요구하는 이벤트를 (　　)(이)라 한다.

07 (　　　)(은)는 하나의 시스템을 여러 명의 사용자가 단말기를 이용하여 여러 작업을 처리할 때 이용하는 처리 방식이다.

08 (　　　)(은)는 2개 이상의 중앙처리장치를 사용하여 작업을 여러 개로 분담하여 프로그램을 동시에 수행하는 방식이다.

09 (　　　)(은)는 처리를 요구하는 작업이 발생할 때마다 지정된 짧은 시간 내에 작업을 처리하여 확실한 응답이나 출력을 보장하는 방식이다.

10 (　　　)(은)는 네트워크를 통해 연결된 여러 자료 저장 장소와 컴퓨터 시스템에 작업과 자원을 나누어 서로 통신을 하면서 일을 처리하는 방식이다.

[주관식 문제]

01 운영체제의 정의를 설명하고 운영체제를 구성하는 관리자를 열거하시오.

02 운영체제의 사용자 인터페이스의 종류를 열거하고 각각 설명하시오.

03 배치처리 방식과 시분할 방식의 차이를 설명하시오.

04 다중 프로그래밍과 다중 처리 방식의 차이를 설명하시오.

05 도스 프롬프트에서 실행되는 명령어 10개를 소개하고 여러분이 사용하는 운영체제의 도스 프롬프트에서 직접 실행해 보시오.

06 운영체제의 발전을 1세대부터 5세대까지 구분하여 그 특징을 설명하시오.

07 GUI의 효시와 발전에 대하여 설명하시오.

08 애플의 홈페이지를 방문하여 현재의 매킨토시의 운영체제의 버전과 특징을 설명하시오.

09 린도우즈(Lindows)가 무엇인지 인터넷에서 조사하여 설명하시오.

10 유닉스의 명령어 기반 쉘에서 이용되는 명령어 10개를 소개하고 설명하시오.

7장

데이터베이스

단원 목표

- 데이터베이스와 데이터베이스 관리시스템을 이해하고 그 차이를 알아본다.
- 데이터베이스를 구성하는 물리적 구조와 추상화 과정을 이해한다.
- 데이터베이스 모델의 종류를 알아본다.
- 데이터베이스 관계형 모델의 구조와 구성 요소, 관계 연산에 대하여 알아본다.
- 데이터베이스 관리시스템의 정의와 구성을 알아본다.
- DBMS 종류인 MySQL, 오라클, MS SQL 서버 2014에 대하여 알아본다.
- 임베디드 데이터베이스 엔진인 SQLite를 살펴보고 간단히 명령어 쉘의 실행 방법을 알아본다.
- MS SQL 서버 2014 쿼리편집기의 간단한 사용법을 알아본다.

단원 목차

01

데이터베이스 개요

1.1 ____ 데이터와 정보

데이터(data)는 단순한 사실에 불과한 아직 처리되지 않은 값이다. 이 데이터가 사람에게 유용한 의미로 쓰여질 수 있도록 처리되면 정보(information)가 된다. 즉 정보는 의사결정을 위해 조직화되고 체계화된 데이터로서 의사 결정권자에게 의미를 제공해야 한다. 그러므로 단순한 자료인 데이터의 모임을 정보로 사용할 수 있도록 데이터를 체계적으로 저장하는 방법이 필요하다.

그림 7.1 데이터에서 정보로 활용하기 위한 체계적 저장 관리

1.2 ____ 데이터베이스

데이터베이스 정의

데이터베이스는 간단히 '관련 있는 데이터의 저장소'라고 볼 수 있다. 좀 더 자세히 살펴보면 데이터베이스는 여러 사람이나 응용시스템에 의해 참조 가능하도록 서로 논리적으로 연관되어 통합 관리되는 데이터의 모임이다. 데이터베이스에 저장된 자료는 데이터를 추가하고, 공유하고, 찾고, 정렬하고, 분류하고, 요약하고, 출력하는 등의 여러 조작을 통하여 정보로 활용될 수 있다.

데이터베이스 특징

데이터베이스의 특징을 살펴보면, 데이터베이스는 통합된(integrated), 관련(related) 있는 데이터이며, 중복(redundancy)을 최소화하여 보조기억장치에 저장되고, 무결성(integrity), 동시 접근(concurrent access), 보안(security) 유지, 장애 회복(recovery) 기능이 있어야 한다.

표 7.1 데이터베이스의 특징

데이터베이스 특징	내용
통합된 데이터	데이터의 특성, 실체 상호 간의 의미 관계와 형식 관계를 기술한 개념적인 구조에 따라서 편성된 데이터의 집합
관련 있는 데이터	동시에 복수의 적용 업무나 응용 시스템에 대한 데이터의 공급 기지로서 공유할 필요가 있는 데이터를 보관, 관리
중복의 최소화	동일한 내용의 데이터가 중복되지 않아야 하고, 다양한 접근 방식이 마련되어 있어야 하며, 검색이나 갱신이 효율적으로 이루어질 수 있도록 중복을 최소화
보조기억장치에 저장	자기 디스크나 자기 테이프 등 컴퓨터에서 사용할 수 있는 보조 기억 장치에 저장
무결성	데이터가 정확성을 항상 유지
동시 접근	여러 사람이 동시에 자료에 접근하더라도 문제없이 작업을 수행
보안 유지	데이터베이스의 관리 및 접근을 효율적으로 관리하여 보안 유지
장애 회복	문제가 발생하더라도 이전 상태로 복구 가능

1.3   데이터베이스 관리시스템

데이터베이스 관리시스템(DBMS: DataBase Management System)은 사용자가 데이터베이스를 만들고, 유지 관리할 수 있도록 돕는 프로그램을 말한다. 즉 데이터와 응용 프로그램 사이에서 중재자 역할을 하며 모든 프로그램들이 데이터베이스를 유용하게 활용할 수 있도록 관리해 주는 소프트웨어이다.

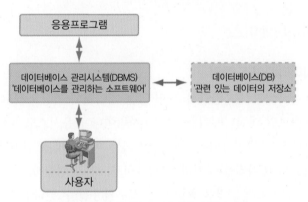

그림 7.2 데이터베이스 관리시스템(DBMS)

데이터베이스는 '관련 있는 데이터의 저장소'이고, 데이터베이스 관리시스템은 '데이터베이스를 관리하는 소프트웨어'이다. 이 두 용어의 차이를 이해하도록 하자.

02

데이터베이스 구조

2.1 데이터베이스 물리적 구조

필드와 레코드

자료의 가장 작은 단위는 비트(bit)이다. 비트가 8개 모이면 바이트(byte)가 되고, 한두 개의 바이트가 모이면 하나의 문자(character)를 표현할 수 있다. 문자가 모여 하나의 의미를 나타내는 문자열(string)을 표현할 수 있다. 문자뿐만 아니라 정수나 실수도 몇 개의 바이트로 표현할 수 있다. 특정한 종류의 데이터를 저장하기 위한 영역을 필드(fields)라 한다. 여기서 특정한 종류란 그 필드에 저장될 수 있는 데이터의 종류를 말하고 이를 데이터 유형(data types)이라 한다. 다음과 같이 사람에 대한 이름, 학번, 생년월일, 주소가 있다고 가정하자.

그림 7.3 필드와 레코드, 파일

이름, 학번, 생년월일, 주소와 같이 논리적으로 의미 있는 자료의 단위가 필드이다. 이름 필드에는 문자열이 저장되어야 하므로 이름 필드의 자료 유형은 문자열 유형이며, 학번의 자료 유형은 정수라 할 수 있다. 이러한 필드에는 실제 자료 값이 저장되며 이러한 필드가 여러 개 모이면 하나의 레코드(record)가 된다. 레코드가 여러 개 모이면 하나의 파일이 된다.

파일과 데이터베이스

여러 개의 레코드가 모여 하나의 파일이 구성된다. 이러한 파일을 여러 개 모아 논리적으로 연결해서 필요한 정보를 적절히 활용할 수 있도록 서로 관련 있는 데이터들로 통합된 파일의 집합을 데이터베이스(database)라 한다.

그림 7.4는 필드가 학번, 이름, 학과, 주소인 학생에 대한 정보를 저장하는 파일1과 또 다른 정보를 저장하는 여러 파일이 모여서 만들어진 데이터베이스를 표현하고 있다. 데이터베이스를 구성하는 하나의 파일인 파일1은 학번, 이름, 학과, 주소와 같이 동일한 형태의 필드 집합을 가지며 파일n과 같은 다른 파일은 그 파일의 고유한 다른 형태의 필드 집합을 갖는다.

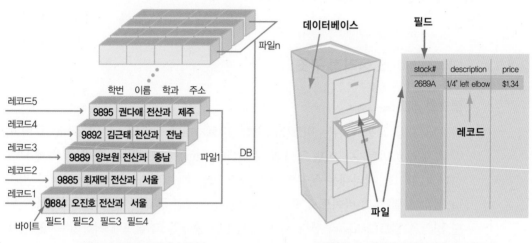

그림 7.4 파일과 데이터베이스   **그림 7.5** 캐비닛과 데이터베이스의 구조

이러한 데이터베이스의 구조는 캐비닛의 구조와 비유할 수 있다. 잘 정리된 항목의 레코드를 파일로 담아 놓은 캐비닛의 구조는 '관련 있는 통합된 데이터의 저장소'인 데이터베이스의 구조를 연상시킨다.

2.2 ___데이터베이스 추상화

데이터베이스의 내부 구조는 상당히 복잡하다. 데이터베이스의 복잡한 내부 구조는 일반 사용자에게 가능한 한 감추어져 있어야 한다. 이를 위하여 데이터베이스를 보는 관점인 뷰(view)를 세 단계로 추상화(abstraction)시켜 가능한 각 수준을 바라보는 뷰만을 인지하도록 한다. 데이터베이스 추상화의 세 가지 단계는 물리적 단계(physical level), 논리적 단계(logical level), 뷰 단계(view level)이다.

스키마

데이터베이스의 전체적인 설계를 스키마(schema)라 한다. 즉 스키마란 데이터베이스를 구성하는 정보의 종류와 구조 그리고 이들 간의 관계를 정의하는 구체적인 기술(description)과 명세(specification)이다. 데이터베이스 속에는 스키마가 여러 개 존재하는데, 스키마는 데이터베이스 추상화의 세 가지 단계인 물리적 단계, 논리적 단계, 뷰 단계에 대응된다. 즉 물리적 단계에는 하나의 물리 스키마(physical schema), 논리적 단계에는 하나의 논리 스키마(logical schema), 뷰 단계에는 여러 개의 서브 스키마(subschema)가 각각 대응된다. 자동차에 비유한다면 자동차 내부 구조를 물리 스키마라 할 수 있고, 자동차에 대한 전반적인 명세를 논리 스키마, 마지막으로 자동차를 다루는 사용자에 따라 타이어, 핸들, 엔진 등을 뷰 스키마에 비유할 수 있다.

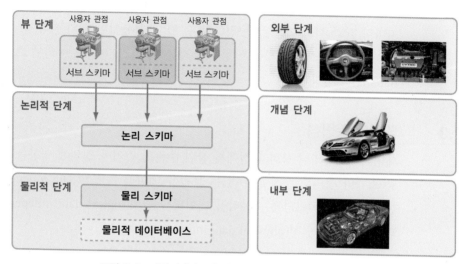

그림 7.6 데이터베이스 추상화 3단계와 데이터베이스 스키마

물리적 단계

물리적 단계에서는 저장 장치의 내부에 실질적으로 데이터가 저장될 구조와 위치를 결정한다. 물리적 단계는 내부 단계(internal level)라고도 한다. 이 단계에서는 하위 수준의 접근 방식을 다루고 바이트들이 어떻게 저장 장치로부터 변환이 되는지 다룬다. 즉 내부 단계에서는 하드웨어와 직접적인 상호 작용을 다룬다. 물리적 단계에서 이루어지는 물리 스키마는 하드웨어에 저장되는 데이터베이스의 물리적 구조를 기술한 것으로 하위 데이터 모델을 통해 표현된다. 물리 스키마는 내부 스키마(internal schema)라고도 한다.

논리적 단계

논리적 단계에서는 데이터베이스에 저장될 데이터의 종류와 데이터 간의 관계를 기술한다. 논리적 단계에서 구성하는 논리 스키마는 복잡한 데이터베이스의 내부 구조를 알 필요 없이 비교적 간단한 데이터 구조로 전체 데이터베이스를 기술한다. 논리적 단계는 개념 단계(conceptual level)라고도 하며, 논리 스키마는 개념 스키마(conceptual schema)라고도 한다.

뷰 단계

뷰 단계는 추상화의 최상위 단계로, 사용자와 직접적인 상호작용을 하는 단계이다. 뷰 단계는 외부 단계(external level)라고도 한다. 뷰 단계에서는 논리적 단계에서 나온 데이터를 사용자에게 친숙한 형태의 뷰(view)로 변환하여 사용자에게 제공한다. 데이터베이스 사용자는 데이터베이스 전체에 관심이 있기보다는 본인이 담당하는 작업인 전체 데이터베이스의 일부분에만 관심을 갖는다. 그러므로 사용자마다 각각 서로 다른 뷰를 정의할 수 있다. 사용자마다 다른 뷰에서 본인의 관심인 데이터베이스의 일부분을 정의한 것을 서브 스키마 또는 외부 스키마(external schema)라 한다.

2.3 데이터 독립성

데이터베이스의 추상화 과정에서 상위 수준의 스키마 정의에 영향을 주지 않고 해당 스키마 정의를 수정할 수 있는 능력을 데이터 독립성(data independence)이라한다. 데이터 독립성에는 논리적 데이터 독립성(logical data independence)과 물리적 데이터 독립성(physical data independence)이 있다.

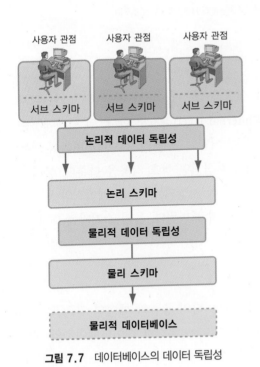

그림 7.7 데이터베이스의 데이터 독립성

논리적 데이터 독립성

논리적 데이터 독립성은 사용자의 응용프로그램 자체에 영향을 주지 않고 논리적 단계에서의 논리 스키마를 수정할 수 있는 능력을 말한다.

물리적 데이터 독립성

물리적 데이터 독립성은 사용자의 응용프로그램 자체나 데이터베이스의 논리 스키마에 영향을 주지 않고 데이터의 물리적 스키마를 수정할 수 있는 능력을 말한다.

03

데이터베이스 모델

데이터베이스 모델은 데이터의 논리적 설계와 그들 간의 관계를 표현한다. 데이터베이스 모델은 계층적 모델(hierarchical model), 네트워크 모델(network model), 관계형 모델(relational model) 등으로 구분할 수 있다.

3.1 계층 모델

계층적 모델에서 데이터는 위에서 아래로 트리 형태로 구성된다. 각 엔터티(entity)는 하나의 부모만을 가지며, 한 부모는 여러 자식을 가질 수 있다. 계층적 모델은 링크(link)를 사용한다는 점에서는 네트워크 모델과 유사하지만 레코드들이 트리 형태로 계층을 갖는다는 점에서 네트워크 모델과 다르다.

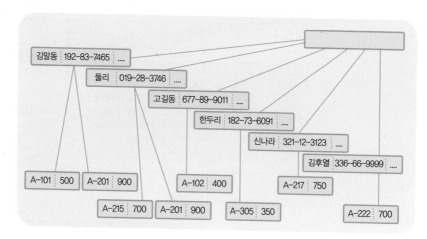

그림 7.8 계층 모델

3.2 네트워크 모델

네트워크 모델은 레코드와 레코드 간의 관계를 서로 연결하는 그래프를 사용하여 표현한 모델이다. 데이터 간의 관계는 링크(link)로 표현된다.

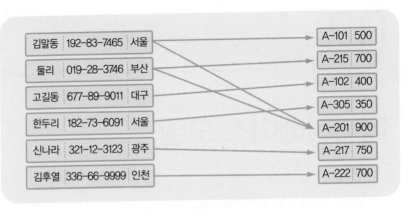

그림 7.9 네트워크 모델

3.3 _____ 관계형 모델

관계형 모델은 데이터를 행과 열로 구성된 이차원 테이블의 집합으로 표현한 모델이다. 관계형 모델에서는 포인터가 존재하지 않고 테이블을 구성하는 동일한 열로 데이터의 관계를 표현한다. 관계형 모델은 수학적 기초에 기본을 두고 있으며 현재 가장 널리 활용되는 관계형 데이터베이스(relational database)의 데이터 모델로 사용된다.

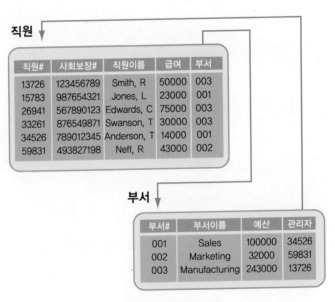

그림 7.10 관계형 모델

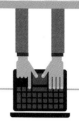

관계형 모델

4.1   관계의 구조

관계형 모델은 모든 데이터를 이차원의 테이블(table)로 표현한 모델이다. 이 테이블을 관계(relation)라 한다. 관계형 모델은 테이블 내의 필드 중에서 그 일부를 다른 테이블의 필드와 중복함으로써 여러 테이블 간의 상관 관계를 정의한다. 일반적으로 관계는 관계 스키마(relation schema)와 관계 사례(relation instance)로 구성된다. 관계 스키마는 관계의 구조를 정의하는 것이고, 관계 사례는 관계 스키마에 삽입되는 실제 데이터 값을 말한다.

학생

학번	이름	학과	주소	지도교수
2000001	오진호	001	서울	0001
2000002	권다애	002	경기도	0015
2000003	김근태	001	인천	0002
2000004	양보원	003	대전	0022
2000005	김태수	001	서울	0003

관계 스키마

관계 사례

그림 7.11 관계 스키마와 관계 사례

왼쪽 그림에서 관계 이름인 학생과 관계에 대한 속성 구성인 [학생(학번, 이름, 학과, 주소, 지도교수)]가 관계 스키마이며, 실제로 관계 내부에 삽입된 하나의 자료인 '(2000003, 김근태, 001, 인천, 0002)'는 관계 사례이다. 관계 스키마는 관계 이름과 속성 이름이 처음에 한번 결정되면 시간의 흐름과 관계없이 동일한 내용이 계속 유지되는 정적인 특성을 갖는다. 반면에 관계 사례는 시간이 변함에 따라 실제 사례 값이 변하는 동적인 특성이 있다.

4.2   관계의 구성 요소

속성

관계에서 각 열을 속성(attribute)이라 하며, 그림 7.12의 테이블에서 제목 부분을 말한다. 한 테이블에서 속성 이름은 유일한 이름이어야 하며 한 관계의 총 속성의 수를 관계의 차수(degree)라 한다. 관계의 각 속성은 각 열에 저장되는 자료의 의미를 나타낸다. 속성은 실제 데이터베이스에서는 필드라 하고, 데이터베이스관리시스템(DBMS)에서는 열(column)이라고 표현한다.

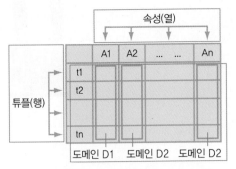

그림 7.12 관계의 구성 요소

튜플

하나의 관계에서 각 행을 튜플(tuple)이라 한다. 즉 튜플은 관계에서 정의된 모든 속성 값들의 집합이다. 튜플은 실제 데이터베이스에서는 레코드라 하고 DBMS에서는 행(row)이라고 표현한다. 도메인은 하나의 속성이 취할 수 있는 모든 값의 범위를 의미한다.

관계의 특징

관계에서 중복된 튜플은 삽입될 수 없으며, 튜플 내의 모든 값은 더 이상 나눌 수 없는 값이어야 하는데, 이 나눌 수 없는 값을 원자 값(atomic value)이라 한다. 다음은 이러한 관계에서의 특징을 정리한 표이다.

표 7.2 관계의 특징

특징	내용
속성 이름의 유일성	한 관계에서 속성 이름은 유일해야 한다.
원자 값	튜플 내의 모든 값은 더 이상 나눌 수 없는 원자 값(atomic value)이어야 한다.
튜플 간의 순서	관계에서 튜플 간의 순서는 무의미하다.
속성 간의 순서	한 관계에서 속성 간의 순서는 무의미하다.
중복 불허	한 관계에서 두 튜플의 속성 값이 모두 같은 것은 불허한다.

키

키(key)는 관계에서 튜플들을 유일(uniqueness)하게 구별할 수 있는 하나 이상의 속성의 집합을 말한다. 한 테이블에 삽입될 수 있는 튜플은 반드시 키 값이 달라야 한다. 키의 종류에는 후보키(candidate key), 주키(primary key), 외래키(foreign key) 등이 있다. 하나의 관계에서 유일성과 최소성(minimality)을 만족하는 키가 후보키이다. 최소성이란 관계 내의 각 튜플을 유일하게 구별하기 위하여 최소한으로 필요한 속성들의 집합을 말한다. 한 관계에서 후보키는 여러 개일 수 있다. 후보키 중에서 가장 적합한 식별자로 선정된 키가 주키이다. 주키는 관계에서 여러 튜플 중에서 하나의 튜플을 식별하는 역할을 수행한다. 외래키는 어느 관계의 속성들 중에서 일부가 다른 관계의 주키가 될 때, 이 키를 외래키라 한다. 이 외래키를 이용하여 관계와 관계를 서로 연결할 수 있다.

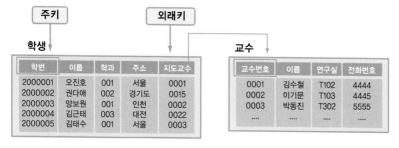

그림 7.13 관계의 구성 요소

왼쪽 그림과 같이 학생과 교수의 두 관계를 생각해 보자. 학생 관계에서 학생 튜플을 식별하는 주키는 학번 속성이고, 교수 관계에서 주키는 교수번호 속성이 된다. 학생의 지도교수 속성이 교수번호의 주키가 되므로 학생 관계에서 외래키에 해당한다.

4.3 관계에 대한 연산

관계형 모델의 자료인 이차원 테이블의 연산에 대하여 알아보자. 관계에 대한 연산 중에서 간단한 연산인 삽입(insert), 삭제(delete), 수정(update), 조회(select) 연산에 대하여 알아보자.

삽입

삽입 연산은 관계에 하나의 튜플을 삽입(insert)하는 연산이다. 관계에서는 튜플의 순서는 의미가 없으므로 삽입되는 튜플의 순서는 상관하지 않는다. 다음은 주어진 학생 관계에 튜플 (20153007, 김남훈, 19961018, 010-5948-2875)을 삽입한 결과를 보이고 있다.

학생 관계

학번	이름	생년월일	핸드폰 번호
20153001	이종만	19970427	011-7384-4927
20153002	오상조	19960717	010-6594-4118
20153003	남승현	19960506	016-7285-1968
20153004	조진형	19961110	011-3454-7221

삽입
(insert)

학생 관계

학번	이름	생년월일	핸드폰 번호
20153001	이종만	19970427	011-7384-4927
20153002	오상조	19960717	010-6594-4118
20153003	남승현	19960506	016-7285-1968
20153004	조진형	19961110	011-3454-7221
20153007	김남훈	19961018	010-5948-2875

그림 7.14 삽입 연산 결과

삭제

삭제 연산은 관계에서 관련된 튜플을 삭제(delete)하는 연산이다. 주어진 학생 관계에서 핸드폰 번호가 011로 시작하는 튜플을 삭제하는 연산을 실행해 보자. 삭제 연산의 결과로 두 개의 튜플이 삭제되는 것을 알 수 있다.

학생 관계

학번	이름	생년월일	핸드폰 번호
20153001	이종만	19970427	011-7384-4927
20153002	오상조	19960717	010-6594-4118
20153003	남승현	19960506	016-7285-1968
20153004	조진형	19961110	011-3454-7221

학생 관계

학번	이름	생년월일	핸드폰 번호
20153002	오상조	19960717	010-6594-4118
20153003	남승현	19960506	016-7285-1968

그림 7.15 삭제 연산 결과

수정

수정 연산은 관계에서 관련된 속성 값을 수정(update)하는 연산이다. 주어진 학생 관계에서 학번이 20153004인 학생에 대한 생년월일을 19961010으로 수정하는 연산을 실행해 보자. 다음은 이 수정 연산의 결과이다.

학생 관계

학번	이름	생년월일	핸드폰 번호
20153001	이종만	19970427	011-7384-4927
20153002	오상조	19960717	010-6594-4118
20153003	남승현	19960506	016-7285-1968
20153004	조진형	19961110	011-3454-7221

학생 관계

학번	이름	생년월일	핸드폰 번호
20153001	이종만	19970427	011-7384-4927
20153002	오상조	19960717	010-6594-4118
20153003	남승현	19960506	016-7285-1968
20153004	조진형	19961010	011-3454-7221

그림 7.16 수정 연산 결과

조회

조회(select) 연산은 관계에서 관련된 튜플에서 부분 집합의 튜플과 속성으로 구성된 새로운 관계를 생성하는 연산이다. 조회 연산은 주어진 관계에서 튜플을 선택하기 위하여 관계의 특정 속성만을 지정할 수 있다. 주어진 학생 관계에서 태어난 연도가 1996년인 학생의 학번, 이름, 생년월일을 조회하는 연산을 실행해 보자. 다음은 이 조회 연산의 결과이다.

학생 관계

학번	이름	생년월일	핸드폰 번호
20153001	이종만	19970427	011-7384-4927
20153002	오상조	19960717	010-6594-4118
20153003	남승현	19960506	016-7285-1968
20153004	조진형	19961110	011-3454-7221

조회
(select)

조회된 새로운 관계

학번	이름	생년월일
20153002	오상조	19960717
20153003	남승현	19960506
20153004	조진형	19961110

그림 7.17 조회 연산 결과

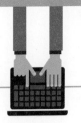

05

데이터베이스 관리시스템

5.1 DBMS 정의

데이터베이스 관리시스템(DBMS: DataBase Management System)은 데이터베이스를 정의하고, 데이터베이스를 구축하고, 데이터베이스를 조작하고, 데이터베이스를 제어하여 데이터베이스에서 정보를 쉽게 활용할 수 있도록 만든 프로그램이자 소프트웨어이다.

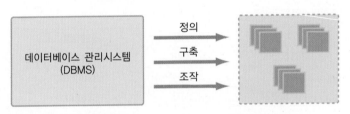

그림 7.18 데이터베이스 관리시스템의 정의

5.2 DBMS 구성

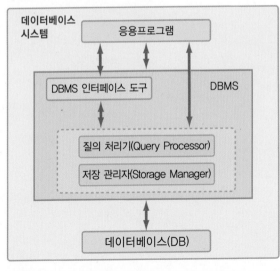

그림 7.19 데이터베이스의 구성 요소와 데이터베이스 시스템

DBMS의 구성 요소는 DBMS가 제공해야 하는 여러 기능을 수행하는 단위 프로그램으로 저장 관리자(Storage Manager), 질의 처리기(Query Processor), DBMS 인터페이스 도구(DBMS Interface Tool) 등으로 구성되어 있다. DBMS에 응용프로그램과 실제 데이터를 합치면 데이터베이스 시스템이 된다. 즉 데이터베이스 시스템이란 특정한 목적을 위하여 DBMS와 데이터베이스 그리고 이를 사용하는 응용프로그램이 통합된 시스템을 말한다.

DBMS 인터페이스 도구는 사용자가 DB의 자료와 DB의 모든 장치에 쉽게 접근할 수 있는 수단을 제공하는 프로그램이다. 예전에는 DBMS 인터페이스 도구가 도스와 같이 명령행 인터페이스 방법을 이용하여 DB에 접근하도록 하였으나 요즘에는 대부분 GUI 방식의 인터페이스를 제공한다. 질의 처리기는 사용자와 응용프로그램이 요청하는 질의문을 해석하여 최적의 결과를 도출하는 구성 요소이다. 저장 관리자는 데이터베이스 구조를 결정하고 최적의 데이터베이스를 구축하기 위하여 실제 저장장치에 자료를 저장하는 구성 요소이다.

5.3 DBMS 종류

DBMS의 종류를 살펴보면 Oracle, DB2, Sybase, Ingres, Postgres, mSQL, MySql, SQL Server 등 매우 다양하다. 여기에서 기업용 DBMS로 가장 널리 활용되는 Oracle, 공개 DBMS인 MySql, 그리고 중소 규모에서 널리 활용되는 마이크로소프트의 MS SQL Server에 대하여 간략히 알아보자.

MySQL

MySQL은 대표적인 오픈 소스 DBMS 제품으로 데이터베이스 시스템을 공부하는 학생들에게 아주 인기가 좋은 DBMS이다. 현재는 성능이 향상되어 상용 DBMS로도 널리 사용되는 제품이다. MySQL은 원래 mSQL이라는 DBMS에서 기반이 되어 새로 개발된 DBMS로서 GNU 공용허가(GPL) 제품이므로 다음 사이트에서 무료로 내려 받아 이용할 수 있다.

그림 7.20 MySQL 홈페이지(www.mysql.com)

MySQL은 다음과 같은 특징을 갖는 DBMS이다.

내부 구성 및 이식성
- C 및 C++로 기술되고 있다.
- 다양한 플랫폼에서 동작한다.

보안
- 매우 유연하고 안전한 특권 및 패스워드 시스템이며 호스트 베이스의 검증이 가능하다.
- 서버에 접속할 때에 모든 패스워드 트래픽이 암호화되므로 암호는 안전하다.

확장성과 범위
- 대규모 데이터베이스를 처리한다.
- 각 테이블로 최고 32개의 인덱스가 사용 가능하다.

접속성
- 클라이언트는 모든 플랫폼에서 TCP/IP 소켓을 사용해 MySQL 서버에 접속할 수 있다.
- Connector/ODBC 인터페이스에 의해 ODBC(Open DataBase Connectivity) 접속을 사용하는 클라이언트 프로그램에 MySQL 서포트가 제공된다.

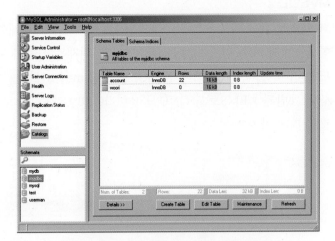

그림 7.21 MySQL의 GUI 방식의 관리자 프로그램

오라클

1977년 설립된 오라클(Oracle) 사가 개발한 오라클은 세계적으로 가장 성공한 DBMS의 한 제품이다. 운영체제가 마이크로소프트라면 DBMS는 단연 오라클이라고 말할 수 있을 정도로 오라클은 인터넷의 성장과 함께 기업용 대규모 데이터베이스 시스템의 DBMS로 자리잡았다.

그림 7.22 오라클 홈페이지(www.oracle.com)

현재 오라클 DBMS의 버전은 Oracle DBMS 12c로 다음과 같이 데이터베이스 시스템의 규모에 따라 3가지 에디션(Enterprise Edition, Standard Edition, Standard Edition One)이 제공되기 때문에 주로 대기업과 중소기업의 데이터베이스 시스템 구축에 많이 이용된다. 또한 오라클은 누구나 무료로 내려 받아 이용할 수 있는 오라클 데이터베이스 익스프레스 에디션(Oracle Database Express Edition)을 제공한다.

SQL 서버

마이크로소프트 사의 SQL 서버(SQL Server)는 인텔 기반의 서버용 컴퓨터에서 널리 사용되는 DBMS이다. SQL 서버는 원래 사이베이스(Sybase) 사의 DBMS 엔진을 윈도우 NT에 탑재하면서 시작되어, 버전 4.2까지 사이베이스와 공동 개발하였다.

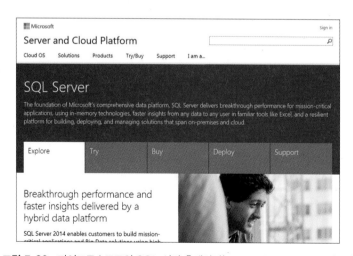

그림 7.23 마이크로소프트의 SQL 서버 홈페이지(www.microsoft.com/sql)

마이크로소프트 사는 사이베이스의 제품을 완전히 사들여 독자적으로 DBMS의 내부 커널을 재설계하여 SQL 서버 6.0을 발표하였다. SQL 서버는 계속 버전이 향상되어 1998년 SQL 서버 7.0이 발표되었고, 현재 버전은 마이크로소프트 SQL Server 2012를 거쳐 SQL Server 2014가 발표되었다.

마이크로소프트는 DBMS를 위한 미들웨어(ODBC)인 ODBC(Open Database Connectivity) API(Application Programming Interface) 등을 제공해 데이터베이스를 더욱 쉽게 개발할 수 있도록 하여 SQL 서버의 성장에 많은 도움을 주었다.

ODBC는 데이터베이스를 사용하기 위한 표준 개방형 응용 프로그램으로 DBMS의 종류에 관계없이 어떤 응용 프로그램에서나 모두 접근하여 사용할 수 있도록 하기 위하여 마이크로소프트에서 개발한 데이터베이스 표준 접근 방법이다. 응용 프로그램과 DBMS 중간에 데이터베이스 처리 프로그램인 ODBC와 각 DBMS의 드라이버를 이용하여 이를 가능하게 한다.

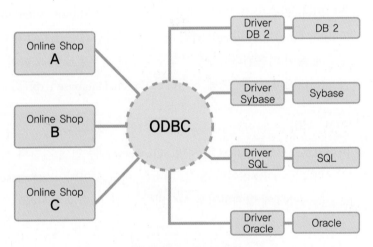

그림 7.24 ODBC 개념도

응용 프로그램 내부에서 ODBC 문장을 사용하면 오라클, 사이베이스, DB2, MySql 등 여러 종류의 데이터베이스를 액세스할 수 있다. 즉 응용 프로그램들이 데이터베이스의 독점적인 인터페이스에 대해 알지 못하더라도 데이터베이스 접근이 가능하다. SQL 요청을 받아서 그것을 개개의 데이터베이스 시스템들이 이해할 수 있도록 변환하기 때문이다. 즉 ODBC를 사용하면 여러 종류의 데이터베이스를 함께 사용할 수 있고 기존에 사용하던 데이터베이스를 교체한다 하더라도 응용 시스템을 계속해서 그대로 사용할 수 있어 비용을 절감할 수 있는 등의 장점이 있다. 초기에는 마이크로소프트가 윈도우용 ODBC 제품을 공급했지만, 이제는 유닉스, OS/2, 매킨토시 등을 위한 버전도 다양하게 제공하고 있다.

임베디드 DBMS

스마트폰, 태블릿과 같은 다양한 모바일 기기의 보급에 따라 모바일 기기에 기본적으로 탑재되는 작지만 빠른 개인용 임베디드 데이터베이스 엔진이 많이 활용되고 있다. 그 대표적인 데이터베이스 엔진이 SQLite이다.

SQLite

SQLite는 데이터베이스 엔진을 위한 소프트웨어 라이브러리로 소스도 공개되어 있고 무료로 사용할 수 있다. SQLite는 원래 리차드 힙(Richard Hipp)이 2000년에 DBMS를 사용하지 않고 활용할 수 있는 데이터베이스 엔진(database engine)으로 개발하였으며, C로 구현되어 용량이 작고 가벼우면서도 안정적이며, 서버가 따로 필요하지 않아 시스템의 임베디드(embedded) 데이터베이스로 많이 활용되고 있다. 즉 SQLite는 세계에서 가장 널리 배포된 SQL 데이터베이스 엔진으로, iOS와 안드로이드 등 모바일 환경에 많이 내장되어 사용되고 있다.

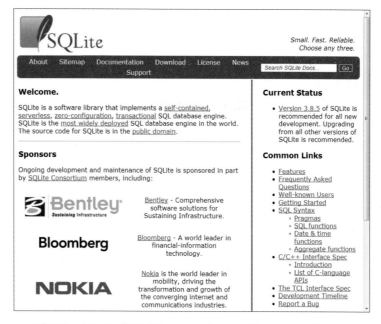

그림 7.25 SQLite 홈페이지(www.sqlite.org 또는 www.sqlite.com)

SQLite의 설치와 사용

SQLite를 간단히 사용해 보기 위해 SQLite 홈페이지의 다운로드 메뉴에서 윈도우용 실행파일 중, 명령어 쉘(sqlite-shell-win32-x86-0000000)을 내려 받아 실행해 보자.

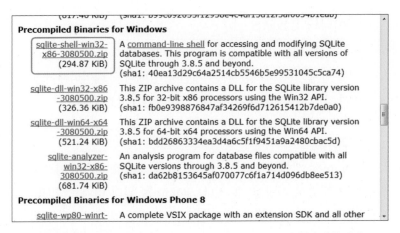

그림 7.26 명령어 쉘(sqlite-shell-win32-x86-0000000) 내려 받기

내려 받은 윈도우용 쉘 압축 파일 sqlite-shell-win32-x86-3080500.zip을 풀어, 바로 실행 파일 sqlite3.exe를 실행하면 다음과 같이 도스창에서 명령어를 입력할 수 있는 쉘이 실행된다. 마지막 행인 sqlite〉를 명령 프롬프트(prompt)라고 하며 그 이후에 원하는 명령어를 입력한 후 enter 키를 눌러 실행한다.

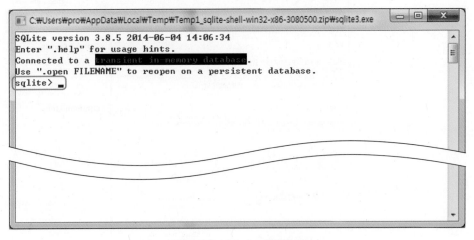

그림 7.27 SQLite 명령어 쉘

가장 먼저 여러 학과의 정보를 저장할 수 있는 department 테이블을 만들어보자. 명령어 create table department에 문제가 없으면 아무런 메시지도 표시되지 않으며, 명령어 .table로 생성된 테이블을 확인할 수 있다.

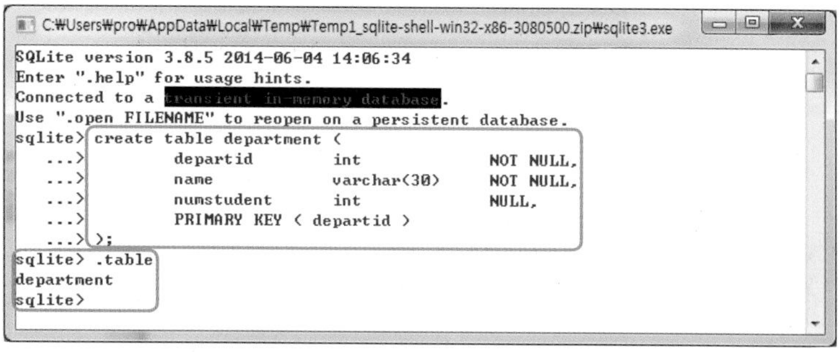

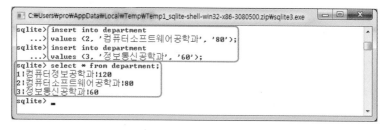

그림 7.28 create table 명령어 실행

이제 생성된 department 테이블에 하나의 레코드를 삽입하자. 레코드 삽입 명령어 insert into department에 문제가 없으면 아무런 메시지도 표시되지 않으며, 다음과 같이 명령어에 문제가 있으면 오류 원인이 표시된다. 테이블의 조회 명령어 select로 생성된 레코드를 확인할 수 있다.

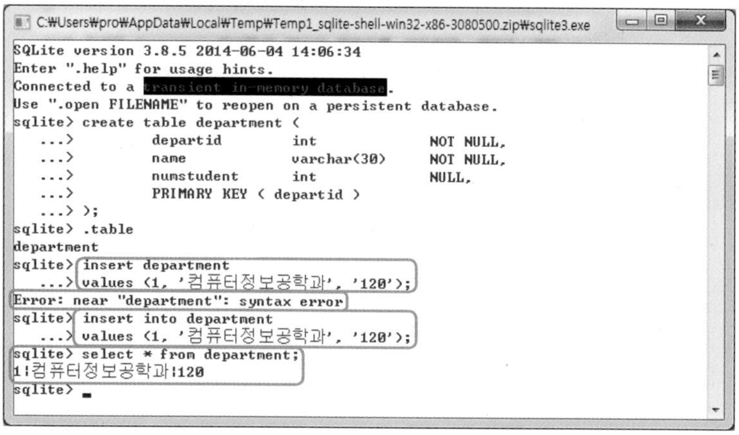

그림 7.29 insert into table 명령어 실행

다음은 테이블 department에 레코드를 2개 더 넣고 select로 조회하는 명령어이다. 명령어 select의 결과로 3개의 레코드가 표시되는 것을 확인할 수 있다.

그림 7.30 여러 insert into table 명령어와 select 실행

06

SQL 서버 2014

6.1 SQL 서버 2014 익스프레스

마이크로소프트 사의 대표적인 DBMS는 SQL 서버로 현재 최신 버전은 SQL 서버 2014(SQL Server 2014)이다. SQL 서버 2014는 상용이며, 무료 버전으로 SQL 서버 2014 익스프레스(SQL Server 2014 Express)를 제공하고 있다. 마이크로소프트 사의 내려 받기 센터(Download Center : www.microsoft.com/ko-kr/download)에 접속하여 SQL 서버 2014 익스프레스를 검색하여 내려 받아 설치하면 SQL 서버 2014 익스프레스를 사용할 수 있다.

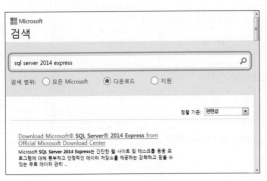

그림 7.31 마이크로소프트 내려 받기 센터에서의 검색

MS SQL Server 2014 익스프레스를 설치한 후 관리자를 실행하기 위해 시작 메뉴에서 [Microsoft SQL Server 2014] → [SQL Server 2014 Management Studio]를 선택하자.

그림 7.32 시작 메뉴의 모든 프로그램에서 [SQL Server 2014 Management Studio] 선택

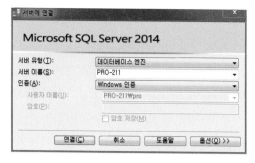

그림 7.33 SQL 서버에 연결

다음 [서버에 연결] 대화상자에서 윈도우 인증 또는 SQL 서버 인증 중에 하나를 선택하여 서버에 접속한다. 운영체제인 윈도우 인증을 사용하여 연결하려면 [Windows 인증]을, SQL 서버 인증을 사용하여 연결하려면 [SQL 서버 인증]을 선택한다. SQL 서버 인증을 사용한다면 설치 중에 지정한 사용자와 암호를 기억하여 입력한다.

6.2 관리자 스튜디오

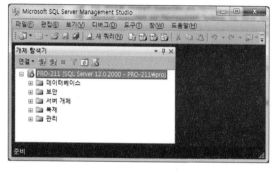

그림 7.34 관리자 스튜디오

관리자 스튜디오를 활용하여 데이터베이스의 생성과 백업, 복구 작업 그리고 테이블의 생성 및 수정 작업과 사용자 등록, 사용자에 대한 보안 및 권한 설정 작업 등 데이터베이스 관리를 위한 여러 작업을 수행할 수 있다. 왼쪽은 서버에 연결하여 실행한 관리자 스튜디오의 화면이다.

관리자 스튜디오 화면에서 [개체 탐색기]의 가장 상단 폴더인 서버를 선택한 후 마우스 오른쪽 단추를 클릭하면 팝업 메뉴가 나타나고, 이 메뉴에서 [속성]을 누르면 서버 속성을 살펴볼 수 있는 대화상자가 나타난다. 이 [서버 속성] 대화상자의 왼쪽 상단에는 여러 속성을 볼 수 있는 일반에서부터 사용 권한까지 여러 가지 옵션을 선택할 수 있는 [페이지]가 표시된다.

그림 7.35 SQL 서버 속성 화면

6.3 ___ 간단한 질의 처리

질의는 데이터베이스에 사용하는 명령어로 데이터베이스를 구축하고, 새로운 자료를 입력하거나, 데이터를 수정 또는 삭제, 검색하는 데 이용되는 가장 기본적인 명령어를 말하며, 쿼리(query)라고도 부른다. 이러한 질의를 실행하고 그 결과를 보려면 쿼리 편집기를 이용한다. 쿼리 편집기는 테이블 생성, 삭제 및 수정 작업과 같은 SQL 트랜잭션 작업과 저장 함수(stored procedure)를 실행하고 색인 분석을 통해 필요한 색인을 생성하는 데 이용하는 도구로서 SQL 서버에서 가장 많이 이용한다. 다음은 쿼리 편집기를 이용하여 수행하는 주요 작업이다.

- 쿼리 및 다른 SQL 스크립트를 만들어 이를 SQL Server 데이터베이스에 실행한다.
- 기존 데이터베이스 개체를 빠르게 복사한다(개체 브라우저 스크립팅 기능).
- 데이터베이스 내에서 개체의 위치를 찾거나(개체 검색 기능) 개체를 보고 작업한다(개체 브라우저).
- 테이블에 행을 빠르게 삽입하거나 업데이트하거나 삭제한다(테이블 열기 창).
- 자주 사용하는 쿼리에 대해 바로 가기 키를 만든다(쿼리 바로 가기 사용자 지정 기능).

관리자 스튜디오의 [새 쿼리] 아이콘을 선택하거나 [개체 탐색기]의 서버 선택 후 팝업 메뉴의 [새 쿼리(Q)]를 누르면 쿼리 편집기가 표시된다. 쿼리 편집기 제목 표시줄에는 질의가 저장되는 파일 이름, 데이터베이스 서버의 이름, 현재 로그인 이름이 표시된다. 쿼리 편집기는 Transact-SQL 문을 입력할 수 있는 텍스트 편집기이며, 이 편집기에 필요한 질의를 입력한 후 ctrl+E(Execute)를 누르면 하단부의 결과 창에는 반환된 결과 집합이 표시된다.

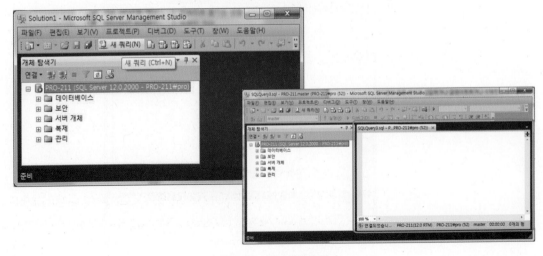

그림 7.36 쿼리 편집기 열기

쿼리 편집기에서 간단한 질의

그림 7.37 SQL 서버의 버전을 알기 위한 질의(테이블 모드)

쿼리 편집기에서 전체 SQL 스크립트를 실행하거나 선택한 SQL 문만 실행할 수 있다. 쿼리 편집기에서 원하는 SQL 스크립트를 만들거나 연(open) 다음 F5 키를 눌러 전체 스크립트를 실행한다. 편집기 창에서 코드의 해당 줄을 강조 표시한 다음 F5 키를 누르면 선택한 SQL 문만 실행할 수 있다. SQL 문을 실행하는 F5 는 ctrl+E(Execute)로도 가능하다. 그림 7.37과 같이 질의를 입력한 후 F5 키를 누르면 결과 창에 다음 결과가 표시된다.

위 질의는 현재의 서버 버전을 확인할 수 있는 방법이며, 결과는 테이블 형태로 나타난다. 결과 창은 테이블 형태와 텍스트 형태의 두 가지 모드로 결과가 나타나는데, 질의 전에 ctrl+D(griD)나 또는 ctrl+T(Text) 키를 이용하여 결과 창의 모드를 각각 테이블과 텍스트로 표현할 수 있다. 그림 7.38은 텍스트 형태의 결과이다.

그림 7.38 SQL 서버의 버전을 알기 위한 질의(텍스트 모드)

다음의 간단한 질의문을 질의 select @@version과 함께 실행한 결과를 살펴보자.

select * from sysobjects

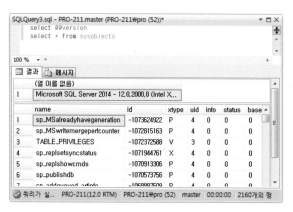

그림 7.39 SQL 서버의 버전과 테이블 sysobjects의 조회

위 질의문은 뷰 테이블 sysobjects의 모든 필드를 보여주는 SQL 문으로 테이블 형태의 결과를 확인할 수 있다. 두 SQL 문자의 결과가 각각의 테이블에 표시되는 것을 볼 수 있다.

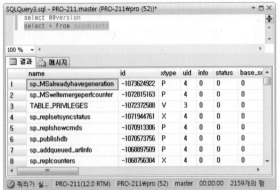

위 편집기에서 질의문 select * from sysobjects만을 실행하려면 먼저 이 문 장만을 선택한 후 실행한다. 그림 7.40이 질의문 select * from sysobjects만을 실행한 화면이다.

그림 7.40 테이블 sysobjects의 조회

결과 창을 없애려면 ctrl+R(Result)을 누른다. 다시 ctrl+R(Result)을 누르면 결과 창이 다시 나타날 것이다. 키 ctrl+R(Result)은 토글식이며, 가장 마지막에 실행한 결과가 다시 나타난다.

F1 키를 누르면 온라인 설명서를 볼 수 있는데, 질의에서 sysobjects에 커서를 놓고 F1 키를 누르면 뷰 sysobjects에 대한 도움말이 바로 나타난다.

그림 7.41 온라인 설명서

쿼리 편집기의 단축 키

다음은 쿼리 편집기에서 이용되는 주요 단축 키를 나타낸다.

표 7.3 쿼리 편집기의 단축 키

연산자	의미
Ctrl + E	실행
Ctrl + D	그리드(테이블) 모드 전환
Ctrl + T	텍스트 모드 전환
Ctrl + R	결과 창 보임/감춤
Ctrl + G	줄 이동 대화 상자
F1	관련 분야 또는 지정된 단어의 도움말
Shift + F1	지정된 단어의 온라인 도움말
Ctrl + shift + C	선택한 행에 주석 표시 --
Tab	선택한 행 들여쓰기(indentation)
Shift + Tab	선택한 행 내어쓰기
Ctrl + shift + L	선택한 글자를 소문자로 변환
Ctrl + shift + U	선택한 글자를 대문자로 변환

[객관식 문제]

다음 각 문항에 대하여 보기 중에서 알맞은 것을 선택하시오.

01 데이터베이스 물리적 구조와 그와 관련된 사항으로 옳지 않은 것은?

A. 필드 – 특정한 종류의 데이터를 저장하기 위한 영역이다.

B. 레코드 – 필드의 데이터 종류를 말한다.

C. 파일 – 여러 개의 레코드가 모여 하나의 파일이 구성된다.

D. 데이터베이스 – 파일을 여러 개 모아 관련 있는 데이터들로 통합한 파일의 집합이다.

02 데이터베이스의 특징으로 옳지 않은 것은?

A. 통합된 데이터   B. 관련 있는 데이터

C. 동시 접근, 무결성   D. 중복된 데이터

03 계층적 모델에 대한 설명으로 옳지 않은 것은?

A. 데이터 간의 관계는 링크(link)로 표현된다.

B. 데이터는 위에서 아래로 트리 형태로 구성된다.

C. 엔터티는 하나의 부모만을 가지며, 한 부모는 여러 자식을 가질 수 있다.

D. 데이터를 행과 열의 이차원 테이블의 집합으로 표현한 모델이다.

04 출신학교 코드가 입력되어야 할 필드에 고객 주소가 입력되었다면, 데이터베이스가 가지고 있어야 할 기능 중 어느 것을 위반한 것인가?

A. 데이터의 유지   B. 데이터의 장애 회복

C. 데이터의 중복   D. 데이터의 무결성

05 대표적인 오픈 소스 DBMS로 인기가 좋은 데이터베이스 관리 시스템은?

A. MySQL   B. ORACLE

C. SQL Server   D. PowerBuilder

06 데이터베이스 추상화의 물리적 단계에 대한 설명으로 옳지 않은 것은?

A. 실질적으로 데이터가 저장될 구조와 위치를 결정한다.

B. 저장될 데이터의 종류와 데이터 간의 관계를 기술한다.

C. 내부 단계라고도 한다.

D. 하드웨어와의 직접적인 상호작용을 처리한다.

07 관계연산의 연결이 옳지 않은 것은?

A. 관계에 하나의 튜플을 삽입하는 연산 – Insert

B. 관계에 관련된 튜플을 삭제하는 연산 – Delete

C. 관계에 관련된 속성 값을 수정하는 연산 – Update

D. 관계를 구성하는 관련된 튜플에서 부분 집합의 튜플과 속성으로 구성된 새로운 관계를 생성하는 연산 – Search

08 데이터베이스 모델에 대한 설명으로 옳지 않은 것은?

A. 계층 모델 – 엔터티는 하나의 부모와 하나의 자식을 갖는다.

B. 네트워크 모델 – 레코드와 레코드 간의 관계를 서로 연결한다.

C. 관계형 모델 – 포인터가 존재하지 않는다.

D. 네트워크 모델 – 데이터 간의 관계는 링크로 표현한다.

09 오라클과 SQLite에 대한 설명으로 옳지 않은 것은?

A. 1977년 설립된 오라클(Oracle) 사는 오라클을 개발하였다.

B. 오라클 DBMS는 주로 대기업과 중소기업의 데이터베이스 시스템 구축에 많이 이용된다.

C. SQLite는 데이터베이스 엔진을 위한 소프트웨어 라이브러리로 소스는 공개되어 있고 무료로 사용할 수 있다.

D. 오라클은 iOS와 안드로이드 등 모바일 환경에 많이 내장되어 사용되고 있다.

10 관계의 특징으로 옳지 않은 것은?

A. 한 관계에서 속성이름은 유일해야 한다.

B. 튜플 내의 모든 값은 원자 값이어야 한다.

C. 튜플과 속성의 순서는 입력 순이다.

D. 한 관계에서 두 튜플의 속성 값이 모두 같은 것은 허락하지 않는다.

11 SQL 서버에 대한 설명으로 옳지 않은 것은?

A. SQL 서버는 인텔 기반의 서버용 컴퓨터에서 널리 사용되는 DBMS이다.

B. SQL 서버는 엔터프라이즈가 필요로 하는 확장성과 안정성을 제공하는 데이터베이스 제품이다.

C. SQL 서버는 오라클 사에서 개발하여 UNIX 시스템에 가장 적합한 범용적인 DBMS이다.

D. SQL 서버는 원래 사이베이스 사의 DBMS 엔진을 NT에 탑재하면서 개발된 DBMS이다.

12 키(key)에 대한 설명으로 옳지 않은 것은?

A. 키 – 관계에서 튜플들을 유일하게 구별할 수 있는 하나 이상의 속성의 집합이다.

B. 후보키 – 유일성과 최소성을 만족하는 키로, 한 관계에 여러 개일 수 있다.

C. 주키 – 식별자로 가장 적합하여 선정된 키이다.

D. 외래키 – 여러 개의 후보키가 모여 복합적으로 사용되는 키이다.

13 데이터베이스와 관련된 설명으로 옳지 않은 것은?

A. 파일은 단순한 사실에 불과한 아직 처리되지 않은 값이다.

B. 정보는 데이터가 사람에게 유용한 의미로 쓰여질 수 있도록 처리된 것이다.

C. 단순한 자료인 데이터의 모임을 정보로 사용할 수 있도록 데이터를 체계적으로 저장하는 방법으로 데이터베이스를 이용한다.

D. 데이터베이스에 저장된 자료는 데이터를 추가하고, 공유하고, 정렬하는 등의 작업을 통하여 정보로 활용될 수 있다.

14 관계에 대한 연산에 해당하지 않는 것은?

A. insert
B. delete
C. merge
D. select

15 다음 설명 중 옳지 않은 것은?

A. 특정한 종류의 데이터를 저장하기 위한 영역을 필드라 한다.

B. 필드에는 실제 자료 값이 저장되며 이러한 필드가 여러 개 모이면 하나의 레코드가 된다.

C. 레코드가 여러 개 모이면 하나의 데이터베이스가 된다.

D. 파일을 여러 개 모아 저장된 파일들을 논리적으로 연결하여 서로 관련있는 데이터들로 통합한 파일의 집합이 데이터베이스이다.

16 레코드 생성과 관련된 관계 연산은?

A. insert
B. delete
C. merge
D. select

17 응용 프로그램에서 데이터베이스의 독점적인 인터페이스를 알지 못하더라도 다양한 데이터베이스에 접근을 가능하게 만든 데이터베이스 표준 개방 접근 방식을 무엇이라 하는가?

A. DBMS
B. SQL
C. ODBC
D. KEY

18 DBMS에 관한 설명으로 옳지 않은 것은?

A. DataBase Management System의 약자이다.

B. 소프트웨어이다.

C. 저장관리자, 질의 처리기, 인터페이스 도구 등으로 구성되어 있다.

D. 데이터베이스를 저장하는 물리적 요소이다.

19 현재 가장 널리 이용되는 데이터베이스 모델은?

A. 계층 모델
B. 네트워크 모델
C. 관계형 모델
D. 객체지향 모델

20 SQLite에 관련된 내용으로 옳지 않은 것은?

    A. SQLite는 원래 리차드 힙(Richard Hipp)이 2000년에 DBMS를 사용하지 않고 활용할 수 있는 데이터베이스 엔진(database engine)으로 개발하였다.

    B. SQLite는 C로 구현되어 용량이 작고 가벼우면서도 안정적이며, 서버가 따로 필요하지 않아 시스템의 임베디드(embedded) 데이터베이스로 많이 활용되고 있다.

    C. SQLite는 iOS와 안드로이드 등 모바일 환경에 많이 내장되어 사용되고 있다.

    D. SQLite는 임베디드(embedded) 데이터베이스로 윈도우에서는 사용할 수 없다.

[괄호채우기 문제]

다음 각 문항에 대하여 빈칸에 적절한 단어를 채우시오.

01 (   )(은)는 단순한 사실에 불과한 아직 처리되지 않은 값이다.

02 관련 있는 데이터의 저장소를 (   )(이)라 한다.

03 논리적인 의미 있는 자료의 단위를 (   )(이)라 한다.

04 (   )(이)란 데이터베이스를 구성하는 정보의 종류와 관계의 구체적인 기술이다.

05 데이터베이스 추상화의 최상위 단계로, 사용자와 직접적인 상호작용을 하는 단계는 (   )(이)다.

06 관계 스키마에 삽입되는 실제 데이터 값을 (   )(이)라고 부른다.

07 관계에서 각 열을 (   )(이)라 하며, 각 행을 (   )(이)라 한다.

08 마이크로소프트 사의 (   )(은)는 인텔 기반의 서버용 컴퓨터에서 널리 사용되는 DBMS이다.

09 (   )(은)는 데이터베이스를 사용하기 위한 표준 개방형 응용 프로그램으로 DBMS의 종류에 관계없이 어떤 응용 프로그램에서나 모두 접근하여 사용할 수 있도록 하기 위하여 마이크로소프트에서 개발한 데이터베이스 표준 접근 방법이다.

10 SQL 문장에서 ' select * from 학생 '은 학생 테이블에서 모든 내용을 (   )하는 문장이다.

01 데이터베이스의 특징을 기술하시오.

02 데이터베이스와 데이터베이스 관리시스템(DBMS)의 차이를 기술하시오.

03 데이터베이스의 추상화 3단계를 설명하시오.

04 데이터베이스 스키마를 정의하고 데이터베이스의 데이터 독립성에 관하여 설명하시오.

05 데이터베이스 모델 3가지를 열거하고 각각의 특징을 설명하시오.

06 관계형 모델에서 구성 요소를 설명하시오.

07 관계형 모델의 관계에서 주키, 후보키, 외래키에 대하여 설명하시오.

08 이 단원의 관계형 모델에서 제시한 연산 이외의 다른 연산에 대하여 설명하시오.

09 데이터베이스 관리시스템(DBMS)과 데이터베이스 시스템의 차이를 기술하시오.

10 ODBC는 무엇이며, 이 미들웨어 사용의 장점을 설명하시오.

PART 3

인터넷과 멀티미디어

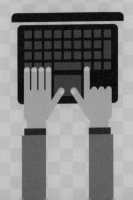

Contents

8장

컴퓨터 네트워크

단원 목표

- 컴퓨터 네트워크가 무엇인지 알아본다.
- 데이터를 전송하는 전송 매체의 종류와 성질을 알아본다.
- 네트워크의 접속 방식과 위상에 대해 알아본다.
- 네트워크의 접속장치로 사용되는 장치들에 대해 알아본다.
- 네트워크의 여러 종류와 특징을 이해한다.
- 회선교환 방식과 패킷교환 방식의 차이를 알아본다.
- 현대에 사용하는 네트워크들의 특성을 알아본다.
- 네트워크를 활용하는 실습을 TCP/IP에서 알아본다.

단원 목차

01

네트워크 개요

컴퓨터 네트워크(computer network)는 전송 매체(케이블, 무선)에 의해 연결된 컴퓨터들이 상호 간에 정보를 교환하는 시스템을 말한다. 즉 네트워크는 여러 종류의 통신 회선을 통하여 원격에 있는 다른 시스템에 데이터를 전송한다. 이러한 컴퓨터 네트워크는 데이터를 송신하는 송신자와 수신하는 수신자 그리고 그 사이의 전송 매체로 이루어진다. 이들 송신자와 수신자의 데이터 전송은 그들 간의 전송 절차인 프로토콜에 따라 이루어진다. 프로토콜(protocol)은 통신을 하는 두 개체 간에 데이터를 전송할 때 무엇을, 어떠한 방식으로 교신할 것인지를 정한 절차 또는 규약이다. 여기에는 메시지의 형식, 전달 방법, 교환 절차, 에러 발생 시 처리 방법 등이 포함된다. 이러한 프로토콜에는 TCP, IP, UDP, HTTP 등과 같이 여러 종류의 네트워크 프로토콜이 있다.

1.1 네트워크 역사

전화 통신망

근대적인 최초의 전기 통신은 1837년 사무엘 모스가 발명한 모스(Morse) 부호이다. 이는 아주 단순한 원리로서 멀리 떨어져 있는 수신자에게 전기 신호를 짧게 또는 길게 보내어 알파벳이나 숫자와 같은 메시지를 전달하는 것이다. 1876년에는 알렉산더 벨(Bell)이 전화를 발명하였다. 초기에는 몇 대의 전화가 중간에 교환기 없이 일대일로 직접 연결되었다. 그러나 전화기의 수가 증가함에 따라 이러한 일대일 구조의 연결에 문제가 생겼다. 필요한 회선의 수가 증가하여, 회선 비용이 많이 들어 비효율적이었기 때문이다. 그리하여 1878년 처음으로 교환기가 등장하게 된다. 그 후 1960년대 벨은 디지털 전송기술을 개발하였다. 그림 8.1은 교환기에 연결된 전화망이다. 실제로는 이러한 교환기가 시내교환기, 시외교환기, 중계교환기 등 여러 단계를 거쳐 전화를 교환한다.

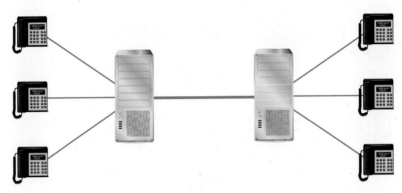

그림 8.1 전화망

우리나라는 1895년 최초의 교환기가 설치되었고 1902년 서울과 인천 간에 전화가 개통되었다. 전화망은 기본적으로 음성을 아날로그 신호로 전송하는데 전화를 거는 가입자에서 교환기로, 교환기에서 수신하는 교환기를 거쳐 수신자에 전달된다. 교환기는 시내교환기, 시외교환기 등과 같이 여러 단계를 거칠 수 있고, 최근에 와서는 교환기 사이는 디지털 신호로 전송한다. 전화망은 기본적으로 아날로그 신호를 전송하는 것으로 전송 과정에 신호의 왜곡과 잡음이 생길 수 있다. 전달 거리가 길어지면 신호가 약해져 증폭기(amplitude)가 필요하다. 초기의 컴퓨터 네트워크는 이러한 아날로그 신호를 전송하는 전화망을 사용하였다.

컴퓨터 네트워크

컴퓨터를 이용하여 네트워크를 구성한 역사는 그렇게 길지 않다. 1960년대에는 하나의 컴퓨터에 여러 개의 터미널을 연결한 초보적인 방식이 사용되었다. 1969년 미국 국방성에서는 미국 내 여러 곳에 분산되어 있는 프로젝트의 자원을 공유하고 전송할 수 있는 ARPANET(Advanced Research Projects Agency Network)을 만들었다. 이 네트워크는 국방성 프로젝트를 수행하는 미국 내의 여러 대학과 연구소들을 연결하였다.

그 후 1972년 IBM은 SNA(System Network Architecture)를 만들었고, 1974년에 제록스(Xerox)가 이더넷(Ethernet)을 개발하였다. 1986년에는 NSF(National Science Foundation)가 그들의 네트워크인 NSFNET을 ARPANET에 연결하였다. 그러나 이때까지만 해도 컴퓨터 네트워크는 일부의 연구소와 기업, 대학들만을 연결하여 제한된 용도로만 사용하였고, 일반 사람들이 네트워크에 접근하기는 쉽지 않았다.

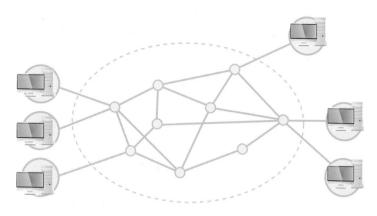

그림 8.2 컴퓨터 네트워크

1982년 인터넷 프로토콜로 사용되는 TCP/IP가 만들어졌고 1992년에는 인터넷의 급격한 확산을 가져온 WWW(World Wide Web)가 개발되어 사용되면서 네트워크는 이제 우리 생활에 항상 존재하고, 누구나 쉽게 네트워크에 접근할 수 있게 되었다.

1.2 OSI 모델

전 세계의 수많은 컴퓨터나 네트워크 장비들을 연결하여 통신을 하려면 서로 간의 구조, 통신회선, 프로토콜 등이 다르기 때문에 통신에 어려운 점이 많다. 1978년에 국제표준화기구인 ISO(International Organization for Standardization)에서는 서로 다른 두 가지 시스템이 하위 구조에 상관없이 통신을 할 수 있도록 국제 표준인 OSI(Open Systems Interconnect) 모델을 만들었다.

7계층	응용
6계층	표현
5계층	세션
4계층	전송
3계층	네트워크
2계층	데이터 링크
1계층	물리

그림 8.3 OSI 7계층 모델

OSI 모델은 7개의 계층으로 구성된 모델이다. 물리(1계층), 데이터 링크(2계층), 네트워크(3계층), 전송(4계층), 세션(5계층), 표현(6계층), 응용(7계층) 등 모두 7개 계층으로 구성된다. 7개 계층은 서로 간에 독립적이므로 어느 한 계층의 변경이 다른 계층에 영향을 미치지 않는다. 네트워크를 하려는 네트워크 장치들은 7개의 계층 중 기능에 따라 필요한 몇 개의 계층만을 표준화하면 정상적인 통신을 할 수 있다.

물리 계층

물리 계층(physical layer)은 전송매체로 비트(bit)들을 전송하는 기능을 한다. 물리적인 네트워크 장치들의 기계적이고 물리적인 사양은 이 물리 계층에 의해 결정된다.

데이터 링크 계층

데이터 링크(data link) 계층은 비트들을 프레임(frame)이라는 논리적인 단위로 구성한다. 프레임에는 전송하려는 데이터에 인접하는 노드의 주소가 더해진다. 이는 최종 목적지의 주소가 아니라 인접하는 다음 노드의 주소가 된다. 또한 물리 계층에서 발생할 수 있는 오류를 검출하고 복구하는 오류 제어 기능을 한다. 흐름 제어(flow control)도 이 계층에서 한다. 한번에 과도한 양의 데이터가 전송되지 않도록 데이터의 양을 조절한다.

네트워크 계층

데이터 링크 계층이 인접하는 두 개의 노드 간의 전송을 책임지는 반면에 네트워크(network) 계층은 데이터의 발신지와 목적지 간의 패킷이 전송되는 경로를 책임진다. 즉, 발신지에서 목적지까지의 경로를 책임진다. 이 계층에서는 논리 주소인 IP 주소를 헤더에 포함하여 전송한다. 논리 주소는 발신지에서 목적지까지 변경되지 않고 유지된다.

전송 계층

전송(transport) 계층은 메시지가 발신지에서 목적지까지 실제 전송되는 것을 책임진다. 네트워크 계층에서는 각 패킷의 전송을 책임지는 반면에 전송 계층에서는 전송하려는 전체 메시지의 전달을 책임진다. 전송 계층은 전송하려는 메시지를 여러 개의 패킷으로 나누어서 네트워크 계층에 보낸다. 네트워크 계층은 이 패킷을 하나씩 전송하는 역할을 한다. 전송되는 패킷들은 각각 독립적으로 전송되기에 송신되는 순서와 목적지에서 수신되는 순서가 서로 다를 수 있다. 전송 계층에서는 이 전체 메시지가 목적지로 올바르게 전송되도록 보장하는 역할을 한다. 수신한 메시지의 순서를 재설정하고 오류가 난 패킷을 재전송하도록 요구한다. 즉 송신하려는 데이터를 패킷으로 분할하고 수신한 패킷을 재구성한다.

세션 계층

세션(session) 계층은 전송하는 두 종단의 프로세스(process) 간의 접속(session)을 설정하고, 유지하고 종료시켜 주는 역할을 한다. 세션 계층은 사용자와 전송 계층 간의 인터페이스 역할을 한다. 세션 계층은 세션을 연결하고 관리하고 동기화를 한다. 즉 데이터의 단위를 전송 계층으로 전송하기 위한 순서를 결정하고 데이터에 대한 점검 및 복구를 위한 동기를 위한 위치를 제공한다. 세션을 종료할 필요가 있을 때에는 적절한 시간을 수신자에게 알려주어 세션을 끊는 기능도 한다.

표현 계층

표현(presentation) 계층은 전송하는 정보의 표현 방식을 관리하고 암호화하거나 데이터를 압축하는 역할을 한다. 즉 전송하려는 메시지를 수신자가 이해할 수 있도록 정의된 형식으로 변환한다. 또한 네트워크 상의 보안을 위하여 송신자가 이를 암호화하고 수신자가 받아서 복호화한다. 전송률을 높이기 위하여 데이터를 압축하는 기능도 한다.

응용 계층

응용(application) 계층은 7개의 계층 중 가장 상위의 계층으로 응용프로세스(사용자, 응용프로그램)가 네트워크에 접근하는 수단을 제공하여 서로 간에 정보를 교환할 수 있는 창구 역할을 한다. 네트워크 가상터미널이나 파일의 전송, 우편서비스, 디렉터리 서비스 등을 응용 계층에서 책임진다.

1.3 전송매체

모든 네트워크에서는 송신자와 수신자를 서로 연결해 주는 전송매체가 필요하다. 각각의 전송매체는 대역폭, 전송 지연 등과 같은 고유한 특성을 지닌다. 대역폭(bandwidth)은 전송매체를 지나는 신호의 최대 주파수와 최저 주파수의 차이를 말하는데 대역폭이 높을수록 단위 시간당 더 많은 데이터를 전송할 수 있다. 전송매체에는 꼬임선, 동축케이블, 광케이블이 주로 사용된다.

꼬임선

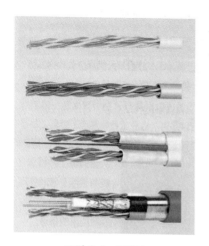

그림 8.4 꼬임선

꼬임선(twisted pair)은 플라스틱으로 덮여진 두 가닥의 구리선을 나선형으로 꼬아서 만들어진다. 이렇게 꼬아서 만드는 이유는 TV나 비디오와 같은 전자 제품 옆을 지나갈 때 발생되는 간섭으로부터 두 선이 일정한 거리를 두어 비슷하게 왜곡되게 하여 오류를 줄이기 위해서이다. 플라스틱으로 덮여진 코팅 이외에 외부로부터 아무런 차단이 없이 만든 것을 UTP(Unshielded Twisted Pair)라 하고, 은박지 같은 금속형 물질로 한 번 더 싼 것을 STP(Shielded Twisted Pair)라고 한다. STP는 UTP에 비해 외부의 간섭과 잡음을 더 많이 차단할 수 있으므로, UTP보다는 비용이 비싸고 작업하기도 좀 더 어렵다. 그림 8.4는 꼬임선을 보여준다. 위 그림은 UTP이고, 아래 그림은 STP이다. 은박지로 싸여진 부분을 볼 수 있다.

보통 실내에서 사용하는 전화선에 예전부터 꼬임선을 사용하였다. 꼬임선은 만들기가 쉽고 비용이 저렴하기에 초기의 전송매체에 많이 사용하였다. 꼬임선을 오랫동안 많이 사용하여 왔지만, 낮은 대역폭과 신호의 간섭이 많아 최근에는 동축케이블이나 광섬유와 같은 다른 전송 매체로 대체되고 있다.

동축케이블

동축케이블(coaxial cable)에는 두 개의 전도체가 있다. 중앙의 전도체와 별도로 이를 감싸고 있는 절연체 밖에 또 하나의 전도체가 있다. 동축케이블은 꼬임선보다 우수한 주파수 특성을 가지고 있기 때문에 높은 대역폭과 빠른 데이터 전송을 할수 있으나 비용이 다소 비싸다. 외부 신호에 대한 차단이 우수하고, 전자기파를 차단하는 특성도 좋다. 동축케이블은 유선 방송, CATV, 근거리 통신망 등에서 널리사용된다. 그림 8.5는 여러 종류의 동축케이블과 내부구조를 보여준다.

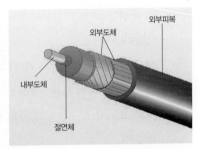

그림 8.5 동축케이블

광섬유

광섬유(optical fiber)는 꼬임선처럼 구리선에 전기를 통해 데이터를 전송하는 것이 아니라 머리카락보다 가는 유리섬유를 통해 광선을 전송한다. 광선은 전기 신호보다 훨씬 고속으로 전송되므로, 광섬유를 전송매체로 사용하면 데이터를 아주 고속으로 전송할 수 있어 10Gbps 이상의 속도도 낼 수 있다.

광섬유는 구리선을 전송매체로 이용했을 때의 가장 큰 문제점이었던 전자기파의 간섭을 거의 받지 않고 대역폭도 아주 크다. 신호의 감쇄율이 아주 적어서 100Km의

그림 8.6 광섬유

거리도 리피터 없이 전송이 가능하다. 또한, 다른 통신 장치로 인한 신호 간섭이 없어서 보안성에서도 다른 전송매체에 비해 우수하다. 즉, 전송 속도가 아주 빠를 뿐 아니라 대역폭이 아주 크고, 보안 능력도 우수하다. 그래서 광섬유는 빠른 전송속도를 요구하거나 많은 데이터를 전송해야 하는 곳에 사용된다. 그러나, 기존 방식에 비해서 비용이 많이 들고 설치 작업이 용이하지 않다. 가는 유리섬유를 전송매체로 사용하기 때문에 케이블을 자르거나 분기점을 만들려면 특수한 장비가 필요하다.

위성

위성(satellite)을 이용한 통신은 하늘에 커다란 초단파 중계기가 떠 있다고 생각할 수 있다. 위성에 트랜스폰더(transponder)가 탑재되어 있어서 두 개의 지상국 사이에서 신호를 전달해 주는 중계소 역할을 한다. 한 쪽의 지상국이 신호를 보내고 위성의 트랜스폰더는 이를 받아서 증폭하고 주파수를 변경시킨 다음 다른 지상국으로 전송한다.

그림 8.7 위성

통신위성은 지상으로부터 36,000Km 높이의 동일한 지점에 머무르는 정지위성이다. 위성의 회전 주기는 24시간으로 지구의 자전주기와 같다. 일반적으로 위성을 이용하지 않은 장거리 통신의 경우에, 지상으로의 통신은 통신 구간의 거리에 비례하여 비용이 늘어나게 된다. 위성통신의 경우 통신위성이 발사되고 지상에 지구국이 설치되고 난 이후에는 통신 구간의 거리는 비용에 거의 영향을 미치지 못한다. 즉 우리나라에서 일본과의 통신이나 미국과의 통신은 거의 비용이 같다. 위성통신의 단점은 점대점 네트워크만 구성이 가능하고, 지상과 위성 간의 36,000Km의 거리를 왕복해야 하므로 전송지연이 생겨 대략 250ms(밀리세컨드)에 이른다. 그 외에 주파수가 높아질수록 기후상태에 따라 신호의 감쇄가 많이 발생할 수도 있다. 우리나라에서는 1995년 무궁화위성 1호를 시작으로 2010년 올레 1호까지 순차적으로 발사하여 방송과 통신용으로 사용하고 있다.

Introduction to COMPUTERS

02

네트워크의 전송방식

2.1 단방향 전송, 반이중 전송, 전이중 전송

네트워크의 통신 방식은 자료 흐름의 방향성과 동시성 여부에 따라 다음과 같이 분류할 수 있다

단방향 전송

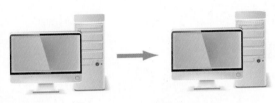

그림 8.8 단방향 전송

단방향 전송(simplex)은 한 방향으로만 전송이 가능한 통신 형태이다. 한 쪽 단말은 송신 기능만 있고, 다른 쪽은 수신 기능만 있다. 그림 8.8과 같이 보통의 데이터 통신보다는 라디오나 텔레비전에서 사용하는 통신방식이다. 방송국에서는 송신을 하고, 집에 있는 라디오나 텔레비전은 수신 기능을 한다.

반이중 전송

그림 8.9 반이중 전송

반이중 전송(half duplex)은 통신하는 두 단말이 양방향으로 통신이 가능하나 동시에 전송할 수는 없다. 즉 어느 한 시점에는 한 방향으로만 전송이 가능하다. 만약 양 단말에서 동시에 전송하면 충돌이 일어난다. 충돌을 피하기 위해서는 통신을 하기 전에 전송이 가능한지 그 여부를 먼저 확인한다. 이러한 통신방식의 예는 무전기를 들 수 있다. 무전기의 경우 한 쪽에서 송신이 끝나고 난 뒤에야 수신을 할 수 있다. 그림 8.9에서 이러한 방식을 보여준다.

전이중 전송

전이중 전송(full duplex)은 그림 8.10과 같이 통신하는 두 단말이 동시에 양방향으

그림 8.10 전이중 전송

로 데이터를 전송할 수 있다. 즉 송신을 하면서 동시에 수신도 할 수 있다. 이러한 방식은 송신과 수신을 위해 별도의 채널을 두는 것으로 보통의 데이터 통신에서 사용하는 방식이다. 전화기의 경우에도 상대방이 말을 끝내지 않아도 중간에 말을 할 수 있다. 컴퓨터 네트워크에서도 데이터를 송신하는 도중에도 동시에 원격의 데이터를 수신할 수 있다.

2.2   아날로그 전송과 디지털 전송

아날로그 전송

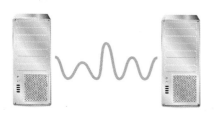

그림 8.11 아날로그 전송

아날로그 데이터(analog data)는 시간에 따라 그 크기가 연속적(continuous)으로 변하는 정보를 말한다. 소리, 압력, 온도와 같은 것이 아날로그 데이터이다. 대표적인 것이 음성을 전송하는 전화 시스템이다. 아날로그 전송은 이러한 아날로그 신호를 전송하는 수단이다. 아날로그 신호는 전송거리가 멀어짐에 따라서 감쇄현상이 발생하므로 이를 복원하기 위해 일정한 거리마다 증폭기(amplifier)가 사용된다.

디지털 전송

그림 8.12 디지털 전송

디지털 데이터(digital data)는 불연속적(discrete)인 값을 가지며 임의의 값의 정수 배를 다루는 데이터가 된다. 디지털 전송에서는 0과 1의 디지털 신호를 전송하게 된다. 아날로그 전송에서는 신호의 감쇄현상으로 증폭기가 사용되는데 원거리 전송에서는 증폭기가 사용되더라도 신호의 감쇄가 누적되어 왜곡현상이 일어나게 된다. 디지털 전송에서는 거리의 제한을 해결하기 위해서 리피터를 사용하는데 리피터는 감쇄되어 들어온 신호를 정확하게 원래의 신호로 복원시킨다. 신호는 0과 1의 값만을 가질 수 있기 때문이다.

2.3   직렬 전송과 병렬 전송

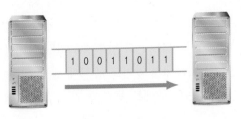

그림 8.13   직렬 전송

직렬 전송

직렬(serial) 전송은 통신회선을 통하여 한 번에 한 비트씩 순서대로 전송하는 방식이다. 한 비트씩 전송하기 때문에 전송속도는 느리지만 통신회선의 비용은 아주 저렴하다. 주로 원거리 전송에 사용되고, RS-232C, RS-423과 같은 인터페이스에 사용된다.

병렬 전송

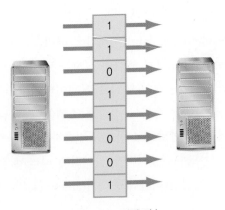

그림 8.14   병렬 전송

병렬(parallel) 전송은 여러 개의 전송로를 통하여 동시에 여러 비트를 전송한다. 이러한 병렬 전송은 직렬 전송에 비해 전송 속도는 빠르나 통신회선을 구축하는 데 많은 비용이 든다. 회선이 길어질수록 더 많은 비용이 들기 때문이다. 그래서, 단말장치들 간의 연결에서는 거의 사용하지 않고, 거리가 짧은 컴퓨터와 주변기기(프린터 등) 간의 연결에 많이 사용된다.

2.4   비동기 전송과 동기 전송

비동기 전송

비동기(asynchronous) 전송은 데이터를 송신장치에서 수신장치로 전송할 때 서로 간에 타이밍을 맞추지 않고 문자 단위로 전송하는 것이다. 비동기 전송에서 데이터 신호는 시작(start) 비트, 데이터, 정지(stop) 비트로 구분된다. 수신장치는 시작 비트가 들어오면 다음에 연속적으로 수신되는 비트를 데이터 비트로 인식하고, 정지 비트가 들어오면 수신을 멈춘다. 이러한 방식은 송신장치와 수신장치가 서로 독립적인 시스템 클럭을 사용하지만 시작 비트와 정지 비트로 동기를 맞추고 데이터를 인식하게 된다.

비동기 전송 방식은 접속장치들의 구조가 간단하므로 전송 비용이 저렴하다. 그러나 데이터가 길어지면 시스템 클럭 차이의 누적으로 인해 오류가 발생할 가능성이 높아진다. 또한 시작 비트와 정지 비트의 비율로 인하여 전체 이용률이 많이 감소된다.

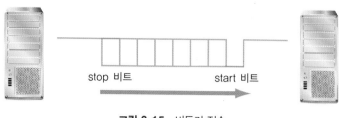

그림 8.15 비동기 전송

동기 전송

동기(synchronous) 전송은 전송 효율을 높이기 위해서 송신측과 수신측이 서로 약속되어 있는 일정한 데이터 형식에 따라 전송하는 방식이다. 송신자는 송신하는 데이터 블록의 전후에 특정한 제어정보를 삽입하여 전송한다. 동기 전송은 데이터 전송 도중 오류가 발생하면 동일한 데이터를 재전송하여 오류를 복구한다. 또한 비동기 전송에 비해 효율이 높기 때문에 대부분의 원거리 전송에서 많이 사용한다.

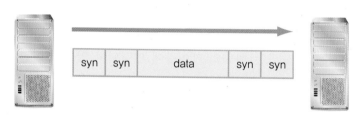

그림 8.16 동기 전송

03

네트워크의 구조 및 구성

3.1   네트워크 위상

네트워크 위상(topology)은 네트워크에 연결되는 여러 노드들과 링크들이 실제로 또는 논리적으로 배치되어 있는 모양을 말한다. 여기서 노드(node)란 컴퓨터 네트워크에 연결되어 있는 주소를 가진 통신장치를 말한다. 호스트(host)라고도 하는데 컴퓨터, 라우터, 프린터 등이 하나의 노드가 될 수 있다.

버스형

버스(bus)형은 버스라고 하는 하나의 통신 회선에 모든 네트워크 노드들이 일렬로 연결되어 있는 형태이다. 그림 8.17은 버스에 연결되어 있는 노드들을 보여준다. 모든 노드는 하나의 케이블에 연결되어 있고 케이블의 시작과 끝 부분에는 터미네이터(terminator)라고 하는 장치를 붙여 신호가 케이블로 되돌아오는 것을 막아준다.

그림 8.17   버스형

버스형에서는 버스에 연결되어 있는 하나의 노드가 전송을 하면 그것이 방송(broadcast)되어 그 버스에 있는 다른 모든 노드들이 수신할 수 있다. 연결된 다른 노드들은 이 데이터의 목적지 주소가 자신에게 보내진 것이면 수신하고, 그렇지 않으면 흘려 보낸다. 버스형 위상은 그 구조가 간단하고, 케이블에 소요되는 비용도 최소로 할 수 있다. 그러나 한 노드에서 데이터를 전송할 때, 이미 다른 노드에서 데이터를 전송 중이면 충돌이 발생하게 된다. 이러한 충돌이 발생하면 나중에 다시 전송해 주어야 하는데, 연결된 노드 수가 많거나 트래픽이 많아지면 충돌이 잦게 되고, 네트워크의 성능이 저하된다.

스타형

그림 8.18 스타형

스타형은 허브(hub)가 네트워크 중앙에 위치하고 다른 노드들이 이 허브에 점대점(point-to-point) 링크에 의해 연결되어 있는 형태이다. 그림 8.18은 스타형 위상이 연결된 모양을 보여준다. 모든 노드들이 중앙의 허브에 연결되어 있고 이를 통해 통신하므로 통신망의 처리 능력과 신뢰성은 이 허브에 의해 좌우된다. 지능형 허브는 네트워크의 통신 양을 조절하거나 충돌을 방지하는 역할도 한다.

이러한 스타형 위상은 중앙집중적인 구조이므로 고장 발견과 유지보수가 쉽고 전송제어가 간단하다. 또한 노드를 추가하는 확장이 아주 쉽다. 하나의 노드 고장은 전체 네트워크에 영향을 주지 않지만, 중앙의 허브가 고장 나면 전체 네트워크의 작동이 멈추게 된다.

링형

그림 8.19 링형

링(ring)형 구조에서는 네트워크의 노드들이 둥근 원의 형태로 연결되어 있다. 그림 8.19는 링형 위상을 보여준다. 하나의 노드에서 전송한 데이터는 원을 따라 한 방향으로 보내진다. 이를 수신한 목적지가 아닌 노드에서는 매번 신호를 재생하여 다음 노드로 전송한다. 이러한 재생과정으로 전송 도중 오류를 줄일 수 있다. 목적지 노드가 데이터를 수신하면 링에서 그 데이터를 제거한다. 링형은 원의 한 방향으로만 데이터를 전송할 수 있는 단방향 링(single ring)과 양방향으로 전송하는 이중 링(double ring) 구조가 있다. 이중 링에서는 한 방향으로 전송 도중 장애가 발생하면 반대 방향으로 데이터를 전송할 수 있다. 링형 구조는 그 구조가 단순하여 설치와 재구성이 용이하다. 장애가 발생하면 장애가 발생한 호스트를 쉽게 찾을 수 있고, 노드 수가 증가해도 네트워크의 성능에는 큰 영향이 없다. 또한 스타형보다는 케이블 비용을 많이 줄일 수 있다.

트리형

트리(tree)형 위상은 트리 구조로 노드들이 연결되어 있다. 트리의 최상위 노드는 허브가 위치하고 하위의 다른 노드들을 제어하게 된다. 네트워크를 제어하기가 비

그림 8.20 트리형

교적 간단하기에 상위 계층의 노드가 하위의 노드들을 직접 제어하여 계층적인 네트워크에 적합하다. 이러한 트리형 구조는 제어가 간단하여 관리나 네트워크의 확장이 비교적 쉽다. 그러나, 트래픽이 중앙에 집중되어 병목현상이 발생될 수 있고, 중앙 지점에 고장이 났을 경우 전체 네트워크에 장애가 발생하게 된다.

메시형

메시(mesh)형은 중앙에 제어하는 노드 없이 모든 노드들이 상호 간에 점대점(point-to-point)으로 직접 연결되어 있는 그물 모양의 형태이다. 그림 8.21은 이러한 메시형 위상을 보여준다. 전송 중간에 다른 장치의 중계가 필요하지 않으므로 망의 효율이 좋다. 또한 일부 통신 회선에 장애가 발생하더라도 다른 경로를 통하여 데이터 전송을 할 수 있다. 네트워크가 상당히 복잡하고 많은 통신 회선이 필요하기 때문에 비용이 높아지지만 신뢰성이 중요한 네트워크에서 사용된다.

그림 8.21 메시형

3.2 　　네트워크의 접속장치

모뎀

모뎀(Modem)은 디지털 신호를 아날로그 신호로, 아날로그 신호를 디지털 신호로 변환시켜 주는 장비이다. 컴퓨터로 통신을 하는 초기에는 기존에 깔려 있는 전화망을 사용하여 컴퓨터 통신을 하였다. 전화망은 음성과 같은 아날로그를 전송하기 때문에 전화망으로 컴퓨터 통신을 하기 위해서는 아날로그 신호를 디지털 신호로 변환하는 과정이 필요하다.

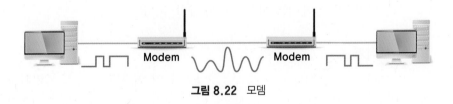

그림 8.22 모뎀

모뎀은 컴퓨터의 디지털 신호를 아날로그로 변환하는 변조(Modulation) 기능과 수신한 아날로그 신호를 디지털 신호로 복원하는 복조(Demodulation) 기능을 한다. 최근에는 디지털로 전송하는 초고속망의 등장으로 거의 사용하지 않는다.

네트워크 인터페이스 카드

네트워크 인터페이스 카드(NIC: Network Interface Card)는 흔히 랜(LAN) 카드, 이더넷(ethernet) 카드라고 부르는데 컴퓨터와 외부의 네트워크를 연결해 주는 장치다. 앞의 모뎀과 유사하게 컴퓨터 내의 슬롯에 꽂아서 사용하나, 모뎀이 아날로그 신호를 전송하는 전화선을 연결하는 것과는 달리 디지털 신호를 직접 전송하고 받는다.

그림 8.23 네트워크 인터페이스 카드

네트워크 인터페이스 카드는 IEEE의 802.3에 표준이 정의되어 있으며 10Mbps, 100Mbps, 1000Mbps의 속도를 낼 수 있다.

허브

자전거 바퀴의 중앙 부분과 같은 모양으로 여러 곳으로부터 들어온 데이터를 그대로 다른 여러 곳으로 보내는 역할을 한다. 허브에는 더미허브와 스위칭허브가 있다. 더미허브(dummy hub)는 단순히 들어온 데이터를 네트워크에 있는 다른 컴퓨터로 전달하는 것으로, 전체 대역폭을 각 호스트가 분할하여 사용하기 때문에 호스트가 증가하면 속도 저하가 있다. 즉 연결되는 호스트가 적은 소규모 네트워크 환경에서 사용된다.

스위칭허브(switching hub)는 단순히 데이터를 전달하는 기능을 넘어 목적지 주소로 스위칭하는 기능을 가지고 있고, 더미허브처럼 대역폭을 분할하지 않고 점대점으로 접속시키기 때문에 네트워크의 효율이 훨씬 높아지게 되나 가격이 비싸다.

그림 8.24 허브

리피터

리피터(repeater)는 네트워크의 전송 거리를 연장하기 위하여 사용되는 장치이다. 먼 거리를 전송하게 되면 신호가 약해지거나 잡음 등의 영향으로, 수신할 때는 신호가 에러로 판단될 수 있다. 리피터는 전송 도중 약해진 신호를 재생성하여 전송해 준다. 그림 8.25는 네트워크 상에서 리피터를 나타낸다.

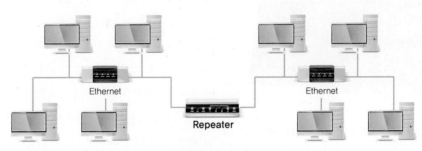

그림 8.25 리피터

브리지

브리지(bridge)는 두 개 이상의 LAN을 서로 연결하여 하나의 네트워크로 만들어 준다. 네트워크에 흐르는 프레임의 주소를 보고 같은 LAN에 포함되어 있는 주소의 프레임은 받아들이고, 연결되어 있는 다른 LAN으로 보내야 할 것들은 브리지를 통해 해당하는 LAN으로 보낸다. 브리지는 이러한 주소 필터링 기능을 통하여 불필요한 데이터의 브로드캐스팅을 방지하여 전체 네트워크의 트래픽을 줄여준다. 그림 8.26은 브리지로 연결된 두 개의 LAN을 보여준다.

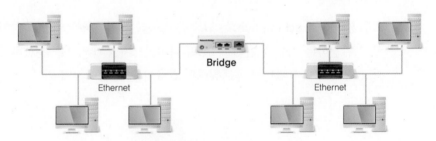

그림 8.26 브리지

라우터

라우터(router)는 LAN, MAN, WAN과 같은 네트워크를 서로 연결하여 주는 장비이다. 브리지가 프레임의 물리(physical) 주소를 필터링하는 반면에 라우터는 패킷의 논리 주소(IP 주소)에 따라 패킷을 라우팅해 준다. 브리지는 동일한 기관의 하나 또는 두 개의 LAN의 분할된 세그먼트를 연결하는 반면, 라우터는 LAN과 MAN, LAN과 WAN과 같이 두 개의 독립적인 네트워크를 연결한다.

인터넷은 네트워크의 네트워크이다. 즉 여러 네트워크들이 서로 연결되어 있다. 이렇게 네트워크를 연결하는 기능을 라우터가 담당한다. 라우터는 라우터로 수신되는 패킷의 목적지 인터넷 주소를 보고 다음 경로를 결정하게 된다. 이렇게 경로를 정하는 것을 라우팅(routing)한다고 한다. 이러한 라우팅은 라우터가 가지고 있는 라우팅 테이블에 의해 결정된다. 라우팅 테이블은 인터넷 상에서 목적지의 주소를 토대로 경로 상의 다음 주소를 결정한다. 라우팅 테이블은 라우터 간의 정보 교환으로 동적으로 변경될 수 있다. 그림 8.27은 라우터가 서로 다른 네트워크들을 연결하고 있는 모습이다.

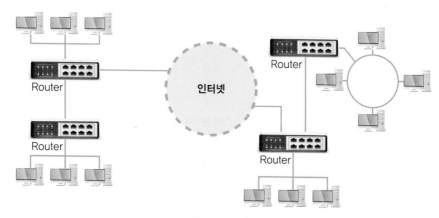

그림 8.27 라우터

게이트웨이

게이트웨이(gateway)는 다른 네트워크로 들어가는 입구 역할을 하거나, 나가는 출구 역할을 하는 네트워크의 연결점이다. 게이트웨이는 보통 필요한 소프트웨어를 설치한 컴퓨터가 된다. 또한 게이트웨이는 프로토콜 변환기의 역할도 한다. 즉 서로 다른 프로토콜의 두 개의 네트워크를 서로 연결해 준다. 최근에는 게이트웨이와 라우터를 서로 혼용하여 사용하기도 한다.

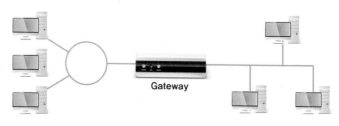

그림 8.28 게이트웨이

OSI 모델과 접속장치

그림 8.29는 위에 설명한 네트워크 접속장치들이 OSI 7계층에서 어느 부분에 해당하는지 나타내었다.

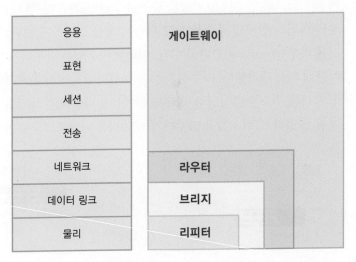

그림 8.29 OSI 모델과 접속장치

04

교환 방식

회선 교환 방식

회선 교환(circuit switching)의 대표적인 예는 전화망이다. 회선 교환 방식에서는 송신자와 수신자가 결정되면 그 사이의 여러 통신회선 중에서 적당한 경로를 설정한다. 이렇게 설정된 경로의 집합을 회선이라고 한다. 즉 회선교환 방식에서는 목적지로 전송하기 전에 먼저 회선을 설정한다. 일단 회선이 설정되면 그 정해진 경로인 회선을 통해서만 데이터를 통신한다. 이 회선은 독점적으로 사용한다. 데이터 전송이 끝나서 회선이 해제될 때까지 다른 컴퓨터들이 이 회선을 사용할 수 없다. 그러나, 회선이 설정되어 해제되기 전까지 데이터를 전송하지 않을 때에도 다른 컴퓨터들이 이 회선을 이용할 수 없으므로 회선의 이용률 측면에서는 불리하다.

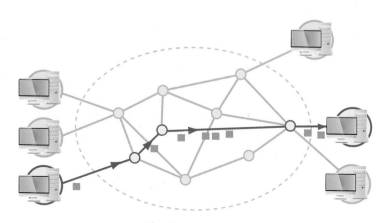

그림 8.30 회선 교환 방식

전화망에서 전화를 걸면 상대방 전화에 신호가 갈 때까지 약간의 시간이 지체된다. 즉 회선을 설정하는 시간이 필요하다. 그러나, 일단 경로가 설정되면 전용선과 같이 독점적으로 사용된다. 독점적으로 사용되기 때문에 주변 통신회선의 트래픽이 많다고 회선이 끊어진다든지 하는 장애가 없다. 회선교환 방식에서는 한번 설정되어 전송을 시작하면 다시 경로를 찾기 위한 노력이 필요하지 않으므로 음성과 같은 실시간 데이터를 전송하는 데 적합하다. 또한 독점해서 사용하기 때문에 대량의 데이터를 고속으로 전송할 수 있다.

4.2　패킷 교환 방식

패킷 교환(packet switching) 방식은 회선 교환과 달리 고정된 경로가 미리 설정되지 않는다. 전송은 패킷 단위로 독립적으로 이루어진다. 패킷 교환 방식의 대표적인 경우가 인터넷이다. 패킷(packet)이란 네트워크에서 사용하는 전송의 기본 단위이다. 일정한 크기를 가지며 전송하는 데이터와 목적지의 주소, 패킷의 순서, 제어 정보 등이 담겨 있다.

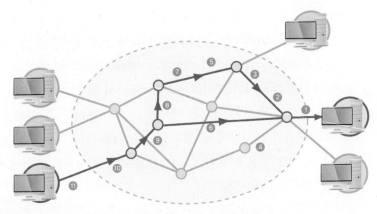

그림 8.31　패킷 교환 방식

패킷 교환 방식은 전송하려는 데이터를 패킷으로 분할하여 각각의 패킷을 목적지로 전송한다. 이때 전송되는 패킷들은 각각 독립적으로 전송된다. 각 패킷들은 네트워크의 트래픽 상태 등에 따라 각기 다른 전송 경로를 가질 수 있다. 전송되는 패킷들은 그들이 전송된 경로의 상태에 따라 보낸 순서와 다르게 목적지에 도착하기도 한다. 이러한 패킷들은 목적지에서 다시 순서에 맞게 재결합되어야 한다. 즉 패킷 교환에서는 전송될 때의 네트워크 상황에 따라 패킷의 경로가 달라지고 순서도 변경될 수 있다. 회선 교환 방식에서는 한번 설정된 경로를 독점적으로 사용하지만 패킷 교환 방식은 고정된 경로를 설정하지 않으므로 동일한 경로를 다른 목적지로 가는 여러 패킷들이 공유한다. 따라서 통신회선을 보다 효율적으로 사용할 수 있다.

05

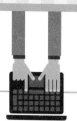

네트워크의 분류

5.1 LAN

LAN(Local Area Network)은 비교적 근거리, 즉 좁은 지역에 설치되어 있는 컴퓨터, 프린터, 기타 네트워크 장비들을 연결하여 구성한 네트워크다. 비교적 가까운 거리지만 개념적으로 하나의 조직이 관리하는 지역을 말한다. 한 회사의 건물이나 공장, 반경이 수백 미터 또는 수 킬로미터 되는 대학의 캠퍼스 등에 설치된 네트워크이다. 단 두세 대의 컴퓨터만을 연결하여 하나의 LAN을 구성할 수도 있고, 큰 대학이나 회사와 같이 수백, 수천 대의 컴퓨터와 네트워크 장비를 연결하여 하나의 LAN을 구성할 수도 있다.

컴퓨터를 사용한 초기에는 대형컴퓨터와 같은 큰 컴퓨터를 특수한 목적을 위하여 일부의 집단에서만 사용했다. 그러나, 컴퓨터 성능이 향상되고 가격이 싸지고 소형화되면서, 저렴하고 작은 여러 대의 컴퓨터를 이용하여 많은 사람들이 협력하여 작업을 하게 되었다. 이러한 컴퓨터들이 서로 정보를 교환 또는 공유하면서 작업할 필요성이 생기게 되었고, 이 컴퓨터들을 LAN으로 연결하여 서로 간에 통신을 하게 되면서 이것들이 가능해졌다.

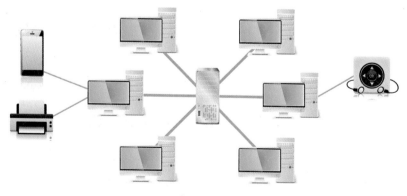

그림 8.32 LAN

LAN은 이러한 컴퓨터와 네트워크 장치들 간의 하드웨어, 소프트웨어, 데이터베이스 등과 같은 자원의 공유가 가능하게 해준다. LAN은 초기에는 주로 10~100Mbps의 이더넷(ethernet)을 사용하였으나 최근에는 보다 빠른 전송의 필요성에 따라 기가비트 이더넷, ATM, FDDI, 무선랜과 같은 다양한 네트워크가 사용된다.

LAN의 특징

LAN은 비교적 좁은 구간에서의 네트워크이기 때문에 전송지연 시간이 적고, 좋은 품질의 통신회선을 사용하고 관리하므로, 통신 품질이 비교적 우수하다. 즉 전송 시의 오류가 매우 낮다. 일반적으로 전송속도도 빠른 편이다. 이더넷에서 기가비트 이더넷이나 FDDI 등을 사용하므로 매우 빠르다. LAN에서는 컴퓨터뿐만 아니라 프린터 등과 같은 장치들을 쉽게 연결하여 사용할 수 있고 확장도 용이하다.

LAN의 표준

이더넷(ethernet): 1976년 Xerox 사에서 개발하여, DEC, 인텔과 함께 표준화하였다. IEEE에서 802.3의 표준안으로 채택되었다. 10Mbps의 속도를 내고, CSMA/CD 알고리즘을 사용한다. 이더넷은 10 BASE-2, 10 BASE-T 등이 있다.

고속 이더넷(fast ethernet): 1990년대 기존의 이더넷을 더욱 확장하여 개발한 것으로, 100Mbps의 속도를 가진다. 100BASE-T라고도 하는데 기존의 표준 이더넷에서 네트워크 인터페이스 카드 등이 개선되었다.

기가비트 이더넷(gigabit ethernet): 1Gbps의 속도를 가진다. 고속 이더넷에 비해 2~3배의 비용으로 10배 빠른 속도를 낼 수 있다. 기존의 이더넷 방식을 그대로 사용할 수 있어서 호환성이 좋다.

FDDI(Fiber Distributed Data Interface): FDDI는 미국표준 협회(ANSI)와 ITU-T에 의해 표준화되었다. 보통 전송매체로 광섬유(optical fiber)를 사용하여 고속의 LAN을 구현할 수 있다. 많은 대역폭과 빠른 전송이 필요한 백본망(backbone network)에 많이 사용된다.

5.2   MAN

MAN(Metropolitan Area Network)은 LAN보다 좀 더 넓은 범위의 네트워크이다. LAN이 확장되거나 연결되어서 하나의 마을이나 도시를 연결하는 네트워크이다. LAN이 한 회사나 학교와 같은 단일한 조직에서 관리하는 네트워크인 반면, MAN은 넓은 영역을 포함해야 하므로 통신사업자가 이를 제공하고 관리한다. 전화 사업자들은 SMDS(Switched Multimegabit Data Services)라는 MAN 서비스를 제공한다.

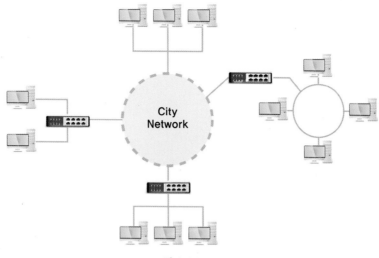

그림 8.33 MAN

5.3 　WAN

WAN(Wide Area Network)은 아주 넓은 범위의 네트워크이다. 하나의 국가나 국가와 국가 간을 연결한다. 수백~수천 킬로미터 이상을 연결하는 네트워크이다. 가장 대표적인 WAN이 전 세계를 연결하는 인터넷이다. LAN이 연결 가능한 범위가 제한되어 있는데 반하여, WAN은 광섬유, 전용선, 위성 등을 통하여 전 세계적으로 연결이 가능하다. MAN과 마찬가지로 통신사업자가 서비스를 제공하고 이를 이용하는 데 일정한 비용을 지불한다. 일반적으로 WAN은 LAN에 비해 상대적으로 먼 거리를 연결하기 때문에 네트워크를 구축하는 데 비용이 많이 든다. 속도는 LAN에 비해 느리다.

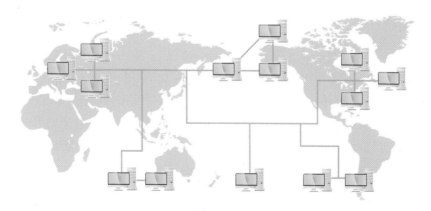

그림 8.34 WAN

06

네트워크 방법

6.1 _____ ISDN

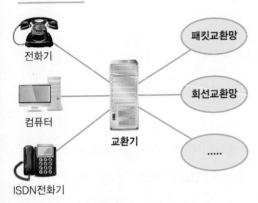

그림 8.35 ISDN

ISDN(Integrated Service Digital Network)은 종합정보통신망이다. 1980년대 중반에 음성 전화와 데이터 통신, 화상 통신 등의 다양한 통신 서비스를 통합하여 하나의 통신망으로 제공할 수 있도록 개발되었다. 이전의 데이터 통신에서는 음성 전화 서비스와 디지털의 데이터 서비스를 동시에 사용하지 못했다. 그러나 ISDN에서는 보다 넓은 대역폭으로 전화를 끊지 않고도 컴퓨터를 사용한 통신이 가능하다. 그러나 ISDN은 전송속도가 64Kbp~144Kbp로 현대의 이미지, 동영상 등의 대용량 데이터를 고속으로 전송하기에는 어려움이 있다.

B-ISDN(Broadband ISDN)은 이러한 이미지, 영상, 사운드 등의 대용량의 데이터를 고속으로 전송하기 위해 기존 ISDN의 기반 위에 만들어진 광대역 디지털 통신망이다. B-ISDN은 2Mbps~155Mbps의 속도를 낼 수 있다.

6.2 _____ ATM

ATM(Asynchronous Transfer Mode)은 ATM 포럼이 설계하고 ITU-T가 채택한 셀 릴레이(cell relay) 형태로 전송하는 방식이다. ATM은 광대역 ISDN(B-ISDN)을 구축하는 데 사용되는 기반 기술로서, 전송의 기본 단위가 53바이트의 셀(cell)이다. 전달하고자 하는 데이터를 48바이트 단위로 쪼개서 셀에 넣는다. 셀의 나머지 5바이트는 정보를 가지는 헤더이다.

데이터	헤더

그림 8.36 ATM 셀의 구조

ATM은 가상회선(virtual circuit)을 통하여 전송하는 전송 및 교환 기술이다. ATM 전송은 교환 노드에서 단위 시간에 보내는 셀의 수를 조절하여 전송 대역폭을 쉽게 조절할 수 있다. 즉, 단위 시간에 적은 수의 셀을 보내면 저속 전송이 되고, 많은 수의 셀을 보내면 고속 전송이 되는 식으로 네트워크를 유연하게 사용할 수 있다. ATM 망은 사용자의 정보와 제어 정보를 통합하여 서비스를 제공할 수 있다. 즉 ATM에서는 문자, 음성, 영상이나 신호, 제어 정보 등과 같은 여러 서비스가 ATM 셀로 전송된다.

6.3 xDSL

인터넷의 광범위한 보급과 더불어 멀티미디어와 같은 대용량의 데이터가 일반화되면서 기존의 전화망에 모뎀을 사용하는 저속 전송은 그 한계를 가지게 되었다. 대역폭이 보다 넓고 고속의 네트워크를 구축하기 위해 세계 각국은 국가 차원에서 광케이블 같은 고속의 전송매체를 사용하여 기간망을 광대역화, 고속화하려는 노력을 해 왔다. 그러나 전화국과 가입자를 연결하는 가입자망(subscriber line)은 오래 전에 구축되어 있고 모든 가입자망을 광케이블과 같은 고속의 전송매체로 바꾸는 것은 엄청난 비용과 시간이 필요하다.

그래서, 기존에 깔려있는 전화선의 가입자망을 이용하여 보다 적은 비용으로 고속의 네트워크를 구축하려는 기술이 개발되었다. 그것이 xDSL(x-Digital Subscriber Line)이다. xDSL은 제한된 거리에서 기존의 전화망을 이용하여 고 주파수 대역의 모뎀을 사용하여 데이터를 고속으로 전송하게 해준다. xDSL은 가입자와 전화국 사이의 통신회선에 160Kbps~8Mbps의 속도를 낼 수 있다. 국내에서도 KT와 같은 통신 사업자들이 이들을 서비스하고 있다.

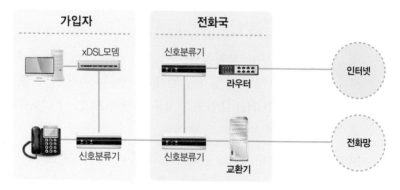

그림 8.37 xDSL 구성도

ADSL

ADSL(Asymmetric Digital Subscriber Line)은 1989년 미국의 벨코어(Bellcore)가 VOD의 상용 서비스를 위해 개발한 기술이다. 보통 가정의 인터넷 가입자들이 하향전송(downstream)에서는 정보검색, 멀티미디어 파일 등과 같은 광대역을 필요로 하지만 상향전송(upstream)에서는 좁은 대역의 통신으로도 충분하다는 점에 착안하여 비대칭적인 가입자망으로 고안되었다. ADSL은 기존의 전화선에 1.5~8Mbps의 하향속도와 16~640Kbps의 상향속도로 약 10:1의 차이를 보인다. ADSL은 기존의 전화망을 사용하기 때문에 시설 비용이 아주 저렴하나 전화선이 노후된 정도나 전화국과의 거리에 따라 속도가 저하될 수 있다.

HDSL

HDSL(High bit-rate Digital Subscriber Line)은 ADSL과는 달리 대칭적인 전송을 하는 형태이다. HDSL은 2쌍의 전화선을 통하여 T1(1.544Mpbs) 또는 E1(2.048Mbps)의 고속 통신을 가능하게 해준다. T1의 경우 2쌍의 전화선으로 784Kbps의 전이중 통신을 한다.

VDSL

VDSL(Very high bit-rate Digital Subscriber Line)은 미국의 ANSI와 유럽의 ETSI에서 표준화한 것으로 ADSL과 유사하게 비대칭형 가입자망이다. 그러나 ADSL보다 훨씬 높은 속도를 낼 수 있다. 하향속도는 52Mbps, 상향속도는 1.6Mbps 정도의 전송 속도를 가진다. 이는 짧은 거리에서 높은 전송속도를 내는 것으로 거리가 보다 멀어지면 속도가 저하된다.

6.4　BWLL

BWLL(Broadband Wireless Local Loop)은 광대역 고정 무선 가입자망이다. 이는 첨단 무선 가입자망으로 기지국과 가입자의 장치 사이에는 무선으로, 가입자의 장치와 가입자의 컴퓨터 사이는 유선으로 통신한다. 하향전송은 25.5~27.5GHz(2GHz) 대역을 가지고, 상향은 24.25~24.75GHz(500MHz)의 대역을 가진다.

BWLL은 통신망의 이용과 구축이 쉽고, 유지 보수 비용도 크지 않기 때문에 ADSL 등의 서비스를 제공하기 어려웠던 중소규모의 아파트나 빌딩 등에 쉽게 설치하여 사용할 수 있다. 국내의 통신회사에서도 이를 제공하고 있다.

07

네트워크의 활용 및 이해

지금까지 설명한 원리에 비추어 윈도우에서 네트워크 설정을 이해하고 응용해보자. 그림은 Microsoft Windows 7을 기준으로 설명하고 있으며, 다른 버전에서도 그림의 모양은 약간씩 다를 수 있으나 기본적인 설정원리는 동일하다.

7.1 ____ 회사에서 네트워크 설정

소제목을 회사에서 네트워크 설정, 가정에서 네트워크 설정이라고 했지만 엄격하게 말하면 고정 IP 주소(static IP address), 유동 IP 주소(dynamic IP address)이다.

회사에서 인터넷에 연결하여 사용하는 컴퓨터의 [제어판]–[네트워크 및 인터넷]–[네트워크 및 공유센터]–[어댑터 설정 변경]–[로컬 영역 연결]의 속성 중에서 "Internet Protocol Version4(TCP/IPv4)"의 속성을 보면 그림 8.38과 같이 되어 있다.

TCP/IP는 인터넷에서 사용하는 프로토콜로 인터넷을 연결하여 사용하려면 TCP/IP 프로토콜을 사용해야 한다. TCP/IP 설정에는 그림과 같이 IP 주소, 서브넷 마스크, 기본 게이트웨이, 기본 설정 DNS 서버 등을 설정해야 한다.

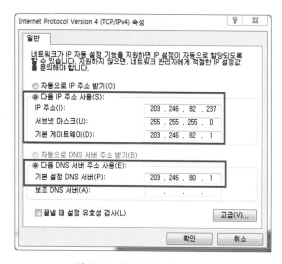

그림 8.38 회사에서 네트워크 설정

IP 주소

인터넷으로 연결된 모든 컴퓨터 및 네트워크 장치들은 유일한 IP 주소를 가져야한다. 여기서 유일한 IP 주소라는 것은 인터넷에 연결된 세계의 다른 컴퓨터가 이와 동일한 IP 주소를 가져서는 안 된다는 뜻이다. 즉 주민등록번호나 여권번호처럼, 두 사람이 동일한 번호를 가질 수 없는 것과 같다. 그림 8.38에서는 이 컴퓨터의 IP 주소를 203.246.82.237이라고 했다. 회사에서는 이와 같이 거의 대부분 고정 IP 주소를 사용한다. 즉 특별히 설정을 바꾸기 전까지는 항상 컴퓨터를 켜면 203.246.82.237로 설정되고, 외부의 컴퓨터들도 이 IP 주소로 접근하면 내 컴퓨터로 연결할 수 있다.

서브넷 마스크

IP 주소는 컴퓨터를 식별하는 네 자리의 수로 모두 $8 \times 4 = 32$ bit이다. 이 네 자리의 수 중에서 앞의 두 자리 또는 세 자리는 네트워크의 주소를 나타내고, 나머지 수는 해당 네트워크 내에서 컴퓨터의 주소를 나타낸다.

인터넷은 수많은 네트워크들이 연결되어 하나의 큰 네트워크를 이룬다. 네트워크 주소란 네트워크를 식별하는 것으로서 147.46.X.X는 네트워크 주소가 147.46.0.0으로 그 네트워크 안에 모두 약 2^{16}개의 컴퓨터를 가질 수 있다는 뜻이다. 어떤 회사의 주소가 203.246.245.X라고 하면 그 회사를 구성하는 네트워크 주소가 203.246.245.0이고, 그 네트워크 안에 약 2^8개의 컴퓨터를 수용할 수 있다는 뜻이다.

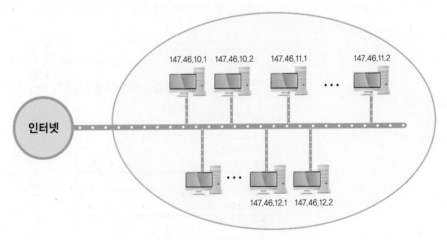

그림 8.39 하나의 네트워크로 구성

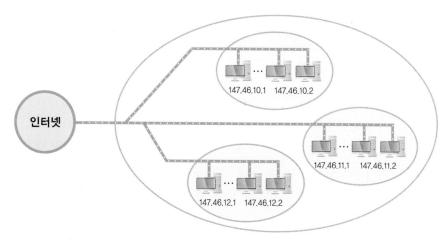

그림 8.40 여러 개의 서브넷으로 구성

하나의 회사 안에도 여러 개의 부서가 있고, 하나의 대학 안에도 여러 개의 단과 대학이나 학과가 있듯이 147.46.X.X라는 네트워크를 147.46.10.X, 147.46.11.X, ……와 같이 여러 개의 작은 네트워크로 나눌 수 있다. 이를 서브넷(subnet)이라고 한다. 서브넷은 건물 단위나 일정 지역으로 나눌 수 있다. 그림 8.39는 하나의 네트워크 안에 모든 컴퓨터를 구성한 경우를 보여주고, 그림 8.40은 네트워크를 여러 개의 서브넷으로 나누어 구성한 모양을 보여준다.

서브넷 마스크(subnet mask)를 255.255.255.0으로 설정하는 것은 11111111 11111111 11111111 00000000으로 패킷이 네트워크 안으로 들어올 때 1로 되어 있는 부분만을 보고 라우팅하면 자신의 서브넷으로 들어오게 된다.

기본 게이트웨이

기본 게이트웨이(default gateway)는 내 컴퓨터의 패킷이 외부 네트워크로 나가거나 외부 네트워크의 패킷이 내 네트워크나 서브넷으로 들어올 때 꼭 거쳐야 하는 연결점이다. 회사나 학교 같은 곳에서는 현재 컴퓨터의 위치에 따라 게이트웨이 주소가 달라질 수 있다.

DNS 서버

일반적으로 웹 브라우저를 이용하는 등의 인터넷을 이용할 때 앞에서 설명한 IP 주소를 잘 사용하지 않는다. 대신 www.naver.com과 같은 알파벳으로 이루어진 이름을 사용한다. 숫자로 이루어진 IP 주소는 외우거나 사용하기가 번거롭기 때문이다. 그러나 앞에서 설명한 것과 같이 인터넷에서는 결국 IP 주소를 가지고 네트워킹을 하게 된다. 이렇듯 www.naver.com과 같은 도메인 네임을 IP 주소로 변환시켜 주는 것이 DNS 서버이다. 자신의 네트워크가 자체의 DNS 서버를 운영할 수도 있고, 통신사업자에서 제공하는 DNS 서버를 사용할 수도 있다.

7.2 가정에서 네트워크 설정

가정에서의 네트워크 설정은 앞 절에서 설명한 회사에서 고정 IP 주소를 사용하는 경우보다 훨씬 간편하다. 거의 대부분의 가정에서는 고정 IP 대신 유동 IP를 사용하기 때문이다. 그림 8.41과 같이 IP 주소와 DNS 서버의 주소를 직접 설정하는 것이 아니라 자동으로 주소를 받는 걸로 설정하면 끝이다.

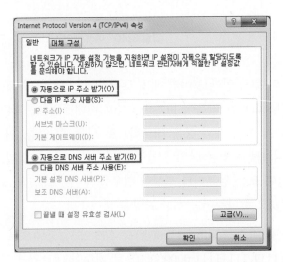

그림 8.41 가정에서 네트워크 설정

자기 집에서 가입한 KT와 같은 통신망 회사의 서버가 자동으로 DNS 서버와 IP 주소를 할당해 준다. 컴퓨터를 켤 때마다 서버에서 집으로 할당해 주는 IP 주소가 달라질 수 있다. 그래서 유동(dynamic) IP 주소라고 한다.

7.3 명령어를 이용한 네트워크 상태 확인

앞에서 설명한 네트워크에 대한 개념들 중에서 자신의 컴퓨터에서 쉽게 확인할 수 있는 것을 몇 가지 설명하겠다. [시작]–[실행]에서 "cmd"를 치면 창이 열리고 ipconfig, nslookup, tracert 등의 명령어로 여러 가지 상태 및 설정을 확인할 수 있다.

유닉스나 리눅스에서는 ifconfig, nslookup traceroute의 명령어로 똑같은 일을 할 수 있다.

ipconfig

그림 8.42는 ipconfig/all로 보여지는 현재 네트워크의 연결 상태를 보여준다. Ethernet adapter는 앞 절에서 설명한 네트워크 인터페이스 카드(NIC), 랜카드, 이 더넷 카드를 말한다.

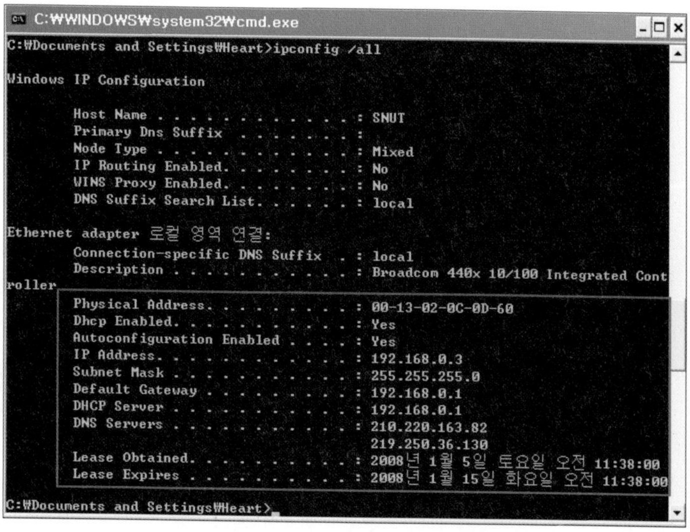

```
C:₩WINDOWS₩system32₩cmd.exe                                    _□×
C:₩Documents and Settings₩Heart>ipconfig /all

Windows IP Configuration

        Host Name . . . . . . . . . . . . : SNUT
        Primary Dns Suffix  . . . . . . . :
        Node Type . . . . . . . . . . . . : Mixed
        IP Routing Enabled. . . . . . . . : No
        WINS Proxy Enabled. . . . . . . . : No
        DNS Suffix Search List. . . . . . : local

Ethernet adapter 로컬 영역 연결:

        Connection-specific DNS Suffix  . : local
        Description . . . . . . . . . . . : Broadcom 440x 10/100 Integrated Cont
roller
        Physical Address. . . . . . . . . : 00-13-02-0C-0D-60
        Dhcp Enabled. . . . . . . . . . . : Yes
        Autoconfiguration Enabled . . . . : Yes
        IP Address. . . . . . . . . . . . : 192.168.0.3
        Subnet Mask . . . . . . . . . . . : 255.255.255.0
        Default Gateway . . . . . . . . . : 192.168.0.1
        DHCP Server . . . . . . . . . . . : 192.168.0.1
        DNS Servers . . . . . . . . . . . : 210.220.163.82
                                            219.250.36.130
        Lease Obtained. . . . . . . . . . : 2008년 1월 5일 토요일 오전 11:38:00
        Lease Expires . . . . . . . . . . : 2008년 1월 15일 화요일 오전 11:38:00

C:₩Documents and Settings₩Heart>
```

그림 8.42 ipconfig로 네트워크 설정 보기

물리 주소(physical address)는 랜카드마다 가지고 있는 8bit씩 6자리, 총 48bit의 고유한 주소이다. 그림 8.42에서는 16진수로 00-13-02-0C-0D-60으로 표시되어 있다. 인터넷에서 사용하는 IP 주소는 자신의 네트워크 안의 컴퓨터에, 상황에 따라 설정을 다르게 할 수 있다. 그러나 랜카드에 설정된 물리 주소는 랜카드마다 가지고 있는 고유한 주소로서 랜카드를 바꾸지 않는 이상 값이 바뀌지 않는다.

DHCP(Dynamic Host Configuration Protocol)는 어떤 네트워크 내의 컴퓨터 IP 주소를 DHCP 서버가 할당하고 관리해 준다. IP 주소는 32bit로 그 개수가 전 세계적으로 한정되어 있다. 그러나 인터넷으로 연결하려고 하는 컴퓨터는 기하급수적으로 늘어나서 IP 주소가 많이 모자라게 된다. 그래서 몇 개의 IP 주소로 그보다 더 많은 컴퓨터에게 주소를 할당할 수 있도록 한다. 예를 들면, 10개의 IP 주소로 아파트 30가구의 컴퓨터에 주소를 할당해 준다. 한 집에서 컴퓨터를 켜면 10개의 IP 주소 중 사용하지 않는 주소 하나를 임대(lease)해 준다. 보통 컴퓨터를 하루 종일 사용하지는 않기 때문에, 반납된 IP 주소를 다른 컴퓨터에 임대해 줄 수 있다. 임대기간이 너무 짧으면 자주 임대해 주고 임대기간을 연장해 주어야 하니까 DHCP 서버의 부하가 많아지고, 너무 긴 경우에는 사용하지 않을 때도 임대되어 있으니 IP 주소가 낭비된다. 그 외에 IP 주소, 서브넷 마스크, 게이트웨이, DHCP 서버 등에 관한 정보도 보여준다.

nslookup

nslookup은 알파벳으로 된 도메인 네임(domain name)을 IP 주소로 변환시켜 준다. 그림 8.43은 www.naver.com의 IP 주소를 보기 위해 nslookup한 결과를 보여준다. 네이버는 222.239.74.201의 IP 주소가 할당되어 사용함을 알 수 있다. 현재의 네트워크에서는 qns1.hananet.net(210.220.163.82)이 DNS 서버로 이 명령을 받아서 변환 작업을 해준다.

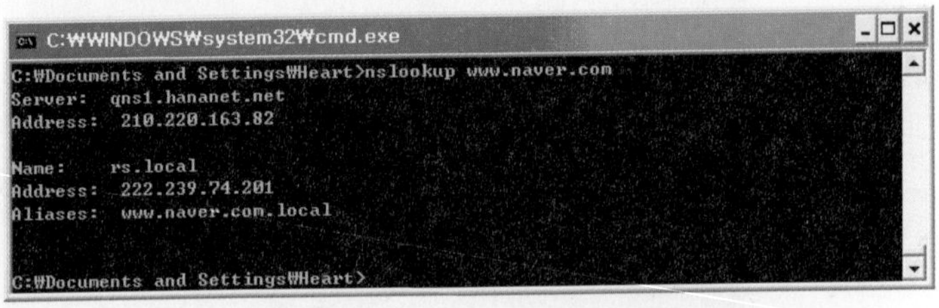

그림 8.43 nslookup으로 IP 주소 보기

tracert

그림 8.44는 tracert 명령어를 이용하여 목적지 www.naver.com까지의 경로를 보여준다. 현재의 네트워크에서 www.naver.com까지는 여러 개의 네트워크를 거쳐야 한다. 제일 먼저 게이트웨이 192.168.0.1을 빠져나가서 여러 단계의 라우터 등을 거쳐서 202.131.30.83까지 도달하는 경로와 시간을 볼 수 있다. 현재 8, 9번째 경로에서 시간이 많이 걸리는 것을 알 수 있다. 요즈음은 보안상의 이유로 자신의 네트워크에 이러한 추적을 막아 놓는 경우도 많아 경로가 끝까지 나오지 않을 수도 있다.

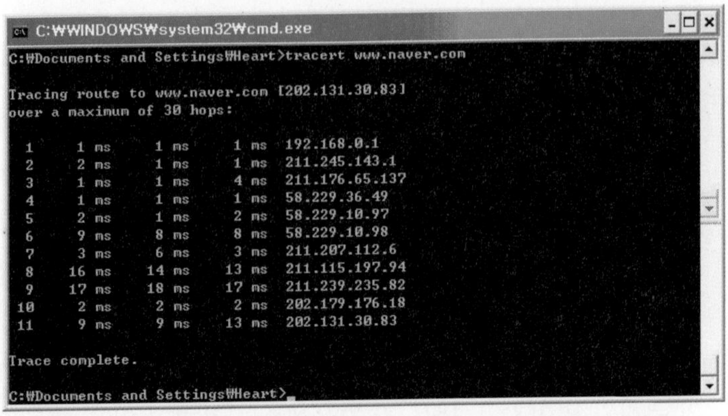

그림 8.44 tracert로 네트워크 경로 보기

[객관식 문제]

다음 각 문항에 대하여 보기 중에서 알맞은 것을 선택하시오.

01 네트워크 통신방식의 분류에 대한 설명으로 옳지 않은 것은?

A. 단방향 전송은 한 방향으로만 전송이 가능한 통신 형태이다.

B. 반이중 전송의 예로는 무전기가 있다.

C. 전이중 전송은 두 단말이 동시에 양방향으로 데이터를 전송할 수 있다.

D. 반이중 전송은 양방향으로 통신이 가능하나, 동시에 전송할 때에는 동시에 전송이 끝나야 한다.

02 네트워크 프로토콜의 종류로 볼 수 없는 것은?

A. TCP/IP

B. ASP

C. UDP

D. HTTP

03 다음 연결이 잘못된 것은?

A. ISDN – 종합정보 통신망

B. ATM – 비대칭형 가입자망

C. xDSL – 기존의 전화망과 고 주파수 대역의 모뎀을 이용

D. BWLL – 광대역 고정 무선 가입자망

04 OSI 모델에 관한 설명으로 옳지 않은 것은?

A. 국제표준화기구인 ISO에서 만들었다.

B. 한 계층의 변경이 다른 계층에 영향을 준다.

C. 7개의 계층으로 구성된 모델이다.

D. 필요한 몇 개의 계층만으로도 정상적인 통신을 할 수 있다.

05 가정에서 사용하는 전화기의 경우 양방향으로 통화가 가능하고 동시에 양쪽에서 말을 할 수도 있다. 이것은 어떤 전송 방식에 해당하는가?

A. 단방향 전송

B. 반이중 전송

C. 전이중 전송

D. 병렬 전송

06 OSI 모델의 계층에 대한 설명으로 옳지 않은 것은?

A. 물리 계층 – 기계적이고 물리적인 사양이 결정된다.

B. 네트워크 계층 – 발신지와 목적지 간의 패킷이 전송되는 경로를 책임진다.

C. 세션 계층 – 메시지가 발신지에서 목적지까지 실제 전송되는 것을 책임진다.

D. 표현 계층 – 정보의 표현 방식을 관리하고 암호화하거나 데이터를 압축하는 역할을 한다.

07 네트워크의 위상 중 통신비용은 높지만 신뢰성이 가장 높은 구조는?

    A. 버스형   B. 스타형

    C. 링형   D. 메시형

08 게이트웨이에 해당하는 OSI모델 계층이 아닌 것은?

    A. 네트워크 계층   B. 세션 계층

    C. 응용 계층   D. 전송 계층

09 네트워크의 접속장치 중 모뎀에 대한 설명으로 옳지 않은 것은?

    A. 모뎀은 디지털 신호를 아날로그 신호로, 아날로그 신호를 디지털 신호로 변환시켜 주는 장비이다.

    B. 컴퓨터 통신 초기에는 전화망을 사용하였는데, 아날로그식으로 전송하기 때문에 통신에 이용하기 위해서는 아날로그 신호를 디지털 신호로 변환하는 과정이 필요하였다.

    C. 모뎀은 컴퓨터의 디지털 신호를 아날로그로 변환하는 변조와 수신한 아날로그 신호를 디지털 신호로 복원해 주는 복조 기능을 한다.

    D. 최근 컴퓨터 통신이 발달되면서 모뎀의 사용이 활발해졌다.

10 UTP에 대한 설명으로 옳지 않은 것은?

    A. STP에 비해 비용이 싸고 작업하기가 쉽다.

    B. STP에 비해 외부의 간섭과 잡음을 더 많이 차단할 수 있다.

    C. 플라스틱으로 덮여진 코팅만으로 외부로부터 차단되어 있다.

    D. 꼬임선의 한 종류이다.

11 네트워크의 접속장치 중 라우터에 대한 설명으로 옳지 않은 것은?

    A. 패킷의 논리주소(IP 주소)에 따라 패킷을 라우팅해 준다.

    B. 동일한 기관의 하나 또는 두 개의 LAN의 분할된 세그먼트를 연결한다.

    C. LAN과 MAN, LAN과 WAN과 같이 두 개의 독립적인 네트워크를 연결한다.

    D. 라우팅은 라우팅 테이블에 의해 결정되고, 라우팅 테이블은 라우터 간의 정보 교환으로 동적으로 변경될 수 있다

12 광섬유에 관한 설명으로 옳지 않은 것은?

    A. 머리카락보다 가는 유리섬유를 통해 광선을 전송한다.

    B. 전자기파의 간섭을 거의 받지 않는다.

    C. 대역폭이 아주 작다.

    D. 빠른 전송속도를 요구하는 곳에 쓰인다.

13 네트워크 분류에 대한 설명으로 옳지 않은 것은?

    A. LAN은 비교적 근거리에 설치되어 있는 컴퓨터, 프린터, 기타 네트워크 장비들을 연결하여 구성한 네트워크다.

    B. MAN은 LAN보다 좀 더 넓은 범위의 네트워크여서 통신사업자가 이를 제공하고 관리한다.

C. WAN은 아주 넓은 범위의 네트워크이다. 하나의 국가나 국가와 국가 간을 연결한다. 대표적인 WAN은 인터넷이다.

D. MAN의 표준으로 이더넷, 고속 이더넷, 기가비트 이더넷, FDDI가 있다.

14 다음 중 잘못 연결된 것은?

A. 버스형 – 하나의 통신 회선에 모든 네트워크 노드들이 일렬로 연결

B. 스타형 – 허브가 네트워크 중앙에 위치하고 다른 노드들이 이 허브에 점대점 링크에 의해 연결

C. 링형 – 중앙에서 제어하는 노드 없이 모든 노드들이 상호 간에 점대점 형태로 직접 연결

D. 트리형 – 최상위 노드에는 허브가 위치하고 하위의 다른 노드들을 제어하게 되어 있는 연결

15 패킷 교환방식에 대한 설명으로 옳지 않은 것은?

A. 각각의 패킷들은 목적지까지의 경로가 다를 수 있다.

B. 패킷에는 목적지로의 주소, 패킷의 순서, 제어정보 등이 담겨져 있다.

C. 하나의 패킷이 목적지에 도달하기까지의 경로는 독점적으로 사용된다. 즉, 목적지에 도달할 때까지 다른 패킷은 그 경로를 사용할 수 없다.

D. 인터넷은 일반적으로 패킷 교환방식을 따른다.

16 두 개의 전도체로 이루어졌으며, 꼬임선보다 높은 대역폭과 빠른 데이터 전송을 할 수 있고, 일반적으로 유선방송이나 CATV에 많이 사용되는 전송 매체는?

A. 동축케이블   B. 광섬유

C. 위성   D. 구리선

17 네트워크에 대한 설명으로 옳지 않은 것은?

A. VDSL은 광대역 고정 무선 가입자 망이다.

B. ISDN은 종합정보통신망으로 전화, 데이터 통신, 화상통신 등의 다양한 통신 서비스를 통하여 하나의 통신망으로 제공한다.

C. ATM은 가상회선을 통하여 전송하는 전송 및 교환기술이다.

D. xDSL은 기존 전화선의 가입자 망을 이용하여 보다 적은 비용으로 고속의 네트워크를 구축하려는 기술이다.

18 라우터(router)는 네트워크의 접속장치 중의 하나이다. 이에 대한 설명으로 옳지 않은 것은?

A. 네트워크의 여러 곳에서 들어온 데이터를 그대로 네트워크 내의 컴퓨터로 전송한다.

B. 패킷의 IP 주소를 보고, 패킷을 어디로 보낼 것인지를 결정한다.

C. 패킷의 다음 경로를 결정한다.

D. OSI 7계층 중 네트워크 계층에 속한다.

19 통신회선을 통하여 한 번에 한 비트씩 순서대로 전송하는 방식이고, 한 비트씩 전송하기 때문에 전송속도는 느리지만 통신회선의 비용은 아주 저렴하며, 주로 원거리의 전송에 사용되고 RS-232C, RS-423과 같은 인터페이스를 사용하는 전송은 무엇인가?

A. 아날로그 전송   B. 디지털 전송

C. 직렬 전송   D. 병렬 전송

20 위성에 관한 설명으로 옳지 않은 것은?

A. 통신구간의 거리와 비용이 비례한다.

B. 두 개의 지상국 사이의 신호를 전달해 주는 중계소 역할을 한다.

C. 위성의 회전 주기는 지구의 자전주기와 같다.

D. 점대점 네트워크만 구성이 가능하다.

[괄호채우기 문제]

다음 각 문항에 대하여 빈칸에 적절한 단어를 채우시오.

01 (   )(은)는 전송 매체를 통하여 연결된 컴퓨터들이 상호 간에 정보를 교환하는 시스템을 말한다.

02 통신을 하는 두 개체 간에 데이터를 전송할 때 무엇을 어떻게 어떠한 방식으로 교신할 것인가 하는 것을 정한 절차를 (   )(이)라 한다.

03 초기의 컴퓨터 네트워크는 (   )신호를 전송하는 전화망을 사용하였다.

04 OSI 모델의 계층 중 가장 상위의 계층으로 네트워크 가상터미널이나 파일의 전송, 우편서비스, 디렉터리 서비스 등을 책임지는 계층은 (   )(이)다.

05 OSI 모델의 계층 중 인접하는 두 개의 노드 간의 전송을 책임지는 계층은 (   )(이)다.

06 (   )(은)는 전송매체를 지나는 신호의 최대 주파수와 최저 주파수의 차이를 말한다.

07 꼬임선보다 우수한 주파수를 가지고 있으며, 두 개의 전도체와 절연체 하나로 구성된 전송매체는 (   )(이)다.

08 네트워크에 연결되는 여러 노드들과 링크들이 실제로 또는 논리적으로 배치되어 있는 모양을 (   )(이)라 한다.

09 디지털 신호를 아날로그 신호로, 아날로그 신호를 디지털 신호로 변환시켜 주는 장비는 (   )(이)다.

10 (   )(은)는 디지털 데이터 전송 도중 약해진 신호를 재생성하여 전송하여 주는 것이다.

[주관식 문제]

01 전화통신망과 컴퓨터 네트워크의 차이점을 설명하시오.

02 OSI 7개 계층이 무엇이고, 왜 필요한지를 설명하시오.

03 네트워크에서 전송매체로 사용되는 꼬임선, 동축케이블, 광섬유의 특징을 설명하시오.

04 네트워크의 전송방식 중 단방향, 반이중, 전이중 전송의 차이점을 설명하고, 사용의 예를 들어보시오.

05 네트워크의 위상에는 어떤 것들이 있는지 그 특성을 설명하시오.

06 네트워크의 접속장치 중 게이트웨이, 라우터의 역할이 무엇인지 설명해 보시오.

07 네트워크 접속장치들이 각각 OSI 모델의 어느 계층에 해당하는지 나열해 보시오.

08 LAN의 특징을 설명하시오.

09 회선교환 방식과 패킷교환 방식을 비교하여 설명하시오.

10 ADSL의 등장 배경과 특징을 설명하시오.

9장

인터넷과
월드와이드웹

단원 목표
- 인터넷의 역사를 알아보고 인터넷의 정의를 이해한다.
- 인터넷에서 이용되는 응용 서비스의 종류를 알아본다.
- 국내의 인터넷 발전 과정을 알아본다.
- 인터넷 프로토콜 TCP/IP를 이해한다.
- 인터넷의 IP 주소를 이해하고 IPv6의 의미를 알아본다.
- 인터넷의 도메인 이름 체계를 알아본다.
- 인터넷의 DNS 서버의 기능과 작동 방법을 이해한다.
- WWW의 역사와 작동 원리를 알아본다.
- 웹 브라우저와 웹 서버에 대하여 알아본다.
- 웹 프로그래밍 관련 기술과 함께 웹 2.0과 웹 3.0에 대하여 알아본다.

01

인터넷 개요

1.1 인터넷 역사

알파넷

1957년 러시아의 인공위성 스푸트니크(sputnik)의 발사 성공은 미국이 국방성에 고등연구계획국인 알파(ARPA: Advanced Research Projects Agency)와 같은 고급 기술을 연구하는 연구소를 창설하게 되는 계기가 되었다. 알파 연구소는 구 소련과의 경쟁에서 우위를 점하기 위하여 전국에 흩어져 있는 고급 기술을 통합하는 역할을 담당하게 되었다. 인터넷의 시초는 1968년에 알파에서 구축한 알파넷(ARPANet)으로 시작되며, 알파넷은 캘리포니아 주립대학(UCLA)을 중심으로 캘리포니아 산타바바라 주립대학(UCSB), 스탠퍼드 연구소(SRI), 유타 대학(UTAH) 사이에 전화선을 통한 하나의 네트워크를 말한다. 알파넷은 미국 각지에 분산되어 있는 연구소와 대학교의 컴퓨터를 연결하여 방대한 자원을 공유 활용할 목적으로 설립한 대규모 패킷(packet) 교환망이다. 실제로 인터넷은 구 소련과 미국의 냉전 체제에서 나온 산물로서, 인터넷의 출발점은 핵전쟁과 같은 위기 상황에서도 미국 정부와 군 사이의 의사 소통을 가능하게 유지할 수 있는 수단으로 마련한 전략적인 기획에서 출발하였다.

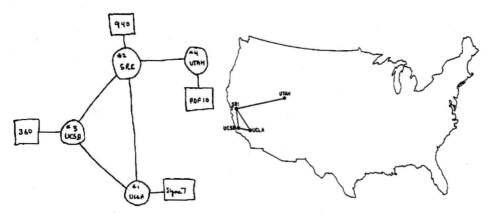

그림 9.1 알파넷의 탄생(1968)

331

1971년에는 알파넷에 미국 전역의 23개의 호스트 컴퓨터가 연결되었고, 1972년에는 이 알파넷을 이용한 응용 프로그램인 전자메일(email)이 개발되어 사용되었으며 이후 텔넷(telnet), FTP(File Transfer Protocol) 등의 응용 프로그램이 개발되었다.

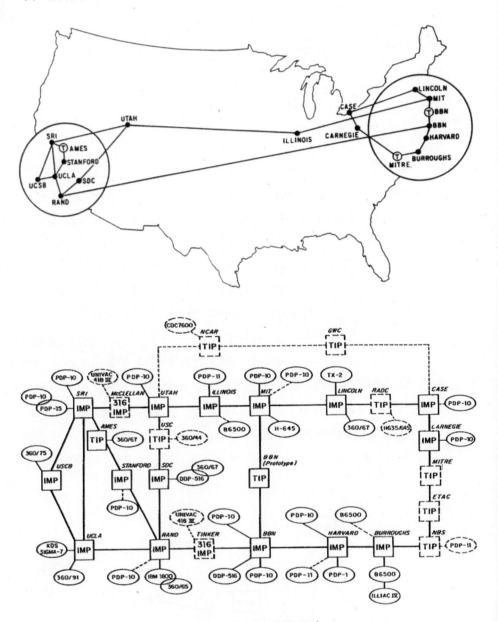

그림 9.2 알파넷의 발전(1971)

1972년 미국 워싱턴에서 열린 국제 통신 학회에서 알파 네트워크가 처음으로 일반에게 공개되었으며, 1973년에는 알파넷이 영국과 노르웨이에 연결되어 처음으로 국제적인 통신망이 형성되었다. 1977년까지 111개의 컴퓨터 시스템이 알파넷에 연결되었다. 알파넷의 사용이 증가함에 따라 1983년 알파넷은 군사용 네트워크인 MILNET과 민간용인 ARPANET으로 구분되어 사용하게 되었다. 민간용 네트워크가 추가되면서 인터넷은 세계적인 네트워크로 더욱 발전하게 되었다. 1980년대 들어와서 ARPANET 상의 모든 네트워크들은 TCP/IP 프로토콜로 완전히 교체하고 미국과학연구기금(NSF: National Science Foundation)이 정부와 대학연구기관의 연구를 목적으로 미국 전역에 걸쳐 4대의 슈퍼 컴퓨터 센터를 중심으로 NSFNET을 구축하였다. 이 NSFNET은 TCP/IP를 프로토콜로 채용하였으며, 이때부터 인터넷은 더욱 큰 네트워크로 성장하게 되었다.

인터넷

인터넷은 지구 전역에서 서로 다른 기종의 컴퓨터들이 통일된 프로토콜을 사용해 자유롭게 통신을 주고받을 수 있는 세계 최대의 통신망을 말한다. 위에서 살펴보았 듯이 인터넷은 1969년 미국 국방부에서 시작된 알파넷이 모체로서 네트워크를 서로 접속하는 기술과 그 기술에 의해 접속된 네트워크를 가리킨다. 즉 인터넷은 네트워크의 네트워크인 셈이다. 네트워크가 전 세계에 보급되면서, 현재는 인터넷 프로토콜을 통한 네트워크를 가리키는 고유명사로 쓰이게 되었다.

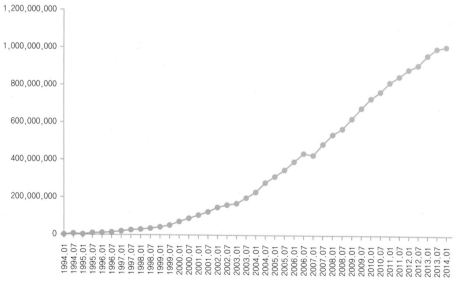

그림 9.3 인터넷에 연결된 호스트 수

1980년 이후 전 세계의 호스트 컴퓨터가 인터넷에 연결되면서 인터넷에 연결된 호스트 컴퓨터의 수는 해마다 증가하였으며, 1990년 개발된 WWW로 인해 1990년 이후의 인터넷에 연결된 호스트 컴퓨터의 수는 年 400% 이상 급증하고 있다.

TIP: 해저 동축 케이블

세계를 하나로 연결하는 네트워크는 어떻게 연결될까? 바로 바다 밑 해저에 동축 케이블이 전 세계를 연결하고 있다. 즉 우리가 브라우저에서 미국 사이트를 클릭하면 그 짧은 순간에 태평양 해저에 연결된 동축 케이블을 타고 이동하여 자료를 가져온다. 바다 밑 해저에 케이블을 연결하는 방법을 살펴보면, 수심이 낮은 곳인 해안가는 직접 잠수부가 설치하며, 수심이 깊으면 무인 로봇이 설치하고, 태평양과 같이 수심이 수천 미터가 되는 곳은 케이블을 부표(buoy)로 바다에 띄우다가 나중에 부표를 끊어서 케이블을 해저에 가라 앉히는 방법을 이용한다. 다음은 2012년에 완공된 진도와 제주 간의 해저 케이블 공사 개요이다.

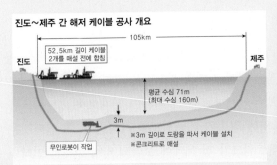

그림 9.4 진도와 제주 간의 해저 케이블 공사 개요와 해저 케이블의 예

우리나라 최초의 해저 케이블은 1980년 부산 송정에서 일본 하마다 사이에 설치된 케이블이다. 우리나라는 태안반도의 신두리와 경남 거제도, 그리고 부산 송정에서 외국으로 나가는 해저 케이블이 연결되어 있다. 다음 그림은 전 세계의 해저 케이블 지도를 살펴볼 수 있는 사이트(www.submarinecablemap.com)이다.

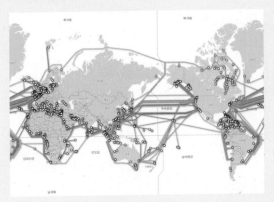

그림 9.5 해저 동축 케이블(www.submarinecablemap.com 참조)

해저 케이블은 전송 지연이 없으며, 보안성이 뛰어나고 기상에도 거의 영향을 받지 않으므로 세계를 이어주는 매우 효율적인 통신 수단으로 각광받고 있다. 최근에는 국제 통신이나 인터넷뿐 아니라 방송 등에서도 해저 케이블의 활용도가 높아지고 있다.

WWW

World Wide Web(줄여서 Web 또는 WWW, W3)은 하이퍼텍스트(Hypertext) 기반의 하이퍼미디어(Hypermedia) 정보를 인터넷의 HTTP(Hyper Text Transfer Protocol) 규약을 이용하여 저장, 공유하는 기술이다. WWW는 클라이언트/서버(Client/Server) 구조 방식으로 웹 서버가 실행되는 서버에 각종 정보와 이를 참조할 수 있는 프로그램을 저장한 후, 이러한 서버의 정보를 요청하는 클라이언트에게 정보를 제공하는 방식이다. 정보를 검색하는 클라이언트는 웹 브라우저(web browser)라는 클라이언트 프로그램을 이용한다.

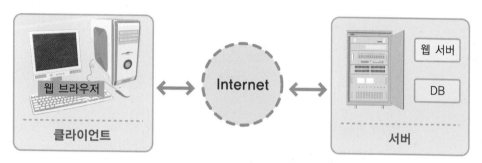

그림 9.6 웹의 클라이언트/서버 구조

1993년부터 본격적으로 서비스가 시작된 웹은 인터넷의 발전과 맞물려 전 세계적으로 폭발적인 사용 증가를 가져왔으며 기존의 모든 인터넷 서비스가 WWW 환경으로 통합되는 계기가 되었다. 웹의 자세한 내용은 3절에서 살펴보자.

전자우편

전자메일은 인터넷을 이용하는 가장 활성화된 응용 프로그램 중의 하나이다. 전자메일은 문자 중심의 메시지에 여러 멀티미디어 파일을 첨부하여 전송이 가능한 기능으로 SMTP(Simple Mail Transfer Protocol)라는 통신 규약을 사용한다. SMTP는 전자우편 교환을 위한 서버 간의 프로토콜이며 전자메일 서버를 SMTP 서버라고도 부른다.

전자우편을 주고 받으려면 우선 전자우편 서버와 계정이 있어야 한다. 전자우편 서버에서 수신된 전자우편을 서버에 직접 접속하여 보지 않고 자신의 컴퓨터에 내려받아 우편을 보려면 POP(Post Office Protocol) 서버를 지정해야 한다. POP는 사용자가 전자 우편 계정이 있는 호스트에 직접 접속하여 메일을 읽지 않고 자신의 PC에서 마이크로소프트의 아웃룩 익스프레스(Outlook Express)와 같은 우편 검색기를 이용하여 자신의 전자우편을 내려 받아 보여주는 규약을 정의한 프로토콜이다. 일반적으로 POP 서버와 SMTP 서버는 같은 서버로 지정한다.

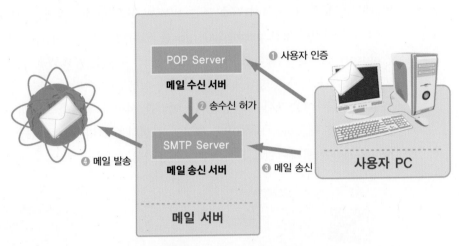

그림 9.7 SMTP와 POP 서버

전자우편을 위한 사용자 계정은 사용자 이름과 암호로 구성되며 주어진 사용자 이름과 서버의 도메인 이름을 'at' 마크인 @로 붙여 전자우편 주소로 사용한다. 즉 사용자 이름이 kdhong이고 전자우편 계정을 제공하는 도메인 이름이 korea.com이면 전자우편 주소는 kdhong@korea.com이 된다.

- kdhong@korea.com: id@domain_name

FTP

FTP(File Transfer Protocol)는 파일을 인터넷 상에서 주고받는 서비스에 이용하는 프로토콜이다. 서버에서 FTP 서버를 실행시키고 클라이언트에서 FTP를 사용하려면 웹 브라우저를 이용하거나 FTP 전용 클라이언트 프로그램을 이용한다. FTP 전용 클라이언트 프로그램으로는 WS_FTP, CUTE_FTP 등이 있다. FTP 서버에 접속하는 방법은 익명(anonymous) 접속과 계정(account) 접속이 있다. 익명 접속은 개방된 FTP 서버에 누구나 접속할 수 있는 방법이다. 계정 접속은 등록되어 권한이 있는 사용자만 접근 가능한 FTP 서버에 접속하는 방법이다. 그림 9.8은 마이크로소프트 사의 FTP 서버를 웹 브라우저를 이용하여 접속하는 그림이다. 웹 브라우저의 주소 창에 'ftp://ftp.microsoft.com/'을 기술하여 접속할 수 있다.

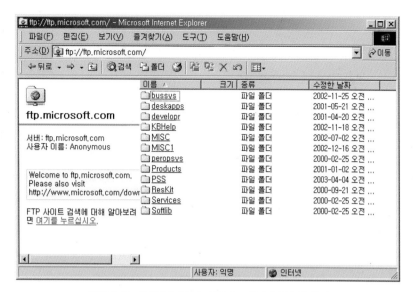

그림 9.8 마이크로소프트 사의 ftp 서버에 접속한 화면

웹 브라우저를 이용하여 등록된 계정으로 접속하려면 브라우저의 주소 창에 다음과 같이 사용자 이름과 암호 또는 사용자 이름을 기술하여 접속할 수 있다.

- ftp://사용자 이름:암호@ftp.microsoft.com/
- ftp://사용자 이름@ftp.microsoft.com/

유즈넷과 텔넷

유즈넷(Usenet)은 게시판과 같이 주제별로 서로의 의견을 파일로 저장하여 여러 뉴스들을 공유하는 인터넷을 이용한 전자 게시판이다. 1979년 미국 듀크대학교 대학원생이던 톰 트루스코트(Tom Truscott)와 짐 엘리스(Jim Ellis)의 정보교환에 대한 아이디어로 처음 시작되어 네트워크를 통해 서로의 의견을 교환하다가 유즈넷으로 발전되었다.

유즈넷에 마련된 여러 뉴스를 분류하는 그룹을 '뉴스그룹'이라 하며, 관리자가 뉴스 그룹을 관리한다. 그러나 유즈넷의 목적 자체가 전자 정보의 공유이므로 특별한 통제는 없다고 볼 수 있다. 전 세계의 각 뉴스 서버들이 전 세계의 뉴스들을 공통으로 보유하고 서로 자료의 일치성을 유지하므로 한 번 올린 자료의 파급 효과는 매우 크다. 지금도 고급 정보를 원하는 많은 네티즌들이 즐겨 이용하고 있으며, 과거에는 뉴스그룹을 이용하는 전용 소프트웨어를 이용하여 뉴스그룹을 이용하였으나 지금은 구글(www.google.co.kr)과 같은 검색 엔진에서도 직접 뉴스그룹을 이용할 수 있다. 다음은 구글에서 한글 뉴스 그룹 han.comp.lang.c를 살펴본 그림이다.

그림 9.9 구글로 본 뉴스그룹

한글(han)로 구성된 컴퓨터(comp)의
프로그래밍 언어(lang) 중에서 C(c)에
관한 뉴스그룹

han.comp.lang.c

그림 9.10 뉴스그룹 han.comp.
lang.c의 의미

뉴스 서버는 NNTP(Network News Transfer Protocol)를 이용하여 뉴스그룹을 서비스하므로 NNTP 서버라고도 한다. 뉴스그룹의 이름은 그룹의 주제를 계층으로 나누어 도메인과 그 이하의 주제어를 마침표를 이용하여 기술한다.

뉴스그룹에서 자주 이용하는 도메인으로는 comp, sci, alt, rec 등이 있으며, 이들의 의미는 표 9.1과 같다.

텔넷(Telnet)은 현재의 컴퓨터에서 인터넷과 연결된 다른 컴퓨터를 내 컴퓨터처럼 사용하는 도구이다. 텔넷(Telnet)은 이용하려는 다른 컴퓨터의 계정에 등록되어 있어야 사용이 가능하다. 그림 9.11은 윈도우에서 텔넷 서버 faculty.dongyang.ac.kr을 연결하는 클라이언트를 요청하는 실행화면이다.

표 9.1 유즈넷의 도메인 이름

도메인	의미
comp	컴퓨터 관련 주제
sci	과학과 기술
soc	사회적인 문제와 정치
rec	취미, 예술, 오락활동
biz	비즈니스 관련 주제
misc	기타 분류하기 어려운 잡다한 것들

그림 9.11 윈도우에서 텔넷 요청 화면

텔넷은 멀리 떨어져 있는 컴퓨터를 다른 컴퓨터에서 이용할 수 있는 방법으로 키보드의 모든 입력은 텔넷 연결을 통해서 서버 쪽으로 전달되며, 서버에서 출력되는 텍스트는 자신의 모니터에 나타나게 된다.

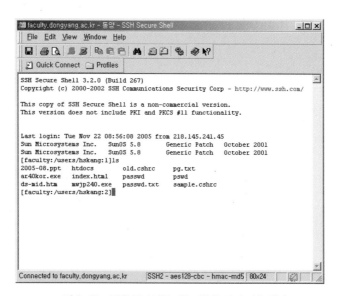

그림 9.12 전용 클라이언트를 이용한 서버 접속 화면

1.3 _____ 국내의 인터넷 발전

국내의 인터넷 역사

우리 나라의 인터넷은 1982년 서울대학교와 한국전자기술연구소(Korea Institute of Electronics Technology, KIET, 한국전자통신연구원(ETRI)의 전신) 사이에 1200bps 모뎀을 사용하여 시스템 개발 네트워크(SDN: System Development Network)가 연결된 것이 그 시초이다. 이후 1983년 미국과 유럽에 UUCP(USENet, CSNet)를 연결하여 사용하였고, 1987년에는 교육전산망(KREN)을 구성하고 1990년에는 한국과학기술원(KAIST)을 중심으로 대학과 연구소가 공동으로 설치한 하나망(HANA/SDN)이 전용회선으로 인터넷에 연결되었다. 국내 상용 인터넷 서비스는 1994년 한국통신에서 KORNet 서비스를 시작한 이후에 데이콤, 아이네트, 넥스텔, 한국PC통신 등에서 상용 서비스를 시작하면서 국내 인터넷 서비스가 대중화되었다. 그림 9.13은 인터넷 초창기인 1995년의 국내 인터넷 연결 현황을 나타낸 것이다.

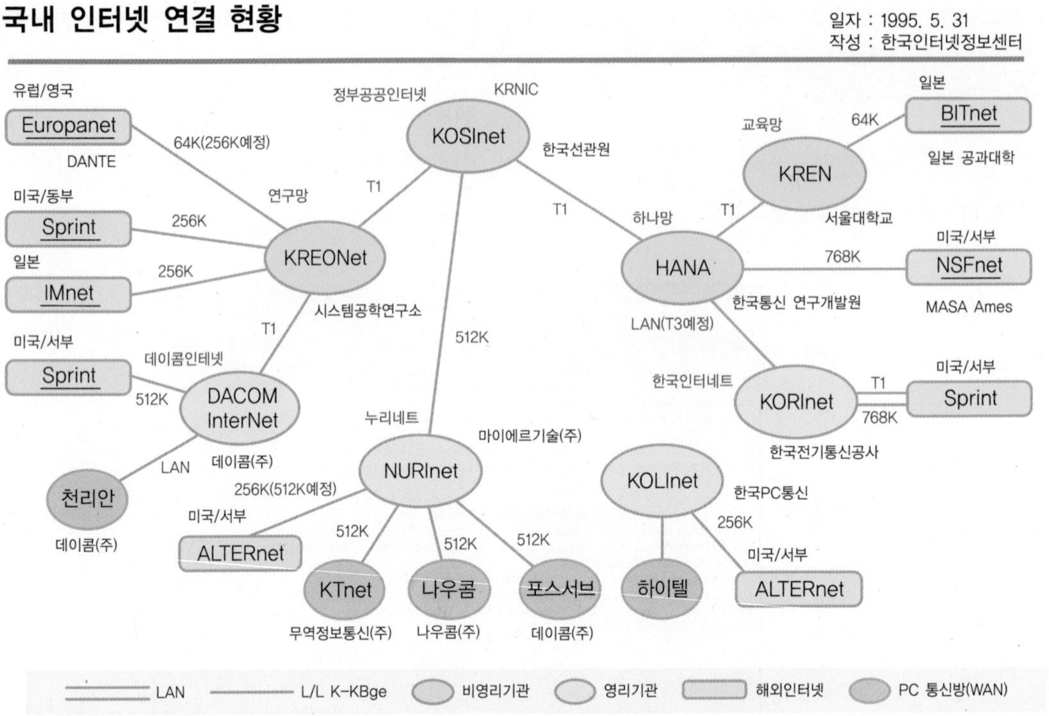

국내 인터넷 연결 현황

일자 : 1995. 5. 31
작성 : 한국인터넷정보센터

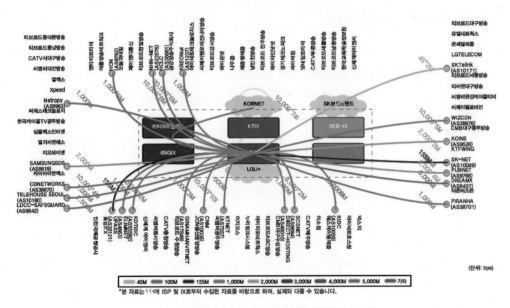

그림 9.13 국내 인터넷 연결 현황(1995)

국내 주요 인터넷 서비스 제공자(ISP: Internet Service Provider)와 인터넷 교환노드(IX: Internet eXchange) 간의 인터넷망 구성 현황의 자세한 내용은 인터넷통계정보검색시스템(isis.kisa.or.kr)을 통해 주기적으로 제공 중이다.

그림 9.14 국내 인터넷 연결 현황(2014.7)

TIP: 대한민국 인터넷의 아버지 전길남

그림 9.15 강연 중인 전길남 교수

우리나라가 현재 인터넷 강국이 되기까지 초석을 다진 분이 전길남 교수이다. 전길남 교수는 미국에서 박사학위를 하고 1979년 전자기술연구소에서 네트워크 연구를 수행하였다. 1982년, 전길남 교수는 서울대 교수 재직 시절에 우리나라 최초의 전산망인 서울대와 구미전자기술연구소 간의 SDN(System Development Network)의 연결에 성공했다. 그 당시 국내에서의 전산망 구축은 실제 미국을 제외하고 세계에서 두 번째로 구축한 인터넷 망으로 전길남 교수의 네트워크 연구 결과의 산물이다. 또한 미국과 소련 간 냉전체제였던 그 당시만 하더라도 전산 네트워크 구축에 필요한 장비인 라우터(router)가 공개되어 있지 않은 상황에서 전길남 교수는 자체 개발한 소프트웨어로 한국의 전산망을 미국과 연결하는 데 성공한다. 전길남 교수에 의한 한국의 네트워크 기술 발전은 폐쇄적이던 인터넷 망을 세계에 공개하는 계기를 마련하였으며, 우리나라는 이웃 아시아 국가들에게 인터넷 망 구축에 대한 기술을 전수하였다. 전길남 교수는 국제적으로 인터넷 세계화 공로를 인정받아 인터넷을 국제적으로 대표하며 관련 표준을 정하는 ISOC(인터넷 소사이어티)로부터 인터넷 '명예의 전당'에 헌당되었다.

국내 인터넷 상용서비스는 코넷(KT), 보라넷(LG U+), 비넷(SK브로드밴드), 세종넷(세종텔레콤), 드림맥스(드림라인) 등 119개 업체가 한국인터넷진흥원으로부터 IP 주소를 할당받아 인터넷사용기관 및 개인에게 전용선, 초고속인터넷 접속 등의 서비스를 제공하고 있다. 그림 9.14에 2014년의 국내 인터넷 연결 현황을 나타냈다.

인터넷 강국 대한민국

다음은 2003년부터 2012년까지의 국내의 인터넷 이용률과 인터넷 이용자 수의 변화를 나타낸 그림이다.

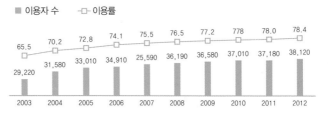

그림 9.16 국내 인터넷 이용자 수와 이용률의 변화(단위: %, 천명)

우리나라의 개인 인터넷 이용률은 2013년 5월 기준 82.1%로 다음은 전국의 인터넷 이용률을 나타낸다.

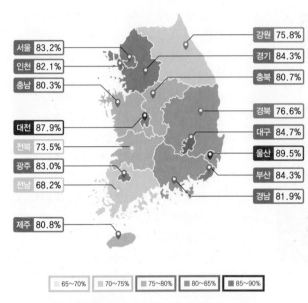

그림 9.17 전국 인터넷 이용률(2013)

세계 211개국(2012년 기준) 중

순위	국가	이용률
①	포크랜드제도	96.92%
②	아이슬란드	96.00%
③	노르웨이	95.00%
④	스웨덴	94.00%
⑤	덴마크	93.00%
⑥	네덜란드	93.00%
⑦	룩셈부르크	92.00%
⑧	버뮤다	91.30%
⑨	핀란드	91.00%
⑩	뉴질랜드	89.51%
⑫	영국	87.02%
㉑	한국	84.10%
㉒	독일	84.00%
㉘	미국	81.03%
㉝	일본	79.05%

그림 9.18 전 세계 인터넷 이용률 순위(2012)

이러한 한국의 인터넷 이용률은 전 세계적으로 상당히 높아 독일, 미국, 일본 등에 비해 높은 편이나, 그 순위는 2004년 세계 5위에서 이후 2010년 12위, 2011년 15위, 2012년 21위 등으로 계속 하락해 가고 있다.

다음은 국내의 WWW의 kr 도메인 수를 1993년부터 2014년까지 나타낸 그림이다. 특히 전 세계적인 IT 붐이 일었던 1999년 이후 국내의 WWW의 도메인 수가 급격히 증가한 사실을 알 수 있다. 국내에서도 2009년 스마트 기기의 등장으로 2011년의 1,299,000개를 최고점으로, 그 이후에는 도메인 수가 감소하고 있음을 알 수 있다.

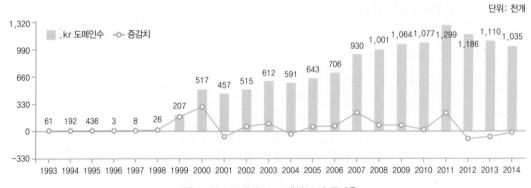

그림 9.19 국내의 kr 도메인 수와 증가율

국내의 초고속인터넷 가입자 수를 살펴보면 2006년 1,404만 명으로 크게 증가한 후 계속 증가하여 2014년 1,896만 명에 이르고 있다.

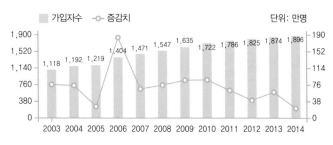

그림 9.20 국내의 초고속인터넷가입자 수와 증가율

여기에서 밝힌 자료는 모두 한국인터넷진흥원의 인터넷통계정보검색시스템 (http://isis.nic.or.kr/)에서 인용하였다.

02

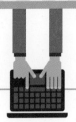

인터넷 동작원리

2.1　TCP/IP 프로토콜

TCP/IP 특징

TCP/IP(Transmission Control Protocol/Internet Protocol)는 서로 다른 통신망, 서로 다른 통신 프로토콜을 이용하더라도 서로 통신할 수 있는 통신 프로토콜의 필요성에 의해 개발된 통신 프로토콜이다. TCP/IP는 운영체제 유닉스에서 기본 프로토콜로 사용되었으며 개인용 컴퓨터도 윈도우 95이후부터 기본 프로토콜로 사용하게 되었다. TCP/IP가 통신 프로토콜 중에서 가장 많이 이용하게 된 계기는 WWW의 등장일 것이다. WWW뿐만 아니라 인터넷 서비스인 전자메일, 텔넷, FTP 등도 대부분이 TCP/IP 기반에서 만들어진 통신 응용프로그램이다.

TCP/IP의 특징을 살펴보면 첫째로 TCP/IP는 개방된 프로토콜 표준으로 누구나 표준안을 얻을 수 있고 또한 누구나 표준화 과정에 참여할 수 있다. 둘째로 TCP/IP는 컴퓨터 하드웨어 또는 소프트웨어 그리고 네트워크 망의 종류에 관계없이 이용이 가능하다. 셋째로 TCP/IP는 인터넷 주소를 유일하게 보장하여 인터넷 상에서 언제 어디서나 쉽게 통신할 수 있다. 이러한 장점으로 인해 유닉스 운영체제의 컴퓨터뿐만 아니라 대부분의 컴퓨터는 TCP/IP를 통신 프로토콜로 이용한다.

TCP/IP의 계층구조

TCP/IP의 계층구조는 네트워크 계층(Network Interface Layer), 인터넷 계층(Internet Layer), 전송 계층(Transport Layer), 응용 계층(Application Layer) 등 4개의 계층으로 구분된다. 응용 계층은 인터넷을 사용하는 FTP, Telnet, SMTP 등과 같은 응용프로그램으로 이루어지는 계층이며, 전송 계층은 이름에서 알 수 있듯이, 도착을 원하는 시스템까지 데이터를 전송하기 위한 작업을 처리하는 계층으로 각각의 시스템을 연결하고, TCP 프로토콜을 이용하여 데이터를 전송한다. 인터넷 계층은 데이터를 정의하고 데이터의 경로를 배정하는 일인 라우팅(routing) 업무를 담당한다. 데이터를 정확히 라우팅하기 위해서 IP프로토콜을 사용한다. 네트워크 계층은 물리적 계층, 즉 이더넷 카드(Ethernet card)와 같은 하드웨어를 말한다. OSI(Open System Interconnection)의 7계층 구조와 같이 TCP/IP도 이러한 계층 구조를 갖는 이유는 계층 간의 독립성을 유지하기 위해서이다.

전송 계층은 TCP(Transmission Control Protocol)와 UDP(User Datagram Protocol)라는 프로토콜로 구성된다. 이 TCP와 UDP는 모두 데이터를 전송하는 데 필요한 규약이다. TCP는 연결형이며, 자체적으로 오류를 처리하고, 네트워크 전송 중 순서가 뒤바뀐 메시지를 교정해 주는 기능을 가지고 있다. 여기서 연결형이란 말은 전송하기 전에 항상 상대방이 데이터를 받을 수 있는지 우선 확인한 후, 데이터를 전송하는 측과 데이터를 수신받는 측에서 전용의 데이터 전송 선로(Session)를 만든다는 의미이다. 그러므로 TCP는 데이터의 신뢰도가 중요하다고 판단되는 응용 프로그램에서 주로 사용된다. 반대로 UDP는 비연결형이며, 오류를 처리하거나 순서를 재조합시켜 주는 기능이 없다. 단순히 데이터를 전송하거나, 수신하는 기능만 있는 프로토콜이다. 그러므로 UDP는 전송 중간에 패킷이 분실되더라도 큰 문제가 없는 응용 프로그램에 적합한 프로토콜이다.

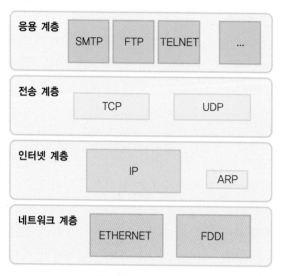

그림 9.21 TCP/IP 계층

TCP/IP의 계층구조를 OSI 7층 계층구조와 대응시켜 보면 TCP/IP의 응용 계층은 OSI의 응용 계층과 표현 계층, 그리고 세션 계층과 대응되고, TCP/IP의 전송 계층은 OSI의 전송 계층과 대응된다. TCP/IP의 인터넷 계층은 OSI의 네트워크 계층과 대응되며, TCP/IP의 네트워크 계층은 OSI의 데이터 링크 계층과 물리 계층에 대응된다.

표 9.2 TCP/IP 계층을 OSI 7계층과 비교

OSI 7 계층	TCP / IP 계층
Application Layer	Application Layer
Presentation Layer	
Session Layer	
Transport Layer	Transport Layer
Network Layer	Internet Layer
Data – Link Layer	Network Interface Layer
Physical Layer	

TCP/IP에서 데이터 전송

TCP/IP에서 메시지를 전송할 때 일단 메시지를 일정한 길이로 나누어 전송하는데 이를 패킷(packet)이라 한다. 패킷을 전송하는 역할을 TCP가 담당한다면, TCP는 패킷에 패킷 번호와 수신 측의 주소, 그리고 에러 검출용 코드를 추가한다. 패킷으로 쪼개진 메시지는 IP에 의해서 수신 컴퓨터로 보내지게 된다. 인터넷 계층의 IP 주소가 실제 네트워크 계층에서는 MAC(Media Access Control) 주소라 부르는 물리적 네트워크 주소로 바뀌어 이용되며 이에 사용되는 프로토콜이 ARP(Address Resolution Protocol)이다. 즉 ARP는 IP 네트워크 상에서 IP 주소를 물리적 네트워크 주소로 대응시키기 위해 사용되는 프로토콜이다. 여기서 물리적 네트워크 주소라 함은 이더넷 또는 토큰링의 48bits 네트워크 카드 주소를 의미하며, 모든 네트워크 인터페이스 카드는 00-D0-59-0B-3A-7B와 같은 값으로 유일한 MAC 주소를 갖는다. 예를 들어, IP 호스트 A가 IP 호스트 B에게 IP 패킷을 전송하고자 할 때 IP 호스트 B의 물리적 네트워크 주소를 모르는 경우, ARP 프로토콜을 사용하여 목적지 IP 주소 B를 이용하여 ARP 패킷을 네트워크 상에 전송한다. IP 호스트 B는 자신의 IP 주소가 목적지에 있는 ARP 패킷을 수신하면 자신의 물리적 네트워크 주소를 A에게 응답한다. 이와 같은 방식으로 수집된 IP 주소와 이에 해당하는 물리적 네트워크 주소 정보는 각 IP 호스트의 ARP 캐시라 불리는 메모리에 테이블 형태로 저장된 후 다음 패킷 전송 시에 다시 사용된다. ARP와는 역으로, IP 호스트가 자신의 물리 네트워크 주소는 알지만 IP 주소를 모르는 경우, 서버로부터 IP 주소를 요청하기 위해서는 RARP(Reverse Address Resolution Protocol)를 사용한다.

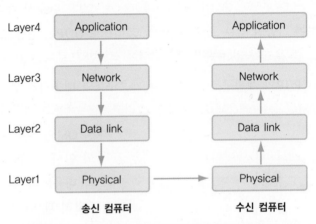

그림 9.22 TCP/IP 기반의 응용프로그램에서 데이터 전송 과정

수신 측의 TCP는 에러 유무를 검사하고 에러가 발견되면 재전송을 요구하게 된다. 즉 TCP는 전송 데이터의 흐름을 관리하며 데이터의 에러 유무를 검사하고, IP는 데이터 패킷을 전송한다.

2.2 IP 주소

IP 주소와 IPv6

TCP/IP 기반 하에서 인터넷에 연결된 전 세계의 모든 컴퓨터를 식별하게 하는 것이 인터넷 프로토콜 주소(Internet Protocol Address : 줄여서 IP 주소)이다. 인터넷 주소는 네 부분으로 나뉘어 각각 0에서 255 사이의 값을 갖는다. 예를 들어 IP 주소는 203.237.160.218의 형태가 된다. 실제로 IP 주소는 32비트로 구성되므로 전 세계의 모든 IP 주소 수는 최대 2^{32}개보다 적은 유한 개이다.

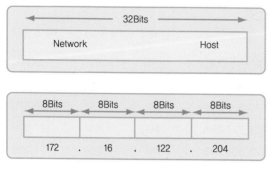

그림 9.23 IP 주소 체계

이러한 32비트의 IP 주소는 버전4로 IPv4라 한다. 그러므로 32비트로 이뤄진 IPv4는 최대 약 40억 개의 주소를 부여할 수 있다. 그러나 기하급수적으로 늘어나는 사용자 수요를 감안할 때, 현재 사용되고 있는 IPv4 체계로는 계속해서 요구되는 인터넷 어드레스 수요를 충족시킬 수 없으며 약 IPv4의 주소는 거의 소진된 상태이다. 늘어나는 IP 주소에 대비하여 1995년 인터넷 엔지니어링 태스크 포스(IETF : Internet Engineering Task Force)에서는 차세대 IP라 하여 IPng(IP next generation)를 개발하였다. 즉 IPv4의 대안으로 나온 IP 주소인 IPng를 IPv6이라 한다. IPv6은 인터넷 프로토콜 버전 6(internet protocol version 6)이라는 의미이다.

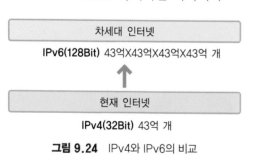

그림 9.24 IPv4와 IPv6의 비교

IPv6은 폭발적으로 늘어나는 인터넷 사용에 대비하기 위한 것으로 128비트 주소 체계로 최대 1조 개 이상의 주소를 제공할 수 있는 점이 가장 큰 특징이다. IPv6이 쓰이면 장차 일상생활에 사용하는 모든 전자제품, 자동차 등의 다양한 사물, 작게는 전자제품의 일부 회로가 서로 다른 IP 주소를 갖게 된다. 또한 IPv6은 서비스에 따라 각기 다른 대역폭을 확보할 수 있도록 지원하고 있으며, 일정한 수준의 서비스 품질(QoS)을 요구하는 실시간 서비스를 더욱 쉽게 제공할 수 있다. 또한 인증, 데이터 무결성, 데이터 기밀성을 지원하도록 보안 기능을 강화한 특징을 갖는다.

IPv6의 이용 현황

도메인 이름, 시스템 관리 및 IP 주소 할당 등의 업무를 수행하는 국제인터넷주소

관리기구인 ICANN((Internet Corporation for Assigned Names and Numbers)은 2011년 2월 IPv4 주소 고갈 및 최종 할당 정책을 선언하는 등 주요 선진국들은 공공 및 민간부분에서 IPv6 전환이 급속히 이루어지고 있다(스위스 12.5%, 독일 7.22%, 일본 6.81%, 중국 0.01%). 반면, 우리나라는 2013년 12월 기준 0.01%로 IPv6 기반 서비스 이용은 저조한 상황이다. 2013년 말 기준, 전 세계 국가별 IPv4와 IPv6의 보유 현황은 다음과 같다. 우리나라는 아시아 국가 중 4위로 5,239×43억×43억×43억 개의 IPv6의 주소를 확보하고 있다.

표 9.3 전 세계 국가별 IPv4와 IPv6의 보유 현황

전 세계 국가별 IPv4 주소 보유 순위

순위	국가	보유수
1위	미국	1,581,204,352
2위	중국	330,309,376
3위	일본	201,707,264
4위	영국	123,634,448
5위	독일	119,562,600
6위	대한민국(잔여수량)	112,273,152(15,232,000)
7위	프랑스	95,904,112
8위	캐나다	80,960,768
9위	브라질	70,174,208
10위	이탈리아	53,261,416

전 세계 국가별 IPv6 주소 보유 순위

순위	국가	보유수
1위	미국	31,636
2위	중국	16,670
3위	독일	11,976
4위	일본	11,249
5위	프랑스	9,338
6위	오스트레일리아	8,652
7위	유럽연합	6,251
8위	이탈리아	5,309
9위	대한민국	5,241
10위	아르헨티나	4,306

※ 5,239(/32) = 5,239 X 2^{56}개(5,239 X 43억 개 X 43억 개 X 43억 개)

그림 9.25 IPv6 종합 지원센터(www.vsix.net)

국내에서도 지속적으로 IPv6의 빠른 도입을 위해 노력하고 있으며, 그 결과로 차세대 인터넷 가입자망 6KANet(IPv6 Korea Advanced Network)은 국내 공공기관 및 연구기관 등에 IPv6을 이용한 인터넷 서비스를 제공하고 있다. 6KANet은 IPv6 주소를 도서관, 관공서, 방송국 등의 공공기관 및 일반 기업에 할당하여 IPv6 서비스를 제공하고 있다. 현재 6KANet 가입 기관들은 IPv6 응용 서비스들을 IPv6 포털 사이트(www.vsix.net) 등을 통하여 이용할 수 있다.

2.3 ___도메인 주소

도메인 이름

사람들은 숫자로 된 IP 주소를 기억하기 어렵고 사용하기도 불편하기 때문에 그에 대응하는 단어로 된 주소인 도메인 이름(Domain Name)을 더 많이 사용한다. 예를 들어, IP Address가 211.218.150.250인 컴퓨터의 도메인 이름은 www.naver.com이다. 즉 도메인 이름은 2개 또는 그 이상의 단어로 각각 컴퓨터 이름(www), 기관 이름(naver), 도메인 이름(com)으로 구성된다. 즉 도메인 이름은 왼쪽부터 오른쪽으로 작은 범주에서 큰 범주로 기술되며 마지막 도메인의 이름은 미국과 그 외 지역으로 구분하여 하나 또는 두 개의 이름을 기술한다. 즉 도메인 이름이 www.infinitybooks.co.kr인 경우 마지막 도메인 이름은 기관의 성격을 표시하는 부속 도메인 co와 한국을 의미하는 최상위 도메인 kr로 나뉜다.

미국에서 만드는 도메인 이름은 마지막 단어가 도메인 기관의 유형을 나타낸다. 미국 이외의 국가에서의 도메인 이름 중 마지막 단어는 그 나라를 의미하는 단어가 나오며 그 이전 단어가 도메인 기관의 유형을 나타낸다.

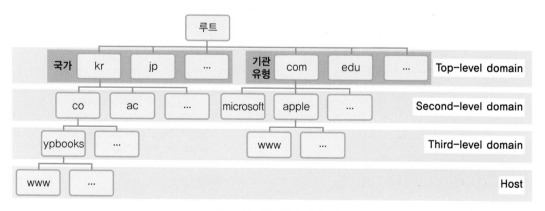

그림 9.26 도메인 이름 체계

도메인의 마지막 단어를 최상위 도메인(Top-level domain)이라 하며 다음은 두 번째 도메인(Second-level domain), 세 번째 도메인(Third-level domain), 그리고 마지막은 컴퓨터 이름을 나타내는 호스트(Host)라 한다. 그림 9.26에서 도메인 이름의 규약인 도메인 이름 체계를 각 수준으로 표현했다.

도메인 이름 시스템 주소에서 마지막에 나오는 최상위 도메인 이름을 보면 그 기관의 성격이나 국가를 알 수 있다. 미국에서 이용하는 주요 인터넷 도메인 이름을 살펴보면 다음과 같다.

표 9.4 미국의 인터넷 도메인

도메인	기관의 유형	사례
.com	사업(상업)	apple.com(애플컴퓨터)
.edu	교육 기관	mit.edu(MIT 공대)
.gov	정부 기관	whitehouse.gov(백악관)
.mil	군대	navy.mil(해군)
.net	인터넷 공급 업체	sprint.net(스프린트)
.org	비영리 기관	w3.org(www 컨소시엄)

우리 나라의 도메인 이름을 살펴보면 기관의 유형을 나타내는 부속 도메인과 최상위 도메인은 한국을 의미하는 kr로 구성된다. 다음은 한국의 대표적인 도메인 이름과 사례이다.

표 9.5 한국의 인터넷 도메인

도메인	기관의 유형	사례
.co.kr	사업(상업)	ypbooks.co.kr(영풍문고)
.ac.kr	교육 기관	snu.ac.kr(서울대)
.go.kr	정부 기관	mic.go.kr(정통부)
.re.kr	연구소, 재단	kosef.re.kr(한국과학재단)
.or.kr	비영리 기관	i-museum.or.kr(인터넷역사박물관)
.pe.kr	개인	okjsp.pe.kr(자바(JSP) 프로그래밍)

다음은 세계 여러 국가들의 최상위 도메인 이름이다.

표 9.6 세계 국가의 최상위 도메인 이름

도메인	국가	도메인	국가
.at	오스트리아	.in	인도
.au	호주	.it	이탈리아
.ca	캐나다	.jp	일본
.de	독일	.ru	러시아
.dk	덴마크	.tw	타이완
.fr	프랑스	.uk	영국

DNS

DNS는 도메인 이름 시스템(Domain Name System) 또는 도메인 이름 서비스 (Domain Name Service)의 약자이다. 도메인 이름 시스템은 도메인 이름의 체계 또는 도메인 이름을 실제의 IP 주소로 바꾸는 시스템을 말한다. 인터넷에서 도메인 이름을 사용하더라도 실제로는 모두 IP 주소로 바꾸어 그 컴퓨터를 연결한다. 컴퓨터(호스트)에 할당된 도메인 이름을 IP 주소로 변환시키는 역할을 수행하는 컴퓨터 (호스트)를 DNS 서버라고 한다. 인터넷을 이용하여 도메인 이름 서비스를 받으려 면 컴퓨터는 DNS 서버를 지정해야 한다.

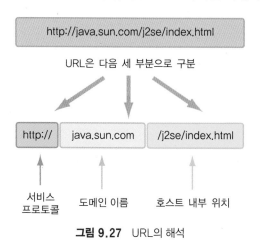

그림 9.27 URL의 해석

웹 브라우저를 이용하여 인터넷을 이용하려면 인터넷 서비스를 원하는 프로토콜과 도메인 이름을 URL(Uniform Resource Locator)에 기술한다. URL은 서비스 프로토콜, 도메인 이름, 호스트 내부 위치로 구성되며 일반적으로 도메인 이름은 대소문자를 구분하지 않으나 호스트 내부 위치는 호스트의 종류에 따라 대소문자를 구분하기도 한다.

웹 브라우저에서 다른 컴퓨터의 웹 페이지를 요청하면 도메인 이름을 IP 주소로 변환하기 위해 가장 먼저 지정된 DNS 서버를 접속하여 IP 주소를 알아낸다. 알아낸 IP 주소를 이용하여 실제 웹 서비스를 이용하려는 웹 서버에 접속하여 요청한 웹 페이지를 받아 브라우저를 이용하여 화면에 표시한다.

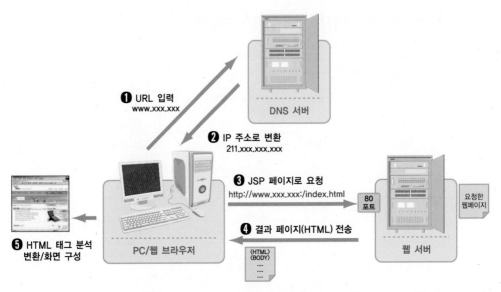

그림 9.28 도메인 서버를 이용하는 웹 서비스 과정

현재 컴퓨터에 지정된 DNS 서버에 세계의 모든 도메인에 대한 IP 주소 정보가 저장된 것은 아니다. 그러나 DNS 서버는 DNS를 요청하는 컴퓨터에게 여러 DNS 서버에 계층적 이름 구조를 갖는 분산형 데이터 베이스로 구성된 자료를 이용하여 요청한 도메인 이름의 IP 주소를 알아낸다. 즉 처음 요청을 받은 지역의 DNS 서버는 루트 도메인 서버에게 이 요청을 전달한다.

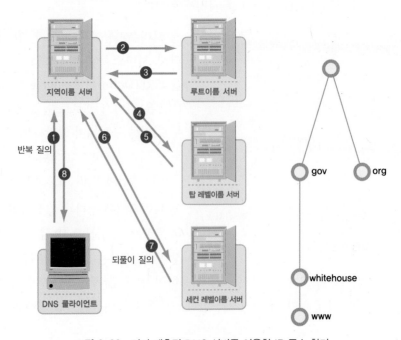

그림 9.29 여러 계층적 DNS 서버를 이용한 IP 주소 찾기

루트 서버는 전 세계에 십여 대가 가동 중이며 루트 서버는 이 요청을 받으면 그 도메인의 IP 주소 대신, IP 주소를 찾기 위한 그 다음 단계의 DNS 서버 주소를 알려준다. 응답을 받은 지역 DNS 서버는 받은 정보를 이용하여 그 다음 단계 DNS 서버에게 IP 주소를 다시 물어본다. 이러한 과정을 몇 번 거치면 처음 요청한 도메인의 IP 주소를 찾을 수 있다.

이 과정에서 얻어진 정보는 일정 기간 각 DNS 서버에 캐시 형태로 보관되어 다음의 계속적인 요청이 있을 때 위의 과정을 거치지 않고 바로 응답해 줄 수 있다. 이러한 도메인 이름의 최상위 도메인 이름은 국제기구인 InterNIC에서 관리하며 그 하부 도메인 이름은 각 국가에서 관리한다. 우리나라는 NIDA인 한국인터넷진흥원에서 관리한다. 도메인 이름의 마지막 단계인 호스트는 그 호스트를 관리하는 각 기관에서 관리한다.

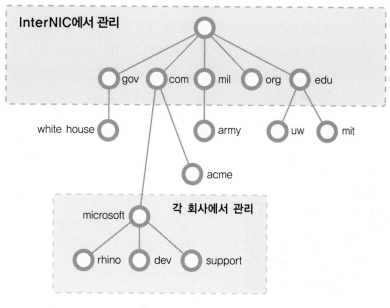

그림 9.30 도메인 체계와 관리

03

WWW(World Wide Web)

3.1 웹 개요

WWW 역사

월드와이드웹(World Wide Web)의 약자인 WWW는 유럽입자물리연구소(CERN : the European Laboratory for Particle Physics)의 연구원인 팀 버너스 리(Tim Berners Lee)가 1989년에 제안하여 개발된 정보 공유 방안이다. WWW는 전 세계에 연결된 인터넷을 바탕으로 하이퍼텍스트(hypertext) 기반의 정보를 구축하여 누구나 쉽게 공유할 수 있는 정보 구축 방법으로서, 하이퍼텍스트 자료들은 HTML이라는 언어를 통해 표현되며, 이러한 문서들은 HTTP라는 통신 프로토콜을 사용하여 전송된다.

그림 9.31 WWW의 창시자 팀 버너스 리

하이퍼텍스트는 정보를 서로 연결하는 하이퍼링크에 의하여 구성된 정보를 말한다. 이 하이퍼텍스트를 구성하는 정보는 문자, 그림, 동영상, 음악, 파일 등의 멀티미디어 정보로 구성될 수 있으며, 이 멀티미디어 정보를 강조한 용어가 하이퍼미디어(hypermedia)이다. 이러한 하이퍼텍스트의 무한한 정보의 연결 방안과 인터넷이라는 지역성 파괴의 결합인 WWW는 웹 브라우저의 개발과 함께 전 세계의 사람들을 정보의 바다로 항해하게 만들었다.

WWW는 그 말이 표현하듯이 전 세계를 연결한 거미줄과 같은 인터넷 망에서의 정보 공유를 뜻한다. WWW는 편리하고 사용이 쉬운 장점 때문에 소수 전문가들의 전유물로 알려졌던 인터넷을 누구라도 접근하기 쉬운 것으로 변화시키면서 현재와 같이 인터넷의 사용이 일상 생활이 되었다.

클라이언트 서버 구조

웹은 클라이언트/서버 구조로서 웹 브라우저가 있는 클라이언트가 자료를 요청(request)하면, 웹 서버가 있는 서버는 요청에 응답(response)하여 클라이언트의 웹 브라우저에 정보가 검색되는 구조를 갖는다.

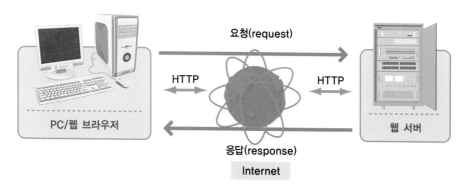

그림 9.32 웹의 클라이언트 서버 구조

웹은 HTTP(Hypertext Transfer Protocol) 프로토콜을 이용한다. HTTP는 인터넷
상에서 웹 서버와 클라이언트 브라우저 간의 하이퍼텍스트(hypertext) 문서를 전송
하기 위해 사용되는 통신 규약이다.

웹의 발전

인터넷에서 웹의 눈부신 발전은 상상을 초월한다. 특히 1990년대 말에 나타난 정보
기술의 도약은 웹의 이용을 폭발적으로 증가시켰다. 다음은 1995년부터 2012년까
지의 전 세계 도메인 수의 변화를 나타낸다.

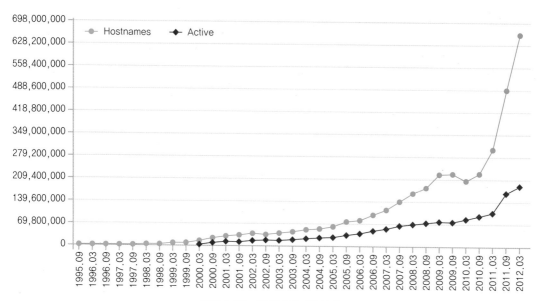

그림 9.33 전 세계 도메인의 수

최상위 도메인 구분에 따른 도메인 수에서 2012년 1분기, 1억 5천 5백만 개의 .com 도메인이 이용되었다.

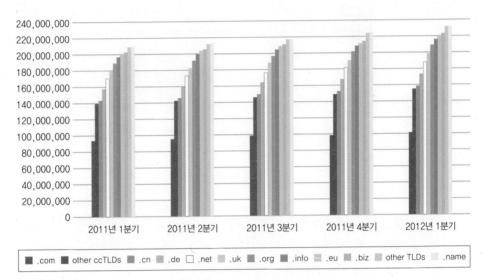

그림 9.34 전 세계의 도메인 수

아래 그림은 전 세계를 대상으로 하여 최상위 도메인의 분포를 나타내었다. 각 원의 크기는 백만 단위 기준, 해당 도메인의 수치를 나타낸다. 2013년 9월, 인터넷 도메인의 개수는 미국(us)이 1위이고 독일(de)이 2위이다.

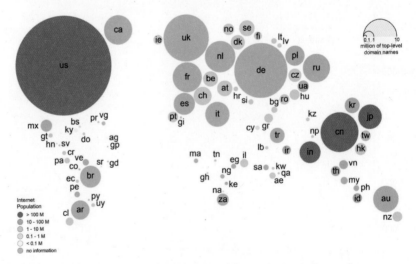

그림 9.35 국가별 최상위 도메인 수(자료:www.zooknic.com)

웹 브라우저

웹 브라우저(Web Brower)는 웹의 정보를 쉽게 참조할 수 있도록 고안된 응용프로그램을 말한다. 웹 브라우저라는 용어를 살펴보면, 브라우저는 이전에 '탐색기'라는 용어로 사용되던 말로서 여기에 웹을 붙여 웹 정보를 탐색하는 프로그램을 의미한다. 일반적으로 웹 브라우저의 기능을 요약하면 다음과 같다.

- 웹 페이지 열기
- 최근 방문한 인터넷 주소(URL)의 목록 제공
- 자주 방문하는 인터넷 주소의 기억과 관리
- 웹 페이지의 저장 및 인쇄
- 전자우편이나 뉴스그룹을 이용할 수 있는 프로그램 제공

3.2 웹 브라우저

모자이크

1993년 처음으로 공용 웹 브라우저인 모자이크(Mosaic)가 개발되었다. 모자이크는 미국 일리노이 대학의 연구소인 NCSA(National Center for Supercomputer Applications) 연구소의 마크 앤더슨(Marc Andersen)과 에릭 비나(Eric Bina)가 개발하여 공개한 최초의 웹 브라우저이다.

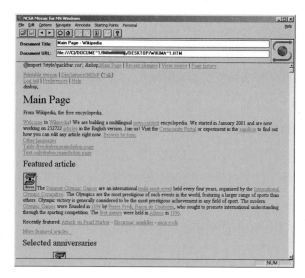

그림 9.36 최초의 웹 브라우저인 모자이크 1.0(1993)

넷스케이프 사의 내비게이터

1994년 2월, 모자이크를 개발한 앤더슨과 NCSA의 그의 동료들, 그리고 스탠퍼드 대학의 교수겸 실리콘 그래픽스 사의 설립자였던 짐 클라크(Jim Clark)는 넷스케

이프 커뮤니케이션즈(Netscape Communications)라는 회사를 설립한다. 이 넷스케이프 커뮤니케이션즈 사는 1994년 12월에 기존에 널리 사용하고 있던 모자이크 브라우저보다 더 성능이 우수한 웹 브라우저인 내비게이터(Navigator) 1.0을 개발하여 일반인들에게 배포하기 시작한다. 내비게이터 1.0은 모질라(Mozilla)라는 이름으로도 알려져 있다. 넷스케이프 사의 내비게이터는 계속 발전하여 1997년 4.0이 출시되면서 웹 브라우저 시장을 주도하였다. 그러나 1998년 이후 내비게이터는 마이크로소프트 사의 웹 브라우저인 익스플로러에 눌려 시장 점유율이 급격히 떨어졌으며 넷스케이프 커뮤니케이션즈 사는 1999년에 아메리칸 온라인 회사에 인수되고 웹 브라우저 시장에서 물러나게 된다.

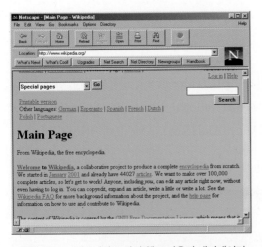

그림 9.37 넷스케이프 사의 웹 브라우저 내비게이터

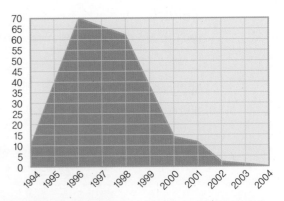

그림 9.38 넷스케이프 내비게이터의 시장 점유율 변화

마이크로소프트의 인터넷 익스플로러

마이크로소프트 사의 인터넷 익스플로러(IE: Internet Explorer)는 1995년 8월 버전 1.0이 발표되었다. 웹 브라우저 시장에서 독주하는 넷스케이프 사에 불안을 느낀 마이크로소프트 사는 NCSA의 모자이크 소스를 사들여 뒤늦게 웹 브라우저 시장에 뛰어들어 인터넷 익스플로러라는 제품을 발표하였다. 초기에는 넷스케이프 사의 내비게이터에게 밀려 웹 브라우저 시장에서 미약한 존재였지만, 1996년부터 마이크로소프트의 운영체제인 윈도우즈에 기본 내장되어 보급되기 시작하였고, 버전 3.0에서는 HTML 3.2 및 액티브X 컨트롤러와 자바 애플릿의 실행 환경을 갖추는 등 기능이 향상되어 내비게이터를 따라잡기 시작하였다. 이후 1997년 8월에 발표된 버전 4.0부터는 컴퓨터를 기본적으로 통합 관리하는 사용자 인터페이스로 활용되기 시작하였으며 1998년 발표된 버전 5.0은 안정된 서비스로 넷스케이프 사의 내비게이터를 위협하기 시작하였다. 이후 계속 점유율이 상승하여 전 세계에서 가

장 많이 사용하는 웹 브라우저가 되었으며, 한때 전 세계 시장 점유율 90%를 넘어서기도 했으나 2012년 이후 구글의 크롬에 의해 선두자리를 빼앗겼다.

인터넷 익스플로러의 또 다른 특징이 바로 액티브X(Active X)다. 액티브X는 쉽게 말해 PC의 EXE 파일을 인터넷 익스플로러 상에서 실행하는 기술이다. 액티브X는 인터넷 익스플로러에서만 사용할 수 있는데, 유독 우리나라의 은행 홈페이지나 관공서 홈페이지에 널리 사용된다. 이러한 액티브X의 애용으로, 버전 문제 등 여러 문제점이 발생하고 있으나 우리나라에서는 아직도 인터넷 익스플로러의 사용이 대부분을 차지하고 있다.

모질라의 파이어폭스

파이어폭스(firefox)는 모질라(Mozilla)가 네티즌과 함께 개발하여 2004년 11월 버전 1.0을 발표한 웹 브라우저이다. 모질라는 원래 넷스케이프 사를 인수 합병한 AOL-타임워너가 2003년 6월에 설립한 비영리재단이다. 모질라는 현재 웹의 힘을 사람들이 활용할 수 있도록 하기 위해 노력하며 다양한 웹 관련 소프트웨어를 개발하고 있다.

그림 9.39 모질라 홈페이지(www.mozilla.org/products/firefox)

파이어폭스는 인터넷 익스플로러가 점유율이 높을 당시 경쟁자로 성공하였으며, 아직도 사용자가 많은 편으로 발전 가능성이 높은 브라우저로 알려져 있다. 파이어폭스의 설치는 간단하며, 모질라에 접속하여 설치한다. 다음은 파이어폭스를 설치하고 바로 본 모습이다. 파이어폭스에서 우측 상단에 웹 브라우저의 다양한 인터페이스를 제공하는 것이 좀 색다르다.

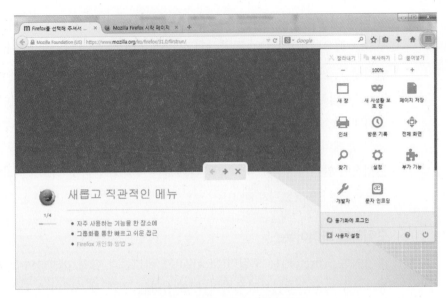

그림 9.40 파이어폭스 웹 브라우저

다음은 파이어폭스 사이트에서 제공하는 브라우저 간의 속도 비교이다.

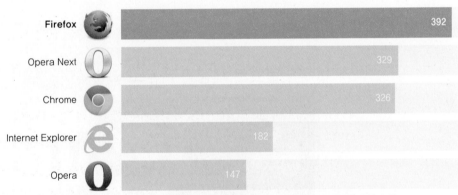

* Tom의 Hardware Web Browser Grand Prix XVI 결과를 기반으로 함

그림 9.41 파이어폭스에서 제공하는 브라우저의 속도 비교(www.mozilla.org/ko/firefox/desktop/)

구글의 크롬

크롬(chrome)은 2008년 구글이 개발한 웹 브라우저이다. 크롬은 과거 애플 주도로 개발된 웹 브라우저 엔진 웹킷(Webkit)을 사용했으나 현재는 구글이 자체 제작한 블링크(Blink) 엔진을 사용하여 개발되고 있다. 오픈 소스 프로젝트인 크로미엄은 크로미엄과 크로미엄 운영체제를 개발하는 단체이며, 크로미엄은 블링크 등 웹 브라우저 엔진을 개발하고 있다. 크롬은 윈도우와 OS X, 두 가지 운영체제를 모두 지원한다.

TIP: 모질라와 파이어폭스

그림 9.42 모질라 로고

'모질라(Mozilla)'라는 말은 일리노이대학 슈퍼컴퓨팅연구소(NCSA)에서 처음 탄생한 그래픽 브라우저인 모자이크(Mosaic)에서 나왔다. 모자이크를 만든 개발자들이 넷스케이프 개발에 참여하면서 모자이크보다 더 좋은 브라우저(Mosaic Killer)를 만들겠다는 뜻에서, 넷스케이프의 소스 코드 코드명을 '모질라'라고 명명했다(모질라에는 공룡이라는 뜻도 있기 때문에 초록색 공룡 마스코트로 통하기도 한다).

많은 사람들이 파이어폭스와 모질라의 관계를 궁금해 한다. 실제로 파이어폭스와 모질라는 따로 떼어서 이야기할 수 없다. 파이어폭스의 주요 소스 코드와 개발 프레임워크가 모두 모질라의 그것과 동일하기 때문이다. 파이어폭스는 모질라의 렌더링 엔진과 주요 API, 사용자 인터페이스를 확장해 개발한 브라우저다. 모질라는 파이어폭스 외에도 그놈(Gnome) 데스크톱용 브라우저인 카멜레온(Kameleon), 매킨토시용 카미노(Camino), 무선 웹 브라우저인 미니모(Minimo) 그리고 넷스케이프 7 버전에 이르기까지 다양한 브라우저의 기반 플랫폼이다. 모질라를 이해하는 것은 파이어폭스를 비롯해 오픈 소스 브라우저 전반을 이해하는 데 필수적이다.

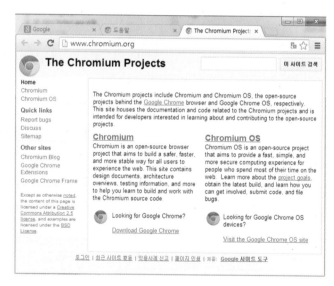

그림 9.43 크롬 브라우저로 크로미엄 홈페이지 보기

한국에서는 크롬의 사용이 저조하나, 검색엔진으로 유명한 구글이 모바일 운영체제인 안드로이드에 성공을 거둠으로써 크롬은 2012년 5월 이후 인터넷 익스플로러를 제치고 현재 전 세계에서 가장 많이 사용되는 웹 브라우저가 되었다.

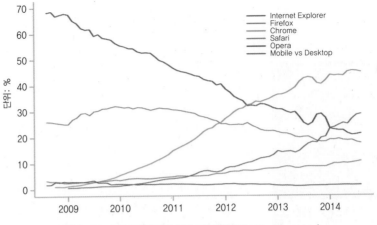

그림 9.44 웹 브라우저의 시장 점유율(출처: StatCounter)

그림 9.45 오페라 브라우저로 오페라 소프트웨어 홈페이지 보기

그림 9.46 사파리 브라우저로 사파리 소개 페이지 보기

오페라

오페라는 노르웨이 오슬로에 위치한 오페라 소프트웨어가 개발한 브라우저로 다양한 기능을 기본적으로 탑재하고 있으면서도 다른 브라우저에 비해 작고 가벼우며, 페이지의 렌더링 속도가 빠른 특징이 있다. 오페라는 이전까지 자체 개발하여 쓰던 프레스토 엔진을 버리고 웹킷 엔진을 사용하고 있다.

애플의 사파리

사파리(safari)는 애플이 2004년에 공개한 웹 브라우저이다. 사파리도 애플이 주도하는 공개 프로젝트인 웹킷(WebKit) 엔진을 사용하여 웹페이지 렌더링 및 자바스크립트 실행에 활용한다. 사파리는 애플의 맥, 아이폰과 아이패드의 기본 웹 브라우저로 사용되고 있으며, 한때 윈도우 버전도 있었으나 애플의 운영체제인 OS X에서 최고의 성능을 발휘한다.

3.3 ___ 웹 서버

웹 서버 정의

웹 서버는 웹의 HTTP를 사용하여 클라이언트의 요청에 응답하는 프로그램이다. 웹 서버는 서버의 역할을 수행하기 위해 항상 실행되어 있어야 하며 클라이언트가 요청한 페이지 또는 프로그램을 실행하여 파일이나 그 결과를 사용자들에게 제공한다. 웹 서버도 그 종류가 매우 많은데 일반적인 웹 서버들로는 윈도우와 유닉스 기반의 운영체제에서 모두 쓸 수 있는 아파치(Apache)와 윈도우 서버에서 주로 이용하는 IIS(Internet Information Server)를 예로 들 수 있다.

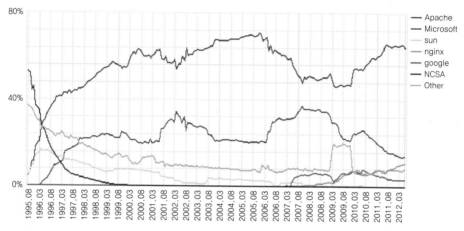

그림 9.47 웹 서버의 시장 점유율(1995년 8월~2012년 3월)

아파치

아파치(Apache) 웹 서버는 아파치 소프트웨어 파운데이션(Apache Software Foundation)에서 열린 소스(Open Source)로 개발되고 있는 공개 프로젝트인 아파치 HTTP 서버(Apache HTTP Server)에서 개발하는 웹 서버이다. 아파치는 리눅스와 같이 누구나 자유롭게 이용할 수 있다는 장점과 함께 그 성능도 뛰어나 현재 가장 많이 이용하는 웹 서버이다.

아파치는 NCSA(National Center for Supercomputing Applications : 미국국립 슈퍼컴퓨터활용센터) 소속 개발자들이 개발하여 1995년 처음 발표된 웹 서버인 NCSA httpd 프로그램을 수정 발전시킨 웹 서버이다. 아파치(a + patch)는 NCSA httpd 1.3 서버에 패치(patch) 파일을 제공했던 개발자들이 'A PAtCH server'라는 용어에서 아파치라는 이름을 따왔다고 한다. 현재 아파치는 유닉스 계열 버전과 윈도우 버전이 제공되고 있으며 홈페이지 http://httpd.apache.org/download.cgi에서 프로그램을 내려 받을 수 있다. 윈도우를 사용하는 사용자는 다음 파일을 내려 받아 설치하면 쉽게 아파치 웹 서버를 사용할 수 있다.

apache_2.0.55-win32-x86-no_ssl.msi

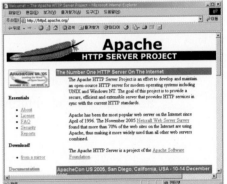

그림 9.48 아파치 소프트웨어 파운데이션과 HTTP 서버 프로젝트 홈페이지

윈도우에 설치한 웹 서버를 검사하기 위해 설치된 웹 서버를 접속하면 다음과 같은 초기 화면이 보일 것이다.

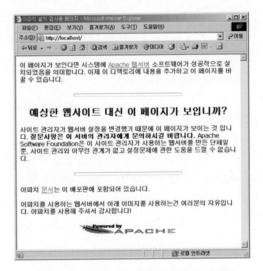

그림 9.49 아파치 웹 서버를 접속한 초기 화면

04

웹 프로그래밍

4.1 　 웹 프로그래밍 개요

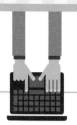

HTML

HTML(Hypertext Markup Language)은 웹을 통하여 정보를 전달하기 위한 문서를 작성하는 표준 언어이다. HTML은 하이퍼미디어를 생성하고 문서 요소를 묘사하는 태그로 구성된 언어로 이전의 표준 범용 마크 언어인 SGML(Standard Generalized Markup Language)을 기반으로 정의되었다. HTML은 문서의 구성 요소를 태그를 이용하여 표현한다. 태그는 일반적으로 〈HTML〉과 같은 시작 태그와 〈/HTML〉과 같은 종료 태그로 구성된다.

```
〈HTML〉
〈HEAD〉
〈TITLE〉제목〈/TITLE〉
〈/HEAD〉
〈BODY〉
본문을 작성한다.
〈/BODY〉
〈/HTML〉
```

그림 9.50　HTML의 간단한 예

그림 9.50은 간단한 HTML 문서를 보여준다.

그림 9.51　WWW 컨소시엄 홈페이지(www.w3.org)

HTML은 태그를 이용하여 문서의 글자 크기, 글자 색, 글자 모양, 그래픽, 하이퍼 링크 등을 정의할 수 있으며 아스키 문자의 텍스트로 구성된다. HTML은 문서의 표현을 더욱 확장하기 위해 DHTML(Dynamic HTML), XML(eXtensible Markup Language), CSS(Cascading Style Sheets) 등과 통합이 가능하다.

HTML 태그

웹 문서인 HTML을 구성하는 여러 종류의 태그와 그 사용법을 간단히 알아보자. HTML 태그는 대부분 시작 태그인 〈tagname〉으로 시작하고 내용이 기술되며 종료 태그인 〈/tagname〉으로 종료된다. 〈hr〉 태그와 같이 시작 태그만 있고 종료 태그는 없는 태그도 있다. 태그 〈html〉 내부는 크게 〈head〉 태그와 〈body〉 태그로 구성되며 〈body〉 태그는 〈title〉 태그로 구성된다. HTML 문서의 몸체를 구성하는 〈body〉 태그 내부에는 제목을 기술하는 〈h1〉 태그를 비롯해서 한 단락을 표현하는 〈p〉 태그 등의 다양한 종류의 태그를 구성할 수 있다.

표 9.7 HTML 기본 태그

태그	종료 태그	의미
〈html〉	〈/html〉	HTML 본문 구성
〈title〉	〈/title〉	웹 페이지의 캡션에 나타나는 제목
〈head〉	〈/head〉	웹 페이지의 머리에 해당하는 부분
〈body〉	〈/body〉	웹 페이지의 몸체로 본문을 구성하는 부분
〈h1〉	〈/h1〉	제목(헤드라인) 태그
〈center〉	〈/center〉	가로 방향으로 가운데 정렬
〈p〉		단락(paragraph) 태그
〈br〉		한 줄 띄기(break)
〈hr〉		가로 선(Horizontal Ruler) 긋기

다음은 위의 기본 태그를 이용하여 파일 index.html을 작성하여 실행한 결과이다. 이러한 html 파일은 텍스트 편집기나 전용편집기를 이용하며 일반적으로 확장자를 html 또는 htm으로 지정한다.

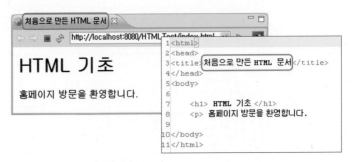

그림 9.52 HTML 문서의 작성과 결과

HTML에는 글자체의 표현을 다양하게 하는 여러 태그가 있으며 각 태그마다 고유의 속성을 지정할 수 있다. 태그는 필요에 따라 속성을 가지며 그 값을 propertyname = value 형식으로 지정한다.

표 9.8 폰트 관련 HTML 태그

태그	종료 태그	주요 속성	의미
⟨h2⟩	⟨/h2⟩	align = "left"	제목을 기술하는 태그로 h1에서 h6까지 사용 가능하며 숫자가 클수록 글자가 작아진다.
⟨p⟩	없음	align = "left"	단락의 정렬 방향을 left, right, center 중에 하나를 선택하여 지정 가능하다.
⟨font⟩	⟨/font⟩	size = "3" face = "고딕체" color = "blue"	font의 크기는 1에서 7까지 가능하며, 글자체와 색상 지정이 가능하다.
⟨b⟩	⟨/b⟩		글자체를 진하게
⟨i⟩	⟨/i⟩		글자체를 이탤릭체로
⟨u⟩	⟨/u⟩		밑줄이 있는 글자체로
⟨blink⟩	⟨/blink⟩		글자체를 깜박거리게
⟨sub⟩	⟨/sub⟩		아래 첨자로 보이게
⟨sup⟩	⟨/sup⟩		위 첨자로 보이게

목록을 표현하는 태그로는 번호를 붙이는 순서목록인 ⟨ol⟩ 태그와 번호를 붙이지 않는 무순서목록인 ⟨ul⟩ 태그가 있다. 태그 ⟨ol⟩과 ⟨ul⟩의 내부에 각각의 항목은 태그 ⟨li⟩를 이용하여 표현한다. 가로선을 긋는 태그인 ⟨hr⟩ 태그는 가로 길이 속성인 width, 정렬 속성인 align, 색상 속성인 color, 그리고 선의 굵기 속성인 size를 제공한다.

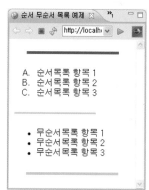

그림 9.53 목록을 위한 html 파일과 그 결과

표 9.9 목록을 표현하기 위한 관련 HTML 태그

태그	종료 태그	주요 속성	의미
⟨ol⟩	⟨/ol⟩	type = "A"	순서목록(Ordered List) 태그라 하며 속성 type은 A, a, I, i 중의 하나가 가능하다.
⟨ul⟩	⟨/ul⟩	type = "disc"	무순서목록(unordered List) 태그라 하며 속성 type은 disc, circle, square 등이 가능하다.
⟨li⟩	없음		순서목록과 무순서목록 내부에서 각각의 항목에 이용되는 태그
⟨hr⟩	없음	width = "50%" align = "center" color = "pink" size = "5"	가로선 긋기 태그에서 width 속성은 백분율 또는 정수 값 지정이 가능하며, align, color 그리고 선의 굵기를 지정하는 size가 가능하다.

웹 문서의 글자나 그림에서 마우스 커서가 화살표에서 손 모양이나 밑줄 모양으로 바뀌는데 이것은 해당 단어나 그림이 다른 문서나 그림으로 연결된 것을 나타낸다. 이러한 연결(link)을 하이퍼링크(hyperlink) 또는 앵커(anchor)라 하며 태그 ⟨a⟩와 속성 href로 표현한다.

표 9.10 링크 ⟨a⟩ 태그

태그	종료 태그	주요 속성	의미
⟨a⟩	⟨/a⟩	href = "b.html"	이동할 위치를 속성 href에 지정한다. ⟨a href = "b.html"⟩ 이동 ⟨/a⟩

⟨body⟩ 태그의 속성으로는 bgcolor(배경색), text(글자색), link(하이퍼링크의 색), vlink(이미 접근하여 본 하이퍼링크의 색) 등이 있다. 색상 지정은 #0000FF와 같이 앞에서부터 2자리씩 빨강색(red), 녹색(green), 청색(blue)의 강도를 16진수로 기술하는 방법과 red, skyblue, cyan 등의 영문 색상 이름을 직접 지정하는 방법을 사용한다. 또한 그림 파일을 배경 화면으로 이용하려면 background="train.gif"로 지정할 수 있다.

⟨BODY BGCOLOR="#0000FF" TEXT="#FFFFFF" LINK="red"
VLINK="#00FF00"⟩

HTML에서 표와 같은 정형적인 틀을 만들려면 태그 ⟨table⟩을 주로 이용한다. ⟨table⟩ 태그는 관련된 여러 개의 보조 태그를 사용한다. ⟨table⟩ 태그의 속성으로 테이블 두께를 나타내는 border, 셀 사이의 간격을 나타내는 cellspacing, 셀 높이를 표시하는 height와 너비를 표시하는 width 등이 있으며, 보조 태그로는 표 제목

의 〈caption〉 태그, 표 헤더의 〈th〉 태그, 표 내용의 〈td〉, 한 행의 시작인 〈tr〉 태
그 등이 사용된다.

표 9.11 표를 표현하기 위한 HTML 태그

태그	종료 태그	주요 속성	의미
〈table〉	〈/table〉	border = "10" width = "100" height = "100" cellspacing = "2" cellpadding = "5" bgcolor = "yellow" background = "a.gif"	테이블 태그 속성으로 외부 두께 10픽셀, 가로 300픽셀, 높이 150픽셀, 셀과 셀의 간격 2픽셀, 셀 내부의 외부 간격을 5픽셀로 지정한다. 또한 배경색이나 배경그림의 지정이 가능하다.
〈caption〉	〈/caption〉		도표의 제목을 넣는다.
〈tr〉	〈/tr〉	align = "center" bgcolor = "pink" background = "a.gif"	한 행을 나타내는 태그이다.
〈th〉	〈/th〉	〈td〉 태그의 속성을 대부분 이용 가능함	표의 가로 또는 세로 항목을 넣는다. 진하게, 기본적으로 중앙 정렬되어 나타난다.
〈td〉	〈/td〉	align = "center" bgcolor = "pink" colspan = "2" rowspan = "2"	셀의 색상을 핑크색, 정렬은 중앙 정렬이며, 가로 셀 2개와 세로 셀 2개를 합친다.

다음은 〈table〉 태그와 관련 태그를 이용하여 본서의 파트1의 목차를 테이블로 만
든 소스와 결과이다.

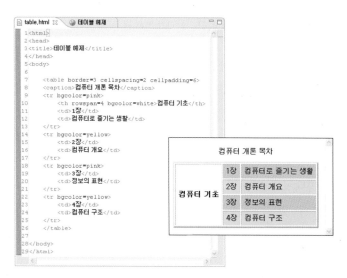

그림 9.54 테이블 태그의 예제와 결과

XML

HTML은 SGML에서 정의된 하나의 태그 집합에 불과하다. HTML은 인터넷에서 적합하게 표현되도록 문서 내용 구조와 표현 스타일을 가지고 있으나 새로운 태그를 정의할 수 없으므로 그 확장성에 문제가 있다. 이러한 문제를 해결한 것이 XML(eXtensible Markup Language)이다. XML은 1996년 W3C(World Wide Web Consortium)의 후원으로 형성된 XML Working Group에 의해 개발된 것으로 HTML의 단점을 보완하고 SGML의 장점을 결합시킨 마크 업 언어로, XML 1.0이 1998년 2월에 발표되었다.

HTML은 하이퍼텍스트와 멀티미디어 처리가 가능한 정보를 표현하기 위해 하나의 고정된 문서형식정의(DTD: Data Type Definition)를 지원한다. 나모와 같은 개발도구에서 HTML 문서를 자동으로 생성하면 〈!DOCTYPE〉 태그를 본 적이 있을 것이다. 여기에서 기술된 마지막 파일 이름인 loose.dtd가 HTML에서 이용할 수 있는 태그를 정의한 문서형식정의인 DTD 파일이다. HTML의 DTD는 HTML 태그를 구성하는 DTD의 구성 요소(element)가 정의된 파일이며, 각 웹 브라우저는 표준화된 HTML DTD와 스타일 정보를 내장하여 HTML 문서를 사용자에게 적절히 해석하여 보여주게 된다.

그림 9.55 HTML에서 볼 수 있는 HTML 태그의 DTD 파일

XML은 이러한 DTD를 사용자가 직접 정의하여 사용할 수 있는 마크업 언어로 사용자가 원하는 태그를 무한히 확장하여 이용할 수 있다. XML 문서의 가장 큰 장점은 원하는 문서 내용을 태그로 정의하여 이용할 수 있을 뿐 아니라 그 내용과 디자인을 완전히 분리할 수 있다는 것이다. 즉, XML은 문서의 구조와 프레젠테이션을 분리하여 구현할 수 있다. 문서의 구조는 XML 문서를 통하여 트리 구조의 구조적인 형태로 나타내며, 출력과 스타일은 XSL(XML Stylesheet Language) 문서로 나타낼 수 있다. 이 XSL은 CSS(Cascading Stylesheet)와 더불어 XML 문서의 스타일을 정의하기 위한 언어이다.

다음은 memo.xml 파일로 memo.dtd 파일에서 정의한 〈memo〉 태그를 이용한 파일이다. 문서형식정의 파일인 memo.dtd를 살펴보면 태그 〈memo〉 내부에는 반드시 태그 〈to〉, 〈data〉, 〈contents〉, 〈from〉이 순서대로 나온다는 것을 정의하고 있다. dtd에서 〈!ELEMENT〉는 새로운 태그를 정의하는 구문이며, 〈!ATTLIST〉는 이미 정의한 태그의 속성을 정의하는 구문이다.

```
1<?xml version="1.0" encoding="euc-kr" ?>
2<?xml-stylesheet type="text/css" href="memo.css" ?>
3<!DOCTYPE memo SYSTEM "memo.dtd">
4
5<memo>
6    <to what="name">홍길동</to>
7    <date>2002/04/05</date>
8    <contents>
9 여자 친구로부터 전화 요망
10    </contents>
11    <from>허준</from>
12</memo>
```

```
1<?xml version="1.0" encoding="euc-kr" ?>
2<!ELEMENT memo (to, date, contents, from)>
3<!ELEMENT to (#PCDATA)>
4<!ATTLIST to what CDATA    #REQUIRED>
5<!ELEMENT date (#PCDATA)>
6<!ELEMENT contents (#PCDATA)>
7<!ELEMENT from (#PCDATA)>
```

그림 9.56 HTML에서 볼 수 있는 HTML 태그의 DTD 파일

다음은 위에서 정의된 각 태그의 스타일을 정의한 memo.css 파일과 xml 파일을 실행한 결과 그림이다.

그림 9.57 HTML에서 볼 수 있는 HTML 태그의 DTD 파일

XML은 웹에서 데이터와 포맷 두 가지 모두를 공유하려고 할 때 유용한 기술이라 할 수 있으며, W3C의 의장인 존 보삭(Jon Bosak)은 XML을 다음과 같이 설명하고 있다. "향후 XML은 웹 기술상에 있어서 가장 핵심적인 진보를 가져올 것이며, 웹의 근본을 송두리째 바꿀 것이다. XML은 안전한 전자상거래 구축을 가능하게 하고, 새로운 분산 응용(application) 시대를 이끌어나갈 것이다. 또한 XML은 소프트웨어 개발자와 고객의 관계를 새롭게 변화시킬 것이다. 다시 말해서 XML은 어떤

플랫폼에서나 읽을 수 있는 포맷을 제공하기 때문에 특정 회사의 제품과 관련된 특정 환경에 얽매이지 않아도 된다."

VBScript와 JavaScript

VBScript와 JavaScript는 모두 컴파일 없이 웹 브라우저 상에서 직접 수행이 가능한 스크립트 언어로 HTML 문서에서 태그로 표현할 수 없는 로직 처리를 담당하기 위해 개발된 언어이다. JavaScript는 선 마이크로시스템즈 사와 넷스케이프 커뮤니케이션스 사가 공동 개발한 스크립트 언어로 1996년 2월에 발매한 웹 브라우저인 넷스케이프 내비게이터 2.0에서부터 사용할 수 있었다. 반면에 VBScript는 JavaScript에 대항하여 마이크로소프트 사가 비주얼베이직(Vusual Basic) 언어를 기초로 만든 스크립트 언어이다. 이 스크립트 언어는 태그 〈script〉를 이용해 HTML 문서에서 이용 가능하다.

```
<SCRIPT language="VBScript">
...
</SCRIPT>
```

```
<SCRIPT language="JavaScript">
...
</SCRIPT>
```

그림 9.58 HTML에서 스크립트 언어의 이용

다음은 [여기를 누르세요] 버튼을 누르면 대화상자 [확인]이 나타나는 VBScript가 내장된 HTML 파일과 이를 브라우저에서 실행한 결과이다. 태그 〈head〉 내부를 살펴보면 VBScript가 코딩되어 있는 것을 알 수 있다.

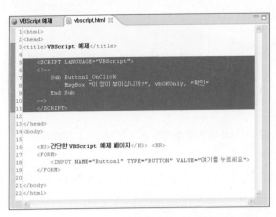

그림 9.59 HTML에서 VBScript의 예제와 결과

웹 표준

웹 표준(web standard)은 웹 서버가 서비스하는 정보가 다양한 브라우저와 정보

기기에 관련 없이 사람들에게 동일한 정보를 전달할 수 있게 하는 여러 공식 기관에서 권고하는 구조화된 웹 기술 지침이다. 즉 웹 서버의 웹 페이지가 웹 표준을 지키려면 W3C와 같은 공식 기관의 가이드에 따라 올바른 HTML, CSS(Cascading Style Sheets), 자바스크립트와 웹 접근성(WCAG : Web Contents Accessibility Guidelines)을 사용해야 한다. 웹 접근성은 W3C가 1999년에 장애인 등의 웹 접근성을 고려하여 제정한 국제 표준 지침이다. 웹 구축 관련 다양한 기술이 발전함에 따라 웹 접근성에 대한 지침을 준수하게 하기 위해 2008년 12월에 WCAG 2.0으로 수정하였다. 다음 그림은 웹 표준의 발전 과정을 보이고 있다.

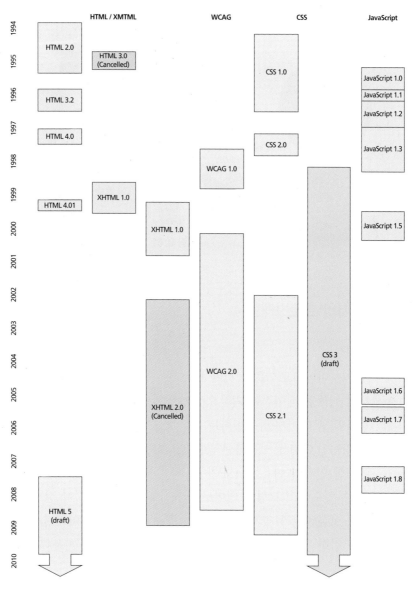

그림 9.60 웹 표준 발전

우리나라의 경우 마이크로소프트 사의 인터넷 익스플로러의 사용이 현저히 많은 이유로 액티브X 등 웹 정보도 인터넷 익스플로러에 특화된 기술을 사용하는 경향이 있다. 이런 경우 다양한 모바일 기기와 브라우저에서 특화된 기술의 정보가 제한될 수 있다는 단점이 있다. 만일 웹 사이트가 웹 표준을 따른다면, 사용자가 인터넷 익스플로러를 사용하든 크롬을 사용하든 문제 없이 동일한 정보를 획득할 수 있을 것이다. 바로 이러한 점이 웹 표준을 지켜야 하는 이유다.

그림 9.61 웹 표준 개념

4.2 웹 서버 프로그래밍

ASP

ASP는 마이크로소프트 사가 1995년도에 IIS 3.0을 발표하면서 함께 발표한 기술로서 비주얼 베이직을 기본으로 개발된 VBScript를 HTML 문서에 직접 코딩하여 동적인 웹 페이지를 구현하는 기술이다. ASP가 발표되자 기존의 웹 서버 프로그래밍 방식인 CGI를 사용하던 많은 개발자들에게 빠른 시간 내에 인기를 얻게 되었다. 이러한 인기의 이유는 ASP가 윈도우 NT 혹은 윈도우 2000에서 기본적으로 동작할 수 있으며 스크립트 언어로 채택한 비주얼 베이직이 전 세계에 가장 많은 개발자를 보유하고 있었기 때문이다. ASP는 스크립트 언어와 함께 태그를 이용하며 보다 복잡한 비즈니스 로직은 ActiveX라는 컴포넌트를 이용해서 해결한다.

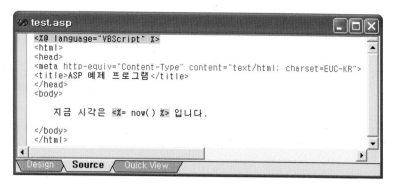

그림 9.62 ASP의 소스

ASP는 HTML 페이지에 VBScript의 소스를 내장한 프로그램이며, ASP 파일은 일 반 텍스트 파일로 확장자는 asp이다. 그림 9.62는 현재의 시각을 출력하는 간단한 ASP 프로그램으로 태그 〈%와 %〉 사이에 있는 부분이 VBScript 소스이다.

APS는 서버에서 클라이언트 사용자에게 보내지기 전에 일단 웹 서버에서 asp.dll 이라는 파일의 처리 과정을 거쳐 모두 html 형식의 웹 문서로 바뀌어 클라이언트에 게 서비스된다.

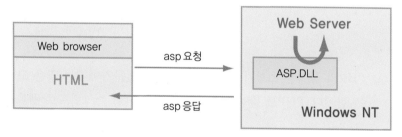

그림 9.63 ASP의 처리 과정

PHP

PHP는 원래 1995년에 Rasmus Lerdorf에 의해 만들어졌으며, 현재 사용되는 버 전 PHP5는 2004년에 처음 소개되었다. PHP는 하이퍼텍스트 전처리기("PHP: Hypertext Preprocessor")를 의미하며, 다양하게 쓰이는 오픈 소스 일반 프로그래 밍 언어의 일종이다. PHP의 원래 목적은 웹 개발에서 동적 웹 페이지를 빠르게 개 발하기 위해 설계되었다. 웹 개발의 PHP를 구현하기 위해 HTML 소스 문서 안에 PHP로 작성된 코드를 넣어 구현하며, PHP 처리 기능이 있는 웹 서버에서 해당 코 드를 인식하여 작성자가 원하는 웹 페이지를 생성하는 방식으로 동적 웹 페이지가 제작된다.

문법은 C, Java, Perl과 매우 비슷하며 배우기 쉽다. 현재 PHP는 웹 개발자가 동적으로 생성되는 웹 페이지를 개발하는 분야에 가장 많이 활용되며, PHP는 명령줄 인터페이스 방식의 자체 인터프리터를 제공하여 이를 통해 범용 프로그래밍 언어로도 사용될 수 있으며 그래픽 애플리케이션 등 다양한 분야에 사용되고 있다. PHP에 대한 문법 및 튜토리얼 등 자세한 내용은 공식 홈페이지(www.php.net)에 소개되어 있다.

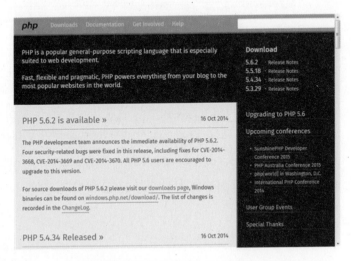

그림 9.64 PHP 홈페이지(www.php.net)

PHP의 장점은 초보자에게는 매우 쉽고, 전문가에게는 많은 고급 기능을 제공한다는 점이다. PHP를 활용하면 매우 쉽게 간단한 스크립트로 웹을 구축할 수 있다.

```
<!DOCTYPE HTML PUBLIC "-//W3C//DTD HTML 4.01 Transitional//EN"
"http://www.w3.org/TR/html4/loose.dtd">
<html>
   <head>
   <title>예제</title>
   </head>
   <body>

      <?php
       echo "안녕, 나는 PHP 스크립트야!";
      ?>

   </body>
</html>
```

그림 9.65 PHP 소스

확장자가 .php인 그림 9.66의 소스는 웹 브라우저에 "안녕, 나는 PHP 스크립트야!" 를 출력하는 PHP 코드로 HTML 태그 내부에서 태그 〈%php … %〉 사이에 PHP 코드가 삽입되는 것을 알 수 있다. 웹 개발에서 PHP가 클라이언트 측 자바스크립트와 구별되는 점은 PHP 소스 코드는 서버에서 실행하여, HTML을 생성하여 전송된다는 점이다. 서버는 확장자 .php를 인식해 PHP 실행 처리를 하며, 클라이언트는 스크립트 실행 결과만을 받게 된다. 그러므로 클라이언트 측은 PHP 소스 코드를 전혀 볼 수 없다.

JSP

JSP(Java Server Page)는 선 마이크로시스템즈 사가 개발한 인터넷 서버 프로그래밍 기술이다. 선 마이크로시스템즈 사는 자바 언어를 기반으로 하는 인터넷 서버 프로그래밍 방식인 서블릿(Servlet)을 먼저 개발하여 과거의 CGI(Common Gate Interface) 개발 방식을 대체하였다. 그러나 자바를 이용한 서블릿 개발 방식이 그리 쉽지 않고 PHP, ASP 등과 같이 HTML 코드 내에 직접 비즈니스 로직을 삽입할 수 있는 개발 방식이 필요하게 되어 개발한 기술이 JSP이다. 그러나 JSP는 서블릿과 동떨어진 기술이 아니며 JSP가 실제로 웹 애플리케이션 서버에서 사용자에게 서비스가 될 때는 서블릿으로 변경되어 서비스된다. ASP는 VBScript를 사용하지만 JSP는 자바 기반의 문법을 이용하여 어려운 자바 소스 코드 대신에 태그를 사용하여 자바 객체를 사용한다. 또한 JSP는 자바빈즈(JavaBeans)라는 컴포넌트를 이용하여 비즈니스 로직과 프레젠테이션 로직을 완전히 분리하여 응용 시스템을 구현할 수 있다. JSP의 경우는 개발자가 태그 라이브러리 기능을 이용해 자신만의 태그를 정의해서 사용할 수 있다. 이렇게 함으로써 좀 더 많은 기능을 확장하여 사용할 수 있으며 일관성 있는 프로그래밍 작업을 할 수 있다.

JSP는 플랫폼에 독립적인 기술 방식이다. 시스템 플랫폼이 윈도우 NT든 유닉스 시스템이든 어느 한 플랫폼에서 개발한 시스템을 다른 플랫폼에서 운영하는 것이 가능하다. 또한 JSP는 웹 서버에 독립적이다. 넷스케이프 엔터프라이즈 서버, 아파치 웹 서버, 마이크로소프트의 IIS(Internet Information Server) 등 어떠한 웹 서버 환경에서 작성되어 있든지 한 번 작성된 JSP는 그 모든 웹 서버에서 아무런 문제 없이 잘 동작한다.

웹 서버에서 JSP를 실행시키려면 자바 모듈을 이해하는 엔진인 자바 엔진이 있어야 한다. 이러한 자바 엔진의 대표가 톰캣(Tomcat)이다. 톰캣은 자바 엔진이면서 자바 서버로서 아파치 파운데이션(Apache Foundation)에서 개발되는 무료 웹 서버이다.

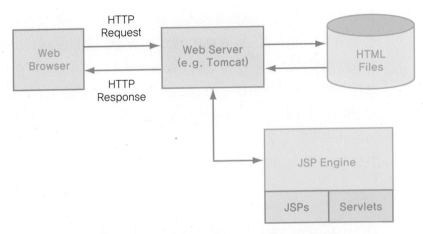

그림 9.66 JSP 엔진이 내장된 웹 서버의 JSP 동작 원리

다음은 현재의 시각을 출력하는 간단한 JSP 프로그램과 그 실행 결과이다. ASP와 같이 태그 〈%와 %〉 사이에 자바 언어로 구성된 프로그램인 스크립트릿(scriptlet) 이 삽입되는 것을 볼 수 있다.

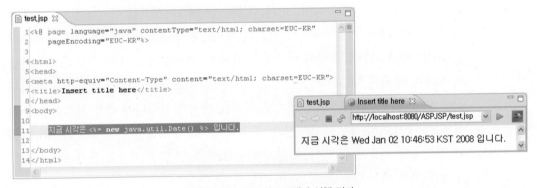

그림 9.67 JSP 프로그램과 실행 결과

다음은 지금까지 살펴본 ASP와 PHP, JSP를 비교하여 설명한 표이다.

표 9.12 ASP와 PHP, JSP의 비교

	JSP	PHP	ASP
웹 서버	아파치, 넷스케이프, 톰캣, IIS를 포함하는 다수의 웹 서버	주로 아파치 웹 서버	IIS, 퍼스널 웹 서버
플랫폼	솔라리스, 윈도우, 맥, 리눅스, 메인 프레임 등	윈도우, 맥, 리눅스 등	윈도우
컴포넌트	자바빈(JavaBean), EJB(EnterpriseJavaBeans)	COM/DCOM	ActiveX, COM+

	JSP	PHP	ASP
언어	자바	PHP	VBScript
장점	특정 하드웨어 플랫폼이나 운영체제, 웹 서버에 의존적이지 않으며, 확장성이 좋아 대규모 웹 사이트 구축에 용이	AMP(Apache + MySql + Php)라 하여 웹 서버, DBMS, 웹 기술 환경을 저렴하게 구축할 수 있으며, 쉽고, 빠르게 개발 및 운영 가능	개발환경이 편하고 뛰어나며 ActiveX 등 마이크로소프트 사의 기술 활용이 용이
단점	자바 언어와 JSP 구문이 상대적으로 배우기가 어렵고, DB 연동이 다소 복잡함	개발환경이 부족하고 보안이 취약하며, 확장성이 부족하여 대규모 웹 사이트 구축에는 상대적으로 미흡	웹 서버가 마이크로소프트 사의 제품에 의존

노드 js

일반적인 자바 스크립트가 클라이언트의 웹 브라우저에서 실행되는 클라이언트 사이드 스크립트라면, 노드 js(Node.js)는 서버 사이드 자바스크립트로 자바스크립트 언어를 활용하여 서버를 구축하는 네트워크 애플리케이션 소프트웨어 플랫폼이다.

노드 js는 입출력에 의한 차단(I/O blocking)이 없으며, 단일 스레드 이벤트 루프를 통한 높은 처리 성능을 가지고 있어 최근 사용이 늘고 있다. 또한 노드 js는 내장 HTTP 서버 라이브러리를 포함하고 있어 웹 서버에서 아파치 등의 별도의 소프트웨어 없이도 동작 가능한 특징이 있다.

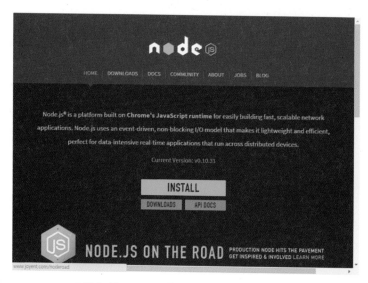

그림 9.68 노드 js 홈페이지(www.nodejs.org)

4.3 　 인터넷 검색 포털

네이버

네이버(Naver)는 삼성 SDS의 글라이더(glider)라는 내부 기업으로 시작해 1996년 6월에 검색 포털로 서비스되기 시작했다. 1997년 출범한 미국 검색 엔진인 야후코리아는 2000년까지 검색 포털 대명사로 자리매김하고 있었다. 2001년에는 국내 검색 포털인 다음이 국내 점유율 1위에 등극하였으며, 국내 업체인 엠파스도 상당히 인기를 끌고 있었고 여전히 해외 기업으로 야후코리아와 라이코스코리아 등이 있어, 네이버는 출범 이후 그리 쉽지 않은 시기를 지내고 있었다. 네이버는 자회사인 한게임을 합병하고 지식인 서비스가 상당히 인기를 끌면서 2004년에는 국내 검색 포털 1위 자리에 등극하게 된다. 네이버는 단순히 검색 서비스뿐만 아니라 블로그, 카페, 게임 등의 다양하고 재미있는 서비스를 제공함으로써 세계적인 검색엔진인 구글을 제치고 당당히 검색 포털 1위 자리를 굳건히 지키고 있다.

현재 네이버의 검색 포털 점유율은 매우 높아 2014년 기준 점유율이 무려 83%에 이른다. 2013년 검색 포털의 거대 기업인 네이버는 검색 점유율을 바탕으로 가격 비교, 부동산 매물 정보, 컴퓨터 백신, 오픈 마켓, 앱스토어 등 다양한 인터넷 관련 영역으로 확장을 시도하였으나, 무분별한 확장으로 중소기업의 인터넷 골목 상권을 침해한다는 비판에 부딪혀 이런 사실을 인정하고 일부 서비스를 종료하기도 하였다.

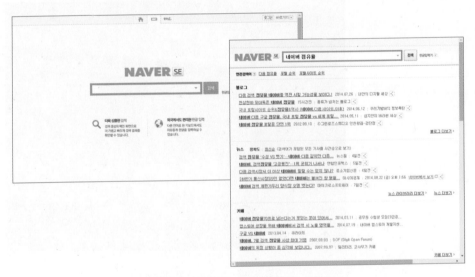

그림 9.69 　네이버 SE 화면과 간결한 검색 결과

네이버는 외국과는 달리 국내에서 독보적인 인기를 끌고 있으나 검색 이외에도 광고 등의 부가 기능으로 속도와 검색 결과에 만족하지 못하는 사용자도 있다. 즉 검

색 결과를 살펴보면 스폰서링크와 파워링크, 플러스링크 등 광고들이 많은 자리를 차지하며, 스크롤을 아래로 내려야 백과사전에 대한 검색결과가 표시된다. 이러한 불만족을 해결하기 위해 검색 중심의 더욱 간결한 메인 화면으로 더 가볍고 빠르게 검색 결과를 확인할 수 있는 네이버 SE를 서비스하고 있다. 그림 9.69에서 보듯 네이버 SE 검색결과는 보기도 간결하며 블로그, 뉴스, 카페, 이미지 등으로 표시된다. 네이버 SE의 홈페이지(se.never.com)에서 보듯이 한글자판기가 없는 곳에서 [한글 입력기]를 누르면 키보드나 마우스로 자유롭게 한글을 입력할 수 있다.

다음과 네이트

다음(Daum)은 1995년에 시작된 검색 포털로서 2005년까지 국내 검색 엔진점유율 1위를 지켰다. 1997년에는 대한민국 최초로 무료 웹메일 서비스 한메일(hanmail) 서비스를 시작해 국내에도 1인 1메일 시대를 열었다. 또한 1999년에는 아는 사람들끼리 커뮤니티를 만들어 이야기를 나누는 다음 카페 서비스를 시작해 많은 인기를 누렸다. 2005년에는 네이버에 1위 자리를 내준 후 한때 네이트에도 2위 자리를 내주기도 했으나 현재는 국내 점유율 13%로 2위를 지키고 있다. 다음은 2014년 카카오와의 합병으로 그 발전이 주목된다.

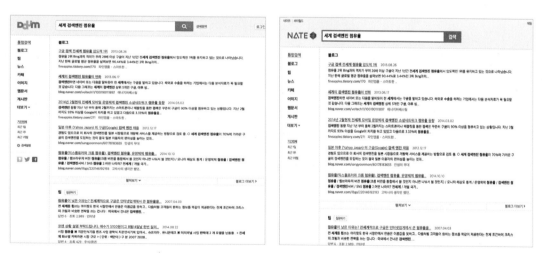

그림 9.70 다음과 네이트 검색 결과

네이트(Nate)는 네이버, 다음과 함께 국내 3대 검색 포털 사이트로서, 라이코스코리아와 엠파스 등의 검색 엔진을 통합하였고, SK 커뮤니케이션즈가 운영하고 있다. SK 커뮤니케이션즈의 싸이월드가 인기를 끌면서 네이트는 싸이월드와의 연동과 무료 문자 메시지 서비스로 많은 인기를 누렸다. 현재 네이트는 다음의 검색 엔진을 채택하여 사용하고 있어 검색 결과에 큰 차이가 없다.

구글

구글(Google)은 1998년에 창업하여 현재 전 세계 검색 시장의 약 69%의 점유율을 보이는 대표적인 검색 엔진 서비스이다. 구글은 검색뿐 아니라 전 세계 곳곳을 실감나게 볼 수 있는 구글 어스(Google Earth)로 주목을 받았으며, 웹에서도 전 세계 지도 서비스를 차별화하여 인기를 끌고 있다. 그럼에도 불구하고 국내에서는 2% 정도가 사용할 정도로 점유율이 낮다. 그러나 많은 사용자들이 영어나 전문 검색에 구글을 활용하고 있다.

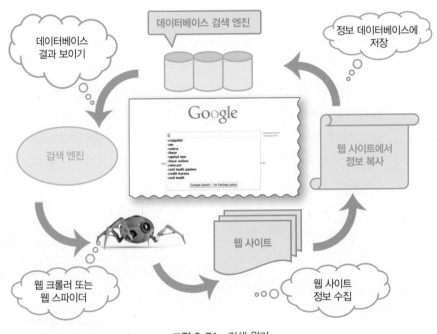

그림 9.71 검색 원리

구글 검색 엔진의 검색 원리를 알아보면, 스파이더(spider) 또는 크롤러(crawler)라는 검색 로봇 모듈이 전 세계 웹 사이트의 링크(link)를 따라 웹 페이지를 방문하여 정보를 수집하는 과정인 크롤링(crawling)을 수행한다. 크롤링 단계에서 수집된 정보는 빠른 검색에 적합하게 의미 있는 단어를 빼내 데이터베이스로 저장되는데, 이를 인덱싱(indexing) 과정이라 한다. 사용자가 검색엔진에 접속하여 키워드 검색을 요청하면 인덱싱된 데이터베이스에서 적절한 검색 알고리즘으로 검색하여 적합도와 중요도 등을 고려하여 그 결과를 보여준다.

검색 엔진 비교

네이버는 2004년에 국내의 검색 엔진 중 점유율 67%로 1위에 올라 계속 증가세를 보이고 있으며 2014년 국내 점유율은 84%에 육박하고 있다. 2위인 다음은 점유율이 13%이므로 국내 토종 검색 엔진인 두 회사의 점유율을 합치면 총 97%를 육박하고 있다. 세계적인 검색엔진인 구글도 국내에서는 점유율이 2%에도 못 미치고 있는 실정이다.

NAVER(네이버: 83.56%)
DAUM(다음: 13.07%)
GOOGLE(구글: 1.99%)
ZUM(줌: 0.81%)
기타(0.31%)
MSbing(마이크로스프트: 0.16%)
나머지항목

그림 9.72 2014년 국내 검색엔진 시장 점유율

2014년 전 세계의 검색 엔진 점유율을 살펴보면 구글이 69%로 1위이며, 중국의 검색 엔진인 바이두(baidu)가 17%로 2위이며, 3위는 6%로 야후(yahoo)와 빙(bing)이다. 미국의 검색 엔진을 제외하면 세계 각국의 자국 검색엔진의 수는 매우 적은 편인데, 대표적인 자국 검색 엔진을 살펴보면 중국의 바이두, 러시아의 얀덱스와 램블러, 한국의 네이버와 다음 정도이다.

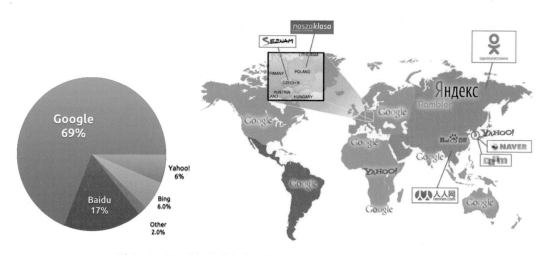

그림 9.73 2014년 전 세계 검색 엔진 시장 점유율과 주요 국가의 검색 엔진

4.4 인터넷 기술 변화

웹 2.0

웹 2.0(Web 2.0)은 웹이 출현한 이후 21세기에 대한 인터넷 또는 웹에 대한 방향성을 제시한 일종의 패러다임이었다. 웹 2.0은 정보의 개방성, 이동성, 연결성 등과 관

련된 개념이라고 할 수 있으며, 이를 위한 표준화 작업이었다. 웹 2.0의 기술 표준을 살펴보면 수정되는 웹 사이트 정보를 쉽게 확인할 수 있도록 만들어진 기술 표준인 RSS(Really Simple Syndication 또는 Rich Site Summary), 개인화된 정보를 공유하는 블로그(blog)인 웹로그(Weblog), 기존의 게시판을 대체하면서 어떤 주제에 대한 집단지성을 가능하게 해주는 위키피디아(Wikipedia), 효율적인 대화식 웹 페이지의 개발을 위한 Ajax(Asynchronous Javascript And XML) 등을 들 수 있다.

웹 2.0에서의 웹이란 모든 사람이 이미 제공되는 데이터를 활용하여 다양한 신규 서비스를 생산해 낼 수 있는 플랫폼으로서의 웹 환경을 의미하며 사용자 중심의 커뮤니티에 의존하는 동적인 열린 공간으로서의 웹을 말한다. 이미 웹이 우리 사회의 일부이지만 앞으로는 더욱 가속화되어 컴퓨터라는 기기에 의존하지 않고도 웹이라는 매체를 통해서 생활의 모든 것을 하게 될 것으로 보인다. 즉 웹 서핑, 영화 및 음악 감상, 문서 작성, 그래픽 작업 등 모든 것이 웹으로 통하는 것이 웹 2.0이다.

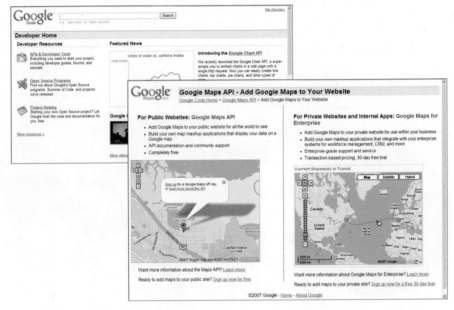

그림 9.74 구글을 이용한 다양한 개발 자료(code.google.com)와 구글 맵 API 사이트

2000년대 많은 기업들이 웹 2.0의 패러다임을 추구하였으며, 이를 적절히 구현한 대표적인 기업이 구글이다. 구글은 달력을 만들거나 차트를 그리는 등 여러 작업을 웹에서 가능하도록 다양한 응용 프로그램 인터페이스(API: Application Programming Interface)를 제공한다. 한 예로, 구글이 제공하는 구글 맵 API를 이용하면 개인의 홈 페이지에서 구글 맵을 활용하여 부동산 사업이나 여행 안내 사업을 할 수 있다.

웹 3.0

웹 3.0(Web 3.0)은 웹 2.0 이후 2010년대의 패러다임으로 개인 중심의 서비스로 창의성이 최대한 발휘될 수 있는 웹을 말한다.

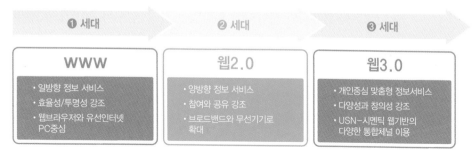

그림 9.75 웹의 진화 3세대

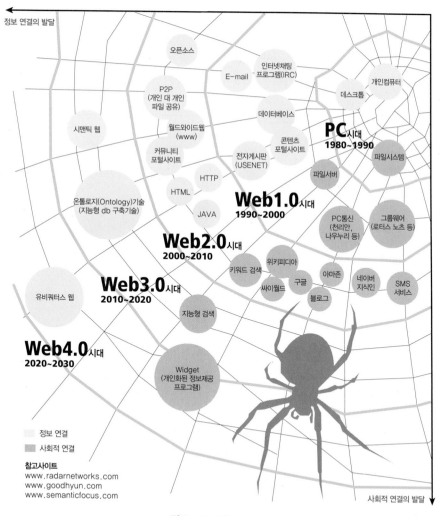

그림 9.76 웹 진화 개념도

웹 3.0은 시맨틱 웹 기술에 의한 지능화된 웹 환경을 구축하여 컴퓨터가 정보자원의 의미까지 이해하고 이를 바탕으로 논리적 추론까지 함으로써 이용자의 패턴을 추론해 사용자가 요청하는 적절한 서비스를 제공하는 지능형 웹을 말한다. 웹을 창시한 팀 버너스 리는 시맨틱 웹은 전혀 다른 새로운 웹이 아니라 현재의 웹을 확장한 것으로서 컴퓨터와 사람이 협력작업을 할 수 있도록 의미가 잘 정의된 웹이라고 규정한다.

1990년 웹이 만들어진 후 콘텐츠 포털 중심의 웹이 웹 1.0이라면 2000년부터 10년간은 참여, 공유, 개방 중심의 웹 2.0이라고 할 수 있다. 2010년부터 2020년까지는 시맨틱 웹 구축으로 지능형 검색 중심의 웹 3.0시대라고 볼 수 있다.

Ajax

Ajax는 Asynchronous Javascript And XML의 머리글자의 조합으로 이루어졌으며 일반적으로 에이잭스라고 발음한다. Ajax는 최근 화두로 떠오른 웹 기반 비동기 통신기술로 웹 애플리케이션에서 효율적인 대화식 웹 페이지의 개발을 위한 수단을 제공한다. Ajax 기술을 적용한 대표적인 서비스가 구글 맵이다.

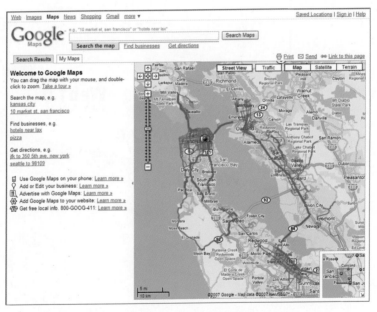

그림 9.77 Ajax 기법이 적용된 구글 맵 서비스

Ajax 기법을 이용하면 단순한 사용자의 응답으로 페이지 전체를 다시 수정하거나 다시 실행하는 비효율성을 줄일 수 있다. 기존의 방식이 새로운 데이터를 불러오려면 전체 페이지를 다시 로딩해야 했던 것과 달리 Ajax는 SOAP(Simple Object

Access Protocol), XML(eXtensible Markup Language) 등 소프트웨어 통신 프로토콜을 이용해 브라우저의 사용자 화면 구성에 필요한 서비스만을 서버에 호출하며 웹 서버의 응답을 처리하기 위해 클라이언트 쪽에서는 자바스크립트를 이용해 그 결과를 화면에 적용할 수 있다. 웹 서버에서 전적으로 처리되던 데이터 처리의 일부분이 클라이언트 쪽에서 처리되므로 웹 브라우저와 웹 서버 사이에 교환되는 데이터량과 웹 서버의 데이터 처리량도 줄어들기 때문에 응용 프로그램의 응답성이 좋아진다. 또한 웹 서버의 데이터 처리에 대한 부하를 줄여주는 일이 요청을 주는 수많은 컴퓨터에 대해서 일어나기 때문에 전체적인 웹 서버 처리량도 줄어들게 된다.

[객관식 문제]

다음 각 문항에 대하여 보기 중에서 알맞은 것을 선택하시오.

01 빈칸에 들어가기에 가장 적절한 것은?

> _____(은)는 지구 전역에서 서로 다른 기종의 컴퓨터들이 통일된 프로토콜을 사용해 자유롭게 통신을 주고받을 수 있는 세계 최대의 통신망을 말한다. _____(은)는 1969년 미국 국방부에서 시작된 알파넷이 모체로서 인터넷은 네트워크를 서로 접속하는 기술과 그 기술에 의해 접속된 네트워크를 가리킨다.

A. 유즈넷
B. 텔넷
C. 인터넷
D. WWW

02 원어의 연결이 옳지 않은 것은?

A. WWW – World Wide Web
B. HTTP – Hyper Text Transfer Protocol
C. SMTP – Simple Mail Transfer Protocol
D. FTP – Folder Transfer Protocol

03 인터넷에 대한 설명으로 옳지 않은 것은?

A. 1957년 러시아의 인공위성 스푸트니크(sputnik)의 발사 성공은 미국이 국방성에 고등연구계획국인 알파(ARPA: Advanced Research Projects Agency)와 같은 고급 기술을 연구하는 연구소를 창설하게 하는 계기가 되었다.

B. 인터넷의 시초는 1968년에 알파에서 구축한 미국과학연금기금넷(NSFNET)으로 캘리포니아 주립대학(UCLA)을 중심으로 캘리포니아 산타바바라 주립대학(UCSB), 스탠퍼드 연구소(SRI), 유타 대학(UTAH) 사이에 전화선을 통한 하나의 네트워크 탄생이다.

C. 인터넷은 지구 전역에서 서로 다른 기종의 컴퓨터들이 통일된 프로토콜을 사용해 자유롭게 통신을 주고 받을 수 있는 세계 최대의 통신망을 말한다.

D. 인터넷은 1969년 미국 국방부에서 시작된 ARPANET이 모체로서 인터넷은 네트워크를 서로 접속하는 기술과 그 기술에 의해 접속된 네트워크를 가리킨다.

04 유즈넷에 대한 설명으로 옳은 것은?

A. 서로의 의견을 파일로 저장하여 여러 뉴스들을 공유하는 인터넷을 이용한 전자 게시판

B. 상대방과 서로 접속하여 있을 때 파일전송자의 승낙이 떨어지면 요청한 사람에게 파일을 전송하는 교환 수단

C. 무선인터넷을 통한 정보 공유의 생활화를 의미하는 용어

D. 사용자에게 제공하는 인터넷 통신 서비스

05 빈칸에 알맞은 것은?

> _____(은)는 폭발적으로 늘어나는 인터넷 사용에 대비하기 위한 것으로 128비트 주소 체계로 최대 1조 개 이상의 주소를 제공할 수 있는 점이 가장 큰 특징이다.

A. IPv4
B. IPv5
C. IPv6
D. TCP

06 뉴스그룹에서 이용하는 도메인의 의미로 옳지 않은 것은?

A. comp – 컴퓨터 관련 주제
B. soc – 사회적인 문제와 정치
C. rec – 취미, 예술, 오락활동
D. misc – 과학과 기술

07 빈칸에 알맞은 것은?

> _____(은)는 웹의 HTTP를 사용하여 클라이언트의 요청에 응답을 하는 프로그램이다. 이 _____(은)는 서버의 역할을 수행하기 위해 항상 실행되어 있어야 하며 클라이언트가 요청한 페이지 또는 프로그램을 실행하여 파일이나 그 결과를 사용자들에게 제공한다.

A. 웹 서버
B. 웹 브라우저
C. WWW
D. HTML

08 TCP/IP에 대한 설명으로 옳지 않은 것은?

A. 개방된 프로토콜 표준으로 누구나 표준화 과정에 참여할 수 있다.
B. 전자메일, 텔넷, FTP의 등장 이후 단점을 보완하여 개발한 프로토콜이다.
C. 하드웨어, 소프트웨어, 네트워크 망의 종류와 관계없이 이용이 가능하다.
D. 인터넷 주소를 유일하게 보장하여 인터넷 상에서 언제 어디서나 쉽게 통신할 수 있다.

09 원어의 연결이 옳지 않은 것은?

A. HTML – HyperText Markup Language
B. SGML – Standard Generalized Markup Language
C. XML – eXtreme Markup Language
D. CSS – Cascading Style Sheets

10 OSI 7계층을 TCP/IP 계층에 대응(OSI 7계층 – TCI/IP 계층구조)시킨 것이다. 옳지 않은 것은?

A. 표현 계층 – 응용 계층
B. 세션 계층 – 네트워크 계층
C. 전송 계층 – 전송 계층
D. 응용 계층 – 응용 계층

11 최상위 도메인(Top-level Domain)이 아닌 것은?

A. kr
B. jp
C. microsoft
D. edu

12 도메인 주소에 관한 설명으로 옳지 않은 것은?

A. www.daum.net의 주소 중 daum은 기관이름을 말한다.

B. 왼쪽부터 오른쪽으로 작은 범주에서 큰 범주로 기술된다.

C. www.dongyang.ac.kr에서 kr의 의미는 kernel(핵심)의 약자로 여러 홈페이지와 연결된 중심을 의미한다.

D. 도메인 이름 중 .com은 사업(상업)을 하는 기관에 붙여지는 이름이다.

13 도메인에 대한 설명으로 옳지 않은 것은?

A. DNS는 도메인 이름 시스템(Domain Name System) 또는 도메인 이름 서비스(Domain Name Service)의 약자이다.

B. 도메인 이름 시스템은 도메인 이름의 체계 또는 도메인 이름을 실제의 IP 주소로 바꾸는 시스템을 말한다.

C. 인터넷에서 도메인 이름을 사용하더라도 실제로는 모두 IP 주소로 바꾸어 그 컴퓨터에 연결한다.

D. 컴퓨터(호스트)에 할당된 도메인 이름을 IP 주소로 변환시키는 역할을 수행하는 컴퓨터(호스트)를 웹 서버라고 한다.

14 WWW에 대한 설명으로 옳지 않은 것은?

A. 하이퍼텍스트 기반의 정보를 구축한다.

B. 문자, 그림, 음악의 정보를 반영할 수 있으나 동영상, 기타 파일은 제공되지 않는다.

C. 전 세계를 연결한 거미줄과 같은 인터넷 망에서의 정보 공유를 뜻한다.

D. 편리하고 사용이 쉬운 장점으로 인터넷의 사용이 일상 생활이 되도록 하였다.

15 일반적으로 숫자로 된 IP 주소는 기억하기 어렵고 사용하기도 불편하기 때문에 그에 대응하는 단어로 된 주소를 선호한다. 이를 무엇이라 하는가?

A. 도메인 이름(Domain Name)   B. IPng

C. 최상위 도메인   D. IPv6

16 웹 브라우저의 기능으로 옳지 않은 것은?

A. 웹 페이지 열기 및 저장

B. 전자우편, 뉴스그룹을 이용할 수 있는 프로그램 제공

C. 자주 방문하는 인터넷 주소의 기억과 관리

D. ASP 언어를 해독하여 HTML 언어로 전환

17 빈칸에 알맞은 것은?

> 웹 브라우저를 이용하여 인터넷을 이용하려면 인터넷 서비스를 원하는 프로토콜과 도메인 이름을 _____에 기술한다. _____(은)는 서비스 프로토콜, 도메인 이름, 호스트 내부 위치로 구성된다.

A. DML   B. XML

C. UML   D. URL

18 해당하는 설명으로 옳지 않은 것은?

A. 모자이크 – 최초의 웹 브라우저이다.

B. 내비게이터 – 애플 사에 의해 개발된 내비게이터는 현재 유닉스에 내장되어 사용 보급되었다.

C. 인터넷 익스플로러 – 초기에는 웹 브라우저 시장에서 존재가 미약하였으나 윈도우에 기본 내장 되어 보급하면서 성장하여 내비게이터를 위협하였다.

D. 파이어폭스 – 넷스케이프 사를 인수 합병한 AOL–타임워너가 비영리재단인 모질라를 독립시켜 네티즌과 함께 개발하였다.

19 빈칸에 알맞은 것은?

> 전자메일은 인터넷을 이용하는 가장 활성화된 응용 프로그램 중의 하나이다. 전자메일은 문자 중심의 메시지에 첨부하여 여러 멀티미디어 파일의 전송이 가능한 기능으로 _____(이)라는 통신 규약을 사용한다.

A. SMTP

B. FTP

C. Telnet

D. Usenet

20 아파치(Apache)에 관한 설명으로 옳지 않은 것은?

A. NCSA httpd 프로그램을 수정 발전시킨 웹 서버

B. 'a patch server'라는 용어에서 나온 이름

C. 유닉스 계열 버전과 윈도우 버전 제공

D. 품질이 매우 우수하나 가격이 고가여서 기업에서 주로 사용

[괄호채우기 문제]

다음 각 문항에 대하여 빈칸에 적절한 단어를 채우시오.

01 WWW는 하이퍼텍스트(Hypertext) 기반의 하이퍼미디어(Hypermedia) 정보를 인터넷의 (   ) 규약을 이용하여 저장, 공유하는 기술이다.

02 지구 전역에서 서로 다른 기종의 컴퓨터들이 통일된 프로토콜을 사용해 자유롭게 통신을 주고받을 수 있는 세계 최대의 통신망을 (   )(이)라 한다.

03 서버에 직접 접속하여 보지 않고 자신의 컴퓨터에 내려 받아 우편을 보려면 (   ) 서버를 지정 해야 한다.

04 (   )(은)는 현재의 컴퓨터에서 인터넷과 연결된 다른 컴퓨터를 내 컴퓨터처럼 사용하는 도구 로서, 키보드의 모든 입력은 서버 쪽으로 전달되며, 서버에서 출력되는 텍스트는 자신의 모니터에 나 타나게 된다.

05 (   )(은)는 데이터를 정의하고 데이터의 경로를 배정하는 일인 라우팅(routing) 업무를 담당하는 TCP/IP의 계층구조 중 하나이다.

06 TCP/IP 기반 하에서 인터넷에 연결된 전 세계의 모든 컴퓨터를 식별하는 것이 (   )(이)다.

07 TCP/IP에서 메시지를 전송할 때 일단 메시지를 일정한 길이로 나누어 전송하는데 이를 (   )(이)라 한다.

08 (   )(은)는 폭발적으로 늘어나는 인터넷 사용에 대비하기 위한 것으로 128비트 주소 체계로 최대 1조 개 이상의 주소를 제공할 수 있으며, 보안 기능을 강화한 인터넷 프로토콜 주소이다.

09 도메인 이름을 실제의 IP 주소로 바꾸는 시스템의 약자는 (   )(이)다.

10 (   )(은)는 웹의 HTTP를 사용하여 클라이언트의 요청에 응답하는 프로그램이다.

[주관식 문제]

01 인터넷의 역사에 대하여 설명하시오.

02 인터넷에서 이용할 수 있는 응용 서비스를 열거하고 간단히 설명하시오.

03 TCP/IP를 구성하는 4계층을 열거하고, 인터넷 계층에 대하여 설명하시오.

04 TCP/IP를 구성하는 4계층 중에서 전송 계층을 구성하는 2개의 프로토콜을 열거하고 설명하시오.

05 차세대 IP 주소는 무엇이며 개발된 가장 중요한 이유가 무엇인지 설명하시오.

06 IP 주소는 여러 클래스로 나뉜다. IP 주소의 클래스는 무엇인지 설명하시오.

07 IPv6의 주소 형태를 설명하시오.

08 URL의 내용을 분석하시오.

09 HTML에 대하여 설명하시오.

10 현재 이용되는 아파치 웹 서버 버전을 알아보고 자신의 컴퓨터에 설치하여 홈페이지를 운영하시오.

10장

멀티미디어

단원 목표

- 멀티미디어의 정의와 발전을 이해한다.
- 각종 멀티미디어의 파일 형식과 특성을 이해한다.
- 멀티미디어 시스템의 하드웨어와 소프트웨어의 기능을 이해한다.
- 멀티미디어를 운용하는 각종 플레이어의 기능을 이해한다.
- 데이터 압축 방식과 특징을 이해한다.
- 멀티미디어의 활용으로 각종 최근의 장비를 이해한다.
- 멀티미디어 보안에 관하여 설명하며 워터마킹과 핑거프린팅에 관하여 이해한다.

단원 목차

01

멀티미디어 개요

1.1 멀티미디어 정의

미디어는 미디엄(medium)의 복수를 표현하는 단어로 사람의 의견이나 사물의 관련 내용을 표현하는 전달매체를 의미한다. 흔히 매스미디어는 TV, 영화와 라디오를 뜻한다. 멀티미디어는 음향(Audio), 정지영상, 동영상 및 문서를 포함하는 다중 전달매체를 의미한다. 예를 들어 웹페이지를 보면 문서가 있고, 포함된 동영상에 따라 음악 혹은 음향도 포함할 수 있다. 멀티미디어의 특징은 대화형이라는 점이다. 마우스를 이용하여 소리의 크기, 영상의 크기 혹은 문서의 글자 크기를 조절할 수 있는 기능이 있어 기존의 영화나 음악 CD와는 차이가 있다.

그림 10.1 shockwave 홈페이지

멀티미디어를 개인이 직접 제작하여 웹에 게시할 수 있으며 그 예가 UCC(User Created Contents) 동영상이라고 할 수 있다. 또한 게임을 할 수 있는 홈페이지(그림 10.1)인 www.shockwave.com에서 각종 게임용 멀티미디어 응용 프로그램을 실행시킬 수 있다.

1.2 멀티미디어의 발전

멀티미디어는 반도체의 집적도 증가로 발전하고 있다. 멀티미디어 기기의 크기가 점점 작아지고 있으며 성능이 개선되고 있다. 2002년에 황창규 삼성전자 사장은 '황의 법칙'을 발표하면서, 반도체 집적도는 1년에 2배씩 증가할 것이며, 이를 주도하는 것은 개인 컴퓨터가 아니라 모바일 기기나 디지털 가전 등 비개인 컴퓨터 분야가 될 것이라고 예견하였다. 삼성전자는 2002년에 2기가 비트(Giga bit)의 메모리를 개발하였고, 2007년에는 64기가 비트 메모리를 세계 최초로 개발하여 황의 법칙을 증명하였다. 이 제품 16개를 모으면 128기가 바이트(Giga Byte)의 메모리 제작이 가능하며 이는 DVD 급 화질의 영화 80편(124시간)을 메모리 카드 하나에 저장할 수 있고, 장서 44만 권의 내용을 저장할 수 있는 메모리 용량이다. 2008년에 삼성이 128기가 비트짜리 NAND 플래시 메모리를 발표하지 못하였고 이로써 이 법칙이 깨졌다. 2013년 삼성전자는 세계 최초로 반도체 미세화 기술의 한계를 극복한 신개념 3차원 수직구조 128기가 바이트의 용량을 갖는 낸드플래시 메모리의 양산을 시작했다. 그림 10.2는 삼성전자의 128기가 바이트의 용량을 갖는 낸드플래시 메모리이다.

그림 10.2 삼성전자의 128Gb 낸드 플래시 메모리

반도체 집적도의 향상으로 iriver 사에서 출시한 초소형 멀티미디어 기기인 P8이라는 제품은 DMB를 비롯하여 동영상, 정지영상 및 음악파일을 저장, 재생할 수 있고 크기도 작아 휴대가 편리하다. 그림 10.3에 P8 제품을 보여주고 있다.

그림 10.3 P8(iriver 제품)

3차원 제작 및 렌더링 소프트웨어로는 Maya, 3DsMax 소프트웨어가 사용되고 있다. 다음 그림은 Maya의 홈페이지이다.

그림 10.4　Maya 홈페이지

2005년에는 일반 대중이 쉽게 동영상을 제작하는 UCC(User Created Contents)가 등장하였다. UCC 제작용 소프트웨어에는 Adobe에서 제작한 프리미어 PRO CS6 라는 프로그램이 있다. 이 프로그램을 이용하여 디스크, 웹, 모바일 장치에 콘텐츠를 전달할 수 있고, 제작할 수도 있다.

그림 10.5　프리미어 PRO CS6

1.3 멀티미디어 데이터

텍스트

컴퓨터와 통신기기에 사용할 표준 문자 부호화로 ASCII 코드(American Standard Code for Information Interchange : 미국 정보 교환 표준 부호)가 있다. 각각의 영문자에는 대응하는 코드가 있는데, 예를 들어 A는 65로 대응된다. 여기서 65는 10진수로 나타낸 값이다. 확장된 ASCII 코드로 확장된 문자를 부호화하면 ±는 241로 대응된다. 241도 10진수로 나타낸 값이다. ASCII 코드로는 제한된 문자만을 표현할 수밖에 없기 때문에 유니코드를 이용하여 전 세계의 가능한 한 모든 문자를 표현하려고 한다. 예를 들면 ㄱ은 3131로 대응된다. 여기서 3131은 16진수로 나타낸 값이다.

표 10.1 ASCII 코드표

Dec	Hex	Char	Dec	Hex	Char	Dec	Hex	Char	Dec	Hex	Char
0	00	Null	32	20	Space	64	40	@	96	60	`
1	01	Start of heading	33	21	!	65	41	A	97	61	a
2	02	Start of text	34	22	"	66	42	B	98	62	b
3	03	End of text	35	23	#	67	43	C	99	63	c
4	04	End of transmit	36	24	$	68	44	D	100	64	d
5	05	Enquiry	37	25	%	69	45	E	101	65	e
6	06	Acknowledge	38	26	&	70	46	F	102	66	f
7	07	Audible bell	39	27	'	71	47	G	103	67	g
8	08	Backspace	40	28	(	72	48	H	104	68	h
9	09	Horizontal tab	41	29	)	73	49	I	105	69	i
10	0A	Line feed	42	2A	*	74	4A	J	106	6A	j
11	0B	Vertical tab	43	2B	+	75	4B	K	107	6B	k
12	0C	Form feed	44	2C	,	76	4C	L	108	6C	l
13	0D	Carriage return	45	2D	–	77	4D	M	109	6D	m
14	0E	Shift out	46	2E	.	78	4E	N	110	6E	n
15	0F	Shift in	47	2F	/	79	4F	O	111	6F	o
16	10	Data link escape	48	30	0	80	50	P	112	70	p
17	11	Device control 1	49	31	1	81	51	Q	113	71	q
18	12	Device control 2	50	32	2	82	52	R	114	72	r
19	13	Device control 3	51	33	3	83	53	S	115	73	s
20	14	Device control 4	52	34	4	84	54	T	116	74	t
21	15	Neg. acknowledge	53	35	5	85	55	U	117	75	u
22	16	Synchronous idle	54	36	6	86	56	V	118	76	v
23	17	End trans. block	55	37	7	87	57	W	119	77	w
24	18	Cancel	56	38	8	88	58	X	120	78	x
25	19	End of medium	57	39	9	89	59	Y	121	79	y
26	1A	Substitution	58	3A	:	90	5A	Z	122	7A	z
27	1B	Escape	59	3B	;	91	5B	[	123	7B	{
28	1C	File separator	60	3C	<	92	5C	\	124	7C		
29	1D	Group separator	61	3D	=	93	5D	]	125	7D	}
30	1E	Record separator	62	3E	>	94	5E	^	126	7E	~
31	1F	Unit separator	63	3F	?	95	5F	_	127	7F	□

표 10.2 확장된 ASCII 코드표

Dec	Hex	Char	Dec	Hex	Char	Dec	Hex	Char	Dec	Hex	Char
128	80	Ç	160	A0	á	192	C0	∟	224	E0	α
129	81	ü	161	A1	í	193	C1	┴	225	E1	ß
130	82	é	162	A2	ó	194	C2	┬	226	E2	Γ
131	83	â	163	A3	ú	195	C3	├	227	E3	π
132	84	ä	164	A4	ñ	196	C4	─	228	E4	Σ
133	85	à	165	A5	Ñ	197	C5	┼	229	E5	σ
134	86	å	166	A6	ª	198	C6	╞	230	E6	μ
135	87	ç	167	A7	º	199	C7	╟	231	E7	τ
136	88	ê	168	A8	¿	200	C8	╚	232	E8	Φ
137	89	ë	169	A9	⌐	201	C9	╔	233	E9	Θ
138	8A	è	170	AA	¬	202	CA	╩	234	EA	Ω
139	8B	ï	171	AB	½	203	CB	╦	235	EB	δ
140	8C	î	172	AC	¼	204	CC	╠	236	EC	∞
141	8D	ì	173	AD	¡	205	CD	═	237	ED	ø
142	8E	Ä	174	AE	«	206	CE	╬	238	EE	ε
143	8F	Å	175	AF	»	207	CF	╧	239	EF	∩
144	90	É	176	B0	░	208	D0	╨	240	F0	≡
145	91	æ	177	B1	▒	209	D1	╤	241	F1	±
146	92	Æ	178	B2	▓	210	D2	╥	242	F2	≥
147	93	ô	179	B3	│	211	D3	╙	243	F3	≤
148	94	ö	180	B4	┤	212	D4	╘	244	F4	⌠
149	95	ò	181	B5	╡	213	D5	╒	245	F5	⌡
150	96	û	182	B6	╢	214	D6	╓	246	F6	÷
151	97	ù	183	B7	╖	215	D7	╫	247	F7	≈
152	98	ÿ	184	B8	╕	216	D8	╪	248	F8	°
153	99	Ö	185	B9	╣	217	D9	┘	249	F9	∙
154	9A	Ü	186	BA	║	218	DA	┌	250	FA	·
155	9B	¢	187	BB	╗	219	DB	█	251	FB	√
156	9C	£	188	BC	╝	220	DC	▄	252	FC	ⁿ
157	9D	¥	189	BD	╜	221	DD	▌	253	FD	²
158	9E	₧	190	BE	╛	222	DE	▐	254	FE	■
159	9F	ƒ	191	BF	┐	223	DF	▀	255	FF	□

그림 10.6 유니코드의 한글

사운드

사운드를 나타내는 형식에는 WAV(Wave Form)와 AV(Unix Audio) 파일, MIDI (Musical Instrument Digital Interface) 파일 등이 존재하며 8bits, 16bits, 24bits 와 32bits로 데이터를 만든다. AV 파일은 부호화할 때 선형 또는 뮤(mu) 법칙을 이용할 수 있다. 뮤 법칙은 진폭이 작은 구간과 진폭이 큰 구간에 따라 다른 양자화 값을 설정하는 것이다. WAV 파일은 소리를 파형으로 저장한다. 음악가 헨델의 할렐루야 합창곡을 그림 10.7에 그 신호의 주파수와 함께 나타냈다. MIDI 파일은 악기, 신시사이저(Synthesizer) 및 컴퓨터 간의 음악 정보를 교환하는 표준형식이다. MP3(MPEG-1 Audio Layer 3)는 독일의 Fraunhofer Institute에서 개발한 MPEG-1의 Audio Layer 3 코덱(codec : coder+decoder)을 이용하여 압축한 소리 파일 양식이다. 높은 압축률을 가지고 있으며 CD 수준의 좋은 품질을 제공하고 현재 오디오 압축에서 가장 많이 사용되고 있다.

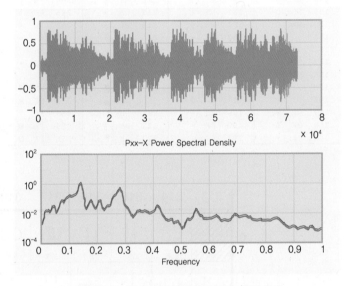

그림 10.7 할렐루야의 파형과 주파수 특성 곡선

이미지

컬러 이미지는 3장의 2차원 데이터로 표현할 수 있고 흑백 영상인 경우는 1장의 2차원 데이터로 표현한다. JPEG 파일은 압축파일이면서 영상의 질을 보존하는 영상파일로서 영상의 질을 제어하는 변수를 갖고 있다. PNG 파일은 헤드에 여러 가지 정보를 삽입할 수 있다. BMP 파일은 비압축 영상 파일이다. 이미지 파일의 각종 양식에는 TIF(Tag Image File), PNG(Portable Network Graphics), JPEG(Joint

Photographic Experts Group)와 GIF(Graphic Interchange Format)가 있으며 사진 영상으로 가장 좋은 질은 TIF나 PNG 파일 양식이고, 크기가 가장 작은 것은 JPEG 파일 양식이다. 그래픽 도안 영상인 경우 TIF, PNG, GIF가 좋으며 JPEG 파일 양식은 질이 좋지 않다.

애니메이션

여러 장의 그림을 연속 촬영, 조작하여 움직이도록 보이게 만든 영화의 일종이다. 인공적으로 만들어 연속적으로 보여주는 컴퓨터그래픽도 애니메이션의 일종인데, 이 경우에는 컴퓨터 애니메이션이라는 용어를 사용하며 그림 10.8에 수첩의 애니메이션을 나타냈다. 이 경우 스톱모션을 이용한 것으로 촬영대상을 연속으로 촬영하는 대신 움직임을 한 프레임씩 변화를 주면서 촬영한 후 이미지를 연속적으로 영사하여 움직임을 만들어 내는 애니메이션 기법이다. 같은 기법의 컴퓨터 애니메이션으로 산의 골짜기와 봉우리의 움직임을 그림 10.9와 그림 10.10에 표현했다.

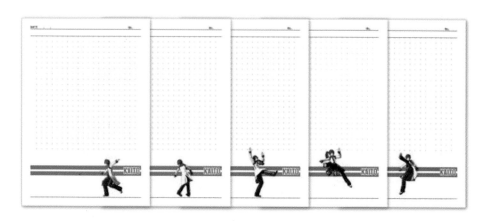

그림 10.8 수첩의 애니메이션

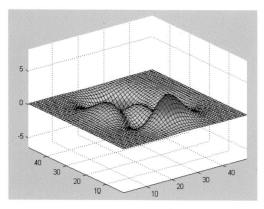

그림 10.9 컴퓨터 애니메이션 (1)

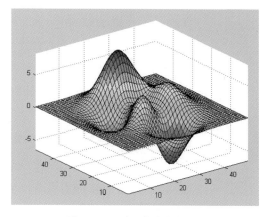

그림 10.10 컴퓨터 애니메이션 (2)

현재는 그림과 실사가 혼재된 애니메이션이 나오고 있으며 컴퓨터를 사용하여 다양한 기법을 이용한다. 그 중에서 입자시스템은 입자의 속도와 충돌 시 탄성계수를 수학적으로 계산하여 표현하는 기법이다. 이 방법은 여인이 걸어갈 때 움직이는 치마의 모양을 사실적으로 표현할 수 있다. 컴퓨터 애니메이션 영화로는 디즈니 최초의 동양캐릭터가 등장하는 포카혼타스가 있으며, 1967년에는 우리나라 최초의 애니메이션 영화 홍길동이 개봉되었다.

비디오

비디오는 NTSC(National Television System Committee)와 PAL(Phase Alternation Line system) 방식이 있다. 일 초당 프레임 수가 NTSC인 경우 29.97프레임이고, PAL 방식에서는 25프레임이다. NTSC 방식은 대역 압축을 위해 복잡한 회로를 내장하고 있다.

비디오 파일 형식에는 AVI(Audio Video Interleaved)가 있으며 AVI 형식은 비디오와 오디오를 섞어서 동영상을 구성한다는 말에서 유래하였다. 표준 동영상 형식으로 널리 사용되는 이 파일 형식은 압축하지 않은 상태이며 마이크로소프트 사에서 개발한 형식이다. 또한 다음과 같은 비디오 파일 형식이 있다. AVI 파일은 제작자에 따라 서로 다른 프로그램을 사용해 압축한다. 따라서 이 파일을 재생하려면 반드시 압축 해제용 프로그램인 코덱(Codec)이 필요하다. 화질은 뛰어나지만 용량이 크기 때문에 인터넷 사용자들이 많이 사용하는 실시간 동영상에는 적합하지 않다.

MOV(QuickTime)

퀵타임은 애플 사에서 개발한 비디오 파일 형식이다. 윈도우 사용자는 QuickTime For Windows를 설치해야 볼 수 있다.

MPEG(Moving Picture Experts Group)

동영상 압축을 위한 표준 형식을 말한다. MPEG-1은 CD-ROM에 저장하고 재생할 수 있는 데이터 전송률을 1.5Mbits/sec로 하여 동영상을 부호화하는 방식이다. MPEG-2는 HDTV까지 확장할 수 있고 재생할 수 있는 데이터 전송률을 5~10Mbits/sec로 하여 동영상을 부호화하는 방식이다. MPEG-4는 휴대폰, PDA 및 개인 휴대 단말기에 맞는 낮은 데이터 전송률을 지원하는 코딩이다. 즉 데이터 전송률이 64Kbits/sec 이하인 경우의 코딩 표준화도 정하였다. 파일 형식은 MPG 혹은 MPEG의 파일확장자가 사용된다. MPEG-4 기술은 일반 PC뿐 아니라 매킨토시, PMP, 휴대용 게임기, 디지털카메라 등 다양한 컴퓨팅 기기에 대응이 가능하도록 여러 종류의 세부 규정을 제시했다. 또한 동영상 및 음성 압축 기술은 물론,

저작권 보호나 편집 등에 관련된 다양한 가이드라인을 포함하고 있다.

WMV(Windows Media Video)

이 파일 형식은 Windows Media 비디오 코덱(codec)을 사용하여 압축하는 형식이며 윈도우 미디어로 재생할 수 있다.

Flash Video

이 파일 형식은 어도비 시스템즈가 개발하고 있는 동영상 파일 포맷이다. 이 포맷 파일의 확장자는 .flv, .f4v, .f4p, .f4a, .f4b이다. 특징은 플래시 비디오를 다른 미디어 종류와 같게 취급할 수 있다.

MOV Video

이 파일 형식은 Apple 사가 개발한 압축알고리즘을 이용하여 영화나 비디오 파일들을 저장하는 비디오 형식으로 윈도우 및 매킨토시 플랫폼에서 사용가능하다.

WMV

윈도우 미디어 비디오(WMV)는 마이크로소프트 사에 의해 개발된 비디오 압축알고리즘으로 비디오에 사용된다. 인터넷 스트리밍 애플리케이션을 위해 개발되었다.

RM(RealMedia)

인터넷에서 비디오와 오디오를 비롯한 멀티미디어 데이터의 스트리밍 서비스를 제공하는 미국 리얼네트워크 사가 개발한 솔루션이다. 구성 파일 형식의 확장자는 .rm이다. 리얼오디오와 자주 연동하며, 인터넷 상의 스트리밍 콘텐츠로 잘 알려져 있다. 이 스트림은 일반적으로 CBR(Constant Bitrate)이다. 최근에 리얼네트워크 사는 VBR(Variable Bitrate) 스트림을 위한 새로운 컨테이너를 개발하였으며, 그 이름은 RMVB(RealMedia Variable Bitrate)이다.

MKV(MatrosKa multimedia container for Video)

마트로스카 팀은 마트로스카 인형 속에 인형이 계속 들어 있는 점에 착안하여 이러한 이름을 붙였다. 비디오 및 오디오 데이터를 담는 컨테이너이므로 마트로스카 인형에 비유한 것이다. 마트로스카(Matroska)가 개발한 개방형 컴퓨터 파일 포맷은 다른 코덱에서 사용하는 바이너리 포맷 대신에 EBML(Extensible Binary Meta Language)을 사용하고, 확장자는 비디오에 .mkv, 오디오에는 .mka를 각각 사용한다. MKV 파일은 자막을 별도 파일로 지원하는 AVI 등 기존 파일과 달리 화질 저하 없이 다양한 영상과 음성, 자막 파일을 한데 묶을 수 있는 파일 형식이다.

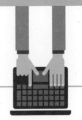

02

멀티미디어 시스템

2.1 하드웨어

멀티라는 단어의 뜻과 같이 멀티미디어 시스템을 구성하기 위해서는 여러 가지 하드웨어적인 장치가 필요하다. 간단한 예로 컴퓨터의 멀티미디어 하드웨어의 구성을 보면 다음 그림과 같다.

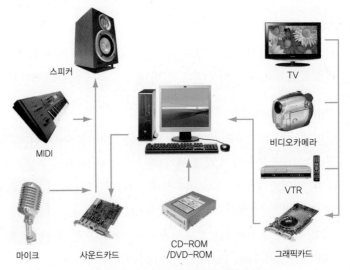

그림 10.11 멀티미디어 하드웨어 구성

멀티미디어 시스템의 하드웨어 구성을 보면 입력장치, 인터페이스 카드, 저장장치 및 장치드라이버와 출력장치로 이루어진다.

멀티미디어 컴퓨터에는 멀티미디어 PC(MPC: Multimedia PC)와 그래픽 워크스테이션(Graphic Workstation)이 있다. MPC는 Microsoft, Fujitsu, Philips 등 세계 유수의 PC 관련 업체들이 제정하였으며 멀티미디어 정보의 재생을 위해 요구되는 PC 성능에 대한 기준으로 MPC Level 1은 1990년에, Level 3은 1996년에 발표하였다. MCP Level 3에는 DAC(Digital to Analog Converter) 카드가 내장된 16비트 사운드카드, 4배속 이상의 CD-ROM, 540MB 이상의 하드디스크, 75MHz 이상의 펜티엄 PC, MPEG 지원 등의 내용이 포함되어 있다.

그래픽 워크스테이션에는 텍스처 매핑(Texture Mapping), 쉐이딩(shading), 렌더링(Rendering) 등의 그래픽 처리 전용 하드웨어가 장착되고 인터페이스 카드를 장착하여 멀티미디어 워크스테이션으로 사용한다.

그림 10.12 사운드카드

미디어 처리 장치에는 사운드카드와 그래픽가속보드, 그래픽카드 등이 있다. 사운드카드는 CD-ROM 드라이브를 오디오 CD플레이어처럼 사용하는 데 필요하고, 사운드의 입출력을 지원한다.

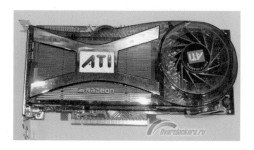

그림 10.13 그래픽가속보드

그래픽가속보드는 3차원 그래픽과 같은 고품질의 해상도를 얻거나 렌더링 속도를 향상시키는 데 사용되며 PC에서 3D 그래픽을 구현하는 데 사용된다. 고속의 렌더링을 요구하는 게임의 경우 특히 많이 사용되며 3Dfx 사의 부두(VooDoo), 밴시(Banshee)칩, 인텔의 i740 및 앤비디아의 리바TNT2 등이 대표적이다.

그림 10.14 그래픽카드

그래픽카드는 비디오 데이터를 고속으로 압축/복원하여 모니터 상에 재생한다. 그 종류에는 프레임 그래버 보드(Frame Grabber Board)와 비디오 오버레이 보드(Video Overlay Board) 등이 있다. 프레임 그래버 보드는 카메라로 촬영한 실세계의 아날로그 영상을 디지털영상으로 변환하여 저장하고, 비디오 오버레이 보드는 컴퓨터 내에서 생성된 영상정보를 TV와 같은 외부영상정보와 중첩하여 표현한다.

이외에도 멀티미디어 시스템을 이루는 입력, 출력, 저장 장치들이 있으며 종류는 다양하다.

2.2   소프트웨어

멀티미디어 소프트웨어는 컴퓨터상의 다양한 멀티미디어 자료 등을 재생 및 제작하기 위한 프로그램으로, 재생을 위한 프로그램에는 Microsoft 윈도우에서 제공하는 Window media player와 곰플레이어 등이 있다. Window media player는 다양한 형식의 동영상 파일과 오디오 등을 재생할 수 있으며 최근에는 인터넷 방송에도 많이 이용된다. 곰플레이어는 기본적으로 .wma, .avi 등의 파일을 재생하며 실시간으로 인터넷 영상을 재생하는 데 이용된다.

그림 10.15 Window media player

그림 10.16 곰플레이어

멀티미디어 제작을 위한 소프트웨어에는 비디오, 오디오 및 백업 등의 작업을 위한 Nero 사의 Nero Burning Rom 시리즈와 3D그래픽을 위한 3D Max 등 다양한 소프트웨어가 있다.

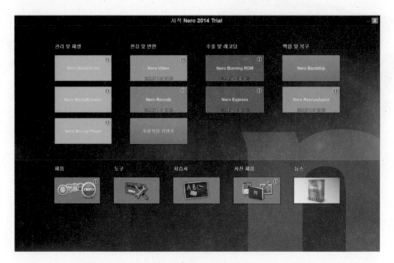

그림 10.17 Nero 사의 Nero Burning Rom 시리즈

03

데이터 처리

3.1 텍스트

텍스트는 보통 영상 위에 자막으로 삽입하게 된다. 텍스트의 효과는 포토샵(Photoshop)을 이용하여 나타낸다. 그림 10.18은 Rasterize라는 명령어를 사용하여 텍스트 SPLAT를 점이 들어간 텍스트 SPLAT로 바꾼 것이다.

SPLAT

그림 10.18   점이 들어간 텍스트

3.2 사운드

소리를 재생하기 위해 MP3 오디오 플레이어가 가장 많이 사용된다. 오디오 CD와 거의 같은 음질을 갖고 있고 크기는 0.1배로 높은 압축률을 나타낸다. 음악 파일을 MP3로 부호화하기 위해 dBpoweramp : MP3(Lame)를 사용할 수 있다. 그림 10.19 는 MP3 부호화(encoder) 홈페이지이다.

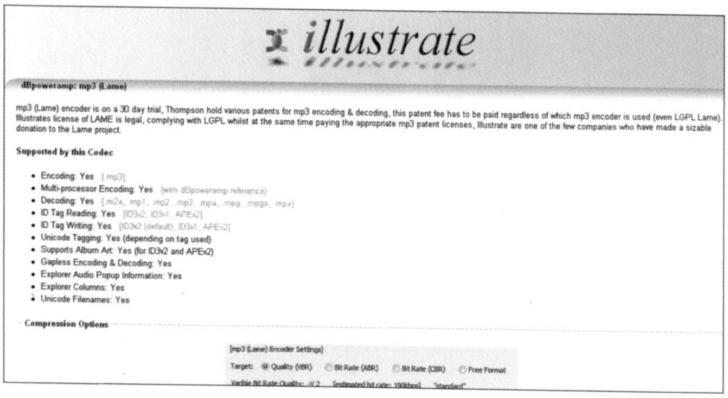

그림 10.19   MP3 엔코더(dBpoweramp : MP3(Lame))

MP3 부호화의 유료화에 반대하여 1998년에 개발된 오그보비스(Ogg Vorbis) 형식의 음악파일을 개발하였으며 그 결과 음악을 부호화(encoding)와 복호화 (decoding)하는 것은 무료가 되었다. 음악을 오그보비스 파일로 부호화하면 용량 이 MP3 파일 용량보다 작아지며 음질은 MP3보다 더 우수하다.

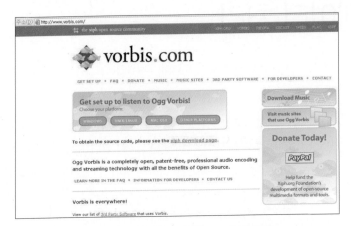

그림 10.20 오그보비스 파일 부호화 홈페이지

Apple iTunes는 MP3로 부호화되어 있는 파일을 재생시킬 수 있는 플레이어이며 홈페이지를 그림 10.21에 나타냈다.

그림 10.21 Apple iTunes 오디오 플레이어

3.3 　　이미지

일반적인 프로그램 언어인 C 언어, Java 혹은 Matlab 등을 이용하여 이미지를 처리할 수 있다. 프로그램 언어로 이미지를 처리하여 이미지의 모서리 부분만을 보이게 할 수 있다. 이 경우 이 이미지를 에지(edge) 이미지라 한다. 원래 이미지에 저주파 필터를 통과시키면 이미지의 세세한 부분이 제거되는 현상이 나타난다. 또한 원래 이미지를 양각화하여 보여줄 수도 있다. 그림 10.22에 원래 이미지, 에지 이미지, 저주파 통과 이미지 및 양각화 이미지를 나타냈다.

　　　원래 이미지　　　　　에지(edge) 이미지　　　저주파 통과 이미지　　　　양각화 이미지

그림 10.22　이미지의 여러 가지 처리 방법

3.4 　　애니메이션

컴퓨터를 이용한 애니메이션 제작방식은 재래식의 셀 제작보다 채색 시간을 단축하고 어려운 부분인 수정작업에서 월등한 능력을 가지며 발전해 왔다. 이러한 컴퓨터 애니메이션 제작툴은 크게 2D와 3D Tools로 나눌 수 있는데, 2D 작업툴은 툰즈(Toonz)(제작사: Digital Video S.p.a.)와 Motion(제작사: Apple Inc.), Adobe After Effects(제작사: Adobe Systems), Adobe Flash Professional(제작사: Adobe Systems) 등을 들 수 있다.

어도비 애프터 이펙트(Adobe After Effects)는 어도비 시스템즈가 개발한 디지털 모션 그래픽 및 합성 소프트웨어이다. 영화의 비선형 영상 편집이나 광고제작, TV, 게임, 애니메이션, 웹 등의 콘텐츠 제작에 쓰인다. 현재는 어도비 크리에이티브 클라우드에서 무료로 다운로드하여 사용할 수 있다.

3D 툴로는 MAYA(제작사: autodesk), Softimage, LightWave 3D 등이 있다. Maya는 마야(MAYA) 알리아스(AliasWavefront)에서 개발된 3D 그래픽 소프트웨어 패키지로 스타워즈 에피소드 I, 매트릭스, 스튜어트 리틀, 할로우맨, 퍼펙트 스톰, 최근에는 파이널판타지, 슈렉, 반지의 제왕 등 지금까지 셀 수 없이 많은 대작 영화에 사용되어 왔다. 모델링, 텍스처링, 라이팅, 애니메이팅, 렌더링 도구가 하나의 일관된 사용자 인터페이스로 통합되어 있고 윈도우, 맥 OS, 리눅스용 버전이 있다.

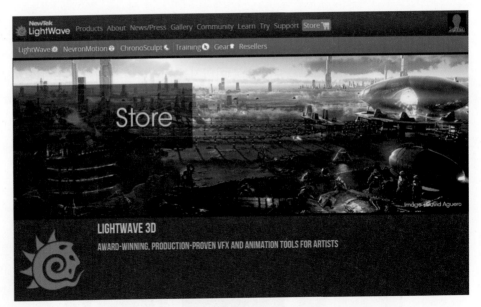

그림 10.23 LightWave 3D 홈페이지

3.5 _____ 비디오

비디오 제작도구에는 프리미어프로(Premier Pro)가 있고 비디오 재생기에는 곰플레이어(Gom player)가 있다. 그림 10.24는 프리미어프로 CS6의 초기화면이다. 오른쪽 위에 편집된 화면이 나타나고, 왼쪽 위쪽에는 편집 메뉴가 위치하며 아래쪽에는 시간 축과 멀티미디어의 위치를 표시하도록 하였다. 그림 10.25에는 곰플레이어 다운로드 화면을 나타냈다.

그림 10.24 프리미어프로 홈페이지

그림 10.25 곰플레이어 홈페이지의 다운로드 화면

04

압축

4.1   무손실 압축

무손실 압축은 압축한 후 다시 원래 데이터로 복원이 가능한 방법이며 문서데이터의 압축에 이용된다. 다행히 많은 데이터들이 같은 패턴을 반복적으로 나타내므로 이것을 이용하여 압축을 하면서도 원래 데이터의 복원이 가능하다. 런-길이 코딩(Run-Length Coding)은 반복해서 나타나는 데이터를 반복 횟수와 반복되는 데이터로 기록하는 것이다. 예를 들어 데이터가 'paaa abbbbcddddd'라면 p!4a!4bc!5d으로 기록한다. 여기서 !기호는 반복하는 문자의 반복횟수가 나온다는 표시이다. 허프만 코딩(Huffman Coding)은 발생 빈도가 높은 문자를 작은 비트로 표시하는 방식이다. 예를 들어 데이터가 addddddddddbddcc라고 가정하자. a가 1번, b가 1번, c가 2번 및 d가 12번 발생한다. 그림 10.26과 같이 데이터는 a는 000으로, b는 001으로, c는 01로, d는 1로 각각 부호화된다.

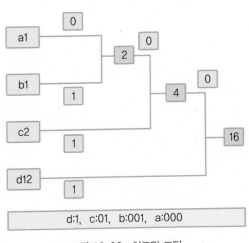

d:1, c:01, b:001, a:000

그림 10.26 허프만 코딩

4.2   손실 압축

손실 압축은 원래 데이터에서 적합한 부분과 부적합한 부분을 나누어 부적합한 부분을 제거한 후 압축하는 방법이다. 오디오에서 MP3 파일은 인간의 청각 특성을 이용하여 인간이 감지하지 못하는 영역의 데이터를 제거하여 압축하는 방식이다. 이 방법에는 변환코딩 등이 존재한다.

손실 압축은 이산 코사인 변환을 이용하여 데이터 압축에 이용하고 있다. 그림 10.27에서 모든 값들이 100에서 140까지 분포되어 있는 8×8데이터에 이산 코사인 변환을 취하면 거의 모든 값들이 작은 값을 갖게 된다. 따라서 위쪽 그리고 왼쪽의

7×7블럭만 그 값을 취하고 다른 값들은 0을 취하며 이를 다시 역 이산 변환하여 손실 압축한 그림을 보면 원래 그림과 거의 같음을 알 수 있다.

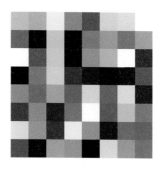 

그림 10.27 이산 코사인 변환: 원래 영상(왼쪽)과 손실 압축 영상(오른쪽)

웨이브릿(wavelet) 코딩 방법은 전체 영상을 우선 4개로 나누어 변환하고 오른쪽 위쪽 화면을 다시 4개로 나누어 전송하는 방식이며 이때 웨이브릿 변환을 이용한다. 이 방식은 사람이 물체를 바라볼 때 처음에는 전체적인 모습을 보고 이후에 자세히 본다는 점을 이용하였다. 이 방법은 이산 코사인 변환 방법보다 성능이 더 우수하다.

4.3   혼합 압축

혼합 압축에는 허프만 코딩과 변환 코딩을 이용하는 JPEG 압축이 있다. 영상을 색 요소로 3개의 영상으로 나눈 후 다시 각각의 영상을 8×8블록으로 분할하여 이산 코사인 변환(DCT: Discrete cosine transformation)한다. 다시 그 데이터를 양자화하여 허프만 코딩을 이용한다. 양자화란 모든 값을 저장하는 것이 아니고 대표적인 값으로 변환하여 저장하는 방법이다. 이 경우 변환 코딩은 손실 압축이고 허프만 코딩은 무손실 압축이다.

4.4   영상 압축

JPEG 압축

JPEG는 표준 영상 압축 방식이며 Joint Photographic Experts Group의 약어이다. JPEG는 인간이 지닌 시각 능력에서 둔감한 부분을 압축하는 방법을 택한 것이다. 즉 인간의 시각이 밝기의 변화보다 색의 변화에 더 둔감하다는 성질을 이용한다. 영상의 색깔을 RGB에서 YCbCr로 바꾼다. Y는 색의 밝기를 의미하며 휘도라 하고 Cb와 Cr은 각각 파랑색과 빨간색의 색차(chroma)라고 한다. 그림 10.28은 레나영상 및 레나영상을 YCbCr로 변환한 후의 Y 영상, Cb 영상 및 Cr 영상을 나타낸다. 3개의 성분 영상을 각각 8×8로 나누어 블록을 만든다. 각 블록에 대하여 이산 코사인 변환을 취하면 그 값들이 양자화된다. 마지막으로 허프만 코딩을 이용하여 압축한다.

| lena image | Y component | Cb component | Cr component |

그림 10.28 원래 영상과 3성분 영상

MPEG 압축

MPEG는 동영상과 오디오의 표준 코딩을 위한 국제적인 단체인 MPEG(Moving Picture Experts Group)에서 정한 표준이다. 현재 MPEG 1, 2, 4, 7, 21까지 표준화한 안이 나와 있다. MPEG-1의 공간적 압축은 JPEG 압축 방식과 동일하다. 시간적 압축을 위한 영상들의 집합을 GOP(Group of Pictures)라 하고 전체 동영상은 시퀀스(sequence)라 하며 GOP의 집합으로 구성되어 있다. 각 GOP에는 하나 이상의 I-프레임(Intra-Frame)을 포함하고 있으며 그 프레임 정보로만 부호화되어 있어 복호화(재생) 시 다른 프레임의 영향을 받지 않는다. P-프레임(Predictive-Frame)은 GOP 내에 있는 과거의 프레임 정보에서 재생되며 B-프레임(Bidirectional-Frame)은 과거의 프레임과 미래의 프레임 정보로부터 재생된다. GOP 앞에는 시퀀스 헤더(sequence header)가 존재하며 임의 접근(random access)을 위한 진입점으로 사용한다.

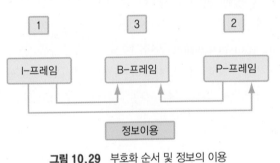

그림 10.29 부호화 순서 및 정보의 이용

각 프레임의 16×16픽셀(pixel: Picture cell) 블록을 매크로 블록(MB: Macro Block)이라 하고, 매크로 블록은 8×8픽셀 단위로 나뉘어 이산 코사인 변환과 양자화 과정을 거친다.

MPEG-7은 압축에 관한 표준이 아니라 멀티미디어의 내용 기술을 다룬다. MPEG-21은 멀티미디어 콘텐츠에 관한 지적 재산권 문제를 취급한다. 멀티미디어의 사용을 위한 기본적인 체계의 표준을 정하는 것이다.

JPEG2000 압축

JPEG2000 방식은 웨이브릿(wavelet) 변환의 정지 영상 압축 방식으로 JPEG 압축보다 영상품질이 우수하다. 우선 컬러 영상을 YCbCr로 변환한 후 각 영상을 웨이브릿 변환을 한 후 8개의 비트 평면을 부호화하는 과정을 거친다.

그림 10.30 그림의 원래 영상 및 웨이브릿 변환 영상

MPEG-2

MPEG-2는 뛰어난 성능과 유연성을 가진 특성으로 인해 멀티미디어 스트리밍에 중요한 부분을 차지하고 있다. 또한, MPEG-2는 자체에 오디오와 비디오의 계층화, 부호화 및 복호화 지연, 저장 및 전송 시의 잡음에 의한 에러 대책, MPEG-1 및 H.261 표준과의 순방향 호환성(Forward Compatibility), 랜덤 액세스 및 채널변경(Channel Hopping), 앞/뒤로 가기/정지/빨리 가기 등 특수효과, 서라운드 오디오를 위한 다채널 음향 및 다국어 음성수용, 여러 프로그램의 다중화, 암호화, 편집기능, ATM 전송과 같은 가변 데이터율 처리 등을 지원하기 때문에 복잡한 구조이지만 스트리밍에 있어 중요한 부분을 차지하고 있는 압축 기술이다.

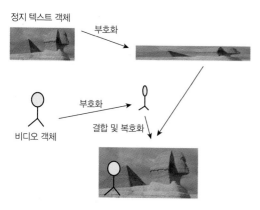

그림 10.31 MPEG-4의 부호화와 복호화 과정

MPEG-4

MPEG-4는 MPEG-1과 MPEG-2에서 취급하지 않는 휴대폰 및 PDA와 같은 낮은 전송률 환경(4Mbps(Mbits/sec) 이하)에 관한 동영상 표준을 정하였다. MPEG-4는 자연현상 및 오디오 이외에 컴퓨터 그래픽 영상과 인조 합성 음향 신호도 처리한다. MPEG-4에서 한 프레임에 나타나는 영상을 시간에 따라 변화하는 것과 배경 정보로 나눌 수 있다. 시간에 따라 변화하는 것은 비디오 객체라 표현하고, 배

경정보는 정지 텍스트 객체라 한다. 모든 객체들을 특별한 부호화 방법을 이용하여 전송하면 정보를 수신하는 쪽에서 객체들을 복호화하고 결합시켜 화면을 완성할 수 있다. 또한 특별한 객체를 검색하여 그 객체가 들어간 프레임(frame)을 찾을 수 있다. 그림 10.31은 MPEG-4의 부호화와 복호화 과정을 나타낸다.

4.5 FLAC 음원

FLAC(Free Lossless Audio Codec)는 디지털 오디오의 무손실 압축을 위한 오디오 코딩 형식이며 관련 코딩 및 디코딩의 구현도 지칭한다. FLAC 알고리즘에 의하면 압축된 디지털 오디오는 원래 메모리 크기의 50~60%까지 줄일 수 있고 원래 오디오 데이터로 복원이 가능하다. FLAC는 저작권 사용료(royalty) 없이도 자유롭게 사용 가능한 프리 소프트웨어이다. FLAC는 2000년에 조시 코알슨(Josh Coalson)에 의해 개발되었다. 2003년 1월에 씨프 닷 org(Xiph.org) 기관과 FLAC프로그램을 공동으로 개발하였다. FLA 파일에서 주파수가 높은 데이터를 삭제한 것이 MP3 파일이다.

4.6 4K UHD

4K 해상도(4K Ultra High Definition ; 4K Ultra HD ; 4K UHD)는 풀 HD(1,920×1,080)의 약 4배 화소 수(가로 : 4000 전후, 세로 : 2000 전후)로 차세대 고화질 해상도를 지칭하는 용어이다. 2012년 1월 기준으로 아직 표준이 확립되지 않아 4,096×2,160이나 3,840×2,160의 두 가지 제품이 출시되고 있다.

전미가전협회(Consumer Electronics Association)는 텔레비전 방송용 풀 HD는 2배인 3840×2160, 디지털 시네마의 표준규격인 Digital Cinema Initiatives(DCI)에서 규정된 4K는 4,096×2,160로 정하고 있다.

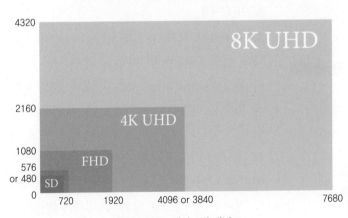

2009년 1월 기준으로 고가의 업무용 기기를 중심으로 발표되고 있으며, 가전 제품은 아니지만 도시바가 2011년 12월에 세계 최초로 4K2K 패널 탑재한 LCD TV를 발표하는 등 앞으로 지원하는 기기가 늘어날 것으로 예상된다.

그림 10.32 해상도별 개념도

새로운 동영상 규격으로 주목받고 있으며 이미 표시 가능한 디스플레이나 프로젝터는 일반용으로 판매되고 있다. 하지만 정보를 저장할 수 있는 매체규격이나 배선 방법이 정해져 있지 않아, 일반적으로 덜 알려져 있다.

대한민국에서는 2015년부터 케이블 상용화, 2018년 지상파 상용화를 목표로 2013년 실험 방송에 들어갔다. 그리고 2015년 12월부터 UHD 지상파 방송을 시작할 예정이다.

4.7 3D 및 4D

3차원 디스플레이(3D display)는 사용자에게 3차원 화상을 제시하는 디스플레이 장치이다. 종류는 몇 가지로 나뉘어져 있으나, 기본적인 원리는 사람의 두 눈에 각각 다른 화상을 제시하고 양안 시차에 의해 영상을 입체로 보이게 하는 것이다.

스테레오스코피(stereoscopy)는 안경을 이용한 3차원 디스플레이를 말한다. 안경타입의 3차원 디스플레이는 적청 안경, 액정 셔터 안경, 편광 안경 등으로서 두 눈에 서로 다른 화면을 보여준다. 이때 양안 시차가 나게 되어 관측자는 영상물에서 입체감을 느끼게 된다.

오토스테레오스코피(Autostereoscopy)는 안경을 이용하지 않는 3차원 디스플레이를 말하며 여러 종류가 있다.

시차 장벽을 이용한 디스플레이

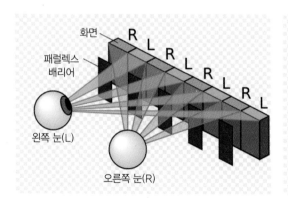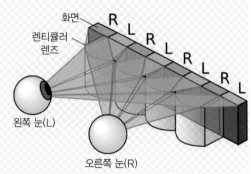

그림 10.33 시차장벽을 이용한 무안경식 3차원 디스플레이(대략적인 모식도)

시차 장벽을 이용한 무안경식 3차원 디스플레이는 안경식 3차원 디스플레이와 마찬가지로 인간이 입체감을 느끼는 요소인 양안 시차를 이용한다. 하지만 이 경우에서는 영상물 앞에 특수한 슬릿을 설치함으로써 왼쪽 눈과 오른쪽 눈이 볼 수 있는 픽셀을 다르게 하여, 관찰자가 받아들이는 영상을 다르게 한다. 관찰자는 이때 안경을 쓰지 않고도 양안 시차에 의해 입체감을 느끼게 되며, 원통형 렌즈를 나열하여 빛을 굴절시키는 방법으로 왼쪽 눈과 오른쪽 눈이 서로 다른 픽셀을 보게 하는 렌타큘라 렌즈를 이용해도 같은 효과를 얻는다. 닌텐도 3DS에서 채택되고 있는 방법이다. 그림 10.33에 특수한 슬릿을 이용한 3D 영상과 원통형렌즈를 이용한 3D 영상의 대략적인 모식도를 보여주었다.

4차원 디스플레이

4차원 디스플레이는 시각효과 외에 추가적인 효과를 주는 것으로 주로 영화에 이용되고 있으며, 4차원 영화(4D 영화, 4-D 영화)는 영화를 볼 때 영상에서 효과가 발생했을 경우, 기계 장비 등을 통해 그 물리적인 효과를 주는 영화이다.

4차원 영화는 일반적으로 테마파크와 같은 곳에서 수분 길이의 짧은 영상물과 함께 간단한 의자 움직임과 물 분사 등의 형태가 많았지만, 오늘날에는 CJ CGV의 4DX와 롯데시네마 등 대형 멀티플렉스 영화관에서 4D 상영관을 개관하여 운영하고 있다. 멀티플렉스의 4D 상영관에서 상영되는 4D 영화는 영화사 및 배급사에서 4D 포맷으로 배급한 것이 아니라 대형 멀티플렉스의 4D 영화 개발팀에서 일반 극영화에 4D 효과를 추가한 것으로, 기존 테마파크의 의자 움직임과 물 분사뿐만 아니라 바람, 안개, 비눗방울, 레이저, 조명, 향기 등과 같은 특수효과가 동반된다.

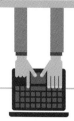

05

멀티미디어 활용

5.1   CD-ROM 타이틀

텍스트, 이미지, 영상, 음향, 영화, 애니메이션 등의 효과적인 전달 체제를 구축함과 동시에 방대한 양의 정보를 수록함으로써 최적의 방법으로 기업 홍보, 상품 소개, 교육 자료 및 개인의 기념앨범에까지 활용되고 있다. 우수한 디자인과 독창적인 구성으로 이미지, 문자, 동영상, 사운드 등 모든 요소들을 통합 응용한 기술이다. 이 기술은 다양한 애니메이션 기법과 사운드 편집 등을 통해 재미와 흥미를 끌어 홍보 효과를 극대화시킨다. 누구나 손쉽게 사용할 수 있도록 철저한 사용자 중심으로 구성되며 통신 환경이 설정되어 있는 경우 인터넷과 바로 접속이 가능하고, 홈페이지로 자동 접속되도록 하여 2차 홍보를 기대할 수 있다.

5.2   디지털 영상물

동영상의 바다라고 할 수 있는 유튜브(youtube)를 이용하여 동영상을 제작하여 올려 받기(upload)와 내려 받기(download)를 할 수 있다. 그림 10.34에 유튜브 홈페이지를 나타냈다.

그림 10.34   유튜브 홈페이지

5.3 ___ 뮤직비디오 방송

1981년 세계 최초 24시간 뮤직 비디오 케이블 방송국(MTV)이 전파를 탔다. 초기에는 동영상이 립싱크에 의존했으나 현재는 곡의 내용을 영화처럼 찍어 방영하는 수준까지 도달했다. 최초의 뮤직비디오 방송은 미국의 엠티비(MTV)가 1981년 8월 1일 시험방송으로 내보낸 그룹 버글스(The Buggles)의 〈비디오가 라디오 스타를 죽였다(Video Killed The Radio Star)〉 뮤직비디오인데, 이는 시청자들로부터 큰 호응을 얻었다. MTV 네트워크 코리아는 2001년 한국에서 설립되어 음악, 패션, 뷰티, 디자인 및 영화 등을 방송하는 서비스 사업을 시작했다.

그림 10.35 MTV 홈페이지

5.4 ___ 웹페이지

대부분의 홈페이지는 멀티미디어를 포함하고 있다. 즉 오디오를 청취할 수 있고 동영상을 볼 수 있으며 마우스를 이용하여 각 멀티미디어를 제어할 수 있고 자신의 의견을 올릴 수 있도록 되어 있다. 그림 10.36은 한 자동차 회사의 홈페이지이다. 이 홈페이지에서는 제품에 대한 소개와 함께 다양한 동영상을 감상할 수 있다.

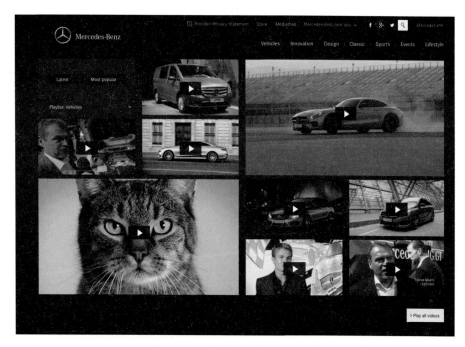

그림 10.36 멀티미디어가 포함된 홈페이지

5.5 　전자상거래

대부분의 전자상거래 홈페이지에서는 각종 상품을 광고하는 동영상을 볼 수 있다. 또한 거래 시에 결제할 수 있는 보안 프로토콜이 포함되어 있다. 그림 10.37은 동영상을 포함한 홈페이지를 보여준다.

그림 10.37 전자상거래 홈페이지

5.6   VOD

'Video On Demand'의 머리글자를 딴 것으로 주문형 비디오라고도 한다. 개인이 가지고 있는 VOD 단말기를 가입자 선로를 통해 각 전화국으로 연결하고 여기서 다시 인공위성으로 연결함으로써 수신이 가능하다. TV나 케이블TV(유선방송)처럼 일방적으로 송출되는 프로그램만을 보는 것이 아니라 원하는 때에 원하는 프로그램을 선택할 수 있다는 점에서 대화형 TV의 원형으로도 볼 수 있다. 또 프로그램을 시청하는 도중에 일시 정지시키거나 느린 속도로, 혹은 반복해서 볼 수도 있다. VOD 시스템을 갖추려면 영상의 방대한 데이터베이스와 광대역, 고속의 전송망이 필요하다.

구성 요소는 비디오 서버(video server)와 접속망을 연결하는 고속 기간망, 고속기간망과 셋톱박스를 연결하는 접속망, 셋톱박스, 멀티미디어 DBMS 등이다. 고속 기간망은 FDDI, ATM, DQDB, 고속 LAN 등을 사용하여 구성하고 대용량 데이터를 전송한다. 접속망은 전화선을 이용한 ADSL(Asymmetric Digital Subscribe Line), 케이블 TV 망을 이용할 수 있다.

그림 10.38   인터넷 상에서 제공되는 VOD 서비스

5.7   VoIP

VoIP(Voice over Internet Protocol)는 인터넷 전화로 불린다. 인터넷 전화는 인터넷 전송 기본 단위인 패킷에 음성정보를 삽입하여 보내는 기술이다. 이 기술을 이용하면 PC와 일반 전화 간, 혹은 PC와 PC 간 쌍방향 서비스가 가능하다.

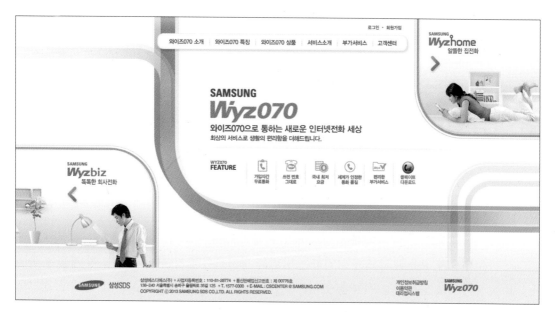

그림 10.39 VoIP 사업자 홈페이지

06

멀티미디어 보안

6.1 　핑거프린팅

음악 CD의 불법 복제를 방지하기 위해 생산자가 소비자에게 판매할 때 각 CD에 수요자 고유의 코드를 삽입하는 방법을 핑거프린팅 기술이라 한다. 이 기술은 불법 복제를 방지하는 기능을 한다. 방송에서 음악을 청취할 경우 음악에 대한 정보도 얻고 음악을 내려 받기(download)하고 싶다면 핑거프린팅(fingerprinting) 기술을 사용하도록 한다. 휴대폰에서 음악의 정보를 얻어 결제하면 인터넷으로 그 음악을 내려 받기 할 수 있다. 핑거프린팅 기술을 이용하여 각 음악마다 고유의 정보를 음악 파형 안에 삽입하되 음악의 성능은 그대로 유지할 수 있다.

6.2 　워터마킹

인터넷에 유포되고 있는 멀티미디어 콘텐츠(contents)에 고유한 정보를 삽입하여 불법 복제될 경우 고유정보를 추출하여 불법 복제자를 찾아내는 기술이다. 예를 들면 극장에서 소형 캠코더(camcorder)를 이용하여 불법적으로 영화를 찍어서 배포할 수 있다. 이 경우 어느 극장에서 불법적인 행위가 발생했는가를 알아낼 수 있는 기술이 워터마킹 기술이다. 소형캠코더에 찍인 영상의 프레임에는 극장 코드가 찍혀 있어 불법이 발생한 장소를 알려준다. 이 기술은 비디오 워터마킹 기술의 응용 분야로서 비디오의 성능을 유지한 채 고유한 정보를 삽입하는 경우이다.

6.3 　디지털 저작권 관리

영화 혹은 음원의 아날로그 디지털 변환이 자유로운 오늘날, 각종 디지털 미디어에 관한 권리 즉, 저작권에 관한 내용을 디지털 저작권 관리(digital rights management)라고 한다. 불법적인 방법에 의한 디지털 미디어의 복제는 특히 영화 혹은 음반제작자들에게는 중대한 관심사항이다. DRM은 디지털미디어 접근 제어 기술의 집합이라고 할 수 있다. DRM 기술은 복사 또는 접근의 제한 등으로 불법적인 디지털 콘텐츠의 사용을 제한하고 있다. DRM은 디지털 콘텐츠의 보호를 할 수 있어야 하며 안전한 배포가 가능하여야 한다. 표준 DRM 구조 및 구입 프로세스는 그림 10.40에서 보여주고 있으며 세부내용은 다음과 같다.

(1) 콘텐츠 공급자는 콘텐츠 제작자로부터 콘텐츠를 획득한다.
(2) 사용자는 콘텐츠 공급자의 콘텐츠 목록에서 원하는 콘텐츠를 찾아 사용자 단말에 다운로드한다.
(3) 사용자는 콘텐츠를 사용하기 위해 콘텐츠 복호화를 할 수 있는 사용권한을 권한 발행자로부터 구입한다.
(4) 권한 발행자와 콘텐츠 제작자 사이에 콘텐츠 비용 정산이 이루어진다.

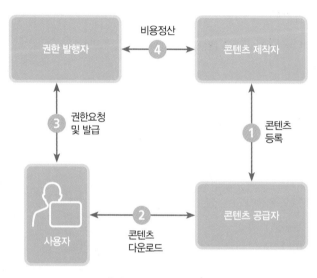

그림 10.40 표준 DRM 구조

모바일 DRM은 휴대단말기 시장의 확대와 다양한 콘텐츠의 등장으로 시장 규모가 확대될 것이다. 국제 무선인터넷 표준기구 중에 하나인 OMA(Open Mobile Alliance)에서 무선 DRM 표준규격을 제정하지 않으면 DRM 간의 상호호환이 어려워지므로 2006년 OMA DRM V. 2.0을 정식으로 발표하였다. OMA DRM에서는 무선 모바일 환경에서 사용되는 콘텐츠의 안전한 유통과 콘텐츠 사용에 대한 상호 운용성을 부여할 수 있는 DRM 시스템에 대한 규격을 정의한다.

최근 HTML5에 관한 디지털저작권 관리 내용을 표준화하여 도입하는 문제에 대한 반론도 제기되고 있다. 도입 반대론자들은 인터넷 자유를 해친다고 주장하고 있으나 도입 찬성론자들은 별다른 영향이 없을 것이라고 주장한다.

[객관식 문제]

다음 각 문항에 대하여 보기 중에서 알맞은 것을 선택하시오.

01 그래픽 도안에 적당하지 않은 파일 형식은?

A. JPG
B. TIF
C. PNG
D. GIF

02 컬러 영상에서 JPEG 생성 시 필요하지 않은 색 요소는?

A. Y
B. B
C. Cb
D. Cr

03 MPEG 표준에서 다른 것과 구별되는 표준내용을 갖는 것은?

A. MPEG-1
B. MPEG-2
C. MPEG-4
D. MPEG-7

04 JPEG와 관련이 없는 것은?

A. 무손실 압축
B. 반복길이코딩
C. 이산 코사인 변환
D. 혼합 압축

05 JPEG2000과 관련이 없는 것은?

A. 웨이브릿 변환
B. 이산 코사인 변환
C. 압축
D. 부호화

06 파일 형식에서 나머지 3개와 다른 것은?

A. WMV
B. MOV
C. JPG
D. MPG

07 오디오 파일만으로 이루어진 것은?

A. 오그보비스-MPG
B. MPG-JPG
C. WAV-AV
D. MP3-JPG

08 DCT 변환 기법과 웨이브릿 변환 기법의 공통점이 아닌 것은?

A. 압축
B. 영상
C. 손실 압축
D. 매크로 블럭

09 PAL 방식의 일 초당 프레임수는?

A. 29

B. 28

C. 27

D. 25

10 다음 내용이 설명하는 것은?

> 일 초당 프레임수가 29.97프레임이고 대역 압축을 위해 복잡한 회로를 내장하고 있다.

A. PAL

B. NTSC

C. JPEG2000

D. MPEG

11 JPEG2000에 대한 설명으로 옳지 않은 것은?

A. 웨이브릿 변환을 이용한다.

B. 블록으로 나누어 압축하기 때문에 성능이 떨어진다.

C. 부호화 과정을 거친다.

D. 정지 영상압축에 이용한다.

12 용어의 원어를 풀어 쓴 것으로 옳지 않은 것은?

A. DCT – Discrete Cosine Transform

B. JPEG – Joint Picture Experts Group

C. VoIP – Voice over Internet Protocol

D. MPEG – Motion Picture Experts Group

13 이산 코사인 변환에 대한 설명으로 옳지 않은 것은?

A. 이산 코사인 변환의 입력은 실수데이터이며 출력은 진폭과 위상이다.

B. 이산 코사인 변환은 JPEG에서 사용된다.

C. 이산 코사인 변환은 MPEG에서 사용된다.

D. 이산 코사인 변환을 실수데이터에 수행하면 데이터가 특정한 부분에만 값이 크게 나타나는 경향이 있다.

14 나머지 셋과 다른 하나는?

A. AV

B. 뮤 법칙

C. 양자화

D. WMV

15 멀티미디어에 대한 설명으로 옳지 않은 것은?

A. 멀티미디어는 소형화 · 고성능화하고 있다.

B. 대량으로 많은 수요자에게 정보를 단방향으로 전달한다.

C. 반도체의 집적도가 증가함에 따라 소형화된 기기들이 출현하였다.

D. 마우스를 사용하여 멀티미디어를 제어하는 방식도 존재한다.

16 MPEG-21에 대한 설명으로 옳은 것은?

    A. mp3의 형식에 관한 내용을 포함한다.

    B. 영상 압축에 관한 내용도 포함한다.

    C. 멀티미디어의 지적 재산권 문제도 다룬다.

    D. 웨이브릿 변환을 이용하여 압축하는 내용을 다룬다.

18 MP3에 대한 설명으로 옳은 것은?

    A. MPEG-1의 세 번째 층을 말한다.

    B. MPEG-2의 세 번째 층을 말한다.

    C. MPEG-4의 세 번째 층을 말한다.

    D. MPEG-7의 세 번째 층을 말한다.

18 HDTV 표준화를 다룬 MPEG는?

    A. MPEG-1   B. MPEG-2

    C. MPEG-4   D. MPEG-7

19 다양한 휴대폰 기기 및 PDA에 적용하는 내용을 포함한 MPEG는?

    A. MPEG-1   B. MPEG-2

    C. MPEG-4   D. MPEG-7

20 전 세계의 가능한 모든 문자를 표현하고자 마련한 코드는?

    A. ASCII   B. Extended ASCII

    C. KSC   D. 유니코드

[괄호채우기 문제]

다음 각 문항에 대하여 빈칸에 적절한 단어를 채우시오.

01 (   )(은)는 독일의 Fraunhofer Institute에서 개발한 방식으로 압축한 소리 파일 양식이다. 높은 압축률을 가지고 있으며 CD수준의 높은 품질을 제공하고 현재 오디오 압축에서 가장 많이 사용되고 있다.

02 삼성전자는 2002년에 2기가 비트(Giga bit)의 메모리를 개발하였다. 2007년에는 (   )기가 비트 메모리를 세계 최초로 개발하여 황의 법칙을 증명하였다.

03 혼합 압축에는 허프만 코딩과 (   )(을)를 이용하는 JPEG 압축이 있다. 영상을 색 요소로 3개의 영상으로 나눈 후 다시 각각의 영상을 8×8블록으로 분할하여 이산 코사인 변환(DCT: Discrete cosine transformation)한다. 다시 그 데이터를 양자화하여 허프만 코딩을 이용한다.

04 영상의 색깔을 RGB에서 YCbCr로 바꾼다. Y는 색의 밝기를 의미하며 (　　　)(이)라 하고 Cb와 Cr 은 각각 파랑색과 빨간색의 색차(chroma)라고 한다.

05 (　　　)(이)란 가장 빈도수가 높은 값을 가장 적은 비트수로 표현하는 무손실 압축을 의미한다.

06 MPEG-1구현 시 각 프레임은 16×16픽셀(pixel: Picture cell) 블록을 (　　　)(이)라고 말하고 매 크로블록은 8×8픽셀 단위로 나뉘어 이산 코사인변환과 양자화 과정을 거친다.

07 (　　　)(은)는 인터넷 전화로 불린다. 인터넷 전화는 인터넷 전송 기본 단위인 패킷에 음성정보를 삽 입하여 보내는 기술이다. 이 기술을 이용하면 전화 혹은 PC에서 전화 혹은 PC로 쌍방향 서비스가 가능하다.

08 MP3 엔코딩 유료화에 반대하여 1998년 개발된 (　　　) 형식의 음악파일을 개발하였으며 그 결과 음악을 부호화(encoding)와 복호화(decoding)하는 것은 무료가 되었다.

09 (　　　)(은)는 웨이브릿(wavelet) 변환의 정지 영상 압축 방식으로 JPEG 압축보다 영상품질 이 우수하다. 우선 컬러영상을 YCbCr 변환하고 각 영상을 웨이브릿 변환을 한 후 8개의 비트 평면 을 부호화하는 과정을 거친다.

10 (　　　)(은)는 전체 영상을 우선 4개로 나누어 변환하고 다시 오른쪽 위쪽 화면을 다시 4개로 나누어 전송하는 방식이다. 이 방식은 사람이 물체를 바라볼 때 처음에는 전체적인 모습을 보고 이 후에 자세히 본다는 점을 이용하였다. 이산 코사인 변환 방법보다 성능이 더 우수하다.

[주관식 문제]

01 애니메이션 기법에 있는 입자시스템에 대하여 설명하시오.

02 이산 코사인 변환 압축방식에 관해 설명하시오.

03 NTSC 및 PAL 방식에 대하여 설명하시오.

04 JPEG에 관해 설명하시오.

05 유니코드에 대하여 설명하시오.

06 워터마킹을 설명하시오.

07 핑거프린팅의 응용 예를 설명하시오.

08 I-Frame, B-Frame, P-Frame을 비교하여 설명하시오.

09 오그보비스 파일의 특징에 대해 설명하시오.

10 YCbCr 변환에 관하여 설명하시오.

모바일 시대의
컴퓨터개론
Introduction to Computers for The Mobile Age

PART 4

정보 기술과 보호

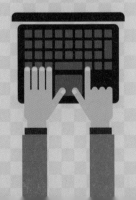

Contents

11장

첨단 정보 기술

단원 목표

- 사물인터넷(IoT) 기술의 개념 및 활용 분야에 대하여 이해한다.
- 웨어러블 디바이스(Wearable Device) 및 웨어러블 컴퓨팅(Wearable Computing) 관련 개념을 알아본다.
- 웨어러블 디바이스의 스마트 헬스케어(Smart Healthcare) 활용사례를 알아본다.
- NFC(Near Field Communication)의 개념 및 활용사례를 알아본다.
- 생체인식(Biometrics) 기술과 다양한 생체인식기법에 대하여 알아본다.
- 지능형 로봇(Intelligent Robot) 기술과 활용분야에 대하여 이해한다.
- 홈네트워킹(Home Networking) 기술의 개념과 특징에 대하여 알아본다.
- 위치기반서비스(LBS) 기술의 개념과 특징에 대하여 알아본다.
- 스마트카(Smart Car) 기술의 개념과 특징에 대하여 알아본다.

단원 목차

01

사물인터넷

1.1 사물인터넷의 개념

사물인터넷(IoT: Internet of Things)은 사물에 각종 센서를 부착해 실시간으로 데이터를 인터넷으로 주고받도록 하는 기술이나 환경을 일컫는다. 사물인터넷은 IT 기술과 다양한 산업 간의 융·복합을 통해 스마트 그리드, 스마트 홈, 스마트 헬스케어, 스마트 카 서비스 등의 미래 첨단 정보서비스를 창출하는 기술을 통칭한다. 지금도 인터넷에 연결된 사물은 주변에서 많이 볼 수 있다. 그러나, 지금까지는 인터넷에 연결된 기기들이 정보를 주고받으려면 인간의 적극적인 행위나 조작이 개입돼야 했다. 사물인터넷 시대가 열리면 인터넷에 연결된 기기는 사람의 조작이나 도움 없이 스스로 정보를 주고받을 수 있다. 블루투스나 근거리무선통신(NFC), 센서네트워크, 모바일 통신기술이 이 사물들 간의 자율적인 소통을 돕는 사물인터넷의 기반 기술이 된다.

예를 들어, 출근 전 급작스런 교통사고로 평소 다니는 출근길 도로가 심하게 막힌다는 뉴스가 뜬다. 이 정보를 감지한 스마트폰이 알아서 알람을 평소보다 30분 더 일찍 울린다. 스마트폰 주인을 깨우기 위해 집안 전등이 일제히 켜지고 오디오세트에서 음악이 나오면서 커피포트가 때맞춰 물을 끓인다. 식사를 마친 스마트폰 주인이 집을 나서며 문을 잠그자, 집안의 모든 전기기기가 스스로 꺼지면서 타고 갈 자동차의 시동이 켜진다. 물론, 가스도 안전하게 차단된다. 공상과학 영화에서나 보던 일이 현실에서도 곧 이뤄질 전망이다. 앞으로 주변에서 흔히 사용하는 사물 대부분이 인터넷으로 연결돼 서로 정보를 자율적으로 주고받게 되는 환경, 즉 사물인터넷(Internet of Things) 시대가 열릴 것이다. 사물인터넷 기술을 기반으로 자동차, 냉장고, 자전거, 심지어 신발까지 정보의 생성과 통신기능의 탑재가 가능해지면서 스마트 IT 기반의 지능형 융합서비스가 발전할 것으로 예측된다.

사물인터넷은 1999년 MIT에서 RFID를 연구하던 연구그룹으로부터 유래했는데, 최근 WiFi와 LTE를 비롯한 통신 네트워크의 발달과 각종 센서와 통신 모듈이 탑재된 모바일 기기의 비약적인 소형화, 성능 향상에 힘입어 향후 미래 산업의 패러다임을 바꿀 만한 유망한 신기술 개념으로 각광받고 있다.

그림 11.1 사물인터넷기술을 활용한 차량 간 소통시스템(자료: 미국 국토부)

1.2 사물인터넷 기술의 구성 요소

사물인터넷을 실제 생활에 적용하기 위해서는 주요 기반 기술들을 통합적으로 구현해야만 한다. 여기에 필요한 사물인터넷의 3대 주요 기술은 센싱 기술, 유무선 통신 및 네트워크 인프라 기술, 서비스 인터페이스 기술이다.

(1) 센싱 기술은 센서로부터 정보를 수집·처리·관리하고 정보가 서비스로 구현되기 위한 물리적 인터페이스 구현을 지원한다. 사물에 부착되는 센서는 사물의 종류, 애플리케이션의 종류에 따라 다양하게 달라진다. 전통적인 온도/습도/열/가스/조도/초음파 센서 등에서부터 사물을 인식하고 추적할 수 있는 RFID, 바코드와 같은 태그 기술, 위치 추적 장치인 GPS, 수평을 감지할 수 있는 자이로스코프(Gyroscope), 속도를 감지하는 가속도계(Accelerometer) 등에 이르기까지 사물과 주위 환경으로부터 정보를 얻을 수 있는 물리적 센서들을 포함한다. 물리적인 센서는 정보 처리 능력을 내장한 스마트 센서(Smart Sensor)로 발전할 것으로 예측되고 있다. 스마트 센서는 기존의 독립적이고 개별적인 센서보다 한 차원 높은 다중 센서 기술을 사용하기 때문에 한층 더 지능적이고 고차원적인 정보를 제공할 수 있다.

(2) 유무선 통신 및 네트워크 인프라 기술은 근거리에서 정보를 송신하는 네트워크 기술로서 지그비(Zigbee), NFC(Near Field Communication), 블루투스(Bluetooth) 등의 기술이 발전하고 있으며, 좀 더 원거리에서 인터넷 접속을 가능하게 하는 기술에는 무선랜(Wifi), 유선랜(Ethernet)과 같은 LAN(Local Area Network) 통신 네트워크, LTE, GSM과 같은 이동통신 기반의 WAN(Wide Area Network) 네트워크가 있다. 모두 네트워크 종단간(end-to-end)에 사물인터넷 서비스를 지원하기 위해 필요한 통신 네트워크 기술이다.

(3) 서비스 인터페이스 기술은 최종적으로 사용자에게 사물인터넷 서비스를 제공하

기 위해서 데이터를 의미 있는 결과물로 해석, 표현, 처리하는 응용서비스 기술이다. 사물인터넷 서비스 인터페이스는 사물인터넷의 구성 요소(인간·사물·서비스)를 특정 기능을 수행하는 응용서비스와 연동하는 기능을 제공한다. 여기서 서비스 인터페이스는 네트워크 인터페이스의 개념이 아니라 상황인식 기술, 가상화 기술, 오픈 플랫폼 기술, 미들웨어 기술, 데이터마이닝 기술, 정보 보안/프라이버시 보호 기술, 소셜 네트워크 기술, 위치기반서비스 기술 등과 같은 응용서비스 제공을 위해 필요한 역할을 수행한다. 서비스 인터페이스 단계에서 사물인터넷 기술은 실제 산업현장이나 실생활에서 필요한 여러 가지 서비스나 관리도구의 형태로 활용된다.

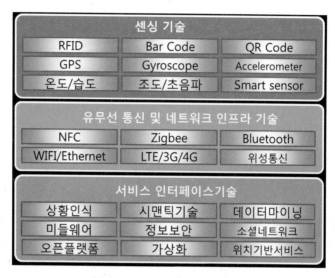

그림 11.2 사물인터넷 기술 구성 요소

1.3 사물인터넷의 활용

사물인터넷 기술은 매우 다양한 분야에 활용될 것으로 기대되고 있다. 사물인터넷의 활용 영역은 크게 교통 및 물류(Transportation and logistics), 스마트 헬스케어(Smart healthcare), 집, 사무실, 공장 등의 스마트 환경(Smart environment), 개인 및 소셜(Personal and social)의 4가지 분야로 나누어지며, 여기에 미래 상상(Futuristic) 분야가 새롭게 대두되고 있다. 교통 및 물류 분야에서는 자동차 운행에 필요한 정보를 제공받고 자동화된 운전까지 가능하게 하는 주행 보조(Assisted Driving), 환경 모니터링, 증강현실 기술을 지도에 구현한 증강 지도(Augmented Map) 등에 사물인터넷이 사용될 것으로 보인다. 헬스케어 분야에서는 의료 정보를 인식 및 수집하고 추적함으로써 의료 서비스 품질 향상에 사용이 가능하다. 스마트 환경 분야에서는 사무실 환경과 산업현장에 사물인터넷 기술을 적용해 보다 편리하고 지능화된 업무 구현이 가능하며, 박물관/미술관과 헬스클럽 시설에 사물인터넷을 적용한 스마트 환경 구축이 가능할 것으로 예측되고 있다. 개인 및 소셜 분야에서는 사물인터넷을 활용한 SNS와 도난 방지 시스템, 미래 상상 분야에서는 로봇택시, 도시 정보화 모델, 확장형 게임 룸 등에 사물인터넷 기술이 이용될 수 있다.

사물인터넷 기술의 구체적인 활용 사례로 노인들을 위한 슬리퍼에 사물인터넷 기술을 접목한 스마트 슬리퍼를 들 수 있다. 슬리퍼 바닥의 센서가 발에 가해지는 압력과 보폭 데이터를 수집하고, 여기에 머무는 것이 아니라, 평소와 비슷한 데이터가 수집되는 날에는 슬리퍼를 신은 노인이 별다른 신체 이상이 없고 건강하다고 추정을 하고, 반대로 평소와 다른 압력 상태와 걸음걸이 데이터가 수집되는 날이면 이를 이상 신호로 감지해 가족과 의사에게 신속히 통보하는 역할을 한다. 노인들의 위급한 상황을 재빨리 보호자와 의료기관에 알리는 역할을 하여 안전사고를 방지할 수 있다.

그림 11.3　스마트 슬리퍼(자료: http://mobihealthnews.com)

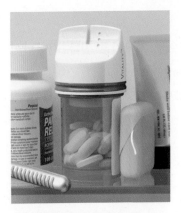

그림 11.4　스마트 약병
(자료: http://www.moma.org)

또 하나의 사물인터넷 기술 적용사례로 약을 복용하는 때를 깜박 잊었을 때 환자에게 알람 신호를 주는 스마트 약병이 있다. 미국 Vitality 사가 개발한 Glow Cap이라는 약병은 환자에게 약을 복용할 시간을 알려주는 서비스가 탑재되어 있고, 약을 먹기로 정해진 시간이 되면, 약병 뚜껑의 램프가 켜지고 소리도 난다. 반대로 복용 시간이 지났는데도 약병 뚜껑이 열리지 않으면 환자에게 메시지가 가기도 한다. 환자가 미리 병원 정보를 등록해 놓으면, 환자의 복용 기록이 병원에 통보되어서 남은 약이 부족하다는 정보를 병원에서 알 수 있도록 할 수 있다.

02

웨어러블 디바이스

2.1 _____ 웨어러블 디바이스의 개념

스마트웨어(smart wear) 또는 웨어러블 컴퓨터(wearable computer)라고 불리는 웨어러블 디바이스(Wearable Device)는 안경, 시계, 의복 등과 같이 착용할 수 있는 형태로 된 컴퓨터 장치를 뜻하며, 신체에 부착하여 컴퓨팅 행위를 할 수 있는 모든 것과 일부 컴퓨팅 기능을 수행할 수 있는 애플리케이션까지 포함하고 있다. IT 시장의 성장세를 주도하던 스마트폰과 태블릿PC 시장이 포화상태에 이르면서 이를 대체할 차세대 모바일 기술로 웨어러블 디바이스 기술이 떠오르고 있다. 웨어러블 컴퓨터는 우리가 입고 다니는 옷이나 액세서리와 같은 형태의 컴퓨터를 의미하며, 궁극적으로는 두 손이 자유로운 상태에서 인간의 지적 능력을 보완하거나 증강시키기 위한 컴퓨팅 환경 구현을 목표로 하고 있다.

웨어러블 디바이스는 군사기술 분야에서 최초로 활용되다가 착용하기 무겁고 투박한 형태, 제한된 기능 등의 기술적 한계로 시장 형성에 실패하였다. 그러나 최근 배터리를 비롯한 하드웨어의 초소형화, 무게의 경량화, 디자인 개선, 다양한 기능 추가 등 관련 기술의 발전은 웨어러블 디바이스 시장을 활성화하는 데 기여하였으며 2010년대에 들어 스마트폰이 활성화되고 사물인터넷(IoT) 기술이 발전하면서 웨어러블 디바이스는 스마트폰과 연동되는 동반제품(companion) 형태로 발전하게 되었다.

2.2 _____ 웨어러블 디바이스의 활용

손목시계/밴드형

근래 시중에 출시된 웨어러블 디바이스의 대부분이 손목시계/밴드형 기기로 파악되며, 헬스케어를 주요기능으로 한다. 수면패턴, 섭취/소모 칼로리의 양, 사용자의 심리상태, 이동거리 등을 기록하고 스마트폰 앱과의 연동을 통해 정보를 저장하고 공유할 수 있다. 국내기업의 진출도 활발한데 삼성의 갤럭시 기어를 시작으로 최근 LG의 Life band touch는 운동트레킹, 칼로리 기록을 포함해 사용자의 혈류량을 실

그림 11.5 밴드형 웨어러블 디바이스
(자료: www.durangoheral.com)

시간으로 체크해 심박동과 혈압 등을 측정할 수 있는 심박동 이어폰과 함께 구성되어 사용자는 라이프밴드를 착용하고 운동 전후의 신체정보를 확인해 볼 수 있다.

구글글래스

2012년 4월, YouTube를 통해 공유된 하나의 동영상은 전 세계적인 관심을 끌어 모았다. 이 동영상에서는 'Google Glass'를 통해 일상적인 활동에 증강현실이 자연스럽게 연계된 모습을 보여주며 다양한 실제 활용 사례를 제시하였다. 이처럼 헤드업 디스플레이(Head-Up Display) 형태의 'Google Glass'가 화려하게 시장에 등장한 것은 일반 소비자를 대상으로 하는 웨어러블 디바이스 시장이 본격적으로 시작되었음을 알리는 것이다. Google Glass는 무인자동차 등을 포함해 미래 기술을 연구하는 'Google X Project'에서 개발되었는데 해당 디바이스는 Android OS로 구동되며 소형 스크린, 카메라, 메모리, GPS 센서가 탑재되어 있고, 음성인식 처리를 위한 마이크와 스피커에 블루투스나 Wi-Fi를 통한 네트워크 접속을 제공하고 있다. Google Glass는 음성인식을 기반으로 작동하며 사용자들은 렌즈에 부착된 미니 프로젝터를 통해 실사에 오버레이된 형태로 정보를 확인할 수 있어 증강현실을 활용한 정보 연계와 사진 및 동영상 공유에 강점을 갖는 웨어러블 디바이스이다.

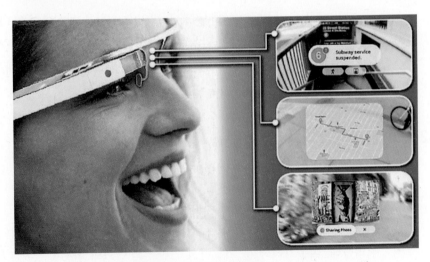

그림 11.6 구글글래스 구성 및 활용화면(자료: www.google.com)

스마트 의류

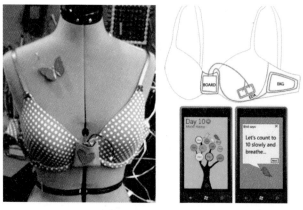

그림 11.7 마이크로소프트가 개발한 'Smart Bra'
(자료: http://www.telegraph.co.uk/)

좁은 의미의 입는 컴퓨터(Wearable Computer)로 불리며 특수 소재나 컴퓨터 칩을 사용해 전기신호나 데이터를 교환하거나 외부 스마트 기기와 연결해 다양한 기능을 수행한다. 특히 헬스케어 분야와 결합하여 사용자의 생체리듬(vital sign)이나 혈류의 변화 등을 측정함으로써 건강상태를 체크하고 지속적인 모니터링을 가능하게 하는 차세대 웨어러블 디바이스로 주목 받고 있다. 2013년 12월, 마이크로소프트 연구진에 의해 개발된 'Smart Bra'는 심전도 및 피부 전기활성 센서가 내장되어 있어 심박동의 변화와 발한 정도를 측정해 충동적 폭식을 유발하는 여성의 감정변화를 감지하고 이를 스마트폰 알람을 통해 사용자에게 주의를 주는 기능을 탑재하고 있다.

부착형 헬스케어 기기(Attachable Healthcare devices)

스위스 벤처기업 Sensimed는 신체부착형 웨어러블 디바이스의 사례로서 녹내장 환자의 안압을 24시간 측정하는 콘택트렌즈 형태의 스마트 의료기기 Triggerfish를 개발하였다. Triggerfish는 렌즈 내부에 장착된 센서와 안테나를 통해 안압을 측정하고, 측정 데이터를 동반 기기에 전송, 기록한 후 블루투스를 통해 의사의 컴퓨터에 저장하게 된다. Triggerfish는 녹내장이 악화되어 가는 환자를 선별·진단하는 데 유용하게 쓰일 전망이다. 또 하나의 부착형 웨어러블 디바이스의 사례로서 Corventis의 NUVANT MCT(Mobile Cardiac Telemetry)는 무선센서가 내장된 밴드 형태의 기기로 심장부위에 부착하여 실시간으로 심전도, 심장 박동수를 수집하여 모니터링 센터로 전송하며, 전송된 데이터는 심전도 전문가에 의해 검토되고 이상 발견 시, 전문 의료진에게 보고되어 적절한 진단과 조치가 가능하도록 고안되었다.

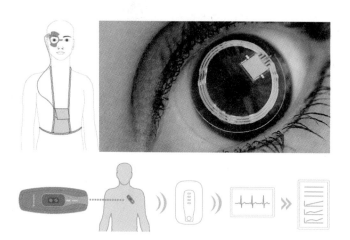

그림 11.8 신체부착형 웨어러블 디바이스(Triggerfish, NUVANT)

이식/복용형 기기(Eatable devices)

웨어러블 디바이스 발전 과정의 최종 단계는 인간의 신체에 직접 이식하거나 복용할 수 있는 형태로서, 이미 환자들의 약에 센서를 달아 복용 여부를 확인하는 소화가능 센서(Ingestible sensor), 무선센서를 피부 안에 이식하여 당뇨병 환자의 혈당수치 변화를 외부에서 실시간으로 파악할 수 있는 디바이스가 개발된 상황이다. Proteus Digital Health 사는 환자의 약에 부착할 수 있는 모래알 하나 크기의 센서를 개발하였는데, 약이 위장관을 통과할 때 1.5v의 전류를 발생시키고 이 전류는 위장 근처에 부착된 패치를 통해 감지되어 의료진 혹은 보호자의 스마트폰에 기록됨으로써 환자의 처방약 복용 여부를 확인할 수 있도록 한다. 필립스 사는 소화기관을 통과하면서 질환의 위치를 정확히 추적하여 사전에 설정된 약물 방출 프로필에 따라 정확한 위치에 약물을 전달하는 지능형 알약 기술인 "아이필(iPill)"의 프로토타입을 2008년에 공개하였다.

그림 11.9 필립스가 개발한 iPill(자료: www.philips.com)

03

NFC

3.1 ___ NFC 개요

NFC(Near Field Communication)는 13.56MHz 대역 비접촉식 근거리 무선통신 기술을 의미하는 용어로 모바일 기기, 특히 스마트폰과의 융합을 통해 단말 간 데이터통신을 제공할 수 있을 뿐만 아니라, 기존의 비접촉식 스마트카드 기술 및 무선인식기술(RFID: Radio Frequency Identification)과의 상호 호환성을 제공한다.

이용자가 NFC 기능이 탑재된 스마트폰을 인식장치에 터치하여 쉽고 편리하게 정보를 교환할 수 있는 서비스를 말하며 특히 상거래를 위한 모바일 결제 등의 용도로 활용되는 기술이다. 다시 말하면, NFC는 말 그대로 '근거리 무선통신' 기술이다. 근거리는 최대 10cm를 의미하고, 근접 터치만으로 '정보의 교환'이 가능하다.

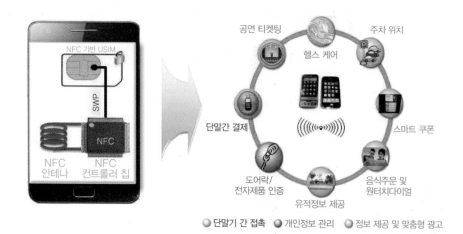

그림 11.10 NFC 서비스 개념(자료: 방송통신위원회 블로그 두루누리)

NFC는 태그가 내장된 단말기를 active 모드로 작동할 수 있어 태그로서의 기능과 태그를 읽는 리더(reader), 태그를 입력하는 라이터(writer)의 기능도 갖고 있다. NFC는 대표적인 비접촉식 근거리 무선기술을 모두 포괄함으로써 출입통제, 가전, 체크인 시스템, 헬스케어, 정보수집, 쿠폰, 결제, 교통 등 다양한 분야에 활용이 가능하다. 스마트폰 간, PC와 스마트폰 간, 일반 가전제품과 스마트폰 간 등 NFC를 지원하는 모든 기기 사이의 직접적인 데이터 통신을 간단하게 한 번의 접촉(Touch-and-go)을 통해 처리할 수 있다. RFID 태그가 부착되어 있는 자료에 NFC 스마트폰을 접촉하여 직접적인 정보획득을 할 뿐만 아니라 관련 웹 사이트로의 연결까지 제공함으로써 새로운 서비스 연결이 가능하다. 또한, NFC는 비접촉식 스마트카드 기술과 보안기술을 접목해 안전한 모바일 결제방식을 제공할 수 있다.

3.2 ___ NFC의 활용

NFC 기술을 적용한 모바일결제 서비스

Google은 시티, 마스터카드, 스프린트 등 협력업체들과 함께 NFC 기반의 전자결제 서비스인 'Google Wallet'을 발표하였다. NFC가 탑재된 스마트폰에 자신의 금융 거래 정보를 저장해 두고, 물건 구매 시 현금이나 신용카드 대신 NFC 수신 단말기에 스마트폰을 갖다 대면 자동으로 결제가 이루어지는 서비스이다. Google Wallet을 사용하기 위해서는 NFC칩이 장착된 스마트폰과 Google Wallet 애플리케이션 그리고 매장에는 스마트폰을 인식하여 결제가 가능한 단말기가 있어야 한다.

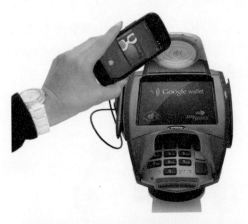

그림 11.11 NFC 기술을 활용한 구글의 전자지갑

애플은 2014년 10월에 야심차게 준비해온 NFC기반의 모바일 결제서비스 '애플페이(Apple Pay)' 서비스를 개시했다. 이제 스마트폰이 신용카드와 현금을 대신하는 시대가 본격적으로 열린 것이다. 구글을 포함해 여러 IT업체들이 모바일 결제서비스 시장을 개척하기 위해 나섰으며, 애플이 서비스를 개시하면서 본격적인 상용화 경쟁시대가 열렸다. 애플페이는 아이폰에 근거리무선통신(NFC) 기술을 탑재해 물건을 살 수 있도록 해주는 애플의 모바일 결제서비스다. 일단 아이폰에 카드정보를 등록해 놓으면 그 다음부터 간단한 인증만으로 편리하게 결제할 수 있다.

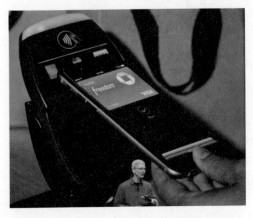

그림 11.12 NFC 기술을 활용한 애플페이 서비스

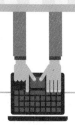

04

생체인식기술

4.1 　생체인식기술의 개념

생체인식기술(Biometrics)은 지문, 얼굴모양, 홍채(눈동자), 정맥 등과 같은 개인의 신체적 특징, 또는 목소리나 키보드 두드리기(keystroke), 걸음걸이 등과 같은 개인의 행동적 특성을 이용하여 개인을 식별하는 기술을 말한다. 이와 같은 개인의 독특한 신체적 또는 행동적 특성은 열쇠나 비밀번호처럼 타인에게 도용이나 복제되지 않으며, 변경되거나 분실할 위험이 없어 다른 식별 수단에 비해 더욱 안전하다는 특징이 있다. 이러한 특징과 사용자 편리성으로 인해 보안, 인증 분야에서 주로 활용되며, 현재는 지문인식기술이 가장 보편화되어 있다. 최근에는 모바일, 스마트기기 보안의 중요성이 강조됨에 따라 모바일, 스마트기기 등에 다양한 생체인식기술이 접목되고 있으며 새로운 시장을 형성할 것으로 전망되고 있다. 생체인식기술은 안정성, 사용자 편의성 측면에서 다른 개인인증기법보다 훨씬 높은 기술적 우위를 가지고 있으며, 프로세서의 성능 향상에 힘입어 경쟁력이 높아지고 있다.

4.2 　다양한 생체인식기법

그림 11.13　지문인식 도어락

지문인식

지문인식은 현재 가장 널리 사용되고 있는 생체인식기술 중의 하나다. 지문은 태어날 때의 모양 그대로 평생 동안 변하지 않는다. 지문인식기술은 1950년대부터 지속적인 연구가 시작되어 상품화된 제품을 사용한 인식 결과가 경찰의 수사상의 증거로 이용되는 등 상당한 기술이 확보되어 왔으며 생체인식기술 가운데 가장 간편하고 비용이 저렴하다는 장점을 갖고 있다. 식별에 대한 신뢰도와 안정도에 있어서도 망막, 홍채, 정맥, 얼굴 등 다른 생체인식 방법보다 높은 것으로 평가되고 있다.

홍채/망막인식

그림 11.14 모바일 홍채인식기술

사람의 눈을 이용한 생체 인증에서는 홍채와 망막의 혈관이 인증에 사용되고 있다. 홍채나 망막의 무늬는 일란성 쌍둥이끼리도 서로 다른 것으로 알려져 있다. 또 특별한 외상이나 심각한 질병에 걸리지 않는 한 평생 변하지 않는다. 눈의 홍채는 동공의 크기가 변함에 따라 이완되고 수축되는 복잡한 섬유조직으로 구성된다. 홍채의 무늬는 대부분 생후 6개월 이내에 형성되어 2~3세에 완전히 결정되며 동일인이라 하더라도 양쪽 눈의 홍채 모양이 서로 다르다. 홍채는 대략 266개의 측정 가능한 식별특징을 지니고 있어 40개 정도의 식별특징을 갖고 있는 지문보다 훨씬 복잡하고 정교하다.

얼굴인식

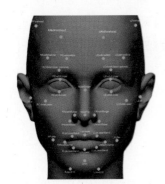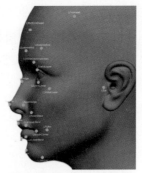

그림 11.15 얼굴인식기술

인간이 타인의 신원을 확인할 때 가장 많이 사용하는 것이 얼굴이기 때문에 얼굴인식기술은 생체인식 방법 중에서 가장 자연스러운 방법이다. 지문은 지문 입력 장치에 손가락을 접촉하는 데 비해 얼굴인식은 비접촉 방식으로 자연스럽게 인식할 수 있다는 장점이 있다. 안면인식은 저장된 얼굴 사진의 데이터베이스를 바탕으로 비디오카메라에 의해 잡힌 영상과 비교하여 본인 여부를 확인하는 기술이다. 얼굴의 특징을 추출하는 데에는 열상을 이용하거나 얼굴 형태의 3차원 측정기를 이용하는 방법이 있다.

음성인식

음성인식 시스템은 개인의 독특한 말(speech) 패턴 특성에 의존한다. 이러한 말 패턴은 행동적이고 생리적인 요소의 조화에 의해 형성된다. 대부분 음성인식 시스템은 인식을 위해서 특별한 단어 텍스트(text)에 의존한다. 음성을 이용한 개인인식은

그림 11.16 음성인식기술

다른 생체인식에 비해 에러율은 높지만 활발하게 연구되고 있는 분야이다. 특히, 다른 생체 획득 장치와는 달리 음성 취득 장치인 마이크는 저가이고 일반 PC 또는 스마트폰 등에 기본적으로 탑재되어 있으므로, 다른 생체인식에 비해 취득 장치에 드는 비용이 거의 없다는 장점이 있다. 또한, 전화나 인터넷을 이용하여 원격지에서도 사용이 가능하여, 텔레뱅킹 등 다른 생체인식방법을 적용할 수 없는 응용분야에서 사용될 수 있다.

손모양/손정맥인식

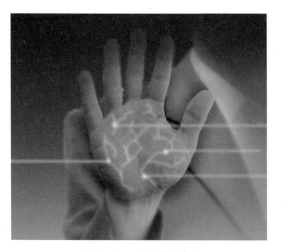

그림 11.17 손정맥인식기술

생체인식 분야에서 가장 먼저 자동화된 기법으로서, 스탠퍼드 대학의 한 연구팀이 개인마다 손가락의 길이가 다르다는 점에 착안하여, 약 4,000명의 손가락 형태를 분석하고 이를 데이터화하여 만든 시스템이다. 이처럼 손 및 손가락의 모양도 사람마다 고유한 특징을 가지므로, 수집 및 처리가 비교적 쉽다. 그러나 상대적으로 정확도가 떨어져 보안의 중요성이 그다지 높지 않은 곳에 주로 쓰인다. 즉, 지문이나 눈을 이용하는 시스템에 비해 열악한 환경에서도 안정적으로 동작하고 정보 저장량이 적기 때문에 건설 현장이나 야외에서 주로 사용된다.

서명인식

그림 11.18 디지털 서명인식기술

서명인식기술은 필체 역학을 이용하여 압력이나 속도를 분석하여 인증하는 자연스럽고 전형적인 방법이다. 사람들의 서명은 변하기 쉬우나 나름대로 일관성을 지니고 있으며, 최종 서명의 패턴이나 손의 움직임에 의한 일종의 궤도에 의해서 식별이 가능하다. 서명인식 시스템의 가격이 매우 경제적이지만 서체 모방에 의해 인증의 정확성이 떨어지고 매우 느린 처리 속도와 별도의 인증 도구가 필요하다는 단점이 있다.

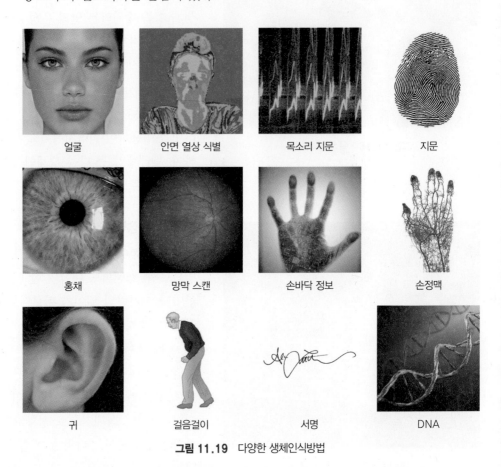

얼굴	안면 열상 식별	목소리 지문	지문
홍채	망막 스캔	손바닥 정보	손정맥
귀	걸음걸이	서명	DNA

그림 11.19 다양한 생체인식방법

다중 생체인식기법

다중 생체인식(Multimodal Biometrics)기술은 단일 생체인식기술이 가지고 있는 단점을 보완하기 위해 여러 가지의 생체인식기술을 함께 사용하여 성능을 향상시키고 신뢰성을 높이는 기술로서 현재 개발 초기 단계로 관련 기술에 대한 연구 개발이 진행되고 있다. 예를 들면 지문, 홍채, 얼굴인식 기법을 조합한 방식이 활용될 수 있다.

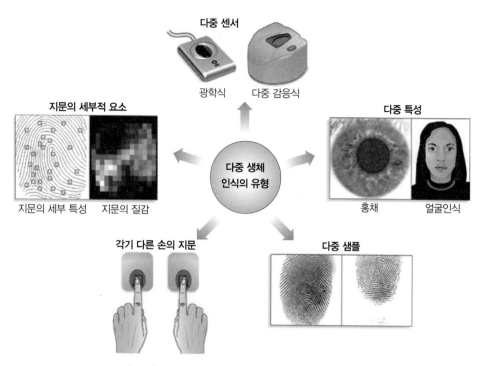

그림 11.20 다중 생체인식기술(지문+홍채+얼굴 복합인식)

05

지능형 로봇

5.1 지능형 로봇 개념

지능형 로봇(Intelligent Robot)은 외부환경을 인식하고 스스로 상황을 판단하여 자율적으로 동작하는 로봇으로 정의된다. 즉, 인간이 가지고 있는 인식과 판단기능을 보유하여, 자율적으로 동작하거나 인간과 상호작용을 하는 로봇으로서 단순히 주어진 환경에서 인간이 할 수 있는 일을 대신할 뿐만 아니라 별도의 조작 없이도 스스로 주변 상황을 인지하여 행동하는 능력을 가진 로봇을 의미한다.

표 11.1 국제로봇연맹(IFR)의 로봇 분류체계

구분		세부 용도별
산업용 로봇(Industrial robot)		제조업(용접, 핸들링, 도장 등)
서비스 로봇 (Service robot)	전문서비스용 로봇 (Professional use)	필드(농업, 목축, 삼림), 전문청소, 검사, 의료, 군사, 구조, 보안 등
	개인서비스용 로봇 (personal and private use)	가사, 엔터테인먼트, 장애인 · 노약자 보조

Roomba

아이보

아시모

그림 11.21 개인서비스용 지능형 로봇

인류문명이 산업사회에서 정보화 사회를 거쳐 지능기반사회로 발전됨에 따라 로봇의 패러다임은 노동대체 수단으로서의 '전통적 로봇'에서 인간 친화적인 'IT 기반 지능형 서비스 로봇'으로 변화하고 있다. 사람의 명령에 의해 피동적, 반복적 작업을 수행하던 과거의 전통적 로봇과는 달리 IT 기술 및 네트워크와의 융합을 통해 지능적이고 능동적인 서비스를 제공하는 'IT 기반 지능형 서비스 로봇'의 새로운 개념이 등장하고 있다.

5.2   지능형 로봇의 활용

과거의 로봇은 산업용으로 주로 사용되었으나, IT 기술과 인공지능, 센서 및 액추에이터(Actuator) 기술 등의 발달로, 그 범위는 가정, 복지, 교육, 오락, 의료, 국방, 사회안전, 해양, 환경 등으로 더욱 확대되고 있다.

가사지원/실버지원용 로봇

그림 11.22 조지아텍이 개발 중인 가사도우미

가사지원 로봇은 청소 로봇에서 심부름 로봇에 이르기까지 집안일을 도맡아 하는 로봇이다. 현재의 잘 정돈된 바닥만 청소하는 진공청소 로봇이 진화하여, 매니퓰레이터(Manipulator)가 장착된 청소 로봇은 3차원 센서를 가지고 바닥에 떨어진 옷가지들을 구분해 내고, 어지러운 물건들을 정리하는 정리정돈 로봇으로 개발될 예정이다. 향후 로봇의 인지기능이 더 발달한다면, 주인을 알아보고, 물컵 등을 배달하는 심부름 로봇에서, 설거지, 밥상 차리기 등을 보조하는 가사지원 로봇도 등장하게 될 것이다.

실버 로봇은 독거노인을 보조하는 로봇이다. 스스로 거동이 불편한 노인을 위해, 옷갈아 입히기, 배변보조, 부축하며 같이 움직이기 등 현재의 간병사들이 하는 환자보조 업무를 수행할 수 있다.

교육/오락용 로봇

로봇만큼 어린이들에게 인기 있는 장난감과 애니메이션은 없다. 이를 활용한 교육은 어린이 두뇌형성에 매우 큰 효과를 발휘한다고 알려져 있다. 지금도 로봇올림피아드 등 교육로봇 경진대회에 해마다 2만명 이상의 학생이 참가하는 등 교육용 로봇시장은 활성화되어 있다. 양질의 교육콘텐츠와 연결되어 지능형 로봇이 보급된다면, 지능형 로봇이 교육산업의 핵심으로 막대한 시장을 창출할 것으로 전망된다.

그림 11.23 영어교육용 로봇(자료: 확인영어사 영어교육용 로봇)

의료/재활지원용 로봇

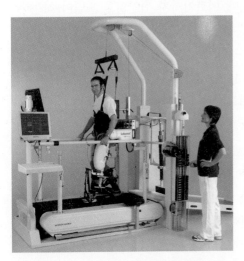

그림 11.24 보행재활용 로봇(자료: 국립재활원)

의료용 로봇은 크게 수술, 재활, 진단, 간호 분야로 나뉘며, 현재도 미국의 다빈치시스템, 로보닥처럼, 현대의학에서 수술 로봇은 없어서는 안 될 핵심 의료장비가 되었다. 햅틱 기능(컴퓨터의 기능 가운데 촉각과 힘, 운동감을 느끼게 하는 기술)을 갖춘 수술 로봇, 영상기반 내비게이션 수술 로봇, 골반치료를 담당하는 인공관절 로봇, 가느다란 혈관을 통증 없이 파고드는 혈관수술 로봇 등이 연구되고 있으며, 진단기능과 문진기능을 담당하는 진단 로봇도 연구 중이다. 앞으로 수술 로봇과 같은 의료 로봇은 점차 그 영역을 넓혀가며, 의사에게 없어서는 안 될 보조의사의 역할을 할 것으로 기대되며, 간호 및 간병 역할을 하는 병실 도우미 로봇의 등장도 기대된다.

국방/안전용 로봇

지금도 각종 테러나 범죄에서 군사용 로봇의 활약상은 매우 두드러진다. 이라크에 파병되어, 작전을 돕는 폭탄제거 로봇에서 재난현장에서 사람을 구출하는 안전 로봇, 현재의 감시카메라가 진화하여, 범죄예방을 위해 순찰하는 감시순찰 로봇에 이르기까지, 로봇기술에 의해 사회가 지켜지는 시대가 열릴 것이다. 인공지능을 기반으로 한 범죄 사전 예방, IT네트워크와 연동되는 범인 추적기능까지 갖게 되면, 안전 로봇은 국방산업 및 보안산업의 꽃으로 거대 산업을 형성할 것으로 전망된다.

그림 11.25 전투용 로봇(현대로템에서 개발 중인 견마형 전투로봇)

해양/환경용 로봇

해양/환경 로봇은 극한 로봇의 일종이다. 현재의 화석에너지를 대체하는 해양에너지 분야, 식량부족을 해결할 해양자원을 탐사하는 해저탐사 분야에 해양로봇의 역할이 필요하게 될 것이다. 인간이 갈 수 없는 심해를 탐사하며, 자원과 에너지를 개발하는 해양산업 분야에서 해양 로봇을 개발하는 작업이 활발하게 진행 중이다. 또한 환경오염을 감시하고, 오염을 정화시키는 환경미화 로봇도 등장할 전망이다.

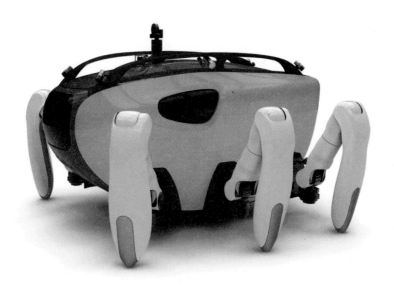

그림 11.26 해저탐사/구조용 로봇(해양구조용 다관절 로봇 크랩스터)

06

기타 첨단 기술

6.1   홈 네트워킹

홈 네트워킹(Home Networking)은 모든 가전기기들이 홈 네트워크(home network)로 연결되어 있어 거실이나 안방에서도 집안의 여러 기기들을 제어할 수 있다는 개념이다. 소파나 침대에서 일어나지 않고 가정 내의 대부분의 일을 처리할 수 있다. 이러한 홈 네트워크 문화에 따라 가정 내 가전기기를 별도의 리모컨이 아닌 개인이 휴대하는 휴대폰으로 제어함으로써, 휴대폰 중심의 가정문화가 형성될 수 있다. 또한 가정 내 침대 및 소파에 각종 센서가 달려 있어 사용자의 활동을 인식한다. 몸무게를 측정한다거나 움직임 감지를 통해 거실 내 가전기기를 켜거나 끌 수 있다. 전기를 일일이 신경 쓰며 끌 필요 없이 자동으로 감지하고 제어하여 전력 절감효과를 가져온다. 또한 가정 내에서 원격으로 건강검진이나 진료를 할 수 있게 되어 노약자의 건강은 물론 수시로 건강을 체크할 수 있어 훨씬 풍요로운 생활을 즐길 수 있다.

컴퓨터 칩의 소형화에 따라 유비쿼터스가 구현되는 가정은 물론 교통·사회 인프라가 전자상거래 등과 연계되는 미래 인텔리전트 사회의 도래까지도 앞당기고 있다.

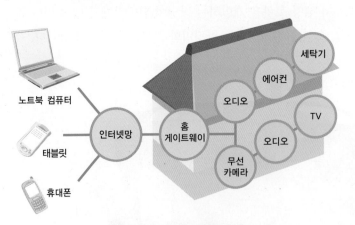

그림 11.27   홈 네트워킹의 구축

6.2   위치기반서비스(LBS)

위치기반서비스인 LBS(Location Based Service)는 휴대폰 속의 칩을 이용해 가입자들의 위치를 반경 수십 센티미터부터 수십 미터 내에서 언제든지 확인할 수 있도록 해주며 사용자가 원하는 각종 정보를 개인화된 환경에서 서비스가 가능하도록 해 준다. 서비스 방식에 따라 이동통신 기지국을 이용하는 방식과 위성을 활용한 GPS(Global Positioning Service)로 구분되며, 서비스 유형별로 위치추적서비스, 공공안전서비스, 위치기반정보서비스 등으로 분류된다. 최근 이동통신사에서는 위치기반서비스를 이용해 카 내비게이션, 지도, 위치기반콘텐츠, 대중교통, 맛집, 음식배달 등 다양한 모바일 서비스를 제공하고 있다. 또한 여행지에서의 관광정보, 시내중심지에서의 식당이나 가게 찾기, 각종 쿠폰 서비스, 근거리 친구 찾기 등의 서비스가 LBS로 가능해져 자신이 있는 지점을 통해 즉시 무언가를 찾고자 하는 문화가 일반화되었다.

그림 11.28 스마트폰의 위치기반 생활 문화

6.3 스마트 자동차

스마트 자동차

앞으로는 자동차 안에서 보내는 시간이 많아지면서 다양한 차량 문화가 형성될 것이다. 예를 들어, 스마트 자동차(smart car)의 경우, 카 내비게이션(Car Navigation)을 활용해 도로 안내, 자동 요금 징수, 주차장, 주유소 내 자금 결제 등을 할 수 있으며, 차간 거리 및 차선 위치 등을 자동 측정해서 사고를 방지하는 첨단 안전기능을 수행할 수 있게 된다. 여기서 ITS(Intelligent Transport System)의 진보로 운전자는 실시간으로 도로정보를 얻을 수 있어 쾌적하고 안전한 운전을 할 수 있게 될 것이다. 또한 스마트폰을 통한 자동차의 여러 자원을 제어하는 기술도 계속 진화할 것으로 보인다.

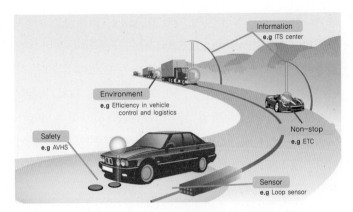

그림 11.29 유비쿼터스 기술을 이용한 교통 환경 예시

무인 자동차

스마트 자동차는 이제 현실이 되어, 몇 년 내에 자동차 스스로 운전해 목적지를 찾아가는 무인 자동차(self-driving cars)를 도로에서 찾아볼 수 있을 것이다. 현대자동차나 BMW, 메르세데스 벤츠, 닛산 등 국내외 자동차 업체들이 무인 자동차 개발을 위한 기술개발에 노력하고 있으나 무인 자동차 기술에서 가장 앞서는 업체는 정보기술 업체인 구글이다.

그림 11.30 무인 자동차

무인 자동차에 필요한 기술은 자동차와 정보기술을 효과적으로 융합시켜야 하는 기술로 주변의 물체를 파악하는 센서 기술, 최적의 경로를 선정하는 인공지능 기술, 차량 운전 제어 기술, 지리정보 및 위치정보 활용 기술, 도로 시설물이나 타 차량과의 통신 기술 등이 필요하다.

TIP: 구글의 무인 자동차

구글 카(Google Car)라고 부르는 구글의 무인 자동차는 구글 연구소에서 개발하고 있는 무인 자동차이다. 구글은 스탠퍼드 대학과 카네기멜론 대학 연구팀, 그리고 무인자동차 경주인 그랜드 챌린지 우승자들을 영입해 무인자동차 개발을 시작하였다. 구글 카는 비디오 카메라, 방향표시기, 인공지능 소프트웨어, 위성위치정보시스템(GPS), 그리고 여러 가지 센서 등을 기반으로 작동된다.

수동 조작 전환장치
돌발상황 시 자동운전에서
수동으로 전환

구글 컴퓨터
모든 운전 정보를 종합,
분석하여 운전 지시

비디오카메라
교통신호, 근거리,
작은 물체 인지

GPS
현재 위치를 파악한 후
목적지와 비교하여
핸들 조정

레이저 스캐너
전파 탐지기를 통해
물체를 식별하고
거리 계산

그림 11.31 구글의 무인 자동차

구글 카는 360도 회전하는 레이저 센서를 이용하여 주변정보에 대한 3차원 정보와 함께 물체와의 거리를 인식하며, 차의 앞과 옆에 위치한 레이저 스캐너의 전파 탐지기를 통해 물체를 식별하고 거리를 계산한다. 이와 같은 각종 카메라와 센서로부터 수집된 데이터는 구글 쇼퍼(google chauffer)라 불리는 소프트웨어가 종합·분석하여 방향조작, 가·감속, 정지 등 운전에 필요한 최종 의사결정을 내리게 된다.

그림 11.32 구글 카의 프로토타입 차량(자료: 구글 공식 블로그)

현재 구글은 다양한 차종에 구글 카를 위한 기기를 탑재하여 주행 테스트를 하였으며, 다음과 같은 프로토타입 차량을 제작하여 주행 테스트를 계속하고 있다. 이 실험용 차량은 스티어링휠과 브레이크, 액셀러레이터 페달이 아예 달려 있지 않아 버튼만 누르면 목적지까지 스스로 움직이는 차라고 한다. 구글 카의 계획대로라면 몇 년 내에 무인 파일럿 자동차가 캘리포니아의 도로를 달리게 될 것이다. 구글은 2017년에 상용화하겠다고 발표했다.

차량용 인포테인먼트

차량용 인포테인먼트(IVI: in-vehicle infotainment)란 차에서 즐기는 엔터테인먼트(entertainment)와 정보(information)를 합한 용어로서, 차량에 무선통신 기술을 접목하여 차량 내 내비게이션, 오디오와 비디오, 그리고 인터넷과 승차자의 스마트폰과도 결합하는 기술로, 운전자에게 필요한 각종 정보와 오락거리를 통합된 시스템으로 제공하는 것을 말한다.

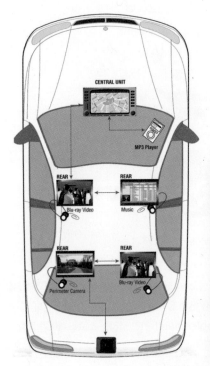

그림 11.33 차량용 인포테인먼트

인포테인먼트 개발사들은 스마트폰을 비롯한 빠른 IT 기술을 차량용 인포테인먼트 기술에 접목하기 위해 많은 노력을 하고 있으며, 실제로 현대, 페라리, 메르세데스 벤츠, 볼보 등의 완성차 업체와 구글과 애플, 네이버 등의 IT 업체들은 협업을 하고 있다.

현재 차량의 인포테인먼트를 위한 기술 표준화 작업을 추진하고 있으나, 이미 대부분의 승차자는 스마트폰으로 다양한 인포테인먼트를 즐기고 있는 상황이므로 차량의 인포테인먼트 장비에서 스마트폰 환경에서의 애플리케이션을 큰 변경 없이 사용할 수 있는 방법에 대하여 많은 연구가 진행되고 있다. 그러므로 앞으로는 자동차 인포테인먼트 장비 자체가 현재의 스마트폰과 비슷한 환경으로 결합되어 발전해 나갈 것으로 예측되고 있다.

TIP: 구글의 안드로이드 오토

구글은 2014년 6월 미국 샌프란시스코에서 열린 개발자 콘퍼런스에서 안드로이드 오토(Android auto)를 발표했다. 안드로이드 오토는 스마트폰, 태블릿 등 안드로이드 기기들을 자동차 인포테인먼트 시스템으로 바꿔주는 인포테인먼트 시스템이다.

그림 11.34 안드로이드 오토 홈페이지(www.android.com/auto)

안드로이드 오토는 안드로이드 운영체제를 차량용 인포테인먼트에 접목한 기술이다. 안드로이드 오토는 구글 나우의 음성 인식 기술을 이용해 손 조작 없이 음성만으로 자동차의 모든 기능을 제어할 수 있도록 한다. 다음은 구글 개발자 콘퍼런스 현장에서 공개된 안드로이드 오토가 탑재된 현대자동차 쏘나타의 모습이다.

그림 11.35 안드로이드 오토가 탑재된 현대자동차 쏘나타(자료: 현대자동차)

6.4 ___ TV와 방송의 진화

스마트 TV

스마트 TV는 인터넷과 접속되어 다양한 정보를 검색할 수 있으며 독자적인 플랫폼 환경을 중심으로 다양한 콘텐츠를 편리하게 이용할 수 있는 TV를 말한다. 스마트 TV는 넓은 의미에서 커넥티드 TV라고도 할 수 있는데, 좁은 의미의 커넥티드 TV란 인터넷에 접속 가능한 TV를 말하며, 블루레이(Blu-ray) 플레이어, 콘솔 게임기도 커넥티드 TV라 할 수 있다. 지금은 스마트 TV와 커넥티드 TV가 큰 구분 없이 사용된다.

스마트 TV는 인터넷에 연결되어 콘텐츠를 실시간으로 다운받아 볼 수 있고, 스마트폰과 같이 뉴스, 날씨, 이메일 등을 바로 확인할 수 있는 앱을 사용할 수 있으며, 부가적인 기능을 추가하여 여러 가지 일들을 TV 하나로 할 수 있다. 즉, TV에 인터넷 접속 기능을 결합하여 각종 앱을 설치해, 웹 서핑 및 VOD시청, 소셜 네트워크 서비스, 게임 등의 다양한 기능을 활용할 수 있는 다기능 TV이다. 궁극적으로 홈 엔터테인먼트의 핵심인 TV를 중심으로 스마트폰, 태블릿, 노트북 등의 통합 미디어 이용 환경이 구축될 전망이다. 이런 가운데 구글과 애플도 스마트 TV에 진출하여 경쟁을 벌이고 있다.

그림 11.36 LG와 삼성의 스마트 TV

인터넷 기반 동영상 서비스(OTT: Over The Top)

개인용 PC와 스마트폰 등의 단말기뿐만 아니라 기존의 TV 등으로 서비스되는 인터넷 상의 동영상 서비스를 OTT(Over The Top)라 한다. 기존 통신 및 방송사업자

TIP: OTT 동글(dongle)

일반적으로 TV에서 방송을 보려면 공중파나 케이블 방송사 아니면 인공위성 방송사를 연결해야 했다. 그러나 이제는 마트에서 USB 메모리와 같은 작은 OTT 동글(OTT dongle)을 구입해 TV의 HDMI(High-Definition Multimedia Interface) 단자에 꽂으면 영화나 드라마와 같은 다양한 동영상을 볼 수 있게 되었다. 구글은 2013년 스마트폰, 태블릿PC, 노트북 등에서 유튜브나 인터넷에 접속해 검색한 동영상을 TV 화면으로 볼 수 있는 동글인 크롬캐스트(chromcast)를 출시했다. 구글은 2014년 국내 미디어 콘텐츠 회사인 티빙(tving), 호핀(hoppin)과 제휴하여 국내 콘텐츠를 확보하고 크롬캐스트를 국내에도 판매하기 시작했다.

그림 11.37 구글의 크롬캐스트

국내의 CJ헬로비전도 TV 인터넷 스트리밍 동영상 시장에 티빙스틱이라는 이름으로 진출했다. 스마트폰과 티빙스틱은 블루투스로 연결되며, 스마트폰이 티빙스틱의 리모컨 역할을 하여 스마트폰에서 채널과 음량을 조절할 수 있다. 콘텐츠를 TV화면에서 보여주는 무선 수신기인 티빙스틱을 사용하면 영화, 방송 VOD, 실시간 TV를 볼 수 있으며, 저장한 영상은 물론, 스마트폰까지 TV 화면으로 볼 수 있다. 국내의 에브리온TV도 에브리온TV 250여 개 채널을 TV 화면에서 볼 수 있게 해주는 에브리온TV캐스트를 출시했다.

그림 11.38 CJ헬로비전의 티빙스틱

이외에 OTT 사업자들은 무선통신이나 와이파이 통신이 연결된 스마트폰의 앱이나 OTT 동글 기기 등을 통해 드라마, 영화 등 다양한 미디어 콘텐츠를 제공하고 있다.

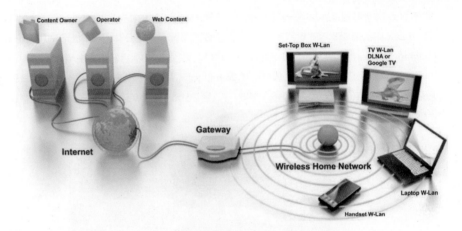

그림 11.39 OTT 개념

우리나라의 OTT 업체를 살펴보면 CJ헬로비전에서 출시한 티빙(TVing)이 대표적이며, 이동통신사의 올레TV모바일, Btv 모바일, U+ HDTV가 있고, 현대HCN과 판도라TV가 합작한 에브리온TV가 있다. 미국의 주요 OTT 서비스 사업자로는 넷플릭스(Netflix), 훌루(Hulu), 아마존(Amazon), 컴캐스트(Comcast) 등이 있다.

[객관식 문제]

다음 각 문항에 대하여 보기 중에서 알맞은 것을 선택하시오.

01 사물에 각종 센서를 부착해 실시간으로 데이터를 인터넷으로 주고받는 기술이나 환경을 무엇이라 하는가?

A. IoT
B. 인포테인먼트
C. OTT
D. NFC

02 근거리 무선통신 방식은 무엇인가?

A. Biometrics
B. OTT
C. NFC
D. IVI

03 생체인식기법과 가장 관련이 먼 것은?

A. 지문인식
B. 홍채인식
C. 글자인식
D. 음성인식

04 용어의 표현이 잘못된 것은?

A. IoT – Internet of Things
B. IVI – In Vihicle Information
C. NFC – Near Field Communication
D. RFID – Radio Frequency Identification

05 NFC에 대한 설명으로 옳지 않은 것은?

A. 원거리 무선 통신 기술이다.
B. 가전, 체크인 시스템, 헬스케어, 정보수집, 쿠폰, 결제, 교통 등 다양한 분야에 활용 가능하다.
C. 비접촉식 스마트카드 기술과 보안기술을 접목해 안전한 모바일 결제방식을 제공한다.
D. 스마트폰과의 융합을 통해 단말 간 데이터통신을 제공한다.

06 개인용 PC와 스마트폰 등의 단말기뿐만 아니라 기존의 TV 등으로 서비스되는 인터넷 상의 동영상 서비스를 무엇이라 하는가?

A. Over The Top
B. 인포테인먼트
C. 홈 네트워킹
D. 와이파이

07 스마트 TV에 대한 설명으로 옳지 않은 것은?

    A. 스마트 TV는 넓은 의미에서 커넥티드 TV라고도 부른다.

    B. 스마트 TV는 인터넷에 연결되어 콘텐츠를 실시간으로 다운받을 수 있다.

    C. 스마트 TV는 스마트폰과 같은 부가적인 기능을 수행하는 앱을 설치할 수 없다.

    D. 홈 엔터테인먼트의 중심인 스마트 TV를 중심으로 스마트폰, 태블릿, 노트북 등의 통합 미디어 이용 환경이 구축될 전망이다.

08 무인 자동차에 필요한 기술로 가장 관련이 먼 것은?

    A. 센서기술   B. 인공지능 제어기술

    C. 생체인식기술   D. 차량운전 제어기술

09 차량용 인포테인먼트와 가장 관련이 있는 것은?

    A. OTT   B. 안드로이드 오토

    C. 안드로이드 구글+   D. 네이버 NDrive

10 크롬캐스트나 티빙스틱을 지칭하는 용어는?

    A. OTT 동글   B. 무인 자동차

    C. 스마트 TV   D. 앱(app)

[괄호채우기 문제]

다음 각 문항에 대하여 빈칸에 적절한 단어를 채우시오.

01 (   )인 LBS(Location Based Service)는 휴대폰 속의 칩을 이용해 가입자들의 위치를 반경 수십 센티미터부터 수십 미터 내에서 언제든지 확인할 수 있도록 해주며 사용자가 원하는 각종 정보를 개인화된 환경에서 서비스가 가능하도록 해 준다.

02 (   )(은)는 13.56MHz 대역 비접촉식 근거리 무선통신기술을 의미하는 용어로 기존의 비접촉식 스마트카드 기술 및 무선인식기술(RFID)과의 상호 호환성을 제공한다.

03 (   )(은)는 지문, 얼굴모양, 홍채(눈동자), 정맥 등과 같은 개인의 신체적 특징, 또는 목소리나 걸음걸이 등과 같은 개인의 행동적 특성을 이용하여 개인을 식별하는 기술이다.

04 차량용 인포테인먼트(IVI: in-vehicle infotainment)란 차에서 즐기는 (   )(와)과 (   ) (을)를 합한 용어로서 차량에 무선통신 기술을 접목하여 차량 내 내비게이션, 오디오와 비디오, 그리고 인터넷과 승차자의 스마트폰과도 결합하는 기술로 운전자에게 필요한 각종 정보와 오락거리를 통합된 시스템으로 제공하는 것을 말한다.

05 (   )(은)는 인터넷과 접속되어 다양한 정보를 검색할 수 있으며 독자적인 플랫폼 환경을 중심으로 다양한 콘텐츠를 편리하게 이용할 수 있는 TV를 말한다.

06 개인용 PC와 스마트폰 등의 단말기뿐만 아니라 기존의 TV 등으로 서비스되는 인터넷 상의 동영상 서비스를 (   )이(라) 한다.

07 (   ) 기술은 단일 생체인식 기술이 가지고 있는 단점을 보완하기 위하여 여러 가지의 생체인식기술을 함께 사용하여 성능을 향상시키고 신뢰성을 높이는 기술이다.

08 (   )(은)는 외부환경을 인식하고 스스로 상황을 판단하여 자율적으로 동작하는 로봇으로 정의된다.

09 (   )(은)는 모든 가전기기들이 홈 네트워크(home network)로 연결되어 있어서 거실이나 안방에서도 집안의 여러 기기들을 제어할 수 있는 개념이다.

10 안드로이드 (   )(은)는 스마트폰, 태블릿 등 안드로이드 기기들을 자동차 인포테인먼트 시스템으로 바꿔주는 인포테인먼트 시스템이다.

[주관식 문제]

01 사물 인터넷에 대한 활용 사례를 하나 선정하여 설명하시오.

02 현재 판매되는 스마트안경에 대하여 그 특징과 기능을 설명하시오.

03 NFC의 사례로 교통카드인 T-Money를 스마트폰으로 이용하는 방법에 대하여 설명하시오.

04 OTT 동글을 하나 선정하여 그 기능을 설명하시오.

05 최근 구글 카의 현황에 대하여 설명하시오.

12장

모바일 세계

단원 목표

- 모바일 시대의 의미와 다양한 모바일 기기, 그리고 모바일 운영체제를 알아본다.
- 모바일 메신저와 스마트워치, 스마트안경을 이해한다.
- 모바일 게임의 현황과 모바일 보안의 필요성을 이해한다.
- 클라우드 컴퓨팅을 이해하고 네이버와 다음 그리고 구글의 클라우드 서비스를 알아본다.
- 안드로이드와 iOS에서의 앱 프로그래밍을 간단히 알아본다.

단원 목차

01

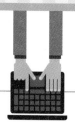

모바일 컴퓨팅

출퇴근 길에 스마트폰으로 TV를 보거나 웹 서핑을 하는 모습은 이미 오래전에 일상이 되었다. 미래 사회로 언급되던 유비쿼터스 사회를 현실로 실현한 기술이 모바일 컴퓨팅 기술이다. 2000년대 모바일 기술을 선도한 기업은 애플이다. 이전의 애플이 단지 컴퓨터 회사라면 2000년에 들어와 애플은 시대를 선도하는 다양한 기기를 개발해 내며, 미래를 혁신하는 회사로 거듭났다. 2007년에 발표된 애플의 아이폰은 진정한 의미의 스마트폰이었고 이것은 모바일 시대를 여는 계기가 되었다.

1.1 모바일 시대의 등장과 진화

초기의 스마트폰은 단순히 전화기에 몇 가지 추가 기능이 있는 정도였다. 손안의 컴퓨터로 발전된 현재의 스마트폰은 단순히 커뮤니케이션을 위한 도구를 넘어 GSP 등 다양한 센서가 부착된 이동성 컴퓨터이다. 스마트폰의 뛰어난 이동성과 접근성은 사람들의 생활방식을 변화시키고 있다. 2010년에 출시된 애플의 아이패드(iPad)는 PC의 시대가 끝나가고 본격적으로 모바일 시대가 이미 왔음을 알리는 신호였다.

초기 스마트폰

2000년 초반에는 개인 정보 단말기인 PDA(Personal Digital Assistant)가 소형 컴퓨터로 사용되었으나 대중화에는 성공하지 못했다. PDA는 전자 펜인 스타일러스 펜과 터치 스크린을 주 입력장치로 사용하였으며, 개인의 일정관리와 검색, 주소록 관리 등으로 사용되었다. PDA가 발전하면서 여러 프로그램이 내장되어 출시되기도 하였으나, 여러 기기와의 호환 부족 문제와 다양한 프로그램의 부족, 그리고 지속적인 프로그램의 추가와 삭제가 쉽지 않아 결국 크게 성공하지 못하였다.

이러한 시기에 스마트폰(smartphone)이 등장했는데, 스마트폰은 PDA 기기에 무선 인터넷과 음성통화 기능이 결합된 제품이다. 스마트폰은 무선 인터넷과 브라우저를 이용하여 인터넷에 직접 접속이 가능하고, 초기에는 부족했지만 특정 애플리케이션을 설치하거나 제거가 가능하였다. 이후 발전된 스마트폰은 GPS(Global

Positioning System)가 내장되어 위치 기반 서비스가 가능하며, 가속기와 같은 다양한 센서 기기와 결합되어 여러 가지 기능을 제공할 수 있는 기기로 발전되었다.

휴대전화를 양산하던 삼성전자는 2007년과 2009년에 윈도우 모바일을 기반으로 한 옴니아, 옴니아 2를 출시하였으나 세계적으로 성공하지는 못했다. 유럽에서는 노키아(Nokia)가, 북미에서는 RIM(Research In Motion) 사가 초기 스마트폰 시장을 선점하였다.

그림 12.1 삼성의 초창기 스마트폰 옴니아와 옴니아2

아이폰의 등장

2007년 1월, 샌프란시스코 맥월드 엑스포에서 발표된 애플의 아이폰은 우리의 생활을 변화시킨 혁신적인 제품으로, 21세기 시대를 모바일 시대로 바꾸었다. 우리나라에는 약 3년이 지난 2009년 11월, 아이폰 3GS 모델과 함께 정식 출시되었다. 아이폰은 대한민국을 비롯해 전 세계적으로 선풍적인 인기를 끌었다. 아이폰이 처음 출시될 당시 앱을 사고 파는 애플의 앱 스토어(App Store)도 없었고, 지금처럼 사용자가 개발한 애플리케이션을 자유자재로 설치할 수도 없었다. 그럼에도 불구하고 아이폰은 이전의 다른 스마트폰과는 비교가 되지 않을 정도로, 아이폰의 버튼은 손가락 누름에 빠르게 반응하였고, 스크롤은 부드럽고 자연스럽게 이동되었다. 아이폰에 설치된 다양한 애플리케이션은 실행 시, 화면 전환도 자연스러웠고, 두 손가락으로 확대할 수 있는 '멀티 터치' 기능은 사용자에겐 전에 없던 새로운 경험이었다. 아이폰의 반응은 전 세계적으로 폭발적이었다.

그림 12.2 2007년에 출시된 애플의 아이폰(iPhone)

아이폰은 전화기라기보다는 내 손 안의 컴퓨터였다. 아이폰은 손 안에 부드럽게 잡히는 작은 컴퓨터에 무선과 와이파이 통신 기능을 강화하고, 전화 기능을 추가한

TIP: 애플과 스티브 잡스

애플은 2000년대 초기 음악 재생기인 아이팟(iPod)의 인기로 과거의 명성을 되찾기 시작한다. 애플을 단지 폐쇄적인 컴퓨터 제조업체로 알고 있는 사람들에게 애플의 이러한 변화는 세계를 놀라게 했다. 이러한 애플의 변화에는 바로 스티브 잡스가 있었다. 스티브 잡스는 2007년 1월 컴퓨터도 전화기도 아닌, 새로운 혁신제품인 아이폰을 발표한다. 아이폰은 우리 사회를 진정한 유비쿼터스 사회로 만드는 초석이 되었다.

그림 12.3 2007년 1월 맥월드에서 아이폰을 발표하는 스티브 잡스

제품이다. 사실 기능이 좀 떨어지는 비슷한 제품은 이전에도 있었으나 애플의 아이폰은 훌륭한 디자인과 멀치 터치 기능과 같은 차별화된 기능으로 아이폰 매니아가 생겨날 정도로 성공을 거두었다.

애플은 2008년 아이폰용 운영체제인 iOS 용 애플리케이션을 개발할 수 있는 개발 키츠인 SDK(Software Development Kits)를 발표한다. 애플의 앱스토어(App Store)는 2008년 7월 500개의 애플리케이션으로 시작해서 오픈한 지 1년만에 10억 회의 다운로드를 기록할 만큼 선풍적인 인기를 끌었다. 앱스토어는 애플이 만든 소프트웨어 시장으로 '애플의 응용 소프트웨어 가게(Apple Application Software Store)'란 의미를 담고 있다. 아이폰이 진정한 의미의 스마트폰으로 대중화에 성공한 요인 중 하나는 앱스토어의 활성화이다. 앱스토어는 계정만 있으면 누구나 애플케이션을 만들어 올리고, 또한 내려 받을 수 있는 아이폰 앱 서비스 생태계 공간이기 때문이다.

그림 12.4 애플의 앱스토어

1.2 ___ 다양한 모바일 기기

2007년에 아이폰으로 시작된 스마트폰 시대는 계속 발전하여 현재는 대부분의 일을 스마트폰으로 할 수 있을 정도가 되었다. 특히 메신저 기능이나 위치 기반 서비스와 같은 개인화된 서비스는 이전의 컴퓨터로는 할 수 없던 일까지 가능하게 되었다.

아이폰의 발전

애플은 2007년 아이폰(iPhone)을 시작으로 아이폰 3G, 아이폰 3GS, 아이폰 4, 아이폰 4S, 아이폰 5, 아이폰 5C, 아이폰 5S로 계속 발전하였다. 새로운 아이폰 모델이 출시될 때마다 전 세계의 애플 매니아들은 열광하고 있다.

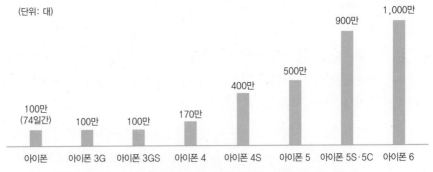

그림 12.5 아이폰의 발전 과정과 첫 주말 판매 추이(자료: 애플)

2014년에는 화면이 대폭 커진 아이폰 6와 아이폰 6 플러스에 이르고 있다. 아이폰은 초기 3.5인치로 시작하여 아이폰 5는 4인치, 아이폰 6는 4.7인치이며, 아이폰 6 플러스는 5.5인치까지 화면이 커지고 있다.

그림 12.6 아이폰 5와 아이폰 6, 아이폰 6 플러스

삼성 갤럭시의 성공

기존 피처폰(feature phone)에서 기술력을 인정받은 삼성은 스마트폰 진입이 늦었다. 삼성은 애플보다 2년 뒤인 2009년 4월, 삼성 갤럭시(Samsung Galaxy)라는 이름으로 안드로이드 기반의 스마트폰을 출시한다. 삼성 갤럭시는 세계적으로 크게 성공하지는 못했지만, 모바일 운영체제의 신생아인 구글의 안드로이드 운영체제(Android OS)를 탑재하여 아이폰의 iOS와 다른 운영체제가 탑재된 스마트폰을 출시했다는 의미로 만족해야 했다.

스마트폰 분야에서도 자신감을 얻은 삼성은 아이폰의 경쟁 제품으로 2010년 갤럭시 S를 출시했다. 2010년 6월에 출시된 갤럭시 S는 화면이 3.9인치 크기로 성능이 향상된 안드로이드 2.1 이클레어를 탑재하여 전 세계적으로 큰 인기를 모았다. 삼성이 연이어 출시한 갤럭시 S 시리즈인 갤럭시 S II, 갤럭시 S III, 갤럭시 S4도 아이폰의 판매량을 뛰어넘는 실적을 올렸다. 2014년에는 화면이 5.1인치이며 풀 고해상도(Full-HD)를 지원하는 갤럭시 S5를 출시하였다.

그림 12.7 삼성의 갤럭시 S5와 갤럭시 노트4, 갤럭시 노트 엣지

삼성은 2011년 기존의 스마트폰에 비해 큰 화면과 함께, 거의 사라져가던 정전식 터치펜으로 필기가 가능한 스마트폰을 발표한다. 이것이 바로 갤럭시 노트(Note)이다. 갤럭시 노트는 그 당시로서는 매우 큰 5.3인치의 화면을 적용했으며, 손가락 터치가 주 입력이었던 화면에 예전의 스타일러스 펜을 다시 부활시킨 제품으로, 한국을 비롯하여 전 세계적으로 큰 인기를 모았다. 이어 출시된 갤럭시 노트2는 화면이 조금 커졌고, 펜의 반응속도도 빨라졌다. 2013년에 발표된 갤럭시 노트3는 화면이 5.68인치로 커졌고, 2014년에 발표된 갤럭시 노트4는 화면이 5.7인치로 비슷하나 해상도가 1,440×2,560으로 화질이 매우 선명해졌다. 또한 갤럭시 노트4와 함께 출시된 갤럭시 노트 엣지(note edge)는 화면의 오른쪽 부분이 휘어진 커브드 디스플레이(curved display)를 사용하여, 이 측면을 메뉴 등 다양한 용도로 활용하고 있다.

TIP: 삼성의 성공

애플이 아이폰이라는 하나의 시리즈로 주력하는 반면, 삼성은 갤럭시 S와 갤럭시 노트, 갤럭시 엣지 등 다양한 크기와 모양의 화면을 가진, 특색 있는 스마트폰으로 대응하고 있다. 삼성은 2014년 세계 스마트폰 시장의 34.6%를 차지하면서 전 세계에서 3억 9830만 대를 판매하였다.

초기 애플이 스마트폰 시장을 장악했으나, 삼성의 약진으로 애플과 삼성은 21세기 스마트폰 시장을 양분하고 있다. 그러나 스마트폰 시장 성장률의 저하와 중국의 저가 스마트폰의 약진, 애플의 고가 스마트폰의 약진이 다시 시작되면서, 스마트폰의 시장 점유율 1위인 삼성은 새로운 위기에 처해 있다.

그림 12.8 삼성의 스마트폰 판매량과 점유율 추이(자료: 삼성전자)

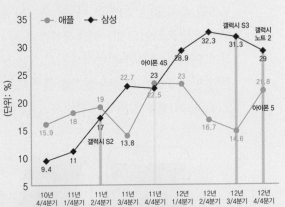

그림 12.9 삼성과 애플의 스마트폰 시장 점유율 변화 (자료: Tomi Ahonen Consulting Analysis of Manufacture)

삼성의 갤럭시 노트는 화면이 큰 스마트폰 시장을 개척하였으며, 기존의 패드 형태의 태블릿 컴퓨터와 화면이 작은 스마트폰의 중간이라는 의미로 패블릿(pablet = phone + tablet)이라는 신종어를 낳기도 했다. 삼성은 초기 운영체제 및 소프트웨어 기술력에서의 미비점을 구글의 안드로이드라는 새로운 운영체제를 무료로 탑재함으로써 보완하였고, 과거 피처폰 생산과정에서 터득한 하드웨어 경쟁력을 적극 활용하여 다양한 후속 제품을 빠른 시간 안에 개발해 국가마다 차별화된 다양한 제품을 대량 공급하였다. 이제 삼성은 애플을 능가하는 스마트폰 시장의 강자가 되었다.

스마트패드의 등장

애플은 2010년에 키보드 없이 화면만 있는 패드 형식의 아이패드(iPad)를 선보였다. 아이패드는 9.7인치 화면을 가졌으며 운영체제는 아이폰과 같은 iOS 4가 탑재되었다. 아이패드가 출시되었을 당시, 혁신적인 제품이라는 주장과 함께 좀 더 커진 아이팟(iPod)에 불과하다는 비관론도 있었다. 아이패드의 비관론자를 비웃듯 아

이패드는 출시 첫 해 2010년 한 해 동안 1,468만 대가 팔려 대단한 성공을 거두었다. 아이패드는 이후 아이패드 2, 아이패드 미니(iPad Mini), 2013년에 아이패드 에어(iPad Air) 등이 발표되었다.

아이패드의 성공 요인을 들자면, 아이폰에 익숙한 사용자가 자신이 원하는 장소에서 아이폰에서 축적된 자료와 다양한 앱을 활용해 즉시 다양한 콘텐츠를 좀 더 큰 화면인 아이패드로 쉽게 활용할 수 있다는 점이다. 아이패드의 성공으로 아이패드를 닮은, 태블릿(tablet)이라고도 부르는 다양한 스마트패드가 출시되었다. 대표적인 스마트패드로는 삼성의 갤럭시탭, HP의 터치패드, LG의 G Pad, 블랙베리의 플레이북 등을 들 수 있다.

그림 12.10 아이패드와 아이패드 에어

그림 12.11 삼성의 갤럭시탭 3와 LG G Pad

앞으로 스마트패드의 인기는 높아져 데스크톱 PC와 노트북의 수요보다 많아질 것으로 보인다. 다음 자료에도 보듯이 다양한 크기의 스마트패드가 기존의 데스크톱 PC와 노트북의 자리를 어느 정도 대체할 것으로 예측된다.

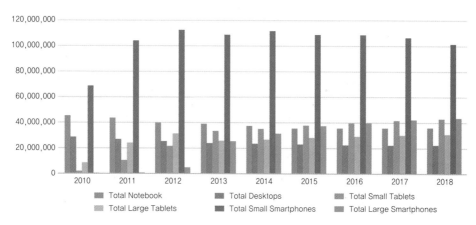

그림 12.12 유형별 스마트 기기 출하량 추이(자료: www.techpinions.com)

1.3 모바일 운영체제

스마트폰을 포함하는 모바일 디바이스는 무선 인터넷 접속 기능과 강력한 운영체제, 높은 이동성을 제공하고 있으며, 수백 만에 달하는 다양한 애플리케이션이 개발되어 사용되고 있다. 모바일 운영체제(mobile operating system)는 스마트폰과 태블릿을 비롯한 휴대형 정보기기를 제어하기 위한 운영체제이다. 모바일 운영체제는 기존 개인용 컴퓨터의 운영체제와 기본 기능은 비슷하나 터치 스크린 기능, 위치 기반 및 각종 센서에 대한 처리 기능, 무선 및 와이파이(WiFi) 통신 기능 등 모바일 기기의 특화된 기능을 지원한다.

안드로이드

그림 12.13 안드로이드 로고

안드로이드(Android)는 구글과 오픈 핸드셋 얼라이언스(OHA : Open Handset Alliance)에서 만든 모바일 기기를 위한 운영체제이다. 안드로이드는 초기, 주로 모바일 기기용 운영체제로 사용되었으나 점차 다양한 스마트 기기 및 임베디드 시스템의 운영체제로 확대되어 가고 있는 중이다. 구글은 2005년에 안드로이드 사를 인수한 후, 2007년 11월에 스마트폰 운용체제의 오픈 플랫폼을 지향하는 안드로이드를 발표했다. 이후 2008년 9월 안드로이드가 탑재된 최초의 스마트폰인 대만 HTC 사의 G1이 발표되면서, 동시에 구글은 개발환경인 안드로이드 SDK 1.0을 발표했다.

표 12.1 안드로이드 버전 변화

로고	코드이름	시기	버전	API 레벨
	Apple Pie	2008. 09	1.0	1
	Banana bread	2009. 02	1.1	2
	Cupcake	2009. 04	1.5	3
	Donut	2009. 09	1.6	4
	Eclair	2009. 10	2.0	5
		2009. 12	2.01	6
		2010. 01	2.1	7
	Froyo	2010. 05	2.2	8

로고	코드이름	시기	버전	API 레벨
	Ginger bread	2010. 12	2.3.3	9
		2011. 02	2.3.4	10
	Honey comb	2011. 02	3.0	11
		2011. 05	3.1	12
		2011. 07	3.2	13
	Icecream Sandwich	2011. 10	4.0	14
		2011. 12	4.03	15
	Jelly Bean	2012. 07	4.1	16
		2012. 11	4.2	17
		2013. 07	4.3	18
	KitKat	2013. 10	4.4	19
		2014. 07	4.4w (웨어러블 확장)	20

안드로이드는 2.3 진저브레드(Gingerbread), 3.0 허니콤(Honeycomb), 4.0 아이스 크림 샌드위치(Icecream Sandwich), 4.2 젤리 빈(Jelly Bean)을 거쳐 현재 4.4 킷캣 (KitKat) 버전에 이른다. 표 12.1과 같이 안드로이드 버전의 귀여운 로고와 함께 코 드이름은 맛있는 간식거리 이름을 알파벳 순서로 붙이고 있다.

안드로이드는 리눅스 커널을 기반으로 만들어졌으며, 내부 구조를 살펴보면 그림 12.14와 같이 응용 프로그램, 응용 프로그램 프레임워크, 라이브러리, 안드로이드 런 타임, 리눅스 커널의 5개 레이어로 구성되어 있다. 안드로이드 지원 언어는 자바이며, 안드로이드에서는 그래픽 라이브러리를 제외한 자바 SE 라이브러리를 사용할 수 있 으며, 일반 자바 응용 프로그램과 달리 자바 가상 기계(Java Virtual Machine)를 사용 하지 않고 자체 가상 기계인 달빅 가상 기계(Dalvik Virtual Machine)를 사용한다.

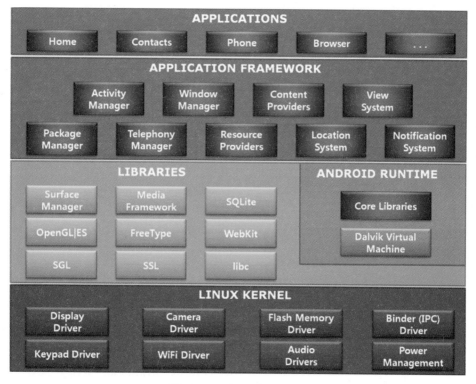

그림 12.14 안드로이드 내부 구조

안드로이드는 개발자들이 주로 자바 언어로 응용 프로그램을 작성할 수 있게 하였 으며, 컴파일된 바이트코드를 구동할 수 있는 런타임 라이브러리를 제공한다. 또한 안드로이드 소프트웨어 개발 키트(SDK)를 통해 응용 프로그램을 개발하기 위해 필요한 각종 도구들과 API를 제공한다.

iOS

iOS는 애플의 모바일 기기인 아이폰과 아이팟 터치(iPod touch), 아이패드에 내장되어 있는 모바일 운영체제로 아이폰에 탑재되어 2007년에 처음 공개되었다. 애플의 아이폰이 처음 출시될 당시에는 아이폰 OS(iPhone OS)라는 이름으로 사용하다가 2010년 아이폰 4가 출시되면서 이름이 바뀌어 iOS 4로 사용되었다.

그림 12.15 iOS 로고

표 12.2 iOS의 변화

이름	시기	적용된 모바일 기기
iPhone OS 1.x	2007. 06	아이폰, 아이팟 터치
iPhone OS 2.x	2008. 08	아이폰 3G, 아이팟 터치 2
iPhone OS 3.x	2009. 06	아이폰 3GS, 아이팟 터치 2
iOS 4.x	2010. 06	아이폰 4, 아이팟 터치 3, 아이패드
iOS 5.x	2011. 06	아이폰 4S, 아이팟 터치 4, 아이패드 2
iOS 6.x	2012. 09	아이폰 5, 아이팟 터치 5, 아이패드 2, 아이패드 미니
iOS 7.x	2013. 06	아이폰 5S, 아이폰 5C, 아이팟 터치 5, 아이패드 에어, 아이패드 미니
iOS 8.x	2014. 09	아이폰 6, 아이폰 6 플러스, 아이팟 터치 5, 아이패드 에어, 아이패드 미니

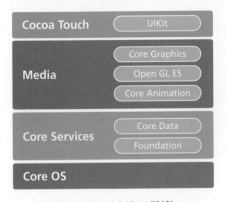

그림 12.16 iOS의 프레임워크

iOS는 2007년 처음 공개되었을 당시에는 사용자가 개발한 애플리케이션의 추가가 허용되지 않았으나, 2008년 6월 이후 iOS에서 소프트웨어를 개발할 수 있는 개발도구인 SDK(Software Development Kits)가 공개되면서, 버전 2.0부터 애플의 앱 스토어를 통해 자유롭게 사용자 애플리케이션을 공개하고 판매할 수 있게 되었다. 이러한 앱 스토어를 통한 자유로운 모바일 앱의 유통은 아이폰이 실질적인 스마트폰으로 자리잡아 인기를 끌게 된 주요 요인이 되었다.

iOS는 내부적으로 코어 OS 계층(Core OS layer), 코어 서비스 계층(Core services layer), 미디어 계층(Media layer), 코코아 터치 계층(Cocoa touch layer)으로 구성되는 네 개의 추상화 계층을 가지고 있다. 가장 상위 층인 코코아 터치 계층은 멀티 태스킹, 터치 기반 입력, 푸시 알림 등의 주요 기능을 서비스하기 위한 기본적인 응용 프로그램 인프라와 지원을 정의한다. 여기서 코코아(Cocoa)는 애플 고유의 객체 지향 응용 프로그램 환경으로 애플의 맥 OS X의 운영체제를 위한 모듈이며, 아이폰과 같이 터치 스크린을 사용하는 모바일 기기에서 이벤트 중심(event driven) 기법의 프로그램이 필요한 응용 소프트웨어를 위해 이 코코아 터치 계층을 추가하였다. 미디어 계층은 휴대 단말기에서 사용 가능한 최고의 멀티미디어 앱을 경험하기 위한 그래픽, 오디오, 비디오 기술을 포함한다. 핵심 서비스 계층은 모든 응용 프로그램이 사용하는 기본 시스템 서비스를 포함하고 있는 계층이다. 최하위 계층인 OS 계층은 대부분의 기능을 구축하기 위해 낮은 수준의 기능을 포함하고 있다.

윈도우 폰

윈도우 폰(Windows Phone)은 마이크로소프트의 스마트폰을 위한 임베디드 모바일 운영체제이다. 마이크로소프트가 PDA와 포켓 PC 등 소형 컴퓨터를 위한 운영체제인 윈도우 CE(Windows CE)를 모바일에 맞게 개발한 것이 윈도우 모바일이며, 윈도우 모바일 6.0 이후 2010년 9월 윈도우 폰 7.0이 출시되었다. 2014년 4월 윈도우 폰은 최신 버전인 윈도우 폰 8.1로 출시되었다. 마이크로소프트는 향후 데스크톱 운영체제인 윈도우에 윈도우 폰을 합쳐 '윈도우'로 브랜드 명이 통합될 예정이다.

그림 12.17 윈도우 폰

윈도우 폰이 다른 모바일 운영체제와 차별화되는 가장 큰 특징은 초기화면에서 간결하고 확장성이 있는 타일 스타일의 UI(User Interface)인 라이브 타일(Live Tile)을 활용한 것이라 할 수 있다. 윈도우 폰의 라이브 타일은 다른 운영체제의 아이콘을 대신하며, 안드로이드 운영체제의 위젯과 같이 실시간으로 날씨상태, 교통상태, 시세정보, 주식변동 등을 바로 알아볼 수 있게 하였다.

그림 12.18 윈도우 폰 홈페이지(www.windowsphone.com/ko-kr)

타이젠

타이젠(Tizen)은 구글의 안드로이드와 애플 iOS가 양분한 모바일 운영체제 시장에 도전하는 제3의 운영체제다. 삼성은 2012년 1월 미국 인텔, 중국 화웨이, 일본 NTT도코모, 프랑스 오랑주텔레콤 등 12개 사와 함께 '타이젠 연합'을 결성하여 운영체제 타이젠 프로젝트를 진행하고 있다.

타이젠은 휴대 전화를 비롯한 모바일 장치를 대상으로 하며, TV, 냉장고와 같은 모든 전자기기, 차량용 인포테인먼트(IVI: in-vehicle infotainment), 웨어러블 기기 등에 탑재하는 것을 목표로 하는 오픈 소스 모바일 운영체제이다. 여기서 차량용 인포테인먼트란 차에서 즐기는 엔터테인먼트(entertainment)와 정보(information)를 합한 용어로서 차량 내 내비게이션, 오디오와 비디오, 그리고 인터넷을 결합한 시스템으로 탑승자의 스마트폰과도 연결이 확장되는 기술이다. 타이젠은 리눅스 파운데이션의 리눅스 커널을 기반으로 하며, HTML5 기반 애플리케이션 개발자를 위한 강력하고 유연한 환경을 제공한다. 또한 소프트웨어 개발 키트(SDK)를 통해 응용 프로그램을 개발하기 위해 필요한 각종 도구들과 API(Application Programming Interface)를 제공한다.

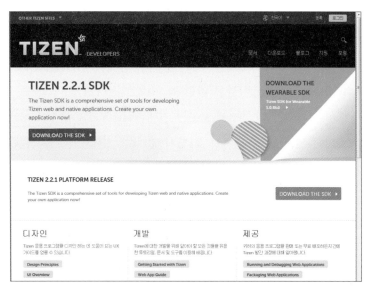

그림 12.19 타이젠 개발자 홈페이지(developer.tizen.org/ko)

삼성은 스마트워치인 기어 시리즈에 타이젠을 사용하고 있으며, 타이젠을 운영체제로 활용하는 타이젠 폰을 내놓을 계획도 갖고 있다. 타이젠의 미래를 두고 애플이나 구글에 맞서 독자적인 생태계 구축이 가능하리라는 예측과 함께, 양대 진영에 밀려 실패할 것이라는 주장이 양립하고 있다.

파이어폭스 OS

파이어폭스 OS(Firefox OS)는 모질라(mozilla) 재단에서 웹 브라우저인 파이어폭스를 기반으로 출시한 모바일 운영체제 중심의 다목적 운영체제이다. 파이어폭스 OS는 진정한 의미의 개방형 모바일 운영체제로 가격이 저렴한 저사양 모바일 기기에 알맞은 운영체제를 목적으로 개발되었다.

그림 12.20 파이어폭스 OS 화면과 로고

한 예로 2014년 8월, 파이어폭스 OS 파트너인 인도의 인텍스(Intex) 사는 33달러의 초저가 스마트폰인 클라우드 Fx(Cloud Fx)를 출시하였다. 이 클라우드 Fx는 3.5인치 HVGA 터치스크린에 2메가 픽셀 카메라와 1GHz CPU, 128MB 내부 메모리, 4GB 사용자 메모리를 제공한다. 이러한 저가형 스마트폰은 중국과 인도, 남미 등에서 다양하게 출시되고 있으나 국내에는 아직 선보이지 않고 있다.

파이어폭스 OS는 유연성, 확장성 및 높은 맞춤 기능을 실현하기 위한 플랫폼으로서 파이어폭스 브라우저의 웹 기술을 활용하였으며, 폐쇄적인 모바일 운영체제의 제약이나 제한이 없는 개방형 모바일 운영체제이다. 또한 모질라는 파나소닉과 협력해 파이어폭스 OS가 탑재된 차세대 스마트 TV의 개발을 진행하고 있다.

우분투 터치

우분투 터치(Ubuntu Touch)는 캐노니컬이 개발하는 스마트폰, 태블릿 컴퓨터를 위한 우분투의 모바일 운영체제로서 2013년에 발표되었다. 캐노니컬(Canonical Ltd.)은 자유 소프트웨어 프로젝트의 진행을 위해 마크 셔틀워스가 설립한 주식회사이며, 우분투(Ubuntu)는 데비안 GNU/리눅스(Debian GNU/Linux)에 기초한 컴퓨터 운영체제이다. 아직 우분투 터치가 탑재된 스마트폰이 정식으로 출시된 적은 없으나, 2014년 모바일 월드 콩그레스(MWC)에서는 스페인의 BQ와 중국의 마이츠(Meizu)의 우분투 터치 핸드셋 프로토타입이 공개되었다.

그림 12.21 우분투 홈페이지(www.ubuntu.com/phone)

모바일 운영체제 시장

2007년 아이폰 출현 이후 1위였던 iOS의 전 세계 시장 점유율은 2010년에 안드로이드에게 추월 당했다. 안드로이드는 2013년에 80%를 상회하며 현재 모바일 운영체제를 주도하고 있으며, iOS는 시장 점유율이 12% 정도이다. 즉 안드로이드와 iOS의 시장 점유율을 합치면 모바일 운영체제 시장의 대부분을 차지하고 있어, iOS와 안드로이드를 제외한 나머지 모바일 운영체제는 아직 고전을 면치 못하고 있다.

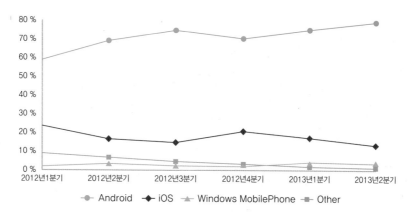

그림 12.22 스마트폰 운영체제 시장 점유율(자료: Gartner)

 TIP: 안드로이드 운영체제의 강세

다음은 데스크톱을 포함한 모든 기기에 탑재된 운영체제 수의 변화와 예측을 나타낸 그림이다. 마이크로소프트의 윈도우는 애플의 iOS와 비슷한 증가를 보일 것이며, 안드로이드는 계속 증가할 것으로 예측된다.

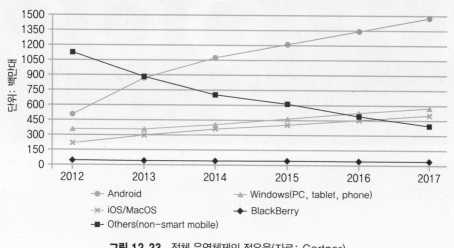

그림 12.23 전체 운영체제의 점유율(자료: Gartner)

국내 모바일 운영체제별 사용 비중은 안드로이드 사용 비중이 90% 이상으로 월등하다. 미국과 일본은 안드로이드 사용 비중이 40~50% 정도이며, 중국 시장에서 안드로이드가 70% 이상을 차지하는 것을 제외하고는 한국의 안드로이드 편중 현상은 전 세계적으로 가장 심하다. 이러한 현상은 삼성전자의 갤럭시나 LG전자의 G 시리즈 스마트폰의 인기와도 관련이 있겠지만, 안드로이드에 편중된 시스템 및 앱의 개발도 주요한 원인이라고 볼 수 있다.

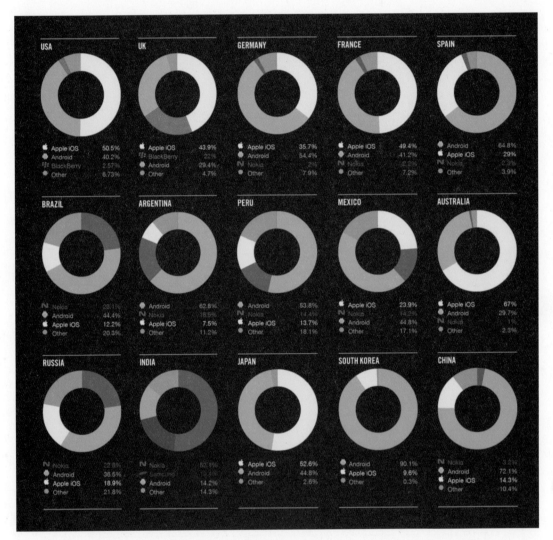

그림 12.24 국가별 스마트폰 운영체제 사용 비중(자료: www.icrossing.co.uk, 2013년 2월 기준)

02

모바일의 진화

많은 사람들이 스마트폰을 소지하게 되면서 전 세계적으로 확산되는 앱 중 하나가 메신저와 게임이다. 이렇듯 다양한 앱을 활용하는 것뿐 아니라, 이제 스마트폰은 안경이나 시계와도 결합되어 몸에 착용 가능한 모바일 기기로 발전하고 있다. 여기에서는 다양하게 진화하고 있는 모바일 앱과 기기 등을 알아보고, 이로 인해 점점 더 중요성이 부각되고 있는 모바일 보안 문제도 함께 다루어보자.

2.1 모바일 메신저

스마트폰의 대중화로 가장 빠르게 확산된 앱이 바로 모바일 메신저(messenger)이다. SMS(Short Message Services)는 이동통신사업자의 네트워크를 사용하여 간단한 메시지를 상대에게 전달하는 서비스이며, 모바일 메신저는 IP 기반의 개방된 범용 인터넷을 이용하는 서비스로, 이동통신사의 네트워크 인프라를 사용하지 않기 때문에 대부분 무료로 메시지 전송이 이루어진다.

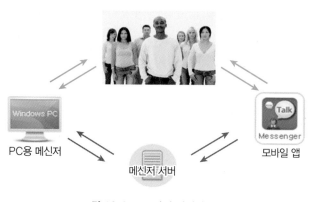

그림 12.25 모바일 메신저 개념

국내에서는 스마트폰 이용자의 90%가 넘는 사용자가 메신저로 카카오톡을 이용하면서, 카카오톡이 국내 모바일 메신저 시장에서 점유율 1위를 차지하고 있다. 전 세계적으로 모바일 메신저 사용자 수는 크게 증가하고 있으며, 여러 국가의 다양한 메신저가 세계 시장을 장악하기 위해 노력하고 있다. 국내 기업에서 개발한 카카오톡과 라인은 메신저와 연계된 모바일 게임과 스티커, 광고 등의 비즈니스 수익 모델로 경쟁력을 갖추고 있다. 모바일 메신저 서비스들은 요금을 받는 경우도 일부 있으나 일반적으로 무료로 풍부한 기능을 제공하고 있으며, 이러한 강점을 바탕으로 SMS 시장에 영향을 주면서 전 세계적으로 이용자 기반을 확대해 나가고 있다.

카카오톡

일명 카톡이라고 부르는 카카오톡(KakaoTalk)은 카카오 회사가 2010년에 서비스를 시작한 모바일 메신저이다. 카카오톡은 현재 스마트폰 사용자를 대상으로 무료로 제공되며, 국내의 스마트폰 사용자는 거의 모두 카카오톡을 사용할 정도로 국민 메신저로 성장하였다.

그림 12.26 카카오 홈페이지(www.kakao.com)

카카오톡의 가장 주된 기능을 살펴보면 1대1 또는 그룹으로 메시지, 사진, 동영상, 음성, 연락처 등의 전송이 가능하며, 일정도 만들어 찬성과 반대를 설문하는 등 일정공유 기능을 제공한다. 또한 보이스톡 기능을 이용하여 상대방과 음성으로 대화할 수 있으며, 그룹콜을 사용하면 3~5명 정도의 그룹이 함께 전화를 나눌 수 있다. 2011년부터 도입한 기업 광고 '플러스 친구'와 재미있는 그림 메신저인 '이모티콘'이 성공을 거두었고, 2012년 7월에 시작한 모바일게임은 그룹으로 친구들과 모바일 게임을 즐길 수 있다. 선데이토즈의 애니팡, 넥스트플로어의 드래곤플라이트 등 카카오게임이 선풍적인 인기를 끌게 되면서, 그동안 게임에는 별 관심이 없던 40~50대 성인들도 게임을 즐기는 현상이 나타나고 있다.

카카오는 2014년 하반기에 모바일 소액결제와 송금 서비스 등의 모바일 금융 서비스를 시작했다. 은행사와 제휴한 [뱅크월렛 카카오]는 카카오톡 이용자와 소액의 송금이 가능하며 온라인쇼핑과 오프라인 매장의 결제를 제공한다. 또한 카드사와 제휴한 [카카오 간편결제]는 온라인, 오프라인 매장의 결제를 서비스하고 있다. 카카오 회사는 2014년 10월부터 다음과 합병하여 다음카카오로 새로운 출발을 시작

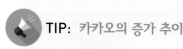
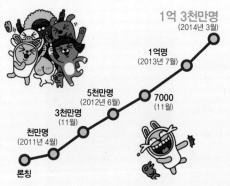

1억 3천만명
(2014년 3월)

1억명
(2013년 7월)

5천만명
(2012년 6월)

7000
(11월)

3천만명
(11월)

천만명
(2011년 4월)

론칭

그림 12.27 카카오톡 사용자 수 증가 추세

카카오 계정을 이용해 친구들과 게임을 할 수 있는 카카오게임이 서비스되면서 소셜네트워크서비스(SNS) 플랫폼을 통한 모바일게임 비즈니스 모델이 생기게 되었다. 카카오게임은 국내의 모바일 게임 시장을 약 2배로 성장시키는 긍정적인 효과도 있었으나, 애플과 구글, 카카오 등의 플랫폼 사업자가 과도한 유통 비용을 가져가 상대적으로 모바일 게임회사는 수익성이 악화되는 문제점이 나타나기도 했다.

했다. 카카오톡은 국내의 성공 경험을 기반으로 세계적인 소셜 플랫폼으로 도약하기 위해 여러 준비를 하고 있다.

라인

라인은 네이버에서 개발 당시부터 세계 시장을 보고 개발하였으며, 네이버 일본지사에서 2011년에 서비스를 시작한 모바일 메신저이다. 카카오톡의 영향으로 국내에는 일본보다 늦게 약 2개월 뒤에 서비스를 시작했다. 라인(line.me/ko)은 국내에서는 2위이지만 일본, 태국, 대만에서는 우리의 카카오톡처럼 '국민 메신저'로 압도적 1위를 지키고 있다. 라인은 일본에서 약 70% 정도의 점유율을 기록하고 있으며, 동남아시아, 스페인, 남미에서도 높은 인기를 보이고 있다. 뿐만 아니라 세계 62개국에서 무료 앱 설치 1위를 차지하는 등 전 세계적인 메신저로 도약하고 있다. 라인의 전 세계 사용자 수는 2013년에 이미 3억 명을 넘어서고 있으며, 그 증가율도 매우 빨라 전 세계 점유율 1위인 모바일 메신저인 왓츠앱의 뒤를 쫓고 있다.

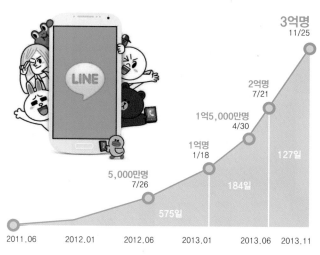

3억명
11/25

2억명
7/21

1억5,000만명
4/30

1억명
1/18

5,000만명
7/26

127일

184일

575일

2011.06 2012.01 2012.06 2013.01 2013.06 2013.11

그림 12.28 라인의 사용자 증가 현황

라인의 기능은 다양한 스티커, 무료통화 등 카카오톡과 비슷하며, 라인의 타임라인은 텍스트, 사진, 동영상, 스티커로 내 소식을 공유하고 친구의 소식도 확인할 수 있는 기능이다.

그림 12.29   라인 메신저

왓츠앱

왓츠앱(WhatsApp) 메신저는 아이폰과 안드로이드, 블랙베리, 윈도우폰 등에서 전화번호로만 등록하고 약간의 비용으로 메시지를 주고받을 수 있는 앱이다. 왓츠앱은 2014년 5월 기준으로 가입자가 무려 5억 명 이상으로 메신저 전 세계 시장 점유율 1위를 지키고 있다.

그림 12.30   왓츠앱 홈페이지(www.whatsapp.com)

중국판 카카오톡이라 할 수 있는 위챗은 텐센트(Tencent)가 2011년 1월에 웨이신이란 이름으로 출시하였다. 2012년 4월 위챗으로 이름을 바꾼 뒤 2014년 5월 현재 전 세계 6억 명이 넘는 가입자를 보유하고 있다.

현재 세계 최대의 모바일 메신저는 왓츠앱이며 그 뒤를 위챗이 따르고 있고 라인은 그 다음이다. 아래의 표를 보면 전체 모바일 메신저 시장은 각 나라별, 지역별로 각기 다른 사업자들이 포진해 있고, 아직까지는 특정 메신저가 시장을 장악하고 있지는 않다. 그러나 글로벌 시장 장악을 위해 메신저들 간의 경쟁은 점차 뜨거워지고 있다.

표 12.3 세계 주요 모바일 메신저 서비스 비교

로고	📞	💬	LINE	TALK
이름	왓츠앱	위챗	라인	카카오톡
회사	페이스북	텐센트	네이버	다음카카오
국가	미국	중국	한국	한국
출시	2009년 5월	2011년 1월	2011년 6월	2010년 3월
가입자 수	7억 명	6억 명	4억 명	1.3억 명
주요 진출국	미국, 유럽, 남미	중국, 동남아	동남아, 일본, 남미	한국, 동남아

그런 가운데 모바일 메신저 업계에도 새로운 변화의 바람이 불고 있다. Telegram을 선두로 하여 Secret과 같은 앱들이 출시되고 있는데, 이와 같은 앱의 공통점은 감추기식 SNS 즉, '프라이버시의 보장'을 들 수 있다. 보안성을 높여 제3자가 대화 내용을 엿볼 수 없도록 하고 있는 것이다. 관련 기능으로는 비밀 대화방이나 자동대화삭제 기능 등이 있고, Secret과 같은 앱은 아예 이름이 표시되지 않기 때문에 남의 시선을 신경 쓰지 않아도 된다. 따라서 더욱 진솔한 글을 올릴 수 있다.

그림 12.31 Telegram과 Secret의 로고

카카오톡과 라인이 무료인 것과 달리, 왓츠앱은 1년만 무료이며, 다음 해부터는 유료로 1년에 0.99달러를 지불해야 하고, 그 대신 앱 내에 광고를 싣지 않는다. 왓츠앱은 기본적인 메시지 기능, 통화 기능과 함께 위치 정보 공유 기능을 제공한다. 세계 SNS 1인자인 페이스북은 지난 2012년 2월 왓츠앱을 190억 달러, 한화로 20조 원이 넘는 금액을 주고 인수했다.

왓츠앱의 마케팅 전략은 광고를 싣지 않는 다양한 플랫폼에 메시징 앱을 제공하는 것이다. 라인, 카카오톡 등 성공한 모바일 메신저들이 광고와 게임 플랫폼 기능을

추가하여 수익화에 나선 것과 달리, 왓츠앱은 연간 사용료를 받는 대신 광고와 군더더기가 없으며 이용하기 쉬운 서비스를 제공하는 데 중점을 두고 있다.

2.2　스마트워치와 스마트안경

스마트폰만큼 작아진 컴퓨터가 이제는 시계와 안경으로 더욱 소형화되어 착용이 가능해졌다. 스마트폰이 컴퓨터를 작게 해 휴대할 수 있게 했다면, 시계와 안경 스타일의 모바일 기기는 컴퓨터를 항상 몸에 착용하고 다닐 수 있게 하였다. 이러한 기술적 발전으로 스마트기기를 시계와 안경에 접목한 스마트워치와 스마트안경이 출시되고 있다.

스마트워치

스마트워치(smartwatch)는 스마트폰의 기능을 손목시계에 결합한 제품이라고 볼 수 있다. 블루투스를 사용해 스마트폰과 무선으로 연결된 시계를 통해 스마트폰의 전화, 문자, 이메일 등의 일부 기능을 사용할 수 있으며, 내비게이션 기능과 건강관리 기능 등은 독립적으로도 사용이 가능하다.

스마트폰의 강자인 삼성은 스마트폰과 연계된 스마트워치인 갤럭시 기어를 2013년에 출시하였고 2014년에는 기어 S(Gear S)를 출시했다. 기어 S의 외양은 2인치 사각형 모양의 휜 화면(curved display)을 채택했으며, 운영체제는 오픈 소스 모바일 운영체제인 타이젠(Tizen)으로 선택했다. 기어 S는 가입자식별모듈인 유심(USIM) 칩을 내장하고 있어 자체통신이 가능하다. 즉 기어 S는 자체적인 전화번호를 갖고 스마트폰으로 사용할 수 있다. 또한 스마트폰과 연동해 전화, 메시지, 이메일 등을 주고받고, 주요 앱 알림 정보를 확인할 수도 있다.

그림 12.32　삼성 스마트워치

LG 전자의 스마트워치, G 워치 R은 시계의 외관과 비슷한 원형 화면을 사용하는 것이 특징이다. G 워치 R은 별도의 화면 조작 없이 음성만으로 필요한 정보의 검색이 가능하고, 메시지를 보내거나 일정 검색, 메일 관리 등과 같은 대화형 명령을 수행할 수 있다. 내장된 심박센서를 이용해 건강 관리를 도와주며, 부재중 전화, 메시지, 미팅 일정, 날씨 정보 등에 대한 알림 기능도 제공한다. 애플의 스마트워치인 아이워치(iWatch)는 운동량 관리 기능과 건강 추적 기능으로 헬스케어 기능이 강조된 것이 특징이다. 운동량 관리에서는 걸음 수, 칼로리 소모량, 산책 거리 등과 같이 운동량을 점검할 수 있으며, 건강 추적 기능에서는 혈압, 맥박 수, 체온, 호흡 수, 혈당 등을 알 수 있다.

그림 12.33 LG와 애플의 스마트워치

지금까지는 주로 스마트폰을 생산하는 삼성, 애플, 소니 등이 스마트워치 관련 제품을 출시하고 있으나, 앞으로 기존의 시계를 생산하는 업체도 스마트워치 출시 계획을 발표하고 있을 정도로 스마트워치에 대한 관심이 고조되고 있다.

스마트안경

웨어러블 컴퓨터의 2번째 주자는 스마트안경이다. 스마트안경 분야는 구글이 가장 앞서고 있으며, 그 뒤를 삼성을 비롯한 여러 회사가 경쟁하는 분위기이다. 구글의 스마트안경인 구글 글래스(Google glass)는 전화, 문자, 인터넷 검색, 화상 통화 등의 기능이 있으며, 동영상 및 사진 촬영과 내비게이션 기능도 가능하다. 글래스를 사용하면 눈으로 보는 영상을 그대로 흔들림 없이 간편하게 찍거나 녹화할 수 있으며, 내비게이션 기능을 이용하면 달리기를 할 때나 운전을 할 때도 렌즈를 통해 눈앞에 보이는 실제 화면 앞에 내비게이션이 겹쳐져 매우 쉽게 길 안내를 받을 수 있다. 이러한 내비게이션 기능은 현재 자동차에 사용되고 있는 HUD(Head Up Display)와 비슷하나 안경은 내 눈에서 바로 길 안내를 해 주니 더욱 편리할 것이다. 구글 글래스는 와이파이(Wi-Fi)와 블루투스를 지원하며, 충전은 마이크로 USB 케이블을 사용한다. 구글 글래스는 2013년 4월 샘플이 공개되었고, 현재 구글 사이트나 국내 오픈 마켓에서도 구입이 가능하다.

그림 12.34 구글 글래스(www.google.com/glass/start)

삼성도 기어글래스(Gear glass)라는 이름으로 2015년 출시 예정이다. 기어글래스의 운영체제는 삼성전자가 주도해 개발한 차세대 운영체제인 타이젠을 탑재할 계획이다. 기어글래스도 구글글래스와 같이 눈에 렌즈를 갖다대면 관련 정보를 알 수 있으며, 이어피스(Ear piece)를 착용하면 음악을 들을 수도 있다.

2.3 모바일 게임과 보안

모바일 게임

모바일 게임은 다양한 모바일 기기인 스마트폰, 스마트패드 등에서 이용하는 게임으로 정의할 수 있다. 국내에는 카카오톡에서 모바일 게임을 연계하여 서비스를 시작해 남녀노소 다양한 계층으로 빠르게 확산되고 있다.

그림 12.35 국내의 모바일 게임

TIP: 국내 모바일 게임의 역량과 세계 시장

국내 모바일 게임 시장은 높은 스마트폰 보급률과 카카오톡을 활용한 이용자 저변 확대로 가파르게 성장했다. 현재 국내 모바일 게임 업체의 역량은 세계적이라고 할 수 있다. 세계 모바일 게임 매출 순위에 CJ E&M, Naver, WeMade, 게임빌, Com2uS, Actoz Soft 등 한국 업체가 다수 포진하고 있을 정도이다. 그러나 개발업체에게도 고민은 많다. 수많은 게임들이 출시되면서 흥행 확률이 하락하고, 흥행 기간이 짧아지며, 마케팅 비용이 늘어나 수익성이 낮아지고 있기 때문이다. 그럼에도 불구하고 모바일 게임 전문업체인 게임빌과 컴투스를 비롯하여 대자본을 앞세운 Naver, CJ E&M 등이 해외 현지 업체와의 제휴와 국내 개발 메신저인 라인과 카카오톡을 통한 해외 시장 성과 확대로 해외 진출의 초석을 다지는 등 세계 시장을 장악하기 위해 노력을 계속하고 있다.

2013년 세계 게임 시장에서 모바일 게임 시장은 120억 달러, 원화로 12조 4천억 원을 기록하며, PC와 휴대용 게임기 플랫폼을 넘어선 18%의 점유율을 차지하고 있다. 여기서 주목할 부분은 바로 모바일 게임 시장의 무서운 성장세. 2012년 13%에 불과했던 모바일 게임은 전년 대비 무려 35% 성장을 기록해 전 세계 게임산업 중 가장 뜨거운 분야로 기록됐다. 더욱이 오는 2016년까지 지속적인 성장을 통해 27%에 가까운 점유율을 기록할 것으로 예측되는 등 모바일 게임 시장이 이제 세계 게임 시장의 중심에 자리잡을 것이라고 예상하고 있다.

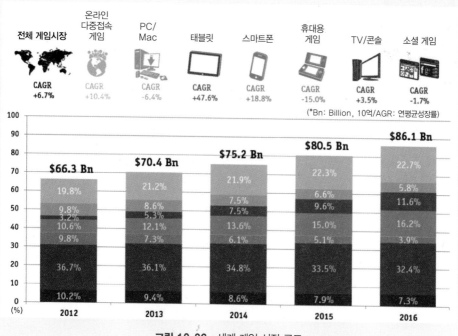

그림 12.36 세계 게임 시장 규모

　　모바일 게임의 장점을 들면 첫째 시간과 공간의 제약을 받지 않으며, 둘째 접근성과 함께 이동성, 휴대성, 간편성이 매우 좋다. 셋째 운영자 및 개발자 입장에서는 단순하고 간단한 게임이라는 특성으로 인해 타 게임시장에 비해 진입장벽이 매우 낮은 장점이 있다. 모바일 게임의 특성 상, 개발자 입장에서는 배급에 따른 부담이 없고 제작기간이 짧아 수요자의 특성 및 요구에 대한 정보가 확보되면 단기간에 수요자의 구미에 맞는 게임 개발이 가능하나, 낮은 진입장벽, 높은 마케팅 비용, 높은 경쟁으로 인해 기대만큼 수익성 확보는 쉽지 않은 상황이다. 그러나 모바일 게임 시장이 계속 성장하고 있고, 국내의 스마트폰 보급율과 국민 거의 모두가 설치한 라인 및 카카오톡을 기반으로, 개발 역량과 참신한 기획이 있으면 좋은 수익을 창출하고 세계로 성장할 수 있는 분야이기도 하다.

모바일 보안

그림 12.37 스마트폰 위험 요인(안랩 홈페이지 참조)

스마트폰과 같은 스마트 기기에는 특성 상 개인정보가 상당히 많이 저장될 수밖에 없다. 그러나 스마트 기기는 간편한 휴대성, 이동성으로 인해 도난, 분실로 인한 정보의 유출 등 다양한 보안 위험에 노출되어 있는 것이 현실이다. 또한 스마트 기기는 무선통신, 와이파이, 블루투스 등 다양한 네트워크에 항시 접속해 있으므로 악성코드 및 유해 애플리케이션이 자신도 모르는 사이에 침투하여 과금을 하거나 다양한 피해를 입힐 수 있으며, 한번 침투되면 다양한 네트워크를 통해 기존의 PC보다 훨씬 빠르게 확산될 수 있는 위험이 있다. 또한 스마트폰에서 인터넷 뱅킹이 활성화되고 앞으로 메신저를 통해 다양한 금융 거래가 허용된다면 피해는 점점 커질 것으로 예상된다. 그러므로 모바일 환경에서 보안은 선택이 아니라 필수이다.

1. PC로부터 파일을 전송 받을 경우 악성코드 여부 확인하기.
2. 게임 등 애플리케이션을 다운로드 시 사용자 평판 정보를 먼저 확인하기.
3. 브라우저나 애플리케이션으로 인터넷에 연결 시 이메일이나 문자메시지에 있는 URL은 신중하게 클릭하기.
4. 애플리케이션을 설치하거나 이상한 파일을 다운로드한 경우에는 반드시 악성코드 검사를 실시하기.
5. 스마트폰용 보안SW를 설치하고 엔진을 항상 최신으로 유지하기.
6. 스마트폰의 잠금 기능(암호 설정)을 이용하고 잠금 비밀번호를 수시로 변경하기.
7. 블루투스 기능을 켜놓으면 악성코드에 감염될 가능성이 높으므로 필요할 때만 켜놓기.
8. ID, 패스워드 등을 스마트폰에 저장하지 않기.
9. 백업을 주기적으로 받아서 분실 시 정보의 공백이 생기지 않도록 하기.
10. 임의로 개조하거나 복사방지 등을 풀어서 사용하지 않기.

그림 12.38 안랩에서 제시한 스마트폰 보안 십계명

스마트폰의 보안 위험은 운영체제나 기기의 문제라기보다는 사용자의 보안에 대한 의식이 없는 것이 더 문제일 수 있다. 그림 12.37과 같은 스마트폰 사용 지침을 통해 일상 생활에서 스마트폰이 보안 위험에 노출되는 경우를 최소화하도록 하자.

안드로이드와 iOS 모두 모바일 운영체제로서 데스크톱 운영체제보다 보안을 더 강화하고 있다. 운영체제의 특성 상 리눅스를 기반으로 하는 안드로이드는 기본적으로 오픈 소스이며, 애플리케이션 개발 시 사용자의 위치정보와 전화번호부 참조, 문자의 읽기와 쓰기 등의 권한을 줄 수 있다. 그러므로 의도적으로 만든 악성 앱을 아무 의심 없이 설치하면 자신도 모르게 순식간에 피해자로 전락할 수밖에 없는 위험성을 내포하고 있는 것이 사실이다. 마찬가지로 iOS는 GPS 등 일부 자원에 대해서 사용 체크를 하긴 하지만 근본적으로는 이런 권한 체계를 갖추고 있지 않다. 또한 iOS는 샌드박스(sand box) 규정을 강화하고 있다. 샌드박스는 원래 자바가 제시한 보안규정으로 외부 프로그램은 보호된 영역에서 동작하도록 하며, 자유로운 시스템 자원의 참조를 제한하고, 시스템이 부정하게 조작되는 것을 막는 보안 형태이다. iOS의 이러한 샌드박스의 강화는 보안을 강화시키는 장점도 있으나 개발자로 하여금 아이폰의 내부를 속속들이 파악하고 제어하는 앱을 만들 수 없도록 제한하기도 한다.

스마트폰의 보안 위험은 이러한 운영체제 자체의 문제보다 사용자의 부주의로 악성 앱이 자연스럽게 시장에서 유포되는 경우가 많다. 또한 앱 유통 시장인 앱 스토어와 구글 플레이에도 좀 차이가 있다. 애플 스토어는 유료 정책과 앱의 엄격한 심사로 악성 앱의 유포를 어느 정도 차단시킬 수 있으나 구글 플레이는 별 제약 없이 앱을 올릴 수 있으므로 악성 앱이 유포될 가능성이 있는 것이 사실이다. 그러나 iOS의 샌드박스의 강화나 앱 스토어의 검열과 같은 앱의 심사는 탈옥이라는 부작용을 낳는 단점도 있다. 탈옥(Jailbreak)은 아이폰에서 허가 받지 않은 앱을 스마트폰에 설치하거나 스마트폰 플랫폼 구조를 사용자 임의로 변경하는 것을 말한다.

애플 아이폰의 폐쇄적인 구조와 앱 유통 정책은 사용자로 하여금 허가 받지 않은 앱의 유포나 다양한 사용자 요구에 맞도록 애플이 제한하는 시스템의 기능을 구현하는 탈옥이라는 일탈로 이어지고 있다. 또한 일부 사용자는 크랙 앱(crack App)을 무료로 다운 받을 수 있는 등의 이점을 노리고 탈옥을 감행하거나, 무제한적인 플랫폼 구조의 변경으로 보안기능이 저하되어 보안 위협에까지 이르기도 한다. 특히 크랙된 불법 앱을 사용하는 탈옥은 불법이며, 탈옥한 아이폰은 공식적인 iOS 업그레이드를 받을 수 없고, 탈옥하는 과정에서 아이폰 기기에 손상이 오는 경우라도 애플의 공식 서비스를 받을 수도 없기 때문에 사용자의 주의가 필요하다.

아이폰 앱의 암시장 중 대표적인 곳은 시디아 스토어(Cydia store)이다. 허가 받지 않은 앱스토어인 시디아 스토어에는 무료 앱, 앱 등록을 거부당한 앱이 유통되고 있다.

그림 12.39 시디아 로고와 스토어

03

클라우드 컴퓨팅

최근 인터넷과 모바일 분야의 화두 중 하나는 클라우드 컴퓨팅일 것이다. 언제 어디서나 유무선 인터넷의 활용이 쉬워지면서 가능한 최소한의 정보기술 자원을 직접 가지고 다니고, 가능한 많은 자원은 서버인 클라우드에 두어 사용자는 언제 어디서나 손쉽게 정보기술 서비스에 접근하여 사용할 수 있다. 즉 넓은 의미의 클라우드 컴퓨팅이란 일반적으로 서버인 클라우드에 하드웨어와 소프트웨어, 그리고 개발 플랫폼 등을 두고 인터넷을 통해 필요에 따라 접속하여 사용하는 서비스라 말할 수 있다.

3.1 클라우드 컴퓨팅 개요

클라우드 개요

2000년에 들어 무선 통신과 모바일 기기의 발전에 따라 사용자가 사용하는 클라이언트 컴퓨팅의 환경이 매우 다양화되었다. 이러한 다양한 모바일 기기를 활용하면서 유무선 통신을 연결해 언제 어디서나 서버의 저장 장치와 같은 하드웨어와 다양한 소프트웨어를 가상화 기술로 통합적으로 연결하여 서비스하는 기술을 클라우드 컴퓨팅이라 한다.

클라우드 컴퓨팅이 다양해지면서 정보기술 자원을 구매하지 않고 필요한 자원을 사용한 만큼만 비용을 지불하는 방식으로 변하고 있다. 즉 기존 정보기술 자원의 활용 방식이 '소유'에서 '임대'로 변화하게 된다. 결국 클라우드 컴퓨팅을 사용하게 되면 정보의 입출력을 위한 키보드, 모니터 등 최소한의 인터페이스만 남기고 CPU, 스토리지, 애플리케이션 등 나머지 모든 정보기술 자원은 클라우드에 둘 수 있어 사용자가 구매, 운영 및 유지보수를 걱정할 필요가 없고, 언제 어디서나 저렴한 가격으로 접근하여 사용할 수 있다.

클라우드 분류

클라우드 컴퓨팅은 서버, 저장장치 등의 인프라를 서비스하는 IaaS(Infra As A

Service), 서비스 개발에 필요한 개발도구를 서비스하는 PaaS(Platform As A Service), 그리고 워드와 같은 문서작성 도구와 일정관리 등의 소프트웨어를 서비스하는 SaaS(Software As A Service)로 분류할 수 있다.

표 12.4 클라우드 사업자별 주요 서비스 현황

분류	내용
IaaS(Infra As A Service)	서버, 저장장치, 네트워크 등 IT 인프라 자원을 빌려주는 클라우드 서비스
PaaS(Platform As A Service)	클라우드 서비스 개발에 필요한 개발 도구를 빌려주는 클라우드 서비스
SaaS(Software As A Service)	문서작성 도구, 일정관리, 게임 등 소프트웨어를 빌려주는 클라우드 서비스

국내 기업은 검색 포털 회사를 중심으로 스토리지와 간단한 소프트웨어 서비스를 하고 있으며, 통신사를 중심으로 서버 임대, 스토리지 서비스 등을 제공하는 단계이다. 앞으로 기업의 창의적 아이디어를 효율적으로 구현할 수 있는 도구로 클라우드가 부각되면서 다양한 서비스 출시가 예상된다. 다음은 국내외 주요 사업자의 클라우드 서비스 현황이다.

표 12.5 클라우드 사업자별 주요 서비스 현황(자료: KT경제경영연구소)

국외/국내	사업자	주요 서비스	서비스 분류
국외	아마존	AWS, EC2, S3	IaaS
	IBM	블루 클라우드	IaaS
	마이크로소프트	Azure, Office 365	IaaS, PaaS, SaaS
	구글	Google Apps	IaaS, PaaS, SaaS
	세일즈포스닷컴	CRM툴	IaaS
국내	KT	U CLoud	IaaS
	LG U⁺	U⁺ Box	IaaS
	SK텔레콤	T Cloud	IaaS
국내	삼성 SDS	웹 클라우드, R&A 클라우드	IaaS
	LG CNS	vDataCenter, vDesktop, vApps, vHosting+	IaaS, PaaS, SaaS
	NHN	N드라이브 등	IaaS, SaaS
	Daum	Daum 클라우드	IaaS, SaaS

네이버와 다음의 클라우드 서비스

네이버의 N드라이브

네이버에서 서비스하는 N드라이브는 저장장치와 네이버 오피스라는 소프트웨어를 서비스하는 클라우드이다. N드라이브는 30GB의 용량을 무료로 제공하므로, 언제 어디서나 이미지와 다양한 문서를 저장하여 자신의 PC와 스마트폰에서 언제 어디서나 뷰어를 통하여 볼 수 있다. N드라이브의 [새 문서]는 네이버 워드, 네이버 슬라이드, 네이버 셀, 네이버 폼이라는 문서 작성 소프트웨어를 서비스한다.

그림 12.40   네이버의 N드라이브

N드라이브는 자신의 PC와 N드라이브를 함께 볼 수 있는 '네이버 N드라이브 탐색기'를 활용하여 파일의 이동과 삭제가 편리하며, 폴더 별로 동기화가 가능한 장점이 있다. 내 컴퓨터 폴더와 N드라이브 폴더를 자동 동기화 설정하면, N드라이브 탐색기에 로그인 되어 있는 상태에서는 항상 두 폴더의 상태를 동일하게 유지해 준다. 즉 한 쪽 폴더에 있는 파일이 수정되면 다른 한 쪽 폴더에 있는 파일도 동일하게 수정되어, 매번 파일을 올리고 내리지 않고도 두 폴더에 동일한 최신 파일을 유지할 수 있게 된다. 다음은 N드라이브 탐색기 트레이 아이콘에서 오른쪽을 클릭하고 "동기화" 메뉴를 선택하여 폴더 별 자동 동기화를 시키는 과정의 화면을 보이고 있다.

그림 12.41 폴더 동기화 설정 과정

다음의 클라우드

다음(Daum) 계정을 얻어 다음 클라우드 서비스 신청을 하면 바로 다음 클라우드에 접속하여 50G의 저장장치를 사용할 수 있다. 개인의 PC와 다음 클라우드를 동기화시키면서 사용하려면 하단부의 [PC싱크 프로그램 설치]를 눌러 프로그램을 설치하도록 한다.

이제 클라우드와 내 PC의 폴더를 실시간으로 동기화해 저장할 수 있다. 클라우드에 저장된 파일은 PC에도 동시에 저장되기 때문에 인터넷이 되지 않는 상황에서도 내 컴퓨터에 저장된 클라우드 폴더를 열어 자료를 편집할 수 있다. 인터넷이 연결되지 않은 상태에서 변경된 내역은 인터넷이 연결되면 다시 동기화가 설정되어 자동으로 클라우드에 저장된다. 다만 다음의 클라우드는 클라우드의 모든 파일이 동기화되므로 부분적인 동기화 선택의 여지가 없다.

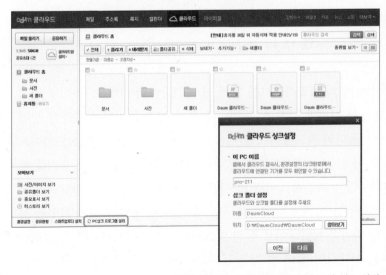

그림 12.42 다음 클라우드와 PC와 싱크 설정

다음 클라우드는 파일 버전관리를 지원한다. 파일 버전관리 기능은 파일을 잘못 편집했거나, 다른 파일을 동일한 이름에 덮어쓰기 하였을 때 파일의 버전을 확인하고 이전으로 돌릴 수 있는 기능이다. 클라우드의 폴더를 다른 사람과 공유하려면 폴더 공유하기 기능을 사용한다. 공유 폴더에 올린 문서나 사진들은 폴더당 최대 50명까지 공유할 수 있으며, 함께 공유하고 편집할 수 있다. 팀 프로젝트로 자료를 공유하고 보고서를 함께 작성할 때, 여행 사진을 간편하게 공유하고 싶을 때 유용한 기능이다.

3.3 구글의 클라우드 컴퓨팅

구글이 제공하는 구글 드라이브(Google drive)는 클라우드 저장장치 서비스 및 온라인 오피스 프로그램 서비스이다. 구글 계정을 가지고 있으면 누구나 5GB의 무료 클라우드 드라이브 서비스를 받을 수 있고, 언제 어디서나 오피스와 같은 문서를 만들어 공유할 수 있다. 이러한 구글 드라이브는 개인용 컴퓨터와 스마트폰, 탭, 패드와 같은 스마트 기기와 연동시켜서 사용하면 더욱 빠르고 편리하게 활용할 수 있다. 워드 문서, 스프레드시트, 프레젠테이션, 양식, 그림 그리기 등을 별도의 설치 프로그램 없이 온라인으로 작업할 수 있으며, 무엇보다도 협업을 통한 공동 작업도 가능하므로 지금까지 사용자 단독 작업으로 작성하던 각종 파일 작업의 한계를 뛰어넘는 다양한 작업이 가능하다.

구글 드라이브 설치

구글 드라이브를 PC에 설치하는 법부터 알아보자. 스마트 기기에서는 앱스토어나 구글 플레이에서 구글 드라이브를 검색해서 설치하면 된다. 다음은 구글 드라이브를 개인용 컴퓨터에 설치하여 시작하는 과정이다. 구글에 접속하여 내려 받은 설치 파일을 설치하면 다음과 화면으로 시작된다.

그림 12.43 구글 드라이브 설치와 로그인 화면

Gmail 계정이 있으면 바로 로그인이 가능하다. 로그인이 성공하면 다음과 같이 [다음] 버튼을 눌러 구글 드라이브의 간략한 설명을 볼 수 있다.

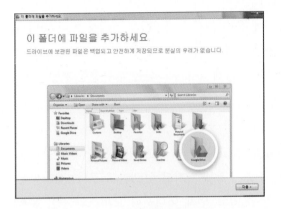

그림 12.44 구글 드라이브 시작의 여러 화면

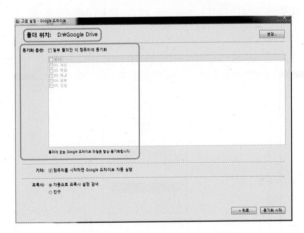

그림 12.45 구글 드라이브 고급 설정

마지막 화면에서 [고급 설정]을 누르면, 구글 드라이브의 폴더 지정 변경이 가능하고 개인 컴퓨터와 구글 드라이브 서버 간의 자료가 동일하게 유지되는 동기화 옵션을 수정할 수 있다. 만일 부분적으로 동기화를 실시하려면 [일부 폴더만 이 컴퓨터만 동기화]를 체크하여 폴더를 지정할 수 있다. 이를 지정하지 않으면 자동으로 구글 드라이브 하부 모든 폴더가 동기화된다. 이제 마지막으로 [동기화] 버튼을 누르면 구글 드라이브를 사용할 수 있다.

구글 드라이브 활용

구글 드라이브가 개인용 컴퓨터에 성공적으로 설치되면 다음과 같이 구글 드라이브로 지정된 폴더에 구글 드라이브 로고가 표시된다. 이제 개인용 컴퓨터의 탐색기에서 쉽게 구글 드라이브를 사용할 수 있다.

구글 드라이브 폴더를 누르고 생기는 메뉴에서 [웹의 Google 드라이브로 이동]을 선택하면 웹 브라우저에서 바로 구글 드라이브 서버에 접속된다. 개인용 컴퓨터의 구글 드라이브 폴더가 서버와 동기화되어 있는 것을 확인할 수 있다.

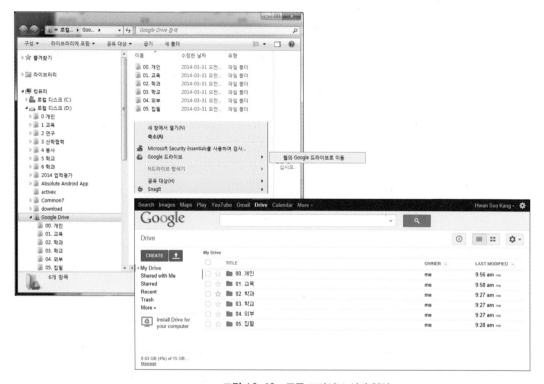

그림 12.46 구글 드라이브 서버 연결

04

모바일 프로그래밍

누구나 모바일 기기인 스마트폰이나 스마트패드에서 애용하는 응용프로그램인 앱이 하나는 있을 것이다. 모바일 소프트웨어인 앱은 일정관리, 날씨정보, 내비게이션, 메신저, 알람 등 다양하며, 자신이 직접 앱을 개발해 사용할 수도 있다. 이 단원에서는 모바일 프로그래밍 개발환경과 앱 프로그래밍 방법에 대하여 간략히 알아보자.

4.1 ____ 안드로이드 개발환경

안드로이드 개발환경 개요

안드로이드 운영체제에서 실행되는 스마트폰 앱 프로그램을 개발하려면 다음과 같은 개발환경이 필요하다. 가장 먼저 자바 기본 개발환경인 JDK(Java Development Kits)가 필요하며, 다음으로 앱의 통합개발환경(IDE: Integrated Development Environment)으로 이클립스가 필요하다. 세 번째로 안드로이드 앱 개발을 위한 소프트웨어 개발환경인 안드로이드 SDK(Android Software Development Kits)가 필요하며, 마지막으로 안드로이드 SDK를 이클립스와 연결하는 플러그인 도구인 ADT(Android Development Tools) 플러그인(Plug-in)이 필요하다.

표 12.6 안드로이드 앱 개발환경에 필요한 도구

번호	이름		내려받기	내용
1	자바 JDK		www.oracle.com	자바 SE인 기본 개발환경
2	이클립스	이클립스 ADT 번들 (Eclipse ADT Bundle)	www.eclipse.org	플러그인(plug-in) 통합개발환경
3	안드로이드 SDK		developer.android.com	안드로이드 앱 개발을 위한 소프트웨어 개발환경
4	ADT 플러그인 (ADT Plug-in)		이클립스에서 직접 설치	안드로이드 앱 개발환경인 안드로이드 SDK를 이클립스와 연결하는 플러그인 도구

위의 안드로이드 앱 개발환경 설치에서 3번, 4번 설치가 다소 복잡했으나 2번, 3번, 4번을 함께 쉽게 설치할 수 있는 이클립스 ADT 번들(Eclipse ADT Bundle)이 제

공되어 설치가 한결 간편해졌다. 즉 자바 JDK를 설치하고 바로 ADT 번들만의 설치로 안드로이드 앱 개발환경 설치는 쉽게 완료된다.

자바 JDK

자바 언어를 이용하여 앱을 비롯한 다양한 프로그램을 개발하기 위한 최소한의 환경을 JDK(Java Development Kit)라 한다. JDK는 자바 컴파일러(Compiler), 자바 인터프리터(Interpreter), 자바 디버거(Debugger) 등의 개발도구와 함께 자바 프로그램이 실행될 수 있는 환경인 자바실행환경 JRE(Java Runtime Environment)를 제공한다.

JDK는 1995년 5월 JDK 베타버전 발표 이후 현재 JDK 8이 출시되었다. 특히 버전 1.2부터는 개발도구 개념에서 발전되어 플랫폼이라는 의미로 J2SE(Java 2 Platform Standard Edition)라고 부르기도 하였다. 현재는 기본 플랫폼에서 사용되는 응용 프로그램 개발을 위한 에디션(edition)이라는 의미로 Java SE(Standard Edition)라고 부른다.

자바 JDK를 내려 받으려면 오라클의 Java SE(Java Platform, Standard Edition) 내려받기 페이지(www.oracle.com/technetwork/java/javase/ downloads)에 접속한다. Java Platform, Standard Edition은 크게 JDK와 JRE로 나뉜다. 여기서는 JDK를 설치하도록 한다.

> JDK(Java Development Kits):
> 자바 언어를 이용하여 응용프로그램, 안드로이드 앱 등을 개발하기 위한 환경으로 개발을 위한 유용한 도구와 자바 실행 환경 JRE를 포함한다.

그림 12.47 Java SE 다운로드 홈페이지

리눅스(Linux), 솔라리스(Solaris), 윈도우(Windows) 기반의 다양한 JDK 버전 중

에서 설치하려는 플랫폼에 적합한 JDK 버전을 내려 받는다. 일반 윈도우 시스템이라면 32비트인 windows x86 제품인 파일 jdk-8uOO-windows-i586.exe를 내려받는다.

이클립스 ADT 번들 설치

이클립스 ADT 번들은 이클립스와 안드로이드 SDK, 그리고 ADT 플러그인(plug-in)을 합친 개발도구이다. 안드로이드 SDK는 안드로이드 앱을 개발하기 위한 툴킷으로 안드로이드 개발 라이브러리 API와 개발 소프트웨어이다. ADT 플러그인은 안드로이드 앱 개발환경인 안드로이드 SDK를 이클립스와 연결하는 플러그인 도구이다.

이클립스 ADT 번들을 내려 받으려면 안드로이드 개발자 홈페이지의 [Get the Android SDK](developer.android.com/sdk)를 방문한다. 페이지의 중간 링크 [Download Eclipse ADT with the android SDK for Windows]를 누르면 안드로이드 ADT 번들을 내려 받는 페이지로 이동한다.

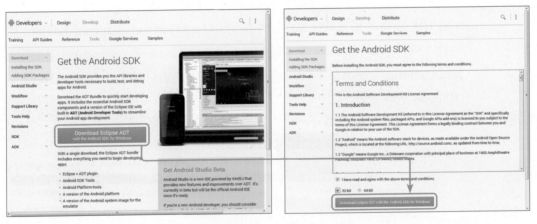

그림 12.48　안드로이드 ADT 번들 내려 받기

이동된 페이지에서 안드로이드 SDK 라이선스 동의 체크박스와 자신의 운영체제에 맞는 비트를 선택하고 [Download Eclipse ADT with the android SDK for Windows]를 누르면 압축파일인 adt-bundle-windows-x86-20140702.zip을 내려 받을 수 있다.

adt-bundle-windows-x86-20140702.zip

내려 받은 ADT 번들의 설치는 이클립스의 설치와 같이 단순히 압축을 푸는 방식으로 쉽게 설치가 가능하다. 압축을 다음과 같이 지정한 폴더 [E:\Android ADT] 하부에 풀면, 파일이름과 같은 adt-bundle-windows-x86-20140702 폴더를 하부에 만든 후, 그 폴더 하부에 관련 개발도구와 이클립스가 설치된다. 압축을 푸는 ADT 번들의 설치는 매우 간편하며, 추가 설치 없이 바로 앱을 개발할 수 있는 장점이 있다. 다음 화면에서 보듯이 만일 [E:\Android ADT] 하부에 압축을 푼다면 알집의 대화상자에서 [선택된 폴더 하위에 압축파일명으로 폴더 생성]을 선택하지 않아도 [E:\Android ADT\adt-bundle-windows-x86-20140702\eclipse] 폴더 하부에 ADT에 필요한 파일이 설치된다.

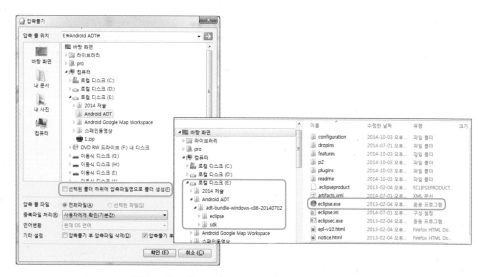

그림 12.49 안드로이드 ADT 압축 풀기와 설치된 폴더

4.2   안드로이드 프로그래밍

이제 간단한 안드로이드 앱의 개발과 실행과정을 알아보자. 간단히 "HelloWorld"를 출력하는 앱에 대하여 알아보자.

안드로이드 앱 개발을 위한 프로젝트 생성

안드로이드 앱을 위한 프로젝트에서 지정해야 하는 주요 항목은 앱이름, 프로젝트이름, 패키지이름 3가지이다. 다음 대화상자에서 앱이름은 앱 프로그램의 이름으로, 한글도 가능하므로 [첫 안드로이드 앱 프로젝트]로 지정하고 프로젝트이름은 HelloWorld로, 패키지이름은 com.example로 지정한다. 앱 프로젝트에서 다음 3개의 속성 이름은 다음 표와 같은 의미로 사용된다.

항목	의미
Application Name	응용프로그램인 앱의 이름으로 마켓과 휴대폰에서 사용되는 앱 이름이며 휴대폰에서 아이콘 하단의 제목으로도 표시되므로 앱의 기능을 표현하는 이름으로 지정
Project Name	작업공간에서 생성되는 프로젝트 폴더의 이름
Package Name	클래스의 패키지 이름으로 모두 소문자로 쓰고, URL의 반대로 넓은 의미를 먼저 기술

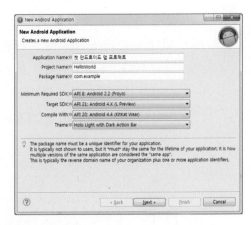

그림 12.50 안드로이드 앱을 위한 기본 속성

안드로이드 앱 프로젝트 실행

안드로이드 앱 프로젝트를 생성하면 다음과 같이 프로젝트가 생성된 전체 화면이 표시된다. 즉 다음 화면은 안드로이드 앱을 위한 프로젝트에서 주요 이름인 앱이름, 프로젝트이름, 패키지이름 3가지를 지정하고, 나머지 속성은 모두 기본 값을 지정한 후 생성된 이클립스 화면이다.

그림 12.51 앱 프로젝트 HelloWorld가 생성된 이클립스 화면

안드로이드 앱을 실행하는 방법은 직접 PC와 연결된 스마트폰에서 직접 실행해보는 방법과 PC에 설치된 가상 기기 에뮬레이터인 AVD(Android Virtual Device)에서 실행하는 방법 2가지가 있다. AVD(Android Virtual Device)는 안드로이드

앱을 개발하여 컴퓨터에서 가상으로 실행할 수 있는 휴대폰 모양의 에뮬레이터 (emulator)이다. 다음은 AVD에서 실행된 모습으로, 처음 실행된 화면에서 하부 중앙의 열쇠를 마우스로 드래그하면 이제 [첫 안드로이드 앱 프로젝트]가 성공적으로 실행될 것이다.

그림 12.52 첫 안드로이드 앱 실행 화면

4.3 아이폰 개발환경과 프로그래밍

안드로이드 앱을 개발하기 위한 안드로이드 SDK와 이클립스가 열린 개발환경이라면 아이폰의 앱을 개발하기 위한 환경은 폐쇄적이다. 아이폰 앱을 개발하려면 우선 애플의 운영체제인 OS X가 설치되어 있어야 한다. 애플의 데스크톱이나 맥북(Mac book)이 없다면 윈도우에 OS X를 설치할 수도 있으나 불편함이 따를 것이다.

아이폰 개발환경 Xcode

아이폰 개발환경은 애플의 운영체제인 OS X에서 실행되는 Xcode이다. 원래 Xcode는 아이폰과 아이패드는 물론 맥의 소프트웨어 개발을 위한 모든 것을 제공한다. 즉 Xcode를 사용하여 개발 소프트웨어의 화면 디자인과 코딩, 그리고 테스팅과 디버깅을 자연스럽게 할 수 있다. Xcode는 Xcode 통합개발환경(IDE)을 비롯하여, Objective-C 컴파일러와 도구 분석도구(Instruments analysis tool), 그리고 iOS 시뮬레이터(iOS Simulator)와 최신의 OS X와 iOS SDK(Software Development Kit)를 제공한다. Xcode를 설치하면 자동으로 최신의 iOS SDK가 설치된다. iOS SDK는 iOS 기반 애플리케이션 개발환경으로 앱을 개발하고, 테스트하고, 실행해 볼 수 있는 코드, 정보 등을 제공한다. Xcode는 iSO 앱 개발을 위한 통합개발환경으로 앱 개발을 위한 코드를 작성, 수정, 디버깅할 수 있는 정보를 제공한다.

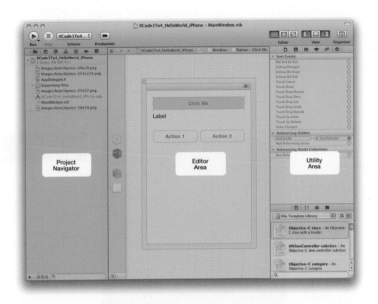

그림 12.53 Xcode 화면

Xcode에서 개발한 앱은 iOS 장치나 다음과 같이 iOS 시뮬레이터(iOS Simulator)에서 실행시켜 볼 수 있다.

그림 12.54 Xcode의 iOS 시뮬레이터 실행

아이폰 개발 언어 Objective-C

운영체제 iOS에서 실행되는 앱의 주 개발 언어는 Objective-C이다. Objective-C는 1980년 초에 브래드 콕스(Brad Cox)와 톰 러브(Tom Love)가 개발한 언어로서 C 언어에서 전처리(preprocessing)와 표기(expressions), 함수 선언(function declarations), 그리고 함수 호출(function calls) 등과 같은 대부분의 문법을 가져왔

으며, 여기에 스몰토크(SmallTalk) 언어에서 메시지 전달 방식을 가져와 객체지향적인 기능들을 구현하였다.

Objective-C에서 클래스의 정의는 C++와 비슷하게 클래스의 선언과 구현으로 나뉜다. 클래스의 선언은 확장자가 .h인 헤더파일에서 코딩하며, 클래스의 구현은 .m(.c 에 대응) 또는 .mm(.cpp 에 대응)인 구현 소스파일에서 코딩된다.

표 12.7 Objective-C의 소스 파일 구성

확장자	소스
.h	클래스, 유형, 함수, 상수의 선언이 있는 헤더 파일
.m	Objective-C와 C 코드가 있는 구현 소스 파일
.mm	Objective-C와 C, 그리고 C++ 코드가 있는 구현 소스 파일

클래스의 기본적인 구조를 기술하는 인터페이스(interface)는 일반적으로 헤더파일 .h에 저장된다. 클래스의 선언은 @interface로 시작하고 @end로 끝난다. 클래스의 소속 변수는 { //소속변수 선언 } 내부에 선언되며, 선언 이후의 + 기호는 클래스의 메소드 선언을 의미한다. + 기호의 클래스 메소드는 자바의 정적 메소드와 동일하며, 선언된 클래스의 인스턴스의 유무에 상관없이 항상 존재한다. - 기호는 인스턴스 메소드이며 클래스가 인스턴스화가 되어야만 사용할 수 있다.

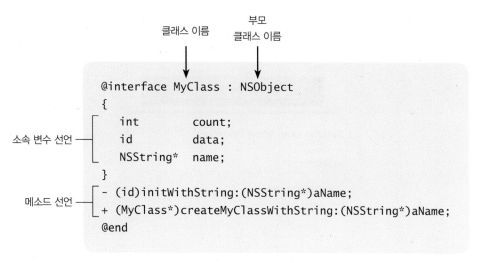

그림 12.55 헤더 파일의 내용

클래스 구현은 @implementation 클래스_이름과 @end 사이에서 선언된 메소드를 구현한다. 클래스 구현 파일의 첫 줄은 헤더 파일을 가져오는 #import "MyClass.h" 문장이 필요하다.

```
#import "MyClass.h"
@implementation MyClass

- (id)initWithString: (NSString *)aName
{
    // code goes here
}

+ (MyClass *)myClassWithString: (NSString *)aName
{
    // code goes here
}
@end
```

클래스 구현

그림 12.56 구현 파일의 내용

 TIP: 애플의 앱스토어와 구글 플레이

개발된 앱을 등록하는 과정을 간략히 알아보자.

애플의 앱스토어에 앱을 등록하려면 필요한 웹 사이트에 접속하고 개발환경인 Xcode에서 여러 과정을 진행한
다. 앱스토어에 앱을 등록하는 과정은 좀 복잡하며, 승인과정이 있으므로 길어지면 1~2주가 소요될 수 있다.

그림 12.57 애플 개발자 등록 사이트(developer.apple.com/register/index.action)

가장 먼저 등록 사이트(developer.apple.com/register/index.action)에 접속하여 애플 ID를 만든다. 개발자 등록은 개인인 경우 무료로, 사업자인 경우 1년에 99불을 지불하고 등록할 수 있다. 사업자로 등록하려면 표준 사업자 식별번호(D-U-N-S Number) 등록절차로 빠르면 1~2일 정도 소요된다. 개발자 사이트(developer.apple.com)에 접속하여 iOS 개발 인증서를 발급받아 등록한 후, 앱에 사용할 앱 ID를 발급받는다. 이제 앱을 테스트할 기기를 등록하고 프로파일을 활성화해야 한다. 마지막으로 아이튠즈 커넥트(itunesconnect.apple.com)에서 등록할 앱 정보를 입력해주고 Xcode에서 앱을 업로드해주면 된다. 앱스토어 등록 후, 무료일 경우 일 주일 정도, 유료일 경우 길게는 이 주일 정도 걸려야 업로드된 앱을 앱스토어에서 정식으로 볼 수 있다. 앱스토어 등록은 거절당할 수도 있으며, 이럴 경우 앱을 보완해 다시 올릴 수 있다.

개발자는 앱 스토어에 판매를 목적으로 올리는 앱의 가격을 정할 수 있으며, 수익은 개발자와 애플이 각각 70%와 30%씩 배분한다. 즉 애플이 판매 수익의 30%를 수수료 및 호스팅 비용으로 가져간다. 애플이 가져간 30% 중에서 무려 16%를 신용카드 회사가 수수료로 가져가며, 앱의 저장, 관리, 전송비용으로 1%, 그리고 나머지 13%를 애플이 직접 가져간다.

구글 플레이에 앱을 올리는 과정은 상대적으로 앱스토어보다 간편하다. 가장 먼저 배포할 안드로이드 앱을 충분히 테스트한 후 릴리즈 버전을 만들고 개인키를 생성하여 서명한다. 다음으로 구글 계정을 만들고 구글 플레이 개발자 콘솔(play.google.com/apps/publish/signup)에서 구글 개발자로 등록한다. 이제 구글 개발자 배포 계약서를 검토한 후 동의하고 등록 수수료 $25를 지불한다. 이제 개발자 콘솔 화면에서 앱의 특징과 기능을 보여주는 스크린샷과 동영상을 스토어 등록정보 페이지에 추가하고, 개발한 앱을 업로드한다. 앱의 배포가 완료되면 한 두 시간 안에 자신이 개발해 업로드한 앱이 구글 플레이에서 바로 보일 것이다.

구글 플레이에서 발생하는 앱·개발의 수익 구조를 살펴보면, 판매 가격의 70%를 개발자가 가져가고, 구글이 파트너 및 운영 수수료로 나머지 30%를 가져가는 구조다. 구글이 가져간 30% 중에서 약 15%를 통신사에 주고 15% 정도만 구글이 직접 가져간다. 구글 플레이가 이동 통신사에 약 15%를 준다면, 애플 앱스토어는 신용카드 회사에 약 16%를 주는 구조로 차이가 있다. 그러나 구글 플레이와 앱스토어 두 유통사가 모두 개발자에게 70%를 주는 구조는 같다.

그림 12.58 구글 플레이 개발자 콘솔 사이드(play.google.com/apps/publish/signup)

[객관식 문제]

다음 각 문항에 대하여 보기 중에서 알맞은 것을 선택하시오.

01 모바일 기기의 발달 순서가 바른 것은?

A. 스마트폰 – PDA – 스마트패드

B. PDA – 스마트폰 – 스마트패드

C. 스마트폰 – 스마트패드 – PDA

D. PDA – 스마트패드 – 스마트폰

02 빈칸에 들어갈 말로 가장 알맞은 것은?

> 2007년 1월, 샌프란시스코 맥월드 엑스포에서 발표된 애플의 (   )(은)는 우리의 모습을 변화시킨 혁신적인 제품으로, 우리가 살고 있는 21세기 시대를 모바일 시대로 바꾸었다.

A. 아이팟

B. 갤럭시 S

C. 아이폰

D. 아이패드

03 패드 형태의 태블릿 컴퓨터와 화면이 작은 스마트폰의 중간이라는 의미로 패블릿(pablet = phone + tablet)이라는 신종어를 낳은 스마트폰은 무엇인가?

A. 아이패드

B. 아이폰

C. 갤럭시 S

D. 갤럭시 노트

04 빈칸에 들어갈 말로 가장 알맞은 것은?

> 안드로이드(Android)는 (   )(와)과 오픈 핸드셋 얼라이언스(OHA: Open Handset Alliance)에서 만든 모바일 기기를 위한 운영체제이다.

A. 노키아

B. 구글

C. MS

D. 삼성

05 빈칸에 들어갈 말로 가장 알맞은 것은?

> 안드로이드는 (   ) 커널을 기반으로 만들어졌으며, 내부 구조를 살펴보면 응용 프로그램, 응용 프로그램 프레임워크, 라이브러리, 안드로이드 런타임, (   ) 커널의 5개 레이어로 구성되어 있다.

A. 유닉스

B. 리눅스

C. 윈도우

D. iOS

06 다음 프레임워크를 갖는 운영체제는 무엇인가?

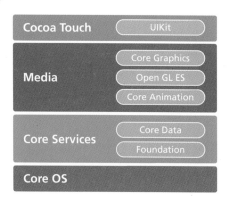

A. 우분투터치
B. 안드로이드
C. 타이젠
D. iOS

07 빈칸에 들어갈 말로 가장 알맞은 것은?

( )(이)가 다른 모바일 운영체제와 차별화되는 가장 큰 특징은 초기화면에서 간결하고 확장성이 있는 타일 스타일의 UI(User Interface)인 라이브 타일(Live Tile)을 활용하고 있다는 점이다.

A. 안드로이드
B. 타이젠
C. 윈도우 폰
D. 안드로이드

08 운영체제와 개발 회사의 연결이 잘못된 것은?

A. 우분투 터치 – 캐노니컬
B. 타이젠 – 타이젠 연합
C. 안드로이드 – 구글
D. 파이어폭스 – RIM

09 앱 중에서 성격이 다른 것은?

A. 왓츠앱
B. 라인
C. 카카오톡
D. SMS

10 원래 자바가 제시한 보안규정으로 외부 프로그램은 보호된 영역에서 동작하도록 하며, 자유로운 시스템 자원의 참조를 제한하고, 시스템이 부정하게 조작되는 것을 막는 보안 형태는?

A. 샌드박스
B. 탈옥
C. 크랙
D. 타이젠

11 아이폰에서 허가 받지 않은 앱을 스마트폰에 설치하거나 스마트폰 플랫폼 구조를 사용자 임의로 변경하는 것을 무엇이라 하는가?

A. 샌드박스
B. 시디아
C. 탈옥
D. 크랙

12 IaaS, PaaS, SaaS로 분류되는 것은?

A. 모바일 게임   B. 메신저

C. 모바일 컴퓨팅   D. 클라우드 컴퓨팅

13 문서작성 도구, 일정관리, 게임 등 소프트웨어를 빌려주는 클라우드 서비스를 말하는 것은?

A. SaaS   B. IaaS

C. PaaS   D. AaaS

14 클라우드 서비스와 회사 이름이 잘못된 것은?

A. 구글 – 드라이브   B. 다음 – 클라우드

C. 네이버 – N 드라이브   D. 구글 – G 드라이브

15 모바일 운영체제와 주 개발언어, 개발환경이 맞는 것은?

A. 안드로이드, 자바, 이클립스   B. iOS, Objective-C, 이클립스

C. 안드로이드, 자바, Xcode   D. iOS, 자바, 이클립스

16 자바 언어를 이용하여 앱을 비롯한 다양한 프로그램을 개발하기 위한 최소한의 환경을 무엇이라 하는가?

A. Eclipse   B. Cocoa

C. JDK   D. Xcode

17 빈칸에 들어갈 말로 가장 알맞은 것은?

> 운영체제 iOS에서 실행되는 앱의 주 개발 언어는 (   )(이)다. (   )(은)는 1980년 초에 브래드 콕스(Brad Cox)와 톰 러브(Tom Love)가 개발한 언어이다.

A. C++   B. C

C. 자바   D. Objective-C

18 이클립스와 안드로이드 SDK, 그리고 ADT 플러그인(plug-in)을 합친 개발도구를 무엇이라 하는가?

A. 이클립스   B. 이클립스 ADT 번들

C. 안드로이드   D. Xcode

19 안드로이드 앱 개발 환경에서 모바일 기기의 에뮬레이터는 무엇인가?

A. SmallTalk   B. Xcode

C. AVD   D. Simulator

20 Objective-C 언어에서 생성되는 파일의 확장자가 아닌 것은?

A. h   B. java

C. m   D. mm

[괄호채우기 문제]

다음 각 문항에 대하여 빈칸에 적절한 단어를 채우시오.

01 (   )(은)는 진정한 의미의 개방형 모바일 운영체제로 가격이 저렴한 저사양 모바일 기기에 알맞은 운영체제를 목적으로 개발되었다. 한 예로 2014년 8월, 파이어폭스 OS 파트너인 인도의 인텍스(Intex) 사는 33달러의 초저가 스마트폰인 클라우드 Fx(Cloud Fx)를 출시하였다.

02 모바일 (   )의 메시징 서비스는 IP 기반의 개방된 범용 인터넷을 이용하는 서비스로, 이동통신사의 네트워크 인프라를 사용하지 않기 때문에 대부분 무료로 메시지 전송이 이루어진다.

03 삼성의 스마트시계인 기어S의 외양은 2인치 사각형 모양의 휜 화면(curved display)을 채택했으며, 운영체제는 오픈 소스 모바일 운영체제인 (   )(으)로 선택했다.

04 구글의 스마트안경인 (   )(은)는 전화, 문자, 인터넷 검색, 화상 통화 등의 기능이 있으며, 동영상 및 사진 촬영과 내비게이션 기능도 가능하다.

05 애플 아이폰의 폐쇄적인 구조와 앱 유통 정책은 사용자로 하여금 허가 받지 않은 앱의 유포나 다양한 사용자 요구에 맞도록 애플이 제한하는 시스템의 기능을 구현하는 (   )(이)라는 일탈로 이어지고 있다.

06 다양한 모바일 기기를 활용하면서 유무선 통신을 연결해 언제 어디서나 서버의 저장 장치와 같은 하드웨어와 다양한 소프트웨어를 가상화 기술로 통합적으로 연결하여 서비스하는 기술을 (   ) 컴퓨팅이라 한다.

07 안드로이드 앱 프로젝트 생성에서 주요 이름인 (   )이름, 프로젝트이름, 패키지이름 3가지를 지정한다.

08 안드로이드 앱을 실행하는 방법은 직접 PC와 연결된 스마트폰에서 직접 실행해보는 방법과 PC에 설치된 가상 기기 에뮬레이터인 (   )에서 실행하는 방법 2가지가 있다.

09 아이폰 개발환경은 애플의 운영체제인 OS X에서 실행되는 (   )(이)다. 원래 (   )(은)는 아이폰과 아이패드는 물론 맥의 소프트웨어 개발을 위한 모든 것을 제공한다.

10 Objective-C 언어에서 클래스의 기본적인 구조를 기술하는 (   )(은)는 일반적으로 헤더파일 .h에 저장된다.

01 모바일 메신저의 차별화된 특징을 설명하시오.

02 안드로이드 운영체제의 현재 버전에 대하여 설명하시오.

03 본인이 사용하는 스마트폰에 대하여 운영체제와 기능을 중심으로 설명하시오.

04 본인이 사용하는 클라우드 컴퓨팅 서비스에 대하여 설명하시오.

05 지난 해 스마트폰의 시장 점유율을 알아보시오.

06 최근 모바일 운영체제의 시장 점유율을 알아보시오.

07 모바일 메신저의 기능 중 하나를 선정하여 조사하시오.

08 타이젠이 탑재된 모바일 기기를 조사하시오.

09 본인이 애용하는 앱을 하나 선정하여 소개하시오.

10 본인이 사용하는 앱 중에서 위치기반 서비스 앱을 하나 선정하여 소개하시오.

13장

정보 보안

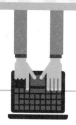

01

Introduction to COMPUTERS

정보 보안 개념

1.1 정보 보안 개요

정보 보안 정의

정보 보안은 유형, 무형의 정보 생성과 가공, 유통, 배포 그리고 정보를 사용하는 과정에서 발생하는 여러 부작용에 대처하기 위한 모든 정보 보호 활동을 포괄하는 광의의 개념이다. 이러한 정보 보안은 정보기술의 급속한 발전과 함께 그 중요성도 날로 커지고 있다. 정보의 유통이 개인이나 특정 조직에 제한적이었던 과거에 비해 인터넷, 모바일 등 정보기술의 발전으로 사회 전반 또는 전 세계와 정보를 공유하게 됨으로써, 정보 보안을 위협하는 다양한 문제점들이 나타나고 있다. 즉 정보를 유통하는 과정에서 정보에 대한 무단 유출 및 파괴, 변조, 전자메일의 오남용, 불건전한 정보의 대량 유통 등과 같은 부작용이 발생하고 있다.

최근에는 우리나라에서도 크고 작은 정보 범죄가 매년 급속한 추세로 증가하고 있다. 향후 정보통신 시스템과 네트워크가 보다 개방화되고, 용량과 성능 및 시스템 간의 연결성이 강화될수록 그 취약성도 비례하여 증대될 것으로 보인다.

정보 보안 위협의 예

정보 보안을 위협하는 여러 부작용이 발생하는 장소는 크게 컴퓨터 자체와 컴퓨터와 컴퓨터를 연결하는 네트워크 사이라 할 수 있다. 그러므로 정보 보안도 크게 컴퓨터 보안과 네트워크 보안으로 나눌 수 있다. 컴퓨터 자체의 정보를 보호하기 위한 도구들의 모임을 컴퓨터 보안이라 한다면, 컴퓨터 사이의 정보 전송의 보안을 위한 도구들의 모임을 네트워크 보안이라 할 수 있다. 물론 두 가지의 보안 사이에 명확한 경계는 없다. 예를 들어 정보체계를 공격하는 가장 전형적인 형태인 바이러스의 경우 디스켓에 의해 전염될 수도 있고 인터넷에 의해 전염될 수도 있다.

만일 사용자 A가 발신자로서 목적지에 있는 사용자 B에게 정보를 전송하려 한다고 가정하자. 이러한 사례를 통하여 네트워크 보안을 위협하는 위험 요소의 몇 가지 예를 살펴보도록 하자.

519

그림 13.1 정보의 정상적인 전송

그림 13.2 정보 전송 방해

- 사용자 A가 사용자 B에게 정보를 전송할 때 사용자 C가 B와 연결할 수 없도록 하는 데이터 전송 차단(interruption)이다. 즉 A와 B 사이에 위치하는 C가 정보를 전송할 수 없다는 메시지를 만들어 A에게 전송하는 경우이다.

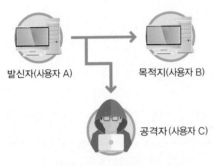

그림 13.3 정보 가로채기

- 사용자 A가 사용자 B와 정보를 주고받고 있는 사이에 사용자 C가 도청하는 경우이다. 이러한 경우를 정보 가로채기(interception)라 한다. 이 경우 A와 B에게 중요한 정보가 유출되는 심각한 문제가 발생한다.

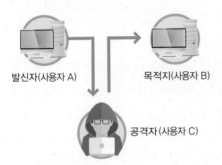

그림 13.4 정보 변조

- 사용자 A가 사용자 B에게 전송할 정보를 사용자 C가 중간에 가로채서 정보의 일부 또는 전부를 변경하여 잘못된 정보를 B에게 전송하는 경우이다. 이러한 경우를 정보 변조(modification)라 하며, B는 잘못된 정보를 A가 전송한 것으로 오인할 수 있다.

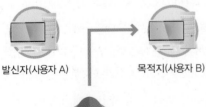

그림 13.5 정보 위조

- 사용자 A도 모르게 사용자 C가 사용자 B에게 A가 정보를 전송한 것처럼 위조(fabrication)한 후 B에게 전송하는 경우이다. 이 경우는 위의 정보 변조와 다르게 A가 만들지 않은 정보가 본인도 모르게 B에게 전달된다.

정보 보안 목표

정보 보호의 기본적인 목표는 내부 또는 외부의 침입자에 의해 행해지는 각종 정보의 파괴, 변조 및 유출 등과 같은 정보 범죄로부터 중요한 정보를 보호하는 것이다. 정보 보호에 대한 요구 사항은 크게 비밀성(confidentiality), 무결성(integrity), 가용성(availability)의 3가지로 구분된다. 이러한 3가지 요구사항 중에서 그 우선순위는 해당 조직의 특성 및 환경과 상관 관계가 있다. 원래 초기의 정보 보안에 관한 연구는 대부분 미 국방성에 의하여 주도되었으며 이로 인하여 보안성이 가장 중요하고 무결성, 가용성 순서로 중요도를 나열하였다. 그러나 비밀을 취급하는 국가기관을 제외한 일반적인 기업, 금융기관 등에서는 우선순위가 업종에 따라 달라질 수 있다.

비밀성

비밀성(confidentiality)은 정보의 소유자가 원하는 대로 정보의 비밀이 유지되어야 한다는 원칙이다. 정보는 소유자의 인가를 받은 사람만이 접근할 수 있어야 하며 인가되지 않은 정보의 공개는 반드시 금지되어야 한다. 비밀성을 보장하기 위한 메커니즘에는 접근 통제와 암호화 등이 있다.

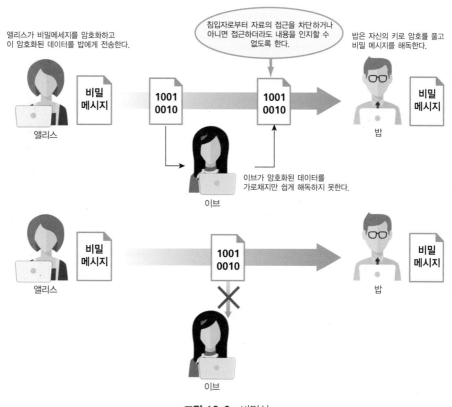

그림 13.6 비밀성

접근 통제 메커니즘은 여러 계층에서 구현될 수 있는데 물리적 수준에서의 접근 통제, 시스템 운영체제 수준에서의 접근제어, 네트워크 수준에서의 접근제어 등이 있다. 접근제어가 실패하더라도 데이터가 암호화되어 있으면 침입자가 이해할 수 없으므로 비밀성은 유지될 수 있다.

무결성

무결성(integrity)이란 비인가된 자에 의한 정보의 변경, 삭제, 생성 등으로부터 정보의 정확성, 완전성이 보장되어야 한다는 원칙이다. 무결성을 보장하기 위한 정책에는 정보 변경에 대한 통제뿐만 아니라 오류나 태만 등으로부터의 예방도 포함되어야 한다. 무결성을 통제하기 위한 메커니즘에는 물리적인 통제와 접근 제어 등이 있다. 또한 정보가 이미 변경되었거나 변경 위험이 있을 때에는 이러한 변경을 탐지하여 복구할 수 있는 메커니즘이 필요하다.

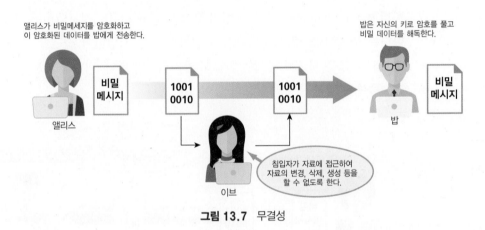

앨리스가 비밀메세지를 암호화하고 이 암호화된 데이터를 밥에게 전송한다.

밥은 자신의 키로 암호를 풀고 비밀 데이터를 해독한다.

비밀
메시지

1001
0010

1001
0010

비밀
메시지

앨리스

밥

침입자가 자료에 접근하여 자료의 변경, 삭제, 생성 등을 할 수 없도록 한다.

이브

그림 13.7 무결성

가용성

정보 시스템은 적절한 방법으로 작동되어야 하며, 정당한 방법으로 권한이 주어진 사용자에게 정보 서비스를 거부해서는 안 된다는 것이 가용성이다. 가용성을 확보하기 위한 통제 수단에는 데이터 또는 시스템의 백업, 중복성의 유지, 물리적 위협 요소로부터의 보호 등이 있다. 시스템의 사용을 완전히 배제하는 완벽한 보안성과 시스템의 사용을 자유로이 허용하려는 가용성이라는 두 개념은 상호 이율 배반적인 면이 있으므로 적절한 수준에서 균형을 이루도록 절충하는 것이 바람직하다.

1.3 　정보 보안 서비스

정보 보안을 위한 서비스로는 기밀성, 인증, 무결성, 부인 방지, 접근제어, 가용성 등이 있다. 여기에서 부인 방지와 접근 제어에 대하여 알아본다.

부인 방지

부인 방지(nonrepudiation)는 송신자와 수신자 두 사람 모두가 메시지를 전송하지 않았다고 주장하거나, 또는 수신하지 않았다고 주장하는 것을 막는 방법이다. 이 부인 방지 서비스를 이용하면 메시지를 받은 사람은 해당 메시지를 보낸 사람이 누구인지 확인할 수 있으며, 메시지를 보낸 사람은 자신이 보낸 메시지를 수신자가 받았다는 것을 확인할 수 있다.

접근 제어

접근 제어(access control)는 네트워크상에서 호스트 시스템이나 통신 링크에 연결된 응용 프로그램으로의 접근을 제한하거나 조절하는 능력을 말한다.

1.4　정보 보안의 생활화

개인정보

정보사회를 맞이하여 사회 각 분야에서 인터넷과 정보통신기술의 사용이 일상화되면서, 개인정보는 과거의 단순한 신분정보에서 오늘날에는 전자상거래, 고객관리, 금융거래 등 사회의 구성, 유지, 발전을 위한 필수적인 요소로서 기능하고 있다. 또한 개인정보는 기업의 입장에서도 수익 창출을 위한 자산으로서 그 가치가 높게 평가되고 있다. 우리나라의 「개인정보 보호법」 제2조에서는 개인정보를 '살아 있는 개인에 관한 정보로서 성명, 주민등록번호 및 영상 등을 통하여 개인을 알아볼 수 있는 정보(해당 정보만으로는 특정 개인을 알아볼 수 없더라도 다른 정보와 쉽게 결합하여 알아볼 수 있다면 이것도 개인정보라 할 수 있다)를 말한다'라고 규정하고 있다. 즉 개인정보는 개인의 신체, 재산, 사회적 지위, 신분 등에 관한 사실, 판단, 평가 등을 나타내는 일체의 모든 정보를 총칭한다. 이러한 개인정보는 그 범위가 고정되어 있는 것이 아니라 지속적으로 확대된다. 지식정보 사회의 발달과 함께 전자메일 주소, 신용카드 비밀번호, 위치정보, DNA정보 등 새로운 개인정보가 계속 등장하고 있다. 개인정보의 구체적인 예는 다음과 같다.

01 신분관계	02 내면의 비밀	03 심신의 상태	04 사회경력	05 경제관계	06 기타 새로운 유형
성명, 주민등록번호, 주소, 본적, 가족관계, 본관 등	사상, 신조, 종교, 가치관, 정치적 성향 등	건강상태, 신장, 체중 등 신체적 특징, 병력, 장애정도 등	학력, 직업, 자격, 전과 여부 등	소득규모, 재산보유상황, 거래내역, 신용정보, 채권채무관계등	생체인식정보(지문, 홍채, DNA 등), 위치정보 등

그림 13.8　개인정보의 예(자료: 한국인터넷진흥원)

이러한 개인정보의 유형을 살펴보면 다음과 같다.

표 13.1 개인정보 유형(자료: 한국인터넷진흥원)

유형구분	개인정보 항목
일반정보	이름, 주민등록번호, 운전면허번호, 주소, 전화번호, 생년월일, 출생지, 본적지, 성별, 국적
가족정보	가족구성원들의 이름, 출생지, 생년월일, 주민등록번호, 직업, 전화번호
교육 및 훈련정보	학교출석상황, 최종학력, 학교성적, 기술 자격증 및 전문 면허증, 이수한 훈련 프로그램, 동아리활동, 상벌사항
병역정보	군번 및 계급, 제대유형, 주특기, 근무부대
부동산정보	소유주택, 토지, 자동차, 기타소유차량, 상점 및 건물
소득정보	현재 봉급액, 봉급경력, 보너스 및 수수료, 기타소득의 원천, 이자소득, 사업소득
기타수익정보	보험(건강, 생명 등) 가입현황, 회사의 판공비, 투자프로그램, 퇴직 프로그램, 휴가, 병가
신용정보	대부잔액 및 지불상황, 저당, 신용카드, 지불연기 및 미납의 수, 임금압류 통보에 대한 기록
고용정보	현재의 고용주, 회사주소, 상급자의 이름, 직무수행평가기록, 훈련기록, 출석기록, 상벌기록, 성격 테스트결과, 직무태도
법적정보	전과기록, 자동차교통위반기록, 파산 및 담보기록, 구속기록, 이혼기록, 납세기록
의료정보	가족병력기록, 과거의 의료기록, 정신질환기록, 신체장애, 혈액형, IQ, 약물 테스트 등 각종 신체테스트 정보
조직정보	노조가입, 종교단체가입, 정당가입, 클럽회원
통신정보	전자우편(e-mail), 전화통화내용, 로그파일(log file), 쿠키(cookies)
위치정보	GPS나 휴대폰에 의한 개인의 위치정보
신체정보	지문, 홍채, DNA, 신장, 가슴둘레 등
습관 및 취미정보	흡연, 음주량, 선호하는 스포츠 및 오락, 여가활동, 비디오 대여기록, 도박성향

개인정보 보호

개인정보는 생활에 편리함을 주고 우리 사회의 경쟁력을 높이는 데 기여하고 있지만 만일 누군가에 의해 악의적으로 오용될 경우, 개인의 안전과 재산에 중대한 손실을 초래할 수 있다. 그러므로 개인정보를 보호하는 것은 현재와 같은 정보화 사회에서 아무리 강조해도 지나치지 않을 것이다. 개인정보민원실, 개인정보분쟁조정 위원회를 소개하며 개인정보 유출통지 절차, 유출 신고 안내 및 기업·공공기관 자문과 정책을 홍보하는 서비스를 제공하는 개인정보침해신고센터(privacy.kisa.or.kr)에서는 다음과 같이 우리들이 일상생활에서 개인정보 보호를 위해 실천해야 할 개인정보 보호 오남용 피해예방 10계명을 만들어 전파하고 있다.

계명	내용
계명 01	회원가입을 하거나 개인정보를 제공할 때에는 개인정보취급방침 및 약관을 꼼꼼히 살핍니다.
계명 02	회원가입 시 비밀번호를 타인이 유추하기 어렵도록 영문/숫자 등을 조합하여 8자리 이상으로 설정합니다.
계명 03	가급적 안전성이 높은 주민번호 대체수단(아이핀: i-PIN)으로 회원가입을 하고, 꼭 필요하지 않은 개인정보는 입력하지 않습니다.
계명 04	자신이 가입한 사이트에 타인이 자신인 것처럼 로그인하기 어렵도록 비밀번호를 주기적으로 변경합니다.
계명 05	타인이 자신의 명의로 신규 회원가입 시 즉각 차단하고, 이를 통지 받을 수 있도록 명의도용 확인서비스를 이용합니다. 명의도용 확인 서비스 사이트: 사이렌24(http://www.siren24.com), 마이크레딧(http://www.mycredit.co.kr) 크레딧뱅크(http://www.creditbank.co.kr)
계명 06	자신의 아이디와 비밀번호, 주민번호 등 개인정보가 공개되지 않도록 주의하여 관리하며 친구나 다른 사람에게 알려주지 않습니다.
계명 07	인터넷에 올리는 데이터에 개인정보가 포함되지 않도록 하며, P2P로 제공하는 자신의 공유폴더에 개인정보 파일이 저장되지 않도록 합니다.
계명 08	금융거래 시 신용카드 번호와 같은 금융 정보 등을 저장할 경우 암호화하여 저장하고, 되도록 PC방 등 개방 환경을 이용하지 않습니다.
계명 09	인터넷에서 아무 자료나 함부로 다운로드하지 않습니다.
계명 10	개인정보가 유출된 경우 해당 사이트 관리자에게 삭제를 요청하고, 처리되지 않는 경우 즉시 개인정보침해신고센터(국번 없이 118, www.118.or.kr)에 신고합니다.

개인정보 보호 수칙

개인정보 보호 실천수칙 중에서 하나를 살펴보면, 암호는 가능한 한 8자리 이상의 영문과 숫자로 만들고, 3개월마다 수정하도록 한다. 암호는 사용자 인증을 위해 사용하는 가장 간단하지만, 가장 강력한 보안 수단이다. 암호를 사용하지 않거나, 타인이 쉽게 알 수 있는 암호를 이용한다면 본인의 정보가 고의나 실수로 타인에게 유출될 수 있다. 그러므로 암호는 늦어도 3개월마다 1회 이상 변경하여 타인이 암호를 알 수 없도록 해야 한다. 특히 다음과 같이 쉽게 예측되거나 유출될 수 있는 암호 사용은 자제하도록 한다.

- 이름, 전화번호, 생년월일, 차량번호 등과 같이 쉽게 사용자를 추측할 수 있는 암호
- 숫자만으로 이루어지거나 길이가 짧은 암호
- love, happy와 같이 잘 알려진 단어로 구성된 암호

암호는 타인에 의해 쉽게 추측될 수 없도록 [, *, #, ? 등과 같은 특수문자와 숫자, 영문자가 조합된 것을 이용하고 가능하면 8자 이상의 길이로 조합하도록 한다.

한국인터넷진흥원의 개인정보 보호 포털에서는 다음과 같이 우리들이 일상생활에서 스마트폰을 이용하는 경우 지켜야 할 개인정보 보호 10대 수칙을 제공하고 있다.

표 13.3 스마트폰 이용자 개인정보 보호 10대 수칙(자료: 한국인터넷진흥원의 개인정보 보호 포털)

계명	내용
계명 01	소중한 내 스마트폰, 나만의 비밀번호 설정하기
계명 02	스마트폰 개인정보 보호를 위한 백신 등 필수 앱 설치하기
계명 03	스마트폰 기본 운영체제(iOS, 안드로이드) 변경하지 않기
계명 04	개인정보를 과도하게 수집하는지 확인하기
계명 05	금융정보 등 중요한 정보는 스마트폰에 저장하지 않기
계명 06	믿을 만한 문자와 메일만 확인하기
계명 07	백신을 주기적으로 업데이트하여 점검하기
계명 08	블루투스 • 와이파이(Wi-Fi)는 사용할 때만 켜고, 평상 시는 끄기
계명 09	보안 설정이 되지 않은 와이파이(Wi-Fi) 사용 주의
계명 10	교체 시(폐기 시) 스마트폰 속 개인정보 삭제하기

02

컴퓨터 바이러스

2.1 컴퓨터 바이러스 개요

컴퓨터 바이러스 정의

컴퓨터 바이러스는 '사용자 몰래 컴퓨터에 들어와 자기 자신 또는 자기 자신의 변형을 복사하는 등의 작업을 통하여 프로그램이나 실행 가능한 부분을 변형하여 컴퓨터의 운영을 방해하는 악성 프로그램'을 말한다. 이러한 컴퓨터 바이러스는 보조저장장치, 네트워크 공유 등을 통해 전파되거나 전자메일, 다운로드 또는 메신저 프로그램 등을 통해 감염된다.

바이러스 감염으로 인한
동작 이상 발생

메일, 메신저를
통한 바이러스 감염

그림 13.9 메일, 메신저 등을 통한 바이러스 감염

컴퓨터 바이러스는 자기 복사 능력 이외에도 실제의 바이러스와 비슷하게 부작용을 가지고 있는 경우가 많다. 즉, 감기 바이러스가 인체 내에서 증식만 하는 것이 아니라 감기를 일으키듯이, 컴퓨터 바이러스도 자기 자신을 복사하는 명령어의 조합만을 가지는 데 그치지 않고 하드디스크에 저장된 귀중한 자료를 지워버리는 등의 일을 수행하는 명령어를 포함하는 경우가 많다. 이런 점이 생물학적 바이러스와 비슷하기 때문에 바이러스라는 용어를 사용하지만, 컴퓨터 바이러스는 다른 일반 프로그램과 마찬가지로 누군가에 의하여 직접 만들어진 프로그램이다.

컴퓨터 바이러스 감염 증상

일단 컴퓨터 바이러스가 감염되면 컴퓨터에는 다음과 같은 증상이 나타난다.

- 시스템을 부팅할 때 시스템 관련 파일을 찾을 수 없다고 에러 메시지가 나오는 경우
- 윈도우가 실행되지 않는 경우
- 이유 없이 프로그램 실행속도가 저하되고 시스템이 자주 멈출 경우
- PC 사용 중 비정상적인 그림, 메시지, 소리 등이 나타날 경우
- 사용자 의사와 관계없이 프로그램이 실행되거나 주변장치가 스스로 움직일 경우
- 특정 폴더(특히 공유 폴더)에 알 수 없는 파일이 생길 경우

감염의 일반적인 증상이 위와 같지만, 이는 바이러스와는 무관한 하드웨어 또는 소프트웨어 문제 때문일 수도 있다. 결과적으로 최신 바이러스 백신 프로그램을 설치한 경우를 제외하면, 컴퓨터가 바이러스에 감염되었는지 아닌지 확신할 수 있는 방법은 없다. 그러므로 위와 같은 증상이 나타나면 최신 바이러스 백신 소프트웨어로 검사하는 방법이 최선이다.

2.2 컴퓨터 바이러스 분류

컴퓨터 바이러스를 구분하는 한 방법은 컴퓨터 바이러스가 감염되는 컴퓨터의 종류에 따라 분류해 보는 것이다. 컴퓨터 바이러스는 그 컴퓨터가 가지고 있는 특정한 기능들을 이용하기 때문에 여러 기종에 모두 감염되는 컴퓨터 바이러스는 존재하기 어렵기 때문이다. 따라서 컴퓨터 바이러스는 감염 기종에 따라 윈도우 바이러스, 유닉스 바이러스, 매킨토시(Macintosh) 바이러스 등으로 나눌 수 있다. 이러한 여러 플랫폼에서 지금까지 발견된 대부분의 바이러스는 윈도우 바이러스이다.

윈도우 바이러스는 감염되는 부위에 따라 분류한다. 디스크의 가장 처음 부분인 부트 섹터(boot sector)에 감염되는 부트 바이러스(boot virus), 일반 프로그램에 감염되는 파일 바이러스(file virus), 부트 섹터와 프로그램 모두에 감염되는 부트/파일 바이러스(boot/file virus) 등으로 분류한다.

부트 바이러스

컴퓨터를 처음 켰을 때 디스크의 가장 처음 부분인 부트 섹터(boot sector)에 위치하는 프로그램이 제일 먼저 실행되는데, 이 부트 섹터에 자리 잡는 컴퓨터 바이러스를 부트 바이러스라고 한다. 세계 최초로 발견된 컴퓨터 바이러스인 브레인(brain) 바이러스와 미켈란젤로(michelangelo) 바이러스 등이 여기에 속한다.

파일 바이러스

파일 바이러스란 일반적인 프로그램에 감염되는 컴퓨터 바이러스를 말한다. 이때 감염되는 프로그램은 COM 파일, EXE 파일 등의 실행 파일(executable file), 주변기기, 구동 프로그램(device driver) 등이다. 컴퓨터 바이러스의 90% 이상이 여기에 속한다.

부트/파일 바이러스

부트/파일 바이러스는 부트 섹터와 파일 모두에 감염되는 바이러스로, 나타스(Natas) 바이러스, 절반(One_Half) 바이러스, 테킬라(Tequila) 바이러스 등이 있다.

컴퓨터 바이러스 예방과 제거

컴퓨터 바이러스 예방

악의적인 컴퓨터 바이러스는 해가 갈수록 계속 늘어나므로 새로운 컴퓨터 바이러스들을 백신 프로그램만으로 완벽히 퇴치하기가 쉽지는 않다. 가장 중요한 것은 감염 후 퇴치가 아니라, 바이러스에 감염되지 않도록 미리 예방하는 것이다. 약간의 지식을 갖고 예방 노력을 기울인다면 바이러스 감염의 가능성과 그 피해를 줄일 수 있다.

다음 사항을 준수한다면 컴퓨터 바이러스로 인한 대부분의 피해를 막을 수 있다.

- 컴퓨터의 보안 업데이트가 자동으로 실행될 수 있도록 설정한다.
- 백신 프로그램 또는 개인 방화벽 등 보안 프로그램을 설치 운영한다.
- 불법 복사를 하지 않고 정품만을 사용한다.
- 중요한 프로그램이나 자료는 수시로 백업(backup)한다.
- 새로운 프로그램 사용 시 항상 1~2개 정도의 최신 버전 백신 프로그램으로 검사하고, 정기적으로 모든 디스크를 검사한다.
- 셰어웨어(shareware)나 공개 프로그램을 사용할 경우 컴퓨터를 잘 아는 사람이 오랫동안 잘 사용하고 있는 것을 복사하여 사용한다. 새로운 프로그램을 사용할 때는 항상 복수의 최신 버전 백신 프로그램을 사용하여 검사하고, 정기적으로 모든 디스크를 검사한다.
- 눈에 띄는 제목의 전자메일을 경계해야 한다. 악성 워드 매크로 바이러스에는 'The most important Thing' 등의 제목이나 자극적인 설명이 따른다. 이런 파일은 바이러스가 감염되어 있을 가능성이 높다.

그림 13.10 안철수 연구소 홈페이지(www.ahnlab.com)

컴퓨터 바이러스 제거

바이러스 제거를 위해 설계된 특정 도구 없이는 감염된 바이러스를 컴퓨터에서 완전히 제거하는 것은 전문가에게도 어려운 작업이다. 일부 바이러스 및 원치 않는 소프트웨어는 발견되어 제거된 후에도 자신을 다시 설치하도록 만들어져 있다. 다행히 컴퓨터를 업데이트하고 많은 기업에서 제공하는 무료 평가판 또는 비용이 저렴한 바이러스 백신 도구를 사용하면 바이러스와 같은 원치 않는 소프트웨어를 영구적으로 제거할 수 있다.

03

악성 프로그램과 해킹

3.1 악성 프로그램

악성 프로그램은 일반적으로 제작자가 의도적으로 사용자에게 피해를 주고자 만든 프로그램으로 컴퓨터 시스템을 파괴하거나 작업을 지연 또는 방해하는 프로그램이다. 악성 프로그램은 바이러스(virus), 웜(worm), 트로이목마(troy) 등으로 나뉜다. 그러므로 엄격히 말하면 웜과 바이러스는 다르다. 그러나 일반적으로 웜에도 웜 바이러스라는 표현을 쓰기도 한다.

웜

웜 바이러스는 실행코드 자체로 번식하는 유형을 말하며 주로 PC상에서 실행된다. 웜과 바이러스는 감염대상을 가지고 있는가와 자체 번식 능력이 있는가에 따라 분류된다. 즉 바이러스는 감염대상을 가지고 있지만, 웜은 감염대상을 가지지 않으며, 바이러스는 자체 번식 능력이 없으나, 웜은 자체 번식 능력이 있다. 1990년 말에 전자우편을 통하여 다른 사람에게 전달되는 형태의 웜이 많이 출현하면서 일반인들에게 널리 인식되기 시작하였다.

웜의 번식을 위해서 웜 스스로 다른 사람에게 보내는 전자메일에 자신을 첨부하는데, 실제 자신이 작성한 편지보다 더 큰 크기의 편지가 상대방에게 전달되기도 하고 메일 프로그램의 주소록을 뒤져서 주소록에 있는 모든 사람들에게 무작위로 웜이 첨부된 전자메일을 자동으로 보내거나 아직 답장하지 않은 것만 골라서 보내기도 한다.

웜 바이러스의 예방법은 자신이 잘 알지 못하는 사람이 보낸 전자메일의 첨부파일은 되도록 열어보지 말고 바로 삭제할 것을 권장하며 백신프로그램 등으로 컴퓨터 바이러스를 미리 차단하는 것이 중요하다.

트로이목마

트로이목마는 해킹 기능을 가지고 있어 인터넷을 통해 감염된 컴퓨터의 정보를 외부로 유출하는 악성 프로그램이다. 트로이목마라는 이름은 트로이 전쟁 당시 목마 속에 숨어있던 그리스 병사가 트로이를 멸망시킨 것에 비유하여 악성 프로그램이 사용자가 눈치채지 못하게 몰래 숨어든다는 의미에서 쓰여졌다.

트로이목마는 주로 인터넷에서 다운로드 파일을 통해 전파되며, 유용한 프로그램으로 가장하여 사용자가 그 프로그램을 실행하도록 속인다. 사용자가 의심하지 않고 그 프로그램을 실행하게 되면 실제 기대했던 기능을 수행한다. 트로이목마의 실제 목적은 사용자의 합법적인 권한을 사용해 시스템의 방어체제에 침해하여 접근이 허락되지 않는 정보를 획득하는 것이다. 한 예로, 어떤 트로이목마는 사용자가 누른 자판정보를 외부에 알려주기 때문에 신용카드번호나 비밀번호 등이 유출될 수 있다.

컴퓨터 바이러스는 다른 프로그램에도 감염될 수 있기 때문에, 한 프로그램에서 컴퓨터 바이러스가 발견되면 다른 프로그램도 모두 검사해 봐야 하지만, 트로이목마 프로그램은 자기 복사 능력이 없어 한 프로그램 내에서만 존재하기 때문에 해당 프로그램만 지워버리면 문제가 간단히 해결된다.

3.2 해킹과 피싱

해킹

해킹(hacking)이란 컴퓨터 통신망을 통하여 사용이 허락되지 않은 다른 컴퓨터에 불법으로 접속하여 저장되어 있는 정보 또는 파일을 빼내거나, 마음대로 바꾸어 놓고, 심지어는 컴퓨터 운영체제나 정상적인 프로그램을 손상시키는 행위를 의미한다.

불법적인 접근을 통한 해킹

자료의 삭제 및 생성

그림 13.11 해킹 개념

TIP: 스니핑과 스푸핑

스니핑(sniffing)은 전문가들이 사용하는 고도의 해킹 수법으로서, 전화의 도청 원리와 같이 특수 소프트웨어를 이용해 상대방의 ID, 비밀번호, 메일 등을 가로채는 수법을 말한다.

　스푸핑(spoofing)은 자기자신의 식별 정보를 속여 다른 대상 시스템을 해킹하는 기법을 말한다. 네트워크상의 공격자는 TCP/IP 프로토콜 상의 취약성을 기반으로 해킹을 시도하는데, 자신의 IP주소, DNS 이름, Mac 주소 등의 시스템 정보를 위장하여 감춤으로써 역추적을 어렵게 만든다.

자기도 모르게 파일이나 프로그램이 삭제된 경우나, 자기도 모르게 파일이 생성되거나 프로그램이 실행되는 경우 등이 발생하면 해킹이 발생한 것을 의심할 수 있다. 그러나 단순히 정보만을 빼내 간다면 해킹이 발생하더라도 모를 수 있으니, 일상적인 컴퓨터의 사용에서 정보 보호 수칙을 지키고 이에 주의를 기울여야 한다.

해커와 크래커

현재 해커는 다른 사람의 컴퓨터에 불법으로 침입하여 정보를 빼내서 이익을 취하거나 파일을 없애버리거나 전산망을 마비시키는 악의적 행위를 하는 사람을 의미하는 단어로 많이 쓰인다. 그러나 해커의 원래 의미는 "컴퓨터 시스템 내부구조와 동작 따위에 심취하여 이를 알고자 노력하는 사람으로서 대부분 뛰어난 컴퓨터 및 통신 실력을 가진 사람들"이다.

해커라는 용어는 1950년대 말 미국 매사추세츠공과대학(MIT) 동아리 모임에서 처음 사용되었던 '해크(hack)'에서 유래되었다. 당시 MIT에서는 '해크(hack)'라는 말

TIP: 어나니머스

어나니머스(Anonymous)는 전 세계를 무대로 어나니머스라는 이름으로 활동하는 해커 집단을 말한다. 어나니머스의 의미인 '익명'에 맞게 그 조직의 구성원은 알려져 있지 않으며, 전 세계적으로 약 3,000명 정도로 추정된다고 한다. 또한 어나니머스의 구성원은 정해져 있는 것이 아니라 원하면 누구나 점조직으로 분포한 세계 각지의 해커가 되어 가상 공간에서 작전을 수행한다고도 알려져 있다.

어나니머스는 사이버 검열과 감시를 반대하는 사회 운동 단체로 이러한 행위에 반하는 정부와 단체 또는 기업을 대상으로 인터넷 해킹 공격을 하고 있으며, 비슷한 성격의 고발 전문 사이트인 위키리크스(WikiLeaks)를 지지하는 모임으로 유명하다. 또한 우리에게 어나니머스는 북한과 사이버전쟁을 벌이겠다고 선포하고, 북한의 정보매체 사이트인 '우리민족끼리' 사이트를 공격한 것으로도 유명하다.

어나니머스의 활동에 대한 평가는 다양하다. 그러나 이름을 사칭한 것인지는 모르지만 어나니머스라는 이름으로 개인정보를 빼내가는 사례도 있다고 하니 주의가 필요하다. 어나니머스는 2012년, 타임지가 선정한 '세계에서 가장 영향력 있는 인물 100인'에 들기도 했다. 어나니머스가 인터넷상에서 어느 국가에도 편향되지 않고 나름 선의의 인터넷 경찰(?)인지는 두고 봐야 할 것 같다.

어나니머스는 '우리는 이름이 없다. 우리는 군단이다. 우리는 용서하지 않는다. 우리는 잊지 않는다. 우리를 맞이하라.'라는 표어를 사용하며, 단체의 익명성을 나타내는 머리가 없는 사람을 표식으로 사용한다.

그림 13.12 어나니머스의 표식

을 '작업과정 그 자체에서 느껴지는 순수한 즐거움 이외에는 어떠한 건설적인 목표도 갖지 않는 프로젝트나 그에 따른 결과물'을 지칭하는 은어로 사용하였는데, 동아리 학생들이 여기에 사람을 뜻하는 '-er'을 붙여 해커라고 쓰게 되었다. 그러나 이렇게 시작된 해킹은 컴퓨터가 일반화되면서 점차 부정적인 의미로 변질되었다.

현재 해커의 의미로 사용되는 '다른 사람의 컴퓨터에 침입하여 악의적 행위를 하는 사람'은 원래 크래커(cracker)라는 용어를 사용한다. 그러므로 이런 파괴적 행위를 하는 자들은 크래커라고 하여 해커와 구별하기도 한다. 그러나 현재에는 해커와 크래커란 용어가 구별되어 쓰이지 않고 범죄 행위를 하는 사람이라는 의미로 쓰인다.

피싱

피싱(phishing)은 개인정보(private data)와 낚시(fishing)의 합성어로, 은행 또는 전자상거래 업체의 홈페이지와 동일하게 보이는 위장 홈페이지를 만든 후, 인터넷 이용자들에게 유명 회사를 사칭하는 전자메일을 보내, 위장 홈페이지에 접속하게 하여 계좌번호, 주민등록번호 등의 개인정보를 입력하도록 유도하고, 이를 이용해 금융사기를 일으키는 신종 사기 수법을 말한다.

그림 13.13 인터넷침해대응센터에서 제공하는 피싱 사고 신고 사이트
(www.krcert.or.kr/kor/consult/consult_02.jsp)

피싱과 같은 신종 사기에 대처하려면 주의가 최선이다. 다음과 같은 요령으로 대처하도록 한다.

> - 은행, 카드사 등에 직접 전화를 걸어 이메일이 안내하는 사항이 사실인지를 확인한다.
> - 이메일에 링크된 주소를 바로 클릭하지 말고, 해당은행, 카드사 등의 홈페이지 주소를 인터넷 주소창에 직접 입력하여 접속한다.
> - 출처가 의심스러운 사이트에서 경품에 당첨되었음을 알리는 경우 직접 전화를 걸어 사실인지를 확인하고, 사실인 경우에도 가급적이면 중요한 개인정보는 제공하지 않는다.
> - 피싱이라고 의심되는 메일을 받았을 경우 해당 은행, 카드사, 쇼핑몰 및 은행, 신용카드, 현금카드 등의 내역이 정확한지 정기적으로 확인한다.

주의에도 불구하고 피싱과 같은 사기에 관련되면 다음 사이트에 신고하여 처리한다.

그림 13.14 한국인터넷진흥원의 인터넷침해대응센터(http://www.krcert.or.kr)

스파이웨어

스파이웨어란 스파이와 악성 프로그램인 소프트웨어의 합성어로, 컴퓨터 이용자가 모르게 또는 동의 없이 설치되어 컴퓨터 사용에 불편을 끼치거나 정보를 가로채가는 악성 프로그램을 말한다.

악성프로그램설치

악성프로그램 유포사이트

광고창이 뜨거나
성인사이트로 접속

그림 13.15 스파이웨어

여러분의 컴퓨터에 다음과 같은 증상이 나타난다면 한 번쯤은 스파이웨어가 있는지 점검해야 할 것이다.

- 웹 브라우저의 홈페이지 설정이나 즐겨찾기 등이 변경되는 경우
- 원하지 않는 광고창이 뜨거나 성인사이트로 접속되는 경우
- 이용자가 프로그램을 삭제하거나 종료할 수 없는 경우

DOS와 DDOS

도스(Dos)는 Denial of Service인 서비스 거부의 약자로, 하나의 악의적인 시스템의 공격으로 서버의 네트워크 성능을 저하시키거나 시스템의 자원을 부족하게 하여 서버의 서비스를 거부시키는 공격을 말한다. DDos는 Distribute Denial of Service인 분산서비스 거부의 약자로 디도스라고 부르는데, 좀비 PC의 공격으로 서버의 네트워크 성능을 저하시키거나 시스템을 마비시켜 서버의 서비스를 거부시키는 공격을 말한다. DDos는 크래킹의 일종으로, 좀비(zombi) PC라 부르는 많은 PC를 분산 배치하여 원격 조종해 단시간 내에 컴퓨터시스템이 처리할 수 없을 정도로 많은 분량의 패킷을 동시에 발생시키는 공격을 함으로써 서버에 장애를 일으키도록 하는 행위를 뜻한다.

PC의 사용자도 모르게 악성코드나 이메일 등을 통해 악성 프로그램인 봇(bot)에 감염되어 일명 좀비 PC가 된다. 악성코드에 감염된 좀비 PC는 자신도 모르게 해커의 조정에 따라 다수의 특정 도메인을 대상으로 다양한 프로토콜의 패킷을 지속적으로 전송하는 공격을 수행하게 되며, 좀비 PC의 공격을 받은 사이트는 여러 장애를 일으키거나 아예 셧다운이 되는 등 치명적 손상을 입을 수 있다. 결국 Dos와 DDos는 하나의 악의적인 시스템이 직접 서버를 공격하느냐, 아니면 분산되어 있는 여러 시스템을 좀비로 만들어 공격하게 하느냐에 따라 구분된다고 볼 수 있다.

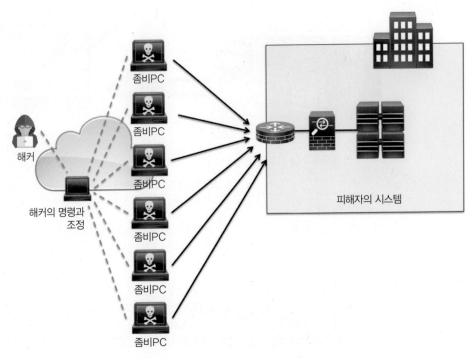

그림 13.16 DDos의 해커와 좀비

3.3 _____ 스미싱과 파밍

스미싱

스미싱(smishing)은 문자메시지(SMS)와 피싱(Phishing)의 합성어로 '무료쿠폰 제공', '돌잔치 초대장' 등을 내용으로 하는 문자메시지 내에 링크된 인터넷주소를 클릭하면 악성코드가 설치되어 피해자가 모르는 사이에 소액결제가 되는 피해가 발생하거나 스마트폰에 저장된 주소록 연락처, 사진(주민등록증 · 보안카드 사본), 공인인증서와 같은 중요한 개인정보 등이 빠져나가는 신종 수법이다.

그림 13.17 스미싱(자료: 한국인터넷진흥원)

스미싱을 예방하려면 출처가 확인되지 않은 문자메시지의 인터넷주소를 연결하지 말고, 스마트폰에 미확인 앱이 설치되지 않도록 보안설정을 강화하도록 한다.

파밍

파밍(pharming)은 이용자 PC를 악성코드에 감염시켜 금융회사 등의 정상 홈페이지 주소로 접속해도 이용자 모르게 가짜 사이트로 유도하여 개인 금융정보 등을 몰래 탈취해가는 수법이다.

그림 13.18 파밍(자료: 한국인터넷진흥원)

파밍을 예방하려면 일회용 비밀번호생성기인 OTP(One Time Password)를 사용하고, 컴퓨터나 이메일에 공인인증서, 보안카드 사진, 비밀번호를 저장하지 않도록 한다. 또한 접속한 사이트 주소의 정상 여부를 항상 확인하며, 요구하더라도 보안카드 번호 전부를 입력하는 일은 절대 없어야 한다.

만일 파밍에 감염되었다면 한국인터넷진흥원(KISA)의 '보호나라' 서비스 백신프로그램을 이용하여 치료하거나 피해 컴퓨터를 아예 포맷하도록 한다. 또한 파밍으로 피해금이 발생했다면 경찰서(신고전화 112)나 금융감독원(민원상담 1332)을 통해 지급정지 요청을 한 후, 파밍 피해 내용을 신고하여 '사건사고 사실확인원'을 발급받아 해당 은행에 제출하여 피해금 환급 신청을 하도록 한다.

04

암호화 기술

오늘날과 같이 많은 정보가 인터넷과 모바일 상에서 교환되고 있는 시대에, 정보 보호의 중요성은 점점 커지고 있다. 앞에서 정보 보호를 위한 서비스로는 기밀성, 인증, 무결성, 부인 방지 등이 있다고 학습하였다. 이러한 다양한 정보 보호 서비스를 위한 기본적인 방법이 암호 기법이다. 암호 방식은 고대 문자 해독에도 이용되었으나, 현재 정보 사회에서 상업적으로 이용되면서 인터넷 뱅킹 등 인터넷 상에서의 비즈니스 업무에 적극 이용되고 있다.

암호(cryptography)는 평문을 해독 불가능한 형태로 변형하거나 또는 암호화된 통신문을 해독 가능한 형태로 변환하기 위한 원리, 수단, 방법 등을 취급하는 기술을 말한다. 암호학(cryptology)은 암호와 암호 해독을 연구하는 학문이다. 암호학 관련 문헌에서 자주 등장하는 인물이 바로 앨리스(Alice)와 밥(Bob), 그리고 이브(Eve)이다. 앨리스가 밥에게 메시지를 보내면, 중간에 잠재적인 도청자인 제3의 인물 이브가 그 메시지를 가로채려 한다.

4.1 암호화 개요

암호화 과정

암호화의 입력이 되는 원문인 의미 있는 메시지를 평문(plain text)이라 하고, 이 메시지를 읽을 수 없는 메시지로 암호화(encryption)했을 때 이 메시지를 암호문 (cipher text)이라 한다. 또한 암호화의 과정과 반대로, 암호문에서 평문으로 변환하는 것을 복호화(decryption)라 한다. 암호화는 알고리즘과 키(key)로 되어 있다. 키는 평문과는 무관한 값이고 알고리즘은 사용된 키에 따라 다른 출력을 내보낸다. 즉 키의 값에 따라 알고리즘의 출력이 바뀐다.

암호를 잘 사용하려면, 송신자와 수신자는 정보를 코드화된 형태(cipher text)로 바꿀 때 사용한 규칙(cipher)이 무엇인지를 알아야 한다. 어떤 암호 기법에서는 동일한 키를 암호화와 복호화 모두에 사용하지만 또 다른 메커니즘에서는 일련의 처리 과정에 사용하는 키를 서로 다르게 사용한다. 여기서 전자의 경우를 대칭키 혹은 비밀키 암호 기법이라 하며, 후자를 비대칭키 혹은 공개키 암호 기법이라 한다.

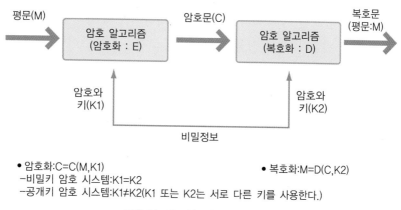

- 암호화:C=C(M,K1)
  - -비밀키 암호 시스템:K1=K2
  - -공개키 암호 시스템:K1≠K2(K1 또는 K2는 서로 다른 키를 사용한다.)
- 복호화:M=D(C,K2)

그림 13.19 암호화와 복호화 개념

암호화의 한 예를 들자면, 원문의 각 문자에 임의의 숫자 13을 더하는 것이다. 수신자와 송신자가 메시지에 무슨 일을 했는지를 알고 있다면, 수신자는 암호화 과정을 반대로 하여 원문을 알 수 있다. 즉 암호화된 문자에서 각각 13를 빼면 원문을 알 수 있다.

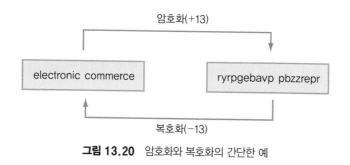

그림 13.20 암호화와 복호화의 간단한 예

암호화 기법 분류

암호화 기법은 일반적으로 세 가지 형태로 분류할 수 있다.

첫째, 모든 암호화 알고리즘은 두 개의 일반적인 원리, 즉 평문의 각 원소를 다른 원소에 대응시키는 대체(substitution)와 평문의 원소들을 재배열하는 치환(transposition)을 기본으로 한다.

둘째, 사용된 키의 개수에 따라 분류할 수 있다. 송신자와 수신자가 같은 키를 사용하면 대칭키(symmetric key), 혹은 비밀키(secret key) 암호화라 하고, 다른 키를 사용하면 비대칭키(asymmetric key), 혹은 공개키(public key) 암호화라 한다.

셋째, 암호화하는 방법으로 스트림(stream) 암호와 블록(block) 암호로 구별된다. 스트림 암호란 연속적으로 글자를 입력해서 연속적으로 출력하는 방법을 말하고, 블록 암호란 한 블록씩 동시에 암호화하여 입력 블록에 대하여 출력 블록을 만드는 것을 말한다. 보통 사용되는 블록의 크기는 64비트이다. 블록 암호는 스트림 암호와 같은 정도의 효과를 얻을 수 있다.

키에 기초한 알고리즘은 다음 두 가지 면에서 편리하다.

첫째, 암호화 알고리즘은 수정하기 어렵기 때문에 대상이 바뀔 때마다 알고리즘을 바꿀 필요가 없다. 다른 키를 사용해서, 많은 사람과 통신할 때 같은 알고리즘을 사용할 수 있기 때문이다.

둘째, 만약 누가 암호를 해독했다면 암호화된 메시지에 새로운 키만 연결하면 된다. 새로운 알고리즘을 연결할 필요가 없다.

각 알고리즘에 사용 가능한 키의 수는 키에 있는 비트의 수에 따른다. 예를 들어, 8비트 키는 단지 256개의 조합이 가능하다. 가능한 키의 수가 길면 길수록 암호화된 메시지를 해독하기는 어렵다. 그러므로 암호문의 해독 난이도는 키의 길이에 비례한다. 256개 정도면 컴퓨터로 모두 다 체크해 볼 수 있으나, 100비트 키가 사용되었다면 컴퓨터가 매초 100만 번을 시도한다고 해도, 맞는 키를 찾으려면 수백 년이 걸릴 것이다. 56비트의 키를 사용하여 만든 것에는 DES(Data Encryption Standard) 알고리즘이 있다. 과거에는 DES 정도면 안전성이 보장되었으나 오늘날 컴퓨팅 기술의 발전으로 인해 짧은 키를 사용하는 DES는 더 이상 안전하지 않다고 알려져 있다. 따라서 DES보다는 DES를 세 번 적용한 트리플 DES(Triple DES)를 사용할 것을 권장하고 있다.

4.2 ___ 비밀키 암호화

암호화 시스템은 처음 생긴 이래로 주로 허가 받지 않은 제삼자가 메시지를 읽는 것을 막기 위해 메시지를 암호화하거나 복호화하는 데에 사용하였다.

비밀키 암호화 개념

키를 기본으로 한 암호화 시스템 중 가장 오래된 방법을 대칭키 암호화, 혹은 비밀키 암호화라 한다. 이 방법은 보내는 사람과 받는 사람이 같은 키를 가지고 있는 경우를 말한다. 즉, 두 당사자가 같은 키를 가지고 각각 암호화하고 복호화한다. 다음 그림은 비밀키 암호화 과정을 나타낸다. 암호문이 만들어지고 전송된 후에 암호문은 암호화할 때 사용한 키와 같은 키로 해독되어 원래의 평문으로 바꿀 수 있다.

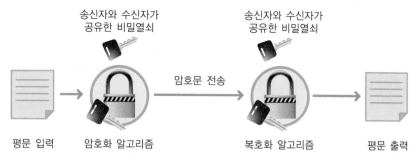

그림 13.21 비밀키 암호화 시스템

비밀키 암호화의 보안은 여러 요인에 의존한다. 먼저 암호화 알고리즘은 암호문을 해독하기 어려울수록 그 가치가 있다. 그런데 암호화 알고리즘은 알고리즘의 보안이 아니라 키의 보안에 의존한다. 즉 알고리즘과 암호문을 가지고 메시지를 해독하는 것이 불가능해야 한다. 알고리즘의 보안은 필요 없고 키의 보안만이 필요하다. 이와 같은 이유로 이 암호화 방법은 널리 사용될 수 있다. 알고리즘을 비밀로 할 필요가 없으므로 제조업자들은 싼 가격으로 암호화 알고리즘의 칩을 개발할 수 있다. 비밀키 암호화의 보안 문제는 키의 비밀 유지에 달려있다.

비밀키 암호화의 예

비밀키 암호화 기술의 원리를 잘 알아두면 오늘날 사용하고 있는 암호화와 암호화 공격을 기본적으로 이해하는 데 도움이 된다. 대체(substitution)와 치환(transposition) 기술 중에서 대체를 이용한 암호화의 예를 들어보자.

먼저 가장 오래 전에 사용된 대체 암호를 예로 들어보자. 대체 암호를 최초로 사용한 사람은 줄리어스 시저(Julius Caesar)이다. 시저는 알파벳을 순서대로 나열한 다음 각 문자를 3문자 뒤에 있는 문자로 바꾸어 메시지를 암호화했다. 다음이 그 예이다.

```
평문   : a b c d e f g h i j k l m ......
암호문 : d e f g h i j k l m n o p ......
```

한 문자 뒤에 있는 문자로 암호화하거나, 두 문자 뒤, 네 문자 뒤 등등 해서 25가지의 방법이 있다. 이러한 간단한 암호 기법을 시저 암호라 한다. 일정한 숫자만큼 뒤에 있는 문자로 암호화하는 방법이 시저 암호 알고리즘이 되고 이 일정한 숫자가 키가 된다. 만약 시저 암호를 사용한 암호문이 있다면, 가능한 경우를 모두 체크하여 암호를 쉽게 풀 수 있다. 25개의 키 중에 하나를 선택해야 하므로 25번을 시도하면 이 암호는 풀 수 있다. 시저 암호는 너무 쉽게 풀리기 때문에 이 방법을 확장하여 알파벳 문자끼리 일대일 대응을 택하여 암호화할 수 있다. 이러한 방법은 가능한 키의 갯수는 26!이 되어 키의 수가 매우 많은 암호 알고리즘이다.

비밀키 암호화의 특징

암호 분석가가 알고 있는 정보의 양에 따라 암호화된 메시지에 대한 여러 형태의 공격들이 있다. 가장 어려운 것은 단지 암호문만 알고 있을 때이다. 어떤 경우에는 암호화 알고리즘을 알고 있다고 가정할 수 있다. 이 경우 가능한 공격은 가능한 모든 키를 다 동원하는 것이지만, 키 공간이 매우 크다면 이것은 비현실적이다. 그러므로 이런 경우 암호 분석가는 암호문 그 자체의 분석에 의존해야 한다. 일반적으로 여러 가지 통계적 테스트를 해야 하는데, 이 방법을 사용하기 위해 암호분석가는 숨겨져 있는 평문의 형태를 알아야 한다. 즉, 평문이 영어인지, 불어인지, 아니면 도스 파일인지, 자바 소스 파일인지를 알아야 한다.

이러한 비밀키 암호화에는 다음 두 가지 결점이 있다. 통신하는 두 당사자가 서로 같은 키를 가지고 있어야 하므로 n명의 상대방이 있는 경우 n개의 비밀키가 있어야 한다. 만약 여러 상대방에게 같은 키를 사용한다면 그들은 서로의 메시지를 읽을 수 있게 된다. 또한 비밀키 암호화 방법으로는 송신자와 수신자를 증명할 수 있는 인증을 할 수 없다. A와 B가 같은 키를 가지고 있을 때 그 두 사람이 메시지를 만들고 암호화한 다음, 서로 다른 사람이 그 메시지를 보냈다고 주장할 수도 있다. 이러한 비밀키 암호화의 단점은 부인봉쇄가 불가능하다는 점이다. 이 단점을 해결하기 위한 방법으로 비대칭 암호화 알고리즘을 사용하는 공개키 암호화 기법을 사용한다.

DES 알고리즘

DES(Data Encryption Standard)는 원래 루시퍼(Lucifer)로 알려진 IBM에서 개발된 것을 암호 알고리즘으로 수정한 것으로서 전 세계적으로 가장 잘 알려져서 널리 이용되고 있다. 1973년 미국국립표준국(NBS: National Bureau of Standards)이 국가암호표준을 위한 방법을 공모했을 때 IBM이 이 연구결과를 제출하였고, 공모작 중에서 가장 좋은 알고리즘으로 인정을 받아 1977년에 암호화 표준으로 채택되었다.

DES 알고리즘은 비밀키 암호화 알고리즘 중 가장 널리 사용되고 있는 알고리즘이다. DES에서는 56비트의 키를 사용하여 64비트 자료를 블록 암호화한다. DES 알고리즘은 64비트의 입력을 64비트의 출력으로 바꾼다. DES에서는 동일한 같은 키를 가지고 같은 방법으로 해독한다.

컴퓨터의 발달에 따라 DES의 안전성이 불충분하므로 미국국립표준기술연구소(NIST: National Institute of Standards and Technology)가 차세대 표준 암호 방식으로 개발한 것이 AES(Advanced Encryption Standard)이다. AES 요구 규격은 데이터 블록 길이가 128비트이고, 키의 길이는 128비트, 192비트, 256비트의 3종류가 있다.

4.3　공개키 암호화

중요한 정보를 안전하게 보호하고자 고대로부터 사용되어 온 암호의 최대 난제는 암호화 과정에 사용되는 키를 안전하게 분배시키는 일이다. 1976년 디피(Diffie)와 헬만(Hellman)에 의해 제안된 공개키 암호기법의 개념을 이용하면 이 문제를 풀 수 있는데, 이 암호 기법은 키에 관한 정보를 공개함으로써 키 관리의 어려움을 해결하고자 하는 방식이다.

공개키 암호화 개념

공개키 암호화 기법은 대체와 치환보다는 수학적인 함수를 기본으로 한다. 공개키 암호화 기법은 한 개의 키만 사용하는 비밀키 암호화와는 달리 두 개의 분리된 키를 사용하는 비대칭적 암호화이다. 공개키 암호 기법은 암호화할 때 사용하는 키인 공개키(public key)와 복호화할 때 사용하는 키인 비공개키(private key)를 다르게 생성하여, 공개키는 공개하고 비공개키만 안전하게 유지하는 방식이다.

공개키 암호 기법에서 한 쌍의 키 중에 한 개의 키는 단순히 정보를 암호화하는 데에, 다른 키는 단지 복호화하는 데에 사용한다. 비공개키(private key)는 당사자(소유자)만이 알고 있고, 다른 키는 당사자와 연결되어 있는 모든 것에 공개되어 있으므로 공개키(public key)라 한다. 한 쌍의 키는 하나의 유일한 모양을 가지고 있다. 그 중 한 개의 키에 의해 암호화된 자료는 남은 다른 키에 의해서만 복호화가 가능하다. 다시 말하면, 송신자는 메시지를 암호화하는 데 비공개키나 공개키를 모두 사용할 수 있으나, 수신자는 복호화하기 위해 다른 키를 사용하면 된다. 네트워크 상에서 각 말단 시스템은 받을 메시지의 암호화와 복호화를 위하여 한 쌍의 키가 사용되도록 형성되어 있다. 각 시스템은 암호화 키를 알리기 위하여 암호화키를 공개 레지스터나 파일에 놓는다. 짝이 되는 다른 키는 비밀이다. 이 키들은 메시지의 비밀을 보장하고, 메시지의 작성자를 인증하는 데에 사용된다. 메시지의 비밀을 보장하기 위해 송신자는 수신자의 공개키를 사용하여 메시지를 암호화한다. 그러면 비공개키를 가지고 있는 수신자만이 메시지를 해독할 수 있다.

예를 들어, 비밀 메시지를 전달하기 위해 A는 먼저 D의 공개키를 얻는다. 그러면

A는 D의 공개키를 사용하여 메시지를 암호화하여 D에게 보낸다. 그 메시지는 D의 공개키로 암호화되었기 때문에 단지 D의 비공개키를 가지고 있는 사람인 D만이 메시지를 복호화할 수 있다.

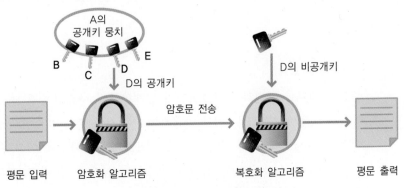

그림 13.22 공개키 암호화 시스템

디지털 서명

공개키 암호화 기법을 메시지의 작성자 인증에 이용할 수 있다. A가 B에게 메시지를 보낼 때 A의 비공개키로 암호화하면 B는 A의 공개키로 이를 해독한다. A의 공개키로 해독이 가능하다면, 이 암호문은 A의 비공개키로 암호화한 것임이 틀림없으므로, A가 보낸 것임을 확신할 수 있다. 이를 디지털 서명(Digital Signature)이라한다. 물론 이 메시지를 바꿀 수도 없으므로 메시지가 그대로 보존된다는 무결성도보장한다.

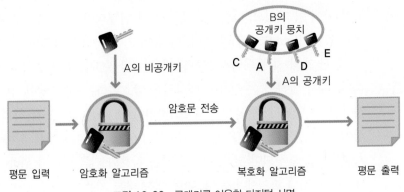

그림 13.23 공개키를 이용한 디지털 서명

인터넷 상에서 정보를 전송할 때 비공개키로 디지털 서명을 사용하는 것은 종이서류에 서명하는 것과 비슷하다. 그러나 송신자의 메시지인 것을 확인할 수는 있어도다른 누군가 그 메시지를 읽지 않았다고는 확신할 수 없다. 왜냐하면 송신자의 공개키를 사용하여 메시지를 해독할 경우 누구든 원하면 복호화할 수 있으므로 기밀성은 보장할 수 없다. 만약 기밀서류인 경우 다음과 같은 방법으로 메시지를 전달할 수 있다.

송신자의 비공개키로 암호화하고 디지털 서명을 보장하고, 수신자의 공개키로 다시 암호화한다. 이 메시지가 수신자에게 전달되면 이 마지막 암호문은 수신자만이 수신자의 비공개키로 해독하고, 다시 송신자의 공개키로 해독할 수 있으므로 수신자의 메시지를 확인할 수 있다. 그러므로 기밀성이 보장된다. 그러나 이러한 접근 방법은 복잡한 공개키 알고리즘에서 네 번의 단계를 거쳐야 하는 단점이 있다.

공개키 암호 기법의 특징

공개키 암호기법의 주요 장점으로 안전성은 물론 편의성이 대폭 개선되었다는 점과 메시지 내용 또는 발신원에 대한 부인을 방지할 수 있는 전자 서명(digital signature) 기능을 제공한다는 점이다. 비밀키 시스템을 이용한 인증은 약간의 비밀정보를 요구하며 가끔은 제3자의 신뢰적인 개입을 요구하기도 한다. 결과적으로 이러한 경우에 송신 측은 공유한 비밀정보의 일부가 양측 중 어느 한 측에 의하여 훼손되었음을 주장함으로써 이전에 인증된 메시지를 부인할 수 있다. 반면에 공개키 인증은 이러한 형태의 부인을 원천적으로 막을 수 있다. 모든 사용자는 오직 자신의 비공개 비밀키를 잘 보관하는 책임만을 진다. 공개키 인증의 이러한 속성을 부인 방지 또는 부인봉쇄라고 한다.

공개키 암호기법의 단점은 암호화의 처리속도가 비밀키 기법에 비하여 비교적 느리다는 것이다. 현재 이용 가능한 공개키 암호화 방법에 비하여 훨씬 빠른 비밀키 암호화 방법이 많이 있다. 그럼에도 불구하고, 공개키 암호기법은 이 두 기법들의 장점들을 이용하기 위하여 비밀키 암호기법과 함께 이용할 수 있다. 즉, 암호화를 위하여 가장 좋은 해결방안은 공개키 시스템이 지닌 안전성에 대한 장점과 비밀키 시스템이 지닌 속도에 대한 장점을 모두 얻기 위하여 이 두 기법을 상호 보완적으로 혼용하는 것이다. 이러한 방식의 예는 디지털 봉투(digital envelope)에서 편지의 내용은 비밀키 기법으로 암호화하고 이를 다시 공개키 기법으로 전자서명을 하는 경우에 해당한다.

공개키 암호기법은 비록 사용자의 비공개키 자체를 이용할 수 없다 할지라도 위장(impersonate) 공격에 취약하다는 단점이 있다. 인증 기관(certificate authority)에 대한 공격이 성공하면 공격자는 다른 사람의 이름에 그가 선택한 어떤 키를 연계시켜 놓고 훼손된 인증기관의 공개키 인증서를 이용함으로써 그가 선택한 사람이 누구든지 간에 그 사람인 것처럼 위장할 수 있게 된다.

공개키 암호 기법은 비밀키 암호 기법을 대체한다는 의미가 아니라 오히려 전체 보안 환경을 보다 안전하게 하기 위해 보완한다는 의미가 강하다. 공개키 기법의 우선적인 용도는 비밀키 시스템에서의 안전한 키분배에 적용하는 것이다. 비밀키 암호기법 역시 대단히 중요하며 지속적인 연구와 개발이 요구되는 분야이다.

RSA 알고리즘

RSA는 1977년 미국 메사추세츠 공과 대학(MIT)의 리베스트(R. Rivest), 샤미르(A. Shamir), 아델먼(L. Adelman)이 만든 공개키 암호 방식의 암호화 기법으로 세 사람 성의 머리글자를 따서 이름을 만들었다. RSA 암호 방식의 안전성은 큰 숫자를 소인수분해하는 것이 어렵다는 것에 기반을 두고 있으며, 암호키와 공개키를 갖는 공개키 알고리즘 방식이다.

4.4 인증

인증의 개요

인터넷상에서 행해지는 여러 유형의 정보 교류에서 상대방이 믿을 만한 사람인지, 전송 도중 내용에 이상이 없는지 대한 의구심이 생길 수 있다. 인증(authentication)이란 이와 같은 정보의 교류 속에서 전송 받은 정보의 내용이 변조 또는 삭제되지 않았는지와 주체가 되는 송/수신자가 정당한지를 확인하는 방법을 말한다. 그러므로 암호 시스템을 이용한 인증은 정보 보안의 중요한 역할을 하고 있으며, 인터넷상에서 행해지는 전자상거래에 있어서 이러한 보안 문제의 해결을 위해서는 암호기술을 이용한 인증이 매우 중요한 역할을 담당하고 있다.

인증의 유형은 통신 상대방 한쪽에 대해서만 인증을 하는 단방향 인증과 통신 상대방 서로에 대하여 쌍방향으로 인증을 행하는 상호인증으로 분류할 수 있다. 그리고 전산망에서는 통신망에 연결된 실체가 적법한 상대인가를 인증하는 사용자 인증과 발신 데이터가 변조되지 않고 전달되었는가를 인증하는 메시지 인증으로 분류할 수 있다.

사용자 인증

사용자 인증은 사용자가 터미널을 통해 컴퓨터 시스템에 들어가기를 원하거나 또는 정보의 전송에서 필요한 송/수신자, 이용자, 관리자들이 자신이 신분을 증명하기 위한 방법이다. 사용자 인증은 제3자가 위장을 통해 자신이 진정한 본인임을 증명하려 할 경우, 이를 불가능하게 해야 한다.

메시지 인증

메시지 인증이란 전송되는 메시지의 내용이 변경 또는 수정되지 않고 본래의 정보를 그대로 가지고 있다는 것을 확인하는 과정을 말한다. 즉 수신된 메시지가 정당한 사용자로부터 전송되었고 변경되지 않았음을 확인하기 위해 인증을 수행하게 된다.

4.5 　전자서명

전자서명의 개요

전자서명이란 현재 사용하고 있는 도장이나 사인을 전자정보로 구현한 것으로 업무의 안전성을 보증하기 위하여 전자문서에 전자식 방식으로 서명한 것을 말한다. 전자서명은 사이버 세상에서 거래를 증명하거나 신원확인이 필요할 때, 사용자 인증, 메시지 인증에 사용되고, 데이터 무결성을 제공한다. 이러한 전자 서명은 다음과 같은 특징이 있다.

- 전자서명은 유일하다.
- 전자서명은 전자문서 자체에 첨부되어 있기 때문에 절취하여 다른 문서에 첨부할 수 없다.
- 자필로 하는 서명은 시간이 흐름에 따라 변할 수 있지만 비공개키가 같은 전자서명은 항상 변하지 않는다.

전자서명은 다음과 같은 요구사항이 필요하다.

- 서명문의 제3자, 수신자에 의한 위조 불가(unforgettable)
  - 서명자만이 서명문을 생성가능
- 서명자 인증(authentic)
  - 서명문의 서명자를 확인 가능
- 재사용 불가(not reusable)
  - 서명문의 서명은 다른 문서의 서명으로 사용 불가능
- 변경 불가(unalterable)
  - 서명된 문서의 내용은 변경 불가능
- 부인 불가(non-repudiation)
  - 서명자는 나중에 서명한 사실을 부인 불가능

전자서명은 일상 생활에서 이용하는 인감이나 주민등록증과 같이 인터넷 상에서 신원을 확인하는 방법이다.

그림 13.24 인감과 전자서명의 비교

공인인증

전자서명을 안전하고 신뢰성 있게 이용할 수 있는 환경을 조성하고 공인인증기관을 효율적으로 관리하기 위하여 전자서명인증관리센터를 설치 운영하고 있다.

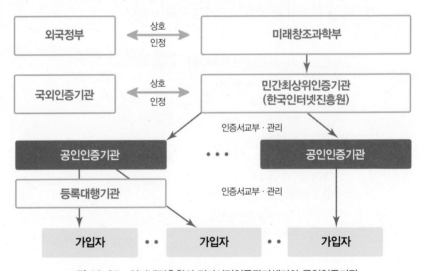

그림 13.25 인터넷진흥원의 전자서명인증관리센터와 공인인증기관

현재 미래창조과학부가 지정한 한국의 공인인증기관은 한국정보인증 · 코스콤 · 금융결제원 · 한국전자인증 · 한국무역정보통신 등 5곳이다.

최상위 인증기관	전자서명인증관리센터 http://www.rootca.or.kr	02-4055-114
공인인증기관	한국정보인증(주) http://www.sigmgate.com	1577-8787
	(주)코스콤 http://www.signkorea.com	1577-7337
	금융결제원 http://www.yessign.or.kr	1577-5500
	한국전자인증 http://gca.crosscert.com	1566-0566
	한국무역정보통신 http://www.tradesign.net	1566-2119

공인인증서

공인인증서는 인터넷 상에서 여러 활동을 할 때 신원을 확인하고, 문서의 위조
와 변조, 거래 사실의 부인 방지 등을 목적으로 공인인증기관(CA : Certificate
Authority)이 발행하는 전자적 정보로서, 일종의 사이버 거래용 인감증명서이다.
즉 공인인증서는 전자서명을 위한 공인된 증명서이다.

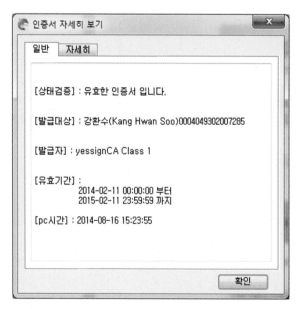

그림 13.26 공인인증서의 예

공인인증서에는 인증서 버전, 인증서 일련번호, 인증서 유효 기간, 발급기관 이름,
가입자의 전자서명 검증정보, 가입자 이름 및 신원 확인정보, 전자서명 방식 등이
포함되어 있다. 사용 방법은 인터넷 뱅킹이나 인터넷 쇼핑을 할 때 비밀키를 암호
화한 패스워드만 입력하면 자동으로 전자서명이 생성되어 공인인증서와 함께 첨부
되어 인증이 이루어진다.

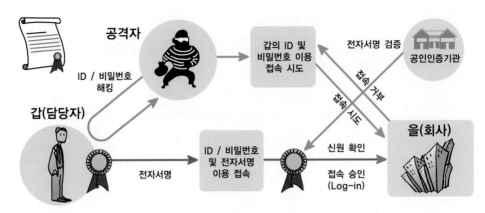

그림 13.27 공인인증서를 이용한 해킹 방지

 TIP: 논란이 되고 있는 공인인증서

그림 13.28 공인인증서의 존폐 위기

국내에서 상당히 오랫동안 사용되면서 많은 비난을 받아왔던 공인인증서가 이제는 그 사용 여부를 놓고 논란에 휩싸이고 있다. 공인인증서 자체에 인증서로서 가장 중요한 암호학적 문제가 있다는 것을 차치해 두고라도 공인인증서는 액티브X의 사용 문제와 외국인의 사용 불가 등 많은 논란이 있다.

마이크로소프트의 인터넷 익스플로러에서만 작동되는 비표준 기술인 액티브X의 사용은 웹 호환성을 떨어뜨려 파이어폭스, 크롬 등 다른 다양한 웹 브라우저의 사용을 원천적으로 막는 것은 물론 스마트폰과 태블릿과 같은 모바일 기기 사용에 불편을 초래하고 있다. 또한 액티브X에 필요한 부가 설치에 길들여진 사용자는 다른 악의적인 프로그램의 부가설치에 대해서도 관대해지는 경향이 있어 자신의 PC가 보안에 취약해지는 문제를 일으

킬 수 있다. 또한 외국인의 공인인증서 발급에는 여권번호가 필요하며, 없다면 적어도 외국인등록번호가 필요하다. 현재 많은 쇼핑 사이트에서 공인인증서를 요구하는 현실을 볼 때, 만일 외국인이 자국에서 한국 사이트에 접속하여 쇼핑 후 결제를 한다면, 외국인은 공인인증서 사용불가로 상품을 구매할 수 없는 문제가 발생한다. 현실적으로 외국인이 국내 사이트에서 상품을 구매할 기회는 원천적으로 막혀있다고 볼 수 있다. 공인인증서와 관련된 문제들을 철저히 분석하고, 이에 대한 대안을 연구해 이러한 공인인증서를 둘러싼 논란이 해결되기를 기대한다.

현재 공인인증서를 많이 이용하는 한 예가 인터넷 뱅킹이다. 인터넷을 이용하여 계좌이체를 하면 계좌이체에 대한 정보와 함께 공인인증서 정보가 함께 송금 은행에 전달되어 이체 시 공인인증기관을 통하여 인증을 거쳐 안전한 송금이 이루어진다.

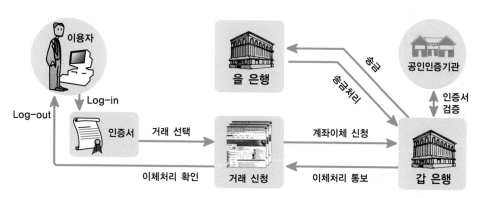

그림 13.29 인터넷 뱅킹에서 공인인증서의 사용 예

05

인터넷 보안

5.1 전자메일 보안

전자메일 보안의 필요성

전자우편은 송신자로부터 수신자에게까지 전송되는 도중에 수많은 컴퓨터들을 거치게 된다. 전송 도중 거치게 되는 컴퓨터의 사용자가 만약 불순한 의도를 가진다면 전자우편의 내용을 도청할 수 있고, 심지어는 내용을 변경하여 전송하거나 전송 자체를 가로막을 수 있다. 더욱 심각한 것은 수신자가 이러한 공격 즉, 도청, 내용의 변경, 전송 방해 등을 감지할 수 없다는 데 있다.

전자우편에 중요한 내용이 포함되어 있다면 이러한 공격들은 매우 심각한 문제점을 유발시킬 수 있다. 또한, 앞으로 전자우편이 전자상거래 등 개인의 중요 정보를 전송하는 시스템에 응용될 것을 감안한다면 이러한 전자우편의 보안상의 문제는 더 이상 간과할 수 없다. 그러므로, 전자우편의 보안을 보장해 주는 방법을 준비하는 것이 매우 시급하다.

전자메일 보안 기능

전자우편은 그 사용량에 비해 보안 기능을 무시한 채 사용되기 쉬우나, 전자우편도 다음과 같은 보안 기능이 요구된다.

- **기밀성(confidentiality)**: 수신자로 지정된 사용자만이 전자우편의 내용을 읽을 수 있게 함으로써 네트워크상의 공격자가 내용을 도청하지 못하도록 하는 기능이다.
- **사용자 인증(user authentication)**: 전자우편의 송신자로 되어 있는 사용자가 실제로 보낸 것인지를 확인해 주는 기능으로 공격자가 신원을 위장하여 전자우편을 보낼 수 없게 하는 기능이다.
- **메시지 인증(message authentication)**: 송신자가 송신할 때의 전자우편의 내용과 수신자가 수신할 때의 내용이 일치하는지를 확인해주는 기능이다.
- **송신 부인 방지(non-repudiation of origin)**: 송신자가 전자우편을 송신한 후, 송신 사실을 부인하지 못하도록 하는 기능이다.
- **수신 부인 방지 (non-repudiation of receipt)**: 수신자가 전자우편을 수신한 후, 수신 사실을 부인하지 못하게 하는 기능이다.
- **재전송 공격방지(replay attack prevention)**: 송신자와 수신자 사이에서 제3자가 전자우편을 가로채어 똑같은 메시지를 계속 수신자에게 전송하는 행위를 막는 기능이다.

PGP

PGP(Pretty Good Privacy)는 필 짐머만(Phil Zimmermann)이 제작한 전자우편을 위한 암호 도구이며 PGP가 제공해 주는 보안 기능에는 기밀성, 사용자 인증, 메시지 인증 및 송신 부인 방지 등이 있다. 그러나 수신 부인 방지 및 재전송 공격 방지 기능 등은 PGP 자체로는 해결해주지 못하고, 메일 프로토콜의 수정을 요구한다.

PGP에서 사용하는 알고리즘은 이미 그 안전성이 입증된 여러 암호화 알고리즘 들이며, 새로운 버전이 나오면서 다양한 알고리즘이 추가되는 등의 변화가 있다. PGP를 다른 암호화 도구와 구별해 주는 가장 큰 특징은 공개키 인증으로서 공개키 인증에 대한 권한이 모든 사용자에게 주어져 있다는 것이다.

S/MIME

전자우편의 보안을 위한 또 하나의 방법은 S/MIME(Secure Multipurpose Internet Mail extension)을 이용하는 방법이다. S/MIME은 RSA 데이터 보안 회사(RSA Data Security, Inc.)에서 제작한 도구로서 현재 넷스케이프(Netscape), 익스플로러(Explorer) 등의 메일 프로그램에서 지원하고 있다. S/MIME에서 지원하는 보안 요구사항은 기밀성, 메시지 인증, 송신 부인 방지 및 사용자 인증 등이다.

5.2 웹 보안

웹 보안 개요

WWW는 기본적으로 안전하지 않다는 개념에서 출발한다. 그 이유는 WWW 서비스를 지원하는 인터넷 자체가 개방성을 바탕으로 설계된 TCP/IP를 사용하고 있기 때문이다. 그러나, WWW 서비스가 시작되면서 사용 인구가 일반화, 대중화되었고, 이에 따라 WWW의 보안에 관한 관심이 증가하고 있다. 특히, 인터넷의 WWW 서비스를 이용하는 전자상거래 서비스의 형태가 다양화되면서 인터넷을 통해 전송되는 사용자의 중요한 정보의 양이 급격히 증가하고 있다. 보안 기능이 구비되지 않은 WWW을 전자상거래에 계속 이용할 경우, 크고 작은 경제 범죄가 계속 발생할 것으로 예상된다.

웹 보안의 취약성

웹은 기본적으로 인터넷과 TCP/IP 인트라넷상에서의 클라이언트/서버 응용 프로그램이므로, 웹은 컴퓨터와 네트워크보안에서 다루지 않은 새로운 보안의 위협에 직면해 있다.

- 인터넷에서는 정보를 주고받는다. 즉 두 가지의 경로, 송신과 수신이 있다. 웹은 인터넷상의 웹 서버에서 누군가에 의해 공격 받기 쉽다.
- 웹은 통일되고 새로운 정보를 볼 수 있는 창구이며, 비즈니스 거래를 위한 플랫폼의 역할을 하고 있다. 따라서 웹 서버가 파괴되면 심각한 문제가 발생한다.
- 웹 콘텐츠는 방대하고, 웹 서버에 설치되어 운영되는 소프트웨어는 복잡하다. 이 복잡한 소프트웨어는 많은 보안 약점을 숨기고 있을 수 있다. 웹의 역사가 짧으므로 보안 공격을 받기 쉬운, 새롭고 향상된 시스템들이 많다.
- 초보 사용자들은 보통 웹 서비스에 대하여 클라이언트이다. 그런 사용자들이 웹 서버와 관련된 보안상의 위험성을 잘 알 수 없고, 더욱이 문제가 발생했을 때 효과적으로 대응할 도구나 지식도 갖고 있지 않다.

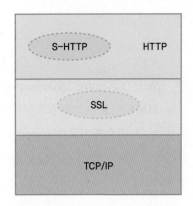

그림 13.30 웹 보안 구현 방법의 계층

웹 응용 프로그램에 대한 보안에는 두 개의 프로토콜, S-HTTP(Secure HTTP)와 SSL(Secure Sockets Layer) 등이 있다. 이것은 서버와 브라우저의 인증을 제공하고 서버와 브라우저 사이에 통신의 비밀성과 무결성을 보장한다. 특히 S-HTTP는 서류의 인증과 보안을 보장하는 HTTP를 지원하도록 구성되어 있다. SSL은 비슷한 보안을 제공하나, 통신망 스택(응용프로그램 계층과 TCP 전송 계층, IP 통신망 계층 사이)에서 HTTP보다 하위에 작용하여 통신채널의 비밀을 보장한다.

S-HTTP

S-HTTP(Secure HTTP)는 1994년 미국의 EIT(Enterprise Integration Technologies) 사에서 HTTP 보안 요소를 첨가한 웹 보안 프로토콜로서 범용으로 사용될 수 있도록 설계되었고 통신의 기밀성, 인증, 무결성 등을 지원한다. 응용 레벨에서의 메시지 암호화를 통해 안전한 통신을 보장해 주고, RSA 사의 공개키 암호 알고리즘을 이용하여 서버와 클라이언트가 공유하여야 하는 정보(비밀키) 등을 암호화하여 전송한다.

SSL

SSL(Secure Socket Layer)은 넷스케이프 사에서 개발한 웹 보안 프로토콜로서 응용 계층과 TCP/IP 사이에 위치하며 내용의 암호와, 서버의 인증, 메시지 내용의 무결성을 제공한다. 서버에 대한 인증은 필수적으로 수행하고, 클라이언트에 대한 인증은 서버의 선택에 따라 수행된다.

5.3   방화벽

방화벽 개념

방화벽(firewall)이란 넓은 의미로, 외부 네트워크(예: 인터넷)에 연결된 내부 네트워크(예: LAN)를 외부의 불법적인 사용자의 침입으로부터 안전하게 보호하기 위한 정책 및 이를 지원하는 하드웨어 및 소프트웨어를 총칭하며 침입차단시스템이라고도 한다.

방화벽 시스템을 사용하는 일반적인 이유는 방화벽 시스템이 없을 경우, 내부망은 NFS(Network File System)나 NIS(Network Information Service)와 같은 정보 보호상 안전하지 못한 서비스에 노출되거나 네트워크 상의 다른 호스트로부터 공격당할 가능성이 높기 때문이다. 방화벽 시스템을 이용한 네트워크는 호스트의 전체적인 정보 보호를 동시에 강화시켜 주는 이점이 있으며, 정보 보호 및 통제가 한 곳에서 가능하므로 정보 보호 정책을 효율적으로 시행할 수 있다.

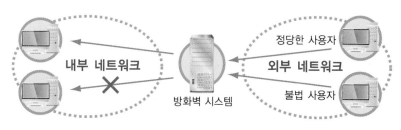

그림 13.31   방화벽 개념

방화벽은 보호된 네트워크 밖의 허가 받지 않은 사용자를 막고, 위치적으로 공격받기 쉬운 서비스가 네트워크에 남아 있거나 들어오는 것을 금지하며, IP를 속이는 여러 형태의 공격으로부터 보호하는 하나의 초크(choke) 점이라 할 수 있다. 보안 능력이 방화벽이라고 하는 하나의 시스템이나 시스템 집합으로 통합되기 때문에 하나의 초크 점의 사용은 보안 관리를 간단하게 만든다.

방화벽은 지역 어드레스를 인터넷 어드레스로 바꾸는 통신망 주소 번역기(translator)의 기능과 인터넷 사용을 감시하거나 기록하는 통신망 관리 기능과 같이 보안과 관련 없는 여러 인터넷 기능을 위한 편리한 플랫폼 역할도 수행한다.

그러나 이러한 방화벽 시스템은 내부의 인증된 사용자에 대해서는 한정된 제어밖에 할 수 없고, 해커가 E-mail, FTP, Web 등의 서비스를 통해 내용 관련 공격을 해올 때 이를 방어할 수 없다는 근본적인 취약점을 가지고 있다. 따라서 방화벽 시스템은 보호하고자 하는 네트워크의 자원이나 정보들을 완벽하게 불법 침입자로부터 보호할 수는 없으며, 다만 외부 네트워크에서 내부 네트워크로의 진입을 1차로 방어해 주는 기능만을 수행한다.

방화벽 동작 원리

방화벽의 주요 목적은 다른 사용자로부터 네트워크를 보호하는 것이다. 네트워크를 보호하는 것은 중요한 데이터에 정당하지 않은 사용자가 접근하는 것을 막고, 정당한 사용자가 네트워크 자원에 방해 없이 접근하도록 하는 것이다.

일반적으로 방화벽은 내부의 신뢰성 있는 네트워크와 외부의 신뢰성 없는 네트워크 사이에 위치한다. 방화벽은 응용 레벨의 네트워크 트래픽을 검사하여 거절하는 초크 점(choke point)으로서 동작한다. 방화벽은 또한 네트워크 계층과 전송 계층에서도 동작할 수 있는데, 이는 들어오고 나가는 패킷의 IP와 TCP 헤더를 검사하여 프로그램된 패킷 필터 규칙에 따라 패킷을 통과시키거나 거절한다. 다음 그림은 방화벽의 동작 원리를 보여 주고 있다.

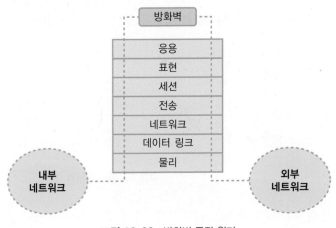

그림 13.32 방화벽 동작 원리

현재 시판되고 있는 방화벽 제품은 많은 종류가 있지만 크게 패킷 필터링(packet filtering) 기법과 응용 게이트웨이(application gateway) 방식으로 분류할 수 있다.

패킷 필터링

패킷 필터링(packet filtering)은 TCP/IP 네트워크 구조에서 OSI 참조모델의 네트워크 계층과 전송 계층에 속하는 IP(Internet Protocol), TCP(Transmission Control protocol) 혹은 UDP(User Datagram Protocol)의 헤더에 포함된 내용을 분석하여 동작하는 방식이다. 즉, 헤더에 포함된 송신/수신 IP 주소, 포트(port) 번호, 제어 필드 등의 내용을 분석하여 외부 네트워크에서 내부 네트워크로의 진입을 허용 또는 거절할지 결정하여 규칙(rule) 형태로 정의, 기술하는데 이를 패킷 필터링이라고 한다.

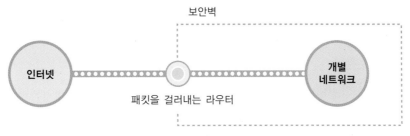

그림 13.33 패킷을 걸러내는 라우터

현재 상용 라우터에는 이러한 패킷 필터링 기능의 스크리닝 라우터(screening router)가 기본적으로 내장되어 있으며, 스크리닝 라우터를 이용하면 별도의 방화벽 제품을 이용하지 않더라도 저렴한 비용으로 간단한 방화벽을 구축할 수 있다. 그러나 스크리닝 라우터가 패킷 필터링 기능을 통해 방화벽의 일부 기능을 수행하기는 하나 엄밀한 의미에서 라우터의 일종에 불과하며 방화벽 제품과는 명백히 구분된다. 패킷 필터링 방식의 장점은 속도가 빠르고 가격이 저렴하다는 것이며, 단점으로는 해커에 의해 헤더의 여러 정보가 조작될 수 있어 보안성이 취약하다는 것이다.

응용 게이트웨이

응용 게이트웨이란 TCP/IP의 응용 계층(application layer)에서 구동되는 응용 소프트웨어를 말하며, 베스천호스트(bastion host)라고 부르는 워크스테이션 같은 별도의 방화벽 서버에서 운용된다. 응용 게이트웨이 방식에서는 이메일, Telnet, FTP, 웹 등과 같은 응용 서비스 수준에서 트래픽을 분석하여 외부 네트워크로부터 내부 네트워크로의 진입을 허용 또는 거절할지 결정한다.

그림 13.34 응용 프로그램 수준의 게이트웨이

응용 게이트웨이는 응용 서비스 단계에서 액세스 제어를 제공할 수 있고, 응용 서비스의 사용에 대한 로그를 유지하여 감시, 추적 기능을 제공하며, 강력한 인증(strong authentication) 기법을 통해 적법한 사용자인지를 가려낼 수 있어 패킷 필터링 방식보다 발전된 방식으로 볼 수 있다. 응용 게이트웨이는 응용 서비스마다 별도로 존재하는데, 예를 들어 Telnet 게이트웨이, FTP 게이트웨이 등이 있다. 외부

의 사용자가 방화벽이 보호하고 있는 내부 네트워크에 응용 서비스를 요구하기 위해서는 반드시 게이트웨이를 거쳐야 하며 이러한 게이트웨이를 프락시(proxy)라고 부른다.

패킷 필터링과 응용 게이트웨이, 두 방식 외에도 서킷 게이트웨이(circuit gateway)라는 방식이 존재하는데 이 방식은 방화벽에게 내부 망에 연결된 사용자가 외부 망과의 접속을 의뢰하고 방화벽은 그 요구에 따라 외부 망과의 접속을 수행하며 이때 방화벽은 내부 망에서 모든 외부 망으로의 TCP/IP 접속을 검사하여 통제한다. 서킷 게이트웨이 방식은 방화벽과의 통신을 위해 프로그램을 수정해야 하는 등 여러가지 단점을 가지고 있어 거의 사용되지 않는다.

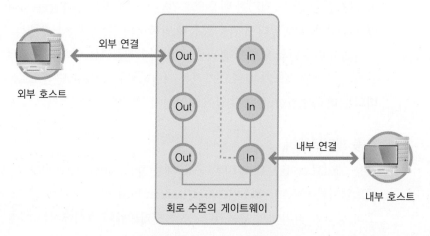

그림 13.35 회로 수준의 게이트웨이

패킷 필터링과 응용 게이트웨이 방식은 각기 장·단점이 있으나 일반적으로 응용 게이트웨이 방식이 보다 안전한 방식으로 평가되고 있어 대다수의 제품이 이 방식을 채택하는 추세이며 두 방식을 혼합한 제품도 판매되고 있다. 그러나 여러 제품 중 어떤 제품이 보다 우수하다고 단언하기는 어려우며 조직의 네트워크 환경과 보안정책에 적합한 제품을 선택하는 것이 바람직하다.

06

정보 윤리

6.1 정보 윤리 개념

정보 윤리란?

우리나라는 다른 어느 나라보다도 정보통신 기술의 발달로 태블릿 PC와 스마트 폰 등을 활용하여 다양한 지식과 정보를 공유하고 있다. 이러한 ICT(Information Communication and Technology)의 발달은 정치, 경제, 사회, 문화 등 사회 전체에 영향을 끼쳐 하루가 다르게 우리 삶의 모습을 변화시키고 있다. 이러한 정보화의 발달은 우리 사회를 좋은 방향으로 이끄는 순기능만 있는 것이 아니라 역기능도 있는데 개인정보침해, 저작권 위반, 사이버폭력, 사이버 성매매, 인터넷 중독, 유해정보 유통, 인터넷 사기, 계층갈등, 사이버 파괴 등의 문제점들이 등장하고 있다. 이러한 문제점을 해결하기 위해서는 법과 제도도 필요하지만 사회를 구성하는 구성원 개개인이 정보화의 역기능을 치유하고 그 문제점을 예방하려는 노력과 함께 정보 윤리의식의 함양이 절실하다.

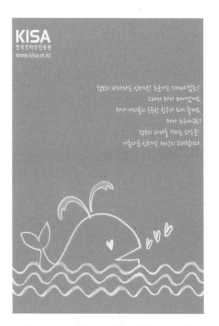

그림 13.36 한국인터넷진흥원의 정보윤리 홍보 스마트폰 바탕화면(www.kisa.or.kr)

정보 윤리의 필요성

윤리의 사전적 의미는 '사람으로서 마땅히 행하거나 지켜야 할 도리'를 말한다. 정보화 발달에 따라 기존의 윤리만으로는 날로 다양해지고 복잡해지는 사이버 공간에서의 문제들을 해결하는 데 많은 한계점을 안고 있다. 따라서 기존 윤리 이론들을 정보화의 특성을 고려하여 신중하게 적용하는 정보 윤리의 함양이 절실히 필요하다. 정보 윤리란 '지식정보 사회를 살아가는 구성원으로서 갖추어야 할 바람직한 가치관과 행동양식을 심어주는 윤리적 원리와 도덕규범'이라 할 수 있다. 이러한 정보 윤리는 법과 제도 등으로 해결하기 힘든 근본적인 문제를 해결해 줄 수 있는 도덕규범으로 바람직한 정보생활을 영위하도록 하게 하는 윤리적 지침을 제시해 줄 수 있다.

정보 윤리 원칙

정보 윤리 원칙을 살펴보면 존중, 책임, 자율, 정의 등을 들 수 있다. 존중은 사이버 상에서 자신 및 타인을 존중하는 것으로 자신 및 타인의 개인 정보를 소중히 여기고 함부로 다루지 않는 것을 뜻하며 타인의 명예를 훼손하거나 이유 없이 타인을 비방하는 행동을 하지 말아야 한다. 정보 격차로 인해 발생하는 문제점들을 인식하고 능동적인 사회인으로서 정보 격차를 줄여나가는 데 앞장서도록 한다.

책임은 사이버 상에서 이루어지는 자신의 행동에 책임의식을 가지는 것으로 프로그램 불법 복제 및 유통을 하지 않으며, 저작권을 보호하고, 음란물 및 허위 정보를 유통하지 않으며, 인터넷 사용자로서 정직한 자세를 가지는 것을 뜻한다.

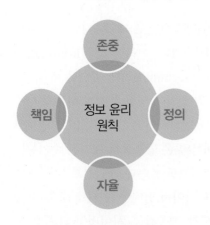

그림 13.37 정보 윤리 원칙

자율은 정보통신 기술의 노예로 전락하게 되는 인터넷, 음란물, 쇼핑, 도박 중독에 빠지지 않고, 건전한 인터넷 언어를 사용하며, 민주적인 의사표현과 사회 참여를 통해 건전한 네티즌의 자세를 갖는 것을 의미한다.

정의란 인터넷을 통해 공정하고, 타인을 배려하는 행동을 하는 것으로, 차별이나 소외 없는 평등한 정보사회를 건설하고, 정보 소외계층을 배려하고 이들의 권익을 위해 적극적으로 행동하는 것을 의미한다.

6.2 정보화의 역기능

개인정보 유출

이름, 전화번호, 주민번호 등 개인 정보의 유출은 해당 개인에게 생명 및 신체의 위협뿐만 아니라 재산상의 손실을 비롯한 개인에 대한 편견과 명예훼손 등을 초래할 수 있고, 이로 인해 신용 저하 등 다양한 불이익을 받을 수 있으며, 범죄에 악용될 수도 있다. 정보화 발달에 따른 이러한 개인정보 유출 사건은 일상적인 일이 될 정도로 자주 발생하는 정보화 역기능의 한 예이다.

2014년 국내에서 발생한 롯데카드와 농협카드, 국민은행카드 등 여러 카드 회사의 개인정보 유출은 개인정보를 취급하는 대규모 회사가 얼마나 개인정보의 보안관리를 허술하게 하는지를 보여주는 한 사례이다. 2014년 1월 검찰의 발표로 확인된 개인정보 대량 유출사건은 대한민국의 주요 카드사에서 1억 4000만 건이 넘는 개인정보가 실제 2013년에 유출된 사건이다. 유출된 개인정보는 이름 · 전화번호 · 이메일주소 · 아이디 · 비밀번호 · 주민등록번호 · 신용카드번호 등으로, 이렇게 유출된 개인정보는 스팸메일 등에 이용되거나 최악의 경우, 각종 피싱과 보이스 피싱 등에 악용될 수 있는 상황이었다.

방송통신위원회 자료에 따르면 개인정보 침해 건수는 매년 상당히 증가하고 있음을 알 수 있는데, 2013년의 경우 17만 7천여 건으로 10년 전인 2003년에 비해 무려 10배가 늘어난 것을 볼 수 있다.

표 13.5 개인정보 침해 건수

연도	개인정보 무단수집	개인정보 무단 이용제공	주민번호등 타인정보 도용	회원탈퇴 또는 정정 요구 불응	법적용 불가 침해사례	기타	합계
2000	138	108	959	152	588	93	2,035
2001	388	458	5,785	931	2,890	712	11,164
2002	221	266	8,298	1,159	5,403	2,609	17,956
2003	260	337	8,058	795	6,374	1,953	17,777
2004	564	784	9,163	2,312	2,768	1,978	17,569
2005	1,150	916	9,810	771	4,401	1,168	18,206
2006	2,568	917	10,835	923	6,355	1,738	23,333
2007	1,166	1,001	9,086	865	12,497	1,350	25,965
2008	1,129	1,037	10,146	949	24,144	2,404	39,811
2009	1,075	1,171	6,303	660	23,893	2,045	35,167
2010	1,267	1,202	10,137	826	38,414	2,986	54,832
2011	1,623	1,499	67,074	66	38,172	13,165	122,215
2012	3,507	3,196	139,724	717	12,945	7,742	166,801
2013	2,64	1,988	129,103	674	35,284	8,053	177,736

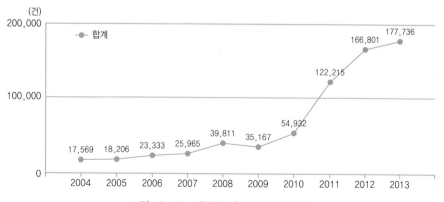

그림 13.38 개인정보 침해신고 상담건수

사이버 폭력

인터넷이나 SNS 공간에서 발생하는 각종 사이버 범죄의 일종으로 블로그, 트위터 등의 가상 공간에서 다른 사람에게 피해를 입히는 모든 행위를 사이버 폭력이라 정의할 수 있다. 이러한 사이버 폭력은 특정인을 대상으로 악의적 목적으로 정보기술을 이용하거나 가상공간을 활용하여 고의적, 반복적으로 수행하는 적대적인 행위를 말한다. 특히 익명성이 보장되는 인터넷 사이트에서는 자신의 행위에 대한 죄책감이 사라져 일반인들도 군중 심리에 싸여 사이버 폭력을 자행하는 경우가 많으며, 그런 행동이 범죄임을 의식하지 못하여 보다 폭력적이 되는 경향이 있다. 사이버 공간의 특수성으로 사이버 폭력은 쉽게 확산되며, 거의 영구적으로 기록이 남아서 피해자에게 지울 수 없는 아픔을 주게 된다.

방송통신위원회와 한국인터넷진흥원의 요약보고서에 따르면 이러한 사이버 폭력의 유형에는 사이버 언어폭력, 사이버 명예훼손, 사이버 스토킹, 사이버 성폭력, 신산정보 유출, 사이버 왕따 등이 있다.

방송통신위원회와 한국인터넷진흥원의 요약보고서의 설문 조사 결과를 보면 사이버 폭력의 원인으로 '익명성으로 인한 통제의 어려움'과 '사이버 폭력의 심각성 인식 부족'을 들 수 있다.

표 13.6 사이버 폭력의 유형(자료: 방송통신위원회와 한국인터넷진흥원의 요약보고서)

유형	정의
사이버 언어폭력	인터넷, 휴대폰 문자 서비스 등을 통해 욕설, 거친 언어, 인신 공격적 발언 등을 하는 행위
사이버 명예훼손	사실여부에 상관없이 다른 사람/기관의 명예를 훼손하는 글을 인터넷, SNS 등에 올려 아무나(불특정 다수) 볼 수 있게 하는 행위
사이버 스토킹	특정인이 원치 않음에도 반복적으로 공포감, 불안감을 유발하는 이메일이나 쪽지를 보내거나, 블로그/미니홈피, SNS 등에 방문하여 댓글 등의 흔적을 남기는 행위
사이버 성폭력	특정인을 대상으로 성적인 묘사 혹은 성적 비하 발언, 성차별적 욕설 등 성적불쾌감을 느낄 수 있는 내용을 인터넷이나 휴대폰을 통해 게시하거나 음란한 동영상, 사진을 퍼트리는 행위
신상정보 유출	개인의 프라이버시에 해당하는 내용을 언급 또는 게재하거나 신상 정보(이름, 거주지, 재학 중인 학교 등)를 유포시키는 행위
사이버 왕따	인터넷 상의 소셜 미디어 사이트, 핸드폰 텍스트 메시지, 채팅 사이트 등의 전자통신 수단을 이용한 왕따를 지칭하는 신종 따돌림

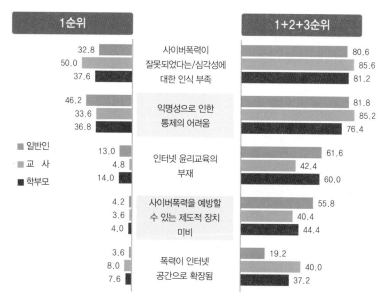

그림 13.39 사이버 폭력의 원인(자료: 방송통신위원회와 한국인터넷진흥원의 요약보고서)

이러한 사이버 폭력은 일반인뿐만 아니라 초중고의 학생에게도 매우 심각한 상황이며, 경찰청 사이버 안전국의 통계자료에 따르면 최근 사이버 폭력의 검거 건수가 줄어들고 있으나, 발생 건수는 비슷하여 그 심각성은 더해 가고 있다고 볼 수 있다.

표 13.7 사이버범죄 유형별 통계(자료: 경찰청 사이버 안전국)

구분	총계	해킹 바이러스	인터넷 사기	사이버 폭력	불법 사이트운영	불법복제 판매	기타
2004	63,384	10,993	30,288	5,816	2,410	1,244	12,633
2005	72,421	15,874	33,112	9,227	1,850	1,233	11,125
2006	70,545	15,979	26,711	9,436	7,322	2,284	8,813
2007	78,890	14,037	28,081	12,905	5,502	8,167	10,195
2008	122,227	16,953	29,290	13,819	8,056	32,084	22,025
2009	147,069	13,152	31,814	10,936	31,101	34,575	25,491
2010	103,809	14,874	35,104	8,638	8,611	17,885	18,697
2011	91,496	10,299	32,803	10,354	6,678	15,087	16,275
2012	84,932	6,371	33,093	9,055	3,551	15,111	17,751
2013	86,105	4,532	39,282	7,873	2,953	13,567	17,898

다양한 국가기관 및 단체에서 범죄가 없는 클린 사이버 공간을 만들기 위해 노력하고 있으나, 가장 중요한 것은 정보기술의 혜택을 누리는 네티즌 개개인 스스로가 인격적 존재로서 주인의식과 함께 상대를 배려하는 자세를 가지고 밝고 아름다운 사이버 공간을 함께 만들어 가는 것이다.

그림 13.40 학교폭력 예방 종합포털사이트
(stopbullying.or.kr)의 사이버 폭력 예방 포스터

저작물의 무단 배포

최근 드라마, 가요, 방송 등 다양한 한국의 콘텐츠와 대중문화가 동남 아시아를 비롯하여 전 세계적으로 열풍이 일고 있다. 그러나 한류의 주류를 이끄는 가요나 드라마와 같은 콘텐츠에서 발생하는 실제 수익은 콘텐츠의 불법 유통으로 그 열기만큼 크지 않다고 한다. 이와는 반대로 미국 드라마를 비롯한 영국이나 일본 등에서 제작된 영화나 드라마가 토렌트와 같은 다양한 배포 방법으로 국내에서 무단으로 배포되고 있는 것이 현실이다.

2014년에 미국 유명 드라마 제작사들이 드라마의 자막을 한글로 번역해 불법 배포한 혐의로 네티즌을 집단 고소하는 일이 발생했다. 고소당한 네티즌은 드라마의 자막이라는 특수한 저작물이라 위법인지 몰랐다 하더라도, 영상저작물인 원저작물의 제작자 허가 없이 드라마의 자막인 특수저작물을 무단 배포하는 일은 분명 저작권법에 위배된다고 한다.

이렇듯 저작권법은 나름 복잡하므로 상황에 따라서 위법인 사실을 모를 수 있을 정도로 매우 어려운 법리적 해석이 될 수 있다. 따라서 저작물의 사용과 저장, 관리 또는 배포는 좀 더 엄격하게 정보 윤리를 적용하여 저작물 관리에 주의할 필요가 있다.

 TIP: 저작권법에서의 저작물(2014년 7월 1일 시행)

저작권법은 저작자의 권리와 이에 인접하는 권리를 보호하고 저작물의 공정한 이용을 도모함으로써 문화 및 관련 산업의 향상발전에 이바지함을 목적으로 하는 법이다.

저작물을 살펴보면, 소설·시·논문·강연·연설·각본 등의 어문저작물, 음악저작물, 연극 및 무용·무언극 등의 연극저작물, 회화·서예·조각·판화·공예·응용미술저작물 등의 미술저작물, 건축물·건축을 위한 모형 및 설계도서 등의 건축저작물, 사진저작물, 영상저작물, 지도·도표·설계도·약도·모형 등의 도형저작물, 컴퓨터프로그램저작물 등이 있다.

다른 저작물로는 2차적 저작물과 편집 저작물이 있다. 2차적 저작물은 원저작물을 번역·편곡·변형·각색·영상제작 그 밖의 방법으로 작성한 창작물을 말하여, 독자적인 저작물로서 보호된다. 편집 저작물은 저작물이나 부호·문자·음·영상 그 밖의 형태를 띤 자료의 집합물을 말하며, 그 소재의 선택·배열 또는 구성에 창작성이 있는 것을 말한다. 편집 저작물도 독자적인 저작물로서 보호된다.

[객관식 문제]

다음 각 문항에 대하여 보기 중에서 알맞은 것을 선택하시오.

01 다음 빈칸에 알맞은 용어는 무엇인가?

> _____(은)는 감염대상을 가지고 있지만, _____(은)는 감염대상을 가지지 않으며, _____(은)는 자체 번식 능력이 없으나, _____(은)는 자체 번식 능력이 있다.

A. 바이러스, 웜, 바이러스, 웜
B. 웜, 바이러스, 바이러스, 웜
C. 바이러스, 웜, 웜, 바이러스
D. 웜, 바이러스, 웜, 바이러스

02 정보 보안을 위협하는 예를 설명한 것이다. 옳지 않은 것은?

A. 차단 – 정보를 전송하지 못하도록 하는 행위
B. 가로채기 – 정보 전송 중간에서 정보를 빼내는 행위
C. 변조 – 정보를 송신한 사람이 송신 사실을 부정하는 행위
D. 위조 – 발신자 모르게 수신자에게 정보를 전송하는 행위

03 정보 보안에 대한 설명으로 옳지 않은 것은?

A. 정보 보안은 유형, 무형의 정보 생성과 가공, 유통, 배포, 그리고 정보를 사용하는 과정에서 발생하는 여러 부작용에 대처하기 위한 모든 정보 보호 활동을 포괄하는 광의의 개념이다.
B. 정보 보안은 정보기술의 급속한 발전으로 그 피해가 줄어들고 있는 실정이다.
C. 정보를 공유하는 범위가 사회 전반에서 전 세계로 넓어짐에 따라 정보 보안을 위협하는 여러 부작용의 발생은 그 심각성이 더해가고 있다.
D. 정보를 유통하는 과정에서 정보에 대한 무단 유출 및 파괴, 변조, 전자메일의 오남용, 불건전한 정보의 대량 유통 등과 같은 부작용이 발생하고 있다.

04 정보 보안 수칙에서 올바른 암호의 사용 방법이 아닌 것은?

A. 분실을 막기 위해서 추측이 가능한 암호를 이용한다.
B. 가능하면 길게 만든다.
C. 특수문자, 영문자, 숫자를 조합한다.
D. 적어도 3개월마다 수정한다.

05 다음 빈칸에 알맞은 용어는 무엇인가?

정보 보안을 위협하는 여러 부작용이 발생하는 장소는 크게 컴퓨터 자체와 컴퓨터와 컴퓨터를 연결하는 네트워크 사이라 할 수 있다. 그러므로 정보 보안도 크게 _____ 보안과 _____ 보안으로 나눌 수 있다.

A. 송신자, 수신자
B. 비밀성, 무결성
C. 대칭성, 비대칭성
D. 컴퓨터, 네트워크

06 바이러스 종류 중 성격이 다른 하나는?

A. 부트 바이러스
B. 파일 바이러스
C. 부트/파일 바이러스
D. PC 바이러스

07 다음 빈 칸에 알맞은 용어는 무엇인가?

_____(이)란 비인가된 자에 의한 정보의 변경, 삭제, 생성 등으로부터 보호하여 정보의 정확성, 완전성을 보장해야 한다는 원칙이다. _____(을)를 보장하기 위한 정책에는 정보 변경에 대한 통제뿐만 아니라 오류나 태만 등으로부터의 예방도 포함되어야 한다.

A. 가용성
B. 비밀성
C. 무결성
D. 부인 방지

08 컴퓨터 바이러스 예방법을 설명하고 있다. 옳지 않은 것은?

A. 컴퓨터의 보안 업데이트가 자동으로 실행될 수 있도록 설정한다.
B. 백신 프로그램 또는 개인 방화벽 등 보안 프로그램을 설치 운영한다.
C. 가격이 비싼 소프트웨어는 가급적이면 복사하여 이용한다.
D. 쉐어웨어나 공개 프로그램을 사용할 경우 컴퓨터를 잘 아는 사람이 오랫동안 잘 사용하고 있는 것을 복사하여 사용한다.

09 컴퓨터 바이러스에 대한 설명이다. 옳지 않은 것은?

A. 컴퓨터 바이러스는 디스켓, 네트워크 공유 등을 통해 전파되거나 전자메일, 다운로드 또는 메신저 프로그램 등을 통해 감염된다.
B. 컴퓨터 바이러스는 자기 복사 능력 이외에도 실제의 바이러스와 비슷하게 부작용이 있는 경우가 많다.
C. 컴퓨터가 바이러스에 감염되면 컴퓨터는 여러 오작동을 할 수 있다.
D. 컴퓨터 바이러스는 감염 없이 자생적으로 스스로 만들어질 수 있다.

10 다음 설명 중 옳지 않은 것은?

A. 트로이목마는 인터넷을 통해 감염된 컴퓨터의 정보를 외부로 유출하는 악성 프로그램이다.
B. 해킹(hacking)은 컴퓨터에 불법으로 접속하여 정보를 빼내가는 행위이다.
C. 크래커는 컴퓨터 시스템 내부구조와 동작 따위에 심취하여 이를 알고자 노력하는 사람으로서 대부분 뛰어난 컴퓨터 및 통신 실력을 가진 사람이다.
D. 피싱(phishing)은 개인정보(privacy)와 낚시(fishing)의 합성어이다.

11 해커와 크래커에 대한 설명이다. 옳지 않은 것은?

    A. 크래커의 원래 의미는 '컴퓨터 시스템 내부구조와 동작 따위에 심취하여 이를 알고자 노력하는 사람으로서 대부분 뛰어난 컴퓨터 및 통신 실력을 가진 사람들'이다.

    B. '다른 사람의 컴퓨터에 침입하여 악의적 행위를 하는 사람'은 원래 크래커(cracker)라는 용어를 사용한다.

    C. 현재 해커와 크래커란 용어는 구별되어 쓰이지 않으며 범죄 행위를 하는 사람이라는 뜻으로 쓰인다.

    D. 순수하게 작업과정 자체의 즐거움에 탐닉하는 컴퓨터 전문가들의 행위로 시작된 해킹은 컴퓨터가 일반화되면서 점차 부정적인 의미로 변질되었다.

12 암호화에 대한 설명이다. 옳지 않은 것은?

    A. 공개키는 모두에게 알려져 있는 키다.

    B. 디지털 서명에서 송신자는 공개키를 이용하여 메시지를 암호화한다.

    C. 비밀키 암호화 방법에서는 정보를 보내는 사람과 받는 사람이 같은 키를 가지고 있다.

    D. DES 알고리즘은 비밀키 암호화 알고리즘 중 가장 널리 사용되고 있는 알고리즘이다.

13 암호화의 반대로, 암호문에서 평문으로 변환하는 것을 무엇이라 하는가?

    A. 대칭화　　　　　　　　　　B. 복호화

    C. 공개키　　　　　　　　　　D. 비밀키

14 공개키 암호 방식의 암호화 기법으로 만든 암호 알고리즘은 무엇인가?

    A. RSA　　　　　　　　　　　B. CA

    C. DES　　　　　　　　　　　D. PGP

15 다음 빈칸에 알맞은 용어는 무엇인가?

> 인터넷상에서 행해지는 여러 유형의 정보 교류에서 그 상대방이 믿을 만한 사람인지, 전송 도중 내용에 이상이 없었는지 대한 의구심이 생길 수 있다. ＿＿＿＿＿＿＿＿(이)란 이와 같은 정보의 교류 속에서 전송 받은 정보의 내용이 변조 또는 삭제되지 않았는지와 주체가 되는 송/수신자가 정당한지를 확인하는 방법을 말한다.

    A. 인증　　　　　　　　　　　B. 부인 방지

    C. 피싱　　　　　　　　　　　D. 방화벽

16 전자메일 보안 기법으로 짝지어진 것은?

    A. DES, RSA　　　　　　　　B. PGP, S/MIME

    C. SSL, S-HTTP　　　　　　D. 패킷 필터링, 응용 게이트웨이

17 정보 보안 서비스에 해당하지 않는 것은?

    A. 부인 방지　　　　　　　　B. 접근제어

    C. 인증　　　　　　　　　　　D. 위조

18 웹 보안 기법으로 짝지어진 것은?

A. DES, RSA

B. PGP, S/MIME

C. SSL, S-HTTP

D. 패킷 필터링, 응용 게이트웨이

19 정보 보호 요구사항 중의 하나를 설명하고 있다. 이것은 무엇인가?

> 정보 시스템은 적절한 방법으로 작동되어야 하며, 정당한 방법으로 권한이 주어진 사용자에게 정보 서비스의 제공을 거부해서는 안 된다는 것이 _____(이)다.

A. 가용성

B. 비밀성

C. 부인 방지

D. 무결성

20 외부 네트워크에 연결된 내부 네트워크를 외부의 불법적인 사용자의 침입으로부터 안전하게 보호하기 위한 정책 및 이를 지원하는 하드웨어 및 소프트웨어를 총칭하는 것은?

A. 웹보안

B. 방화벽

C. 게이트웨이

D. 라우터

[괄호채우기 문제]

다음 각 문항에 대하여 빈칸에 적절한 단어를 채우시오.

01 (   )(은)는 유형, 무형의 정보 생성과 가공, 유통, 배포, 그리고 정보를 사용하는 과정에서 발생하는 여러 부작용에 대처하기 위한 모든 정보 보호 활동을 포괄하는 광의의 개념이다.

02 정보 보안의 목표 중에서 (   )(은)는 정보의 소유자가 원하는 대로 정보의 비밀이 유지되어야 한다는 원칙이다.

03 (   )(은)는 송신자와 수신자 모두가 메시지를 전송하지 않았다고 주장하거나, 또는 수신하지 않았다고 주장하는 것을 막는 방법이다.

04 (   )(은)는 '사용자 몰래 컴퓨터에 들어와 자기 자신 또는 자기 자신의 변형을 복사하는 등의 작업을 통하여 프로그램이나 실행 가능한 부분을 변형하여 컴퓨터의 운영을 방해하는 악성 프로그램'을 말한다.

05 컴퓨터 시스템을 파괴하거나 작업을 지연 또는 방해하는 프로그램인 악성 프로그램은 (   ), (   ), (   ) 등으로 나뉜다.

06 (　　　)(이)란 컴퓨터 통신망을 통하여 사용이 허락되지 않은 다른 컴퓨터에 불법으로 접속하여 저장되어 있는 정보 또는 파일을 빼내거나, 마음대로 바꾸어 놓기도 하고, 심지어는 컴퓨터 운영체제나 정상적인 프로그램을 손상시키는 행위를 의미한다.

07 (　　　)(은)는 개인정보(Private data)와 낚시(Fishing)의 합성어로, 은행 또는 전자상거래 업체의 홈페이지와 동일하게 보이는 위장 홈페이지를 만든 후, 인터넷 이용자들에게 유명 회사를 사칭하는 전자메일을 보내, 위장 홈페이지에 접속하게 하여 계좌번호, 주민등록번호 등의 개인정보를 입력하도록 유도하고, 이를 이용해 금융사기를 일으키는 신종 사기 수법을 말한다.

08 공개키 암호화 기법을 메시지의 작성자 인증에 이용할 수 있는데, A가 B에게 메시지를 보낼 때 A의 (　　　)(으)로 암호화하면 B는 A의 (　　　)(으)로 이를 해독한다.

09 (　　　)(이)란 현재 사용하고 있는 도장이나 사인을 전자정보로 구현한 것으로 업무의 안전성을 보증하기 위하여 전자문서에 전자식 방식으로 서명한 것을 말한다.

10 (　　　)(을)를 넓은 의미로 정의하면 외부 네트워크에 연결된 내부 네트워크를 외부의 불법적인 사용자의 침입으로부터 안전하게 보호하기 위한 정책 및 이를 지원하는 하드웨어 및 소프트웨어를 총칭하며 (　　　)(이)라고도 한다.

[주관식 문제]

01 정보 보안을 위협하는 예를 열거하고 설명하시오.

02 정보 보안의 목표를 열거하고 설명하시오.

03 부인 방지에 대하여 설명하시오.

04 웜과 바이러스의 차이를 설명하시오.

05 피싱에 대하여 설명하시오.

06 비밀키 암호화 기법의 개념을 그림과 함께 설명하시오.

07 공개키 암호화 기법의 개념을 그림과 함께 설명하시오.

08 공개키 암호화 기법을 이용한 디지털 서명 방법을 설명하시오.

09 인증의 종류를 열거하고 각각에 대하여 설명하시오.

10 방화벽에 대하여 설명하시오.

참고문헌

02장

01. http://www.answersingenesis.org/creation/v20/i1/scientist.asp
02. http://www.zdnet.co.kr/
03. http://www.turing.org.uk/turing/index.html
04. http://www.cray.com/downloads/Cray_XT3_Datasheet.pdf
05. http://www.top500.org/lists/plists.php?Y=2005&M=06
06. A+ Guide to Hardware, Andrews, Course Technology, 2002
07. A+ Guide to Software, Andrews, Course Technology, 2002
08. Norton이 쓴 컴퓨터 개론, 이석호 외 공역, 학술정보, 2002
09. Computers in your Future 2004, Bryan Pfaffenberger, Bill Daley, Prentice Hall, 2003
10. Computer Science, 신동일 외 공저, 사이텍미디어, 2003
11. 컴퓨터 과학 총론, 황종선 외 공역, 홍릉과학출판사, 2003
12. 교양 컴퓨터, 전창호 외 공역, 한양대학교출판부, 2004
13. 컴퓨터 개론, 김대수 저, 생능출판사, 2005
14. 컴퓨터 과학, 조근식 외 공역, 한티미디어, 2005

03장

01. http://www.unicode.org/
02. A+ Guide to Hardware, Andrews, Course Technology, 2002
03. A+ Guide to Software, Andrews, Course Technology, 2002
04. Norton이 쓴 컴퓨터 개론, 이석호 외 공역, 학술정보, 2002
05. Computers in your Future 2004, Bryan Pfaffenberger, Bill Daley, Prentice Hall, 2003
06. Computer Science, 신동일 외 공저, 사이텍미디어, 2003
07. 컴퓨터 과학 총론, 황종선 외 공역, 홍릉과학출판사, 2003
08. 교양 컴퓨터, 전창호 외 공역, 한양대학교출판부, 2004

09. 컴퓨터 개론, 김대수 저, 생능출판사, 2005
10. 컴퓨터 과학, 조근식 외 공역, 한티미디어, 2005

04장

01. http://www.sun.com/processors
02. A+ Guide to Hardware, Andrews, Course Technology, 2002
03. A+ Guide to Software, Andrews, Course Technology, 2002
04. Computer System Architecture, M. Morris Mano, Pretice Hall, 2003
05. Norton이 쓴 컴퓨터 개론, 이석호 외 공역, 학술정보, 2002
06. Computers in your Future 2004, Bryan Pfaffenberger, Bill Daley, Prentice Hall, 2003
07. Computer Science, 신동일 외 공저, 사이텍미디어, 2003
08. 컴퓨터 과학 총론, 황종선 외 공역, 홍릉과학출판사, 2003
09. 교양 컴퓨터, 전창호 외 공역, 한양대학교출판부, 2004
10. 컴퓨터 개론, 김대수 저, 생능출판사, 2005
11. 컴퓨터 과학, 조근식 외 공역, 한티미디어, 2005
12. 컴퓨터학 개론, 안희학 외 공저, 정익사, 2005

05장

01. http://www.unicode.org/
02. A+ Guide to Hardware, Andrews, Course Technology, 2002
03. A+ Guide to Software, Andrews, Course Technology, 2002
04. Computer System Architecture, M. Morris Mano, Pretice Hall, 2003
05. Norton이 쓴 컴퓨터 개론, 이석호 외 공역, 학술정보, 2002
06. Computers in your Future 2004, Bryan Pfaffenberger, Bill Daley, Prentice Hall, 2003
07. Computer Science, 신동일 외 공저, 사이텍미디어, 2003
08. 컴퓨터 과학 총론, 황종선 외 공역, 홍릉과학출판사, 2003

09. 교양 컴퓨터, 전창호 외 공역, 한양대학교출판부, 2004

10. 컴퓨터 개론, 김대수 저, 생능출판사, 2005

11. 컴퓨터 과학, 조근식 외 공역, 한티미디어, 2005

12. 컴퓨터학 개론, 안희학 외 공저, 정익사, 2005

13. 컴퓨터 과학 개론, 한금희 외 공저, 한빛미디어, 2004

06장

01. A+ Guide to Hardware, Andrews, Course Technology, 2002

02. A+ Guide to Software, Andrews, Course Technology, 2002

03. Computer System Architecture, M. Morris Mano, Pretice Hall, 2003

04. Norton이 쓴 컴퓨터 개론, 이석호 외 공역, 학술정보, 2002

05. Computers in your Future 2004, Bryan Pfaffenberger, Bill Daley, Prentice Hall, 2003

06. Computer Science, 신동일 외 공저, 사이텍미디어, 2003

07. 컴퓨터 과학 총론, 황종선 외 공역, 홍릉과학출판사, 2003

08. 교양 컴퓨터, 전창호 외 공역, 한양대학교출판부, 2004

09. 컴퓨터 개론, 김대수 저, 생능출판사, 2005

10. 컴퓨터 과학, 조근식 외 공역, 한티미디어, 2005

11. 컴퓨터학 개론, 안희학 외 공저, 정익사, 2005

12. 컴퓨터 과학 개론, 한금희 외 공저, 한빛미디어, 2004

07장

01. A+ Guide to Hardware, Andrews, Course Technology, 2002

02. A+ Guide to Software, Andrews, Course Technology, 2002

03. Computer System Architecture, M. Morris Mano, Prentice Hall, 2003

04. Database Management, Greg Riccardi, Addison Wesley, 2003

05. Database Processing, Eighth Edition, David M. Hroenke, Prentice Hall, 2002

06. Fundamentals of Database Systems, Third Edition, Elmasri, Addison Wesley, 2000

07. Database System Concept, Abraham Silberschatz, McGrawHill, 1997

08. 데이터베이스, 남승현 외 공저, 동양공업전문대학 출판부, 2004

09. Norton이 쓴 컴퓨터 개론, 이석호 외 공역, 학술정보, 2002

10. Computers in your Future 2004, Bryan Pfaffenberger, Bill Daley, Prentice Hall, 2003

11. Computer Science, 신동일 외 공저, 사이텍미디어, 2003

12. 컴퓨터 과학 총론, 황종선 외 공역, 홍릉과학출판사, 2003

13. 교양 컴퓨터, 전창호 외 공역, 한양대학교출판부, 2004

14. 컴퓨터 개론, 김대수 저, 생능출판사, 2005

15. 컴퓨터 과학, 조근식 외 공역, 한티미디어, 2005

16. 컴퓨터학 개론, 안희학 외 공저, 정익사, 2005

08장

01. 데이터 통신, 정진욱, 한정수 저, 생능출판사, 2002

02. 컴퓨터 네트워크, 정진욱 외 공저, 생능출판사, 2003

03. 정보통신 이론과 네트워크 응용, 송화선 외 공저, 도서출판 정일, 2002

04. 컴퓨터 개론, 김대수 저, 생능출판사, 2005

05. 컴퓨터 과학 개론, 한금희 외 공저, 한빛미디어, 2004

06. Norton의 컴퓨터 개론, 이석호 외 공역, 학술정보, 2002

07. 컴퓨터과학, 조근식 외 공역, 한티미디어, 2005

08. 최신 컴퓨터개론, 정진욱 외 공역, 홍릉과학출판사, 2005

09. 컴퓨터의 이해, 임제탁 외 공역, 다성출판사, 1999

10. 컴퓨터 과학, 오용철 외 공역, 홍릉과학출판사, 2005

09장

01. http://news.netcraft.com/archives/web_server_survey.html

02. http://www.ngix.ne.kr/

03. http://www.vsix.net/

04. Norton이 쓴 컴퓨터 개론, 이석호 외 공역, 학술정보, 2002

05. Computers in your Future 2004, Bryan Pfaffenberger, Bill Daley, Prentice Hall, 2003

06. Computer Science, 신동일 외 공저, 사이텍미디어, 2003

07. 컴퓨터 과학 총론, 황종선 외 공역, 홍릉과학출판사, 2003

08. 교양 컴퓨터, 전창호 외 공역, 한양대학교출판부, 2004

09. 컴퓨터 개론, 김대수 저, 생능출판사, 2005

10. 컴퓨터 과학, 조근식 외 공역, 한티미디어, 2005

11. 컴퓨터학 개론, 안희학 외 공저, 정익사, 2005

12. 컴퓨터 과학 개론, 한금희 외 공저, 한빛미디어, 2004

10장

01. http://www.shockwave.com

02. http://www.ir52.com

03. http://www.iriver.com

04. http://www.asciitable.com

05. http://en.wikipedia.org/wiki/Animation

06. http://www.photoshopcafe.com/tutorials/liquid-type.htm

07. http://labnol.blogspot.com/2007/04/download-adobe-premier-cs3-adobe.html

08. 멀티미디어 시스템 개론, 김병호, 이윤준, 정연돈, 홍릉과학출판사, 2006

09. http://www.naver.com

10. http://www.mtv.com

11. http://www.mtv.co.kr

12. http://www.samsung070.com

13. KAIST EE Newsletter, pp. 6-7, 겨울호, 2007

14. http://www.webservices.or.kr/118n/hangul-i18n/ko-code.html

15. 안세영, 디지털 비디오의 이론과 응용, 도서출판 차송

16. http://www.nero.com

17. http://www.Bilizard.com

18. http://www.itvt.com

19. http://www.cdrummond.gc.ca/cegep/informat/Professeurs/Alain/files/ascii.htm

11장

01. http://wibro.kt.co.kr/apec/index.jsp

02. http://www.jaeik.co.kr/scard/index.html

03. http://www.kebt.co.kr

04. http://www.zdnet.co.kr/builder/dev/etc/0,39031619,39131906,00.htm

05. 차세대 무선인터넷 서비스, 김충남, 전자신문사, 2002

06. 무선 인터넷 개론, 안동규 외 공저, 사이텍미디어, 2004

07. 차세대 정보통신 세계, 김충남, 전자신문사, 2004

08. 무선 인터넷 프로그래밍, 안창현 외 공저, 대림출판사, 2005

09. 정보통신정책연구원(http://www.kisdi.re.kr)

10. 한국정보산업연합회(http://www.fkii.or.kr)

11. UDH 유드림홈(http://www.ubiquitousdream.or.kr/kor/main.asp)

12. 전자신문 (http://www.etnews.co.kr)

13. The Disappearing Computer, http://www.disappearing-computer.net/

12장

01. http://mobihealthnews.com

02. http://www.moma.org

03. www.durangoheral.com

04. www.google.com

05. http://www.telegraph.co.uk/

06. www.philips.com

07. http://blog.daum.net/kcc1335/3609

08. www.android.com/auto

13장

01. http://www.cyberprivacy.or.kr/privacy.html

02. http://www.boho.or.kr/index.html

03. http://home.ahnlab.com

04. 전자상거래 보안 기술, 이만영 외 공저, 생능출판사, 1999

05. 인터넷 보안 기술, 이만영 외 공저, 생능출판사, 2002

06. 정보 보안 개론과 실습, 양대일 외 공저, 한빛미디어, 2003

07. Computer Science, 신동일 외 공저, 사이텍미디어, 2003

08. 교양 컴퓨터, 전창호 외 공역, 한양대학교출판부, 2004

09. 컴퓨터 개론, 김대수 저, 생능출판사, 2005

10. 컴퓨터 과학, 조근식 외 공역, 한티미디어, 2005

11. 개인정보보호 핸드북, 한국정보보호진흥원, 2005

찾아보기

모바일 시대의
컴퓨터개론

Introduction to Computers for The Mobile Age

인　　쇄	2015년 3월 3일 초판 2쇄
발　　행	2015년 3월 10일 초판 2쇄
저　　자	강환수, 조진형, 신용현, 강환일
발 행 인	채희만
출판기획	안성일
영　　업	김우연
편집진행	우지연
관　　리	최은정
북디자인	가인커뮤니케이션(031-943-0525)
발 행 처	**INFINITY**BOOKS
주　　소	경기도 고양시 일산동구 하늘마을로 158 대방트리플라온 C동 209호
대표전화	02)302-8441
팩　　스	02)6085-0777

도서 문의 및 A/S 지원
Homepage	www.infinitybooks.co.kr
E-mail	helloworld@infinitybooks.co.kr
I S B N	979-11-85578-12-5
등록번호	제25100-2013-152호
판매정가	**25,000원**

「이 도서의 국립중앙도서관 출판시도서목록(CIP)은 서지정보유통지원시스템 홈페이지(http://seoji.nl.go.kr)와 국가자료공동목록시스템(http://www.nl.go.kr/kolisnet)에서 이용하실 수 있습니다. (No. 2014032606)